Sigmund Freud
na sua época e em nosso tempo

Transmissão da Psicanálise
diretor: Marco Antonio Coutinho Jorge

Elisabeth Roudinesco

Sigmund Freud
na sua época e em nosso tempo

Tradução:
André Telles

Citações da obra de Freud traduzidas diretamente
do alemão por Renata Dias Mundt

Revisão técnica:
Marco Antonio Coutinho Jorge
Programa de Pós-graduação em Psicanálise/Uerj

8ª *reimpressão*

Copyright © 2014 by Éditions du Seuil

Grafia atualizada segundo o Acordo Ortográfico da Língua Portuguesa de 1990, que entrou em vigor no Brasil em 2009.

Tradução autorizada da primeira edição francesa, publicada em 2014 por Seuil, de Paris, França

Proibida a venda em Portugal

Título original
Sigmund Freud en son temps et dans le nôtre

Cet ouvrage, publié dans le cadre du Programme d'Aide à la Publication 2015 Carlos Drummond de Andrade, a bénéficié du soutien de l'Ambassade de France au Brésil.

Este livro, publicado no âmbito do Programa de Apoio à Publicação 2015 Carlos Drummond de Andrade, contou com o apoio da Embaixada da França no Brasil.

Capa
Claudia Warrak

Foto da capa
Retrato de Sigmund Freud por Max Halberstadt, 1932. © Freud Museum London

Indexação
Nelly Praça

Revisão
Carolina Sampaio
Eduardo Monteiro

cip-Brasil. Catalogação na fonte
Sindicato Nacional dos Editores de Livros, rj

R765s   Roudinesco, Elisabeth, 1944-
         Sigmund Freud na sua época e em nosso tempo / Elisabeth Roudinesco; tradução André Telles; revisão técnica Marco Antonio Coutinho Jorge. – 1ª ed. – Rio de Janeiro: Zahar, 2016.
                               (Transmissão da Psicanálise)

         Tradução de: Sigmund Freud en son temps et dans le nôtre.
         Inclui bibliografia e índice
         isbn 978-85-378-1571-7

         1. Freud, Sigmund, 1856-1939. 2. Inconsciente (Psicologia). 3. Psicanálise. I. Título.

CDD: 150.1952
CDU: 159.964.2

16-32589

Todos os direitos desta edição reservados à
editora schwarcz s.a.
Praça Floriano, 19, sala 3001 – Cinelândia
20031-050 – Rio de Janeiro – rj
Telefone: (21) 3993-7510
www.companhiadasletras.com.br
www.blogdacompanhia.com.br
facebook.com/editorazahar
instagram.com/editorazahar
twitter.com/editorazahar

Sumário

Introdução   9

PRIMEIRA PARTE **Vida de Freud**

1. Primórdios   15

2. Amores, tormentas e ambições   45

3. A invenção da psicanálise   81

SEGUNDA PARTE **Freud, a conquista**

1. Uma *belle époque*   119

2. Discípulos e dissidentes   135

3. A descoberta da América   175

4. A Primeira Guerra Mundial   203

TERCEIRA PARTE **Freud na intimidade**

1. Iluminismo sombrio   249

2. Famílias, cães, objetos   269

3. A arte do divã   296

4. Com as mulheres   331

QUARTA PARTE **Freud, últimos tempos**

1. Entre medicina, fetiche e religião   361

2. Face a Hitler   389

3. A morte em ação   435

Epílogo   473

Bibliografia: lista de obras e correspondência de Freud,
    edições brasileiras e outras fontes   488

Os pacientes de Freud   502

Árvore genealógica   506

Agradecimentos   508

Índice onomástico   510

"O segredo de um homem não é seu complexo de Édipo, e sim o próprio limite de sua liberdade, seu poder de resistência aos suplícios e à morte."

JEAN-PAUL SARTRE

Introdução

Um homem só morre efetivamente, dizia Jorge Luis Borges, depois que o último homem que o conheceu morre também. É, hoje, o caso de Freud, embora ainda existam algumas raras pessoas que puderam aproximar-se dele quando crianças. Freud passou a vida a escrever e, embora um dia tenha destruído documentos de trabalho e cartas a fim de complicar a tarefa de seus futuros biógrafos, dedicou tamanha paixão ao indício, à arqueologia e à memória que o que foi perdido nada é em comparação ao que foi preservado. Em se tratando de tal destino, o historiador vê-se confrontado com um excesso de arquivos e, consequentemente, com uma pluralidade infinita de interpretações.

Além de cerca de vinte obras de fôlego, e mais de trezentos artigos, Freud deixou um verdadeiro manancial de anotações, rascunhos, agendas, dedicatórias e observações nos volumes de sua imensa biblioteca, atualmente no Freud Museum de Londres. Teria redigido aproximadamente 20 mil cartas, das quais apenas metade subsiste.[1] A maioria delas encontra-se hoje publicada em francês, ou, quando não, em vias de estabelecimento em alemão. A isso acrescentam-se intervenções e entrevistas de grande riqueza realizadas por Kurt Eissler, psicanalista emigrado de Viena para Nova York, bem como textos relativos a cerca de sessenta pacientes agora identificados, porém, em grande parte, pouco conhecidos.

Traduzidas em meia centena de línguas, as obras de Freud caíram em domínio público em 2010 e o essencial de seus arquivos acha-se doravante acessível

---

1. Especialista nas edições das obras de Freud, Gerhard Fichtner (1932-2012) dedicou sua vida a pesquisar os inéditos de Freud e compilar suas cartas. Cf. "Les lettres de Freud en tant que source historique" e "Bibliographie des lettres de Freud", *Revue Internationale de la Psychanalyse*, 2, 1989, p.51-81. Cf. também Ernst Falzeder, "Existe-t-il un Freud inconnu?", *Psychothérapies*, 3, 27, 2007.

no departamento de manuscritos da Biblioteca do Congresso de Washington (BCW), após trinta anos de polêmicas e batalhas virulentas.[2] Documentos variados também podem ser consultados no Freud Museum de Viena.

Várias dezenas de biografias foram escritas sobre Freud, desde a primeira, publicada com ele ainda vivo, em 1924, da lavra de seu discípulo Fritz Wittels, que adotou a cidadania americana, até a de Peter Gay, publicada em 1988, passando pelo monumental edifício em três volumes de Ernest Jones, questionado a partir de 1970 por Henri F. Ellenberger e os trabalhos da historiografia científica, aos quais me vinculo. Sem contar o trabalho historiográfico realizado por Emilio Rodrigué, primeiro biógrafo latino-americano, que teve a audácia, em 1996, de inventar um Freud da desrazão, mais próximo de um personagem de García Márquez do que de um homem de ciência oriundo da velha Europa. Cada escola psicanalítica tem seu Freud – freudianos, pós-freudianos, kleinianos, lacanianos, culturalistas, independentes –, e cada país criou o seu. Cada passo da vida de Freud foi comentado dezenas de vezes e cada linha de sua obra interpretada de múltiplas maneiras, a ponto de ser possível fazer uma lista, ao estilo de Georges Perec, de todos os ensaios publicados sobre o tema de um "Freud acompanhado": Freud e o judaísmo, Freud e a religião, Freud e as mulheres, Freud clínico, Freud em família com seus charutos, Freud e os neurônios, Freud e os cães, Freud e os maçons etc. Sem falar naqueles cultivados pelos numerosos adeptos de um antifreudismo radical (ou *Freud bashing*): Freud ganancioso, Freud idealizador de um gulag clínico, demoníaco, incestuoso, mentiroso, falsificador, fascista. Freud está presente em todas as formas de expressão e narração: caricaturas, quadrinhos, livros de arte, retratos, desenhos, fotografias, romances clássicos, pornográficos ou policiais, filmes de ficção, documentários, séries de tevê.

Após décadas de panegíricos, hostilidades, trabalhos eruditos, interpretações inovadoras e declarações injustas, após os múltiplos retornos a seus textos que pontuaram a história da segunda metade do século XX, é grande

---

2. Forneço, no epílogo e nos anexos, todas as indicações necessárias ao estabelecimento das fontes utilizadas nesta obra. Consta igualmente, no fim do volume, um ensaio historiográfico, bem como indicações genealógicas e cronológicas que permitem compreender as controvérsias em torno dos arquivos Freud. A maioria das biografias existentes encontra-se mencionada nas diferentes notas.

Introdução

a dificuldade de saber quem era realmente Freud, de tal forma o acúmulo de comentários, fantasias, lendas e rumores terminou por encobrir o que foi o destino paradoxal desse pensador na sua época e em nosso tempo.

Eis por que, após um longo convívio com textos e cenários da memória freudiana, no âmbito de meu ensino ou por ocasião de viagens e pesquisas, resolvi expor de maneira crítica a vida de Freud, a gênese de seus escritos, a revolução simbólica de que ele foi o inaugurador ao raiar da Belle Époque, os tormentos pessimistas dos Anos Loucos e os momentos dolorosos da destruição de suas conquistas pelos regimes ditatoriais. A abertura dos arquivos e o acesso a uma série de documentos ainda não explorados me permitiram tal abordagem, empreitada facilitada pelo fato de nenhum historiador francês haver ainda se aventurado nesse terreno, há décadas dominado por pesquisas em língua inglesa, de alta qualidade por sinal.

Nesse aspecto, quero agradecer, a título póstumo, a Jacques Le Goff, que, durante uma longa conversa e percebendo minha hesitação, me incentivou com veemência a me lançar nessa empreitada e me deu indicações valiosas quanto à maneira como convinha observar Freud construindo sua época enquanto era construído por ela.

Este livro, portanto, dividido em quatro partes, narra a vida de um homem ambicioso, oriundo de uma antiga linhagem de negociantes da Galícia oriental, que se dá ao luxo, ao longo de uma época turbulenta – esfacelamento dos impérios centrais,* Primeira Guerra Mundial, crise econômica, triunfo do nazismo –, de ser ao mesmo tempo um conservador esclarecido que busca libertar o sexo para melhor controlá-lo, um decifrador de enigmas, um observador atento da espécie animal, um amigo das mulheres, um estoico fanático por antiguidades, um "desilusionista" do imaginário, um herdeiro do romantismo alemão, um dinamitador das certezas da consciência, mas, também e acima de tudo talvez, um judeu vienense, desconstrutor do judaísmo e das identidades comunitárias, aferrado tanto à tradição dos trágicos gregos (Édipo) como à herança do teatro shakespeariano (Hamlet).

---

* Impérios centrais (ou potências centrais): coligação formada pela Alemanha e a Áustria-Hungria durante a Primeira Guerra Mundial, à qual se juntariam o Império Otomano e a Bulgária. O conceito deriva da localização geográfica da Alemanha e da Áustria-Hungria no continente europeu. (N.T.)

Enquanto se voltava para a ciência mais rigorosa de sua época – a fisiologia –, consumiu cocaína para tratar a neurastenia, julgando descobrir, em 1884, suas virtudes digestivas. Aventurou-se no mundo do irracional e do sonho, identificando-se com as lutas entre Fausto e Mefistófeles e entre Jacó e o Anjo, criando em seguida um cenáculo ao estilo da república platônica, angariando discípulos interessados em promover uma revolução das consciências. Ao pretender aplicar suas teses a todos os domínios do conhecimento, não soube apreciar as inovações literárias dos contemporâneos, que, não obstante, emprestavam-lhe seus modelos; desconheceu a arte e a pintura de seu tempo, adotou posições ideológicas e políticas conservadoras, embora impondo à subjetividade moderna uma estarrecedora mitologia das origens, cuja força, na mesma medida em que procuram erradicá-la, parece mais viva do que nunca. Contiguamente à história do "homem ilustre", abordei, em contraponto, a de alguns de seus pacientes que levaram uma "vida paralela" sem relação com a exposição de seus "casos". Outros reconstruíram seu tratamento como uma ficção, outros, por fim, mais anônimos, saíram da sombra com a abertura dos arquivos.

Freud sempre pensou que o que ele descobria no inconsciente antecipava o que acontecia com os homens na realidade. Escolhi inverter essa proposição e mostrar que o que Freud julgou descobrir era, no fundo, simplesmente fruto de uma sociedade, de um meio familiar e de uma situação política cuja significação ele interpretava magistralmente para transformá-la numa produção do inconsciente.

Eis o homem e a obra embutidos no tempo da história, na longa duração de uma narrativa em que se mesclam fatos singelos e grandiosos, vida privada e vida pública, loucura, amor e amizades, diálogos intensos, esgotamento e melancolia, tragédias da morte e da guerra, exílio final no reino de um futuro sempre incerto, sempre por reinventar.

PRIMEIRA PARTE

Vida de Freud

1. Primórdios

EM MEADOS DO SÉCULO XIX, a aspiração dos povos europeus à autonomia inflamava os espíritos. Em toda parte, de leste a oeste, tanto no âmbito das nações já democráticas como no seio das comunidades ainda arcaicas ou das minorias integradas aos impérios centrais, um novo ideal de emancipação brotava nas consciências, ilustrando a grande profecia de Saint-Just em 1794: "Que a Europa saiba que vós não quereis mais um único infeliz sobre a terra nem um único opressor no território francês; que esse exemplo frutifique pela terra ... A felicidade é uma ideia nova na Europa."

O ano de 1848 marca uma guinada. Primavera dos povos e das revoluções, primavera do liberalismo e do socialismo, aurora do comunismo. Após anos de guerras, massacres, subjugações e rebeliões, homens com línguas e costumes diferentes reivindicavam a abolição dos antigos regimes monárquicos restaurados nos países onde a epopeia napoleônica havia anteriormente contribuído para as expansões dos ideais de 1789: "Um espectro ronda a Europa", escreviam Marx e Engels em 1848: o espectro do comunismo. "Todas as potências da velha Europa uniram-se numa santa aliança para exorcizá-lo."[1]

Se, em toda parte na Europa, essas revoluções foram reprimidas, as ideias que elas embutiam continuaram a se propagar de maneira contraditória, segundo se referiam às *Lumières* francesas, caracterizadas pela busca de um ideal de civilização universal fundada na prática política, ou, ao contrário, ao Aufklärung alemão, cuja vocação filosófica tinha suas origens na Reforma protestante.[2]

Entretanto, em meados do século XIX, essas duas concepções do Iluminismo (civilização e *Kultur*) – a primeira universalista e a segunda mais iden-

---

1. Karl Marx e Friedrich Engels, "Manifesto do Partido Comunista" (1848), in *O Manifesto comunista de Marx e Engels*, Rio de Janeiro, Zahar, 2006, p.33.
2. Cf. Vincenzo Ferrone e Daniel Roche (orgs.), *Le Monde des Lumières*, Paris, Fayard, 1999.

titária – entraram em contradição com os regimes políticos preocupados em restaurar, sob novas formas, a antiga ordem do mundo, seriamente abalada pela eclosão das revoltas populares. Assim se originou o nacionalismo.

Para responder à aspiração dos povos e lutar contra o universalismo dos ideais do Iluminismo, a burguesia industrial, em plena expansão, reelaborou, virando-a do avesso, a ideia de nação. Buscou unificar não os homens entre si, e sim nações hierarquizadas concebidas como entidades distintas umas das outras, cada uma delas correspondendo à soma de seus particularismos. Ao princípio instituído pelo Iluminismo francês segundo o qual o Homem devia ser definido como um sujeito livre, e ao ideal alemão da cultura identitária, sucedeu uma doutrina fundada na obrigação de todos os seres humanos de pertencerem a uma comunidade ou uma raça: o homem em si não existe, diziam, mas apenas homens vinculados a um território, a um Estado-nação. Antes de ser um sujeito de direito, alheio a todo pertencimento, cada um deveria ser francês, italiano, alemão...

Nesse mundo europeu em plena mutação, os judeus também aspiravam a um ideal de emancipação. Gozando de plena cidadania francesa desde 1791, os judeus franceses haviam adquirido os mesmos direitos que os demais cidadãos, com a condição, todavia, de renunciarem ao fardo da dupla identidade. O que devia importar para eles era o acesso ao status de sujeito de direito, alforriado da servidão da religião e da influência comunitária. Consequentemente, eram autorizados a praticar, privadamente, o culto de sua predileção. Assim, para o Estado laico, o judaísmo tornou-se uma religião como outra qualquer, deixando de ser a religião-mãe, religião odiada desde a Idade Média, religião do povo eleito que dera origem ao cristianismo. A ideia de que alguém pudesse definir-se como judeu no sentido da identidade judaica era contrária ao ideal universalista da laicidade francesa.

Na Alemanha, terra da Reforma luterana, o processo de emancipação almejado pela Haskalá – movimento do Iluminismo judaico fundado por Moses Mendelssohn – visava não só integrar os judeus como cidadãos plenos, como lhes permitir serem ao mesmo tempo "judeus e alemães". Opondo-se ao hassidismo, outro componente do Iluminismo que tentava revalorizar a espiritualidade judaica – em especial na Europa oriental –, os partidários da Haskalá afirmavam que os judeus modernos podiam viver segundo dois pertencimentos positivos: um no âmbito da fé, o outro, no da terra. Com

Primórdios

a condição, não obstante, de se livrarem do peso de uma tradição religiosa demasiado coercitiva.

No conjunto do mundo germanófono em vias de industrialização – da Europa setentrional à *Mitteleuropa** –, os judeus asquenazes não haviam conquistado os mesmos direitos que na França. Distribuídos entre quatro grandes províncias, antigamente situadas no centro do Sacro Império Romano-Germânico – Galícia, Morávia, Boêmia e Silésia – e anexadas em seguida ao Império Austro-Húngaro, eles ocupavam na realidade um território mais vasto, com fronteiras indefinidas – o famoso *Yiddishland* –, onde agrupavam-se em comunidades falantes de uma mesma língua e circulavam numa zona instável, entre Polônia, Lituânia, Bielorrússia, Ucrânia, Romênia e Hungria.

Proibidos de exercer determinadas profissões, esses judeus, para escapar à humilhação de ser judeus, estavam fadados seja à conversão, seja à prática do ódio de si judeu, seja ao êxito intelectual, não raro vivenciado sob a forma de revanche: "Se os judeus brilharam na universidade", escreve William Johnston, "foi porque suas famílias os exortaram a estudar com mais afinco para vencer os preconceitos."[3]

Os judeus emancipados do século XIX julgavam portanto poder escapar da perseguição ancestral integrando-se à sociedade burguesa industrial e intelectual de diferentes maneiras, segundo o país onde residiam: como cidadãos plenos na França; como indivíduos pertencentes a uma comunidade na Inglaterra, depois nos Estados Unidos; como súditos judeus-alemães no mundo germânico; e como minorias nos impérios centrais. Muitos deles alteraram os patronímicos por ocasião das diferentes migrações que os afetaram: daí o movimento de germanização ou galicização dos sobrenomes poloneses, russos, romenos por essa época. Muitos abandonaram a circuncisão ou se converteram.

Porém, à medida que o nacionalismo se afastava dos antigos ideais das insurreições de 1848, os judeus passaram a ser rejeitados não mais por sua religião, mas por sua "raça", isto é, em razão de um pertencimento identi-

---

* *Mitteleuropa*: conceito de origem alemã que designa, na esfera geopolítica, os países da Europa Central. (N.T.)

3. William Johnston, *L'Esprit viennois. Une histoire intellectuelle et sociale, 1848-1938*, Paris, PUF, 1985, p.27 [ed. orig.: *The Austrian Mind: an Intellectual and Social History, 1848-1938*, Berkeley, University of California Press, 1972]. Cf. também Jean Clair (org.), *Vienne. L'Apocalypse joyeuse*, catálogo da exposição, Centro Georges Pompidou, 1986.

tário invisível que parecia resistir às conversões e que, por isso mesmo, forçava-os a se definir, por sua vez, como oriundos de uma nação. Tal foi o paradoxo das origens do antissemitismo, que substituiu o antigo antijudaísmo. O judeu deixou de ser segregado por praticar sua *outra* religião – o primeiro monoteísmo –, e passou a ser visto como oriundo de uma raça em busca de nação.

Se durante séculos só haviam lidado com "judeus", isto é, um povo de párias consciente da rejeição que suscitava e que pensava sua unidade ou universalidade sem referência a fronteiras, os europeus logo se veriam confrontados com um povo que, como eles, era compelido a definir-se como uma nação: a nação judaica. Mas o que é uma nação sem fronteiras? O que é um povo sem território? O que são uma nação e um povo compostos de súditos ou indivíduos que, justamente por ser oriundos de diferentes nações, não são cidadãos de lugar nenhum?[4]

Foi nesse mundo em plena efervescência, marcado pela urbanização e germanização progressivas dos judeus habsburgueses, que nasceu Kallamon (Kalman) Jacob Freud, em Tysmenitz, aldeia (*shtetl*) da Galícia oriental, em 18 de dezembro de 1815, seis meses após a derrota das tropas napoleônicas em Waterloo.[5] Como inúmeros judeus instalados nessa região da Europa oriental, doravante anexada ao império dos Habsburgo, seu pai, Schlomo Freud, originário de Buczacz, exercia a profissão de comerciante. Após o nascimento do

---

4. Abordei essa problemática em *Retorno à questão judaica* (2009), Rio de Janeiro, Zahar, 2010.
5. Todos os documentos relativos ao registro civil da família Freud foram publicados por Marianne Krüll, *Freud und sein Vater. Die Entstehung der Psychoanalyse und Freuds ungelöste Vaterbindung*, Munique, C.H. Beck, 1979 [ed. fr.: *Sigmund, fils de Jakob*, Paris, Gallimard, 1983]. Cf. também Renée Gicklhorn, "La famille Freud à Freiberg" (1969), *Études Freudiennes*, 11-12, janeiro de 1976, p.231-8; Ernest Jones, *La Vie et l'oeuvre de Sigmund Freud*, t.I: *1856-1900*, Paris, PUF, 1958 [ed. orig.: *The Life and the Work of Sigmund Freud*, t.I: *1856-1900*, Nova York, Basic Books, 1953; ed. bras.: *A vida e a obra de Sigmund Freud*, t.1: *1856-1900*, Rio de Janeiro, Imago, 1989]; Henri F. Ellenberger, *The Discovery of the Unconscious. The History and Evolution of Dynamic Psychiatry*, Nova York, Basic Books, 1970 [ed. fr.: *Histoire de la découverte de l'inconscient*, Paris, Fayard, 1994, p.439-46]. Peter Gay, *Freud, une vie*, Paris, Hachette, 1988 [ed. orig.: *Freud, A Life for Our Time*, Londres, J. Dent & Sons, 1988; ed. bras.: *Freud, uma vida para o nosso tempo* (1988), São Paulo, Companhia das Letras, 2012]. Cf. Emmanuel Rice, *Freud and Moses. The Long Journey Home*, Nova York, State University of New York, 1990. – Kallamon (Salomon) é eventualmente grafado Kalman, Kallmann ou Kelemen. Tysmenitz pode ser transliterado Tysmienica ou Tismenitz. Freiberg é às vezes escrito Freyberg ou Pribor, Prbor, em língua tcheca. Para Jacob, encontramos igualmente Jakob, para Peppi, Pepi. Cf. também carta de Freud ao burgomestre da cidade de Pribor, de 25 de outubro de 1931, BCW, cx.38, pasta 42.

filho mais velho, a mulher de Schlomo, Peppi Hofmann-Freud, por sua vez filha de Abraham Siskind Hofmann, negociante de tecidos e outros gêneros de primeira necessidade, botou no mundo dois outros filhos – Abae e Josef – e uma filha. Sem dúvida o sobrenome Freud era derivado do prenome *Freide*, pertencente à bisavó de Schlomo.

Negociante de lãs em Breslau, Abae não teve sorte com seus rebentos: um filho com hidrocefalia e mentalmente perturbado, outro que enlouqueceu. Pensando em seus tios e tias por ocasião de sua viagem a Paris em 1886, Freud, então fervoroso admirador de Jean-Martin Charcot e convencido da origem hereditária das neuroses, não hesitava em afirmar que sua família era acometida de uma tara "neuropatológica": "Como neurologista, temo todas essas histórias da mesma maneira que um marinheiro teme o mar." E acrescenta: "Essas histórias são muito frequentes nas famílias judias."[6]

Em meados de 1832, com apenas dezessete anos, Jacob casou-se em Tysmenitz com a jovem Sally Kanner, filha de negociante. Segundo o costume ainda em vigor à época, o casamento fora arranjado entre as duas famílias. Num primeiro momento, o casal foi morar na casa da família Kanner, onde Sally deu à luz dois filhos: Emanuel em 1833, Philipp um ano mais tarde. Em seguida teve outros dois filhos, que morreram precocemente.

Siskind Hofmann e Schlomo Freud entendiam-se às mil maravilhas. Como era comum no caso das famílias ampliadas do *shtetl*, regidas pela lei do pai e dos casamentos consanguíneos, três gerações moravam sob o mesmo teto ou no mesmo bairro. As mulheres permaneciam no lar para criar os filhos na companhia de suas mães, irmãs, sogra, empregados ou governanta, enquanto os homens, pais, genros e filhos administravam os negócios fora de casa: de um lado, a potência feminina limitada ao território do íntimo e das tarefas domésticas, do outro, o poder masculino em perpétuo exílio. No seio dessa ordem familiar, em que, do nascimento à

---

6. Carta de Sigmund Freud a Martha Bernays, *Correspondance, 1873-1939* (1960), Paris, Gallimard, 1967, p.223-4. A tese, equivocada, da "neurose judaica" estava muito em voga na época, em especial em decorrência do ensino de Charcot. Cf. Elisabeth Roudinesco, *Histoire de la psychanalyse en France suivi de Jacques Lacan: esquisse d'une vie*, Paris, Le Livre de Poche, 2009 [ed. bras.: *História da psicanálise na França*, 2 vols. (1982, 1986), Rio de Janeiro, Zahar, 1988, 1989; *Jacques Lacan: esboço de uma vida, história de um sistema de pensamento* (1993), Companhia das Letras, 1994]; aqui abreviado como *HPF-JL*.

morte, cada um ocupava um lugar bem definido, as relações sogro/genro revelavam-se tão importantes como as entre pai e filho, avô e neto ou ainda tio e sobrinho. Casado na adolescência, e já pai de dois filhos aos dezenove anos de idade, Jacob perpetuou essa tradição. Como seu pai, adquiriu o hábito de acompanhar o avô materno (Siskind) em suas viagens de negócios à Morávia, onde a política austríaca de assimilação era mais rigorosa do que na Galícia e, portanto, orientada não só para a germanização dos judeus, como para sua integração num modo de vida mais urbano.

Os dois homens dormiam em albergues judeus, respeitavam os ritos ancestrais e, ao fazê-lo, chocavam-se com as legislações discriminatórias, ao mesmo tempo em que descobriam maneiras de viver mais modernas que as adotadas em seu *shtetl*. Um permanecia ligado à herança do hassidismo, ao passo que Jacob, embora devoto e exímio conhecedor da língua sagrada, começava a se interessar pelos ideais da Haskalá.[7] Aos vinte anos, Jacob tornou-se sócio do avô.

Em julho de 1844, entraram com um requerimento para serem incluídos na lista dos judeus "tolerados" em Freiberg. Lembrando às autoridades que comprava pano na Morávia, o qual levava para tingir na Galícia, e que se destacava no comércio de cânhamo, mel e sebo, Siskind reivindicava além disso a prorrogação de seus passaportes, dele e do neto. Vencidos os trâmites burocráticos, a "tolerância" lhes foi concedida.

Quatro anos mais tarde, a revolução popular que sacudiu a Europa permitiu aos judeus do Império Austro-Húngaro conquistar direitos civis e políticos. A urbanização progredia à medida que, na esteira de uma explosão demográfica, as populações judaicas da Galícia migravam para o oeste e o sul.[8] Jacob aproveitou-se de tal cenário e requereu constar como domiciliado em Freiberg. Ao longo dos anos, afrouxou gradualmente os laços que ainda o prendiam à tradição hassídica do pai a fim de desvencilhar-se ainda mais da mentalidade do *shtetl* e integrar-se à nova sociedade burguesa.

Para marcar sua evolução, fez a aquisição de um exemplar da Bíblia de Ludwig Philippson, primeiro tradutor do texto hebraico em língua alemã.

---

7. Vários comentadores imaginaram erradamente que Jacob permanecera fiel aos ritos ortodoxos.

8. Agradeço a Michel Rotfus por ter me dado notícia de diversas fontes sobre a evolução dos judeus das quatro províncias do Império Austro-Húngaro.

Publicada entre 1838 e 1854 para uso dos judeus reformistas, a obra respeitava a integralidade da Escritura sagrada, embora o texto viesse acompanhado de uma exuberante iconografia inspirada no antigo Egito. Na folha de rosto, Jacob colocou a data 1º de novembro de 1848, comemorando assim a primavera dos povos.

Ao tornar-se um liberal, preservando ao mesmo tempo o hábito de entremear suas falas com inúmeras anedotas extraídas da longa tradição do humor judaico, Jacob chegou a negligenciar as cerimônias religiosas. Apesar disso, fazia questão de celebrar o Purim e o Pess'ah como festas de família. A primeira comemorava a libertação dos judeus do Império Persa, a segunda, a saída do Egito e o fim da escravização do homem pelo homem: duas festas da liberdade, evocadoras de sua adesão aos ideais da rebelião popular.

Entre 1848 e 1852, Jacob manteve sua vida itinerante. Com a morte de Sally, casou-se com certa Rebekka, filha de negociante, com quem não teve nenhum filho, justamente quando seu filho mais velho se casava, aos dezenove anos, com uma jovem judia, Maria Rokach, cuja família vinha da Rússia. Em 1855, esta pôs no mundo seu primeiro filho, Johann (John) Freud, futuro companheiro de jogo de seu tio Sigmund, nascido um ano depois. Em seguida, veio Pauline, nascida em 20 de novembro de 1856.[9]

Emanuel, primeiro filho de Jacob, tornou-se por sua vez sócio do pai, como este fora de seu pai e de seu avô. Quanto a Philipp, o caçula, permaneceu solteiro e só fundou uma família após instalar-se em Manchester, para onde emigrou com o irmão em torno de 1859, quando seu pai deixou Freiberg. Ambos fizeram fortuna no ramo dos têxteis e das joias. Jacob nunca aludiu a seu segundo casamento, cujo rastro foi descoberto por historiadores. Repudiara Rebekka? Nada prova isso. Alguns comentadores inventaram todo um romance acerca dessa segunda esposa, a cujo respeito não sabemos praticamente nada e cuja existência Sigmund Freud ignorava.[10]

Fato é que, em 29 de julho de 1855, ele contraiu um novo casamento arranjado, dessa vez com Amalia Nathansohn, filha de Jacob Nathansohn,

---

9. *Lettres de famille de Sigmund Freud et des Freud de Manchester, 1911-1938*, Paris, PUF, 1996.
10. Em 1979, procurando cristianizar o destino de Freud, Marie Balmary apontou um suposto "pecado escondido" na vida de Jacob e, sem fundamento, afirmou que Rebekka teria se suicidado jogando-se de um trem. Cf. *L'Homme aux statues. Freud et la faute cachée du père*, Paris, Grasset, 1979.

representante comercial proveniente de Odessa e radicado em Viena. Nascida em Brody em 1835, e única menina do grupo de cinco filhos, pertencia à mesma geração que os dois filhos de seu esposo. A união foi abençoada, segundo o rito reformista, por Isaac Noah Mannheimer. O oficiante recitou as sete bênçãos nupciais e o recém-casado quebrou um copo sob os pés em memória da destruição do Templo de Jerusalém.

Imperiosa, autoritária e sem dúvida padecendo, muito mais que a mãe e a avó, da grande ausência de liberdade individual que ainda obrigava as mulheres de sua época a ser exclusivamente mães, Amalia recusou-se a ser prisioneira de um modelo familiar fadado à extinção. Não teve, porém, meios de rebelar-se contra a condição de esposa no lar. Magra, elegante, bonita, animada, dando mostras de prodigiosa resistência física, psíquica e moral, soube conservar sua autonomia num mundo em plena mutação. A esse marido que podia ser seu pai, deu oito filhos em dez anos, três meninos e cinco meninas: Sigmund, Julius, Anna, Regine Debora (ou Rosa), Maria (ou Mitzi), Esther Adolfine (ou Dolfi), Pauline Regine (ou Paula) e Alexander. Ou seja, nunca deixou de estar grávida entre a data de seu casamento e a do nascimento do último filho em 1866. Aliás, não sabemos por que, tão fértil, não teve mais filhos depois dessa data.

Em 6 de maio de 1856, pôs então no mundo seu primeiro filho, Sigmund (Sigismund), que também recebeu o prenome Schlomo-Shelomoh em homenagem ao patriarca de Tysmenitz. Jacob, que anotara em hebraico em sua famosa Bíblia a data da morte de seu pai, ocorrida em 21 de fevereiro, acrescentou a do nascimento desse novo Schlomo, "aceito na Aliança" (circuncidado) uma semana mais tarde.[11] Em 1891, dará essa Bíblia ao filho, de presente de aniversário, após providenciar uma nova encadernação: "Filho que me é caro, Shelomoh ... Dediquei-a a ti para que seja um memorial, uma lembrança da afeição de teu pai, que o ama de um amor eterno. Em Viena, capital, em 29 nissan 565, 6 de maio de 1891."[12]

---

11. A certidão de nascimento registra-o com o prenome judeu Schlomo (Shelomoh), nascido em Freiberg, na terça-feira Rosch Hodesch Iyar 5616 do calendário judaico, isto é, 6 de maio de 1856. A casa onde ele nasceu situava-se no número 117 da rua dos Serralheiros. Marie Balmary afirmou que Amalia teria engravidado antes do casamento e que Freud teria nascido em 6 de março de 1856 e não 6 de maio. Tais asserções não têm qualquer fundamento. O documento original encontra-se agora disponível na internet e a data de 6 de maio é incontestável.
12. Traduzido do hebraico por Yosef Hayim Yerushalmi, Le "Moïse" de Freud. Judaïsme terminable et interminable (1991), Paris, Gallimard, 1993, p.139-40 [ed. bras.: O Moisés de Freud, Rio de

Desde o seu nascimento, Sigmund foi para Amalia motivo de orgulho e vaidade. Chamava-o de "meu Sigi de ouro", costumava conversar em iídiche com ele e sempre o preferiu aos outros filhos, convencida de que ele se tornaria um grande homem. Um dia, numa confeitaria, encontrou uma velha, a qual lhe vaticinou que seu filho era um gênio. Viu nisso a confirmação de sua certeza, que Freud sempre achou ridícula: "Tais profecias devem ocorrer com muita frequência, pois há inúmeras mães esperançosas, bem como velhas camponesas e outras mulheres idosas cujo poder terreno se evanesceu e que, portanto, voltaram-se para o futuro."[13]

Amalia transmitiu sua convicção a Jacob, que pôs-se então a admirar o filho, sonhando que este um dia lhe seria superior. Enquanto os homens da família, ajudados pelos genros ou apoiados pelos sogros, sempre se haviam visto como honestos negociantes de lãs e gêneros diversos, Jacob, agora um franco adepto do Iluminismo judaico, pensou desde cedo que seu filho poderia almejar um destino diferente do de seus ancestrais: não mais o negócio, mas o saber. Iniciou-o então na narrativa bíblica como se num romance familiar genealógico, o que lhe proporcionou intenso prazer. Ao longo de toda a sua escolaridade, o jovem Freud continuará a impregnar-se da linguagem bíblica, sobretudo por intermédio de Samuel Hammerschlag, seu professor de hebraico, que, além disso, o ajudará a financiar seus estudos: "Em sua alma", escreverá Freud em 1904, por ocasião da morte do mestre, "ardia a centelha refulgente do espírito dos grandes profetas do judaísmo."[14]

Janeiro, Imago, 1992]. Yerushalmi levanta a hipótese de Freud, ao contrário do que sempre afirmou, conhecer o hebraico. Evidentemente, conhecia-o mais do que admitia. A Roback, que em 1930 enviara-lhe um exemplar com dedicatória de seu livro, Freud escreverá estas palavras: "Minha educação foi tão pouco judaica que sequer sou capaz de ler sua dedicatória, manifestamente escrita em hebraico. Mais tarde, lastimei essa lacuna" (Sigmund Freud, *Correspondance*, op.cit., p.430).

13. Sigmund Freud, *L'Interprétation du rêve* (1900), Paris, PUF, 1967, p.171 [ed. bras.: *A interpretação dos sonhos*, Porto Alegre, L&PM, 2012 / *ESB*, vol.4-5; ed. orig.: *Die Traumdeutung*, in *GW*, vol.2-3].

14. Sigmund Freud, "En mémoire du professeur S. Hammerschlag" (1904), in *OCF.P*, Paris, PUF, vol.6, p.41 [ed. bras.: "Obituário do professor Hammerschlag, in *ESB*, vol.9; ed. orig.: "Nachruf auf Professor S. Hammerschlag", in *GW*, volume suplementar]. Cf. Theo Pfrimmer, *Freud, leitor da Bíblia* (1984), Rio de Janeiro, Imago, 1994; cf. também Ernst Hammerschlag (neto de Samuel), BCW, cx.113, pasta 20, s/d.

Logo, apesar do que viria a dizer, Freud tomou contato muito cedo com o texto sagrado. Nada o atraía mais, em sua infância, do que a saga egípcia de Moisés, as aventuras de José e seus irmãos ou os casamentos múltiplos dos patriarcas centenários, que engendravam uma descendência numerosa com suas mulheres, concubinas ou servas. Admirava Sansão, Saul, Davi, Jacó. Nos textos do judaísmo, encontrava determinados traços estruturais da própria família, e disso mais tarde deduziria que uma grande família é sempre uma bênção e ao mesmo tempo uma fonte de preocupação. Deleitando-se com suas fantasias e devaneios, gostava de imaginar que seu meio-irmão Philipp, que morava sob o mesmo teto que ele, era o verdadeiro esposo de sua mãe e que seu pai era seu avô. Assim, sentia ciúmes daquele solteirão, ao passo que se entendia às mil maravilhas com seu outro meio-irmão, Emanuel, que se casara com uma mulher da mesma geração que ele. Alguns historiadores especularam, sem apresentar qualquer tipo de prova, que Philipp fora realmente amante de Amalia.

Afeiçoado à sua jovem e sedutora mãe, que o amava de maneira egoísta, Freud a via na infância como uma mulher ao mesmo tempo viril e sexualmente desejável. Por ocasião de uma viagem de trem entre Freiberg e Leipzig, extasiou-se ante sua nudez e mais tarde relatou um célebre sonho de angústia em que a via adormecida e carregada até sua cama por personagens com bicos de pássaro que lhe evocavam as divindades egípcias reproduzidas na Bíblia do pai. Em seguida, considerou que, uma vez adultos, os filhos prediletos das mães são portadores de um otimismo inabalável. Mais que isso, deduzirá de tal convicção a ideia de que as relações amorosas entre mães e filhos são as mais perfeitas e as mais isentas de ambiguidade. Na verdade, ele nunca conseguiu elucidar a natureza de seu vínculo com a mãe. Para ele, o amor materno – muito especialmente o amor da mãe pelo filho homem – derivava de uma evidência natural.

Foi junto à sua "Nannie" que ele descobriu outro aspecto do amor materno. Contratada como babá das crianças, Resi Wittek (ou Monika Zajic)[15] era idosa, feia e pouco desejável: o justo oposto de Amalia. Deu-lhe, contudo,

---

15. Paira uma incerteza quanto ao nome dessa governanta. Resi Wittek é o nome indicado num documento oficial de 5 de junho de 1857. O de Monika Zajic figura em outro documento como parente do serralheiro Zajic, em cuja casa morava a família Freud em Freiberg. As duas mulheres são decerto a mesma pessoa. Cf. Marianne Krüll, *Sigmund, fils de Jacob*, op.cit., p.335.

Primórdios

afeto e sensualidade, ou seja, a pitada carnal de que ele sentia falta em sua relação com a mãe: "Ela foi", dirá mais tarde, "minha professora de sexualidade. Ela me dava banho com uma água avermelhada na qual ela mesma se lavara antes."[16] Católica fervorosa, Monika falava com ele em tcheco, contava-lhe histórias de diabos e santos e o levava a igrejas onde se celebrava o culto de Maria. Foi assim que ele descobriu a segunda religião monoteísta, religião da carne, do pecado, da confissão e da culpa, com suas imagens pias, seus rosários, sua iconografia barroca, suas representações do inferno. Quando voltava para casa, Sigmund pregava e glorificava o nome do Deus dos cristãos. Entretanto, por ocasião do nascimento de Anna, Philipp, o "irmão malvado", conseguiu que Monika fosse detida, acusada de furto. Privado da mãe, confinada no quarto após um novo parto, e tendo perdido a babá, Sigmund faz um escândalo. Acreditava piamente que Amalia fora engolida por um guarda-louça.

Em 1905, nos *Três ensaios sobre a sexualidade*, ele afirmou que babás pouco conscienciosas fazem as crianças dormir acariciando seus órgãos genitais.[17] Ao tomarem conhecimento dessa observação, vários comentadores imaginaram posteriormente que Monika bolinara o pênis do pequeno Sigmund e que, sem dúvida, daí teria nascido sua paixão pelo estudo da sexualidade humana.[18] A ideia de um Freud abusado pela babá prosperou, assim como tantos outros rumores em torno da vida privada do fundador da psicanálise.

Em sua infância, Sigmund teve como colegas de brincadeiras Pauline e John, com os quais formava um trio. Trinta anos mais tarde, num artigo sobre as "Lembranças encobridoras", contou como um homem de trinta e oito anos, que ele curara de uma fobia, fizera aflorar em sua memória uma lembrança infantil que mascarava outra muito mais reprimida.

Na realidade, nesse texto ele mobilizava as próprias recordações para ilustrar sua teoria, e o homem cuja história ele contava não era outro senão ele mesmo. Dois primos e uma prima brincam numa campina, ele diz, e cada

---

16. Carta de Sigmund Freud a Wilhelm Fliess, de 3 de outubro de 1897, in *Lettres à Wilhelm Fliess, 1887-1904*, Paris, PUF, 2006, p.341 [ed. bras.: *Freud/Fliess, correspondência completa*, Rio de Janeiro, Imago, 1997].

17. Sigmund Freud, *Trois essais sur la théorie sexuelle* (1905), Paris, Gallimard, 1987 [ed. bras.: *Três ensaios sobre a sexualidade*, in *ESB*, vol.7; ed. orig.: *Drei Abhandlungen zur Sexualtheorie*, in *GW*, vol.4].

18. Marianne Krüll levanta essa hipótese, bem como muitos outros depois dela...

uma das crianças colhe um buquê. Como a garotinha apanha a maior parte das flores, os dois meninos, com inveja, arrancam-lhe o buquê das mãos. Depois que ela se queixa a uma camponesa, que a consola dando-lhe uma fatia de pão, eles jogam fora as flores a fim de obterem igualmente uma parte da broa: "Em minha lembrança esse pão é delicioso, e aqui a cena se interrompe." Freud explicava em seguida que "tomar a flor de uma menina quer dizer: deflorar".[19]

Era o suficiente para que certos comentadores, confundindo realidade e fantasia inconsciente, se aproveitassem para afirmar que, em sua infância, Freud teria realmente deflorado a sobrinha com a cumplicidade do sobrinho.

A lenda de um Freud violentado pela babá e estuprador da sobrinha encontra então sua fonte, como todas as outras lendas, na própria obra freudiana, incessantemente reinterpretada ao sabor de especulações ou construções infundadas. O que, em contrapartida, está estabelecido com certeza é que Freud mantinha relações de cumplicidade e rivalidade com o sobrinho mais velho que ele. Como todos os meninos confrontados com meninas de sua idade, John e Sigmund trataram às vezes Pauline "com certa crueldade".[20] Eles eram inseparáveis, se amavam, se acusavam, brigavam. Ao comparar essa amizade infantil com a de Brutus e César, Freud fez dela a matriz do que virão a ser suas relações com os homens de seu círculo, mestres, discípulos, amigos, adversários, inimigos: "Um amigo íntimo e um inimigo odiado sempre foram requisitos necessários de minha vida afetiva. Eu sempre consegui providenciá-los de novo e, não raro, esse ideal infantil se reproduziu tão amplamente que amigo e inimigo coincidiam na mesma pessoa."[21]

Em 1860, a família Freud instalou-se em Leopoldstadt, subúrbio popular de Viena onde moravam judeus pobres que eventualmente ocupavam apartamentos insalubres. Novamente grávida, Amalia contraiu tuberculose e teve de passar várias temporadas nos Cárpatos para se tratar. Nessa época, Jacob ainda se proclamava negociante de lã. Entretanto, vítima da mecanização da

---

19. Sigmund Freud, "Les souvenirs-écrans" (1899), Paris, PUF, 1973 [ed. bras.: "Lembranças encobridoras", in *ESB*, vol.3; ed. orig.: "Über Deckerinnerung", in *GW*, vol.1]. Cf. também Siegfried Bernfeld, "An Unknown Autobiographical Fragment by Freud", *American Imago*, 4, 1, 1946; e Suzanne Cassirer-Bernfeld, "Freud's Early Childhood", *Bulletin of the Menninger Clinic*, 8, 1944, p.107-15. Como já assinalei, evitei cuidadosamente reconstruir a vida de Freud a partir de seus sonhos.

20. Sigmund Freud, *Lettres à Wilhelm Fliess*, op.cit., p.340.

21. Sigmund Freud, *L'Interprétation du rêve*, op.cit., p.412.

Primórdios

produção têxtil, jamais veio a se tornar um comerciante próspero. Mesmo assim, com a ajuda dos filhos do primeiro casamento, conseguiu dar uma vida decente à sua numerosa prole.

Após ter sido a encarnação de uma forte autoridade paterna, Jacob transmite a impressão de um homem fraco e humilhado. Com mais intensidade do que nunca, acalentou, por exemplo, o sonho de que o filho conheceria um destino mais glorioso que o seu, mas que nem por isso se esqueceria de honrar o do pai: "Meu Sigismund tem mais inteligência no seu dedinho do pé do que eu na cabeça, mas ele jamais ousaria me contradizer."[22] Schlomo-Sigismund foi o primeiro da longa linhagem dos Freud, oriundos dos *shtetl* da Europa oriental, a ter acesso a outra carreira que não a de negociante.[23]

Data dessa época sua identificação com figuras de conquistadores, vencedores depois vencidos, porém sempre dispostos a vingar o pai ou superá-lo: Aníbal, Alexandre, Napoleão. Atesta isso a lembrança que guardou de uma cena de infância durante a qual ouvira o pai contar um episódio antigo destinado a lhe provar que o tempo presente era melhor que o passado. Antigamente, dissera-lhe Jacob, "um cristão atirou meu boné de pele na lama, gritando: 'Judeu, saia da calçada.'" E, à pergunta do filho sobre o que ele fizera, ele respondera: "Recolhi o meu boné."

A essa cena, que lhe desagradava, Sigmund opusera outra, mais em conformidade com suas aspirações: aquela, histórica, em que Amílcar fazia seu filho Aníbal jurar que o vingaria dos romanos e defenderia Cartago até a morte.[24]

Assim, arraigou-se no imaginário do adolescente a preocupação de restaurar a lembrança de um poder patriarcal que não cessava de se diluir à sua vista. O episódio do boné de pele, com efeito, explicava não só a história de uma humilhação paterna frente ao antissemitismo, como o itinerário de um filho que se atribuíra muito cedo a missão de revalorizar simbolicamente a lei do pai mediante um ato de rebelião anibaliana. Era necessário não só

---

22. Fritz Wittels, *Freud, l'homme, la doctrine, l'école*, Paris, Alcan, 1925, p.46-7. Reedição in Edward Timms (org.), *Freud et la femme-enfant. Mémoires de Fritz Wittels*, Paris, PUF, 1999.
23. Outros galícios terão um destino prestigioso: Isidor Isaac Rabi, cujos pais emigraram para os Estados Unidos em 1899, ganhará o prêmio Nobel de física em 1944; da mesma forma, Roald Hoffmann, nascido em 1937, exilado nos Estados Unidos, será prêmio Nobel de química, e Georges Charpak, emigrado para a França, prêmio Nobel de física. Freud sonhava com esse prêmio, que jamais viria a receber.
24. Sigmund Freud, *L'Interprétation du rêve*, op.cit., p.175.

superar o pai, como mudar de cultura sem jamais calar a identidade judaica dos ancestrais. Traçando assim seu destino, Freud associava-se à história dos filhos da burguesia mercantil judaica do Império Austro-Húngaro, obrigados a se desjudaizarem para poderem ser intelectuais ou cientistas. Para existirem como judeus, foram obrigados a adotar as culturas grega, latina e alemã.

Ernst Simon, filósofo israelense de origem berlinense, afirmou em 1980 que Freud preparara-se para o bar mitzvah e passara por esse rito aos treze anos de idade. Como prova do que declarava, recorria a uma confidência do próprio Freud. Com efeito, este contou um dia ter sido presenteado, aos catorze anos, com as obras do escritor judeu alemão Ludwig Börne, admirador da Revolução Francesa e herdeiro do Aufklärung. Freud os havia guardado ciosamente como os únicos livros remanescentes de sua juventude. E Simon deduziu disso que estes lhe haviam sido presenteados na realidade no dia de seus treze anos, tratando-se portanto de um mimo recebido por ocasião de seu bar mitzvah. É uma interpretação sem dúvida sedutora, embora nada prove que essa cerimônia tenha de fato ocorrido. Em contrapartida, é certo que Freud admirava esse escritor, do qual decorara as seguintes palavras: "Um receio ignominioso de pensar nos refreia a todos. Mais opressora que a censura dos governos é a censura exercida pela opinião pública sobre nossas obras espirituais."[25]

Durante o verão de 1865, Josef Freud, irmão de Jacob, foi preso, portando títulos bancários falsos. Alguns meses depois, será condenado a dez anos de prisão: "Meu pai, que à época se tornou grisalho em poucos dias devido à sua aflição, costumava sempre dizer que tio Josef nunca fora má pessoa, mas, sim, estúpido."[26] Nada permite afirmar, como fizeram alguns comentadores, que esse caso teria sido escamoteado do jovem Sigmund a ponto de provocar em sua subjetividade de adulto uma "catástrofe" existencial relevante.[27] Na realidade, Freud sensibilizou-se com essa nova humilhação do pai, lembrando,

---

25. Sigmund Freud, "Sur la préhistoire de la technique analytique" (1920), in *OCF.P*, op.cit., vol.15 [ed. bras.: "Uma nota sobre a pré-história de uma técnica de análise", in *ESB*, vol.18; ed. orig.: "Vorgeschichte der Analytischen Technik", in *GW*, vol.12]. Cf. Ernst Simon, "Freud and Moses", in *Entscheidung zum Judentum. Essays und Vorträge*, Frankfurt, Suhrkamp, 1980. Jones afirma que Freud recebera o presente em seu aniversário de 14 anos.
26. Sigmund Freud, *L'Interprétation du rêve*, op.cit., p.127.
27. Alain de Mijolla, "Mein Onkel Josef à la une", *Études Freudiennes*, 15-16, abril de 1979, p.183-92. Nicholas Rand e Maria Torok, *Questions à Freud*, Paris, Les Belles Lettres, 1995.

Primórdios

na ocasião, que a relação tio/sobrinho havia sido, em sua própria infância, fonte de ódio e amizade.

Aos treze anos, aproximou-se de Eduard Silberstein, filho de um banqueiro judeu romeno estabelecido em Iași, depois em Brăila, às margens do Danúbio.[28] Criado por um pai meio louco e submetido à ortodoxia religiosa, Eduard aspirava ao livre-pensamento, tornando-se, assim, amigo e colega de classe do filho de Jacob no Realgymnasium de Viena, depois no Obergymnasium.

As famílias dos dois adolescentes logo entabularam relações. Anna Silberstein e Amalia Freud encontravam-se na estação termal de Roznau para ingerir as águas e discorrer sobre seus problemas domésticos, enquanto os dois adolescentes, apaixonados por literatura, fingiam ser heróis de romances. Para alimentar melhor seus devaneios, fundaram uma "Academia Castellana" em homenagem a seu escritor predileto: Cervantes. No âmbito desse cenáculo, do qual eram os únicos membros, seus prazeres intelectuais emanavam do livre exercício de uma linguagem iniciática. Trocavam suas missivas em alemão e espanhol, recheando ambas as línguas com palavras que funcionavam como uma linguagem codificada. E, para enfatizar sua veneração pelo romance picaresco, atribuíram-se cada qual um nome extraído do célebre "Colóquio dos cães", uma das *Novelas exemplares*.

Nessa narrativa, Cervantes coloca em cena o cão Berganza, narrador inveterado, e o cão Cipião, filósofo cínico e amargo, ambos filhos da bruxa Montiela, à qual devem sua espantosa faculdade de dissertar sobre as inconsequências da alma humana. Através desse diálogo, o escritor desfecha uma crítica feroz às perversões humanas e injustiças de sua época.

Não admira Freud ter escolhido a alcunha de Cipião, reiterando para si próprio sua desconfiança quanto à capacidade do ser humano de dominar as paixões. E, no entanto, dizia, "o homem que pensa" é o único a poder decidir a respeito: "Ele é seu próprio legislador, confessor e juiz."[29]

Muito cedo imbuído dessa concepção da liberdade humana, Freud, ao chegar à adolescência, teve uma atitude ambígua a respeito da própria se-

---

28. Sigmund Freud, *Lettres de jeunesse* (1989), Paris, Gallimard, 1990. Freud receberá em consulta a mulher de Eduard, Pauline Silberstein (1871-91), acometida de psicose melancólica, que irá suicidar-se ao se jogar do último andar da Berggasse 19. Cf. J.W. Hamilton, "Freud and the Suicide of Pauline Silberstein", *Psychoanalytic Review*, 89, 6, 2002, p.889-909.

29. Sigmund Freud, *Lettres de jeunesse*, op.cit., p.133-4.

xualidade. Por um lado, sofria com as frustrações impostas pela sociedade em que vivia, a ponto de considerá-las a causa dos mais sombrios tormentos subjetivos; por outro, via a exibição pulsional como fonte de destruição. Daí um culto marcado pelo controle das desordens do eu. Preferindo o desejo não saciado ao gozo dos corpos, não hesitava em rememorar uma cena de infância, quando urinara no quarto dos pais na presença deles: "Esse menino nunca será alguém na vida", dissera Jacob. Desafiado por essa frase paterna, Freud não se cansou, durante décadas, de listar todos os seus sucessos intelectuais a fim de provar a si mesmo que viria a ser alguém na vida.[30] Judeu sem Deus, puritano emancipado capaz de controlar suas pulsões e criticar os danos do puritanismo, Freud se descreve como um rebelde metódico, desde a infância apaixonado pelos mistérios e extravagâncias da sexualidade humana. Sempre se definirá como um "liberal à moda antiga", assinante do *Neue Freie Presse*, principal diário do Império Austro-Húngaro,[31] fundado em 1864 e no qual colaboravam eminentes intelectuais vienenses: Hugo von Hofmannsthal, Stefan Zweig, Arthur Schnitzler e Theodor Herzl, entre outros.

Durante o verão de 1871, na companhia de Eduard, passou uma temporada em Freiberg na casa da família de Ignaz Fluss, negociante de têxteis e amigo de longa data de Jacob Freud. Impressionado com a filha de Ignaz, a jovem Gisela, na época com doze anos de idade e irmã de seu colega Emil Fluss, deu-lhe o apelido de *Ichthyosaura* e alcunhou a si próprio como "príncipe do Lias e senhor do Cretáceo", fazendo assim referência a um poema de Viktor von Scheffel sobre o fim da era dos sáurios, animais refratários à ordem do mundo, porém impotentes para impedir a catástrofe final.

No ano seguinte, Freud reviu Gisela. Fingindo indiferença, permitiu que ela voltasse para o internato e começou a divagar pelas florestas de sua infância, sonhando no que poderia ter sido sua vida se os seus pais não houvessem deixado Freiberg e se, em vez de assumir seu novo destino vienense, ele houvesse aceitado tocar adiante o negócio do pai, casando-se na mesma idade que este, com uma moça oriunda de seu meio.

E, para fechar definitivamente a era pré-histórica dos amores impossíveis entre sáurios – senhor do Cretáceo e *Ichthyosaura* –, ele explicou a Eduard que

---

30. Sigmund Freud, *L'Interprétation du rêve*, op.cit., p.191.
31. O *Neue Freie Press* sucedera o *Die Presse*, que fora criado em março de 1848.

Primórdios

o verdadeiro objeto de seu desejo não era Gisela, e sim Eleonora, sua mãe. "Acho que transferi para a filha, sob forma de amizade, o respeito que a mãe me inspira. Sou um observador perspicaz ou assim me julgo: minha vida no seio de uma família numerosa, onde tantas personalidades se desenvolvem, aguçou meu olhar e despertou minha admiração por essa mulher, que nenhum de seus filhos iguala completamente."[32]

Eleonora Fluss possuía qualidades que Amalia não possuía. Moderna, liberal, culta, livrara-se do espírito de gueto. Quanto ao marido, ao contrário de Jacob Freud, mostrara-se capaz de superar a crise que golpeara a indústria têxtil. Tendo conservado sua fortuna, não trocara Freiberg por Viena, cidade detestada por Sigmund, que amava a natureza, as flores, os cogumelos, as florestas, os animais, a vida ao ar livre. Por ocasião desse retorno à terra natal, o adolescente então construiu um duplo "romance familiar". Enquanto imaginava o que poderia ter sido sua vida se tivesse feito carreira no comércio de têxteis, aspirava igualmente a outra parentalidade: ter um pai idêntico a Ignaz Fluss e uma mãe parecida com Eleonora. O que, naturalmente permitia-lhe sublimar a atração física por Gisela. Uma maneira entre outras de tomar distância com relação ao próprio pai, que não fora obrigado, na mesma idade que ele, a refrear a sexualidade.

Um episódio mostra a que ponto o jovem Freud era capaz não só de inventar um romance familiar em conformidade com seus desejos, como de julgar com grande severidade as famílias que infringiam as regras do decoro burguês. E, naturalmente, considerava que, no cerne desse sistema, as famílias judaicas tinham o dever de ser mais exemplares que as demais. Por exemplo, ficou horrorizado, em setembro de 1872, ao descobrir a banal grosseria de um casal de pais no trem que o levava de Freiberg a Viena: "Ele era da madeira com que o destino faz os idiotas, quando é chegado o momento: astucioso, mentiroso, iludido pela bem-amada família na convicção de ser um homem de talento, tudo isso sem princípios nem visão de mundo. Uma cozinheira da Boêmia, como se não bastasse dona da mais perfeita cara de buldogue que jamais vi. Fiquei cheio dessa ralé. Durante a conversa, soube que a dama judia e toda a sua família eram originárias de Meseritsch; exatamente a estrumeira

---

32. Sigmund Freud, *Lettres de jeunesse*, op.cit., p.46. Reproduzido em "Lembranças encobridoras", op.cit.

que convém a esse tipo de produto."[33] E algumas linhas adiante, suscetível ao sofrimento das mães neuróticas, contava a Emil Fluss seu encontro, no mesmo trem, com "uma mulher nervosa, excitada, trêmula, na companhia de uma menina de doze anos com rosto de anjo". Não desgrudara os olhos dela ao longo de toda a viagem: "Assim, cheguei a Viena. Vi novamente a mãe nervosa e a criança loura e jurei para mim mesmo marcar onde, na multidão vienense, as encontraria de novo. Assim termina meu pequeno romance."[34]

Educado de maneira liberal, no seio de um sistema familiar endógamo e ainda caracterizado pela tradição dos casamentos arranjados, Freud teve uma infância feliz entre um pai que poderia ter sido seu avô e uma mãe que poderia ter se casado com seu meio-irmão, além de sobrinhos de sua faixa etária. Embora as cinco irmãs o venerassem, não deixavam de julgá-lo tirânico. Ele vigiava suas leituras, não suportava o barulho do piano, que o perturbava em seus diletos estudos, e achava normal que elas dividissem um quarto, iluminado a vela, ao passo que ele ocupava um cômodo só para ele e desfrutava de uma lamparina a óleo.

Como no caso da maioria das mulheres de sua geração, às irmãs de Freud não restou outro destino senão tornarem-se esposas, mães ou donas de casa. Não receberam nenhuma formação intelectual que lhes permitisse escapar de tal condição. Anna foi a única a dar continuidade aos estudos, vindo a formar-se como professora primária. Em torno dos dezesseis anos, foi cortejada por um velho tio da família Nathansohn, que buscava uma nova esposa e pretendia levá-la para Odessa. Horrorizado diante da ideia de uma união consanguínea entre uma adolescente e um ancião, Freud opôs-se com grande firmeza.[35] Mais tarde, Anna teve a oportunidade de fazer um excelente casamento com Ely Bernays, irmão de Martha, e depois emigrar para os Estados Unidos, onde seus filhos prosperaram na vida.[36]

---

33. Ibid., carta a Emil Fluss, p.228. Meseritsch (ou Gross-Meseritsch) é uma cidade da Morávia situada entre Freiberg e Viena. Alguns críticos julgaram ver nessa descrição um traço antissemita.

34. Ibid., p.230.

35. Anna Freud-Bernays, *Eine Wienerin in New York: die Erinnerungen der Schwester Sigmund Freuds*, org. Christfried Tögel, Berlim, Aufbau, 2004.

36. Judith Heller-Bernays (1885-1977), Lucy Leah-Bernays (1886-1980), Hella Bernays (1893-1994), Martha (1894-1979). Sobre o destino excepcional de Edward Bernays (1891-1995), teórico moderno da propaganda, ver infra. Martha Bernays, irmã de Eli, se casará com Sigmund Freud.

Primórdios

Rosa, a preferida de Freud, tão neurastênica quanto ele, casou-se com um advogado, Heinrich Graf, que morreu pouco tempo depois. Seu filho Hermann perdeu a vida durante a Primeira Guerra Mundial e sua filha Cäcilie (Mausi) suicidou-se em 1922 após ter sido abandonada grávida pelo amante.[37] Maria casou com um primo distante, Moritz Freud, de Bucareste, com quem teve cinco filhos:[38] entre eles, um natimorto e outros dois vítimas de morte violenta (suicídio e acidente). Casada com Valentin Winternitz, Paula, viúva após essa união, teve uma filha, seu único rebento.[39] Quanto a Adolfine, permaneceu solteira e serviu de governanta para a mãe, que lhe infligiu inúmeras humilhações.

No âmago dessa organização do parentesco, em que as mulheres ainda eram privadas de qualquer acesso a uma profissão, em que primos e parentes casavam entre si, às vezes com diferenças de idade que transformavam jovens esposas em viúvas, Freud tornou-se muito cedo um espectador perspicaz da evolução da família burguesa e da passagem de um modelo antigo – o encarnado pelo pai e o avô – a um modelo novo: o dos casamentos por amor, fundado na livre escolha dos futuros esposos.

Observando diversas famílias próximas à sua, ele se entretinha inventando relações entre mães, pais e filhos que, na realidade, não passavam do espelho das transformações da ordem familiar às quais ele mesmo se via confrontado. Eis por que foi tão suscetível à ideia de que o pai estava em vias de perder sua onipotência original, devendo agora partilhar o poder com a mãe.

A ordem familiar na qual Freud imergira em sua infância e durante sua adolescência repousava sobre três fundamentos: a autoridade do marido, a subordinação das mulheres, a dependência dos filhos. Outorgando à mãe um lugar central, e atentando contra a autoridade paterna, essa nova ordem procurava, além disso, meios de controlar o que, no imaginário da sociedade da segunda metade do século XIX, ameaçava abrir caminho para uma perigosa

---

37. Hermann Graf (1897-1917), Cäcilie Graf (1899-1922).

38. Margarethe Freud-Magnus, ou Gretel (1887-1981), Lilly Freud-Marlé (1888-1970), Martha Gertrud, ou Tom Seideman-Freud (1892-1930), Theodor Freud (1904-23), Georg Freud (1904, gêmeo natimorto). Cf. Christfried Tögel, "Freuds Berliner Schwester Maria (Mitzi) und ihre Familie", *Luzifer-Amor*, 33, 2004, p.33-50. E Lilly Freud-Marlé, *Mein Onkel Sigmund Freud*, Berlim, Aufbau, 2006.

39. Rose Winternitz-Waldinger (1896-1969). Sobre o destino e os depoimentos das sobrinhas e sobrinhos de Freud, gravados por Kurt Eissler para a Biblioteca do Congresso, em Washington, ver infra.

irrupção do feminino, isto é, para aquela sexualidade "histérica" ou "nervosa", julgada ainda mais devastadora na medida em que não mais submetida à função materna.

Para evitar esse tão temido "desastre antropológico", que, a propósito, tinha como pano de fundo uma queda real da natalidade e da fecundidade no Ocidente,[40] os médicos e os demógrafos afirmavam que a mulher devia ser primordialmente mãe, a fim de que o corpo social estivesse em condições de resistir à pretensa tirania de um gozo feminino liberado de seus entraves e suscetível, diziam eles, de destruir a sociedade.

Se o jovem Freud, tomado por um desejo carnal, preferia ver em cada garota a sombra estendida da mãe a ponto de quedar apaixonado por elas, é de fato porque estava fascinado pela irrupção do desejo feminino. Longe de rejeitá-lo ou julgá-lo ameaçador para a sociedade, quis apreender sua significação, explorá-lo, verbalizá-lo. E, consequentemente, adotou duas atitudes, aparentemente contraditórias: uma visava erotizar todas as relações intrafamiliares, ou mesmo imaginar transgressões e torpezas que não existiam senão em suas fantasias, a outra, ao contrário, tendia a racionalizar a presumida periculosidade da pulsão sexual e a reprimi-la, condição para uma real emancipação da sexualidade humana. Essa dialética sempre recorrente entre a afirmação do valor criador da erotização e a necessidade de colocá-la sob controle será uma constante em sua vida e sua obra.

Muito cedo, sentiu-se atraído pelos mitos da Grécia antiga, o que mais tarde lhe permitirá transpor para a clínica das neuroses e das neurastenias do fim do século XIX uma grande narrativa das origens fundada em variadas formas de dualidades: dualidade entre os Titãs, divindades primordiais, e os deuses do Olimpo, vencedores das antigas forças telúricas; dualidade entre um princípio de prazer e um princípio de realidade; entre o irracional e o racional; ou ainda entre uma pulsão de destruição (Tânatos) e uma pulsão de vida (Eros) etc.

A adesão a tal dialética já atestava essa política da amizade característica do universo psíquico freudiano: o amigo indispensável está fadado a ser o in-

---

40. Essa queda constatada por todos os demógrafos não pode ser atribuída simplesmente à contracepção, que começava a se disseminar entre as classes mais ricas, com a utilização do preservativo ou a prática do *coitus interruptus*. Abordei esse problema em *A família em desordem* (2002), Rio de Janeiro, Zahar, 2003.

dispensável inimigo. Sempre inclinado às formulações radicais e excludentes, Freud se definirá o tempo todo, face a seu círculo, como um polemista temerário, permanentemente disposto a defender uma posição extrema e pagar o preço por isso. E atribuía tal ardor não só a uma construção oriunda de suas relações em criança com seu sobrinho John, como a uma herança ancestral: sentia-se capaz, dizia, de sacrificar a vida com a mesma alegria demonstrada pelos hebreus na defesa de seu Templo.

Durante os anos de liceu, Freud teve bons professores e foi um excelente aluno: o primeiro da classe. Todavia, não hesitava em fazer-se porta-voz dos colegas para protestar contra um professor impopular ou julgado ignorante. Em junho de 1869, vários alunos foram castigados por frequentarem redutos mal-afamados. Freud não estava entre eles, uma vez que parecia interessar-se exclusivamente pelo saber e a cultura. Não conhecemos nenhuma ligação sua importante antes do casamento e, quando Marie Bonaparte, sempre curiosa das coisas da sexualidade, perguntou se ele mantivera relações sexuais em sua juventude e se, como os jovens de sua geração, frequentara os bordéis de Viena, recusou-se a responder.[41] Freud nunca se referiu ao que fora sua vida sexual antes do casamento, o que deu ensejo a uma profusão de boatos e juízos grosseiros.

No momento em que se preparava para entrar na universidade, o liberalismo parecia em plena expansão no Império Austro-Húngaro. Em contrapartida, nos últimos meses, anunciava-se uma crise financeira de extrema gravidade. Ela explodiu em maio de 1873, concomitantemente a uma epidemia de cólera, provocando uma série de bancarrotas e falências que se estenderam por toda a Europa. Arruinados por um sistema econômico a que haviam aderido com entusiasmo, os liberais perderam progressivamente suas ilusões, ao passo que as minorias nacionais, com suas reivindicações, colocavam em xeque a relativa estabilidade da monarquia bicéfala. Os judeus vienenses urbanizados foram então acusados de ser os responsáveis pela desestabilização dos mercados. Os jornalistas criticaram suas pretensas "manobras" e os caricaturistas esbaldaram-se destilando seu veneno na imprensa. Abundavam os desenhos representando cambistas com nariz adunco e cabelos crespos.

---

41. Marie Bonaparte, diário inédito.

Nesse contexto, os judeus foram mais uma vez considerados responsáveis pela deflagração de um processo de transformação social que viria a resultar numa evolução dos costumes fundada numa nova organização da família. O povo judeu, diziam, não é desde sempre um povo errante, sem pátria nem fronteira, um povo maldito, movido pelo chamariz do lucro e sempre disposto a estimular relações sexuais perversas? Não é incestuoso e sodomita por natureza? O judeu não é tão perigoso como o homossexual, o travesti ou a mulher histérica? Não é culpado, fruto de uma suposta "feminilidade", pela destruição da família patriarcal?

Nessa época, Viena tornara-se o refúgio de todos os judeus da Europa oriental, originários da Galícia, Hungria, Rússia e Moldávia. Ao contrário de Jacob Freud, eles haviam conseguido, em grande parte, integrar-se à nova sociedade liberal, a princípio como negociantes ou banqueiros – no caso da primeira geração –, depois como editores, jornalistas, mecenas, advogados, escritores, poetas, cientistas, filósofos, historiadores. Contudo, à medida que a crise se ampliava, essa integração bem-sucedida, de tipo comunitária, tornou-se suspeita aos olhos da opinião pública, suscitando ódio e discriminação.[42]

O adjetivo "antissemita" fora utilizado pela primeira vez na Alemanha em 1860 por um eminente judeu orientalista da Boêmia, que, com esse termo, qualificara a manifestação de um preconceito hostil àqueles designados na época, de maneira erudita, não mais como judeus, porém como semitas.[43] Frente a essa nova forma de ódio, o grande movimento de emancipação da Haskalá, oriundo do Iluminismo, arriscava parecer doravante uma espécie de interlúdio. Até ali denunciados por seu pertencimento a determinada religião, os judeus passaram a ser estigmatizados como oriundos de uma "raça ruim": a dos semitas. Em 1879, a palavra deixou a esfera dos debates eruditos entre

---

42. Jacques Le Rider, *A modernidade vienense e as crises de identidade* (Paris, 1990), Rio de Janeiro, Civilização Brasileira, 1993. E Peter Gay, *Freud, une vie*, op.cit., p.22-7. Num livro sensacionalista, Jacques Bénesteau afirmou que não vigorava qualquer tipo de antissemitismo em Viena, em virtude da presença maciça de judeus nas profissões liberais e intelectuais, e que Freud inventara as perseguições antissemitas de que fora vítima: *Mensonges freudiens*, Hayen, Mardaga, 2002, p.190-1. Ao contrário, foi essa presença que contribuiu para a escalada do antissemitismo em Viena.

43. Sobre a origem da dupla infernal do semita e do ariano, cf. Maurice Olender, *Les Langues du paradis. Aryens et Sémites: un couple providentiel*, Paris, Gallimard/Seuil, col. Hautes Études, 1989.

filólogos para constituir, na pena do medíocre literato Wilhelm Marr, o foco de uma nova visão de mundo: o antissemitismo.

Reivindicado por ligas de formação recente, ele terminara por dar corpo a um movimento que visava expulsar os judeus da Alemanha para a Palestina e estigmatizá-los como uma "classe perigosa" para a pureza da raça germânica ou "ariana". Em poucos anos, e até a Primeira Guerra Mundial, o antissemitismo propagou-se por toda a Europa sob múltiplas variantes: biológica, higienista, racialista, nacionalista.

Confrontado durante seus anos de universidade com essa mutação do antijudaísmo em antissemitismo, Freud identificou-se cada vez mais com o herói de sua juventude: Aníbal, general semita. Ao longo de seus estudos, desprezou os que o tratavam de "judeu sujo" ou esperavam dele que reconhecesse sua "inferioridade racial". Em diversas oportunidades, não hesitou em botar para correr, erguendo a bengala, mais de um canalha que o havia ofendido. Como contraponto, cultivou a ideia de que, excluído, enquanto judeu, da "maioria compacta", poderia conservar uma independência de julgamento que mais tarde lhe permitiria defender-se melhor contra os preconceitos. Freud não gostava das "liturgias do corpo social, dos coros contestadores, dos slogans anônimos bradados às cegas".[44]

Sedento de saber, sonhando com glória e conquista, cogitou primeiro empreender uma carreira política, antes de decidir que seria filósofo, depois jurista e, finalmente, naturalista... Pensou diversas vezes em embarcar num navio para cruzar os oceanos, à maneira de Charles Darwin, o herói da ciência moderna que ele mais admirava porque "sua doutrina", dizia, "prometia um extraordinário avanço na compreensão do mundo".[45] Mas também se comparava a Cristóvão Colombo, aventureiro dos mares, descobridor do Novo Mundo. Sonhando com outra identidade e sempre preocupado em superar o pai alcançando, graças a mestres excepcionais, uma cultura erudita, iniciou-se então nos debates filosóficos da época, através do convívio com Franz Brentano, a cujas aulas assistia.

---

44. André Bolzinger, *Portrait de Sigmund Freud. Trésors d'une correspondance*, Paris, Campagne Première, 2012, p.132.

45. Sigmund Freud, *Sigmund Freud présenté par lui-même* (1925), Paris, Gallimard, 1984, p.16 [ed. bras.: "Um estudo autobiográfico", in *ESB*, vol.20; ed. orig.: "Selbsdarstellung", in *GW*, vol.14].

Sobrinho de Clemens Brentano e influenciado pela escola romântica alemã, esse filósofo, que será posteriormente professor de Husserl, expunha, em seu ensino em Viena, entre 1874 e 1894, os princípios de uma psicologia empírica com eixo numa análise das modalidades da consciência de que estaria excluída toda forma de subjetividade. Nisso, Franz Brentano apresentava-se como o renovador das teses do filósofo alemão Johann Friedrich Herbart, que, na linhagem de Kant e Fichte, fora um dos fundadores da ciência psicológica moderna. Da mesma forma, tivera diversos discípulos no mundo acadêmico germanófono, em especial na Áustria, onde médicos e pedagogos leigos alinhavam-se a seu ensino.

Enraizando sua abordagem numa concepção do eu que supunha uma relação com uma alteridade – o "não-eu" –, Herbart contribuíra para fazer explodir a noção clássica de identidade subjetiva. Professava a ideia de que o sujeito humano é dividido numa série de átomos recalcados no limiar da consciência e lutando uns contra os outros para invadi-la. Em outros termos, estabelecera, durante a primeira metade do século XIX, os princípios de uma teoria "dinâmica" do inconsciente em que entravam em jogo três polos: a representação, a pulsão, o recalcamento.[46]

Adepto da ordem e do conservadorismo político, Herbart havia sido o iniciador, na Alemanha, de uma pedagogia que valorizava o saber dos "especialistas" em detrimento do espírito inventivo. Muito apreciada pelo meio acadêmico vienense, sua obra fizera adeptos entre todos os que tentaram em seguida reformar o ensino das ciências naturais e da medicina. Embora permanecendo deísta, e pregando os valores de um catolicismo reformado, Brentano alinhava-se à doutrina herbartiana e recorria à noção de intencionalidade, a qual associava à de representação para designar o ato pelo qual a consciência volta-se para um objeto. Distinguia, assim, duas categorias de atos mentais: os juízos de afirmação e de negação e as atitudes combinadas de ódio e de amor.

---

46. Na esteira de Luise von Karpinska, psicóloga polonesa, é a Maria Dorer que devemos, em 1932, o primeiro estudo abalizado sobre o lugar das teses de Herbart na gênese da teoria freudiana do inconsciente: *Les Bases historiques de la psychanalyse*, Paris, L'Harmattan, 2012. O historiador e psicanalista sueco Ola Andersson retomará essa questão em 1962: *Freud avant Freud. La préhistoire de la psychanalyse*, Paris, Synthélabo, col. Les Empêcheurs de Penser en Rond, 1997, prefácio de Per Magnus Johansson e Elisabeth Roudinesco; traz anexa uma correspondência epistolar entre Andersson e Ellenberger.

Freud se lembrará dessa lição no momento de elaborar sua doutrina. Contudo, nessa época, ainda pensava em partir para um doutorado em filosofia. Ajudado pelo amigo e colega Joseph Paneth,[47] empenhou-se então em contestar o deísmo de Brentano reivindicando o materialismo dialético de Ludwig Feuerbach, filósofo alemão recém-falecido e cujo ensino era muito presente na cultura vienense dos anos 1870. Crítico do pensamento hegeliano, este sustentara que a postulação de uma transcendência levava a uma alienação e que, para dela esquivar-se, era preciso efetuar um retorno ao homem concreto. Sensualismo e crítica da religião: tais eram as teses que inspiraram precocemente Freud e que, na realidade, contribuíram nessa época para afastá-lo da especulação filosófica, julgada demasiado abstrata e, sobretudo, demasiado teológica. Através do sensualismo de Feuerbach, ele assimilava a diferença dos sexos e o reconhecimento de uma alteridade – um eu e um tu –, e, mediante a crítica da alienação, abraçava a ideia de que a religião era sempre um obstáculo ao progresso do conhecimento humano. Isso fez com que o jovem Freud expressasse uma admiração ilimitada por esse filósofo materialista, cuja vida e pensamento ele descobrira ao ler a biografia que Karl Grün lhe dedicara.

Após enfrentar Brentano – seu prestigioso professor, que não obstante aceitou orientar sua tese –, Freud desistiu de empreender uma carreira de filósofo sem com isso trair sua adesão ao materialismo de Feuerbach. Em 1873, aos dezessete anos, ingressou na Universidade de Viena para seguir estudos científicos: anatomia, biologia, zoologia, fisiologia, medicina. Porém, como tendia a proibir-se os prazeres a fim de melhor alcançar o que julgava essencial para si mesmo, continuou a se deixar seduzir pelo pensamento especulativo. Este, aliás, nunca estará ausente de seu itinerário e terminará, após 1923, por impregnar o conjunto de sua obra: "Na minha juventude", dirá a Jones, "fui fortemente atraído pela especulação [filosófica], mas me afastei dela corajosamente."[48]

Dotada de uma organização excepcional, essa universidade gigante achava-se então em plena expansão, a despeito de graves dificuldades financeiras. No

---

47. Joseph Paneth também dará um apoio financeiro a Freud. Cf. o depoimento de Marie Paneth (enteada de Joseph Paneth), 7 de março de 1950, colhido por Kurt Eissler.
48. Ernest Jones, *La Vie et l'oeuvre de Sigmund Freud*, t.I, op.cit., p.32. Logo, Freud não irá se afastar tanto quanto julgava da especulação filosófica, como veremos adiante.

domínio das ciências naturais, despontava como uma das melhores da Europa pela capacidade de reunir brilhantes cientistas do mundo germanófono, não raro liberais em política, em todo caso exímios nos embates oratórios e nas controvérsias mais famosas. Entre eles, Carl Claus, professor de anatomia comparada e de zoologia, introdutor do pensamento darwinista na Áustria, e Ernst Wilhelm von Brücke, médico e fisiologista de origem berlinense, oriundo da grande corrente positivista e antivitalista representada por Hermann von Helmholtz e Emil Du Bois-Reymond.

Para compreender o papel desempenhado por esse ensino no itinerário de Freud, em especial em sua elaboração de uma nova dinâmica materialista da psique, convém lembrar que no fim do século XIX a fisiologia dominava os estudos médicos. Partindo do método anatomoclínico, segundo o qual a doença é a expressão de uma lesão orgânica, a abordagem fisiológica concebia esta como consecutiva a uma modificação funcional de um órgão.[49] Contudo, apoiava-se também na doutrina darwinista, da qual extraía os meios de se interrogar sobre a origem e a evolução dos organismos vivos, bem como sobre as forças instintivas que subjazem à atividade humana. Da mesma forma, seus representantes eram imbuídos de um autêntico espírito de cruzada, cujo objetivo visava impor, contra a velha medicina romântica, a ideia de que o organismo compunha-se exclusivamente de forças físicas e químicas.

Em trinta anos, e sem criar escola, os fisiologistas terminaram por se impor como representantes de uma espécie de vanguarda da medicina de língua alemã. Aplicaram seu modelo à neurologia e à psicologia a fim de uni-las e separá-las da fisiologia especulativa. Paralelamente, descartaram completamente a subjetividade – no sentido da filosofia –, concentrando seus trabalhos no primado da observação. Nessa perspectiva, os problemas da alma e da psique não podiam ser resolvidos senão por uma abordagem monista suscetível de introduzir o fenômeno da consciência no campo da fisiologia e, logo, da ciência experimental. Para o jovem Freud, esse engajamento na fisiologia e no evolucionismo perpetuava uma adesão já antiga à filosofia materialista.

---

49. Para o estudo do método anatomoclínico (Xavier Bichat), cf. Michel Foucault, *Nascimento da clínica* (Paris, 1963), Rio de Janeiro, Forense Universitária, 1977. Sobre a fisiologia e o método experimental, cf. Georges Canguilhem, "Claude Bernard", in *Études d'histoire et de philosophie des sciences*, Paris, Vrin, 1968.

No verão de 1875, realizou finalmente seu sonho de ir a Manchester passar uma temporada com o meio-irmão. Preparou sua viagem minuciosamente, recitou versos, redigiu cartas, mergulhou na história inglesa e afirmou-se fanaticamente "anglomaníaco". Já sonhava tornar-se cidadão inglês: *"to become an Englishman"*. A despeito do *"fog*, da chuva, do conservadorismo e da ebriedade"*, sentia-se profundamente atraído pela Inglaterra, por seu sistema econômico e político, sua literatura e seu culto de uma ciência experimental que lhe parecia bem distante da tradição metafísica alemã. "Se eu quisesse agir sobre uma grande massa de indivíduos", escrevia a Eduard Silberstein, "em vez de uma pequena coorte de leitores ou pares, a Inglaterra seria o país indicado para tal ambição. Um homem considerado, apoiado pela imprensa e os ricos, poderia fazer milagres para atenuar os sofrimentos físicos se fosse suficientemente explorador para enveredar por novos caminhos terapêuticos."[50]

Nesse ínterim, foi em Trieste, onde Carl Claus fundara um Instituto de Pesquisas sobre Animais Marinhos, que ele efetuou seus primeiros trabalhos de zoologia, descobrindo o mundo mediterrânico. Apaixonado pelo hermafroditismo, Claus o encarregara de pôr à prova a recente afirmação do pesquisador polonês Szymon Syrski, que sustentava ter descoberto testículos nas enguias. Após duas temporadas lá e o exame de quatrocentos espécimes, Freud efetivamente tentou confirmar a hipótese do "órgão de Syrski", mas aprendeu, acima de tudo e à sua revelia, a curvar-se às exigências da ciência experimental. Aproveitou as viagens para se interessar pela sensualidade das mulheres italianas, que comparava a divindades.

Grande mestre da escola austríaca de fisiologia, Brücke tinha conseguido unir num mesmo ensino a tradição alemã da medicina de laboratório e o olhar clínico oriundo da prática hospitalar vienense. Personagem pitoresco, dotado de uma carapinha ruiva e um sorriso diabólico, esse especialista berlinense na fisiologia do olho, da digestão e da voz era igualmente um apaixonado por poesia e pintura, que não hesitou em criar uma "escrita universal" – a pasigrafia – que ele julgava capaz de um dia transcrever todas as línguas do planeta. Exercia sobre os alunos um verdadeiro poder de sedução, tanto por sua capacidade de transmitir os princípios da ciência dos organismos como por sua concepção elitista, até mesmo tirânica, da

---

50. Sigmund Freud, *Lettres de jeunesse*, op.cit., p.171.

hierarquia universitária. Apreciava o talento e incentivava em seus alunos o livre-pensar, ao mesmo tempo em que os ajudava a progredir e se libertar de todo espírito de arrivismo. Nenhum deles lhe será infiel. Imediatamente conquistado, Freud viu-o como um mestre, admirando seu olhar azul e penetrante, e sobretudo aquela autoridade patriarcal que lhe parecia infalível: o justo oposto de Jacob Freud.

Foi no laboratório de Brücke que ele travou relações com três brilhantes fisiologistas: Sigmund Exner, Ernst von Fleischl-Marxow e Josef Breuer. Este último já se interessava, de um lado, pelas doenças da alma, e, portanto, pelas doenças mentais, tratadas pela psiquiatria, e, de outro, pelas doenças nervosas, da alçada da neurologia.

Todos os três faziam parte da comunidade científica de linhagem nobre, em que se misturavam relações intrafamiliares, intercâmbios clínicos, amizades, inclinações amorosas, ambições sociais, gostos estéticos e desejo de mudar a vida, tendo como base de apoio a ciência anatomoclínica mais sofisticada do mundo europeu. A maioria dos membros desse cenáculo, fossem ricos ou pobres, provinha da burguesia liberal progressista. Frequentadores de salões literários e cafés, mantinham laços com artistas, escritores, filólogos, professores universitários, jornalistas. Uns eram judeus, outros, não, alguns, livres-pensadores ou ainda protestantes ou católicos, mas todos livres da influência de um ideal religioso julgado anticientífico e obscurantista.[51]

Após estudar a sexualidade das enguias, Freud planejou ir a Berlim, cidade admirada, a fim de assistir aos cursos de Helmholtz e Du Bois-Reymond. Terminou desistindo e prosseguiu seus estudos de zoologia. Sob os auspícios de Brücke e contagiado pelo evolucionismo, dedicou-se, pela magia do microscópio, ao estudo dos neurônios dos lagostins, depois à medula espinhal de um dos peixes mais primitivos (*Ammocoetes petromyzon*), o que lhe permitiu alçar-se ao sistema nervoso central do homem. Trabalhou em seguida na elaboração de uma teoria do funcionamento das células e fibrilas nervosas, sem deixar de frequentar um curso de medicina tradicional, que completou com um estágio de dois semestres no laboratório de

---

51. Encontramos uma bela descrição da vida desse grupo na obra de Albrecht Hirschmüller, *Josef Breuer* (1978), Paris, PUF, 1991, p.52-72 [ed. orig.: *Physiologie und Psychoanalyse in Leben und Werk Josef Breuers*, Hans Huber, Berna, 1978].

Primórdios

química do dr. Carl Ludwig. Em suma, Freud, nessa época, estava em vias de tornar-se um dos melhores pesquisadores de sua geração em anatomia, biologia e fisiologia.[52]

Em março de 1881, concluiu seus estudos, defendeu sua tese de doutorado e foi nomeado para um cargo de preparador (assistente) no Instituto de Fisiologia de seu venerado mestre. Entrementes, havia cumprido seu ano de serviço militar obrigatório e, para escapar ao tédio, traduzira o décimo segundo volume das obras completas de John Stuart Mill dedicado à emancipação das mulheres, a Platão, à questão operária e ao socialismo. O convite para esse trabalho emanava de Theodor Gomperz, que se dirigira a Brentano, o qual lhe comunicara as excepcionais qualidades de seu ex-aluno. Oriundo de uma família de banqueiros e industriais judeus originários da Morávia, Gomperz, poliglota e helenista renomado, sofria de crises de melancolia e exaltação. Só concebia a cultura (*Bildung*) e o progresso na forma de um refinamento crescente no uso das línguas.[53] Daí em diante, Freud manterá excelentes relações com esse intelectual vienense que lhe fizera descobrir o método filológico e será inclusive médico de sua esposa.[54]

No verão de 1882, a despeito de seus dotes de pesquisador, Freud, a conselho de Brücke, decidiu partir para uma carreira de médico e, por conseguinte, fazer um estágio no Hospital Geral de Viena. Considerando sua juventude, não tinha qualquer chance de suceder a seu mestre à frente do Instituto, na medida em que dois assistentes de Brücke – Exner e Fleischl – tinham precedência.[55] Além disso, não dispondo de nenhuma fortuna pessoal, não podia

---

52. Encontramos uma boa análise desse período da vida de Freud em Frank J. Sulloway, *Freud, biologiste de l'esprit*, prefácio de Michel Plon, Paris, Fayard, 1998 [ed. orig.: *Freud, Biologist of the Mind*, Nova York, Basic Books, 1979]. Nesse livro, Sulloway sugere a hipótese (discutível) de que Freud teria permanecido a vida inteira um biólogo dissimulado (um criptobiólogo), a despeito de seu pendor para a psicologia. Cf. também Filip Geerardyn e Gertrudis Van De Vijver (orgs.), *Aux sources de la psychanalyse*, Paris, L'Harmattan, 2006.

53. Jacques Le Rider, *Les Juifs viennois à la Belle Époque*, Paris, Albin Michel, 2012, p.142.

54. Elise Gomperz (1848-1929), mulher de Theodor Gomperz, sofria de distúrbios nervosos e se consultou com Charcot, que, em 1892, por sua vez, encaminhou-a a Freud, a fim de que se submetesse a um tratamento catártico. Freud utilizou a eletroterapia e a hipnose. Nada permite afirmar que o tratamento foi um fracasso, como sugere Mikkel Borch-Jacobsen, in *Les Patients de Freud*, Auxerre, Sciences Humaines, 2011. Elise continuou a mesma coisa a vida inteira, uma mulher "nervosa" e melancólica, porém suas relações com Freud permaneceram excelentes até o fim.

55. Fleischl morreu prematuramente em 1891 e foi Exner quem sucedeu a Brücke.

cogitar assumir um cargo muito mal remunerado. Nessa data, aliás, já pensava num futuro bem diferente.

Dessa forma, após demonstrar uma curiosidade insaciável pelas ciências naturais mais elaboradas de sua época, Freud aprendeu a reconhecer a verdade da admoestação de Mefistófeles no *Fausto* de Goethe: "É inútil que vagueies pelas ciências: cada um aprende apenas o que pode aprender."[56]

---

56. Sigmund Freud, *Sigmund Freud présenté par lui-même*, op.cit., p.17.

2. Amores, tormentas e ambições

FREUD, como vimos, costumava dizer que toda a sua existência fora marcada pela necessidade de encontrar um amigo indispensável que fosse igualmente um indispensável inimigo. Em 1899, referindo-se ao *Fausto*, comentou que todas as suas amizades masculinas haviam sido as encarnações de uma figura de sua infância – seu sobrinho John – "que 'outrora se oferecera ao meu olho melancólico'. Foram assombrações."[57]

Recorrendo, nas mais diversas circunstâncias, a textos de Goethe, Freud atribuiu-se muito cedo um status análogo ao do príncipe das letras alemãs, seu escritor predileto. Admirava na mesma medida a *Weltliteratur*, a literatura universal, a civilização greco-latina, o Oriente e a sensualidade dos primeiros povos. Gostava de contar a história do artesão Demétrio, que no ano 54, em Éfeso, opusera-se aos judeus, aos cristãos e ao apóstolo Paulo porque a nova religião monoteísta recriminava as antigas divindades e o comércio das estatuetas da deusa Ártemis: "Grande é a Diana dos efésios", gritavam os amotinados. E Freud, como Goethe, fazia do artesão o símbolo da resistência do artista frente à militância religiosa, embora lembrando que representações da deusa-mãe (*Ur Mutter*) existiam em todos os cultos, desde a primitiva Úpis até a Virgem Maria.[58]

Freud via-se como herdeiro de Goethe. Como ele, fora o favorito de sua mãe, nascera "negro"[59] e fadado a um destino heroico. Identificando-se com Fausto e Mefistófeles ao mesmo tempo, atribuiu-se muito cedo a missão de

---

57. Sigmund Freud, *L'Interprétation du rêve*, op.cit., p.414. A citação é extraída do *Fausto* de Goethe.

58. Sigmund Freud, "Grande est la Diane des Éphésiens", in *OCF.P*, op.cit., vol.11 [ed. bras.: "Grande é a Diana dos efésios!", in *SFOC*, vol.10 / *ESB*, vol.12; ed. orig.: "Gross ist der Diane der Epheser", in *GW*, vol.8]. A partir de um poema de Goethe.

59. Isto é, dotado de uma basta cabeleira negra ao nascer.

46 Vida de Freud

fazer existir o que o discurso da razão procurava mascarar: o lado escuro da humanidade, o que há nela de diabólico, em suma, o recalcado, o desconhecido, o sexo interdito, a estranheza, o irracional, a farmacopeia.[60] Além disso, Freud partilhava com Goethe o mesmo culto à natureza, a aversão pelo dogmatismo, a paixão pela arqueologia e pela Itália, a rejeição da metafísica e a capacidade inaudita de manter amizades duradouras e depois rompê-las.

E foi na mais pura tradição do Sturm und Drang (tempestade e paixão) – encarnado por Goethe e pelos *Sofrimentos do jovem Werther*[61] – que Freud, cientista positivista, darwinista e racional, em busca de glória e adversidade, especializado na observação de animais marinhos, apaixonou-se, aos vinte e seis anos de idade, por Martha Bernays. Depois do encanto que sentira por Gisela Fluss dez anos antes, não se interessara mais por garotas. Sofrendo de inibição, angústia e neurastenia, via-se periodicamente às voltas com doenças somáticas: mal-estares, síncopes, distúrbios cardíacos e digestivos, enxaquecas, nevralgias de origem inflamatória, colites. Seu corpo, que ele chamava de "nosso pobre *Konrad*", nunca lhe dava sossego. Um dia, contraiu inclusive uma febre tifoide, depois uma forma atenuada de varíola. Às voltas com moléstias físicas, ele, o trabalhador infatigável, não demorou a tornar-se um dependente da nicotina, entregando-se primeiro ao cigarro, depois ao charuto: cerca de vinte por dia.[62] Só o homem que sofre é capaz de realizar alguma coisa, pensava, e, quando o bem-estar o invadia, não conseguia nem criar nem pensar. Em 1897, declarou que os vícios não passavam de substituições da prática da masturbação: necessidade primitiva característica da espécie humana saída do mundo animal.[63] Como não pensar aqui na célebre frase de Darwin, que combina tão bem com a gênese e o devir da obra freudiana: "O diabo, sob a forma de um babuíno, é nosso avô"?

---

60. Monique Schneider, "Freud, lecteur et interprète de Goethe", *Revue Germanique Internationale*, "Goethe cosmopolite", 12, 1999, p.243-56.

61. Romance epistolar de Goethe publicado em 1774.

62. Encontramos uma descrição bastante exaustiva das "doenças" de Freud na obra de Max Schur, *La Mort dans la vie de Freud*, Paris, Gallimard, 1975 [ed. bras.: *Freud, vida e agonia* (1972), 3 vols., Rio de Janeiro, Imago, 1981]. A propósito, em sua correspondência, Freud, como é de praxe nos médicos, refere-se mais de uma vez em termos técnicos a suas "doenças".

63. Cf. Max Schur, *La Mort dans la vie de Freud*, op.cit., p.86. Em suas cartas, Freud às vezes alude à sua prática da masturbação.

Amores, tormentas e ambições

Mais uma vez, foi uma trama de família e de encontros cruzados. Nascida em Hamburgo, em 26 de julho de 1861, Martha era filha de Berman Bernays, negociante de panos e bordados, que conhecera a bancarrota e a prisão em consequência de maus negócios e, depois disso, em 1869, instalara-se em Viena. Embora não fossem ricos, os Bernays gozavam de condição social e intelectual superior à dos Freud. Célebre filólogo alemão ligado ao judaísmo ortodoxo, Jacob Bernays, irmão de Berman e tio de Martha, recusara-se a se converter, preferindo abrir mão de um posto de professor numa universidade prussiana a trair sua fé. Comentador da obra de Aristóteles, demonstrara, contrariando a interpretação clássica, o caráter medicinal da catarse, que ele via menos como uma purgação da alma do que como uma terapia ancestral, originária do corpo hipocrático e capaz de reduzir as violências coletivas. Logo, os trágicos gregos haviam-na herdado. Apesar de não conhecê-lo, Freud admirava esse erudito rigoroso e ascético, apaixonado pelos homens, e que fora namorado do poeta Paul Heyse, seu ex-aluno.[64]

Quinto rebento numa prole de seis, dos quais dois haviam morrido em tenra idade e um terceiro na adolescência, Martha era muito próxima de seu irmão Eli, que se tornara o chefe da família após a morte de Berman, e de sua irmã Minna, que não se parecia em nada com ela. Todos os três viviam com a mãe, Emmeline, filha de comerciantes, judia praticante, arrogante, egoísta, imbuída de preconceitos religiosos e que, segundo o rito ortodoxo, sacrificara os cabelos no dia seguinte às suas núpcias para adotar a peruca.

Namorado de Anna, irmã de Sigmund, Eli costumava visitar a família na companhia da mãe e das duas irmãs. Uma noite de abril de 1882, Martha conheceu o homem que viria a ser seu esposo. Diante daquela jovem elegante, de traços delicados e cabelos escuros, trajando um vestido de gola fechada e calçando delicadas botinas de cadarço, Freud experimentou um sentimento estranho, instantaneamente persuadido de que ela seria a mulher de sua vida, uma mulher que era o oposto de sua mãe. Deixou-se então arrebatar por aquele estado de paixão cujos efeitos devastadores continuava a temer. Durante seus longos anos de estudos, ao preço de recalcar os próprios afetos, só pensara na ciência e na glória.

---

64. Cf. Jean Bollack, *Jacob Bernays (1821-1881). Un homme entre deux mondes*, Presses Universitaires du Septentrion, Villeneuve-d'Ascq, 1998. Freud inspirou-se na teoria da catarse de Jacob Bernays e recomendou a Arnold Zweig a leitura de suas cartas. Sigmund Freud e Arnold Zweig, *Correspondance, 1927-1939* (1968), Paris, Gallimard, 1973, p.84.

48   *Vida de Freud*

Apesar da timidez crônica, dedicou-se então a conquistar aquela mulher, cortejada por outros e de quem desejava ser o amo. Diariamente, enviava-lhe uma rosa acompanhada de um verso latino. Em 27 de junho de 1882, ficaram noivos secretamente e, de comum acordo, decidiram respeitar as convenções vitorianas da época, que obrigavam os futuros esposos a se submeter a um longo período de castidade pré-nupcial. Freud ainda não concluíra sua formação médica, não podendo então pensar em fundar uma família de uma hora para outra.[65]

Naquele final de século XIX, as moças de família, submetidas a noivados intermináveis e consumidas pela frustração, não raro soçobravam numa neurose histérica, o que as conduzia aos especialistas em doenças nervosas. Quanto aos rapazes, ou frequentavam bordéis ou mantinham relações com mulheres casadas, elas próprias enfastiadas de uma vida conjugal o mais das vezes monótona. Freud escolheu a abstinência, as drogas, a exaltação romântica e a sublimação, o que o levou a tornar-se um excelente missivista.

Durante anos, manteve com Martha, que morava em Wandsbek, perto de Hamburgo, uma volumosa correspondência amorosa, na qual mostravase alternadamente tirânico, impetuoso, ciumento, melancólico, prolífico e capaz de elaborar planos minuciosos de vida cotidiana, a ponto de descrever antecipadamente como via a organização de seu lar. Martha devia ser sua

---

65. A correspondência de noivado entre Sigmund Freud e Martha Bernays (1.500 cartas de 1882 a 1886) acha-se em processo de publicação, organizada por Ilse Grubrich-Simitis, Albrecht Hirschmüller e Gerhard Fichtner. Foram publicados os dois primeiros volumes, que cobrem o período 1882-83. Outros três serão publicados posteriormente. Cf. Sigmund Freud e Martha Bernays, *Die Brautbriefe*, t.I: *Sein Mein, wie ich mir's denke*, Frankfurt, Fischer, 2011; e ibid, t.II: *Unser Roman in Fortsetzungen*, 2013. [t.III: *Warten in Ruhe und Ergebung, Warten in Kampf un Erregung*, 2015.] Além disso, utilizei o volume da *Correspondance* publicado em francês pela Gallimard (op. cit.), que contém 93 cartas de Freud para Martha. Ernest Jones e Peter Gay exploraram abundantemente essa correspondência, à qual tiveram acesso e que está depositada na Biblioteca do Congresso, em Washington. Cf. igualmente Katja Behling, *Martha Freud* (2003), prólogo de Anton W. Freud e prefácio de Judith Dupont, Paris, Albin Michel, 2006. E Ilse Grubrich-Simitis, "L'Affectif et la théorie. Sigmund et Martha: prélude freudien. Germes et concepts psychanalytiques fondamentaux", *Revue Française de Psychanalyse*, 3, 76, 2012, p.779-95. Essa correspondência, ainda parcialmente inédita, é uma fonte importante para compreendermos a evolução de Freud. Contém, além das missivas amorosas a que me refiro, numerosas observações sobre seu trabalho, encontros, gostos, vida cotidiana, angústias, pesquisas e alguns retratos inesquecíveis de seus professores e contemporâneos. Cf. também a obra de André Bolzinger, *Portrait de Sigmund Freud*, op.cit. As pesquisas de Hanns Lange sobre a família figuram no catálogo do Freud Museum de Londres. Alguns excertos são citados no livro de Emmanuel Rice, *Freud and Moses*, op.cit.

Amores, tormentas e ambições

doce princesa, ele afirmava, aquela a quem se oferecem mil presentes e roupas elegantes. Em contrapartida, deveria restringir-se à organização do lar, bem como à educação dos filhos, e furtar-se a qualquer projeto de emancipação. Freud contradizia em cada página as teses de Stuart Mill, de quem não obstante traduzira a obra dedicada à liberdade das mulheres.

Da mesma forma, ia contra seus princípios ao adotar em sua vida privada preconceitos e comportamentos de dominação que, no entanto, reprovava em suas manifestações públicas. Martha respondia sempre com certa firmeza que não aceitaria ser tiranizada, sem jamais conseguir impedir o noivo de demonstrar ciúme e animosidade para com seus colegas e amigos. Fritz Wahle, sobretudo, artista sedutor que ousara roubar-lhe um beijo. Freud proibia igualmente à sua dileta e amorosa princesa de dar intimidade a seus admiradores, ou mesmo o braço a um homem quando se divertia no rinque de patinação. Um dia, sentiu-se ofendido por ela ter ido visitar uma amiga de infância que tivera relações sexuais com o noivo antes das núpcias. Zelava pela saúde dela, preocupava-se com seu peso e o tom pálido de sua tez. Em suma, o estado amoroso e a abstinência deixavam-no insuportável, despótico e irracional.

Persuadido de estar mais apaixonado por Martha do que ela por ele, chegou a ponto de censurá-la por lhe ter dado seu consentimento sem sentir uma genuína inclinação. Da mesma forma, queixava-se dos sofrimentos que padecia quando julgava perceber que ela se esforçava em vão para amá-lo. Em junho de 1884, fez um balanço do relacionamento: "Impus-me a você e você me aceitou sem grandes ardores. Finalmente, vejo que tudo mudou, e esse êxito, que eu desejava mais que tudo no mundo e cuja ausência prolongada me deixou tão infeliz, permite-me esperar outros êxitos que ainda me faltam ... Brigávamos o tempo todo e você nunca fazia nada para me agradar, éramos como duas criaturas cujas opiniões divergiam em todos os aspectos da vida e que, no entanto, queriam se amar e, a despeito de tudo, se amavam. Então, deixamos de trocar palavras ferinas durante certo tempo e fui obrigado a reconhecer que você era minha bem-amada. Contudo, era tão raro vê-la tomar o meu partido que, diante de seu comportamento, ninguém teria pensado que você ia realmente compartilhar minha vida."[66]

---

66. Sigmund Freud, *Correspondance*, op.cit., p.130-1.

Procurando mais uma vez o indispensável inimigo, deu para implicar com Emmeline, mãe de Martha, que por sinal lhe retribuía e, ao contrário da filha, não considerava seu futuro genro uma criatura excepcional. Reconhecia-lhe, todavia, determinadas qualidades: fidelidade, pertinácia, temeridade. Se antes Freud se apaixonara por uma moça por nela admirar a sombra da mãe, dessa vez procurou separar a mãe da filha. Criticava a primeira por agir como um homem e por tê-lo privado da segunda ao deixar Viena para ir morar em Wandsbek. Além disso, zombava abertamente das práticas religiosas da família Bernays. Qualificava de tolices obscurantistas os ritos alimentares e a observância do Shabbat e pressionava Martha para ignorá-los, sob pena de recriminações. O destino das garotas, ele também dizia, é deixar pai e mãe para submeter-se à autoridade do marido.

Como Martha encarregara seu irmão Eli de administrar parte do que ela herdara de seu tio Jacob, Freud deu um jeito de rivalizar com o futuro cunhado a ponto de acusá-lo de transações duvidosas e exigir uma ruptura imediata por parte de sua prometida. Na realidade, Eli era vítima de uma chantagem promovida por uma mulher, sem dúvida uma ex-amante, que lhe exigia dinheiro para criar o filho que teria tido dele. E ele usou para isso o dote destinado à irmã. Indignada, Martha deu seu apoio a Eli, que Freud tratou de celerado. Foi preciso esperar o casamento entre Eli e Anna,[67] em 1883, para que as hostilidades cessassem.

Assim como Freud tivera necessidade de um inimigo para arrancar a mulher desejada de seu círculo, da mesma forma, para se fazer amar por ela, tivera de recorrer, em sua luta, a uma indispensável amiga: Minna Bernays, irmã mais nova de Martha. Ao longo de todo esse interminável noivado, ela veio a ser para ele a cúmplice e aliada intelectual capaz de se opor a Emmeline, em especial no terreno da religião: "Você não ama muito a sua mãe", ele dirá um dia a Martha, "mas lhe dispensa mil atenções. Já Minna a adora e não a adula."[68] Tal situação, aliás, refletia sua concepção de uma ordem familiar ampliada. Em 1882, o noivado de Minna com seu amigo vienense Ignaz Schönberg aproximou-os ainda mais. A inteligência e o espírito cáustico de sua fu-

---

67. Irmã de Freud. Eli reembolsará a soma integralmente.
68. Carta a Martha de 27 de dezembro de 1883. Inédita. Citada por Ernest Jones, *La Vie et l'oeuvre de Sigmund Freud*, t.I, op.cit.

tura cunhada eram o que mais lhe encantavam. Assim, escrevia-lhe cartas de uma infinita ternura, nas quais lhe fazia inúmeras confidências, chamando-a de "minha querida, minha irmã".[69] Como Emmeline não dera autorização para Minna ficar noiva de Schönberg, Freud encaminhava clandestinamente suas cartas. Foi em parte por conta desse jogo sutil entre Martha, Minna e os dois amigos que alguns comentadores conjecturaram a existência de um caso, não detectado nos arquivos, entre Sigmund e a cunhada.[70]

Freud estava convencido de que Minna se parecia com ele e que estava tão ardorosamente apaixonada como ele, ainda que, fisicamente, ela fosse como se a gêmea da irmã. Em consequência, ele olhava para Ignaz – homem sábio e ponderado – como um duplo de Martha que preferia uma mulher forte e autoritária a uma doce e delicada princesa. E deduzia disso que os dois casais formariam no futuro um valoroso quarteto, no qual se combinariam, harmonicamente, temperamentos opostos. Assim, pensava poder reconstituir em sua vida futura o ideal de fraternidade conflituosa a que era tão aferrado desde a infância. Em 1885, porém, Schönberg, já golpeado pela tuberculose, encontrou Minna pela última vez antes de ir ao encontro de Freud em Baden, que julgou seu estado desesperador. A morte de Ignaz foi um grande choque para Freud, agravado pelo fato de que, pouco antes, seu colega Nathan Weiss, destinado a uma brilhante carreira de neurologista, enforcara-se num estabelecimento de banhos ao voltar de sua viagem de núpcias.

Redigidas num estilo não raro caótico, as cartas escritas por Freud durante esse período atestavam um real talento literário. Ele escrevia ao sabor da pena e sabia exprimir seus afetos em poucas linhas, interrogar seu inconsciente e suas pulsões, manifestar com palavras simples, porém sensatamente escolhidas, seus estados de ânimo, suas perturbações, suas hesitações, suas ambiguidades. Sempre disposto a colocar-se na berlinda e a usar do humor em plena torrente furiosa, pretendia dar de si mesmo e dos outros uma imagem picaresca e lúcida, esboçando aqui e ali retratos de infinita sutileza. Narrava

---

69. Cf. Sigmund Freud e Minna Bernays, *Correspondance (1882-1938)*, Paris, Seuil, 2015 [ed. orig.: *Briefwechsel, 1882-1938*, texto estabelecido por Albrecht Hirschmüller, Tübingen, Diskord, 2005.

70. Sobre a gênese desse rumor extraordinário sempre renovado, ver infra.

situações, descrevia episódios ou contava seus sonhos sem jamais cair no jargão cientificista – a despeito do emprego de termos latinos – ou no relato cor-de-rosa. Uma verdadeira lição de anatomia romanesca.

Além disso, contudo, a exaltação amorosa de que deu provas em diversas ocasiões tinha como origem um consumo de drogas pesado. Entre 1884 e 1887, quando era assistente no Hospital Geral, Freud manifestou grande entusiasmo pelas múltiplas propriedades da planta da coca (*Erythroxylum coca*) e do alcaloide extraído de suas folhas, a cocaína.[71] Conhecida desde meados do século XIX por seus efeitos tônicos e euforizantes, a substância fora objeto de diversas publicações. Insatisfeito por ter sido obrigado a trocar a pesquisa científica pela prática médica, Freud alimentava a esperança de trabalhar numa grande descoberta que o tornasse célebre. E foi assim que se lançou num estudo histórico-clínico das virtudes da cocaína no tratamento das doenças cardíacas, da depressão e dos estados consecutivos à abstinência da morfina.

Durante essa empreitada, testou-a em si mesmo como um remédio milagroso, que lhe permitia supostamente lutar contra a neurastenia e os efeitos devastadores da abstinência sexual: "Fique de prontidão, minha princesa", escrevia ele a Martha em junho de 1884, "quando chegar te beijarei até deixá-la toda vermelha … . E caso não se mostre dócil, verá quem é o mais forte: a doce menininha que não come o suficiente ou o grão-senhor impetuoso com cocaína no corpo."[72] Querendo ajudar o amigo Ernst von Fleischl-Marxow, que se ferira gravemente durante uma experiência de anatomopatologia e fora vítima de amputação malsucedida do polegar, administrou-lhe cocaína. Julgava assim poder privá-lo da morfina, que se tornara indispensável para aliviar suas dores. Freud ignorava que aquele tratamento levaria Fleischl a substituir uma toxicomania por outra. Não sendo ele mesmo dependente da

---

71. A melhor referência aqui é o livro organizado por Robert Byck, *Freud e a cocaína*, Rio de Janeiro, Espaço Tempo, 1989. O volume reúne os cinco textos de Freud sobre o tema: "Sobre a coca" (1884), "Contribuição ao conhecimento da cocaína" (1885), "A propósito da ação geral da cocaína (1885), "Addenda a 'Sobre a coca'" (1885), "Cocainomania e cocainofobia" (1887). Além disso, o livro traz comentários de diversos pesquisadores. Cf. também Jacques Michel, "La cocaïne et Freud", in Jean-Claude Beaune (org.), *La Philosophie du remède*, Paris, Champ Vallonn, 1993, p.1-14; Françoise Coblence, "Freud et la cocaïne", *Revue Française de Psychanalyse*, 2, 66, 2002, p.371-83; bem como Frank J. Sulloway, *Freud, biologiste de l'esprit*, op.cit., p.21-2.

72. Sigmund Freud, carta de 2 de junho de 1884, citada por Robert Byck em *Freud e a cocaína*, op.cit.

Amores, tormentas e ambições

droga, recusava-se a admitir a existência de vários casos de dependência, não obstante assinalados na literatura médica de seu tempo.

Aliás, em seu entusiasmo, sugeriu a dois colegas oftalmologistas, Carl Koller e Leopold Königstein, que utilizassem as propriedades analgésicas da coca em cirurgias oculares. E foi assim que Koller tornou-se o pioneiro da anestesia local.

O episódio da cocaína, que suscitou interpretações delirantes em diversos comentadores,[73] deve ser compreendido como uma etapa importante no itinerário do jovem Freud. Um dia, ele contou que o estudo da coca constituíra um *allotrion*[74] que ele quisera em vão manter afastado de si: um momento marginal, porém profundo e essencial. Em outras palavras, convém admitir que, mediante o uso dessa droga, Freud confrontou-se com seu "demônio", com sua *hybris*, com sua desmedida, com a parte irracional de si mesmo que o levará sempre a desafiar a ordem da razão, seja no interesse que dedicará aos fenômenos ocultos e à telepatia ou na atração que sentirá pelas mais extravagantes especulações. Durante esse episódio, ele sentiu o quanto a droga pode ser ao mesmo tempo o mal e o remédio para o mal, um instrumento diabólico capaz de forjar estados mentais patológicos para em seguida tentar erradicá-los. Em suma, essa passagem pela droga, que durou vários anos, foi uma maneira de ele fazer o luto da abordagem fisiológica em prol do estudo dos fenômenos psíquicos.

A prática hospitalar permitiu a Freud conhecer diversas sumidades da ciência médica e iniciar-se em todas as especialidades: na cirurgia, com Theodor Billroth; na dermatologia, junto a Hermann von Zeissl; na oftalmologia, na clínica das doenças nervosas e na psiquiatria, no serviço de Theodor Meynert; e, finalmente, na medicina interna, sob a liderança de Hermann Nothnagel, a quem comparou a um teutão gigante saído das florestas germâ-

---

73. Freud foi, em especial, acusado de assassinar premeditadamente seu amigo Fleischl para eliminar um rival, de contribuir para o surto do terceiro flagelo da humanidade (após o álcool e a morfina) e, finalmente, de redigir o conjunto de sua obra sob efeito da cocaína. Na realidade, ele parou de consumi-la regularmente em 1887 e, mais tarde, definitivamente, em 1892, o que o tornou um fumante mais inveterado ainda. Sobre as acusações sem fundamento, cf. E.M. Thornton, *Freud and Cocaine. The Freudian Fallacy*, Londres, Blond & Briggs, 1983. Por sua vez, durante anos, os historiadores oficiais minimizaram a importância do episódio da cocaína.

74. *Allotrion*: termo grego que significa o que é estranho a si próprio.

nicas: "Esse homem não é da nossa raça. Cabelos louros e rosto hirsuto com duas enormes verrugas na face e na base do nariz."[75]

Nessa época, a crescente influência da medicina hospitalar vienense, associada à enxurrada de pacientes vindos de todos os horizontes do mundo germanófono, ia de par com uma atitude singular de determinados membros da corporação, que se interessavam muito mais por exames, autópsias e anatomopatologia do que pela relação terapêutica. Neles, o fascínio pela morte prevalecia sobre o desejo de curar ou tratar corpos em sofrimento. Por exemplo, um procedimento clínico muito em voga consistia em detectar no corpo de um agonizante os sinais de uma doença que só seria revelada com a autópsia. O jovem Freud enfrentou essa prova permanecendo uma noite inteira à cabeceira de um doente acometido de escorbuto que ele suspeitava ter tido uma hemorragia cerebral. Hora a hora, anotou a evolução dos sintomas e presenciou o falecimento, observando como o ser humano efetua a grande passagem.

Na esfera do hospital, os medalhões manifestavam indiferença, até mesmo arrogância, com relação aos pacientes. Desabrochava assim aquele "niilismo terapêutico" tão característico do espírito vienense da segunda metade do século XIX. Convencidos, com toda a razão, aliás, de que as doenças faziam parte da vida, seus adeptos procuravam compreendê-las e descrevê-las em vez de tratá-las.[76]

Herdeiro direto dessa tradição da anatomopatologia, personificada em Carl von Rokitansky, Theodor Meynert, grande mestre da psiquiatria vienense, era um personagem pitoresco, irascível e ambíguo, dotado de um "aspecto bem impressionante, uma cabeçorra encarapitada num corpo franzino, uma cabeleira desgrenhada, que teimava em lhe cair na testa e que ele era obrigado a jogar para trás o tempo todo".[77] Essa maneira de ser teria alguma coisa a ver com o interesse que demonstrava pela "confusão mental" (*Amentia*)? Inspirando-se no modelo herbartiano, distinguia o córtex superior, ao qual considerava uma instância de socialização, e o córtex inferior, terreno

---

75. Sigmund Freud e Martha Bernays, *Sein mein, wie ich mir's denke*, t.I, op.cit., carta de 5 de outubro de 1882, p.367.

76. Cf. William Johnston, *L'Esprit viennois*, op.cit., p.267-83.

77. Henri F. Ellenberger, *Histoire de la découverte de l'inconscient*, op.cit., p.455, a partir do retrato de Bernard Sachs, aluno americano de Theodor Meynert. Albrecht Hirschmüller, *Josef Breuer*, op.cit., p.122.

privilegiado do arcaico. Nessa perspectiva, assimilava o eu primário à parte geneticamente primordial do inconsciente e o eu secundário ao instrumento de um controle da percepção. Freud retomará em parte as teses de Meynert em seu "Projeto para uma psicologia científica".[78]

Meynert imprimiu sua marca na escola vienense de psiquiatria ao tentar fortalecer a ideia de que todos os fenômenos psicológicos reportam-se a um substrato orgânico. Elaborando uma verdadeira "mitologia cerebral", adotava, nesse domínio, o ponto de vista do niilismo terapêutico. Não tratava os alienados sob sua responsabilidade, preferindo dedicar seu tempo a estudar a anatomia do cérebro a fim de propor uma classificação "natural" dos distúrbios mentais.

Durante cinco meses de 1883, Freud foi aluno desse cientista, que o impressionou fortemente. E foi no seu serviço que teve a oportunidade, única em sua vida, de observar dezenas de doentes mentais nos quais os médicos infligiam tratamentos corporais diversos sem se preocupar com sua fala. Evidentemente, Freud não sentia nenhuma atração pela abordagem da loucura (das psicoses) e não partilhava nem a mitologia cerebral de Meynert nem seu niilismo. Uma vez que havia trocado a pesquisa em fisiologia pela prática da medicina, sentia-se obrigado a levar em conta a relação terapêutica. Eis por que decidiu investir antes na neurologia, para depois concentrar-se no estudo das doenças dos nervos, aquelas famosas neuroses tão amiúde observadas no âmbito da sociedade ocidental e que acarretavam distúrbios de personalidade:[79] angústia, histeria, obsessão, neurastenia. Ele mesmo era um puro produto dela. Em 1885, graças a Meynert, Nothnagel e Brücke, obteve o título de *Privatdozent*, que lhe permitia ensinar na Universidade de Viena.

Filho de rabino, mas pertencente à geração de judeus vienenses interessados na assimilação, Josef Breuer, nascido em 1842, destinava-se igualmente

---

78. Sigmund Freud, "Esquisse d'une psychologie scientifique", in *La Naissance de la psychanalyse* (1950), Paris, PUF, 1956 [ed. bras.: "Projeto para uma psicologia científica", in *Publicações pré-psicanalíticas e esboços inéditos*, in *ESB*, vol.1; ed. orig.: "Entwurf auf Psychologie", in *Aus den Anfängen der Psychoanalyse*, Frankfurt, Fisher, 1962]. Cf. também Christine Lévy-Friesacher, *Meynert-Freud, "l'amentia"*, Paris, PUF, 1983.
79. Os pacientes neuróticos eram tratados igualmente nos serviços de psiquiatria ou por psiquiatras particulares. A propósito, recorria-se frequentemente ao termo "psiconeuroses" para designar essas patologias, cujos contornos variam de época para época.

à fisiologia.[80] E foi no laboratório de Ewald Hering, rival de Brücke, que ele começou a trabalhar no problema da respiração, antes de tornar-se assistente de Johann von Oppolzer, notável clínico geral, e escolher a carreira médica, vindo a se interessar em seguida pela neurologia e depois pela psicologia, e então pelas doenças nervosas. Clínico humanista, muito distante do niilismo terapêutico dos medalhões da faculdade, soubera tecer uma rede de relações pessoais no círculo da burguesia abastada, a ponto de vir a ser médico de seus colegas e de inúmeros intelectuais vienenses. Entre eles, Brentano, Billroth, Rudolf Chrobak, o célebre obstetra, e finalmente Marie von Ebner-Eschenbach, com quem manteve extensa correspondência. "Em Breuer", escreve Hirschmüller, "os pacientes encontravam, além de um médico competente, um interlocutor estimulante e um amigo pessoal. Ele representava o modelo do médico de família do início do século XIX, o qual, com a especialização crescente, ia se tornando cada vez mais raro."[81]

Freud conhecera-o em torno de 1877 – talvez um pouco mais cedo – e assistira às suas aulas sobre doenças renais, aproximando-se ao mesmo tempo, assim como ele, de Fleischl e Exner. Progressivamente, encontrou um reconforto permanente junto a esse clínico ponderado. Mais uma vez, portanto, caiu sob o encanto do indispensável amigo, suscetível de ocupar, em seu imaginário familiar, o lugar do irmão mais velho.

Breuer mostrava-se de uma grande generosidade para com os amigos. Ajudou Freud financeiramente, prodigalizou-lhe conselhos esclarecidos, estimulando-o, por exemplo, a escolher neurologia em vez de psiquiatria, ou a manter boas relações com a burguesia vienense. Enfim, ao notar seu entusiasmo pelas experiências inovadoras ou transgressivas, incentivou-o a se interessar pela hipnose, tão execrada pelos defensores do niilismo, que julgavam essa técnica de adormecimento dos pacientes com fins terapêuticos indigna de seu ideal de cientificidade. Breuer, contudo, continuou a prezar tal procedimento, oriundo do antigo magnetismo. O próprio Brentano lhe falara muito bem da hipnose, após ter feito uma visita, em Breslau, ao fisiologista

---

80. O melhor livro sobre Josef Breuer é o de Albrecht Hirschmüller, aqui largamente citado. Observemos que Ernest Jones, por sua vez, oferece uma imagem detestável, injusta e equivocada de Breuer, apresentando-o como um terapeuta pusilânime, incapaz de compreender o que quer que fosse da sexualidade.

81. Albrecht Hirschmüller, *Josef Breuer*, op.cit., p.59.

Rudolf Heidenhain, que se interessava pelos estados alterados da consciência,[82] os quais ele julgava favorecerem o desvendamento de segredos patógenos soterrados no subconsciente.

Em 1880, Breuer assumiu o tratamento de Bertha Pappenheim, uma moça vienense com vinte e um anos de idade, nascida numa família judia ortodoxa e apresentando graves sintomas histéricos. Quatro anos mais tarde, Freud, que já conhecia a história de Bertha, recebeu sua primeira paciente acometida de distúrbios idênticos.

Para todos aqueles que, nesses anos, destinavam-se a tratar das doenças nervosas, a escola francesa parecia muito mais evoluída que a austríaca. Paris, portanto, aos olhos dos jovens pesquisadores, era a capital do saber mais elaborado na matéria. O que fez com que Freud postulasse uma bolsa para assistir ao curso daquele que era considerado, por todo o mundo ocidental, o maior especialista em histeria: Jean-Martin Charcot, alcunhado o "César" do hospital La Salpêtrière.

Autoritário e de uma beleza surpreendente, enfiando às vezes a mão em sua casaca preta a fim de adotar a pose imperial, esse médico de origem modesta, constantemente de cartola, estava então no apogeu de sua carreira. Triste e silencioso, portador de um ligeiro estrabismo que contrastava com a regularidade dos traços de seu rosto glabro, era um personagem de Victor Hugo, que, ao mesmo tempo em que temia o convívio com os humanos, apreciava suas frivolidades. Adorava os animais e vivia cercado de cães e de uma macaquinha, o que atestava seu interesse pelo circo e as criaturas diferentes, acometidas de doenças neurológicas. Conhecido por sua defesa das teses de Pasteur e sua luta contra a caça e a vivissecção, esse clínico do olhar, erudito e esteta, parecia completamente alheio às batalhas políticas que dilaceravam a França da segunda metade do século XIX.

Herdeiro da medicina experimental de Claude Bernard, símbolo do sucesso republicano da medicina hospitalar, Charcot optara pela neurologia e descrevera a terrível doença que ganhou seu nome: esclerose lateral amiotrófica. Em 1870, enquanto Paris era sitiada pelas tropas prussianas, decidira reformar a organização do hospício do qual era o dono, separando os alienados dos epiléticos (não alienados) e dos histéricos. E foi assim que

---

82. Ibid., p.129.

resolveu enfrentar a questão da histeria, que assombrava o discurso médico da época.

Conhecida desde sempre, essa estranha doença, doravante denominada neurose,[83] fora vista durante séculos como a expressão de uma loucura sexual estritamente feminina e de origem uterina. As convulsões e sufocações que atravessavam a alma e o corpo das mulheres eram atribuídas a uma possessão demoníaca. O diabo enganador, diziam, entrava no útero das mulheres para desviá-las de seu destino anatômico e impedi-las de se colocarem a serviço da perpetuação da espécie humana.

Na realidade, havia sido com Franz Anton Mesmer que, às vésperas da Revolução Francesa, operara-se a passagem de uma concepção demoníaca da histeria para uma abordagem científica. Através da falsa teoria do magnetismo animal, Mesmer sustentava que as doenças nervosas tinham como origem um desequilíbrio na distribuição de um "fluido universal". Bastava então ao médico provocar crises convulsivas nos pacientes – mulheres em geral – para restabelecer o equilíbrio fluídico perdido. Dessa concepção nascera a primeira psiquiatria dinâmica,[84] que disseminou os "tratamentos magnéticos". A histeria escapou então da religião para ser vista como uma doença dos nervos que acometia mulheres julgadas "simuladoras", isto é, possuídas pelo demônio do sexo, feiticeiras sem deus nem diabo, e, portanto, nocivas à sociedade na mesma medida em que eram acusadas de transmitir um mal terrível: a sífilis. Exibindo seus corpos sexuados, dizia-se, elas transgrediam a ordem procriadora e recusavam ser mães e esposas.

Charcot reprovava essas teses e, por ocasião de suas famosas lições de terças e quartas-feiras, assistidas por médicos e intelectuais de todos os matizes políticos, ensinava sua teoria dos diferentes aspectos do transe hipnótico: letargia, catalepsia, clownismo, sonambulismo. Mas, sobretudo, colocando em cena as loucas da Salpêtrière – mulheres do povo em estado de êxtase e

---

83. Termo sugerido em 1769 pelo médico escocês William Cullen (1710-90) para definir as doenças nervosas geradoras de distúrbios da personalidade. Cf. Elisabeth Roudinesco e Michel Plon, *Dicionário de psicanálise*, Rio de Janeiro, Zahar, 1998.

84. Segundo o termo utilizado por Henri Ellenberger, que continua sendo o melhor historiador da psiquiatria dinâmica, em especial da história da evolução do magnetismo e da transição dos tratamentos magnéticos para a psicoterapia. Cf. também Jean Clair (org.), *L'Âme au corps. Arts et sciences, 1793-1993*, catálogo da exposição, Réunion des Musées Nationaux/Gallimard/Electra, 1993.

convulsão –, demonstrava que suas paralisias ou gesticulações obscenas não resultavam nem de uma simulação diabólica nem de lesões localizadas, e sim que tinham origem traumática. E comprovava isso, fazendo desaparecer e reaparecer os sintomas da doença. Blanche Wittmann, Augustine Gleizes, Rosalie Dubois, Justine Etchevery e muitas outras ainda, maltratadas pela vida, estupradas ou molestadas na infância, foram as heroínas desses experimentos conduzidos por um mestre cujo melancólico olhar clínico confinava com o gênio. Seu destino foi imortalizado tanto pelo quadro de André Brouillet como pela *Iconografia fotográfica da Salpêtrière*, realizada por Désiré-Magloire Bourneville e Paul Regnard: verdadeiro monumento erigido em homenagem às representações visuais da histeria *fin de siècle*.

Para provar que não era uma doença do século, e sim uma doença funcional de origem hereditária, Charcot afirmou ser possível detectar seus vestígios nas obras de arte do passado. Para confundir os inquisidores, assinalava que estes, em sua época, haviam condenado à morte como feiticeiras mulheres na realidade histéricas.[85] E para desvincular a histeria de sua origem presumidamente uterina, demonstrou que ela podia acometer igualmente os homens, em especial após traumas consecutivos a acidentes ferroviários. Assimilava assim distúrbios funcionais (histeria clássica) a distúrbios pós-traumáticos (acidentes).

Charcot compartilhava com a escola alemã a doutrina das localizações, ou localizacionismo cerebral, e pensava que a construção da medicina moderna ia de par com a elaboração de uma classificação rigorosa. Sem adotar o princípio do niilismo, não se preocupava em tratar ou curar as neuroses. Utilizava a hipnose não com fins terapêuticos, mas para demonstrar a pertinência de sua concepção da histeria. O que lhe valia críticas de seu rival da escola de Nancy, Hippolyte Bernheim.

Não resta dúvida alguma de que Charcot propunha uma nova concepção da histeria. No entanto, só pôde efetuar esse gesto porque a histeria tornara-se

---

85. Evoquei longamente o itinerário de Charcot e a questão da histeria e de seu desmembramento por Joseph Babinski, bem como as críticas que lhe foram dirigidas por Léon Daudet (seu ex-aluno). Cf. *HPF-JL*, op.cit. Aqui, opto por outro viés. Cf. também Jean-Martin Charcot, *Leçons du mardi à la Salpêtrière*, Paris, Lecrosnier & Babé, 1892, 2 vols.; Paul Richer, *Les Démoniaques dans l'art* (1887), Paris, Macula, 1984; Georges Didi-Huberman, *L'Invention de l'hystérie. Charcot et l'iconographie photographique de la Salpêtrière*, Paris, Macula, 1982; cf. também Marcel Gauchet e Gladys Swain, *Le Vrai Charcot. Les chemins imprévus de l'inconscient*, Paris, Calmann-Lévy, 1997.

em toda a Europa a expressão de uma revolta impotente das mulheres contra um poder patriarcal assombrado pelo espectro de uma possível feminização do corpo social. Em Viena, essa revolta permanecia confinada no círculo das famílias burguesas; já em Paris – cidade dos motins revolucionários –, ganhava um contorno mais político, na medida em que a medicina de Estado pretendia-se popular e republicana.

Assim, as mulheres exibidas na Salpêtrière eram, à sua revelia, herdeiras da figura da feiticeira, reabilitada por Jules Michelet e da qual Arthur Rimbaud fizera-se o paladino ao celebrar em 1872 "as mãos de Jeanne-Marie", heroína da Comuna apontada como "megera histérica" e supliciada pelas tropas versalhesas.

Brücke interveio a favor de Freud. Em junho de 1885, este foi autorizado a licenciar-se por seis meses de suas funções de clínico hospitalar.[86] Em 13 de outubro, ainda fazendo uso de cocaína, instalou-se no hotel de la Paix, no beco Royer-Collard, em pleno coração do Quartier Latin, a dois passos da Sorbonne e do Panthéon.

Só de pensar em passear pelas ruas da cidade das Luzes, a primeira da Europa onde os judeus haviam sido emancipados, sentia-se radiante. Foi ao cemitério Père-Lachaise visitar os túmulos de Heine e Börne. Em contrapartida, aferrado aos ideais das dinastias reais, não apreciava o espírito republicano, vendo a epopeia revolucionária francesa como a expressão de uma espécie de patologia mental, à maneira de Hippolyte Taine e dos reacionários do fim do século obsedados pela recordação da Comuna, que eles designavam como o equivalente de uma crise de histeria.[87]

Adotando esse discurso da contra-Revolução e do anti-Iluminismo, que foi uma das fontes do antissemitismo moderno, dentro em breve encarnado por Édouard Drumont,[88] Freud quase esqueceu sua devoção a Bonaparte, herói do jacobinismo. Sempre exagerado, logo estava julgando severamente

---

86. Freud permaneceu quatro meses e meio em Paris.

87. Hippolyte Taine, *Les Origines de la France contemporaine*, Paris, Laffont, col. Bouquins, 1986. A obra começa a ser publicada em 1875. Encontramos a tese das multidões patológicas, e do medo que elas inspiram, em Gustave Le Bon, *Psychologie des foules* (1895), Paris, PUF, 1963. Sabemos que Freud se baseará nesse livro para elaborar sua psicologia coletiva, divergindo, contudo, do desigualitarismo e do inconsciente hereditário *"à la française"*.

88. *La France juive* será publicado em 1886.

o povo parisiense, achando as mulheres feias e criticando a gastronomia francesa. "Tive uma visão de conjunto de Paris", escrevia a Martha, "e poderia ser bastante político, compará-la com uma Esfinge gigantesca e elegante que devora todos os estrangeiros incapazes de resolver seus enigmas, que mais? ... Basta eu dizer que essa cidade e seus habitantes não me deixam sossegado, as pessoas parecem pertencer a uma espécie completamente diferente de nós, julgo-as todas possuídas por mil demônios e ouço-as gritar: 'Ao poste!' e 'Abaixo fulano!', em vez de 'Cavalheiro' e 'Compre o *Écho de Paris*'. Todos parecem ignorar pudor e medo; tanto as mulheres como os homens aglomeram-se em torno dos nus como se em torno dos cadáveres do necrotério ou os horríveis cartazes nas ruas, anunciando um novo folhetim nesse ou naquele jornal e ao mesmo tempo fornecendo uma amostra de seu conteúdo. É o povo das epidemias psíquicas, das históricas convulsões de massa, e ele não mudou desde *O corcunda de Notre Dame*, de Victor Hugo." E: "Na Place de la République, vi uma estátua gigantesca da República estampando as datas: 1789, 1792, 1830, 1848, 1870. Isso dá uma ideia da existência descontínua dessa pobre República."[89]

Se a cultura republicana lhe desagradava e seu puritanismo o fazia às vezes esquecer o próprio espírito de rebelião, Freud nem por isso permanecia menos sensível às manifestações artísticas mais diversas. Em Viena, sempre apreciara o teatro e a ópera, ao passo que se obstinava em desdenhar os cafés e locais julgados muito barulhentos. Em Paris, tão logo teve um tempo livre, dirigiu-se aos grandes bulevares para admirar sua atriz preferida, Sarah Bernhardt, cuja voz e olhar hipnotizavam as massas que ele tanto detestava. Como Charcot, ela transportava para os tablados as interrogações de sua época sobre a ambiguidade da sexualidade feminina, fazendo ora papéis de homens confrontados com sua feminilidade, ora personagens de mulheres habitadas por uma libido masculina. No melodrama de Victorien Sardou, do qual Freud fez uma descrição entusiasta para Martha, ela encarnava o papel de Teodora, imperatriz maldita, trajando suntuosos figurinos bizantinos e apaixonada por um amante patrício, que ignorava sua verdadeira identidade.

Freud frequentou os centros culturais da capital, e foi na Notre Dame de Paris que teve a sensação de se encontrar pela primeira vez numa igreja

---

89. Sigmund Freud, *Correspondance*, op.cit., p.186 e 300.

que não lhe evocava nada das que ele visitara na infância com sua "Nannie". Prometeu a si mesmo reler o romance de Victor Hugo e não hesitou em subir às torres para passear entre os monstros e diabos contorcidos da catedral, enquanto pensava em apertar furiosamente a noiva nos braços.

Admirava de tal forma seu mestre Charcot que bastou o tempo de uma reunião à noite em seu palacete no bulevar Saint-Germain para sentir-se atraído por sua filha a ponto de manter-se afastado dela e preferir a companhia dos "velhos cavalheiros". Notando que era feia, porém interessante em função de uma "semelhança cômica" com o pai, pôs-se mais uma vez a imaginar o que teria sido sua vida se, em vez de amar Martha, houvesse sucumbido aos encantos de Jeanne Charcot: "Nada é mais perigoso do que uma moça que possui os traços de um homem que admiramos. Nesse caso zombariam de mim, me escorraçariam e só me restaria ter vivido uma bela aventura. De toda forma, é melhor assim."[90] Naquela noite, havia consumido uma pequena dose de cocaína, modelara a barba e cortara o cabelo e estava orgulhoso de suas roupas novas: terno preto, camisa impecável, gravata comprada em Hamburgo e luvas brancas. Julgando-se formoso, causava em si mesmo a melhor das impressões.

Em 28 de fevereiro de 1886 deixou Paris para ir a Wandsbek e, de lá, a Berlim para assistir ao curso de Adolf Aron Baginsky, professor de pediatria engajado na comunidade judaica da cidade e iniciador de uma política de prevenção das doenças infantis, mentais e orgânicas. Sem dúvida alguma, em Berlim tomou conhecimento das torturas e mutilações então infligidas às crianças para impedi-las de se masturbarem.[91]

Embora não tivesse simpatia pelo império dos Hohenzollern, Freud gostava de Berlim, cidade que encarnava a seus olhos a quintessência da cultura e da ciência no mundo germanófono. Aquele encontro devia servir como um

---

90. Sigmund Freud, *Correspondance*, op.cit., p.209. Ele próprio verterá para o alemão as *Leçons du mardi* e, por ocasião da morte de Charcot, em 1893, redigirá um belo obituário mostrando a importância que tivera sobre ele o ensino do mestre da Salpêtrière. Cf. "Charcot" (1898), in *Résultats, idées, problèmes*, t.I: *1890-1920*, Paris, PUF, 1984 [ed. bras.: in *ESB*, vol.3; ed. orig.: in *GW*, vol.1].

91. Ver infra. Cf. Carlo Bonomi, "Pourquoi avons-nous ignoré Freud le 'pédiatre'? Le rapport entre la formation pédiatrique de Freud et les origines de la psychanalyse", in André Haynal (org.), *La Psychanalyse: 100 ans déjà… Contributions à l'histoire intellectuelle du XXᵉ siècle*, Genebra, Georg, 1996, p.87-153.

Amores, tormentas e ambições

prelúdio para ele exercer um posto importante no departamento de neurologia da Steindlgasse, primeiro instituto público vienense para o tratamento das doenças infantis, dirigido por Max Kassowitz. Em abril, instalou-se provisoriamente como médico autônomo na Rathausstrasse e começou a receber pacientes encaminhados pelos amigos. Enquanto terminava a tradução do livro de Charcot, pensava em Martha, com quem, apesar das dificuldades financeiras e das advertências da sogra, finalmente poderia se casar.

De tanto cultivar a abstinência e o Sturm und Drang, ora para deleitar-se com sofrimentos românticos, ora para melhor projetar-se no futuro, sempre queria tudo e o oposto. Por um lado, via-se como um patriarca vivo junto a uma maravilhosa esposa dedicada às tarefas do lar e à sua numerosa prole; por outro, temia que, uma vez terminado o período do noivado, se erguesse à sua frente o horrível obstáculo de "perigosos rivais": o lar e a prole, o marido que encontra os amigos no bar, a esposa abandonada etc.

O casamento civil foi celebrado em Wandsbek em 13 de setembro de 1886. Freud acalentava a esperança de que isso bastaria, livrando-o dos rituais religiosos aos quais tinha horror. Porém, para sua grande decepção, teve de encarar a realidade: na Áustria, seu casamento jamais seria validado sem uma cerimônia religiosa. Foi então forçado, no dia seguinte, a aceitar uma cerimônia religiosa celebrada na sinagoga de Wandsbek pelo rabino David Hanover. Pediu então a Elias Philipp, tio materno de Martha, que lhe ensinasse as preces hebraicas e como se comportar ao passar sob o pálio simbolizando o Templo. No dia das núpcias, muito elegante e já ostentando a barba dos notáveis, limitou-se a trajar fraque e cartola, evitando assim a indumentária tradicional.

Assim que se viu instalado em seu novo apartamento vienense da Theresienstrasse, proibiu a Martha celebrar o Shabbat e cozinhar segundo as regras da alimentação *kosher*. Nenhum de seus filhos seria circuncidado.[92] A recusa dos rituais foi para Freud a única maneira de se pensar judeu no sentido da judeidade sem ter de renegar sua identidade por uma conversão qualquer. Consciente, como Spinoza, de ser herdeiro de um povo que selara sua unidade

---

92. Esse fato foi estabelecido por Albrecht Hirschmüller, que consultou, em Viena, o registro civil da comunidade judaica a respeito do nascimento dos três filhos de Freud. A menção à circuncisão está ausente. Cf. E. Rice, "The Jewish Heritage of Sigmund Freud", *Psychoanalytic Review*, 2, 1994, p.236-58. Carlo Bonomi consultou igualmente o mesmo registro. Sobre a resistência ao conformismo, cf. Sigmund Freud, *Lettres à ses enfants* (2010), Paris, Aubier, 2012, p.96.

histórica não tanto pela doutrina sagrada da eleição, mas pelo ódio que suscitava por parte das outras nações, fazia do orgulho de ser judeu o fermento mais poderoso de uma resistência a todos os conformismos.[93]

Martha passou do estado de noiva ardorosamente desejada ao de esposa e mãe realizada, respeitada e deserotizada. Entre janeiro de 1887 e dezembro de 1895, pôs no mundo seis filhos: Mathilde, Martin, Oliver, Ernst, Sophie e Anna. Freud dera aos meninos os prenomes de seus "heróis" favoritos – Charcot, Cromwell, Brücke – e às meninas prenomes escolhidos num círculo familiar circunscrito: Mathilde, esposa de Josef Breuer, Sophie, esposa de Josef Paneth, Anna, filha de Samuel Hammerschlag. Se as filhas de Freud viram-se assim "aparentadas" às famílias judias da burguesia vienense das quais o pai era amigo, os filhos escaparam a esse tipo de estigma, sendo associados a uma denominação mais simbólica: de um lado, a endogamia e a perpetuação do lar; de outro a ciência, a política e a saída do gueto.[94]

Em 1891, a família se mudou para o número 19 da Berggasse, para um apartamento bastante amplo. Mesmo assim, no ano seguinte, Freud alugou um segundo, no térreo, para ali instalar o consultório. Cinco anos mais tarde, Minna veio morar no mesmo prédio para ajudar a irmã a criar os filhos e administrar a casa. Destino mais que tradicional nas famílias ampliadas dessa época, em que o lugar da mulher não casada ou viúva – filha, tia, prima, irmã – era definido segundo critérios rigorosos: segunda mãe, dona de casa, amiga indispensável.

Em 1893, ao perceber que Martha estava esgotada devido às sucessivas gravidezes, Freud decidira recorrer mais uma vez à abstinência. Após um primeiro fracasso, traduzido pelo nascimento de Anna, seu último rebento, recusou-se não só a praticar o *coitus interruptus*, como a adotar os diversos meios contraceptivos utilizados nos anos 1880: preservativo, diafragma, esponja. Com apenas quarenta anos, e às vezes sofrendo de impotência, aliviou Martha do receio constante da maternidade, renunciando a toda relação sexual. Ela se sentiu menos angustiada e ele, curioso de se entregar a uma experiência que instigava sua imaginação: com efeito, considerava que a subli-

---

93. É no capítulo III do *Tratado teológico-político*, publicado em 1670, que Spinoza atribui a sobrevivência do povo judeu ao ódio das nações.

94. Sigmund Freud, *Lettres à ses enfants*, op.cit. A questão do círculo familiar será tratada na terceira parte do presente volume.

Amores, tormentas e ambições 65

mação das pulsões sexuais era uma arte de viver reservada a uma elite, única capaz de alcançar um alto grau de civilização.

A vida sexual do maior teórico moderno da sexualidade terá então durado nove anos. Entretanto, até os sessenta anos e justamente quando não desfrutava da liberdade sexual que preconizava em sua doutrina, Freud teve inúmeros sonhos eróticos: sentia um prazer especial em analisá-los, não perdendo a chance, aliás, de procurar causas "sexuais" para todos os comportamentos humanos. Assim, diversas vezes foi acusado de ser um burguês libidinoso, aborteiro clandestino, adepto dos lupanares e da masturbação, não hesitando em dissimular relações sexuais com a cunhada. Dezenas de livros, romances e ensaios foram publicados para "demonstrar" que Freud jamais cessara ao longo de toda a vida de camuflar sua sexualidade, necessariamente selvagem e transgressiva. Na realidade, em diversas ocasiões, Freud tentou reatar sexualmente com Martha. Mas sentia-se velho e canhestro e terminou por desistir: "Quando eu tiver superado completamente a minha libido (no sentido vulgar), escreverei uma 'vida amorosa dos homens'." E também: "O renascer erótico de que falamos durante a viagem extinguiu-se lamentavelmente sob a pressão do trabalho. Conformei-me com o fato de ser velho e sequer penso constantemente no envelhecer."[95]

Todos os rumores sobre a vida sexual de Freud repousavam sobre uma realidade mil vezes reinterpretada: a endogamia, de um lado, a teoria dos substitutos, de outro. Fascinado desde a infância pelo desejo do incesto, os casamentos consanguíneos, as relações intrafamiliares transgressivas, as genealogias claudicantes, Freud via efetivamente em cada filha a imagem negativa ou positiva da mãe ou o reflexo invertido da irmã, ou ainda em cada governanta o substituto de uma mãe, de uma tia, de uma irmã ou de uma avó. E, da mesma forma, considerava cada filho ou genro como o herdeiro do pai ou do avô ou ainda o cúmplice do irmão.[96] Eis a razão pela qual fez de

---

95. Cartas a Jung de 19 de setembro de 1907 e de 2 de fevereiro de 1910 (depois da viagem aos Estados Unidos), in Sigmund Freud e Carl Gustav Jung, *Correspondance*, t.I: *1906-1909* e t.II: *1910-1914*, Paris, Gallimard, 1975, p.142 (t.I) e 22 (t.II) [ed. bras.: *A correspondência completa de Sigmund Freud e Carl G. Jung*, org. William MacGuire, Rio de Janeiro, Imago, 1993]. Obrigado a John Forrester por ter me transmitido seu artigo datilografado sobre esse tema: "The Minna Affair: Freud's Other Women?". Muito cedo na vida Freud experimentou a sensação de ser velho, precisamente por causa da extinção de sua libido. Voltarei a isso.
96. Eis por que ele escolherá como modelo de parentesco a tragédia de Édipo.

Minna sua "segunda esposa", irmã, confidente de todos os momentos. Com a condição, todavia, de que jamais ocupasse o lugar de Martha.

Em setembro de 1897, quatro meses depois que o imperador Francisco José resignou-se a homologar a eleição para a prefeitura de Viena de Karl Lueger, admirador de Drumont e mentor antissemita do Christlichsoziale Partei (Partido Cristão-Social), Freud aderiu à loja do B'nai B'rith, associação judaica humanitária com fins caritativos e culturais, onde viria a pronunciar cerca de vinte conferências. No círculo de "seus irmãos" em aliança, reivindicava laços de natureza ética com o judaísmo, que nada tinham a ver com qualquer "crença". Freud continuava um ímpio e, se votava no Partido Liberal, convivia com social-democratas.

O encontro com Charcot fora decisivo. Não só porque sua concepção da histeria lhe abrira novas perspectivas sobre a vida psíquica e a realidade da sexualidade humana, como porque esse mestre pertencia, muito mais que Brücke, a uma linhagem de cientistas cujo renome ultrapassava amplamente o âmbito universitário. Mundialmente conhecido, Charcot era, acima de tudo, um "visionário", dotado de uma força de imaginação que combinava perfeitamente com os sonhos mais extravagantes de Freud. Não chegara a murmurar, justamente quando desvinculava a histeria de qualquer referência a um substrato anatômico, aos ouvidos do jovem vienense apaixonado, convencido de seu talento, que as verdadeiras causas desse mal convulsivo eram genitais? Não dissera um dia, perante alunos estupefatos, que a teoria, mesmo a mais pertinente, permanecia impotente face a uma realidade que a contradizia? "Teoria é bom, mas nem por isso deixamos de viver" – Freud nunca se esquecerá desse imperativo categórico.[97]

O estudo da sexualidade tornara-se para todos os cientistas da época, na Europa e na América do Norte, a grande questão do século vindouro, e a histeria parecia ser sua chave-mestra, indo muito além dos debates médicos entre especialistas. E não resta dúvida de que Charcot era mais que um professor para Freud, tendo contribuído para a conquista de um novo continente: o da sexualidade.

O honesto Breuer decerto guiara Freud pelos meandros da elucidação dos fenômenos neuróticos, apontando-lhe a importância do determinismo

---

97. Sigmund Freud, "Charcot", op.cit.

Amores, tormentas e ambições

psíquico na etiologia da histeria. Porém, como clínico rigoroso e preocupado com a verificação experimental, duvidava de tudo, emitindo reservas sobre suas próprias hipóteses e aconselhando Freud a ser prudente. Breuer gostava de Freud e Freud gostava de Breuer. Freud, contudo, sob a influência do afeto que sentia por Charcot, não sabia ser prudente.

Eis por que, em 15 de outubro de 1886, convidado a dar uma conferência perante a prestigiosa Sociedade Imperial dos Médicos de Viena, cometeu o erro de não produzir um trabalho original, como pedia a tradição, e fazer-se porta-voz das teses de Charcot sobre a histeria masculina e o hipnotismo. Convencido de que as sumidades presentes na sala ignoravam a doutrina do mestre francês, Freud deu-lhes uma aula convencional. Atribuiu então a Charcot ter sido o primeiro a descobrir que a histeria não era nem uma simulação nem uma doença do útero, esquecendo que esse fato já era bem conhecido em Viena.[98] Além disso, omitiu assinalar que a querela entre Viena e Paris incidia sobre a distinção, negada por Charcot, entre histeria funcional e histeria traumática.[99]

No fim, Freud foi severamente criticado por Heinrich von Bamberger, Emil Rosenthal e, sobretudo, Theodor Meynert, bastante hostil à hipnose. Muito ressentido, meteu na cabeça, como mais tarde seus aficionados, que era execrado em função de suas geniais inovações de cientista solitário. Não foi, no entanto, o caso.[100]

Breuer e Freud conversavam muito sobre seus pacientes e trocavam experiências. Ambos praticavam os tratamentos vigentes na época: eletroterapia,

---

98. Em 1864, Moriz Benedikt sustentara que a histeria era uma doença sem causas uterinas. Afirmava também a existência da histeria masculina. Sobre o destino desse estranho pioneiro, cf. Henri F. Ellenberger, *Médecines de l'âme. Essais d'histoire de la folie et des guérisons psychiques*, Paris, Fayard, 1995.

99. Sigmund Freud, "Über männliche Hysterie" (1886). Essa conferência não foi publicada, tampouco a segunda, pronunciada em 26 de novembro. Conhecemos seu conteúdo pelas resenhas: *Anz. Ges. Ärzte Wien*, 25 (1886), p.149-52; *Münch. Med. Wschr.*, 33 (1886), p.768-885; *Wien. Med. Wschr.*, 36 (1886), p.1445-7. Henri F. Ellenberger foi o primeiro a relatar o teor das polêmicas que opunham Freud a seus colegas vienenses. Cf. "La conférence de Freud sur l'hystérie masculine. Vienne le 15 octobre 1886", in *Médecines de l'âme*, op.cit., p.207-25. Cf. também Frank J. Sulloway, *Freud, biologiste de l'esprit*, op.cit., p.31.

100. Em sua autobiografia, Freud descreve a acolhida medíocre dada à sua conferência, insistindo no fato de que um dos participantes negava a existência da histeria masculina. Cf. "Sigmund Freud présenté par lui-même", op.cit. Paralelamente, afirmou que, às vésperas de sua morte, Meynert lhe teria contado que ele próprio era um caso de histeria masculina. A confidência parece perfeita demais para ser verdadeira.

balneoterapia, hidroterapia. Breuer tinha uma inclinação pelo método catártico, atualizado por Jacob Bernays. Ele permitia aos pacientes eliminar os afetos patogênicos, depois "ab-reagi-los", revivendo os acontecimentos traumáticos a que estavam presos. Freud também viria a fazer uso dele. Porém, no outono de 1887, voltou-se mais para a sugestão hipnótica, objeto de uma verdadeira controvérsia não só entre os médicos vienenses, como entre a escola de Paris e a de Nancy. Pretendendo-se "hipnotizador", Freud buscava, mediante a relação dinâmica, uma saída para o niilismo terapêutico. Face às sumidades médicas que o haviam criticado por seu uso da cocaína e seu elogio a Charcot, tencionava desempenhar plenamente esse papel de rebelde transgressivo que tão bem lhe caía. Ao mesmo tempo, afastou-se do ensino da Salpêtrière.

Professor de clínica geral em Nancy, Bernheim adotara o método hipnótico de Auguste Liébault e só tratava pacientes capazes de entrar em estado de hipnose. Se o marquês Armand de Puységur, às vésperas da revolução de 1789, abrira caminho para a ideia de que um superior – nobre, médico, cientista – podia ter o exercício de seu poder limitado por um sujeito capaz de lhe opor resistência, Bernheim, no fim do século XIX, mostrava que a hipnose não passava de um caso de sugestão verbal. Nessa época, uma clínica do olhar era substituída pela clínica da fala e Bernheim, ao inverter a relação descrita por Puységur, contribuía para dissolver os últimos vestígios do magnetismo – ainda que ao preço de diluir a hipnose na sugestão.

Basicamente, criticava Charcot por fabricar de modo artificial sintomas histéricos e por manipular os doentes. Ao passo que a lógica da fusão entre hipnose e sugestão conduzia Bernheim a sustentar que os efeitos obtidos pelo hipnotismo podiam sê-lo por uma sugestão no estado de vigília, o que em breve será designado como psicoterapia.

No verão de 1889, acompanhado de Anna von Lieben, uma paciente oriunda da aristocracia judaica de Viena, que Charcot já tratara, Freud fez uma visita a Bernheim, antes de viajar novamente a Paris para assistir a dois congressos internacionais. Presenciou alguns de seus experimentos de sugestão, teve conversas estimulantes com ele e combinou de traduzir o seu livro.[101] Sem renunciar ao que aprendera junto a Charcot, assimilou de Bern-

---

101. Hippolyte Bernheim, *Hypnotisme, suggestion, psychothérapie* (1891), Paris, Fayard, col. Corpus des Oeuvres de Philosophie en Langue Française, 1995. Cf. também *Dicionário de psicanálise*, op.cit.

Amores, tormentas e ambições   69

heim o princípio de uma terapia que abria caminho para um tratamento pela palavra. Logo, não entrou na controvérsia que opunha as duas escolas. Não demorou a perceber, contudo, que a sugestão só funcionava em determinadas circunstâncias, em especial em ambiente hospitalar. Preferiu assim utilizar o método catártico sem todavia banir o hipnotismo, o que o conduziu, paralelamente, a levar em conta o elemento erótico presente no tratamento, isto é, a transferência:[102] "Essa experiência ocorreu com uma de minhas pacientes mais dóceis, com a qual a hipnose me permitiu obter excelentes resultados, fazendo remontar os acessos de dor à sua origem. Certa ocasião, ao despertar, lançou os braços em torno do meu pescoço. ... Fui suficientemente modesto para não atribuir o fato aos meus próprios e irresistíveis encantos pessoais, e percebi que havia apreendido a natureza do misterioso elemento que se achava em ação por trás da hipnose. A fim de anulá-lo, ou ao menos isolá-lo, fui obrigado a abrir mão da hipnose."[103] Em seguida Freud só conservou da hipnose a posição deitada do paciente no divã, atrás do qual ele se sentava a fim de ver sem ser visto. Quanto a Anna von Lieben, grande jogadora de xadrez, louca, obesa, consumidora insaciável de caviar, champanhe e drogas, padecendo de insônia, era nessa época sua principal paciente, sua *prima donna*.[104] Na família desta última, seu apelido era *Der Zauberer* (o mágico). Mais tarde, contudo, Freud foi dispensado, jamais conseguindo curar Anna de sua dependência da morfina, nem pela hipnose nem pelo método catártico.[105]

Desde seu casamento e sua instalação como especialista em doenças nervosas, Freud sentia falta de um interlocutor que morasse longe a fim de voltar a usar seus incomparáveis talentos epistolares. A espera durou um ano, até o dia em que, no outono de 1887, a conselho de Breuer, um certo Wilhelm Fliess, médico berlinense especializado nas patologias do nariz e da garganta,[106] procurou-o

---

102. A transferência se transformará num conceito primordial da teoria freudiana.

103. Sigmund Freud, *Sigmund Freud présenté par lui-même*, op.cit., p.47.

104. Josef Breuer e Sigmund Freud, *Études sur l'hystérie* (1895), Paris, PUF, 1967 [ed. bras.: *Estudos sobre a histeria*, in SFOC, vol.2 / ESB, vol.2; ed. orig.: *Studien über Hysterie*, in GW, vol.1]. Anna von Lieben figura no livro com o nome de Frau Cäcilie.

105. Conversa de Kurt Eissler com Henriette Motesiczky von Kesseleökeö (1882-1978), filha de Anna von Lieben, BCW, cx.116, 1973; e Peter Swales, "Freud, His Teacher, and the Birth of Psychoanalysis", in Paul E. Stepansky (org.), *Freud: Appraisals and Reappraisals*, New Jersey, The Analytic Press, 1986.

106. A otorrinolaringologia.

para assistir às suas aulas, quando ele terminava seu estágio no Hospital Geral de Viena. Da mesma geração que Freud e, como ele, defensor do darwinismo e da escola positivista de Helmholtz, Fliess era filho de um negociante de grãos pouco abastado e depressivo, cuja família, sefardita, estabelecera-se na Marca de Brandenburgo desde o século XVII.

Difícil saber o que Fliess sentiu realmente nessa relação de amizade vulcânica que, mais uma vez, arrebatou Freud. Ao contrário da que mantivera com Martha, a correspondência trocada entre os dois homens jamais pôde ser completamente reunida. Restam apenas as cartas de Freud.[107] Novo Sturm und Drang! Freud escrevia a toda velocidade, multiplicando as abreviações e palavras latinas, abarcando tudo que aprendia sobre a vida sexual de seus pacientes, tudo que sabia de sua própria família e das famílias vienenses: pais, mães, irmãs, filhas, empregados. Classificava, indexava, multiplicava os quadros clínicos e manifestava um entusiasmo frenético a cada carta recebida ou enviada.

Em suma, desde o primeiro encontro, Freud curvou-se ao encanto daquele médico que não se assemelhava a nenhum de seus amigos vienenses da mesma geração, nem mesmo a Breuer, que, a despeito da lendária prudência, admirava-o tanto quanto seu protegido.

Dotado de sólida formação médica e científica, Fliess não obstante pertencia à longa linhagem de cientistas prometeicos valorizados pela literatura romântica, cujo rastro encontramos na obra de Thomas Mann. Adepto de uma teoria mística e organicista da sexualidade, era de certa forma um duplo de Freud, seu "demônio", seu "alter", que lhe suscitava os maiores arroubos intelectuais. De tanto se amarem, se oporem, tomarem o outro como testemunha de seu cotidiano mais íntimo ou relatarem, mutuamente, casos clínicos, elucubrando as hipóteses mais ousadas, mas também de se encontrarem em diversas cidades da Europa por ocasião de "congressos" dos quais eram os únicos ouvintes e participantes, terminaram por se ver como irmãos gêmeos, inclusive tirando uma fotografia com a mesma barba, a mesma roupa e exibindo o mesmo olhar: distribuíram esse retrato aos amigos.

---

107. Freud enviou 287 cartas a Fliess. A correspondência entre os dois homens estendeu-se de 1887 a 1904. Sigmund Freud, *Lettres à Wilhelm Fliess*, op.cit., e *La Naissance de la psychanalyse* (edição expurgada), op.cit. [ed. bras.: *Publicações pré-psicanalíticas e esboços inéditos*, in *ESB*, op.cit.].

Amores, tormentas e ambições

Em 1892, Fliess casou-se com Ida Bondy, uma paciente de Breuer, cuja irmã, Melanie, se casará, quatro anos mais tarde, com Oskar Rie, o médico da família Freud e parceiro de Sigmund no jogo do tarô. Da união de Fliess com Ida nascerá Robert, que se tornará psicanalista, enquanto Oskar terá duas filhas, Margarethe e Marianne. A primeira se casará com Herman Nunberg e a outra com Ernst Kris, ambos discípulos de Freud. Uma trama familiar, decididamente!

Herdeiro de uma abordagem científica em plena mutação, na qual se misturavam as explicações mais racionais, inovadoras e extravagantes concernindo às relações entre alma e corpo, Fliess, que padecia de enxaquecas inexplicáveis, jamais duvidava de suas hipóteses, que tomava como certezas estabelecidas tão logo as intuía. Apaixonado por arte, matemática, biologia, história, literatura e antropologia, adquirira o hábito de relacionar todos os tipos de manifestações patológicas da vida humana, as quais, no entanto, nada tinham a ver umas com as outras. Seu procedimento, portanto, se por um lado era fascinante, por outro repousava numa concepção da ciência em que a dúvida não tinha lugar e que era fundada em especulações, no caso, delirantes.

Quando conheceu Freud, Fliess estava em vias de elaborar uma doutrina articulada em torno de três eixos: uma clínica da neurose, uma teoria fisiológica da periodicidade e uma representação biomédica e cosmológica da bissexualidade humana.

Após descrever uma entidade clínica denominada "neurose nasal reflexa",[108] Fliess via suas causas ora nas perturbações orgânicas ligadas a doenças diversas – enxaqueca, por exemplo –, ora em desordens originárias dos órgãos genitais. Assim, estabelecia uma relação entre as mucosas nasais e as atividades genitais para daí deduzir, como consequência, a existência de um elo entre os cornetos do nariz, as menstruações da mulher, a gravidez e o parto. Donde a ideia de que os sintomas desse tipo de "neurose", assim como as enxaquecas e outras sequelas da menstruação, obedecem a um ritmo regular de vinte e oito dias. Ao que Fliess acrescentava outro ciclo de vinte e três dias, do qual fazia o equivalente masculino do ciclo menstrual feminino. E como esses dois ciclos se manifestavam em ambos os sexos, ele deduzia

---

108. W.A. Hack (1851-87), um otorrinolaringologista de Freiburg-im-Breisgau, já tentara, antes dele, descrever a neurose nasal reflexa.

disso a existência de uma bissexualidade fundamental do ser humano, que se traduzia, segundo ele, por uma bilateralidade fisiológica, cada humano sendo ao mesmo tempo homem (à direita) e mulher (à esquerda). Armado com esse conhecimento da periodicidade e da bissexualidade humana, pensava poder determinar com certeza as datas críticas dos ciclos que predeterminavam o nascimento, a doença e a morte.[109]

Convencido, portanto, de que os diversos distúrbios de seu "pobre *Konrad*" podiam ser amenizados ou curados por um tratamento das fossas nasais, Freud, que comparara Fliess a um "Kepler da biologia", fez-se operar duas vezes por ele. Durante certo tempo, sofreu supurações. Fliess tentou então, sem sucesso, livrá-lo de sua dependência da nicotina, que aumentou quando ele abandonou a cocaína. No momento em que alcançavam a idade madura, os dois homens entregavam-se a engenhosos cálculos para determinar, em virtude da teoria fliessiana, datas de morte e nascimento.

Na época, Freud temia morrer antes de ter visto Roma, sua terra prometida, ou terminado sua tarefa: fazer a passagem da neurologia à psicologia. No entanto, adiava sempre a viagem, invocando seus famosos cálculos. Quando Ida ficou grávida ao mesmo tempo que Martha, Fliess prognosticou o nascimento de uma filha e Freud o de um menino, que ele chamaria de Wilhelm. Mas o destino decidiu diferente: Fliess teve um filho (Robert) e Freud uma filha (Anna).

Enquanto Fliess progredia na exploração cada vez mais irracional da bissexualidade humana, preconizando ao mesmo tempo perigosas cirurgias das fossas nasais, Freud elucubrava todo tipo de hipóteses sobre o psiquismo humano. Num manuscrito com aproximadamente cem páginas, "Projeto para uma psicologia científica", concebido como um tratado de psicologia para uso dos neurologistas, expôs, destinado ao amigo, em 1895, um plano geral de sua abordagem neuropsicológica da memória, da percepção e da consciência. Nele, descrevia os processos patológicos através dos quais tentava pôr em evidência as características dos fenômenos psicológicos considerados "normais". Ao contrário de Fliess e duvidando permanentemente de si mesmo, buscava fazer

---

109. Wilhelm Fliess, *Les Relations entre le nez et les organes génitaux féminins, présentées selon leurs significations biologiques* (1897), Paris, Seuil, 1977, col. Le Champ Freudien, dirigida por Jacques Lacan. Num artigo de 1895, dedicado a uma monografia de Paul Julius Moebius (1853-1907) sobre a enxaqueca, Freud elogiava Fliess, notável pesquisador berlinense. Cf. "'La Migraine' de Moebius", in *OCF.P*, op.cit., vol.3, p.97-103.

da psicologia uma ciência natural, distanciando-se cada vez mais do projeto de restringir os fenômenos psíquicos a desordens orgânicas.

Da mesma forma, estabelecia certo número de correlações entre as estruturas cerebrais e o aparelho psíquico, tentando representar os processos psíquicos como estados quantitativamente determinados por partículas materiais ou neurônios. Classificava estes em três sistemas distintos: percepção (neurônios *w*), memória (neurônios *c*), consciência (neurônios *v*). Quanto à energia transmitida (quantidade), era regida, segundo ele, por dois princípios – um, de inércia, o outro, de constância – e provinha ora do mundo externo, veiculada então pelos órgãos dos sentidos, ora do mundo interno, isto é, do corpo. A ambição de Freud era reportar a esse modelo neurofisiológico o conjunto do funcionamento psíquico, tanto normal como patológico: o desejo, os estados alucinatórios, as funções do eu, o mecanismo do sonho etc.

Essa necessidade de "neurologizar" o aparelho psíquico pressupunha igualmente a elaboração de uma "mitologia cerebral". Freud logo tomou consciência disso e desistiu de tal projeto para construir uma teoria puramente psíquica do inconsciente.[110] Com isso, passou a qualificar de delírio, balbucio e algaravia o que ele próprio elaborara.

Partindo dessa nova perspectiva, que o conduziu a explorar os fenômenos inconscientes, considerava que a origem dos sintomas neuróticos – principalmente os que caracterizavam as histéricas – residia em traumas sexuais sofridos na infância. Isso coincidia com o que assimilara do ensino de Charcot. E denominou "sedução" ou "atentado" os abusos sexuais sofridos na infância pelas pacientes que escutava e que, não raro, nos tratamentos, relatavam-nos com grande requinte de detalhes, acusando um pai, tio ou amigo da família.

Seja como for, entre 1892 e 1895, a jovem e bela Emma Eckstein foi a principal vítima dos intercâmbios clínicos e divagações teóricas de Fliess e Freud.[111]

---

110. Sigmund Freud, *Esquisse d'une psychologie scientifique*, op.cit.

111. Max Schur foi o primeiro, em 1966, a revelar o calvário de Emma, cuja identidade foi durante muito tempo ocultada pelos psicanalistas. Sua história, amplamente desenvolvida nas cartas de Freud a Fliess, foi em seguida comentada em diversas oportunidades. Cf. Mikkel Borch-Jacobsen, *Les Patients de Freud. Destins*, op.cit., p.66-73. Carlo Bonomi levanta a hipótese de que Emma vivenciou sua operação como a repetição da excisão que sofrera na infância e que Freud evoca em sua correspondência com Fliess. Cf. "Withstanding Trauma: The Significance of Emma Eckstein's Circumcision to Freud's Irma Dream", *The Psychoanalytic Quarterly*, 82, julho de 2013, p.689-740.

Originária da burguesia judaica progressista, e superengajada no movimento feminista austríaco, Emma parece ter sido vítima, na infância, de uma excisão "terapêutica", destinada a impedi-la de se masturbar. Havia muito tempo sofria de achaques gástricos e regras dolorosas. Amigo de sua família, Freud ministrou-lhe, gratuitamente, um tratamento catártico e foi visitá-la em seu domicílio. Persuadiu-se de que suas dores estavam associadas com a mucosa do nariz. Assim, pediu a Fliess que fizesse a viagem de Berlim para lhe operar o nariz. Fliess extirpou de Emma o terço anterior do corneto médio esquerdo.

Duas semanas após a intervenção, a moça sentiu dores terríveis, causadas por secreções infecciosas purulentas, das quais emanava um cheiro fétido. Um fragmento de osso se quebrara, provocando hemorragias. Preocupado, Freud chamou seu amigo Ignaz Rosanes, que, limpando a ferida, notou que Fliess esquecera na cavidade nasal um pedaço de gaze impregnado com tintura de iodo. Irrompeu um rio de sangue. Quase desmaiando, Freud refugiou-se no aposento contíguo. Após engolir um copo de conhaque, voltou para junto da paciente, que o acolheu com estas palavras: "Eis o sexo forte."[112] Emma carregará pela vida inteira as sequelas dessa intervenção cirúrgica: o osso do nariz havia necrosado de maneira irreversível.

Chocado com o episódio, Freud considerou que Fliess e ele haviam se mostrado irresponsáveis com relação a Emma, que, não obstante, jamais os recriminou por seus erros. Para isentar o amigo, inclusive, ela observou que já sofria violentos sangramentos nasais desde a infância. Ela retomou o tratamento com Freud. Escutando-a falar de seu medo de entrar nas lojas, ele deduziu que aquela fobia remontava a uma cena de sedução que teria se produzido quando ela tinha oito anos de idade: um lojista teria tentado uma carícia. A cena, embora recalcada, estaria na origem do sintoma de que Emma se queixava.[113]

Em seguida, tendo sugerido a hipótese de que a confissão feita pelas histéricas a respeito de seduções sofridas na infância era análoga à da prática do sexo obtida sob tortura pelos inquisidores, Freud extasiou-se ao ver que Emma confirmava sua tese ao relatar uma cena em que o diabo lhe enfiava agulhas nos dedos e passava em seguida um bombom sobre cada gota de

---

112. Sigmund Freud, *Lettres à Wilhelm Fliess*, op.cit., p.153.
113. Ver *Esquisse d'une psychologie scientifique*, op.cit., p.657.

Amores, tormentas e ambições

sangue. E mais uma vez isentaria Fliess, o qual aliás continuava se negando a reconhecer seu erro.[114]

Emma Eckstein tornou-se a primeira psicanalista da história do freudismo. Entre 1905 e 1910, redigiu vários artigos e trocou algumas cartas com Freud, que continuou a ignorar de que causas múltiplas derivavam seus distúrbios psíquicos e somáticos. Após um caso amoroso não correspondido, ela tentou o suicídio. Mas nem seu sobrinho, Albert Hirst,[115] que deu um depoimento pungente a Kurt Eissler, nem qualquer outro médico conseguiu curá-la, que dirá compreendê-la.[116]

Consciente da permanência do mistério, mas recusando-se a admitir que perdera mil vezes o rumo, Freud prognosticou que Emma jamais se restabeleceria. Incrível profecia! Paralisada por uma doença inexplicável, ela passou seus últimos anos de vida deitada numa cama, em meio a seus livros.

Tendo em vista esse episódio, podemos nos perguntar quem inventava os pretensos abusos e outras maquinações perversas supostamente dissimulados no seio de honradas famílias. O próprio Freud ou as pacientes, que lhe impingiam a existência de uma tentativa de sedução sistemática das crianças por parte dos adultos? Nesse ponto, Breuer, que na época redigia em parceria com seu protegido um estudo sobre a histeria, mostrou-se sempre muito reservado quanto à etiologia traumática.

Durante anos, portanto, Freud deixou-se enfeitiçar por Fliess e este emparedou-o numa concepção da ciência em que nem o erro, nem o experimento, nem a busca da verdade tinham lugar, de tal forma a certeza governava o trabalho especulativo. Ao longo das cartas, contudo, percebemos que Freud evoluía na direção contrária de Fliess. Embora se recusando conscientemente a questionar as hipóteses do amigo, afastava-se progressivamente delas, a

---

114. Ibid., p.286.

115. Albert Hirst (1887-1914), BCW, cx.115, pasta 12. Chamava-se efetivamente Albert Hirsch, tendo mudado o sobrenome ao emigrar para os Estados Unidos. Foi analisado por Freud, que lhe disse prontamente que seu hábito de se masturbar não era nocivo. Em vez de colocá-lo no divã, fez com que ele sentasse numa cadeira, pedindo-lhe que se colocasse na posição em que se masturbava. Hirst sofria também de problemas de ejaculação. David J. Lynn, "Sigmund Freud's Psychoanalysis of Albert Hirst", *Bulletin of History of Medicine*, 1, 71, primavera de 1997, p.69-93.

116. As transcrições das conversas de 1952 com Eissler encontram-se na Biblioteca do Congresso, em Washington.

golpes de denegação, ambiguidades e contorções, como se o processo pelo qual passava à sua revelia o levasse a duvidar de que o que ele afirmava era um verdadeiro procedimento científico.

Na realidade, durante seu contato com Fliess, ele se dissociou da neurologia, terminou se desentendendo com Breuer, inventou o tratamento psicanalítico, desistiu de sua teoria da sedução, convocou a tragédia grega à cabeceira de sua explicação do inconsciente e preparou o grande livro que o tornaria um dos pensadores mais importantes do século XX: *A interpretação dos sonhos*. Assim como Emma Eckstein, Fliess foi a principal vítima desse combate travado por Freud contra si mesmo. Enquanto em vida fora celebrado por sua contribuição à biologia médica, Fliess foi julgado severamente pela posteridade como um maníaco dos números, um taumaturgo delirante, última testemunha de uma agonizante medicina romântica. Sua obra foi a tal ponto esquecida que só vem à baila em virtude do papel que os historiadores lhe atribuíram na elucidação das origens da psicanálise.[117] E o próprio Freud sempre se recusou a ser associado à tradição do romantismo.

Na aurora do século XX, após tantos anos de loucuras de parte a parte e após terem sido unidos por casamentos cruzados entre amigos próximos no seio de uma família intelectual ampliada, e tendo como pano de fundo o duplo desabrochar da modernidade vienense e berlinense, os dois amigos se despediram para nunca mais se reverem. Freud foi o triunfante beneficiário dessa amizade de quinze anos, que, para Fliess, consumou-se como um desastre e, para a psicanálise, como um triunfo.[118]

A ruptura foi extremamente violenta. Em julho de 1900, os dois amigos passavam uma temporada no lago de Achen. Fliess acusou Freud de ser-lhe hostil e Freud criticou-o por não reconhecer o valor de suas descobertas.

Pouco tempo depois, o jurista austríaco Hermann Swoboda, em análise com Freud, ouviu-o expor sua teoria da bissexualidade. Naquela mesma tarde, referiu-se a ela em conversa com seu amigo Otto Weininger, célebre escritor judeu vienense, o qual, um ano mais tarde, publicaria seu único

---

117. Cf. Frank J. Sulloway, *Freud, biologiste de l'esprit*, op.cit., p.132s.

118. O melhor dossiê sobre as relações entre Freud e Fliess é o reunido por Erik Porge, *Roubo de ideias?* (Paris, 1994), seguido de "Em minha própria causa", de Wilhelm Fliess, Rio de Janeiro, Companhia de Freud, 1998; e Max Schur, *La Mort de Freud*, op.cit. E, naturalmente, Frank J. Sulloway, *Freud, biologiste de l'esprit*, op.cit.

Amores, tormentas e ambições

livro, *Sexo e caráter*, verdadeiro manifesto da bissexualidade e do ódio às mulheres e aos judeus.

Transcorrido certo tempo, Weininger suicidou-se. Alugou um quarto na antiga casa de Beethoven e disparou um tiro no coração.[119]

Fliess tomou conhecimento da obra em 1904 e, assim como Swoboda e Paul Julius Moebius,[120] sentiu-se plagiado e acusou Freud de haver roubado suas ideias ao longo de todos os anos de amizade entre os dois. Esse caso de "roubo de ideias" deu o que falar e Freud reconheceu sua dívida para com Fliess.[121] Mas ele também sabia que "roubo de ideias", diferentemente do plágio, não existe e que a teoria da bissexualidade impregnava todos os trabalhos dos cientistas da época. Oriunda do darwinismo e da embriologia, ela reatualizava em parte os mitos fundadores da Grécia antiga. Freud decerto se sentiu culpado por ter falado com Swoboda, mas em momento algum subscreveu essa fantasia de "roubo de ideias".[122] Quanto à bissexualidade, posteriormente fez dela um conceito central da doutrina psicanalítica, embora não tivesse mais muita coisa a ver com a representação fliessiana de uma bilateralidade.

Freud permaneceu, no entanto, marcado pelo episódio dessa amizade, que, através de um longo périplo, transformara-o em outro homem. Destruiu, sem ousar efetivamente admitir, as cartas de Fliess e, quando Marie Bonaparte comprou as suas de um negociante em 1936, ele se opôs firmemente à publicação.[123]

---

119. Otto Weininger, *Geschlecht und Charakter*, Leipzig e Viena, Braumüller, 1903 [ed. fr.: *Sexe et caractère* (1903), Lausanne, L'Âge de l'Homme, 1975]. Traduzido em dez línguas, esse livro foi um verdadeiro best-seller na época, tendo 28 reimpressões até 1947, antes de cair no esquecimento. Cf. Jacques Le Rider, *Le Cas Otto Weininger. Racines de l'antiféminisme et de l'antissemitisme*, Paris, PUF, 1982.

120. Paul Julius Moebius (1853-1907), neurologista alemão, autor de várias patografias, estava convencido da existência de uma inferioridade mental das mulheres com relação aos homens. Sustentava a ideia de que as manifestações histéricas são produzidas no nível do corpo por representações psicológicas.

121. Encontramos o conjunto das provas relativas a esse caso em Erik Porge, *Roubo de ideias?*, op.cit. Peter Swales imaginou, sem fornecer qualquer prova para sustentar suas afirmações, que, durante o encontro no lago de Achen, Freud teria tentado assassinar Fliess: "Freud, Fliess and Fratricide. The Role of Fliess in Freud's Conception of Paranoïa", in Laurence Spurling (org.), *Sigmund Freud. Critical Assessments*, Londres e Nova York, Routledge, 1982, vol.1.

122. Sigmund Freud, "Lettre à Fritz Wittels", 15 de agosto de 1924, *Revue Internationale d'Histoire de la Psychanalyse*, 6, 1993, p.98.

123. Esse episódio foi descrito diversas vezes por Ernest Jones, Max Schur, Peter Gay e, claro, a própria Marie Bonaparte.

Baseando-se em seguida em sua própria concepção da paranoia, Freud explicou a Sándor Ferenczi, em 1910, que a ideia de vincular o conhecimento paranoico a um investimento homossexual e o conhecimento teórico a uma rejeição desse investimento lhe ocorrera a partir de uma reativação dolorosa da ruptura com Fliess: "Depois do caso Fliess ..., parte do investimento homossexual desapareceu e usei isso para alargar o meu próprio eu. Tive êxito onde o paranoico fracassou."[124] Teoria, no mínimo, discutível.

Freud, não obstante, julgara-se efetivamente capaz de se desligar dessa vertente de sua história. Em agosto de 1897, declarou estar em processo de "autoanálise". Maneira de questionar, sem o dizer, todo o sistema de pensamento que elaborara até ali. Mas esse episódio também resultou num fiasco. No começo, Freud explicara a Fliess que seu principal paciente era ele mesmo. Depois analisara os próprios sonhos para declarar em seguida que não compreendia nada do que lhe acontecia. Julgando momentaneamente que a "autoanálise" por fim deslanchara, terminou por admitir que ela era impossível: "Minha autoanálise permanece interrompida. Compreendi por quê. Não posso analisar a mim mesmo senão com conhecimentos objetivamente adquiridos (como um estranho). A autoanálise propriamente dita é impossível, senão não haveria doença. Como ainda estou às voltas com alguns enigmas nos meus casos, isso deve forçosamente interromper minha autoanálise também."[125]

Forjado para tirá-lo de um impasse, o conceito intangível de autoanálise floresceu na comunidade freudiana, a qual assimilou a ideia de que apenas Freud, enquanto "pai fundador" da disciplina, havia de fato praticado uma investigação íntima capaz de servir de modelo iniciático a toda a genealogia das filiações vindouras. Ele se "autoconcebera", dizia-se, e, consequentemente, toda a história contextual das origens da psicanálise deveria ser recusada em prol de uma mitologia do "grande homem".

Tal foi a posição de Jones em 1953. Nessa perspectiva, descreveu Fliess como um falso cientista iluminado e Freud como um herói da ciência, capaz, dos píncaros de seu "esplêndido isolamento", de inventar tudo sem nada de-

---

124. Sigmund Freud e Sándor Ferenczi, *Correspondance*, t.I: *1908-1914*, Paris, Calmann-Lévy, 1992, carta de 6 de outubro de 1910, p.231; e Chawki Azouri, *"J'ai réussi là où le paranoïaque échoue." La théorie a-t-elle un père?*, Paris, Denoël, 1990.

125. Sigmund Freud, *Lettres à Wilhelm Fliess*, op.cit., p.331, 339, 351 e 357. Freud terminará por reduzir sua pretensa autoanálise a um fragmento, ibid., p.430.

Amores, tormentas e ambições

ver à sua época. E resolveu dedicar-se a uma interpretação psicanalítica da história que, para seu grande infortúnio, será repetida durante décadas pela comunidade freudiana: uma verdadeira lenda no lugar e no espaço da história, segundo a qual Fliess teria ocupado junto a Freud a posição do sedutor paranoico e do substituto paterno, de que este último teria finalmente se dissociado por conta de seu gênio.

De fato, sabemos que tais lendas não resistem à pesquisa histórica. Ainda que toda nova disciplina deva seus enunciados a um "pai fundador", este instaura uma discursividade que não poderia lhe pertencer, uma vez que, se ela é racional, engendra uma possibilidade infinita de discursos suscetíveis de ser, por sua vez, reinterpretados.[126]

Outra interpretação desse episódio, muito mais interessante, foi sugerida por Freud no início de sua ruptura com Fliess. Numa carta datada de 7 de maio de 1900, dia seguinte a seu aniversário de quarenta e quatro anos, ele reafirmou que, para pensar, precisava de um contato com um amigo capaz de lhe revelar o que havia de "feminino" nele. E, após afirmar que nenhum cientista era capaz de antecipar o que seria o julgamento da posteridade, acrescentou: "Nenhum crítico, melhor que eu, é capaz de apreender claramente a defasagem que existe entre os problemas e a solução que lhes dou, e, para minha justa punição, nenhuma das regiões inexploradas da psique, nas quais fui o primeiro dos mortais a me aventurar, levará meu nome ou obedecerá às minhas leis. Quando, durante a luta, quase perdi o fôlego, supliquei ao Anjo que desistisse, o que ele fez desde então. Não venci, e agora claudico nitidamente. Afinal, tenho quarenta e quatro anos e sou um velho e mísero judeu."[127]

Freud faz aqui alusão à célebre passagem do Gênesis que relata a luta noturna entre Jacó e o Anjo. Sozinho na noite, o filho de Isaac, neto de Abraão, luta até a aurora contra um misterioso adversário, cujo sexo ele ignora e que é ao mesmo tempo Deus e o mensageiro de Deus (Elohim e o Anjo). Compre-

---

126. Foi preciso esperar os trabalhos da historiografia científica para que a lenda dourada de um Freud autoengendrado, próprio do movimento psicanalítico, fosse questionada. Observemos que Octave Mannoni, em 1967, substituiu o termo "autoanálise" por "análise originária", mostrando que o lugar assumido pelas teorias fliessianas na doutrina de Freud era a expressão de uma divisão complexa entre saber e delírio. Cf. Octave Mannoni, *Clefs pour l'imaginaire*, Paris, Seuil, 1968, p.115-131 [ed. bras.: *Chaves para o imaginário*, Petrópolis, Vozes, 1973].
127. Sigmund Freud, *Lettres à Wilhelm Fliess*, op.cit., p.521. Cf. também Max Schur, *La Mort dans la vie de Freud*, op.cit., p.253-4.

endendo que não vencerá o homem, o Anjo o fere na articulação da coxa a ponto de deixá-lo manco. E quando ele quer fugir, Jacó lhe pede que o abençoe. E o Anjo lhe anuncia que no futuro ele será chamado de Israel. Vencendo o adversário, porém ferido pelo resto da vida, o terceiro patriarca encarna a ideia de que a mais alta vitória do homem é aquela obtida sobre si mesmo e sua arrogância.[128]

E era efetivamente com essa temática herdada do texto sagrado que Freud consumava sua ruptura com Fliess e forjava um destino para si próprio: o de um homem ferido que se prepara para o combate perpétuo contra os homens e contra si mesmo. Era este, portanto, em 1900, seu estado de espírito no momento em que, tal como o terceiro patriarca, ele pensava ter feito uma descoberta cujas consequências jamais controlaria, julgando-se demasiado velho e "claudicante" para torná-la operacional.[129]

Essa aventura confirma, se tal fosse necessário, que todo itinerário científico é balizado pela passagem do erro à verdade. Nenhuma teoria, seja a mais racional ou lógica, jamais é isenta do irracionalismo ao qual ela pretende escapar. Quer dizer, Freud jamais se libertaria, em suas obras posteriores, dos vestígios de uma errância – ou de um perpétuo combate contra o Anjo –, cujo rastro detectamos em sua correspondência com Fliess.

---

128. Gênesis 32:22-32.

129. Observemos a esse respeito que Freud sentia uma grande admiração pelo escritor vienense Richard Beer-Hofmann, em especial por uma de suas peças teatrais mais conhecidas, *O sonho de Jacó*, publicada em 1918. A luta com o Anjo esteve presente ao longo de toda a sua vida. E ele se serviu dela igualmente para evocar o tirano interior que existia nele, em especial seu câncer. Israel é também o nome que será dado em 1948 ao Estado dos judeus sonhado por Theodor Herzl. Um Estado fadado à luta eterna contra os homens e contra si mesmo, temática retomada por Freud em 1930, depois em *Moisés e o monoteísmo*.

3. A invenção da psicanálise

EM 1895, a histeria das mulheres examinadas por tantos cientistas conservava seu mistério. E foi aos romancistas e suas heroínas – de Flaubert a Tolstói, de Emma Bovary a Anna Karenina – que coube o mérito de lhes dar um rosto humano: o de uma revolta impotente que levava ao suicídio ou à loucura. Em vão afirmava-se a existência da histeria masculina tanto em Paris como em Viena: a "doença" parecia golpear sobretudo as mulheres.

O paradigma da "mulher histérica", progressivamente abandonado ao longo do século XX,[130] permaneceu ligado a um estado da sociedade no qual, para exprimir sua aspiração à liberdade, as mulheres não tinham outro recurso senão a exibição de um corpo atormentado. Se, no fim do século XIX, as mulheres loucas ou semiloucas oriundas dos *faubourgs* parisienses tinham sido o estopim para a elaboração de uma clínica do olhar – a de Charcot –, as mulheres vienenses, acolhidas no sigilo de um consultório particular, foram as protagonistas da construção de uma clínica da escuta: uma clínica da interioridade e não mais da exterioridade. Ao contrário das mulheres do povo, essas burguesas tiveram direito a uma vida privada, a um senso íntimo. Sua angústia existencial permitiu aos homens de ciência elaborar uma nova teoria da subjetividade. Com sua presença muda, e através dos relatos clínicos que travestiam sua vida real, estiveram na origem da invenção da psicanálise: origem indizível que o historiador tem o dever de retraçar.

Não surpreende, portanto, que os *Estudos sobre a histeria*, publicados em 1895 por Freud e Breuer, tenham impressionado tanto os escritores, visto que neles a palavra era concedida tanto às pacientes quanto aos médicos,

---

130. Para ser substituído pelo de "sujeito depressivo", cansado de si mesmo. Evoco essa problemática em *Por que a psicanálise?* (1999), Rio de Janeiro, Zahar, 1999. Quanto mais emancipadas ao longo do século XX, menos as mulheres serão vistas como histéricas. Consequentemente, a histeria masculina será cada vez mais estudada.

ainda que apenas estes últimos estivessem autorizados a retraçar a história de suas pacientes.[131] Ao longo desses relatos de caso, o leitor da época assistia a um abandono da clínica do olhar em prol de uma clínica da relação transferencial: uma renovação do tratamento dinâmico, oriundo dos antigos magnetizadores.

Mas a verdadeira novidade advinha do fato de que os dois autores iam na contracorrente das descrições frias e recheadas de termos técnicos, de que os médicos da alma, seus contemporâneos, eram tão sequiosos. A fim de instigar a imaginação do leitor, privilegiavam, com talento, a narrativa romanesca em detrimento da exposição do caso, tendo a preocupação de explorar de maneira literária a geografia íntima das torpezas familiares de sua época a fim de tornar vivos e insólitos os dramas cotidianos de uma loucura privada dissimulada sob as aparências da maior normalidade: "Ela me conta", escreve Freud, "que a própria mãe passara certo tempo num hospício. E que tiveram uma criada cuja ex-patroa, por sua vez, também passara um longo tempo num asilo de alienados e costumava lhe contar histórias aterradoras." E também: "Hoje, por exemplo, ela começa a falar de sua família e, depois de muitos rodeios, chega à história de um primo um pouco anormal, cujos pais haviam mandado arrancar-lhe os dentes de uma só vez ... . Conta também como cuidava do irmão doente, que, devido à morfina, tinha crises terríveis, durante as quais ele aterrorizava-a, agarrando-a .... Tivera um sonho terrível, todas as pernas das cadeiras e os braços das poltronas eram cobras, e um ser monstruoso com bico de abutre lhe bicara e mordera o corpo inteiro..."[132]

As mulheres cujas angústias Freud e Breuer escancaravam provavelmente nunca imaginaram que suas histórias – reais ou inventadas – pudessem ser expostas publicamente daquela forma, principalmente se considerarmos que sua "doença" ainda parecia suspeita aos olhos dos representantes da ciência médica: paralisias, contraturas, tiques, alucinações, esgares, angústias, pavor

---

131. O historiador Mark Micale imaginou que Freud teria omitido expor casos de histeria masculina (nos *Estudos sobre a histeria*) em razão de sua maior proximidade com essa neurose. E sugere a hipótese, sem embasá-la em qualquer prova, de que a neurastenia de Freud era uma histeria camuflada, que este teria "teorizado" ao dissimular seu próprio caso por trás de sua descrição dos casos de mulheres histéricas. Cf. *Hysterical Men. The Hidden History of Male Nervous Illness*, Cambridge (MA), Harvard University Press, 2008.
132. *Études sur l'hystérie*, op.cit., p.41-7.

A invenção da psicanálise

e, sobretudo, obsessões sexuais acompanhadas de relatos de traumas e abusos vividos na infância.

Sempre preocupado em dar corpo ao que descobria, Freud impelira Breuer, muito hesitante, a passar ao ato, em especial no que se referia à espantosa história de Bertha Pappenheim, jovem vienense da burguesia judaica estabelecida, cujo tratamento se desenrolara entre 1880 e 1882. Mas Breuer resistia, não estando nada satisfeito com os resultados obtidos junto àquela paciente que, após uma maratona terapêutica ao longo da qual desenvolvera uma série impressionante de sintomas[133] – alucinações, paralisias, acessos de tosse etc. –, fora internada no sanatório Bellevue em Kreuzlingen, suntuosa clínica dirigida por Robert Binswanger e situada às margens do lago de Konstanz. Nesse local idílico, ela se juntara à elite das doentes mentais abastadas provenientes dos quatro cantos da antiga Europa. Morfinômana e sempre às voltas com as mesmas angústias, em seguida fora admitida em diversos outros estabelecimentos de saúde antes de retornar ao regaço familiar.[134]

Em 1895, Breuer não utilizava mais o método catártico e negava-se a interpretar como um fenômeno transferencial a possibilidade de pacientes quererem seduzir seus terapeutas. Freud pensava o contrário, que o tratamento de Bertha trazia não só a prova da etiologia sexual como, sendo bem anterior aos experimentos realizados por Pierre Janet[135] com pacientes apresentando os mesmos sintomas, permitia demonstrar que aquele rival francês não era, como ele julgava, o inventor desse tipo de tratamento. Freud teve a última palavra e seu fervor exaltou-o. Embora estivesse perfeitamente a par da história de Bertha, a qual fora aliás amiga de Martha Bernays, não podia prescindir da colaboração de Breuer, mais conhecido que ele e inaugurador do método.

Em sua apresentação da obra, os dois autores ressaltavam que sua escolha não fora ditada por considerações de ordem científica: "Todas as doentes estudadas", diziam, "pertenciam a um meio instruído e culto, o de nossa clien-

---

133. Breuer atribuiu a Anna O. (Bertha Pappenheim), que falava inglês, a invenção de dois termos: *talking cure* (tratamento pela fala) e *chimney sweeping* (limpeza de chaminé, que permite uma rememoração).

134. É a Albrecht Hirschmüller que devemos a melhor reconstituição biográfica da história de Bertha Pappenheim.

135. Como já esclareci, não abordo – ou muito pouco – a questão da implantação da psicanálise na França, que já estudei longamente. Sobre as relações de Freud e Janet, ver *HPF-JL*, op.cit.

tela privada. Esse estudo nos fez muitas vezes penetrar em sua intimidade e nos permitiu conhecer suas existências secretas. Publicar tais observações, desprezando o risco de revelar a identidade das doentes e de divulgar em seu círculo fatos confiados exclusivamente ao médico, significaria cometer um grave abuso de confiança. Eis por que desistimos de publicar os casos mais instrutivos e convincentes."[136]

Logo, convinha privilegiar fatias de vida, ao mesmo tempo evitando escancarar verdades suscetíveis de perturbar uma ordem social compartilhada por médicos e pacientes. As mulheres tratadas por Breuer e Freud faziam parte de uma família ampliada: não raro eram amigas, irmãs ou primas de suas esposas, a cujos olhos elas podiam tornar-se rivais. E depois, se apresentavam tais sintomas, isso queria dizer que essas mesmas esposas corriam o risco de ser portadoras, sem o saberem, do grande flagelo da histeria. Convinha igualmente apresentar todos aqueles tratamentos como êxitos terapêuticos mais do que como "experimentos" cuja validade pudesse ser imediatamente contestada. Caso contrário, para que tal publicação?

Era este, portanto, o estado de espírito em que se encontravam Freud e Breuer às vésperas da publicação do livro. Breuer duvidava de tudo, privilegiava a causalidade fisiológica e se negava a se fechar exclusivamente na etiologia sexual, temendo, aliás, os virulentos ataques de seu colega Adolf Strümpell, que, como Richard von Krafft-Ebing e muitos outros ainda, afirmava que, mediante seus sintomas, as doentes induziam os médicos a erro. De sua parte, Freud sustentava que a dissociação mental encontrada no sintoma histérico era provocada por uma defesa psíquica e por reminiscências ligadas a um trauma sexual de origem infantil. Confiando em seu destino e convencido da pertinência de sua teoria da sedução, ele estava ferrenhamente decidido, na contramão do niilismo, a provar a eficácia clínica da psicoterapia: "Quando lhes prometia socorro ou melhora com o procedimento catártico, ouvi muitas vezes minhas doentes objetarem: 'Mas o senhor mesmo diz que minha doença está relacionada com as circunstâncias de minha vida, com meu destino. Então, como poderia me ajudar?' Dei então a seguinte resposta: 'Claro, não resta dúvida de que seria mais fácil para o destino do que para mim mesmo livrá-la de seus sofrimentos, mas quem sabe a senhora não se convence

---

136. Ibid., "Prefácio".

A invenção da psicanálise 85

de uma coisa: em caso de sucesso, julgará uma grande vantagem transformar sua miséria histérica em sofrimento banal. E, com um psiquismo saudável, a senhora estará em melhores condições de lutar contra este último."[137]

Embora discordassem, os dois autores se entendiam quanto à questão das reminiscências e à necessidade de afirmar que as oito pacientes cujos casos eles expunham haviam sido curadas, se não de suas doenças, ao menos de seus sintomas: "Fräulein Anna O.", "Frau Emmy von N.", "Miss Lucy", "Katharina", "Fräulein Elisabeth von R.", "Fräulein Mathilde H.", "Fräulein Rosalie H.", "Frau Cäcilie". A verdadeira identidade de cinco dessas mulheres foi revelada por historiadores a partir dos anos 1960.[138] Chamavam-se Bertha Pappenheim, Fanny Moser, Aurelia Öhm, Anna von Lieben e Ilona Weiss.[139] Nenhuma delas foi "curada", mas nada permite dizer que sua existência não se viu transformada pela experiência do tratamento.

Nesse aspecto, esses *Estudos*, considerados a certidão de nascimento da prática psicanalítica, só relatavam tratamentos hipnóticos ou catárticos. Ao que se acrescentava um método de concentração (Ilona Weiss, "Miss Lucy") por pressão sobre o crânio ou sobre a coxa que Freud utilizava a fim de persuadir suas pacientes a falar tudo que lhes viesse à cabeça.

Quanto ao "caso fundador" – "Anna O." –, não passou de uma experiência terapêutica que fascinava Freud, mas que fora conduzida por Breuer. No que se refere a Bertha Pappenheim, ela jamais aceitou ser Anna O. E jamais as pacientes cujos casos eram relatados ao longo de todos os *Estudos sobre a histeria* reconheceram-se nos perfis que Freud traçara delas a partir de suas anotações. Assim, Ilona Weiss, interrogada um dia pela filha, respondeu que se lembrava de que o famoso "médico barbudo de Viena", a quem haviam-na encaminhado, tentara, contra sua vontade, convencê-la de que ela estava apaixonada pelo cunhado. Nessa história, contudo, nenhum dos protagonistas pode ser acusado de mentira ou malversação. Expostos pelos cientistas, em geral os relatos de caso não têm muita coisa a ver com a realidade vivida dos pacientes.

---

137. Ibid., p.247.

138. Principalmente por Ernest Jones, Ola Andersson, Henri F. Ellenberger, Peter Swales, Albrecht Hirschmüller e Mikkel Borch-Jacobsen.

139. A maioria dessas pacientes figura com seus nomes verídicos e sua efetiva trajetória no *Dicionário de psicanálise*, op.cit.

Digamos simplesmente que essa defasagem reflete a oposição dialética entre dois regimes de subjetividade – o do médico de um lado, o do doente do outro – e que esses regimes exprimem uma divisão inerente às relações entre a loucura manifesta e o discurso da psicopatologia. Divisão entre uma consciência de si e uma consciência crítica: de um lado, a existência anônima de um paciente mergulhado na dor; do outro, a racionalidade de um olhar clínico que se distancia dela para melhor apreendê-la.

Nesse aspecto, constatamos que os estudos de caso são sempre construídos como ficções, contos ou vinhetas literárias destinados a validar as hipóteses dos cientistas. Daí as necessárias revisões, que, em geral, revelam o quanto o doente recusa a validade de um discurso reconstruído do qual se sente vítima.

Tal foi a atitude de Bertha Pappenheim. Após seu tratamento com Breuer e seu périplo terapêutico, ela rejeitou tudo que dissesse respeito ao seu tratamento e obrigou sua família a jamais fornecer qualquer informação sobre esse episódio de sua vida.[140] Em várias oportunidades, manifestou grande hostilidade com relação à psicanálise, recusando-se a fazer qualquer comentário que fosse sobre o lendário destino de Anna O., especialmente após a publicação dos *Estudos sobre a histeria*. Teria se curado de alguma coisa? Sim, sem dúvida alguma. Sua vida teria sido a mesma se não tivesse cruzado com Breuer? Ninguém sabe.

Mediante uma espécie de sublimação, Bertha conseguiu converter seus sintomas patológicos numa atividade humanitária a ponto de tornar-se, em poucos anos, uma grande figura do feminismo judeu alemão. No começo diretora de um orfanato em Frankfurt, viajou em seguida aos Bálcãs, ao Oriente Médio e à Rússia para fazer pesquisas sobre o tráfico de mulheres brancas. Em 1904, fundou o *Jüdischer Frauenbund*,[141] organização destinada a promover a emancipação das mulheres por meio do trabalho. Redigiu inúmeros artigos, contos e peças de teatro para crianças, antes de conhecer Martin Buber e Gershom Scholem. Hostil ao sionismo, e tão devota e autoritária quanto havia sido sua mãe, pronunciou-se contra a emigração dos judeus da Alemanha. Morreu em 1936, três anos antes de Freud e após escapar por um triz às perseguições dos nazistas.

---

140. Cf. Dora Edinger, *Bertha Pappenheim. Leben und Schriften*, Frankfurt, Ned-Tamid, 1963.
141. Liga das Mulheres Judias.

A invenção da psicanálise

Enquanto Bertha prosseguia sua vida pública, Anna O., seu duplo detestado, conhecia destino bem diverso. Convencido de que Breuer se assustara com o caráter sexual da transferência amorosa de sua paciente para com ele, Freud forneceu, entre 1915 e 1932 – especialmente a Stefan Zweig[142] –, mais de uma versão do fim desse tratamento, reconstruindo à sua maneira a história de seu rompimento com o ex-amigo. Procurando demonstrar que este tivera como epicentro uma divergência a respeito da etiologia sexual da neurose histérica, afirmou que um dia Anna teria manifestado todos os sinais de uma gravidez nervosa. Temendo pela própria reputação, Breuer teria fugido, enquanto Mathilde, sua mulher, estivera à beira de suicidar-se por ciúmes.

Recriada por Jones em 1953, a fábula dessa gravidez nervosa transformou-se num verdadeiro romance das origens da psicanálise, confrontando o "medroso" Breuer e o "valente" Freud. Segundo essa versão, Breuer teria literalmente "fugido" para Veneza com a esposa para uma segunda lua de mel, durante a qual Dora, sua filha, teria sido concebida. E ao contar que dez anos mais tarde Breuer teria chamado Freud para examinarem conjuntamente um caso idêntico, Jones não fez senão colocar lenha na fogueira. Quando Freud, disse ele, lhe sugeriu que os sintomas daquela nova doença revelavam uma fantasia de gravidez, ele não pôde suportar aquela repetição do passado: "Sem pronunciar uma palavra, ele pegou sua bengala e seu chapéu e deixou apressadamente a casa."[143]

Seja como for, o rompimento entre Freud e Breuer era inevitável. Não só por não compartilharem a mesma concepção da abordagem das neuroses, como também por Freud não suportar ser contrariado por um homem que fora seu benfeitor. Querendo afirmar-se, num momento em que se ampliava sua paixão por Fliess, e incapaz de dominar seu orgulho, ele transformou mais uma vez o amigo íntimo num inimigo.

---

142. Sigmund Freud e Stefan Zweig, *Correspondance* (1987), Paris, Payot & Rivages, 1995, p.88-9 [ed. bras.: "Correspondência", in Stefan Zweig, *A cura pelo espírito*, Rio de Janeiro, Zahar, em preparação].

143. Ernest Jones, *La Vie et l'oeuvre de Sigmund Freud*, t.I, op.cit., p.249. Sobre a revisão dessa lenda, podemos consultar, além dos textos de Henri F. Ellenberger e Albrecht Hirschmüller, o de John Forrester, "The True Story of Anna O.", *Social Research*, 53, 2, verão de 1986. De minha parte, mostrei a Mikkel Borch-Jacobsen a passagem bastante esclarecedora de um manuscrito inédito de Marie Bonaparte sobre as confidências de Freud; cf. *Souvenirs d'Anna O. Une mystification centenaire*, Paris, Aubier, 1995. A despeito de todos esses trabalhos, os psicanalistas continuam a preferir a lenda de Anna O. à história de Bertha Pappenheim. Cf. *Dicionário de psicanálise*, op.cit.

Em 1925, com a morte de Breuer, arrependeu-se de sua atitude, ao saber que, muitos anos após o rompimento dos dois, seu antigo protetor continuara a se interessar pelos seus trabalhos. Aos setenta anos de idade e tendo alcançado a fama, ele confessará então ao filho deste o quanto ele mesmo se enganara durante décadas: "O que o senhor falou sobre a relação de seu pai com meus trabalhos mais tardios era novo para mim e agiu como um bálsamo sobre uma ferida dolorosa que nunca se havia fechado."[144]

Foi, portanto, num clima conflituoso que Freud atribuiu a Breuer, em março de 1896, a criação de um novo método de exploração do inconsciente: a psico-análise.[145] Na realidade, contudo, ele mesmo já a praticava havia seis anos, ao colocar o paciente numa cama bem curta decorada com tapetes orientais e almofadas, presente de uma certa sra. Benvenisti. Ao longo do tempo, adquirira o hábito de sentar-se atrás desse divã a fim de escutar melhor o fluxo das palavras do paciente.[146] Verdadeiro manifesto contra os herdeiros franceses de Charcot, o texto em que aparecia pela primeira vez o termo "psico-análise" continha a primeira grande classificação freudiana das neuroses.

Nele, o autor também afirmava que a sacrossanta hereditariedade – tão prezada por psiquiatras, psicólogos e defensores do niilismo terapêutico – era absolutamente incapaz de explicar a origem das neuroses. A verdadeira causa, a seu ver, residia num trauma real vivenciado na infância. Com tal concepção dos distúrbios psíquicos, Freud efetuava uma espécie de revolução terapêutica. Com efeito, sustentava que, graças ao novo método de tratamento por meio da fala inventado por Breuer e retrabalhado por ele, os distúrbios psíquicos podiam ser entendidos, tratados e às vezes curados. Para isso, bastava que a origem da doença fosse revelada pelo próprio paciente com a ajuda do terapeuta e segundo a antiga técnica da confissão. Assim, reatava, sem ter pensado nisso, não só com a herança de Mesmer, como também e acima de tudo, de maneira muito mais remota, com o grande princípio da confissão herdado da

---

144. Sigmund Freud, carta a Robert Breuer, 26 de junho de 1925, citada por Albrecht Hirschmüller, *Josef Breuer*, op.cit., p.268.

145. Sigmund Freud, "L'hérédité et l'étiologie des névroses", in *OCF.P*, op.cit., vol.3; publicado originalmente em francês em 30 de março de 1896 [ed. bras.: "Hereditariedade e a etiologia das neuroses", in *ESB*, vol.3; ed. orig., in *GW*, vol.1].

146. De acordo com o depoimento de Marie Bonaparte, que obtivera a informação do próprio Freud.

A invenção da psicanálise 89

Contrarreforma e, mais especificamente, do concílio de Trento, que transformara a confissão em sacramento, um exercício íntimo sem contato visual ou físico entre o confessor e o penitente.[147] Quisesse ou não, Freud também era, em certa medida, herdeiro de determinadas tradições católicas, religião à qual sua querida babá o iniciara no tempo que fora sua "professora de sexualidade".

E, para responder às acusações dos que sustentavam que as confissões das histéricas não mereciam crédito ou eram induzidas pelos próprios médicos, Freud constituía-se em vigoroso defensor dos pacientes aflitos, promovendo ao mesmo tempo um desmantelamento feroz da ordem familiar do fim do século. Justificava então, a posteriori, a validade desses casos expostos nos *Estudos sobre a histeria*.

Em geral, ele dizia, as meninas são vítimas de abusos cometidos por seus irmãos mais velhos, os quais foram iniciados na sexualidade por uma babá ou empregada. Porém, pior ainda, Freud afirmava a existência, no seio de todas as famílias, de um "atentado precoce", sempre cometido por um adulto sobre uma criança quase sempre na faixa entre dois e cinco anos de idade.

Daí decorria sua classificação das neuroses, fundada na diferença dos sexos: a neurose obsessiva de um lado, a neurose histérica do outro. Segundo ele, a primeira decorria, no menino, de uma participação ativa na agressão sofrida, ao passo que a segunda levava à aceitação passiva, na menina, do abuso: "A importância do elemento ativo para a causa das obsessões, como a passividade sexual no caso da patogênese da histeria, parece inclusive desvendar a razão da conexão mais íntima da histeria com o sexo feminino e da preferência dos homens pela neurose de obsessões. Às vezes encontramos casais de doentes neuróticos que foram um casal de namoradinhos na primeira juventude, o homem sofrendo de obsessões, a mulher, de histeria; em se tratando de um irmão e uma irmã, é possível tomarmos por um efeito da hereditariedade nervosa o que na verdade deriva de experiências sexuais precoces."[148]

Em 2 de maio de 1896, Freud, sempre temerário, expôs novamente sua teoria da sedução perante a Associação de Psiquiatria e Neurologia de Viena.

---

147. A Igreja medieval privilegiava a devoção e as peregrinações, ao passo que a Igreja oriunda do concílio de Trento (1542), reagindo à ofensiva dos protestantes, irá instaurar a confissão. Jacques Le Goff nunca abandonou a convicção, partilhada por Michel Foucault e Michel de Certeau, de que essa prática contribuiu para a invenção freudiana.

148. Sigmund Freud, "L'hérédité et l'étiologie des névroses", in *OCF.P*, op.cit., vol.3, p.120.

Teve uma acolhida glacial, especialmente por parte de Krafft-Ebing, especialista em sexologia e perversões, que qualificou sua conferência de "conto de fadas científico",[149] voltando a apontar que as "confissões" das histéricas podiam muito bem ter sido obtidas sob efeito de uma sugestão induzida pelo médico. Freud sentiu-se mais uma vez perseguido pelos medalhões da faculdade. E, não obstante, quinze meses mais tarde, devia admitir que sua teoria não se sustinha de pé.

Enquanto isso, continuava a divagar. Quando Jacob morreu, em 23 de outubro de 1896, sentiu um real sofrimento ao lembrar-se daquele pai fraco, que desempenhara papel tão importante em sua vida, sempre associando a mais profunda sabedoria a uma maneira de ser cheia de imaginação: "Sua vida terminara já havia muito tempo quando ele morreu, mas nessa ocasião sem dúvida as coisas do passado despertaram lá no fundo de mim."[150]

Três meses mais tarde, Freud se convenceu de que o desafortunado Jacob se comportara como todos os outros adultos molestadores de crianças: "[Ele] foi um desses perversos e foi responsável pela histeria de meu irmão (cujos sintomas correspondem todos a uma identificação) e pela de algumas de minhas irmãs mais jovens. A frequência dessa relação não raro me deixa intrigado."[151] Entretanto, não se inclinando a julgar a si mesmo como um pai que sente desejos culpados por sua prole, começou a duvidar de sua teoria.

Adepto da abstinência, Freud entregava-se, sabemos, a todo tipo de paixões substitutivas, às quais se acrescentou a febre de viajar. A partir de 1895, tomado por um profundo desejo de explorar os centros da cultura greco-latina e da arte do Renascimento, decidira vencer seu medo dos acidentes ferroviários e sua ansiedade com relação às travessias de fronteiras para ir todos os anos à Itália.[152] Em setembro de 1895, descobrira as maravilhas de Veneza. Um ano depois, na companhia de seu irmão Alexander e de Felix Gattel, fez um longo périplo pela Toscana e, no ano seguinte, visitou novamente Veneza antes de descer para Siena, Orvieto, Perúgia, Arezzo, Florença. Em seguida, na companhia de Minna,

---

149. Sigmund Freud, "Sur l'étiologie de l'hystérie" (1896), in *OCF.P*, op.cit., vol.3 [ed. bras.: "A etiologia da histeria", in *ESB*, vol.3; ed. orig.: "Zur Ätiologie der Hysterie", in *GW*, vol.1].

150. Sigmund Freud, *Lettres à Wilhelm Fliess*, op.cit., p.258.

151. Ibid., p.294.

152. Freud era um grande leitor das obras de Jacob Burckhardt. Ocupavam um lugar privilegiado em sua biblioteca e eram eventualmente anotadas nas margens.

A invenção da psicanálise

depois de Alexander, e mais tarde de Sándor Ferenczi ou sua filha Anna, jamais cessará de *tender* para o sul: Roma primeiro, depois Pompeia, Nápoles, Ravello, Sorrento, Capri, Palermo, Siracusa, Atenas.[153] Fascinado por egiptologia, admirador de Champollion, cogitou de fato muitas vezes, sem jamais conseguir, percorrer o Nilo para conhecer a antiga terra dos faraós.

O fato é que, em setembro de 1897, inebriado por sua busca de um mundo subterrâneo semelhante ao descrito num poema de Heinrich Heine, enviou a Fliess uma missiva na qual afirmava procurar na Itália um "punch no Lethe", uma embriaguez do esquecimento, uma nova droga, fonte de criatividade: "Tomo um gole aqui e ali. Deleito-me com uma beleza estranha e um enorme impulso criador, ao mesmo tempo em que minha tendência ao grotesco e ao psiquismo perverso aqui se satisfaz."[154]

Esse primeiro mergulho na embriaguez da viagem italiana foi o último ato da longa reflexão que o conduziu, em seu retorno a Viena, a renunciar à sua teoria da sedução: "Não creio mais em minha *neurotica* ... Tenho motivos para me sentir descontente. Uma celebridade eterna, a fortuna assegurada, a independência total, as viagens, a certeza de evitar às crianças as graves preocupações que angustiaram minha juventude, eis qual era minha bela esperança."[155] Tarde demais, contudo, para fazer justiça a Jacob, erroneamente acusado!

Jamais tendo aderido às críticas de seus contemporâneos, que viam sua teoria da sedução como a validação de uma mentira induzida por uma sugestão, Freud se chocava com uma realidade complexa. Decerto era impensável que todos os pais fossem estupradores. Nem por isso, contudo, as histéricas podiam ser todas consideradas simuladoras ou mitômanas quando afirmavam ter sido vítimas de um abuso. Da mesma forma, era preciso sugerir uma hipótese suscetível de dar conta de duas verdades contraditórias: ou as histéricas inventavam cenas de sedução que não haviam acontecido, ou, quando haviam acontecido, essas cenas não bastavam por si sós para explicar a eclosão de uma neurose.

---

153. Sigmund Freud, *"Notre coeur tend vers le sud"*. *Correspondance de voyage, 1895-1923*, Paris, Fayard, 2005 [ed. bras.: *Cartas de Freud a sua filha. Correspondência de viagem. 1895-1923*, Barueri, Amarylis, 2015].

154. Sigmund Freud, *Lettres à Wilhelm Fliess*, op.cit., p.333.

155. Sigmund Freud, carta de 21 de setembro de 1897, conhecida como "carta do equinócio", in *La Naissance de la psychanalyse*, op.cit., p.192 e *Lettres à Wilhelm Fliess*, op.cit., p.334-6.

Ao abrir mão de sua *neurotica*, Freud afastava-se tanto da neurologia e da fisiologia como da sexologia, disciplina ligada à psiquiatria e à biologia cujo objetivo é estudar o comportamento sexual humano a fim de prescrever normas e patologias.

Voltados para o higienismo, a nosografia e a descrição das "aberrações", os grandes sexólogos do fim do século XIX – Krafft-Ebing, Albert Moll ou Havelock Ellis – preocupavam-se menos com terapêutica do que com pesquisas eruditas sobre as diferentes formas de práticas e identidades sexuais: homossexualidade, bissexualidade, travestismo, transexualismo, pedofilia, zoofilia etc., em suma, interessavam-se acima de tudo pela questão das perversões sexuais e sua origem infantil. Se o paradigma da mulher histérica invadira todo o campo do estudo das neuroses, as duas figuras primordiais do "sexo não procriativo" – o homossexual e a criança masturbadora – eram domínio exclusivo de sexólogos, higienistas e pediatras. E estes delegavam aos psiquiatras, herdeiros dos alienistas, a tarefa de lidar com a loucura, isto é, com as psicoses.

Ao renunciar à ideia de que a ordem familiar burguesa fundara-se na aliança entre um parente perverso e uma criança abusada, Freud deslocava a questão da causalidade sexual das neuroses para um terreno que não era mais o da sexologia, nem, aliás, da psiquiatria ou da psicologia. Trocava o domínio da descrição dos comportamentos pelo da interpretação dos discursos, considerando que as famosas cenas sexuais descritas pelos pacientes podiam derivar de uma fantasia, isto é, de uma subjetividade ou representação imaginária. E acrescentava que, mesmo quando uma sedução acontecia de fato, esta não era necessariamente fonte de uma neurose. Da mesma forma, aceitava simultaneamente a existência da fantasia e do trauma. E assinalava que, graças ao método psicanalítico – exploração do inconsciente e tratamento pela fala –, o terapeuta agora seria capaz de discernir múltiplas ordens de realidade frequentemente entrelaçadas: o abuso sexual real, a sedução psíquica, a fantasia, a transferência.

Faltava ainda, contudo, indagar-se qual era o lugar da criança real naquelas histórias de seduções confessadas ou fantasiadas.

Já fazia vários anos que o corpo da criança se tornara um objeto de predileção para higienistas e médicos. E centenas de livros relatavam os efeitos

A invenção da psicanálise

da masturbação infantil na gênese das neuroses e perversões. Freud se interessara pela questão em 1886, por ocasião de sua estadia em Berlim, no serviço de pediatria de Adolf Baginski.[156] E, como criança criada numa família ampliada antes de se tornar por sua vez um pai atento à sua numerosa prole, nunca deixara de ser um observador perspicaz das relações sexuais reais ou fantasiadas que semeavam a desordem no âmago das relações de parentesco.

Todo o debate dessa segunda metade do século XIX incidia sobre a questão de saber se uma criança podia nascer, se não louca, pelo menos perversa, e se essa "loucura" singular se manifestava ou não mediante uma prática sexual específica – a masturbação – cujos malefícios seriam desconhecidos até então. Uma vez que se passara a aceitar que a criança era um sujeito sexuado – e não só um objeto inerte disfarçado de adulto –, cumpria definir para ela um quadro jurídico, social, psíquico. Tendo adquirido o direito de existir, a criança precisava ser protegida contra si mesma e contra as tentativas de sedução que colocassem sua integridade em risco.

Consequentemente, e ainda na óptica da criança que deve tornar-se um adulto "normal" bem integrado à ordem familiar, cumpria igualmente convencê-la, em seu foro íntimo, de que a aprendizagem da vida passava por um temível treinamento corporal e psíquico consistindo em torná-la melhor. Tais foram os princípios de uma educação perversa, praticada especialmente na Alemanha, que tencionava fazer as crianças aceitarem que as sevícias corporais infligidas pelos adultos as tornavam melhores, permitindo-lhes combater seus vícios a fim de alcançar um "soberano bem" e, mais que isso, desejar alcançá-lo.

Entre os teóricos dessa "pedagogia negra",[157] Gottlieb Moritz Schreber ganhou celebridade ao redigir manuais graças aos quais pretendia remediar a decadência das sociedades criando um homem novo: um espírito puro num corpo são. A princípio defendidas pelos social-democratas, essas teses serão em seguida retomadas pelo nacional-socialismo. Daniel Paul Schreber, jurista

---

156. Sobre essa questão, cf. Carlo Bonomi, *Sulla soglia della psicoanalisi. Freud e la follia infantile*, Turim, Bollati Boringhieri, 2007.

157. Em 1977, a historiadora Katharina Rutschky designou como "pedagogia negra" esses métodos educativos. A expressão foi aprofundada pela psicanalista Alice Miller. Michael Haneke ilustrou seus malefícios em 2009 em seu filme *A fita branca*.

louco, será submetido a essa educação insensata, cujo rastro encontramos em suas *Memórias*, que em seguida serão comentadas por Freud.[158]

Se a pediatria se enraizava na filosofia iluminista, a anexação do domínio da infância por parte do discurso psiquiátrico se produziu no fim do século XIX, quando começa a grande onda de medicalização do conjunto dos comportamentos humanos através da sexologia, criminologia e psicologia. Assim, a noção de inocência infantil passou a ser veementemente criticada pelo saber psiquiátrico, em prol de várias teses contraditórias. Na perspectiva do darwinismo, pensava-se que a criança, nascida sem humanidade, carregava consigo, em seu corpo e logo em seus órgãos genitais, os vestígios de uma animalidade ainda não superada. Por outro lado, considerava-se que, se a criança era perversa, essa maneira de agir emanava de sua alma e logo de um vício inerente à própria humanidade.

É nessa época que a masturbação começa a ser vista como a causa principal de determinados delírios que se manifestavam não só nas crianças, como também, mais tardiamente, em todos os sujeitos "histéricos". Uns e outros eram catalogados como "doentes do sexo": as crianças por se dedicarem ilimitadamente à prática do sexo solitário; os histéricos por terem vivido em sua infância – ou afirmavam ter vivido – traumas de ordem sexual idênticos aos induzidos pelo onanismo (abuso, sedução, estupro etc.).

A ideia da periculosidade da masturbação fora magistralmente enunciada por Jean-Jacques Rousseau, não só numa passagem célebre do *Émile*, em 1762 – "Se ele conhece esse perigoso suplemento" –, como também nas *Confissões*, publicadas a título póstumo em 1780: "Eu sentira o progresso dos anos; meu temperamento inquieto finalmente se declarara e sua primeira irrupção, bastante involuntária, fizera soar, a respeito de minha saúde, alarmes que descrevem melhor que tudo a inocência em que eu vivera até então. Logo tranquilizado, aprendi esse perigoso suplemento, que engana a natureza e

---

158. Daniel Paul Schreber, *Memórias de um doente de nervos* (1903), Rio de Janeiro, Paz & Terra, 2010. Sigmund Freud, "Remarques psychanalytiques sur l'autobiographie d'un cas de paranoia" 1911), in *Cinq psychanalyses*, Paris, PUF, 1954 [ed. bras.: "Notas psicanalíticas sobre um relato autobiográfico de um caso de paranoia", in *SFOC*, vol.10 / *ESB*, vol.12; ed. orig.: "Psychoanalytische Bemerkungen über einen autobiographisch beschriebenen Fall von Paranoia (Dementia Paranoides)", in *GW*, vol.8].

A invenção da psicanálise 95

poupa aos jovens com o meu humor diversos distúrbios à custa de sua saúde, seu vigor e às vezes suas vidas."[159]

Um século mais tarde, longe de ser vista como um "perigoso suplemento", a masturbação foi considerada, ao lado da homossexualidade, a maior das perversões, uma exposição temerária à loucura e à morte, em suma, uma perda de substância que visava "suplementar" a natureza, agir em seu lugar,[160] impor uma cultura do sexo em ruptura com a ordem natural do mundo vivo. Por conseguinte, só o homem era julgado responsável pela sedução que ele operava sobre si mesmo com sua mania do autoerotismo. Confiantes nos progressos da arte cirúrgica em plena expansão, os médicos da infância preconizavam um remédio preventivo para essa patologia: excisão ou cauterização do clitóris no caso das meninas, circuncisão no dos meninos. Inventou-se também todo tipo de "terapêuticas" para erradicar a peste onanista: espartilhos antimasturbatórios, estojos de ereção, aparelhos para afastar as pernas das bebezinhas, injunções e ameaças de castração, algemas nas mãos e, por fim, processos contra as babás acusadas de "sevícias".

Contudo, para aplicar tais "tratamentos" e proferir tais ameaças também era preciso provar a existência da excitação sexual. Começou-se então, no seio das famílias, a rastrear sistematicamente os vestígios da infame prática. Examinou-se à lupa cada inflamação das partes genitais, cada inchaço, cada edema, cada aparição de um herpes ou uma vermelhidão. A masturbação, entretanto, foi conceitualizada não só como o fruto de uma prática solitária, mas também como um prazer "anônimo", supondo às vezes a presença de uma alteridade: esfregação, mão desconhecida, roupa, sensação tátil ou olfativa. Muito tempo depois da vitória das teses de Pasteur, ainda se acreditava na fábula segundo a qual todo tipo de doenças infecciosas ou virais tinha como origem a prática da masturbação.

Mas qual era a origem da prática masturbatória?

Nesse plano, confrontavam-se duas hipóteses, cada qual estabelecendo um laço entre o autoerotismo e a sedução. Se a masturbação era um "perigoso

---

159. Jean-Jacques Rousseau, *Les Confessions* (1780), in *Oeuvres complètes*, t.I, Paris, Gallimard, col. Bibliothèque de la Pléiade, 1959, p.108-9.

160. Cf. Jacques Derrida, "Esse perigoso suplemento", in *Gramatologia* (1967), Rio de Janeiro, Perspectiva, 2ª ed., 2013. Cf. também Thomas Laqueur, *Making Sex: Body and Gender from the Greeks to Freud*, Cambridge, Harvard University Press, 1990.

suplemento", isso queria dizer que era induzida pela cultura e o contexto. E, sendo assim, tornava-se importante então saber se a criança era por si só seu próprio sedutor a partir do momento em que se tornava um ser social, passando da natureza à cultura, ou se a sedução era obra de um adulto corruptor que molestava a criança. Todo o debate sobre a questão do trauma, de um lado, e as teorias sexuais infantis, do outro, decorria dessas duas hipóteses, que terminarão por ser abandonadas por Freud, que ao mesmo tempo desistirá de toda concepção da masturbação em termos de "perigoso suplemento".

Assim, a grande *furia* cirúrgica que varreu a Europa entre 1850 e 1890 golpeava tanto a criança masturbadora como a mulher histérica. Não eram ambas, como aliás o invertido (o homossexual), as protagonistas mais fulgurantes desse "perigoso suplemento"? Do ponto de vista médico, em todo caso, tinham em comum o fato de preferir uma sexualidade autoerótica a uma sexualidade procriadora.

Ao abandonar sua *neurotica* e definir as condições originais de uma terapêutica da confissão, Freud explorava uma maneira inédita de pensar a sexualidade humana. Longe de se ater a descrever *ad nauseam* estupros, patologias sexuais, práticas eróticas ou comportamentos instintuais, ou elaborar pranchas anatômicas, perdendo-se em mensurações, cálculos diversos ou avaliações, ou ainda ditar normas ou redigir o catálogo de todas as aberrações sexuais, ele estendeu a noção de sexualidade a uma disposição psíquica universal, tornando-a a própria essência da atividade humana. Logo, foi menos a sexualidade em si mesma que veio a ser primordial em sua doutrina do que um conjunto conceitual capaz de representá-la: a pulsão, fonte do funcionamento psíquico inconsciente, a libido, termo genérico designando a energia sexual, o "apoio" [*Anlehnung*], ou processo relacional, a bissexualidade, disposição típica de toda forma de sexualidade humana, e, por fim, o desejo, tendência, realização, busca infinita, relação ambígua com o outro.

O cientista positivista que era Freud, cevado de fisiologia e experimentações sobre o reino animal, rumava então, em 1897, para a construção de uma teoria do amor – ou de Eros – como haviam feito antes dele os mestres da filosofia ocidental. Contudo, como bom darwinista, impregnado da lenda do Fausto e de seu pacto com o diabo, ele afirmava não só que o princípio cristão de amar o próximo como a si mesmo ia de encontro à natureza agressiva do

A invenção da psicanálise

ser humano, como também que a aquisição da liberdade subjetiva passava pela aceitação de um determinismo inconsciente: "Eu é um outro."

Ao desistir de ser um filósofo, Freud tinha a convicção de que sua doutrina devia ser antes de tudo uma ciência do psiquismo, capaz de subverter o campo da psicologia e cujos fundamentos se enraizassem na biologia, nas ciências naturais. Na realidade, o que ele punha em prática era completamente diferente: uma revolução do íntimo oriunda do Iluminismo sombrio e do romantismo negro, revolução completamente racional e obcecada pela conquista dos rios subterrâneos. Ulisses à procura de uma terra prometida povoada de espectros, miragens, tentações; era esta a promessa da viagem freudiana ao âmago de um inconsciente definido como "outra cena" e que supunha uma organização das estruturas do parentesco capaz de explicar as modalidades de uma nova ordem familiar da qual ele se pretendia o clínico, porém da qual era igualmente o ator.

Marcado, como toda a sua geração, pelos famigerados "dramas da fatalidade", que punham em cena terríveis histórias de reis, príncipes e princesas contra um pano de fundo de incestos e parricídios, Freud pretendera-se testemunha privilegiada da doença das famílias que grassava em Viena, inclusive na própria esfera da dinastia imperial dos Habsburgo. Nesses espetáculos, aos quais ele tinha horror, o "destino" intervinha sob a forma de um *deus ex machina*, o qual permitia a um casal de jovens esmagados pelo poder paterno libertar-se do peso de uma genealogia enganadora.

E foi pensando num deles, e depois de mais uma vez evocar sua infância e seu sentimento amoroso pela mãe judia e a babá cristã, que, numa carta a Fliess datada de 15 de outubro de 1897, ele teve a ideia genial de comparar o destino dos neuróticos *fin de siècle* com o de um herói da tragédia grega: "Todo espectador foi um dia, em germe, em imaginação, um Édipo, e cada qual recua, horrorizado, frente à realização de seu sonho transposto na realidade, com toda a carga do recalcamento que separa seu estado infantil de seu estado atual."[161]

Contudo, Freud logo vem a acrescentar à sua construção teatral o personagem de Hamlet, príncipe melancólico que hesita em vingar o pai e matar o tio

---

161. Sigmund Freud, *La Naissance de la psychanalyse*, op.cit., p.198; *Lettres à Wilhelm Fliess*, op.cit., p.344.

98   *Vida de Freud*

e tornar-se esposo da mãe. E transformava o príncipe da Dinamarca num histérico feminilizado assombrado pela recordação de haver desejado a própria mãe: "Como compreender sua hesitação em vingar o pai pelo assassinato do tio ...? Tudo se esclarece melhor quando pensamos no tormento que provoca nele a vaga lembrança de ter almejado, por paixão pela mãe, perpetrar em seu pai a mesma atrocidade."[162]

Édipo, personagem mais pungente concebido por Sófocles em sua trilogia dedicada à família dos Labdácidas, tornou-se assim, sob a pena de Freud, o arquétipo do neurótico moderno, este desvirtuando deliberadamente a história do tirano nobre e generoso, acometido de desmedida e condenado pelo Oráculo a se descobrir outro que não o que era. O Édipo de Sófocles, embora efetivamente assassino do pai (Laio) e esposo da mãe (Jocasta), não conhecia a identidade desse pai assim como não desejava aquela mãe, que lhe fora destinada pela cidade de Tebas, após ele haver elucidado o enigma da Esfinge, enigma que incidia sobre os três estágios da evolução humana (infância, maturidade, velhice). Édipo, pai e irmão dos filhos que virá a ter de sua mãe, terminará a vida no exílio, acompanhado de Antígona, sua filha maldita, fadada a jamais conceber. Nada a ver com o Édipo reinventado por Freud, culpado de um duplo desejo: matar o pai e possuir sexualmente o corpo da mãe.

No fim do século XIX, na esteira das escavações arqueológicas que haviam permitido localizar as cidadelas de Troia e Micenas, o retorno aos trágicos gregos, às mitologias arcaicas e à temática da desmedida (*hybris*) estava na ordem do dia. Na trama das sagas antigas, que opunham deuses e homens, sem que jamais estes últimos, submetidos ao destino, fossem vistos como culpados de seus atos, os pensadores da modernidade julgavam ver desenrolarse, qual uma catarse coletiva, a história presente da agonia de um sistema patriarcal que eles rejeitavam mas ao qual estavam ligados: o da potência imperial europeia.

As estruturas de parentesco características da família dos Labdácidas, a privilegiada por Sófocles, fascinavam os historiadores porque pareciam confirmar o advento do tão temido apocalipse de uma possível extinção da diferença dos sexos, e também criar-lhe barreira. Com efeito, na longa história dos Lab-

---

162. Ibid., p.198-9 e 344-5.

A invenção da psicanálise

dácidas, mulheres, homens e descendentes estão fadados a jamais encontrar seu lugar a não ser sob o signo da loucura, do assassinato e do aviltamento até a extinção de seu *genos*.

Em contraponto, na história dos Atridas, cada crime deve ser punido com outro crime, e cada geração, guiada pelas Erínias, deve vingar e expiar os crimes da precedente. Agamêmnon, rei de Micenas, que sacrificou a filha Ifigênia, é degolado por Clitemnestra, sua esposa, com a cumplicidade do amante desta, Egisto, filho incestuoso de Tieste. A mãe vinga a filha, obrigando Orestes, auxiliado por sua irmã Electra, a vingar o pai e matar a mãe e Egisto. No fim do ciclo,[163] Apolo e Atena derrubam a lei do crime e instauram na cidade o direito e a justiça. Orestes, louco, é purificado, as Erínias, divindades da vingança, transformam-se nas Eumênides (Benevolentes) e a ordem da civilização triunfa sobre a da natureza, selvagem, incestuosa, destruidora.

Assim como a história dos Labdácidas expõe uma autodestruição implacável e a-histórica da subjetividade de cada um dos atores de cada geração, a dos Atridas indica que a civilização pode erradicar a *hybris* dos homens e das divindades. De um lado, a tragédia do inconsciente, da autodestruição e da monstruosidade, do outro, a da história, da política e do advento da democracia. Tendo em vista essa diferença, compreendemos por que, em 1897, Freud escolheu como modelo genealógico a família dos Labdácidas, culpada de se autodestruir em torno de Tebas (cidade quase "vienense") endógama, fechada e voltada para si mesma: uma loucura inerente ao psiquismo.

Se o Édipo de Sófocles encarnava para Freud o inconsciente conceitualizado pela psicanálise, o Hamlet de Shakespeare, príncipe cristão do início do século XVII, tornava possível uma teorização da "consciência culpada". Sujeito copernicano, Hamlet ainda não consegue duvidar de maneira cartesiana dos fundamentos do pensamento racional. Inquieto e fraco, não pode nem permanecer príncipe nem tornar-se rei, uma vez que sequer tem a segurança de "ser ou não ser". No sistema freudiano, Hamlet é uma espécie de Orestes cristianizado, culpado e neurótico.

Inventando um sujeito moderno dividido entre Édipo e Hamlet, entre um inconsciente que o determina à sua revelia e uma consciência culpada que o bloqueia em sua liberdade, Freud concebia sua doutrina como uma

---

163. Do qual existe mais de uma versão.

antropologia da modernidade trágica, um "romance familiar":[164] a tragédia inconsciente do incesto e do crime, ele dizia, repete-se no drama da consciência culpada. Essa concepção do sujeito não tinha mais nada a ver com qualquer psicologia médica. Quanto à psicanálise, era um ato de transgressão, uma maneira de escutar as palavras à sua revelia e recolhê-las sem parecer escutá-las ou defini-las. Uma disciplina bizarra, uma combinação frágil unindo alma e corpo, afeto e razão, política e animalidade: sou um *zoon politikon*, dizia Freud, citando Aristóteles.

Num momento em que por toda a Europa se elaboravam vastos programas de pesquisa, com base no estudo dos fatos e dos comportamentos, Freud voltava-se então para a literatura e as mitologias das origens a fim de conferir à sua teoria do psiquismo uma consistência que, aos olhos de seus contemporâneos, não podia em hipótese alguma pretender-se ciência: não era nem psicologia, que enumerava comportamentos e se declarava objetiva, nem antropologia, que procurava descrever as sociedades humanas, nem sociologia, que estudava realidades sociais, nem medicina, que, desde Bichat, Claude Bernard e Pasteur, definia uma norma e uma patologia fundadas em variações orgânicas e fisiológicas. E, não obstante, Freud afirmava ser inventor de uma verdadeira ciência da psique.

Compreendemos então por que essa estranha revolução do senso íntimo, contemporânea da invenção da arte cinematográfica – outra grande usina de sonhos, mitos e heróis –, pôde interessar a escritores, poetas e historiadores e repelir os adeptos das ciências positivas, justamente quem Freud buscava convencer. Involuntariamente fiel à tradição do romantismo negro, ele abraçava a ideia dos trágicos gregos, segundo a qual o homem é o ator inconsciente de sua própria destruição, justamente em virtude de seu enraizamento numa genealogia de que ele não é senhor. Inversão da razão em seu oposto, busca da parte obscura de si, procura da morte em ação na vida: tal era efetivamente a natureza do mergulho efetuado pelo inventor da psicanálise na aurora do século XX, que Thomas Mann caracterizará pertinentemente, contrariando a opinião de Freud, como um "romantismo cientifizado".

---

164. "Romance familiar": expressão criada por Freud e Rank em 1909 para designar a maneira como um sujeito modifica seus laços genealógicos inventando para si uma família diferente da sua. Cf. Otto Rank, *Der Mythus von der Geburt des Helden* (1909), Viena, Turia/Kant, 2008.

A invenção da psicanálise

Desde a infância, Freud admirara os heróis rebeldes: conquistadores, fundadores de dinastias, aventureiros, capazes ao mesmo tempo de abolir a lei do pai e reinstaurar simbolicamente a soberania de uma paternidade vencida ou humilhada. Ligando o destino de Hamlet ao de Édipo, atribuía à psicanálise um lugar decerto imperial, porém impossível de definir, no cerne do que mais tarde virá a constituir as ciências humanas: entre saber racional e pensamento selvagem, entre medicina da alma e técnica da confissão, entre mitologia e prática terapêutica.

No fundo, Freud promovia uma revolução simbólica: modificava o olhar que uma época inteira voltava sobre si mesma e suas maneiras de pensar. Inventava uma nova narrativa das origens, na qual o sujeito moderno era o herói não de uma simples patologia, e sim de uma tragédia. Durante um século, essa invenção freudiana impregnará os espíritos. Porém, ao mesmo tempo em que reatualizava a tragédia de Édipo, Freud também assumiu o risco de confinar sua narrativa num "complexo", criando assim as condições para uma redução de sua doutrina a uma psicologia familiarista. Ele precisará de treze anos para dar corpo a esse complexo edipiano, sem jamais dedicar qualquer artigo a tal noção, onipresente em sua obra mas no fim das contas pouco explicitada. Com efeito, é em 1910, logo após redigir seu ensaio sobre Leonardo da Vinci, que ele utilizará pela primeira vez o termo *Ödipuskomplex*.[165]

Freud considerava a história do "caso Dora" o primeiro tratamento psicanalítico conduzido por ele. Não obstante, se examinarmos mais detidamente, perceberemos que a paciente à qual ele cognominara Ida Bauer assemelhava-se às outras jovens vienenses da burguesia judaica rica cujo destino ele evocava nos *Estudos sobre a histeria*. Mais uma vez, como médico e como especialista em doenças nervosas, confrontava-se com uma patologia familiar. E, mais uma vez, redigiu, a propósito de Ida e com imenso talento literário, uma narrativa que se deixava ler como um conto de Stefan Zweig ou de Arthur Schnitzler. Vítima de um quarteto de adultos cínicos, um dos quais tentara

---

165. O termo aparece pela primeira vez em 1910 em "D'un type particulier de choix d'objet chez l'homme" (1910), in *OCF.P*, op.cit., vol.10, p.197 [ed. bras.: "Um tipo especial de escolha de objeto feita pelo homem", in *SFOC*, vol.9 / *ESB*, vol.11; ed. orig.: "Über einen Besonderen Typus der Objektwahl beim Manne", in *GW*, vol.8]. Observemos que o próprio Freud se engana a respeito da primeira ocorrência do famoso "complexo" em sua obra. Ele a faz remontar à *L'Intérpretation du rêve*, op.cit., p.229, nota 1.

molestá-la quando ela tinha treze anos, Ida Bauer foi obrigada pelo pai a ser tratada por Freud.

Grande industrial, Philipp Bauer, vesgo e portador de uma afecção sifilítica, contraíra tuberculose em 1888, o que o levara a morar em Merano, no Tirol, com a mulher, Katharina, e toda a família. Foi lá que travou conhecimento com Hans Zellenka, homem de negócios não menos próspero, casado com uma atraente italiana, Giuseppina ou Peppina, que padecia de transtornos histéricos e era presença assídua nos sanatórios. Ela se tornara sua amante e permaneceu ao seu lado, em 1892, quando ele sofreu um descolamento da retina.

Nessa época, de volta a Viena e morando na mesma rua de Freud, resolveu consultá-lo em virtude de um acesso de paralisia e confusão mental de origem sifilítica. Satisfeito com o tratamento, encaminhou-lhe em seguida sua irmã, Malvine Friedmann, gravemente neurótica e mergulhada no desastre de uma vida conjugal atormentada. Ela morreu pouco tempo depois de uma caquexia de evolução rápida.

Katharina, mãe de Ida, nascera, como o marido, numa família judia originária da Boêmia. Pouco instruída e deveras estúpida, padecia de uma dor abdominal crônica, herdada pela filha. Nunca se interessara pelos filhos e, desde a doença do marido e a subsequente desunião, apresentava todos os sintomas de uma "psicose doméstica": sem nada compreender das aspirações dos filhos, passava o dia, a crermos em Freud, a limpar e arrumar o apartamento, os móveis e utensílios do lar, a tal ponto que seu uso e desfrute haviam se tornado quase impossíveis. A filha ignorava solenemente a mãe, criticando-a com severidade e esquivando-se de sua influência. É que uma governanta amparava Ida. Mulher moderna e "liberada", lia livros sobre sexo e informava secretamente sua aluna. Em especial, abria-lhe os olhos para a relação de seu pai com Peppina. No entanto, após tê-la amado e escutado, Ida se desentendeu com ela.

Seu irmão, Otto Bauer, por sua vez, só pensava em fugir dos entreveros familiares. Quando precisava tomar um partido, alinhava-se invariavelmente do lado da mãe. Aos nove anos de idade, tornara-se uma criança-prodígio a ponto de escrever um drama sobre o fim do reinado de Napoleão. Em seguida, rebelou-se contra as opiniões políticas do pai, cujo adultério, por sinal, aprovava. Como ele, levará uma vida dupla, marcada pelo segredo e a ambiguidade. Secretário do Partido Social-Democrata de 1907 a 1914, depois assessor

A invenção da psicanálise 103

de Viktor Adler no Ministério das Relações Exteriores em 1918, será uma das grandes figuras da intelligentsia austríaca do entreguerras.

Foi em outubro de 1900, aos dezoito anos de idade, que Ida Bauer, pressionada pelo pai, entrevistou-se com Freud a fim de empreender um tratamento que durará exatamente onze semanas. Acometida de diversos distúrbios nervosos – enxaquecas, tosses convulsivas, afonia, depressão, tendências suicidas –, sofrera uma afronta. Consciente havia muito tempo do "pecado" paterno e da mentira sobre a qual repousava a vida familiar, rejeitara mais uma vez as propostas amorosas que recebera de Hans Zellenka, às margens do lago de Garde, depois o esbofeteara. O drama explodira depois de ser acusada por Hans e seu pai de ter inventado de ponta a ponta a cena de sedução. Pior, fora desacreditada por Peppina Zellenka, que suspeitava que ela lia livros pornográficos, em especial a *Fisiologia do amor*, de Paolo Mantegazza, publicado em 1872 e traduzida em alemão cinco anos mais tarde. O autor da obra era um sexólogo darwinista, abundantemente citado por Richard von Krafft-Ebing, e especializado na descrição antropológica das grandes práticas sexuais humanas: lesbianismo, onanismo, masturbação, inversão, felação etc.

Encaminhando a filha a Freud, Philipp Bauer realmente esperava que este lhe desse razão e se dedicasse a pôr fim às suas pretensas fantasias sexuais. Longe de corresponder à expectativa paterna, Freud enveredou por uma direção completamente diferente. Em onze semanas e baseando-se em dois sonhos – um relativo a um incêndio na casa da família, o outro sobre a morte do pai –, ele reconstituiu a verdade inconsciente do drama. O primeiro sonho revelava que Dora se entregara à masturbação e que na realidade estava apaixonada por Hans Zellenka. Mas essa evocação despertava também um desejo incestuoso recalcado a respeito do pai. Quanto ao segundo sonho, permitia ir mais longe ainda na investigação da "geografia sexual" de Dora, em especial lançar luzes sobre seu pleno conhecimento da vida sexual dos adultos.[166]

---

166. Sigmund Freud, "Fragment d'une analyse d'hystérie (Dora)" (1905), in *Cinq psychanalyses*, Paris, PUF, 1953, e *OCF.P*, op.cit., vol.6 [ed. bras.: "Fragmento da análise de um caso de histeria (Dora)", in *ESB*, vol.7; ed. orig.: "Bruchstück einer Hysterie-Analyse", in *GW*, vol.5]. A melhor reconstituição da história de Dora é a sugerida por Patrick Mahony, *Dora s'en va. Violence dans la psychanalyse* (1996), Paris, Les Empêcheurs de Penser en Rond, 2001. Cf. também Arnold Rogow, "A Further Footnote to Freud's 'Fragment of an Analysis of a Case of Hysteria'", *Journal of the American Psychoanalytical Association*, 26, 1978, p.311-30; Hélène Cixous, *Portrait de Dora*, Paris, Éditions des Femmes, 1986; Hannah S. Decker, *Freud, Dora and Vienna*, 1900,

Freud deu-se conta de que a paciente não suportava a "revelação" de seu desejo pelo homem que ela esbofeteara. Entregou-se então a interpretações fortuitas e equivocadas, insistindo no fato de que uma crise de apendicite havia sido consequência de uma fantasia de parto. Ela se recusou a se deixar encerrar nesse discurso. Em contrapartida, Freud deixou-a partir quando ela decidiu interromper o tratamento.

A princípio favorável ao tratamento, o pai logo percebeu que Freud não aceitara a tese da fabulação. Consequentemente, desinteressara-se pelo assunto. De sua parte, Ida não encontrou junto a Freud o reconforto que esperava dele. Nessa data, com efeito, ele ainda não sabia manejar a transferência na análise. Da mesma forma, como apontará numa anotação de 1923, era incapaz de compreender a natureza do laço homossexual que unia Ida a Peppina: "Embora empregasse uma linguagem seca com Dora", escreve Patrick Mahony, "Freud nem por isso deixava de se exprimir com calma: estava abalado e deixava transparecer sua excitação em tonalidades de ironia, frustração, amargura, vingança e triunfalismo complacente."[167]

Em suma, Freud duvidava e resistia à tentação de aplicar sua teoria mais recente à história daquela infeliz moça histérica para transformá-la num caso. Ida lhe escapava. Porém, independentemente do que ela viesse a dizer mais tarde, ele de toda forma a libertara parcialmente do jugo de uma família patógena.

Ida Bauer nunca se curou de sua rejeição pelos homens. Seus sintomas, contudo, se amenizaram. Após sua curta análise, vingou-se da humilhação sofrida fazendo Peppina confessar sua ligação e Hans Zellenka sua tentativa de sedução. Em seguida, contou a verdade ao pai, depois rompeu relações com o casal. Em 1903, casou-se com Ernst Adler, um compositor empregado na fábrica do pai. Dois anos depois, deu à luz um filho que mais tarde fez carreira de músico nos Estados Unidos.

Em 1923, propensa a novos distúrbios – vertigens, zumbidos no ouvido, insônias, enxaquecas –,[168] chamou Felix Deutsch, discípulo de Freud, à sua cabeceira. Contou-lhe toda a sua história, falou do egoísmo dos homens, de suas frustrações, de sua frigidez. Ao escutar suas queixas, Deutsch reconheceu

---

Nova York, Free Press, 1991. Nesse livro, encontramos uma boa descrição dos judeus da Boêmia do fim do século.

167. Patrick Mahony, *Dora s'en va*, op.cit., p.201.

168. A síndrome de Ménière.

o famoso caso "Dora". Afirmou que ela se esquecera de sua doença pregressa e que manifestava imenso orgulho de ter sido objeto de um escrito célebre na literatura psiquiátrica. Ela discutiu então as interpretações dadas por Freud a seus dois sonhos. Quando Deutsch a reviu, os ataques haviam passado.[169]

O "caso Dora" será um dos mais comentados de toda a história da psicanálise, mais ainda que o de Bertha Pappenheim, e ensejou dezenas de artigos, ensaios, uma peça de teatro e vários romances. Com efeito, reunia todos os ingredientes daquela sexualidade *fin de siècle* que fazia as delícias dos escritores e dos médicos da alma: irritação histérica, homossexualidade, obsessão por doenças venéreas, exploração do corpo das mulheres e das crianças, prazeres do adultério.

Antes mesmo de ter abandonado sua *neurotica*, Freud dedicava boa parte de seu tempo ao estudo do que mais o atraía nos últimos anos: a análise dos sonhos. Habituado ao consumo de drogas, entregava-se facilmente a intensas atividades oníricas. Da mesma forma, mantinha um diário de seus sonhos. Sonhava muito, e de maneira desordenada: viagens futuras, colegas, vida cotidiana em Viena, fatos triviais ou, ao contrário, acontecimentos importantes relativos à vida, à alimentação, ao amor, à morte, aos laços de parentesco.

Ao longo de suas peregrinações noturnas, fustigava os rivais, colocava-se em situação de risco, revivia cenas de sua infância, sonhava que tinha um sonho, depois outro sonho imerso no primeiro, antes de se ver no âmago de uma cidade em ruínas, povoada por estátuas, colunas ou casas soterradas e cujas ruas ele percorria, ao mesmo tempo em que se perdia no labirinto arqueológico de seus desejos culpados. Sonhava em diversas línguas e em diversos estratos; sonhava coisas sexuais, com a atualidade política, com os atentados anarquistas, com a família imperial, com Aníbal, com Roma, com o antissemitismo, com o ateísmo, com mães, pais, tios, babás.

Sonhava: inventava hieróglifos e projetava-se em personagens literários, descendo rios ou efetuando imensos périplos pelos museus europeus para

---

169. Assim como Felix Deutsch, ela emigrou para os Estados Unidos e escapou das perseguições nazistas. Morreu de câncer em 1945. Deutsch soube de sua morte dez anos mais tarde e afirmou que ela havia sido, segundo um informante, uma "das histéricas mais renitentes com que ele já deparara". Kurt Eissler discordou desse depoimento numa carta a Anna Freud de 10 de agosto de 1952. Aliás, com efeito, parece que ela nunca se disse orgulhosa de ser um caso célebre, como Deutsch declarara em 1923.

neles contemplar os quadros de seus pintores favoritos. Em seus devaneios, passava em revista todas as obras da cultura ocidental, citava nomes de cidades, lugares ou cientistas célebres ou desconhecidos. E foi assim que se pôs a redigir a obra mediante a qual pretendia fundar sua nova teoria do psiquismo. No começo ela tinha a forma de uma enciclopédia remanejada várias vezes, antes de se configurar como um percurso iniciático pontuado por grandes momentos de exaltação, dúvida, angústia e melancolia.

Ao longo desse novo Sturm und Drang, durante o qual conversou consigo mesmo entre 1895 e 1900, sem todavia jamais cessar de se dirigir a Fliess como se a um duplo de Mefistófeles, Freud leu tanto a *Divina Comédia* que passou a mandar inimigos e adversários para o inferno. Reuniu assim cento e sessenta sonhos, incluindo cinquenta seus e setenta relatados por amigos e parentes, para compor um vasto poema em versos livres povoados de sonhos de todo tipo: sonho de Bismarck, sonho do cavalo cinza, de Casimir Bonjour, da monografia botânica, sonho de Fidélio, da criança morta em chamas, do lince no telhado, do meu filho míope, de Júlio César, de Napoleão, de Édipo disfarçado, sonho do pai morto ou da sonata de Tartini. Esse livro, ele acrescentará em 1908, tem ainda "outro significado, um significado subjetivo que só pude compreender uma vez concluído o volume. Ele revelou-se parte de minha autoanálise, minha reação à morte de meu pai, ou seja, o drama mais doloroso na vida de um homem".[170] Estranha observação, que em todo caso confirma que, a seus olhos, o pai é mortal e a mãe, imortal.

Ao se dedicar a essa exploração da psique, contraparte das viagens de Dante e Ulisses, Freud teve consciência de que estava criando, quase à revelia, uma obra magistral, que o arrastava para as florestas escuras de seu inconsciente em plena efervescência. Essa "ciência do sonho", oriunda da tradição do romantismo, despertava interrogações sobre a sexualidade infantil e sobre a origem das neuroses, ao mesmo tempo em que se escorava num retorno aos deuses e heróis da Grécia antiga. Através dessa viagem às profundezas da alma, Freud se pretendia o mensageiro de uma realidade recusada, negada, recalcada: "Acho que estou destinado", dirá um dia a Jones, "a só descobrir o que é evidente: que as crianças têm uma sexualidade – o que toda babá

---

170. Sigmund Freud, *L'Interprétation du rêve*, "Préface à la deuxième édition", op.cit., p.4.

sabe – e que nossos sonhos noturnos, da mesma forma que nossos devaneios diurnos, são realizações de desejo."[171]

Consciente de aportar nas margens de um continente conhecido desde a noite dos tempos, especialmente explorado durante a segunda metade do século XIX, Freud decidiu ler as obras mais pertinentes sobre a questão e foi assim que dedicou as oitenta páginas iniciais do primeiro capítulo de seu grande livro a uma análise crítica do que seus predecessores haviam escrito, de Aristóteles e Artemidoro de Daldis até os contemporâneos mais próximos, justamente aqueles que, desdenhando a ideia de que o sonho era uma premonição, uma "chave dos sonhos" ou a expressão de uma atividade fisiológica induzida por estímulos sensoriais ou somáticos, haviam-no transformado em um objeto de saber e conhecimento de si: Gotthilf Heinrich von Schubert, Eduard von Hartmann, Johannes Volkelt, Adolf Strümpell, Havelock Ellis, Albert Moll, Joseph Delboeuf, Yves Delage, Wilhelm Griesinger e muitos outros ainda, em especial Alfred Maury, Karl Albert Scherner e Hervey de Saint-Denys.[172]

Todos esses autores, principalmente os três últimos, haviam criado técnicas de investigação dessa parte da vida humana protegida pelo sono. Haviam percebido que os sonhos eram expressões distorcidas de pensamentos inconfessáveis, de desejos recalcados, de recordações de infância ou de fantasias sexuais relativas a tabus fundamentais: incesto, masturbação, perversão, loucura, transgressão. A maioria deles já expressara a hipótese de que o deciframento racional das figuras de retórica próprias à estrutura do sonho permitiria aos especialistas em doenças nervosas tratar melhor seus pacientes. E, enquanto determinados autores afirmavam que o sonho era de natureza similar a uma síndrome psicótica, outros assinalavam que a atividade onírica constituía um remédio espontâneo para os distúrbios dos sujeitos perversos. Estes, com efeito, diziam, durante o sono podiam muito bem encenar suas aberrações

---

171. Ernest Jones, *La Vie et l'oeuvre de Sigmund Freud*, t.I., op.cit., p.384.

172. Karl Albert Scherner, *Das Leben des Traums*, Berlim, Heinrich Schindler, 1861; Alfred Maury, *Le Sommeil et les rêves. Études psychologiques sur ces phénomènes*, Paris, Didier, 1861; Léon d'Hervey de Saint-Denys, *Les Rêves et les moyens de les diriger. Observations pratiques* (1867), Île Saint-Denis, Oniros, 1995. Joseph Delboeuf, *Le Sommeil et les rêves et autres textes* (1885), Paris, Fayard, 1993. Para um estudo panorâmico, cf. Jacqueline Carroy, *Nuits savantes. Une histoire des rêves (1800-1945)*, Paris, EHESS, 2012. Freud reunira em sua biblioteca um número impressionante de obras sobre o sonho.

sexuais a fim de melhor exorcizá-las no estado de vigília. Em suma, quando Freud enveredou pelo caminho da análise dos sonhos, foi obrigado ao mesmo tempo a receber uma herança e a dela se diferenciar.

Portanto, longe de fazer referência, como seus predecessores, a uma "vida dos sonhos" ou a uma maneira de dirigi-los, decidiu efetuar uma síntese de todas as modalidades de abordagem possíveis da questão do sonho em geral e dos sonhos em particular e apresentar seu *Traumbuch* como o manifesto de uma nova compreensão da subjetividade humana. Daí a escolha de uma data marcante – 1900 e não 1899 – e de um título estarrecedor: *Die Traumdeutung*. Com essa expressão genérica ("a interpretação do sonho"), Freud reatava, para além dos experimentos científicos, com a tradição dos adivinhos.[173] Não "os sonhos", mas "o sonho", não duas palavras, *Deutung des Traums*, mas uma única denominação que conotava a ideia de fornecer ao público uma súmula definitiva, universal, semelhante a uma bíblia que fosse ao mesmo tempo um tratado dos oráculos e a expressão de uma ciência da psique.

Para epígrafe, Freud escolheu um verso extraído do canto VII da *Eneida*: *Flectere si nequeo Superos, Acheronta movebo* (Se não consigo dobrar os deuses do alto, posso mover o Aqueronte), no qual Juno defende Dido, rainha cartaginesa, contra Eneias, troiano vencido e futuro fundador de Roma. Incapaz de convencer Júpiter (os deuses do alto) a permitir que Eneias se case com Dido, Juno recorre a uma Fúria que brotara do Aqueronte, Alecto, espécie de Górgona bissexual capaz de incitar não só as paixões instintuais, como as forças armadas no campo dos aliados de Eneias. Abandonada pelo amante, Dido dá cabo da vida e, quando Eneias se junta a ela nos Infernos, ela lhe recusa todo perdão: ele falará com seu fantasma.

Com essa epígrafe, Freud sintetizava numa única frase não só o essencial de sua doutrina da sexualidade – as forças pulsionais reativadas pelas potências subterrâneas do Inferno –, como também alguns dos significantes primordiais de sua própria história. Encontramos nela primeiramente a expressão de sua revolta contra a cidade imperial tão desejada e impossível de alcançar, aquela cidade que Aníbal, herói freudiano por excelência, não conseguira conquistar, fracassando assim em vingar Amílcar. Identificado com Aníbal, Freud,

---

173. Cf. Frank J. Sulloway, *Freud, biologiste de l'esprit*, op.cit., p.309. Henri F. Ellenberger dedicou belíssimas páginas às obras sobre o sonho em geral e à de Freud em particular. Cf. também *Dicionário de psicanálise*, op.cit.

A invenção da psicanálise

sabemos, sentia-se sempre culpado por não haver abandonado sua teoria da sedução antes da morte do pai, injustamente suspeitado de molestar as filhas.

Porém, a imprecação de Juno, na obra de Virgílio, remetia também à atitude política ambígua de Freud com relação à monarquia austríaca e, sobretudo, com relação ao seu representante mais temível, o conde Von Thun,[174] a quem afirma ter enfrentado. A cena acontecera na plataforma da estação oeste de Viena, em 11 de agosto de 1898, quando ele saía de férias. Nesse dia, cruzou com o conde Von Thun, que se dirigia à residência de verão do imperador, onde deviam ser firmados os acordos econômicos com a Hungria. Embora não possuísse bilhete, este último repeliu o fiscal e se instalou num luxuoso vagão. Freud pôs-se então a assobiar a ária do valete em *As bodas de Fígaro*, de Mozart: "Se o senhor conde quiser dançar, tocarei guitarra." Fígaro, sabemos, zombava assim do conde Almaviva, que cortejava sua noiva.

No dia seguinte, Freud teve um "sonho revolucionário", no qual se identificava com um estudante que contribuíra para a deflagração da revolução de 1848. E via surgir outro médico judeu, Viktor Adler, antigo colega de classe que, na ocasião, ele desafia para um duelo. Numa outra cena, após fugir da cena política, via-se na plataforma da estação. Porém, em vez de se confrontar com Von Thun, acompanhava um homem cego ao qual estendia um urinol. Analisando esse sonho, Freud interpretou que esse ancião era a figuração de seu pai moribundo, que ele um dia desafiara urinando em seu quarto. Substituíra então a imagem detestada de Von Thun pela de Jacob agonizante.

Como não ver nesse sonho a ilustração do destino de Freud e de sua concepção do poder segundo a qual toda sociedade tem como origem um conflito entre um pai tirânico e um filho rebelde compelido a assassiná-lo? Mais tarde Freud irá teorizar isso em *Totem e tabu* e depois em *Moisés e o monoteísmo*.

Contudo, em 1900, Freud anunciava também, através da epígrafe tirada de Virgílio, sua firme intenção de celebrar a primazia da psicanálise sobre a política e de fazer de sua doutrina recém-elaborada o instrumento de uma revolução: mudar o homem, explorando a face oculta de seus desejos.[175]

---

174. Franz von Thun und Hohenstein (1847-1916), aristocrata, proprietário rural e burocrata típico da monarquia imperial. Foi por duas vezes governador da Boêmia antes de ocupar brevemente o posto de ministro-presidente da Áustria, de março de 1898 a outubro de 1899.
175. Carl E. Schorske, *Viena fin-de-siècle. Política e cultura* (1961), São Paulo, Companhia das Letras, 1988, em especial o capítulo "Política e parricídio na *Interpretação dos sonhos*". Cf. também

Numa carta de 1927 a Werner Achelis, Freud afirmava ter tomado conhecimento dessa citação ao ler um panfleto publicado por Ferdinand Lassalle, em 1859, contra a monarquia dos Habsburgo, julgada obscurantista: "O senhor traduz *Acheronta movebo* por 'abalar os fundamentos da terra'", ele dizia a seu interlocutor, "ao passo que essas palavras significam antes 'abalar o mundo subterrâneo'. Eu havia extraído essa citação de Lassalle, para quem ela certamente tinha um sentido pessoal e se reportava às camadas sociais e não à psicologia. No meu caso, adotara-a unicamente para enfatizar uma peça-mestra da dinâmica do sonho. A moção de desejo repelida pelas instâncias psíquicas superiores (o desejo recalcado do sonho) põe em movimento o mundo psíquico subterrâneo (o inconsciente) a fim de se tornar perceptível."[176]

Como aponta Carl Schorske, existia uma grande similitude entre as escolhas políticas do jovem Freud e as de Lassalle. Ambos rejeitavam o catolicismo romano e a dinastia dos Habsburgo. Porém, acima de tudo, Freud fazia um paralelismo entre a revolução social pretendida por Lassalle e aquela à qual ele próprio aspirava.

Pois, celebrando as pulsões, lendas, mitos e tradições populares, ele pretendia atacar os medalhões e representantes da ciência oficial. E o recurso ao sonho e à sua interpretação equivalia a proclamar que o poder do imaginário, decifrado por um cientista ambicioso, podia igualmente encarnar-se num vasto movimento suscetível de desafiar o poder político. Sob a máscara de um Aníbal dotado de um humor de Fígaro, Freud fabricava um mito, o do herói solitário imerso num "esplêndido isolamento"[177] e enfrentando um mundo hostil ao seu gênio.

Em virtude dessa construção emblemática, começou a ver a si mesmo como o mestre de uma revolução da sexualidade patrocinada por uma nova ciência: a psicanálise. Não obstante, duvidava de si mesmo a ponto de se julgar objeto de todo tipo de perseguições: "Eu imaginava esse destino da

---

Jacques Le Rider, "Je mettrai en branle l'Achéron. Fortune et signification d'une citation de Virgile", *Europe*, 954, outubro de 2008, p.113-22.

176. Sigmund Freud, *Correspondance*, op.cit., p.408. Freud comunicara sua escolha a Fliess numa carta de 17 de julho de 1899; cf. *Lettres à Wilhelm Fliess*, op.cit., p.458. Ferdinand Lassalle, "La Guerre d'Italie et la mission de la Prusse", in *Politische Reden und Schriften*, Berlim, 1892.

177. A expressão *splendid isolation* era corriqueiramente empregada para definir a política externa britânica no fim do século XIX. Freud evocou-a para responder a uma injunção de Fliess, que tentava consolá-lo.

A invenção da psicanálise

seguinte maneira: eu provavelmente conseguiria me manter graças aos sucessos terapêuticos do novo procedimento; entretanto, a ciência não tomaria conhecimento de mim enquanto eu vivesse. Algumas décadas mais tarde, um outro depararia infalivelmente com as mesmas coisas, não mais atuais, imporia seu reconhecimento e me homenagearia como precursor necessariamente malogrado. Entretanto, qual um Robinson, instalei-me da maneira mais confortável possível na minha ilha deserta."[178]

Nessa época, contudo, Freud não se achava nem isolado nem rejeitado, sendo antes visto como um médico brilhante e com um futuro dos mais promissores. E, embora se julgasse um rebelde, os sexólogos o consideravam um conservador e os medalhões da ciência médica, um "literato".

Se redigida como um suntuoso poema, a *Traumdeutung* não teria permitido impor uma nova abordagem da psique humana. Eis por que Freud, embora adotando para essa obra um estilo capaz de dar conta do romanesco da vida sonhada, empenhou-se igualmente em transformá-la num manifesto teórico e clínico de força e modernidade inigualáveis.

Em duas partes fundamentais do livro, ele expõe seu método interpretativo: este é fundado na associação livre, isto é, na escuta do que o sonhador exprime, dando livre curso a seus pensamentos sem discriminação. Nessa perspectiva, o sonho deixa de ser um enunciado cristalizado para se tornar narração, trabalho em movimento, verdadeira expressão distorcida ou censurada de um desejo recalcado cuja significação cumpre decifrar. E, para explicar suas modalidades, Freud distingue um conteúdo manifesto – relato do sonho pelo sonhador acordado – e um conteúdo latente – progressivamente trazido à tona graças ao processo associativo.

Segundo ele, duas grandes operações estruturam a retórica do sonho: o deslocamento, que, por meio de um deslizamento, transforma os elementos primordiais do conteúdo latente, e a condensação, que efetua uma fusão entre diversas ideias desse mesmo conteúdo para resultar na criação de uma única imagem no conteúdo manifesto.

---

178. Sigmund Freud, *Sur l'histoire du mouvement psychanalytique* (1914), Paris, Gallimard, 1991, p.39 [ed. bras.: "Sobre a história do movimento psicanalítico", in *ESB*, vol.14, 1991; ed. orig.: "Zur Geschichte der Psycho-Analytischen Bewegung", in *GW*, vol.10].

Ao longo de todo o célebre capítulo VII, tantas vezes comentado, e que constitui um livro em si, imerso de certa maneira no vasto conjunto da *Traumdeutung*, Freud expõe sua concepção do aparelho psíquico – ou primeira tópica – a partir dos "manuscritos" enviados a Fliess e para cuja redação se inspirara em todas as teorias da psique enunciadas pelos pensadores do século XIX. Distingue assim o consciente, equivalente da consciência, o pré-consciente, instância acessível ao consciente, e, por fim, o inconsciente, "outra cena", lugar desconhecido da consciência. Contudo, embora ele endosse este último termo utilizado desde a noite dos tempos e teorizado pela primeira vez em 1751, é para transformá-lo no conceito mais importante de uma doutrina em ruptura radical com as antigas definições: nem uma supraconsciência nem um subconsciente nem um reservatório da desrazão, mas um lugar instituído pelo recalcamento, isto é, por um processo visando manter fora de toda forma de consciência, como se um "erro de tradução", todas as representações pulsionais suscetíveis de se tornar fonte de desprazer e, logo, de perturbar o equilíbrio da consciência subjetiva. No sistema freudiano da primeira tópica, o recalcamento é para o Aqueronte o que o inconsciente era para Édipo e o pré-consciente para Hamlet.

O mais espantoso nesse procedimento, pelo qual explicava que a análise do sonho é a "via régia do inconsciente", é que Freud construíra seu *Traumbuch*, não obstante de vocação universal, no modelo do que se tornara Viena para os intelectuais de sua geração: uma cidade dividida entre ódio e amor, e cuja grandeza recalcada suscitava neles uma verdadeira atração não só pela atemporalidade e a desconstrução do que ali se vivia, como pela invenção de uma estranhíssima modernidade, centrada no retorno a um passado ancestral. Segundo Robert Musil, Viena era então, no imaginário dessa geração, a "monstruosa residência de um rei já morto e de um deus ainda por vir".[179]

Como não ver no famoso sonho da "injeção de Irma", mil vezes interpretado,[180] a ilustração do "romance familiar" que unia Freud a Viena?

---

179. Freud morou a vida inteira em Viena, cidade que amava e abominava ao mesmo tempo.
180. Didier Anzieu, *L'auto-analyse de Freud* (1959), Paris, PUF, 1988 [ed. bras.: *A autoanálise de Freud e a descoberta da psicanálise*, Porto Alegre, Artes Médicas, 1989]. Max Schur, *La Mort dans la vie de Freud*, op.cit. Jacques Lacan, *O Seminário*, livro 2, *O eu na teoria de Freud e na técnica da psicanálise (1954-1955)*, texto estabelecido por Jacques-Alain Miller, Rio de Janeiro, Zahar, 1985, p.187-217. Marthe Robert, *La Révolution psychanalytique. La vie et l'oeuvre de Freud*, Paris, Payot, 1975, 2 vols. E o *Dicionário de psicanálise*, op.cit.

A invenção da psicanálise

Durante o verão de 1895, uma paciente cognominada Irma submetera-se a um tratamento com Freud. Não constatando qualquer melhora, ele lhe propusera interromper o tratamento, o que ela recusara. Ele passou então alguns dias em família na casa de Bellevue, nas colinas de Viena, onde Oskar Rie foi encontrá-lo após uma visita à família de Irma. Este lhe fez algumas críticas a respeito do tratamento e Freud redigiu seu caso clínico para apresentá-lo a Breuer. Durante esses poucos dias, Martha comemoraria seu aniversário e receberia sua amiga Irma.

Na noite de 24 de julho, Freud sonhou que encontrava Irma numa reunião social e lhe dizia que ela continuava a sofrer por culpa dela própria. Contudo, examinando-a, descobria manchas cinzentas em sua boca semelhantes a conchas nasais ou sintomas de uma difteria. Em seguida, chamava à sua cabeceira o doutor M., que mancava e dizia palavras de consolação, depois mandava chamar outros dois amigos, Leopold e Otto, o qual lhe ministrava uma injeção de trimetilamina para curar a infecção que ele mesmo provocara ao usar uma seringa mal esterilizada.

Freud julgava esse sonho de uma importância capital: o primeiro, dizia, que ele submeteu a uma análise detalhada ao longo de quinze páginas. A seu ver, tratava-se da realização de um desejo que o isentava de qualquer responsabilidade na doença de Irma.

Existe um laço entre a importância primordial que Freud atribuía a esse sonho e a operação de autoficção à qual se entregava sob o véu de uma impecável racionalidade. Assim como a realização de um desejo ou a afirmação de uma interpretação conduzida a seu termo, esse sonho continua efetivamente uma espécie de romance familiar das origens vienenses da psicanálise. Nele, estavam Oskar Rie (Otto), concunhado de Fliess, Ernst von Fleischl-Marxow (Leopold), Josef Breuer (doutor M.) e finalmente um condensado de Emma Eckstein e Anna Lichtheim (Irma), filha de Samuel Hammerschlag: a quintessência da mulher judia vienense do fim do século.[181]

No momento em que se apresentava como o inventor de uma doutrina que devia revolucionar o mundo, Freud sonhava então com o fracasso do tratamento de Emma Eckstein. Atribuía tal responsabilidade a Fliess – pelo viés de Oskar Rie, encarnado por Otto – e à própria Emma. Depois se vin-

---

181. Alison Rose, *Jewish Women in Fin de Siècle Vienna*, Austin, University of Texas Press, 2008.

gava de suas críticas, transformando seus amigos em adversários. Ao mesmo tempo, justificava suas escolhas face a Breuer e se lembrava de que sua filha Mathilde quase morrera de difteria. Libertava-se em seguida de sua culpa com relação a Fleischl-Marxow e declarava finalmente, perante os medalhões, que o sonho não era de forma alguma redutível à expressão de uma atividade cerebral.

Em 12 de junho de 1900, escreveu a Fliess: "Acha realmente que haverá um dia nessa casa uma placa de mármore, na qual será possível ler: 'Aqui se desvendou, em 24 de julho de 1895, graças ao dr. Sigmund Freud, o mistério do sonho'?"[182] E, em 10 de julho, sentindo-se esgotado e inapto a atacar outros grandes problemas, teve a impressão de entrar num inferno intelectual e distinguir, no núcleo mais escuro de seus diferentes estratos, "os contornos de *Luzifer-Amor*".[183]

Até 1929, Freud nunca parou de remanejar esse livro inaugural, de aprofundar sua análise e acrescentar-lhe listas de obras de referência, bem como duas contribuições de seu amigo e discípulo Otto Rank.

Durante muito tempo, prevaleceu a ideia de que o *Traumbuch* fora mal recebido. Com o aval de Freud, da mesma forma que o mito da "autoanálise" e do "esplêndido isolamento", essa visão exacerbada da recepção de uma das obras primordiais do fundador da psicanálise foi reproduzida por Jones e por gerações de clínicos. Em seu prefácio à segunda edição, em 1908, Freud evocou por sua vez o "silêncio fúnebre" que acolhera sua obra e, um ano mais tarde, ainda se queixava de que seu trabalho não fora levado em consideração. A realidade das coisas, no entanto, é mais sutil, principalmente quando sabemos o que era a vida intelectual e científica da época.

É que Freud esperava que o livro tivesse o destino de um best-seller. Esperava, principalmente, ser saudado pelos psicólogos e médicos como um verdadeiro gênio da ciência. A realidade foi bem diferente. Naturalmente, o livro foi resenhado pela quase totalidade dos grandes periódicos de medicina

---

182. Sigmund Freud, *Lettres à Wilhelm Fliess*, op.cit., p.527. Foi preciso esperar até 6 de maio de 1977 para que esse desejo de Freud fosse materializado e uma placa afixada na parede da casa de Bellevue. E *Lettres à Wilhelm Fliess*, op.cit., p.532.
183. Em 1988, Gerd Kimmerle e Ludger M. Hermanns deram o nome de *Luzifer-Amor* a uma revista de história da psicanálise dirigida desde 2004 por Michael Schröter. Cf. Renate Sachse, "*Luzifer-Amor 51*", *Essaim*, 32, 2014, p.103-13.

A *invenção da psicanálise*

e psicologia europeus. Venderam-se dele uma média de setenta e cinco exemplares por ano ao longo de um período de oito anos, assegurando, contudo, a Freud uma reputação internacional.[184] E depois, os ataques e insultos que ele foi obrigado a sofrer, bem como as polêmicas que o livro suscitou, não atestam um avanço da doutrina freudiana no campo da psiquiatria e da psicopatologia?

Quanto à recepção da *Traumdeutung* pelos meios literários, filosóficos e artísticos – em especial pelas vanguardas e o movimento surrealista,[185] – ela contribuiu para garantir progressivamente a Freud o lugar eminente que lhe cabia na história do pensamento ocidental.

Em 1897, Nothnagel e Krafft-Ebing haviam proposto a candidatura de Freud ao posto de professor extraordinário na Universidade de Viena. Após inúmeros contratempos burocráticos, considerando que jamais ensinara sem ser remunerado, uma vez que optara pela carreira de médico civil, Freud obteve finalmente, em fevereiro de 1902, a tão desejada nomeação,[186] o que de fato significava que seus trabalhos começavam a ser reconhecidos. Doravante, será *Herr Professor*.

Nessa data, já existiam um antes e um depois de Freud. Mas ele, ensimesmado, ao mesmo tempo lúcido, conquistador e amargo, duvidando e não duvidando de seu gênio, ainda parecia não querer tomar consciência do acontecimento do qual era o demiurgo.

---

184. Norman Kiel, *Freud Without Hindsight. Reviews of His Work, 1893-1939*, Madison, International Universities Press, 1988. E Henri F. Ellenberger, *Histoire de la découverte de l'inconscient*, op.cit.

185. Sobre as relações de Freud com os surrealistas franceses, que não abordo neste livro, cf. *HPF-JL*, op.cit.

186. A carta, de 5 de março de 1902, era assinada pelo imperador Francisco José. Cf. Henri F. Ellenberger, *Histoire de la découverte de l'inconscient*, op.cit., p.476-8.

SEGUNDA PARTE

Freud, a conquista

1. Uma *belle époque*

NUMA CONFIDÊNCIA FEITA a Marie Bonaparte, em 4 de janeiro de 1926, Freud contava como fora decepcionante para ele a leitura de *No caminho de Swann*: "Não creio que a obra de Proust vá durar. E esse estilo! Ele quer sempre ir às profundezas e nunca termina suas frases..."[1]

Se Freud assim desconheceu a obra proustiana, o autor de *Em busca do tempo perdido* lhe pagava na mesma moeda, jamais fazendo qualquer alusão a seus trabalhos, não obstante recebidos com fervor, entre 1910 e 1925, pelo meio literário parisiense: de André Gide a André Breton. Em 1924, intrigado diante daquele descaso recíproco, Jacques Rivière, diretor de *La Nouvelle Revue Française*, tentará explicar, por ocasião de concorridas conferências que dava no teatro do Vieux-Colombier, o quanto Freud e Proust haviam explorado, de maneira paralela e dessemelhante, o sonho, o inconsciente, a memória, a sexualidade.[2]

Se Freud e Proust eram, cada um à sua maneira, os narradores modernos da exploração do eu, compartilhavam igualmente a ideia de que a mãe é o primeiro objeto de afeto para o qual se volta o ser humano: a mãe ou seu substituto. E daí decorria, tanto para o escritor como para o cientista, uma concepção do amor segundo a qual todo ser humano deseja ser amado por outro como havia sido pela mãe. Ou, na falta dela, como ele teria desejado sê-lo. Em se tratando da homossexualidade – que eles denominavam "inversão" –, Freud e Proust a definiam como a consequência de uma bissexualidade necessária à civilização e à perpetuação do gênero humano. Sem ela, com efeito, os homens, submetidos a uma excessiva virilidade, e pouco inclinados à sublimação, ter-se-iam condenado a um perpétuo extermínio.

---

1. Entrevista inédita, arquivos Marie Bonaparte.
2. Cf. Jean-Yves Tadié, *Le Lac inconnu. Entre Proust et Freud*, Paris, Gallimard, 2012. E sobre as relações de Freud com os escritores franceses – André Gide, Romain Rolland, André Breton etc. – cf. Elisabeth Roudinesco, *HPF-JL*, op.cit.

À parte essas analogias, tão inovadoras na aurora do século XX, Freud e Proust sentiam uma real atração pelas seduções de uma aristocracia decadente, aburguesada, que renunciara ao exercício do poder político para dedicar-se ao autoconhecimento, procurando assim acessar um tempo recuperado: ilusão de uma existência fadada ao seu próprio fim. Judeus e desjudaizados, Freud e Proust sentiam-se ao mesmo tempo exteriores às sociedades na qual imergiam e aferrados aos costumes e tradições familiares. Da mesma forma, ambos sabiam descrever lucidamente as diferentes esferas de um mundo que era profundamente seu: os grandes burgueses, os arrivistas, os criados, os marginais. E uma vez que *Em busca do tempo perdido* terminava logo após a Primeira Guerra Mundial, como não ver que punha em cena a própria história de uma classe social cujo ideal europeu, desde a escalada dos nacionalismos e do antissemitismo, era permeado pela convicção de que ela não sobreviveria a si própria senão transformando cada destino singular numa obra de arte?

Os pacientes e os primeiros discípulos de Freud assemelhavam-se portanto a personagens proustianos, cultivando tanto a angústia de ser o que eram como a felicidade de uma liberdade individual finalmente conquistada no âmbito de uma sociedade profundamente desigualitária, em que operários, camponeses e pobres viviam em condições miseráveis.

Voltados para o autoconhecimento e o culto da arte e dos valores do liberalismo, os cientistas da Belle Époque, além disso, confiavam cegamente na ciência. Por outro lado, no centro desse continente europeu em plena mutação, os judeus vienenses eram, por sua vez, atores de um grande momento de efervescência que parecia em vias de eternizar-se. Tendo alcançado o ideal da superação do gueto, faziam resplandecer as facetas de sua identidade múltipla. Daí a busca permanente de um futuro cuja realidade se projetaria no passado: racionalidade científica e restauração dos mitos em Sigmund Freud; sonho de um retorno à terra prometida em Nathan Birnbaum e Theodor Herzl; fantasia de uma "Viena vermelha" em Viktor Adler e Otto Bauer; adoção de um ideal de destruição e reconstrução satírica da língua alemã em Karl Kraus; nostalgia de uma fusão do Iluminismo francês e alemão em Stefan Zweig; afirmação de uma estética romanesca e judaica em Arthur Schnitzler; elaboração de um novo formalismo musical em Gustav Mahler e Arnold Schönberg. Todos esses judeus que não eram mais judeus procuravam exprimir a face oculta de uma

Uma belle époque

utopia suscetível de suceder à agonia de um mundo do qual eles sabiam ser protagonistas.[3]

Ao mesmo tempo em que adotava a atitude de um judeu spinozista, Freud sempre manifestou sinais da ambiguidade típica da crise de identidade judaica do fim do século. Falava sem pudor em "raça judia", "pertencimento racial" ou ainda de "diferenças" entre judeus e "arianos", designando efetivamente os não judeus como "arianos". Quando se irritava com seus primeiros discípulos, volta e meia tratava-os de "judeus" inaptos a conquistar amigos para a nova doutrina. No entanto, o uso de tais expressões jamais o levou a promover uma psicologia da diferença racial, como explicou um dia a Sándor Ferenczi, numa carta de 8 de junho de 1913: "Quanto ao semitismo", escrevia, "há certamente grandes diferenças com relação ao espírito ariano. Temos diariamente a confirmação disso. Portanto, daí resultam certamente aqui e ali concepções do mundo diferentes e uma arte diferente. Entretanto, não deveria existir uma ciência ariana ou judaica específicas. Os resultados deveriam ser idênticos e apenas a apresentação variar ... . Se essas diferenças entrassem na concepção científica das relações objetivas, então alguma coisa estaria fora da ordem."[4]

Ressentido por não ser suficientemente reconhecido, Freud parecia ignorar que seu "esplêndido isolamento" não passava de uma fantasia e que, na realidade, sua obra sobre o sonho suscitava tanto elogios como críticas. Ele não tinha consciência de ser homem de um tempo em que os sentimentos íntimos se haviam tornado objeto de paixão para uma geração obsedada pela introversão. Tomado pela dúvida, só captava de sua época o que lhe permitia alimentar sua neurastenia e status de gênio solitário. Da mesma forma, ignorava que, ao reinventar Hamlet e Édipo, fazia do sujeito deitado no divã o fiel reflexo do personagem desenhado por Alfred Kubin em 1902: um homem nu decapitado, contemplando uma imensa cabeça melancólica pousada na terra, com a boca entreaberta, que por sua vez o encara com seus olhos cegos.[5]

Nessa época, Freud usava uma barba modelada diariamente e com esmero pelo seu barbeiro. Ligeiramente curvado quando caminhava celeremente em suas roupas um pouco largas, mas sóbrias e elegantes, sempre olhava direto

---

3. Jacques Le Rider, *Les Juifs viennois à la Belle Époque*, Paris, Albin Michel, 2013.
4. Sigmund Freud e Sándor Ferenczi, *Correspondance*, t.I: *1908-1914*, op.cit., carta de 8 de junho de 1913, p.519-20.
5. Alfred Kubin, "Réfléxion", 1902. Peter Gay observou muito bem esse detalhe...

nos olhos, como se quisesse mostrar que nada jamais lhe escapava. Falava a língua alemã com um sotaque vienense, com uma voz clara e baixa, e tinha tendência a discorrer sobre os fatos rotineiros da vida recorrendo a ficções. Quando notava um esquecimento ou ato falho, e seu interlocutor tentava se explicar de maneira racional, mostrava-se intransigente e a condenação caía como um cutelo.[6] Freud trabalhava entre dezesseis e dezoito horas por dia, deslocava-se de caleça, quando isso era necessário, para visitar seus pacientes e exigia de seu estafe doméstico uma estrita observância dos horários das refeições. Quanto a Martha, tornara-se uma dona de casa rígida e aferrada a um ritual imutável: o bom funcionamento do lar.

Com sua imensa erudição e excepcional inteligência, Freud lia e falava fluentemente inglês, francês, italiano e espanhol, escrevia alemão em caracteres góticos, conhecia grego, latim, hebraico e iídiche: *"Mare nostrum"*, dizia, qualificando-se de mediterrânico, face aos celtas, germanos, prussianos, nórdicos, americanos e suíços. Era o puro produto daquela cultura vienense, verdadeira Babel das suntuosas sonoridades europeias. Nem glutão nem gastrônomo, não recusava, todavia, certos prazeres da mesa. Detestava comer ave ou couve-flor, não apreciava os requintes da gastronomia francesa, embora tivesse um fraco pelas pequenas alcachofras italianas, ovo cozido e assados com cebola. Intransigente face a qualquer forma de negligência e dotado de um humor feroz, ao passo que, justamente, não tinha nenhum charme, não tolerava a linguagem chula nem as malditas convenções vestimentares, manifestando certo desprezo pelas pessoas excessivamente corpulentas. Não gostava nem dos espetáculos nem dos jantares formais, não dançava valsa e não se sentia à vontade quando obrigado a frequentar a alta-roda.

Entretanto, saía de casa de bom grado para assistir a determinada encenação de uma ópera de Mozart, seu compositor preferido. Galante e bem-educado, oferecia flores às damas e tinha um fraco pelas orquídeas e, mais ainda, pelas gardênias. Às vezes jogava xadrez, mas com uma predileção pelo tarô, a ponto de dedicar a ele as noites de sábado em companhia de Oskar Rie, Leopold Königstein e Ludwig Rosenberg, três médicos brilhantes. Em 1895, mandou instalar o telefone, instrumento detestável a seus olhos mas necessário, sem todavia abandonar o hábito de redigir diariamente sua famosa correspondência.

---

6. Depoimento de Judith Heller-Bernays, março de 1953, BCW, cx.120, pasta 36.

Uma belle époque

Como quase todos os médicos vienenses do início do século XX, contratou quatro empregadas: uma cozinheira, uma faxineira, uma governanta e, por fim, uma criada que abria a porta para os pacientes. Em geral, tirava um pouco mais de dois meses de férias, entre meados de julho e fim de setembro. Era nesse período, e principalmente no mês de agosto, que desfrutava dos filhos, ao passo que reservava o mês seguinte para suas viagens. Gostava de banhar-se e nadar nas praias do Adriático: "Tio Alexander", escreve Martin Freud, "estava conosco. Ele e meu pai raramente ficavam fora d'água. Tinham o corpo inteiro bronzeado, ao menos na medida em que permitia o recatadíssimo traje de banho do século passado. Esse traje cobria os ombros dos homens e até uma parte de seus braços. Pior ainda para as mulheres, que eram obrigadas a cobrir as pernas com longas meias pretas. Lembro-me de jamais ter visto minha mãe ou sua irmã de maiô, fosse na costa adriática, fosse nas margens dos lagos para onde seguimos depois. É possível que elas fossem demasiado modestas ou orgulhosas para se mostrar até mesmo naquele maiô de banho do século XIX; talvez não soubessem nadar."[7]

Essa *belle époque* foi o período mais feliz da vida de Freud. Em poucos anos, ele conquistou o mundo ocidental, viajou freneticamente atrás de uma cartografia do inconsciente com a qual sonhara desde a infância, fundou um movimento internacional e cercou-se de um grupo de discípulos que, após lerem com entusiasmo *A interpretação dos sonhos*, contribuíram para divulgar e modelar sua doutrina como nenhum cientista soubera ou quisera fazê-lo entre seus contemporâneos: nem Pierre Janet, nem Théodor Flournoy. Da mesma forma que o socialismo, o feminismo e os pensamentos da vanguarda literária e filosófica, a psicanálise virou então símbolo de uma assombrosa revolução do espírito.

Dessa alegria de viver, encontramos o rastro na *Psicopatologia da vida cotidiana*, redigida como um folhetim e publicada em duas partes numa revista, em 1901, antes de ser reproduzida em livro[8] e depois incessantemente retrabalhada e aumentada ao longo dos anos. Assim como a análise do sonho

---

7. Martin Freud, *Freud, mon père* (1958), Paris, Denoël, 1975, p.54-5 [ed. orig.: *Glory Reflected: Sigmund Freud – Man and Father*, Londres, Angus and Robertson, 1957].

8. Sigmund Freud, *La Psychopathologie de la vie cotidienne* (1901), Paris, Gallimard, 1997, com um excelente prefácio de Laurence Kahn [ed. bras.: *Psicopatologia da vida cotidiana*, in *ESB*, vol.6; ed. orig.: *Zur Psychopathologie des Alltagslebens*, in *GW*, vol.4].

jogava luzes no continente noturno do pensamento, essa nova obra, sob certos aspectos mais moderna, mostrava que o inconsciente se manifestava permanentemente nos fenômenos mais normais da vida psíquica de todos os homens acordados e saudáveis. Esse ensaio faria a alegria dos escritores, poetas, linguistas, estruturalistas, autores de romances policiais, e de Jacques Lacan.[9] Com um prazer infinito, Freud se apoderava das palavras, da sintaxe, dos discursos, dos relatos: esquecimentos, lapsos, equívocos, atos falhos, gestos intempestivos, lembranças encobridoras. Todo esse material da esfera da linguagem, ele dizia, só faz revelar uma verdade que escapa ao sujeito e se constitui à sua revelia num saber organizado, numa formação do inconsciente.

Antes de Freud se debruçar sobre essa questão, vários autores já haviam refletido no estatuto da "associação livre", afirmando que ela permitia decifrar uma parte desconhecida do sujeito. Hans Gross, magistrado austríaco e pioneiro da criminologia, havia, por exemplo, se interessado pelo lapso e seu valor de revelação em certos casos de falsos testemunhos. Quanto a seus alunos, haviam aprimorado um método de investigação – um "teste associativo" – passível de ser utilizado ao longo dos inquéritos e processos.[10]

Freud, contudo, ia muito mais longe: afirmava que esses descuidos e outras gafes eram a manifestação de um desejo recalcado, não raro de caráter sexual, a qual vinha contradizer radicalmente uma intenção consciente. E como sempre, expunha múltiplos episódios extraídos de sua vida privada ou de seu círculo de conhecidos. Recorrendo à língua alemã, e enfatizando o prefixo *ver-*, elaborou então o quadro lógico de todos os furos do discurso: *versprechen* (*lapsus linguae*), *verhören* (lapso auditivo), *verlesen* (lapso de leitura), *verschreiben* (lapso de escrita), *vergriffen* (ato falho), *vergessen* (esquecimento de palavras ou nomes). Ao que se acrescentava um estudo das crendices, acasos e superstições.

Deveríamos nos admirar que esse livro, dedicado à traição e às maneiras de rastreá-la, tenha escancarado o rompimento entre Freud e Fliess contra um fundo de atos falhos e acusações recíprocas? Em todo caso, no momento em que concluía sua primeira parte, acrescentando-lhe uma epígrafe extraída

---

9. Foi também o primeiro livro de Freud que li, a conselho de minha mãe, antes de abordar a obra clássica dedicada a Leonardo da Vinci.

10. Sobre Otto Gross, filho de Hans, ver infra.

Uma belle époque 125

do *Fausto* e pinçada pelo próprio Fliess,[11] quis mais uma vez se convencer de que sua acolhida seria negativa: "A obra me desagrada terrivelmente e desagradará, espero, ainda mais aos outros. É um trabalho absolutamente informe e nele se encontra um monte de coisas proibidas."[12] E ao lado dessas palavras – "coisas proibidas" –, ele apunha as três cruzes cristãs da conjuração, às quais atribuía-se tradicionalmente o poder de curar uma doença ou quebrar um feitiço.

Mais uma vez se enganava: o livro, luminoso, foi acolhido com entusiasmo por um público amplo, contribuindo não só para sua celebridade, como para popularizar o conceito de inconsciente.

Enquanto duvidava novamente de si mesmo, sentindo-se mais perseguido do que nunca, Freud pensou diversas vezes em se afastar de Viena, contemplando um objeto de sua coleção: "Um fragmento de parede de Pompeia com um centauro e um fauno me transporta para a Itália tão desejada." E acrescentou, evocando sua estadia em Paris: *"Fluctuat nec mergitur."*[13]

Numa carta de setembro de 1900, dirigida a Martha, e escrita de Lavarone, uma cidadezinha do sul do Tirol, havia uma frase que resumia tanto sua propensão a viajar como seu desejo de alcançar Roma para em seguida evadir-se rumo ao sul: "Por que então deixamos este lugar idealmente belo, calmo e pródigo em cogumelos? Simplesmente porque resta apenas uma semana e nosso coração, como constatamos, tende para o sul, para os figos, as castanhas, o louro, os ciprestes, as casas enfeitadas com sacadas, os antiquários, e assim por diante."[14]

Um ano mais tarde, em 2 de setembro de 1901, na companhia de Alexander, tomou finalmente posse de Roma, cidade tantas vezes desejada, contornada, rejeitada: "Chegada a Roma após 2h, me troquei às 3h, depois do banho, e me tornei romano. Incrível não termos vindo aqui esses anos todos … . Meio-dia em frente ao Panteão, eis então o que temi durante anos: reina um calor quase delicioso, o que faz com que uma luz maravilhosa se espalhe por toda parte, inclusive no interior da Capela Sistina. Quanto ao resto, vivemos divinamente

---

11. "De tais fantasmas, o ar está agora tão carregado/ Que ninguém sabe como evitá-los."
12. Sigmund Freud, carta de 8 de maio de 1901, in *La Naissance de la psychanalyse*, op.cit., p.293-4, e *Lettres à Wilhelm Fliess*, op.cit., p.556.
13. Ibid., p.556. Divisa estampada no brasão de Paris: "É fustigado pelas águas, mas não soçobra."
14. Sigmund Freud, *"Notre coeur tend vers le sud"*, op.cit., p.132.

quando não somos obrigados a nos contorcermos em economias. A água, o café, a comida, o pão: excelentes ... . Hoje, enfiei a mão na *Bocca della verità* [sic], jurando voltar."[15]

A viagem a Roma não era apenas a realização de uma revanche sonhada. A cidade era também lugar de grandes promessas arqueológicas, de reencontros com a natureza imemorial da feminilidade. Roma era para Freud um antídoto a Viena, um remédio, uma droga. Terra prometida, cidade gloriosa, reino dos papas e do catolicismo, Roma remetia Freud a sua busca de um alhures. Cidade bissexuada, cidade cultuada tanto por sua força viril quanto por seus encantos femininos: "Enquanto ele só conhece Inglaterra ou Paris", apontará Carl Schorske, "sua concepção de Roma é judaica, é a de um estrangeiro, porém igualmente dúbia. Por um lado, Roma é masculina, cidadela do poder católico, e o sonho-desejo de Freud, como liberal e como judeu, é conquistá-la. Por outro, sonha-a ao mesmo tempo feminina, Santa Madre Igreja, promissora recompensa que se visita com amor."[16]

Nas entranhas e ruínas de Roma, Freud iniciou-se nas doçuras e violências de um saber proibido. Em sua topografia, descobriu o segredo de prazeres infinitos: prazeres da boca, prazeres do olho, prazeres do ouvido, prazeres da alma. Como Goethe antes dele, sentiu-se metamorfoseado pela Itália romana.

Três anos mais tarde, por ocasião dos cinco dias que passou em Atenas, e após uma longa travessia marítima que o levara de Trieste a Corfu, visitou finalmente a Acrópole: "Vesti minha camisa mais bonita para a visita à Acrópole ... . Isso supera tudo que vimos até o presente e que pudemos imaginar."[17]

Ao chegar ao pé do Partenon, pensou mais uma vez em seu pai. Contudo, no país dos olímpicos, tratava-se menos de vingá-lo, como em Roma, do que exprimir o quanto o acesso à cultura grega lhe permitira superá-lo. Debaixo de chuva, Freud murmurou ao ouvido de Alexander as palavras que Bonaparte pronunciara no dia de sua sagração ao dirigir-se a seu irmão José: "O que nosso pai diria?"[18] E, no exato momento em que se identificava com

---

15. Ibid., p.15.

16. Carl E. Schorske, *De Vienne et d'ailleurs* (1998), Paris, Fayard, 2000, p.264.

17. Carta a Martha, de 4 de setembro de 1904, in: *"Notre coeur tend vers le sud"*, op.cit.

18. Numa carta de 1936, Freud contará a Romain Rolland a perturbação que sentiu nesse dia na Acrópole. Cf. Sigmund Freud, "Un trouble de mémoire sur l'Acropole" (1936), in *Huit études sur la mémoire et ses troubles*, Paris, Gallimard, 2010 [ed. bras.: "Um distúrbio de memória na

Uma belle époque 127

Bonaparte, sentiu-se atravessado, como numa narrativa proustiana, por uma forte culpa. Aderindo com fervor àquela cultura clássica, não renunciara a parte de sua identidade judaica? Paralelamente, teve então a sensação de que tudo que via existia realmente, e não só nos livros. "Não sou digno de tal felicidade", pensou, enquanto tinha a impressão de um *déjà-vu* ou "já vivido": dupla consciência, clivagem. Alguma coisa de estranho, qual uma vida já vivida, aflorava em sua consciência, como se o que ele presenciasse não fosse real.

Retomou essa temática num livro que ele próprio considerava uma recreação, e que no entanto marcava a última etapa dessa trilogia da maturidade dedicada ao sonho e aos atos falhos: *Os chistes e sua relação com o inconsciente*.[19]

Mais uma vez, Freud se apresentava como um especialista em assuntos da família e, principalmente, como um "casamenteiro judeu" (*Schaden*), contando histórias de mendigos (*Schnorrer*) através das quais vinham à tona, jocosamente, os grandes e pequenos problemas da comunidade judaica da Europa central confrontada com o antissemitismo. Dotado de um humor corrosivo, Freud adorava colecionar anedotas para zombar de si mesmo ou de seu círculo, rindo das realidades mais lúgubres. Uma maneira como outra qualquer de evocar a boa recordação do *Yiddischland*, território de seus ancestrais negociantes de azeite e pano ao qual ele jamais retornaria.

Foi após a leitura de um conhecido livro de Theodor Lipps,[20] filósofo da empatia, que Freud decidiu se debruçar sobre as relações entre o chiste e o inconsciente. O que não o impediu de inspirar-se em Bergson ou ainda nos

---

Acrópole (Carta a Romain Rolland)", in *SFOC*, vol.18 / *ESB*, vol.22; ed. orig.: "Briefe an Romain Rolland (Eine Erinnerungsstörung auf der Akropolis)", in *GW*, vol.16, p.250-7]. Esse texto foi comentado dezenas de vezes. Henri Rey-Flaud interpreta o fenômeno de estranheza como um ponto "psicótico" no universo psíquico de Freud. Cf. *Je ne comprends pas de quoi vous me parlez*, Paris, Aubier, 2014. De minha parte, eu diria que convém igualmente lê-lo como uma reflexão sobre "José", personagem bíblico, mas também irmão de Bonaparte, sobre o status da judeidade e a questão da vida já vivida, como dirá Thomas Mann.

19. Sigmund Freud, *Le Mot d'esprit dans sa relation avec l'inconscient* (1905), Paris, Gallimard, 1988 [ed. bras.: *Os chistes e sua relação com o inconsciente*, in *ESB*, vol.8; ed. orig.: "Der Witz und seine Beziehung zum Unbewußten", in *GW*, vol.6]. Freud não fez modificações nesse livro, como no caso dos outros dois da mesma cepa.

20. Theodor Lipps, *Komik und Humor. Eine psychologisch-ästhetische Untersuchung* (1898), reed. Dogma, 2013.

aforismos de Lichtenberg, mas também nas histórias cômicas contadas por Heinrich Heine ou Cervantes.

Nesse livro, ele estudava em primeiro lugar a técnica do *Witz*, na medida em que ela permite encenar social e psiquicamente o mecanismo do prazer na presença de pelo menos três protagonistas: o autor da piada, seu destinatário e o espectador. Porém, como ele mostrava, isso não basta para alcançar seu fim último: o ceticismo. O chiste, enquanto formação do inconsciente, deve envolver um quarto parceiro, muito mais abstrato: a suposta certeza do juízo. Da mesma forma, o chiste é sempre, segundo Freud, uma espécie de nonsense. Ele mente quando diz a verdade e diz a verdade pelo viés da mentira, como atesta a famosa piada judaica: "Numa estação ferroviária da Galícia, dois judeus se encontram num trem. 'Aonde vai?' pergunta um. 'A Cracóvia', responde o outro. 'Olhem que mentiroso!' exclama o primeiro, furioso. 'Se você diz que vai a Cracóvia, é porque quer que eu acredite que vai a Lemberg. Só que eu sei que você vai mesmo para Cracóvia. Então por que mente?'"

Se Freud via o sonho como a expressão da realização de um desejo que levava a uma regressão ao pensamento em imagens, fazia do chiste um produtor de prazer que autorizava o exercício de uma função lúdica da linguagem. Seu primeiro estágio, apontava, é a brincadeira da criança, e o segundo, a piada: "A euforia que aspiramos alcançar dessa maneira nada mais é que o estado de espírito ... de nossa infância, uma idade em que ignorávamos o cômico, éramos incapazes de fazer chistes e não tínhamos necessidade do humor para nos sentirmos felizes na vida."[21]

As crianças e a infância ocupavam um lugar essencial na vida de Freud. E, uma vez que a seu ver todos os problemas afetivos dos adultos nelas se originavam, começou a redigir um pequeno texto no qual esclarecia suas teorias sobre a sexualidade infantil e, mais genericamente, a sexualidade humana. Foram os *Três ensaios sobre a teoria da sexualidade*.

Após a suntuosa trilogia da virada do século, misto de relato autobiográfico com a exploração das diversas formações do inconsciente, Freud pretendia então atacar um domínio que, há anos, era objeto de uma profusão

---

21. Sigmund Freud, *Le Mot d'esprit dans sa relation avec l'inconscient*, op.cit., p.411. Jacques Lacan conceitualizou a noção de *Witz* e qualificou a obra como "texto canônico". Inspirou-se fortemente nela para definir sua concepção de significante, a ponto de propor traduzir o termo por *trait d'esprit*. Em inglês, James Strachey escolheu o vocábulo *joke*.

Uma belle époque

de estudos entre pedagogos, médicos, juristas e sexólogos. Nem por isso, e contrariando uma lenda tenaz, foi o herói de um grande desmantelamento do "verde paraíso dos amores infantis". Com efeito, em 1905, quando encetou o novo trabalho, esse domínio já se encontrava amplamente explorado pelos estudiosos da época, convictos de que a criança era uma criatura perversa e polimorfa. Em todo caso, Freud contribuiu para desconstruir ainda mais o universo da criança ao descrever a sexualidade infantil como uma "disposição perverso-polimorfa". O emprego do termo *Sexualtheorie* marcava deliberadamente uma ruptura com as abordagens anteriores, uma vez que com ele Freud designava as hipóteses levantadas pelos cientistas e as "teorias" ou representações fantasísticas forjadas pelas crianças – e às vezes pelos adultos – para resolver o enigma da copulação, da procriação, da concepção e da diferença dos sexos.

Jogando com essa ambiguidade, Freud descreveu com humor, e sem recorrer a qualquer jargão psiquiátrico, as atividades sexuais das crianças, mobilizando todos os conhecimentos que acumulara a respeito, seja em sua infância, seja em contato com os próprios filhos. Evocava sem constrangimento nem obscenidade o ato de chupar o dedo, determinadas brincadeiras com excrementos, a defecação, as diferentes maneiras de urinar ou dizer palavrões. Em suma, fazia da criança de menos de quatro anos um ser de gozo, cruel e bárbaro, e capaz de se entregar a todo tipo de experiências, às quais, não obstante, seria obrigada a renunciar na idade adulta. Daí a ideia das diferentes fases – anal, oral, genital e, mais tarde, fálica – tomada emprestada do evolucionismo com a finalidade de definir as etapas da vida subjetiva segundo os objetos escolhidos: as fezes, o seio, os órgãos genitais.

Freud acrescentava que a sexualidade infantil não conhece lei nem tabu e que visa a todos os fins e objetos possíveis. Eis por que as "teorias" fabricadas pelas crianças formam um verdadeiro pensamento mágico: os bebês vêm ao mundo pelo reto, os seres humanos, sejam homens ou mulheres, dão à luz pelo umbigo etc.

Ao fazê-lo, Freud arrancava, num estilo límpido e direto, a antiga *libido sexualis* do discurso médico para transformá-la num determinante primordial da psique: o objetivo da sexualidade humana, afirmava, não é a procriação, e sim o exercício de um prazer que se basta a si mesmo e escapa à ordem da natureza. A sexualidade repousa numa pulsão (um impulso), que se manifesta através de um desejo que busca satisfazer-se mediante a fixação num objeto. Decerto é preciso controlá-la, mas não em absoluto extingui-la com punições corporais.

Ao construir sua doutrina sexual em torno dos termos pulsão,[22] libido, fase, desejo ou busca do objeto, Freud libertava a criança – logo, o adulto – de todas as acusações que haviam alimentado as práticas médicas do fim do século XIX, em especial as oriundas da "pedagogia negra", visando reprimir as manifestações da sexualidade. Da mesma forma, nessa óptica, a criança masturbadora deixava de ser vista como um selvagem cujos maus instintos cumpria domar para se tornar o protótipo do ser humano em devir. Freud normalizava "a aberração sexual", libertando-a de toda abordagem em termos de patologia ou disposição inata comparável a uma "tara" ou "degenerescência".

Daí, muito naturalmente, passou a analisar as perversões sexuais relativas aos adultos, práticas até ali tratadas de maneira superafetada pelos sexólogos de sua época (pedofilia, fetichismo, zoofilia, sadomasoquismo, inversão etc.). Porém, em vez de catalogá-las, Freud tentava reportá-las a uma estrutura ligada a certo estágio da evolução subjetiva. Nesse âmbito em especial, fazia da homossexualidade não só a consequência de uma bissexualidade presente em todos os seres humanos, como uma componente adquirida da sexualidade humana: uma tendência inconsciente universal. Daí a célebre fórmula que já cogitara em 1896: "A neurose é, por assim dizer, o negativo da perversão."

Com esse livro, que será constantemente revisado, Freud abriu caminho para o desenvolvimento da psicanálise das crianças e para uma vasta reflexão sobre a educação sexual. Nele, defendia que a sociedade se mostrasse tolerante para com as diferentes formas de sexualidade – em especial, com a homossexualidade – e insistia para que os adultos não mentissem às crianças sobre suas origens.

Ao longo dos anos, essa forma original de pensar o universal da sexualidade veio a contribuir tanto para a extinção da sexologia – que não obstante fora sua matriz inicial – como, na segunda metade do século XX, para a proliferação de trabalhos de historiadores e filósofos sobre a história da sexualidade no Ocidente, de Michel Foucault a Thomas Laqueur, passando por John Boswell.

---

22. Utilizado aqui pela primeira vez.

Uma belle époque

Para variar, Freud não tinha dúvidas de que seu novo livro estava fadado a causar escândalo quando publicado e tornaria seu autor "universalmente impopular". A cada reedição, queixava-se da acolhida ingrata que lhe reservavam. Na realidade, em 1905, uma grande maioria de artigos elogiou a obra, mesmo com sua precária divulgação. Em contrapartida, poucos anos depois, à medida que a doutrina psicanalítica se disseminava junto às sociedades ocidentais – por meio de um movimento constituído e novas publicações –, ela foi vista retrospectivamente como uma obra maléfica, obscena, pornográfica, escandalosa etc.

Foi, portanto, no momento em que começava a alcançar um reconhecimento internacional que se ergueram contra o freudismo as acusações de pansexualismo. A resistência a essa nova teoria da sexualidade, expressa nos *Três ensaios*, tornou-se então sintoma evidente de seu progresso efetivo.[23]

Em 1909, num virulento ataque à psicanálise, Adolf Albrecht Friedländer, psiquiatra alemão,[24] afirmou que esta devia seu sucesso a uma pretensa "mentalidade vienense", que teria exagerado a importância da sexualidade. Retomava assim uma tese nacionalista, a do *genius loci*, muito em voga desde o surgimento do antissemitismo e da psicologia dos povos, a qual afirmava que determinada nação podia ser não só diferente de outra, como superior. E foi sobre essa base que a acusação de pansexualismo serviu de estímulo a um antifreudismo primário em plena expansão. O termo efetivamente permitia afirmar que tal doutrina não passava da expressão de uma cultura que visava dominar outra.

Na França, país especialmente germanófobo, a teoria sexual de Freud foi comparada a uma visão bárbara da sexualidade, dita germânica, "teutônica" ou "boche". A essa *Kultur* alemã, opôs-se a pretensa luminosidade cartesiana da "civilização francesa",[25] enquanto nos países escandinavos e na Alemanha do Norte acusou-se o freudismo, ao contrário, de privilegiar uma concepção "latina" da sexualidade, inaceitável para a "mentalidade" nórdica.

---

23. Abordei essa questão em *HPF-JL*, op.cit. Cf. igualmente *Dicionário de psicanálise*, op.cit.
24. Adolf Albrecht Friedländer, "Hysterie und moderne Psychoanalyse", in *Psychiatrie*, atas do XVI Congresso Internacional de Medicina, Budapeste, 1909, p.146-72.
25. A tese do *genius loci* e do pansexualismo foi retomada por Pierre Janet por ocasião do famoso congresso de Londres, que o opôs a Jones e Jung, "La psychoanalyse", relatório ao XVII Congresso de Medicina de Londres, *Journal de Psychologie*, XI, março-abril de 1914, p.97-130. E *HPF-JL*, op.cit.

Foi por essa época que Freud recebeu, para breves consultas, personalidades do mundo artístico, curiosas em conhecê-lo e que deixaram depoimentos originais a seu respeito, perfis através dos quais se revelava o entusiasmo de um homem imbuído da crença em seu poder de decifrador de enigmas.

Em 1905, o jovem poeta suíço Bruno Goetz, que fazia um curso sobre hinduísmo em Viena, padecia de violentas nevralgias faciais. Freud lera alguns de seus poemas. Durante uma hora, Goetz lhe falou do pai, capitão de longo curso, e de seus amores frustrados com algumas garotas e um certo marujo que ele devorava de beijos. Freud induziu-o primeiro a rememorar uma recordação de infância ligada ao deus Poseidon e lhe disse que seu caso não era propício à análise. Por fim, num tom paternal, recomendou-lhe alimentar-se bem e comer carne, além de lhe entregar uma receita e um envelope com 100 coroas: "Pequenos honorários pela alegria que seus versos e a história de sua juventude me proporcionaram."

Algum tempo depois, quando o reencontrou, advertiu-o contra a leitura do *Bhagavad-Gita*, que poderia mergulhá-lo num estado de vacuidade. As nevralgias cessaram: "Sou médico", ele disse, "e desejo ajudar o máximo que puder essas pessoas tão numerosas que interiormente vivem hoje num inferno. Não é num além qualquer que as pessoas vivem num inferno, mas aqui mesmo, na terra. Foi o que Schopenhauer viu com muita propriedade. Meus conhecimentos, teorias e métodos devem conscientizá-las desse inferno, a fim de que possam livrar-se dele. Somente quando os homens conseguirem respirar livremente é que aprenderão novamente do que a arte é capaz. Hoje, fazem mau uso dela, como um narcótico, para se livrarem, ao menos por algumas horas, de seus tormentos. A arte é para eles uma espécie de aguardente."[26]

Um ano mais tarde, Bruno Walter, regente da orquestra na Ópera da corte imperial, consultou Freud por conta de uma nevralgia no braço que o impedia de tocar piano e reger seus músicos. Em vez de lhe propor um tratamento, Freud aconselhou-o a fazer uma viagem à Sicília, o que, se permitiu ao músico descobrir, maravilhado, os templos gregos, nem por isso curou sua

---

26. Bruno Goetz, "Souvenirs sur Sigmund Freud", in *Freud: jugements et témoignages*, Paris, PUF, 1978, p.221-2.

Uma belle époque

dormência. Na volta, Freud recorreu à sugestão para tentar fazê-lo assumir a "responsabilidade" por sua doença e o persuadiu a não pensar mais nela. Walter conseguiu esquecer as dores. Mais tarde, recorreu a uma autoterapia, inspirada no livro do médico romântico Ernst von Feuchtersleben sobre a dietética da alma. Superou então seu problema, conservou sua admiração por Freud e aconselhou seu amigo Gustav Mahler, que por sua vez soçobrara na melancolia, a consultá-lo.[27]

Após vários cancelamentos, os dois homens encontraram-se finalmente em Leyde, em 26 de agosto de 1910, durante quatro horas, o tempo de uma longa caminhada pelas ruas da cidade. "Suponho", disse Freud a Mahler, "que sua mãe se chamava Maria. Algumas de suas frases, nesta conversa, me sugerem isso. Como é possível que tenha se casado com uma mulher com outro prenome, Alma, uma vez que sua mãe evidentemente desempenhou um papel primordial em sua vida?" Mahler respondeu que adquirira o hábito de chamar sua mulher de Maria (e não Alma). Durante a conversa, Mahler conseguiu compreender por que sua música era "estragada" pela intrusão repetitiva de um tema banal. Em sua infância, após uma briga doméstica particularmente violenta entre seu pai e sua mãe, ele fugira para a rua e ouvira um realejo tocar uma canção popular vienense: essa melodia gravara-se em sua memória e retornava sob a forma de uma melodia estorvante.[28]

Freud ainda não via que, no âmago daquela *belle époque*, que sonhara tanto com o grande florescer da Europa iluminista, na esteira do progresso, da industrialização e da democracia, perfilava-se, qual um escuro presságio, um ódio recíproco entre as nações, que resultaria, por intermédio da Primeira Guerra Mundial, em sua própria destruição.

De tanto mirar-se no espelho de seu tédio, a burguesia mais culta do mundo ocidental esquecera-se de levar em conta a miséria dos povos. E a psicanálise, inventada por um judeu da Haskalá, ciência teutônica para uns e latina para outros, já sofria as consequências disso: "Não víamos os sinais ígneos na parede", escreverá Stefan Zweig a propósito desse "mundo de ontem";

---

27. Bruno Walter, *Thème et variations*, Lausanne, Foetisch, 1952; André Haynal, "Freud psychothérapeute. Essai historique", *Psychothérapies*, 4, 2007, p.239-42. O "tratamento" de Gustav Mahler foi relatado diversas vezes.

28. Ibid. E *Dicionário de psicanálise*, op.cit.

"tal como o rei Baltasar, nos refestelávamos, despreocupados, com todas as preciosas iguarias da arte, sem olhar com medo para o futuro. E só quando, décadas mais tarde, o telhado e as paredes desabaram sobre nós, reconhecemos que os alicerces há muito já estavam solapados e que com o novo século começara também o declínio da liberdade individual na Europa."[29]

---

29. Stefan Zweig, *Autobiografia: o mundo de ontem* (1944), Rio de Janeiro, Zahar, 2014, p.73.

2. Discípulos e dissidentes

A PSICANÁLISE, essa estranha disciplina a meio caminho da arqueologia, da medicina, da análise literária, da antropologia e da psicologia mais abissal – a de um mais além do íntimo –, jamais foi reduzida por seu inventor a uma abordagem clínica da psique. Desde sempre Freud pretendeu constituí-la num sistema de pensamento totalmente à parte, suscetível de ser a bandeira de um movimento do qual ele seria não o chefe, mas o mestre. Da mesma forma, inscrevia seu ensino na herança das grandes escolas filosóficas da Grécia antiga, acrescentando-lhe certa tradição laicizada do messianismo judaico-cristão. Numa época de expansão do feminismo, do socialismo e do sionismo, Freud também sonhava conquistar uma nova terra prometida, tornando-se o Sócrates dos tempos modernos. E, para executar seu projeto, não podia se limitar ao ensino universitário. Precisava fundar um movimento político.

Aos quarenta e quatro anos de idade, adquirira real notoriedade na esfera do vasto movimento de renovação da psicologia e da psiquiatria dinâmica que eclodia na Europa desde o fim do século XIX, tendo como pano de fundo a escalada da perda da fé e um questionamento das ilusões da religião. Assim, começou a reunir à sua volta, a princípio de maneira informal, um círculo de discípulos que, em sua maioria, não pertenciam ao mesmo domínio do mundo acadêmico vienense. Médico especializado em curas termais, Rudolf Reitler, oriundo de uma família da burguesia católica, foi o primeiro clínico desse cenáculo. Quanto a Max Kahane, médico melancólico e francófono de origem romena, amigo de juventude de Freud, apaixonado por hipnose e terapias múltiplas, acompanhou os primórdios do movimento sem por isso aderir à concepção freudiana da sexualidade.[30]

---

30. Em 1923, arruinado pela derrota dos impérios centrais, ele se suicidou, cortando a artéria radial.

No outono de 1902, Reitler e Kahane participaram, junto com Alfred Adler e Wilhelm Stekel, da criação da Sociedade Psicológica das Quartas-Feiras (Psychologische Mittwochs-Gesellschaft, PMG),[31] primeiro círculo da história do movimento psicanalítico. Logo juntaram-se a eles Paul Federn, que gostava de se comparar ao apóstolo Paulo ou a um oficial subalterno do exército psicanalítico, depois Hugo Heller, editor e livreiro, Max Graf, musicólogo, Eduard Hirschmann, psicobiógrafo empedernido, e, finalmente, Isidor Sadger e seu sobrinho Fritz Wittels, ambos fanaticamente freudianos e misóginos.[32]

Imersos no espírito vienense, e quase todos judeus, esses homens de aproximadamente trinta anos – nascidos entre 1865 e 1880 – adquiriram o hábito de se reunirem nas noites de quarta-feira, depois do jantar, no domicílio de Freud. A cada sessão, sentados em torno de uma mesa oval, obedeciam ao mesmo ritual: colocavam numa urna o nome dos futuros oradores, depois escutavam em silêncio a comunicação daquele cujo nome fora sorteado. Durante uma curta pausa, tomavam café preto e comiam deliciosos amanteigados. Lançavam-se então em intermináveis discussões, enquanto fumavam sofregamente charutos e cigarros: era proibido ler um papel redi-

---

31. A PMG se reunirá de outubro de 1902 a setembro de 1907. Não possuímos nem fotografias nem transcrição dos debates realizados entre 1902 e 1906. Para o período seguinte, consultar: *Les Premiers Psychanalystes. Minutes de la Société Psychanalytique de Vienne*, t.I: *1906-1908* (Nova York, 1962), Paris, Gallimard, 1976, precedidas de uma Introdução de Herman Numberg; ibid., t.II: *1908-1910* (1967), Paris, Gallimard, 1978; ibid., t.III: *1910-1911* (1967), Paris, Gallimard, 1978; ibid., t.IV: *1912-1918* (1975), Paris, Gallimard, 1983. Encontramos nesses volumes a transcrição de 250 reuniões. Cf. também Elke Mühlleitner, *Biographisches Lexikon der Psychoanalyse: die Mitglieder der Psychologischen Mittwoch-Gesellschaft und der Wiener Psychoanalytischen Vereinigung, 1902-1938*, Tübingen, Diskord, 1992; bem como Ernst Falzeder e Bernhard Handlbauer, "Freud, Adler et d'autres psychanalystes. Des débuts de la psychanalyse organisée à la fondation de l'Association Psychanalytique Internationale", *Psychothérapies*, 12, 4, 1992, p.219-232. Neste capítulo, baseio-me no seminário inédito que dei a esse respeito na Universidade de Paris VII-Diderot, em 1998.

32. Entre 1902 e 1907, a Sociedade Psicológica das Quartas-Feiras possuía 23 membros originários de diversas nacionalidades, entre os quais, além de Freud, nove vienenses, seis austríacos, três romenos (Bucovina), um polonês (Galícia), um tcheco (Praga) e dois húngaros. Dos 17 membros judeus, cinco serão exterminados pelos nazistas (Alfred Bass, Adolf Deutsch, Alfred Meisl, Isidor Isaak Sadger, Guido Brecher). Os demais ainda vivos em 1938 (11) emigraram para a Grã-Bretanha ou os Estados Unidos. Naquele primeiro círculo, os médicos eram majoritários (17) e a taxa de suicídio um pouco mais elevada do que nas outras camadas da população: dois em 23. As mulheres serão representadas a partir de 1910, quando a PMG se tornar a Wiener Psychoanalytische Vereinigung (WPV). Margarethe Hilferding, vienense, será exterminada pelos nazistas, assim como seu marido, Rudolf Hilferding.

Discípulos e dissidentes

gido previamente e nenhuma mulher vinha perturbar aquele banquete cujo profeta era, à sua revelia, Freud. Nessa época, e durante um breve período, ele teve sempre a última palavra e todos pareciam venerá-lo. Sem o diálogo que manteve com essa primeira geração de discípulos, Freud jamais poderia ter alimentado sua obra, como fez, reconstruindo-se incessantemente à luz da contribuição de cada um.

Esses homens, que ainda não praticavam a psicanálise, comparavam-se frequentemente a paladinos. Intelectuais e militantes, eram bastante representativos da cultura da *Mitteleuropa*. Criando aquele cenáculo, procuravam acalmar suas angústias e dar corpo a seus sonhos de um mundo melhor. Quando falavam de seus casos clínicos, referiam-se o mais das vezes a si próprios, à sua vida privada não raro tumultuosa, à sua genealogia familiar complicada, às suas neuroses, à sua identidade judaica, a seus distúrbios psíquicos e sexuais, à sua revolta contra os pais e muitas vezes à sua melancolia profunda.

Em suma, formavam, de certa forma, uma família ampliada e eles mesmos assemelhavam-se a seus pacientes, que aliás eram oriundos da mesma classe social que a deles. Vários foram tratados de suas patologias por Freud e vários adquiriram o hábito de tratar seus parentes ou encaminhá-los ao consultório do mestre ou de seus colegas. Esposas, amantes e irmãs tornaram-se assim pacientes e, posteriormente, terapeutas. Quanto aos filhos desses homens do primeiro círculo, foram as primeiras crianças a experimentar o tratamento freudiano, o qual só veio a ser praticado entre eles a partir de 1904.

Por exemplo, o musicólogo vienense Max Graf conheceu Freud por intermédio de Olga Hönig,[33] que tinha sido sua paciente em 1897, no momento do abandono da teoria da sedução. Os dois irmãos de Olga haviam se suicidado e ela mesma padecia de intensa neurose. Quando Max visitou Freud, perguntou-lhe se o estado mental da moça lhe permitia casar com ela. Freud deu sua bênção e, em 1902, Graf juntou-se ao cenáculo das quartas-feiras. Seis anos mais tarde, supervisionado por Freud, ele dirigiu o tratamento de seu filho Herbert. Começara a fazer anotações sobre a maneira como a criança falava da sexualidade fazendo perguntas diretas e se entregando a bolinações com seu "fazer pipi". Sob a alcunha de "Pequeno Hans", Herbert Graf se

---

33. Olga Hönig (1877-1961), abusada sexualmente por dois de seus irmãos, recusou-se a dar um depoimento a Kurt Eissler.

transformará num caso célebre, que permitirá a Freud ilustrar suas teorias sobre a sexualidade infantil e dar impulso decisivo à psicanálise das crianças. Freud, portanto, tratara a mãe e, depois, quando o pai veio a ser seu discípulo, aceitou que este se tornasse, supervisionado por ele, analista do próprio filho. Nesses primórdios, a história da psicanálise não passava senão da história de uma família recomposta.[34]

Médico e escritor prolixo, Stekel via Freud como um Cristo do qual ele seria o apóstolo. E adotou as teses sexuais do mestre com um sectarismo que o remetia a seus próprios problemas neuróticos. Sofrendo de uma compulsão patológica à masturbação, foi tratado por *Herr Professor* durante oito sessões sem conseguir livrar-se de seus sintomas. Freud admirava seu talento e sua inventividade e aproveitou alguns de seus temas, que fará frutificar em sua obra: sobre o sonho em especial e sobre o recalcamento. No entanto, não demorou a manifestar-lhe grande animosidade, a ponto de vê-lo como um "porco absoluto" e querer distância dele.[35]

Se Alfred Adler foi o primeiro grande dissidente da história do movimento psicanalítico, do qual se desligou em 1911, foi justamente porque, ao contrário de Stekel, jamais aderiu às teses freudianas. No âmbito daquela comunidade das quartas-feiras, ele já elaborava um sistema de pensamento original centrado na primazia do eu – a psicologia individual –, que não devia nada àquele do qual foi companheiro e rival durante nove anos. Originário de uma família de comerciantes judeus da comunidade germanófona do Burgenland, muito mais próspera que a da Galícia oriental, Adler privilegiava os laços de grupo e fraternidade em detrimento das relações intrapsíquicas e genealógicas. Enquanto Freud fazia da família a pedra angular de sua teoria, a ponto de querer aplicar seu complexo edipiano a todas as sociedades, Adler

---

34. Sigmund Freud, "Analyse d'une phobie chez un petit garçon de cinq ans (le petit Hans)" (1909), in *Cinq psychanalyses*, Paris, PUF, 1954 [ed. bras.: "Análise de uma fobia de um garoto de cinco anos (o Pequeno Hans)", in *SFOC*, vol.8 / *ESB*, vol.10; ed. orig.: "Analyse der Phobie eines fünfjährigen Knaben", in *GW*, vol.7]. Max Graf, "Réminiscences sur le professeur Freud" (1942), *Tel Quel*, 1988, p.52-101; "Entretien avec Kurt Eissler" (1952), *Bloc-Notes de la Psychanalyse*, 14, 1995, p.123-59. Kurt Eissler também realizou, em 1959, uma entrevista com Herbert Graf, depositada na Biblioteca do Congresso, em Washington.
35. Wilhelm Stekel, *Autobiography. The Life Story of a Pioneer Psychoanalyst* (org. Emil A. Gutheil), Nova York, Liverigh, 1950; Vincent Brome, *Freud and His Early Circle*, Londres, Heineman, 1967; Paul Roazen, *Freud and His Followers*, Nova York, Knopf, 1975. Stekel suicidou-se no exílio em Londres, em 25 de junho de 1940.

Discípulos e dissidentes

considerava-a uma comunidade mutante cujo status devia ser estudado pela sociologia, a história e a antropologia. A seu ver, a neurose era consequência de uma luta entre o feminino e o masculino, derivando de um sentimento de inferioridade recalcado desde a primeira relação da criança com a sexualidade. Adler se interessava pelo marxismo e conviveu com Lev Trótski, após ter se casado com Raissa Epstein, por sua vez íntima das fileiras da intelligentsia russa. Além disso, era-lhe impossível ver Freud, catorze anos mais velho que ele, como um pai ao qual cumpria submeter-se incondicionalmente.

Não só Adler jamais foi freudiano e jamais aceitou a mitologia dos Labdácidas, como não teve com a própria judeidade a mesma relação que Freud. Embora não alimentasse, como Karl Kraus ou Otto Weininger, um sentimento de "ódio de si judaico", quis, em 1904, despistar sua condição, convertendo-se ao protestantismo, o que não o impediu de levar uma vida de livre-pensador adepto de um socialismo reformista.[36] Desde essa época, deu-se conta de que não poderia ser um discípulo igual aos outros do cenáculo. Passou então a contestar a ideia de que a causalidade sexual pudesse ser o eixo central de uma doutrina psicológica baseada por sua vez numa concepção quase ontológica da família e da fixação incestuosa da criança pelo genitor do sexo oposto. A guerra, depois a ruptura entre os dois homens eram inevitáveis. Um, burguês elegante e letrado, munido de títulos universitários, seguro de seu talento, queria constituir um exército de missionários; o outro, menos brilhante e padecendo o não reconhecimento acadêmico, estava em busca de um foro de discussão e intercâmbio: "As teorias de Adler se afastavam muito do caminho reto. Era hora de fazer-lhes frente. Ele esquece as palavras do apóstolo Paulo, que o senhor conhece melhor que eu: 'Se não tiveres o amor...' Ele forjou para uso próprio um sistema universal, sem amor, e estou prestes a executar contra ele a vingança da deusa *Libido* ofendida."[37]

---

36. O escritor Manès Sperber consagrou a Alfred Adler uma admirável biografia: *Alfred Adler et la psychologie individuelle* (1970), Paris, Gallimard, 1972; ver também Paul E. Stepansky, *Adler dans l'ombre de Freud* (1983), Paris, PUF, 1992. As obras de Adler foram traduzidas em francês pela editora Payot. O rompimento entre Freud e Adler foi, de ambas as partes, bastante virulento. Com justa razão, Henri F. Ellenberger atribui a Adler e a seu ensino um lugar importante na história da psiquiatria dinâmica e das psicoterapias. Adler fez dez intervenções na Sociedade Psicológica das Quartas-Feiras.

37. *Correspondance de Sigmund Freud avec le pasteur Pfister, 1909-1939* (1963), Paris, Gallimard, 1966, p.86 [ed. bras.: *Cartas entre Freud e Pfister, 1909-1939*, Viçosa, Ultimato, 2001].

Em maio de 1906, alguns discípulos presentearam Freud, pelo seu quinquagésimo aniversário, com uma medalha de bronze gravada por Karl Maria Schwerdtner e inspirada num soberbo desenho *Jugendstil* (art nouveau) de autoria de Bertold Löffler, que servia de ex-libris a *Herr Professor*.[38] Numa face figurava seu busto de perfil e na outra uma representação estilizada da cena de Édipo diante da Esfinge. Nu e amparando-se num cajado, esse Édipo vienense, pensativo e musculoso, não se parecia com nenhum dos retratos conhecidos do personagem de Sófocles. Tampouco, aliás, a Esfinge, representada sob os traços de uma mulher moderna com um quê de feiticeira, cuja parte animal era nitidamente menos importante que a humana. Os dizeres gravados em grego haviam sido escolhidos por Federn e não remetiam em absoluto ao complexo de Édipo, e sim à verdadeira significação da *hybris* sofocliana: "O que desvendou o famoso enigma e foi um homem de grande poder."

Ao ler estas palavras, Freud pareceu esquecer um instante sua interpretação tortuosa da tragédia de Sófocles para se lembrar com emoção que, na época em que cursava a universidade, adquirira o hábito de observar os bustos dos professores célebres ruminando que um dia, talvez, o seu fosse instalado ali, acompanhado da famosa citação.[39]

Naquele ano, o editor Hugo Heller enviou um questionário a Freud, bem como a diversos outros intelectuais, pedindo-lhe que apontasse dez bons livros que gostaria de ter sempre consigo. Freud respondeu na véspera do dia de Finados, enfatizando para o editor que não selecionara obras-primas da literatura mundial, e sim, antes, "companheiros", "livros amigos" a quem "devemos parte de nosso conhecimento da vida e de nossa representação do mundo". E citou dez nomes e dez títulos desordenadamente: Multatuli (pseudônimo de Eduard Douwes Dekker), *Cartas e obras*; Rudyard Kipling, *Os livros da Selva*; Anatole France, *Sobre a pedra branca*; Émile Zola, *Fecundidade*; Dimitri Merejkowski, *O romance de Leonardo da Vinci*; Gottfried Keller, *A gente de Seldwyla*; Conrad Ferdinand Meyer, *Os últimos dias de Hutten*; Thomas Babington Macaulay, *Ensaios*; Theodor Gomperz, *Os pensadores gregos*; Mark Twain,

---

38. *Freud's Library. A Comprehensive Catalogue*, bilíngue alemão-inglês, por J. Keith Davies e Gerhard Fichtner, Londres, The Freud Museum, e Tübingen, Diskord, 2006, p.20; o volume é acompanhado de um CD que lista a totalidade dos títulos da biblioteca de Freud.
39. Sigmund Freud e Carl Gustav Jung, *Correspondance*, t.I: 1906-1909, op.cit., carta de 19 de setembro de 1907, p.141-2.

Histórias alegres.[40] Ou seja, dois escritores franceses, um holandês, dois suíços, dois ingleses, um russo, um austríaco, um americano, todos ligados à tradição iluminista. Uma obra sobre a beleza da selva oposta aos artifícios da vida moderna, outra contra o colonialismo, outra sobre a abolição da escravatura, uma quarta sobre arqueologia, outra ainda sobre o amor à Grécia, outra sobre a maternidade (cujo autor era um grande dreyfusista), outra sobre a apologia de um reformista prussiano, outra ainda sobre o gozo dionisíaco, outra sobre a vida do maior pintor do Renascimento e uma última dedicada a histórias macabras tratadas com humor por um escritor que defendia os judeus. Freud aceitara curvar-se a uma espécie de teste associativo, que autorizou seus leitores e futuros exegetas a se entregar a uma profusão de interpretações sobre sua vida e sua obra. Qual Édipo, os decifradores de enigmas não se fizeram de rogados.

Por essa época, Freud introduziu em seu círculo de iniciados um jovem autodidata, aprendiz de torneiro mecânico, de vinte e seis anos: Otto Rank. Filho de um joalheiro alcoólatra, originário como Adler do Burgenland,[41] sofria de um reumatismo articular e temia tanto essa doença como sua feiura física. Além disso, fora vítima de abuso sexual na infância e era acometido de uma fobia que lhe vedava tocar em qualquer coisa sem usar luvas.

Freud gostava muito dele e logo veio a considerá-lo como um filho adotivo. Incentivou-o a entrar na universidade e obter um doutorado em filosofia. Mas acima de tudo nomeou-o secretário da Sociedade das Quartas-Feiras e o encarregou de transcrever as atas das reuniões. O cenáculo tornou-se então um centro de memória e Rank foi seu primeiro arquivista. Nas *Minutas*, cuidadosamente preservadas, depois transmitidas à posteridade, ele relata as origens do movimento, fazendo-se arauto de um pensamento dialético elaborado ao longo daqueles encontros.

Em 1907, a Sociedade ainda contava com vinte e um membros ativos quando Freud proclamou sua dissolução. Preocupado então com respeitabilidade, e procurando marginalizar alguns vienenses a seu ver demasiado

---

40. Cf. Alexander Grinstein, *Freud à la croisée des chemins* (1990), Paris, PUF, 1998. Encontramos nesse livro uma longa análise da possível significação dos livros escolhidos por Freud. Cf. também Sergio Paulo Rouanet, *Os dez amigos de Freud*, São Paulo, Companhia das Letras, 2003. 41. Seu nome verdadeiro era Otto Rosenfeld; cf. E. James Lieberman, *Acts or Will: The Life and Work of Otto Rank*, Nova York, Free Press, 1985.

exaltados, fanáticos ou dissidentes, criou uma verdadeira associação, a Wiener Psychoanalytische Vereinigung (WPV), primeira instituição psicanalítica da história do freudismo. Aboliu a regra que obrigava todos a tomar a palavra sob certas condições e instaurou uma regulamentação que, *de facto*, fundava-se na existência de uma hierarquia entre o mestre e os alunos, até mesmo entre mestres e alunos. Mas, acima de tudo, estimulou a entrada de discípulos "estrangeiros" na nova instituição,[42] em especial Max Eitingon, Sándor Ferenczi, Karl Abraham, Carl Gustav Jung e Ernest Jones.

Assim se constituiu, entre 1907 e 1910, o primeiro núcleo dos grandes discípulos de Freud – todos homens –, que progressivamente contribuíram para a internacionalização do movimento. Praticavam a psicanálise geralmente após terem feito um tratamento com algum dentre eles ou com o próprio Freud, Federn ou Ferenczi. Ao banquete socrático sucedeu assim uma espécie de Academia, perpassada por controvérsias, mas tendo sobretudo a função de estabelecer uma política da psicanálise descentrada de Viena e voltada para a Europa e, em breve, o continente americano. E, para assegurar a transmissão do saber psicanalítico, Freud e seus discípulos fundaram três periódicos, com a ajuda de Hugo Heller: o *Jahrbuch für Psychoanalytische und Psycopathologische Forschungen* em 1909, o *Zentralblatt für Psychoanalyse, Medizinische Monatsschrift für Seelenkunde* em 1910 e, por fim, a *Imago* dois anos mais tarde. O primeiro era uma publicação clínica, o segundo, o órgão do movimento internacional e o terceiro, de inspiração mais estética.[43]

O contato com os membros desse novo círculo fez com que Freud retomasse a intensa atividade epistolar, da qual sentia falta desde seu rompimento com Fliess. Todos os dias escrevia uma dezena de cartas, em caracteres góticos, nas quais tratava tanto de questões teóricas, clínicas ou políticas como

---

42. Isto é, não pertencentes ao cenáculo original. O vienense Hanns Sachs tampouco fazia parte do primeiro círculo. Aderiu à WPV em 1909, instalando-se em Berlim em 1920 para participar da fundação do Berliner Psychoanalytisches Institut (BPI). Theodor Reik, igualmente vienense, aderiu em 1911. Amigo de Jung, o pastor Oskar Pfister visitou Freud em 1909 e ficou seu amigo; os dois trocaram uma importante correspondência: *Correspondance de Sigmund Freud avec le pasteur Pfister*, op.cit. Cf. *Dicionário de psicanálise*, op.cit.
43. Os três títulos terminarão por fundir-se e dar origem à *Internationale Zeitschrift für Psychoanalyse und Imago (IZP-Imago)*, a qual deixará de ser publicada em 1941, sendo substituída pelo *International Journal of Psychoanalysis (IJP)*, fundado por Jones em 1920. Cf. *Dicionário de psicanálise*, op.cit.

Discípulos e dissidentes

de problemas cotidianos. Nessa correspondência, o "você" [*du*], reservado aos amigos de mocidade e membros da família, estava excluído em se tratando dos discípulos, homens ou mulheres: *Lieber Herr Kollege, Herr Doktor, Lieber Freund, Dear Jones, Liebe Marie, chère Princesse, Liebe Lou, Verehrter Freund und liebster alle Männer.*[44]

A todos os correspondentes, *Herr Professor* pedia notícias de esposas e filhos, interessando-se por sua saúde e nunca esquecendo seus aniversários. Nessa troca de cartas, cada discípulo ocupava um lugar singular e falavam uns dos outros, instalando-se assim uma rede que passava por Freud e os ligava. Às vezes, no mesmo dia, enunciava afirmações contraditórias e não raro cometia verdadeiras indiscrições a pretexto de fazer confidências recíprocas de uns sobre outros. Assim todos tinham a impressão de ser o preferido do mestre. Aqueles homens, que doravante tinham a missão de fundar à sua volta escolas e grupos a fim de divulgar a nova doutrina, eram todos militantes devotados à causa do que pensavam ser a maior revolução do século XX. Nenhum deles era servil e nenhum duvidava do gênio daquele que haviam escolhido por mestre. Freud fazia parte de sua família, de sua vida íntima, de sua história.[45]

Esse avanço rumo à internacionalização do movimento psicanalítico gerou não só diferentes conflitos doutrinais ou transferenciais, como também a construção de uma história oficial fundada na "lenda do herói". Ao longo dos anos, Freud foi visto pelos que o cercavam como um pensador solitário injustamente atacado, mas triunfando gloriosamente sobre seus inimigos, tanto do exterior como do interior. Em 1914, ele mesmo contribuiu para essa lenda publicando um artigo sobre a história do movimento psicanalítico no qual afirmava que a psicanálise era sua "coisa" (*die Sache*): "A psicanálise é efetivamente minha criação; durante dez anos fui o único a se ocupar dela e toda a insatisfação que essa novidade provocou em nossos contemporâneos

---

44. Amigo muito honrado, o melhor dos homens. Cf. André Bolzinger, *Portrait de Sigmund Freud*, op.cit.

45. Cf. Alain de Mijolla, "Images de Freud, au travers de sa correspondance", e Gerhard Fichtner, "Les lettres de Freud en tant que source historique" (acompanhadas de uma bibliografia das cartas de Freud), *Revue Internationale d'Histoire de la Psychanalyse*, 2, 1989, p.9-108. Elisabeth Roudinesco, seminário inédito sobre a correspondência de Freud, 1999.

foi despejada na minha cabeça sob a forma de críticas."[46] Onze anos mais tarde, a pedido de um editor, redigiu, no mesmo espírito, uma apresentação de si mesmo (*Selbstdarstellung*) na qual expunha sua *ego-história* e a gênese subjetiva de suas descobertas.[47]

Magnificamente escritos, esses dois ensaios unificavam a história caótica das origens da psicanálise num relato mítico plausível, estruturado pela dualidade freudiana do pai humilhado e do filho rebelde promovido a um destino heroico. Nesse meio-tempo, Freud acrescentou a essa construção a ideia de que a psicanálise, como disciplina, supunha um descentramento do sujeito que passava por três humilhações narcísicas:[48] não ser mais o centro do universo, não estar mais fora do mundo animal, não mandar mais na própria casa. Não satisfeito em atribuir à sua doutrina um destino edipiano, Freud, que se identificara com Aníbal e Bonaparte, via-se agora também como herdeiro de Copérnico. Nova confirmação de uma preocupação permanente: fazer com que seu movimento pudesse se referir a uma epopeia das origens – uma canção de gesta, com suas fábulas, mitos, história edificante e imagens.

Em 1908, ocorreu em Salzburgo a primeira grande reunião dos novos "psicólogos freudianos". Quarenta e duas pessoas procedentes de seis países participaram e planejaram encontrar-se dois anos mais tarde em Nuremberg. Resolvido a fazer a psicanálise sair do "gueto judeu vienense", Freud fundou então, em 1910, com Ferenczi, a Internationale Psychoanalytische Vereinigung (IPV),[49] que ele apelidou de "Verein" (clube, associação). E entregou sua direção a Jung. Em seu discurso, Ferenczi entregou-se a um brilhante exercício de historiador do grupo, distinguindo três grandes etapas no movimento psicanalítico: a época "heroica" (1896-1907), durante a qual Freud construíra um pequeno cenáculo; a época "de Jung" (1907-9), que lhe permitira implantar a psicanálise no terreno da psiquiatria; e, finalmente, a época "americana" (1909-10), consecutiva à sua viagem transatlântica.

---

46. Sigmund Freud, *Sur l'histoire du mouvement psychanalytique*, op.cit., p.13.

47. Sigmund Freud, *Sigmund Freud présenté par lui-même*, op.cit.

48. Sigmund Freud, "Une difficulté de la psychanalyse" (1917), in *OCF.P*, op.cit., vol.15 [ed. bras.: "Uma dificuldade da psicanálise", in *SFOC*, vol.14 / *ESB*, vol.17; ed. orig.: "Eine Schwierigkeit der Psychoanalyse", in *GW*, vol.12].

49. Que se tornará em 1936 a International Psychoanalytical Association (IPA). A partir de 1910, todos os grupos constituídos, inclusive a WPV, foram reunidos nessa organização centralizada.

Discípulos e dissidentes

Após esse rompante, Ferenczi, além de reiterar a necessidade de o movimento curvar-se a uma disciplina racional, deu provas de grande lucidez quanto ao futuro das organizações: "Conheço bem a patologia das associações e sei como, muitas vezes, nos grupos políticos sociais e científicos, reinam a megalomania pueril, a vaidade, o respeito às fórmulas ocas, a obediência cega, o interesse pessoal em lugar de um trabalho consciencioso consagrado ao bem comum."[50] Até 1918, após Salzburgo e Nuremberg, o *Verein* realizará seus congressos a cada dois anos no mundo germanófono, o dos impérios: Weimar (1911), Munique (1913), Budapeste (1918). Na sequência, após a Primeira Grande Guerra, de 1920 a 1936, a escolha se ampliará com vaivéns, incluindo a Holanda, a Suíça e a Grã-Bretanha: Haia, Berlim, Salzburgo, Bad-Homburg, Innsbruck, Oxford, Wiesbaden, Lucerna, Marienbad.

Representante típico da intelligentsia de Budapeste, Sándor Ferenczi era filho de um livreiro judeu de origem polonesa que apoiara a primavera dos povos abraçando a causa do liberalismo. Educado no espírito iluminista por um pai adorado, mergulhara com afinco nos estudos de medicina, embora com a convicção, como os intelectuais de sua geração, de que era preciso expurgar a Hungria de seus sonhos passadistas a fim de transformá-la num país moderno, semelhante às democracias ocidentais.

Mostrou-se, portanto, ao contrário de Freud, desde logo aberto aos debates promovidos pelas revistas de vanguarda a respeito da art nouveau (*Jugendstil*), da emancipação das mulheres, da liberdade sexual e da expansão das novas ciências do homem. Em 1905, aos trinta e dois anos de idade, e após trabalhar no hospital Sain-Roch, instalara-se num consultório particular, onde praticava clínica geral, neurologia e psiquiatria; ao mesmo tempo, trabalhava como perito junto aos tribunais. Imerso no darwinismo, apaixonado por hipnose, espiritismo e telepatia, ocultismo e mitologias, fascinado pelo estudo das drogas e dos fenômenos psicossomáticos, erudito em filosofia e literatura, tomara a defesa dos homossexuais – os "uranistas" – num texto corajoso apresentado perante a Associação Médica de Budapeste.

---

50. Sándor Ferenczi, *Oeuvres complètes. Psychanalyse*, t.I: *1908-1912*, Paris, Payot, 1968, p.166 [ed. bras.: *Obras completas, Psicanálise*, t.I: *1908-1912*, São Paulo, Martins Fontes, 1991].

Baseando-se nos trabalhos de Magnus Hirschfeld,[51] Ferenczi refutava todos os rótulos e se opunha à teoria da degenerescência, valorizando a ideia da bissexualidade característica da espécie humana. E citava desordenadamente Platão, Leonardo da Vinci, Michelangelo, Oscar Wilde: "Ninguém castiga os humanos que se amam de um amor heterossexual. Da mesma forma, a homossexualidade, na medida em que não causa nenhum dano à sociedade, não pode ser punida. Os juristas às vezes estão no direito de proteger os interesses de nossa sociedade, mas não de punir alguém por um ato benigno. Fazendo isso, rejeitam infalivelmente criaturas de grande valor mas de instinto infeliz que se tornam presa de indivíduos escusos e miseráveis. Isso não representa o interesse da sociedade."[52]

Sensual, feminino e sensível ao sofrimento de seus pacientes, Ferenczi conheceu Freud em 1908 e se tornou seu discípulo mais próximo, não um delfim ou herdeiro, mas um filho adotivo amado pelo mestre a ponto de este sonhar em lhe dar sua filha Mathilde por esposa. Ferenczi se autodesignava um "paladino", um "grão-vizir secreto" ou ainda um "astrólogo da corte", que adorava consultar as videntes de Budapeste. Não hesitava em polemizar, recusando o autoritarismo de Freud sem jamais cogitar abandoná-lo. Durante um quarto de século, os dois homens trocaram mil e duzentas cartas: um tesouro de inventividade clínica e teórica pontuado de confidências e valiosos depoimentos sobre os costumes e a vida cotidiana dos freudianos da Belle Époque. Muito mais terapeuta que Freud, Ferenczi concebeu a noção de contratransferência e, ao longo de toda a vida, não cessou de modificar os

---

51. Magnus Hirschfeld (1868-1935): psiquiatra alemão, militou por uma melhor compreensão dos "estados sexuais intermediários" (homossexualidade, travestismo, hermafroditismo, transexualismo) e participou, entre 1908 e 1911, da fundação da Associação Psicanalítica de Berlim. Em 1897, criara a primeira organização em favor da igualdade dos direitos: o Comitê Científico Humanitário (Wissenschaftlich-humanitäres Komittee), que se tornará o Instituto Hirschfeld. Cf. Laure Murat, *La Loi du genre. Une Histoire culturelle du troisième sexe*, Paris, Fayard, 2006.
52. Sándor Ferenczi, "États sexuels intermédiaires", in *Les Écrits de Budapest*, Paris, EPEL, 1994, p.255. E Sándor Ferenczi, *Oeuvres complètes*, t.I: *1908-1912*; t.II: *1913-1919*; t.III: *1919-1926*; t.IV: *1927-1933*, todos publicados no Brasil pela Martins Fontes; *Journal clinique, janvier-octobre 1932*, Paris, Payot, 1935 [ed. bras.: *Diário clínico, janeiro-outubro de 1932*, São Paulo, Martins Fontes, 1990]. E Otto Rank, *Perspectives de la psychanalyse* (Viena, 1924), Paris, Payot, 1994; Georg Groddeck, *Correspondance*, Paris, Payot, 1982. E Sigmund Freud e Sándor Ferenczi, *Correspondance*, t.I: *1908-1914*, Paris, Calmann-Lévy, 1996; *Correspondance*, t.II: *1914-1919*, Paris, Calmann-Lévy, 1996; *Correspondance*, t.III: *1920-1933*, Paris, Calmann-Lévy, 2000.

Discípulos e dissidentes

princípios do tratamento, além de introduzir uma empatia singular na relação com seus pacientes e alunos.

Como a maioria dos discípulos do primeiro círculo, Ferenczi misturava os tratamentos que ministrava com a vida privada e assuntos de família. Em 1908, analisou sua amante, Gizella Palos, ainda não divorciada do primeiro marido e cuja filha mais velha, Magda, era casada com seu próprio irmão, Lajos Ferenczi. Três anos mais tarde, decidiu analisar Elma, filha caçula de Gizella, que sofria de depressão e pela qual não demorou a se apaixonar. Ao longo das cartas, confidenciou suas dificuldades a Freud, que, mais uma vez, entregou-se com deleite às suas atividades de "casamenteiro judeu" e grande conhecedor dos amores intrafamiliares. Ele atravessara situações idênticas, seja apaixonando-se por uma adolescente cuja mãe o atraía, seja procurando arrancar uma noiva da influência de uma mãe enquanto se tornava cúmplice de sua outra filha. Além disso, não cessava de se interrogar sobre o desejo de incesto típico da espécie humana[53] e sobre a questão das relações entre amor e transferência.

Confundindo desejo, amor e transferência, Ferenczi decidiu se casar com Elma, ao mesmo tempo em que induzia Freud a analisá-la. Tempos depois, deu marcha a ré e desistiu do casamento, após ter ele mesmo analisado sua contratransferência no divã do mestre. Julgando amar a filha, amava na realidade a mãe e terminará se casando com ela ao perceber que ela o amava. Em 1919, relendo sua correspondência, em que se achava registrada toda "a história recente dos desenvolvimentos da psicanálise", Ferenczi dedicou um sincero agradecimento a Freud por sua solicitude. "Naquela ocasião, compreendi, como se por uma iluminação, que, depois que o senhor me desaconselhou a esposar Elma, eu dera provas de uma resistência contra sua pessoa que nem a tentativa de tratamento psicanalítico foi capaz de superar, e que era responsável por todas as minhas suscetibilidades. Mesmo assim, com um rancor inconsciente no coração, segui, como um 'filho' fiel, todos os seus conselhos, abandonei Elma, voltei-me novamente para minha mulher atual (Gizella) junto à qual perseverei, apesar de inúmeras e reiteradas tentações."[54]

---

53. Encontramos esse tema em *Totem e tabu*, publicado em 1912.
54. Sigmund Freud e Sándor Ferenczi, *Correspondance*, t.II: *1914-1919*, op.cit., carta de Ferenczi de 23 de maio de 1919, p.393-4.

Na mesma medida em que se mostrava afetuoso com Ferenczi, Freud mantinha certa distância de Abraham. Afável, atencioso, eloquente, culto, este permaneceu até sua morte prematura, em 1925, um ortodoxo apaixonado pela doutrina psicanalítica, uma "rocha de bronze", segundo os termos de Freud, empenhando todos os seus esforços na implantação, no meio psiquiátrico berlinense, das ideias que compartilhavam, e também na organização de uma sólida associação de clínicos. Único discípulo a não solicitar a Freud seu parecer sobre determinados assuntos sentimentais ou eventuais relações sexuais com suas pacientes, não obstante analisará a própria filha, Hilda Abraham, então com seis anos de idade e futura psicanalista, e descreverá seu "caso" num artigo de 1913.[55] Foi em dezembro de 1907 que ele viajou a Viena para se encontrar com Freud, que meses antes já recebera a visita de Max Eitingon, vindo de Zurique e que ele analisará durante "passeios vespertinos".

Segundo filho de uma família de judeus ortodoxos oriundos da Bielorrússia, Max Eitingon, sionista convicto, estava habituado a levar uma vida itinerante desde a infância. Tinha doze anos quando o pai, rico negociante de peles, instalara-se em Leipzig. Após concluir o ensino secundário, fez, como ouvinte, estudos universitários em Marburgo, depois em Heidelberg. Em 1902, optando pela psiquiatria, empreendeu seu estágio na clínica do Burghölzli, de Zurique, junto a Eugen Bleuler, e foi lá que travou relações com Carl Gustav Jung e Abraham, a quem reencontrará em 1909 em Berlim, onde permanecerá até sua partida definitiva para a Palestina em 1934.[56] Em fevereiro de 1920, após a derrocada dos impérios centrais, realizará, por amor à psicanálise, a grande obra de sua vida: o Berliner Psychoanalytisches Institut (BPI), pioneiro instituto de formação, que serviria de modelo a todos os que seriam fundados na sequência no mundo inteiro.[57] Ao longo de toda a sua tumultuosa vida, colocou sua fortuna a serviço de seu Instituto, oferecendo

---

55. Karl Abraham, *Oeuvres complètes* (1965), Paris, Payot, 2 vols., 1989; Sigmund Freud e Karl Abraham, *Correspondance, 1907-1925* (Frankfurt, 1965), Paris, Gallimard, 2006.

56. Freud e Eitingon trocaram 821 cartas: *Correspondance, 1906-1909* (2004), Paris, Hachette Littératures, 2009; Guido Liebermann, *La Psychanalyse en Palestine, 1918-1948. Aux origines du mouvement analytique israélien*, Paris, Campagne Première, 2012.

57. Sobre o desenvolvimento da psicanálise em Berlim, ver infra.

Discípulos e dissidentes

também, no âmbito de uma "policlínica",[58] tratamentos gratuitos destinados aos pobres, porém remunerados no caso de outros pacientes. Em 1930, tornara-se sozinho, nas palavras de Ernest Jones, "o coração de todo o movimento psicanalítico internacional".

Situado na colina arborizada do bairro de Riesbach, no sudoeste de Zurique, o imenso hospital do Burghölzli recebia, desde sua fundação em 1870, pacientes acometidos de distúrbios mentais. Os arquitetos haviam tido o cuidado de construir o prédio com os fundos voltados para o lago, a fim de poupar a vista da água aos internos tentados pelo suicídio. Sob a batuta de August Forel, depois de Eugen Bleuler, uma abordagem nova da loucura se impusera, na aurora do século XX, no âmago dessa prestigiosa fortaleza, que iria se tornar, ao longo dos anos, passagem obrigatória de todos os especialistas nas afecções da alma. Nesse ambiente, a abertura freudiana para o mundo do sonho e do inconsciente despertava entusiasmo: os jovens terapeutas da loucura viam a obra vienense como uma inovação suscetível de arrancar o saber psiquiátrico do niilismo terapêutico.

Em 1898, no momento em que Bleuler começava a dirigir o estabelecimento, a psiquiatria de língua alemã – florescente na Europa e no mundo inteiro – era dominada pela nosografia de Emil Kraepelin. Contemporâneo de Freud, Kraepelin criara uma classificação rigorosa das doenças mentais, embora permanecendo ligado a uma concepção repressiva da loucura, que não buscava melhorar a sorte dos alienados. A despeito de sua consistência, o sistema kraepeliano já se encontrava, no entanto, em vias de se fissurar em decorrência dos progressos realizados por uma abordagem fundada na escuta dos sujeitos. Ouvir o sofrimento dos pacientes, decifrar sua linguagem, compreender a significação de seu delírio e instaurar com eles uma relação transferencial: tal era o programa terapêutico preconizado pela equipe hospitalar do Burghölzli.[59]

Foi através de um trabalho de fôlego dedicado à demência precoce (*Dementia praecox*) que, em 1911, Bleuler sintetizou essa abordagem, adotando o termo esquizofrenia para uma forma de loucura caracterizada pelo pensamento

---

58. No sentido de clínica na cidade (*pólis*), e não de local de tratamento de patologias múltiplas.
59. Encontraremos uma belíssima descrição das atividades da clínica na obra de Henri F. Ellenberger, *The Discovery of the Unconscious*, op.cit. E *Dicionário de psicanálise*, op.cit.

incoerente e uma atividade delirante. Sem renunciar à etiologia orgânica, situava a doença no campo das afecções psicológicas e a tipificava como uma dissociação da personalidade (*Spaltung*) e um ensimesmamento (autismo).[60]

Embora não partilhasse a concepção freudiana da sexualidade, Bleuler propunha integrar a abordagem psicanalítica no tratamento das psicoses. Daí a analogia: assim como Freud transformara a histeria num paradigma moderno da neurose, Bleuler concebia a esquizofrenia para instaurá-la como o modelo estrutural da loucura no século XX.

Quando Jung, então assistente de Bleuler, fez contato com Freud, em outubro de 1905, este já sabia que aquele encontro seria decisivo para a história de seu movimento. Até aquela data, com efeito, o tratamento psicanalítico parecia reservado às neuroses, e eis que agora se abria para ele, fora de Viena e longe de Berlim, o continente da psicose: uma nova "terra prometida". Enquanto a psicanálise era um fenômeno urbano, que ia de par com a transformação da família tradicional e pressupunha o confronto do sujeito consigo mesmo, a psiquiatria, disciplina médica, permanecia tributária de uma concepção coletiva do tratamento psíquico. Aliás, desde meados do século XIX, a estrutura asilar deslocava-se para fora das cidades, para o meio da natureza, com a criação de centros de acolhida, transitórios ou definitivos, capazes de atender a famílias pobres sem condições de cuidar dos parentes. Foi assim que se desenvolveram, inspirados no modelo dos internatos e sanatórios, grandes espaços hospitalares públicos ou privados, em cujas dependências conviviam médicos e pacientes, enfermeiros e cuidadores. Graças a uma organização federal e a uma situação geográfica privilegiada, aliadas a uma forte tradição pedagógica de inspiração calvinista, a Suíça tornara-se em poucas décadas – com seus inúmeros lagos e regiões montanhosas – um dos países da Europa em que as clínicas mais prosperaram. Assim como Bleuler e toda a equipe do Burghölzli, Jung não bebia uma gota de álcool. Com um conhecimento íntimo da loucura, sentia real atração pelos pacientes psicóticos. Nunca temia suas ameaças, sabendo-se capaz de devolver os golpes, e organizava com eles noites dançantes e bailes à fantasia.

Pela primeira vez Freud ia confrontar-se com um jovem discípulo de inteligência excepcional, que, brilhante aluno de Bleuler, não lhe devia nada e já

---

60. Eugen Bleuler, *Dementia praecox ou groupe des schizophrénies* (Leipzig, 1911), Paris, EPEL-GREC, 1993.

Discípulos e dissidentes

era conhecido por seus próprios trabalhos sobre a associação livre e a psicogênese das doenças mentais.[61] Assim, quis prontamente transformar aquele filho de pastor talentoso e, eventualmente, mitômano num herdeiro que lhe seria, julgava ele, tanto mais útil na medida em que não era judeu nem vienense. Outorgando tal posto àquele homem de trinta anos, sonhando como ele com um destino glorioso, pensava expurgar a psicanálise da tão temida qualificação de "ciência judaica", que ia de par com a acusação de "pansexualismo".[62] Consequentemente, durante esse período, recusou-se a ver que seu querido príncipe herdeiro, que ele gostava de comparar a Josué,[63] mantinha com a "questão judaica" uma relação no mínimo ambígua.[64] O que não escapara a Karl Abraham: "Seja tolerante", lhe dirá Freud em 1908, "é mais fácil para o senhor do que para Jung acompanhar meus pensamentos, pois ... em virtude de nosso parentesco racial, o senhor está mais próximo de minha constituição intelectual, ao passo que ele, como cristão e filho de pastor, não encontra o caminho que me dá acesso senão à custa de grandes resistências internas. Sua adesão só fica mais valorizada por isso. Eu diria quase que sua entrada em cena bastou para salvar a psicanálise do perigo de tornar-se um assunto nacional judeu."[65]

---

61. Carl Gustav Jung, *Obras completas*, 18 vols., Petrópolis, Vozes, 2010; cf. especialmente *Psicogênese das doenças mentais*, Petrópolis, Vozes, 1986. Entre 1906 e 1914, Freud e Jung trocaram 359 cartas, cf. *A correspondência completa de Sigmund Freud e Carl G. Jung*, Rio de Janeiro, Imago, 1991. A melhor fonte para a história da vida privada de Jung é a biografia de Deirdre Bair, *Jung* (Boston, 2004), Paris, Flammarion, 2007 [ed. bras.: *Jung, uma biografia*, 2 vols., Rio de Janeiro, Globo, 2006]. A autora teve acesso especialmente aos Protocolos, transcrição de entrevistas que serviram de esboço para a autobiografia de Jung (*Memórias, sonhos, reflexões*). Inúmeras versões das relações de Freud com Jung foram propostas pelos diferentes biógrafos. Encontramos uma excelente análise do destino de Jung em Henri F. Ellenberger, *The Discovery of Unconscious*, op.cit. Cf. também Carl Gustav Jung, *Ma vie. Souvenirs, rêves et pensées*, org. Anièla Jaffé (Zurique, 1962), Paris, Gallimard, 1966 [ed. bras.: *Memórias, sonhos, reflexões*, Rio de Janeiro, Nova Fronteira, 2000]. Jung deu uma entrevista a Kurt Eissler, em 29 de agosto de 1953, BCW, cx.114, pasta 4.
62. Sigmund Freud e Karl Abraham, *Correspondance complète, 1907-1925* (1965), Paris, Gallimard, 2006, carta de 3 de maio de 1908, p.71.
63. "Serás aquele que, como Josué, se eu sou Moisés, toma posse da terra prometida da psiquiatria, que não posso avistar senão de longe", Sigmund Freud e Carl Gustav Jung, *Correspondance*, t.I: *1906-1909*, op.cit., carta de Freud de 17 de janeiro de 1909, p.27.
64. Cf. Elisabeth Roudinesco, "Jung. Do arquétipo ao nazismo", in *Em defesa da psicanálise*, Rio de Janeiro, Zahar, 2010.
65. Sigmund Freud e Karl Abraham, *Correspondance complète, 1907-1925*, op.cit., carta de 3 de maio de 1908, p.71. Como todos os seus contemporâneos, e como já apontei, Freud utilizava a palavra "raça", bem como os termos "semita" e "ariano", forjados pelos filólogos do século XIX. Cf. Elisabeth Roudinesco, *Retorno à questão judaica*, op.cit.

Se Freud era herdeiro de uma concepção racionalista da ciência e de um universalismo que não tolerava nenhuma forma de relativismo, Jung vinha de uma tradição completamente diferente, na qual se misturavam esoterismo, antimaterialismo, espiritismo, ocultismo, propensão à espiritualidade, atração pelo inconsciente subliminar e os fenômenos de personalidade múltipla,[66] adesão, em suma, à psicologia dos povos. Neurologista e fisiologista, Freud, a despeito de fundar sua doutrina sobre o primado da pulsão sexual, cultivava a abstinência. Psiquiatra e leitor de textos filosóficos – Kant, Nietzsche e Hegel –, Jung pretendia-se, ao contrário, adepto de uma concepção ampliada da libido, entendida como "energia vital". Polígamo e calvinista ao mesmo tempo, não hesitará em ter inúmeros casos amorosos com suas pacientes, das quais fará discípulas.

A relação entre os dois homens, a princípio passional, tornar-se-ia conflituosa, depois beligerante. Após o rompimento de 1913, Freud acusará Jung de ceder à "lama negra do ocultismo", ao passo que Jung viverá como uma libertação seu rompimento com Freud, apesar de uma crise melancólica logo em seguida.[67] A vida inteira terá consciência da supremacia da doutrina freudiana sobre a sua,[68] ao passo que, justamente, sentia-se socialmente superior a Freud, que a seu ver não passava de um filho de comerciante judeu oriundo de classe popular e casado com uma mulher pobre.[69] Quanto a Freud, convencido do valor de seu sistema de pensamento, terá, mais uma vez, amado um homem que viu primeiro como filho e discípulo, antes de transformá-lo em inimigo.

Jung tivera uma infância conturbada, a ponto de, já adulto, ser assombrado por recordações aterradoras que o faziam odiar os jesuítas e a Igreja católica e lhe lembravam como o sentimento de indignidade fantasística que ele experimentava estivera presente ao longo de toda a sua escolaridade. Com efeito, lembravam-lhe incessantemente que ele era neto de outro Carl Gustav –

---

66. Jung fora muito influenciado pelo livro de Théodore Flournoy, *Des Indes à la planète Mars* (Genebra, 1900), Paris, Seuil, 1983. Cf. Elisabeth Roudinesco, *HPF-JL*, op.cit.

67. O que Ellenberger chama de uma "neurose criadora".

68. Jung irá fundar uma escola de psicologia analítica que não evitará os escolhos do sectarismo. Seu antissemitismo se tornará cada vez mais patente a partir dos anos 1930. Diversos trabalhos foram dedicados ao rompimento entre Freud e Jung. Deirdre Bair e Peter Gay deram versões bastante divergentes, mas ainda assim mais objetivas que a de Jones. O relato de Linda Donn é o mais interessante: *Freud et Jung. De l'amitié à la rupture* (1988), Paris, PUF, 1995.

69. Deirdre Bair, *Jung*, op.cit., p.257.

alcunhado "o Velho" –, médico e reitor da Universidade da Basileia, que uma lenda tenaz afirmava ser filho natural de Goethe.

Colérico, revoltado contra a ordem patriarcal e sujeito a síncopes, muito cedo o jovem Jung refugiou-se na contemplação e estudo dos grandes textos da civilização ocidental, antes de tomar o rumo da medicina. Havia adquirido um conhecimento intuitivo da loucura no seio da própria família, em especial junto à mãe, Emilie Preiswerk, que praticava o espiritismo na sua frente, em companhia do pai, um pastor intransigente, do irmão e das sobrinhas. Quando começou a trocar uma riquíssima correspondência com Freud, Jung teve a sensação de haver encontrado o messias capaz de salvá-lo de sua "indignidade", ligada a um atentado sexual: "Na verdade – o que devo lhe admitir com reticência –, admiro-o ilimitadamente como homem e pesquisador, e, conscientemente, não sinto inveja do senhor. Não é portanto daí que vem meu complexo de autoconservação, mas do fato de minha veneração pelo senhor ter o caráter de um entusiasmo apaixonado, religioso, que, embora não me cause nenhum outro dissabor, é todavia repugnante e ridículo para mim devido à sua irrefutável consonância erótica. Esse sentimento abominável provém de que, ainda menino, sucumbi à agressão homossexual de um homem que eu antes venerara."[70]

Nomeado assistente de Bleuler em 1895, Jung defendeu sua tese sobre o caso de uma jovem médium acometida de sonambulismo e a respeito da qual se descobrirá mais tarde tratar-se de sua prima, Helene Preiswerk. Nesse estudo, verdadeira autobiografia disfarçada, ele esboçava um quadro aterrador do universo familiar de sua paciente, a quem tratava de maneira desdenhosa, reduzindo-a a um objeto de observação, enfatizando que seus pais eram doentes mentais. Bem recebido por Flournoy, o texto atraiu, contudo, uma chuva de indignações.[71]

Jung teve então a sorte de escapar da família, casando-se com uma mulher bonita, inteligente, rica e distinta, Emma Rauschenbach, cuja fortuna permitiu-

---

70. Sigmund Freud e Carl Gustav Jung, *Correspondance*, t.I: *1906-1909*, op.cit., carta de 28 de outubro de 1907, p.149. Freud foi o primeiro a sugerir a hipótese desse "complexo de auto-conservação". O autor da agressão era um padre católico, amigo de seu pai. Cf. Deirdre Bair, *Jung*, op.cit., p.115.

71. O caso foi revelado em 1975 por Stephanie Zumstein-Preiswerk, sobrinha de Helene, e estudado por Henri Ellenberger. Cf. *Médecines de l'âme*, op.cit.

lhe não só escrever sem precisar se preocupar com sua renda, como também viver em condições privilegiadas, frequentando os melhores círculos da alta burguesia financeira da Suíça germânica. Apesar da subserviência de sua posição de mãe e esposa, esgotada pelas numerosas gravidezes e machucada pelas infidelidades do marido, Emma tornou-se sua discípula após ser analisada por ele.

No dia 3 de março de 1907, um domingo, muito elegante como sempre, ela acompanhou o marido a Viena para seu primeiro encontro com Freud. Este a recebeu em seu hotel com um buquê de flores na mão. Intimidado, Jung pedira a Ludwig Binswanger para acompanhá-lo naquele tão esperado encontro. Sobrinho de Otto Binswanger, próspero dono da célebre clínica de Kreuzlingen, onde se tratara Bertha Pappenheim, o jovem Ludwig desejava ardentemente conhecer aquele mestre a quem tanto admirava.[72]

Impressionado com Emma, bem diferente das mulheres de seu círculo e acima de tudo oriunda de uma classe social que nada tinha a ver com a sua, Freud foi de uma amabilidade ímpar. Convidados a partilhar o almoço da família, integralmente reunida, os convidados perceberam claramente como os dois homens tinham pressa de se ver sozinhos para começar um diálogo que terminou no meio da noite.[73] Jung falou sem parar durante três horas, e Freud terminou por interrompê-lo para lhe propor conversarem de maneira organizada. A entrevista prosseguiu então durante dez horas, e cada um teve a sensação de dividir com o outro opiniões convergentes. No entanto, Jung ficou impressionado com a "total ausência de consciência filosófica" de seu interlocutor, com seu "positivismo" e com a importância extravagante que atribuía a sua teoria da sexualidade.

Enquanto se entretinham, um estalido vindo da estante os sobressaltou. Convencido de que se tratava de um fenômeno de "exteriorização

---

72. Psiquiatra inspirado pela corrente fenomenológica de Edmund Husserl e Martin Heidegger, Ludwig Binswanger (1881-1966) foi a vida inteira um admirador de Freud e sua doutrina. Cf. Sigmund Freud e Ludwig Binswanger, *Correspondance, 1908-1914* (Frankfurt, 1992), Paris, Calmann-Lévy, 1995.

73. Existem várias versões desse encontro, a cujo respeito Freud não fala nem em sua contribuição à história do movimento psicanalítico nem em seu estudo autobiográfico. Por conseguinte, cruzei as diferentes fontes. Cf. C.G. Jung, *Ma vie. Souvenirs, rêves et pensées*, op.cit. E "Entretien dactylographié de Carl Gustav Jung avec Kurt Eissler" (1953), BCW. Deirdre Bair fornece um relato bastante crível em *Jung*, op.cit., p.182-9. Cf. também Ludwig Binswanger, que relata parcialmente o episódio: *Discours, parcours et Freud*, Paris, Gallimard, 1970, p.267-77. Martin Freud, *Freud, mon père*, op.cit. Cf. também Linda Donn, *Freud et Jung. De l'amitié à la rupture*, op.cit.

cataléptica",[74] Jung, sempre à espreita de vozes do além, anunciou que um segundo barulho não demoraria a se manifestar. Freud qualificou de "pura tolice" as superstições de seu hóspede, que julgou detectar marcas de terror quando um segundo estalo se produziu.

Convencido da profundidade do gênio de Freud, Jung ficou todavia imediatamente convencido de que sua neurose viria a ser um obstáculo insuperável em suas relações. De sua parte, apesar do receio de que Jung não estivesse à altura de suas expectativas, Freud convidou-o para entrar em seu cenáculo sem desconfiar que, muito rápido, este, imbuído de sua superioridade, os veria como um "grupelho de artistas, decadentes e medíocres".[75] Na realidade, já nesse primeiro encontro, Freud e Jung viram-se reciprocamente numa situação insustentável. Freud julgava ter encontrado um herdeiro capaz de aderir à sua doutrina e Jung, um pai capaz de amá-lo. Contudo, exatamente no momento em que ambos procuravam se convencer da força de sua união, o filho já se revoltava contra o pai, enquanto Freud temia que aquele Josué imaginário se tornasse seu principal rival.

Além disso, nessa época, nenhum dos dois protagonistas queria ver que a criação freudiana não se adaptava, *stricto sensu*, à clínica psiquiátrica. Ora, a maioria dos alunos de *Herr Professor* – Jung em primeiro lugar – era constituída de psiquiatras que pensavam, com toda a razão aliás, que o método psicanalítico, herdado da abordagem dinâmica, transformaria de ponta a ponta a visão que a sociedade ocidental tinha da loucura. E se Freud considerava essa disciplina uma terra prometida a ser conquistada, os psiquiatras viam a psicanálise como a arma que lhes permitiria efetuar essa conquista.

Seja como for, a conceitualidade psicanalítica procedia efetivamente de uma verdadeira rejeição das noções em vigor na psiquiatria e na psicologia médica. Freud, que não obstante admirava Philippe Pinel, nunca fazia uso do vocabulário dos alienistas; estado mental, personalidade, caráter, dupla

---

74. Os adeptos do espiritismo pensavam que um fluido emanando de um sujeito em catalepsia pudesse ser a causa dos estalos de móveis, elevações de mesas e deslocamentos de objetos.

75. Ernest Jones, *La Vie et l'oeuvre de Sigmund Freud*, t.II: *1901-1919*, op.cit., p.36. O próprio Freud, como sabemos, não tinha simpatia pelos seus primeiros discípulos da Sociedade das Quartas-Feiras, como confidenciou mais tarde a Binswanger: "Então, viu esse bando?", in Ludwig Binswanger, *Discours, parcours et Freud*, op.cit., p.271. Daí sua vontade de se cercar de um novo grupo.

personalidade, psicologia clínica, alienação, conduta etc. Não prescrevia remédios, não pensava na reforma dos hospícios e era indiferente à gestão da vida coletiva dos doentes mentais. Só levava em conta a fala, a linguagem, a sexualidade, a neurose, a vida e a morte. A seu ver, o destino humano organizava-se em torno de instâncias, princípios energéticos, tópicas. Em resumo, Freud definia a psicose como a reconstrução inconsciente de uma realidade delirante e a inseria numa estrutura tripartite em virtude da qual ela se diferenciava da neurose e da perversão.

Nem psiquiatra nem sexólogo, Freud rejeitava todas as formas de nomenclaturas. Ao mesmo tempo, não pensava seriamente ser possível analisar loucos, uma vez que neles o inconsciente se achava desnudo. Quando, por exemplo, lidava com a loucura individual, tentava sempre "neurotizá-la". Freud era antes de tudo um médico da psique, um humanista das palavras, do sonho e das mitologias, um clínico do sofrimento solitário, um homem de ciência formado na neurologia e na fisiologia. O mundo da psiquiatria, com suas classificações normativas, seu universo asilar, sua observação dos corpos e comportamentos, esse mundo, politicamente organizado como um Estado dentro do Estado, mundo fechado – o de Bleuler, Jung, Binswanger e muitos outros –, não era o seu.

No dia seguinte ao memorável encontro na Berggasse, Freud se entregou a seu exercício favorito, pedindo a Jung e Binswanger que lhe contassem seus sonhos: "Não me lembro mais do sonho de Jung", dirá Binswanger, "mas me lembro da interpretação que Freud lhe deu. Ela tendia a mostrar que Jung queria destroná-lo para tomar seu lugar. Eu mesmo sonhava com a entrada da Berggasse 19, que se achava justamente em reforma, e com o velho lustre coberto às pressas, em razão das obras. A interpretação de Freud, que não me pareceu muito convincente ... era que o sonho continha o anseio de casar com sua filha (mais velha), ao mesmo tempo que a rejeição de tal anseio, uma vez que ele declarava ...: 'Não me caso com alguém que mora numa casa onde há um lustre tão ridículo pendurado.'"[76]

Freud e Jung continuaram por muito tempo a cultivar sua paixão de interpretar sonhos. Ambos, assim como todos os discípulos do primeiro cenáculo, tinham certeza de que agora, graças à sua doutrina comum, o inconsciente

---

76. Ludwig Binswanger, *Discours, parcours et Freud*, op.cit., p.268-9.

Discípulos e dissidentes

fizera uma entrada espetacular na vida cotidiana das sociedades europeias. Tudo se passava como se em breve não fosse mais ser possível imergir o sonho no sono, dissimulá-lo no âmago de uma vida noturna, uma vez que, pelo milagre da interpretação freudiana, o próprio homem tornara-se a encarnação do sonho. Esta era a máxima dos novos tempos, que o poeta Joë Bousquet resumirá de forma cativante: "Pertenço agora a um tempo em que não se sonhará mais, o homem tendo se tornado o sonho."

Os freudianos dessa geração estavam convictos de que a revolução simbólica de que eram representantes iria estender-se a todos os domínios do pensamento. A psicanálise seria "aplicada" à literatura, ao estudo dos mitos e religiões, à ciência histórica, à antropologia, à arte e ao conjunto das produções humanas. Travavam-se debates acalorados no âmbito da Sociedade das Quartas-Feiras, depois da WPV, para distinguir a psicanálise aplicada da "patografia", que se desenvolvera à medida que o discurso médico pretendia reger a vida dos loucos.

Foi nesse contexto que Jung recebeu, com grande satisfação, o ensaio de Freud dedicado a uma novela de Wilhelm Jensen: *Gradiva, uma fantasia pompeiana*.[77] O jovem de Zurique também apreciava contar sonhos e cotejar textos literários com relatos clínicos. Ao mesmo tempo, já se interessava pelas grandes mitologias cósmicas e pelo orientalismo. Sabia, a esse respeito, que Freud ficara seduzido por um baixo-relevo que representava uma adolescente grega andando, a túnica ligeiramente erguida revelando seus pés em sandálias, um apoiado horizontalmente no solo, o outro, erguido de modo que apenas a ponta dos dedos parecia roçar a terra. Assim era Gradiva, mulher misteriosa, modelada na pedra, drapejada numa túnica com pregas desfeitas e avançando num passo guerreiro rumo a uma destinação desconhecida: ia para a guerra ou queria dar a vida?

Publicado em 1903, o relato de Jensen reunia todos os temas da literatura amorosa do início do século: confusão entre sonho e realidade, viagem entre passado e presente, entre delírio e desejo, onipresença de ruínas antigas, mulheres mortas, lutos e paixões evanescentes. Freud ficou a tal ponto atraído

---

77. Sigmund Freud, *Le Délire et les rêves dans la "Gradiva" de W. Jensen* (1907), Paris, Gallimard, 1986 [ed. bras.: "O delírio e os sonhos na 'Gradiva' de W. Jensen", in *SFOC*, vol.8 / *ESB*, vol.9; ed. orig.: "Der Wahn und die Träume in W. Jensens 'Gradiva'", in *GW*, vol.7].

pela Gradiva que comprou uma cópia do baixo-relevo e afixou-a na parede de seu consultório.

Na novela de Jensen, Norbert Hanold, jovem arqueólogo, apaixona-se pela garota do baixo-relevo que cativa seu olhar. Num pesadelo, vê-la como vítima da erupção que engolira Pompeia no primeiro século da era cristã. Ao despertar, convencido da veracidade do sonho, parte para Pompeia após ter avistado na rua uma silhueta semelhante à de Gradiva. Em visita às ruínas, julga encontrá-la ao deparar com uma adolescente bastante real, Zoé Bertgang, cujo nome significa "aquela que brilha pelo andar". Percebendo o estado mental em que Hanold se encontra, ela empreende sua cura com sucesso, fazendo emergir, de sua memória, lembranças recalcadas. Na verdade, ela mora na mesma cidade que ele e, em sua infância, haviam sido colegas de brincadeiras.

Não admira *Herr Professor* ter se sentido seduzido por esse texto, para o qual o próprio Jung chamara sua atenção. Aquela ficção parecia não só expor os mecanismos do inconsciente e do sonho, como atribuir a personagens romanescos os respectivos papéis do paciente e do terapeuta. Assim, Freud podia embasar sua tese segundo a qual os sonhos criados pelos escritores são suscetíveis de ser interpretados como os dos analisandos. Mais que isso, aquela narrativa ilustrava perfeitamente o que ele afirmara a Arthur Schnitzler: "Muitas vezes me perguntei com espanto de onde o senhor extrai o conhecimento desse ou daquele ponto oculto, ao passo que eu só o adquirira mediante um penoso trabalho de investigação. E passei a admirar o escritor que eu já invejava."[78]

Freud quis ir mais longe, mas viu-se às voltas então com sérias dificuldades. Com efeito, após enviar a Jensen um exemplar de seu livro, recebeu como resposta uma carta amável, na qual incluía sua visão da narrativa. Porém, a conselho de Jung, que lhe assinalara a existência de outros dois textos do escritor, ele especulou que Jensen sentira um violento desejo incestuoso por uma irmã caçula, que mancava de uma perna. Mais uma vez, estava errado e foi repelido. Irritado com suas demandas, Jensen explicou de uma vez por todas que não tinha irmã, mas que, em sua infância, de fato acalentara sentimentos amorosos por uma amiga prematuramente falecida. *Gradiva*, graças a Freud, conhecerá uma incrível posteridade, em especial entre os surrealistas. Segundo a concepção freudiana da neurose, Hanold tinha tudo do histérico.

---

78. Sigmund Freud, *Correspondance*, op.cit., p.270.

Discípulos e dissidentes 159

Entretanto, para Jung, aquela novela era a expressão de um verdadeiro delírio, no sentido psiquiátrico do termo.

Freud não cansou de esbarrar com a loucura entre seus pacientes e discípulos, que encontravam na tragédia edipiana da revolta dos filhos contra os pais o eco de sua própria rebelião.

Foi nesse contexto que Otto Gross atravessou a aventura freudiana. Filho único,[79] fora criado como um príncipe pelos pais, que viam nele um prodígio de inteligência. Seu pai, Hans Gross, amigo de Krafft-Ebing e admirador dos primeiros escritos de Freud, sonhava associar aquela criança superdotada a seu próprio trabalho. Deu-lhe, portanto, uma educação privilegiada, sem recriminações ou coerções, que contrastava singularmente com as teses que defendia e colocava a serviço da polícia científica. Adepto da luta contra a pretensa degenerescência das sociedades, esse renomado penalista pretendia efetivamente combater a prostituição, a homossexualidade, as perversões e a pornografia, não só com a repressão policial, mas também com a proibição dos romances julgados "imorais". Atacava as mulheres "virilizadas", os anarquistas, os vagabundos e os ciganos, "tratantes e ladrões".

Submetido durante anos ao amor desse pai, cujas teorias delirantes pareciam ser de um rigor absoluto e, acima de tudo, coincidir com a ideologia racialista do fim do século XIX,[80] Otto Gross tornou-se um brilhante psiquiatra. O que não impediu que, no dia seguinte à obtenção de seu doutorado, embarcasse como médico de bordo nos transatlânticos da linha Hamburgo-América do Sul e mergulhasse nas drogas: cocaína, ópio, morfina.

Quando retornou, após várias passagens por clínicas neurológicas, a Munique e Graz, submeteu-se a um primeiro tratamento de desintoxicação na clínica do Burghölzli. Em 1903, casou-se com Frieda Schloeffer e, por seu intermédio, travou conhecimento com Marianne Weber, mulher do sociólogo Max Weber,[81] e com as irmãs Von Richthofen, com as quais teve um caso.

---

79. Otto Gross, *Psychanalyse et révolution. Essais*, Paris, Du Sandre, 2011, com uma longa e excelente apresentação de Jacques Le Rider. Deirdre Bair fornece um relato interessante das relações entre Jung e Otto Gross: *Jung*, op.cit., p.209-23.

80. As teses de Hans Gross mostram afinidades com as da "pedagogia negra".

81. Sobre esse aspecto da vida de Gross, podemos consultar a obra de Martin Green, *Les Soeurs Von Richthofen: deux ancêtres du féminisme dans l'Allemagne de Bismarck, face à Otto Gross, Max Weber e D.H. Lawrence* (1974), Paris, Seuil, 1979.

Nomeado professor titular de psicopatologia, Gross tornou-se assistente de Emil Kraepelin em Munique e se entusiasmou pela obra freudiana, exigindo ao mesmo tempo ser considerado um profeta. Após conhecer Freud, que não estava descontente de ter como discípulo o filho de tal celebridade, ele enveredou na prática da psicanálise, frequentando o meio intelectual do bairro de Schwabing em Munique, onde, no início do século, misturavam-se os discípulos de Stefan George e Ludwig Klages. Como aponta Jacques Le Rider, o nietzscheísmo ali ganhava a forma de uma metafísica do "eros cosmogônico", no qual se manifestava a nostalgia de um dionisismo arcaico inspirado pelas pesquisas mitológicas de Bachofen sobre o "matriarcado".

E foi através desse culto, pregando o imoralismo sexual e a prática do êxtase, que Gross militou em favor da psicanálise, tomando o contrapé das teses de seu pai e valorizando tudo o que este condenava: a fragilidade dos seres, o hedonismo, o prazer, o matriarcado, os anormais, o feminismo, a revolta das mulheres: "Os degenerados são o sal da terra" e "o estado mais saudável para o neurótico deve ser o imoralismo sexual", ele dirá. Em suma, mesclava freudismo e nietzscheísmo para extrair um "programa" de liberação sexual mais tarde retomado sob outra perspectiva por Wilhelm Reich e os freudo-marxistas.

Em maio de 1908, obrigado pelo pai, ele foi novamente internado na clínica do Burghölzli para um segundo tratamento de desintoxicação, na companhia da mulher, Frieda, submissa a seus caprichos. Freud, que redigira uma carta de recomendação em seu favor, pediu a Jung que lhe impusesse uma abstinência, na esperança de que pudesse em seguida analisá-lo, o que não foi o caso. Gabando seus méritos de teórico, Jung fez dois diagnósticos sucessivos: neurose obsessiva, depois demência precoce. Assim, Gross tornou-se um paciente-discípulo acuado entre um mestre e outro discípulo, por sua vez futuro dissidente. Graças a ele, de certa maneira, Jung pôde defender junto a Freud a validade da noção de demência precoce, à qual este resistia. Jung a princípio via Gross como um louco varrido, depois afeiçoou-se a ele, sem conseguir ajudá-lo, chegando mesmo a vê-lo como um irmão gêmeo.

Gross não comia senão legumes cozinhados à sua maneira, era desleixado, nunca tomava banho ou se barbeava e misturava os remédios de abstinência com ópio. Sobrepunha diversas peças de roupa quando fazia calor, exigindo que todas as lâmpadas fossem apagadas, deambulava pelos corredores da

Discípulos e dissidentes

clínica, rabiscando desenhos nas paredes e assoalhos, e dormia pressionando um travesseiro sobre a cabeça.

O tratamento resultou num desastre. Após uma fase maníaca, Gross fugiu da clínica e começou uma terapia, sem maior sucesso, com Wilhelm Stekel. No Burghölzli, Jung também cuidou de Frieda, que lhe expôs os benefícios da emancipação erótica de ambos, ao passo que a Ernest Jones ela relatou como sofria com sua situação e com a libertinagem do marido.[82]

Não demorou muito para que a maioria dos discípulos passasse a olhar Gross como um perigoso radical, suscetível de prejudicar o movimento. Depravado, imoral, anarquista, exaltadamente aferrado à temática da revolução pelo sexo, foi abandonado sem cerimônia por Freud, que subitamente opinou que ele desnaturava a causa psicanalítica. Isso não impediu Gross de continuar a praticar e reivindicar o freudismo. Após causar escândalo ao tratar uma adolescente amotinada contra a autoridade dos pais, foi morar com uma pintora anarquista, que se suicidou em 1911. Acusado de incitação ao suicídio, depois várias vezes internado, caçado finalmente pela polícia, que não se cansará de atormentá-lo por conta de "atividades subversivas", terminará sua vida errante em 1920, após a morte do pai e a queda dos impérios, numa calçada de Berlim, levado pelo frio e a fome.

Manifestamente, Freud não sabia o que fazer com aqueles discípulos loucos, transgressivos, inventivos e talentosos,[83] que, sob certos aspectos, tomavam sua doutrina "ao pé da letra", ao ler em seus textos o que eles não continham, no intuito de deslanchar uma revolução individual e social muito mais radical do que a preconizada pelo mestre. Clínico inepto da loucura, mais preocupado em construir um movimento capaz de dar suporte às suas teses, *Herr Professor* precisava comprovar perante a opinião pública que os soldados de seu exército eram honrados terapeutas. Nesse sentido, foi sempre muito injusto para com aqueles que, por seus excessos, imprimiam um rosto diferente à sua doutrina – rosto que lhe evocava os delírios de Fliess e seus próprios devaneios.

Nesse aspecto, Freud não detinha a mesma margem de manobra que escritores e poetas: sua intenção era construir um movimento a ser aceito pela

---

82. Ernest Jones trabalhava então na clínica. Cf. Sigmund Freud e Ernest Jones, *Correspondance complète, 1908-1939* (1993), Paris, PUF, 1998, carta de 13 de maio de 1908, p.47.
83. Houve muitos outros, entre os quais Viktor Tausk, Georg Groddeck, Wilhelm Reich, os três mais famosos e criativos.

ciência. Missão impossível, naturalmente. Porém, nessas condições, como enxergar que o culto da ortodoxia termina sempre por alimentar tanto a esterilidade do pensamento como suas distorções e transgressões?

Franz Kafka será então mais perspicaz que ele e fará uma descrição muito mais penetrante de Gross: "Ele me faz pensar na aflição dos discípulos de Cristo aos pés do Crucificado."[84] Em contrapartida, Max Weber, que tomara conhecimento da psicanálise através das extravagâncias de Gross, mostrou grande severidade em relação a Freud e seus discípulos, considerando que a psicanálise não propunha nenhuma nova exigência ética à humanidade e induzia ao risco de promover uma substituição do cientista pelo "diretor de almas".

Em 1908, Ernest Jones passou a ser o homem da situação, aquele que podia proporcionar a Freud o que Jung não lhe oferecia: meios políticos necessários à transmissão de sua obra, à normalização da prática psicanalítica e à expansão mundial do Verein.

Nascido no País de Gales, numa família provinciana da pequena burguesia, e tendo vivido uma infância difícil sob a autoridade de um pai implacável com os filhos, Jones resolveu especializar-se em psiquiatria, após ter sido aluno do grande neurologista John Hughlings Jackson. Quando tomou conhecimento dos primeiros escritos de Freud, teve a convicção de que a psicanálise trazia ao mundo uma nova racionalidade e aprendeu alemão para ler *A interpretação dos sonhos* no original.

A educação que recebeu incitou-o, como a muitos outros, a rebelar-se contra a ordem estabelecida e os costumes em vigor numa Inglaterra ainda profundamente vitoriana. Tivera um conhecimento precoce e acurado das práticas sexuais e as comentava com uma franqueza que chocava seu círculo, maneira de contestar a lei do pai. E como paralelamente era um sedutor sempre às voltas com mais de um *affair*, não podia ficar indiferente à nova teoria freudiana da sexualidade. Começou assim, em 1906, a exercer a psicanálise de maneira independente. Um ano mais tarde, em Amsterdã, conheceu Jung num congresso de neurologia, o qual o convidou a trabalhar ao seu lado na

---

84. Otto Gross, *Psychanalyse et révolution*, op.cit., p.78.

Discípulos e dissidentes

clínica do Burghölzli, onde se iniciou na nova psiquiatria, ao mesmo tempo em que assistia à derrocada de Otto Gross e Frieda.[85]

Em 30 de abril de 1908, após o congresso de Salzburgo, fez uma visita a Freud na companhia do psiquiatra Abraham Arden Brill, originário da Galícia, emigrado para os Estados Unidos em torno de 1890 após violentos conflitos com seu pai, oficial no exército imperial. Jones desejava conhecer Freud, ao passo que Brill queria tornar-se seu analisando e divulgador americano.

O resultado dessa visita, embora desastroso para Jones, foi benéfico para Brill, a quem Freud confiou a tradução de suas obras sem perceber que aquele discípulo excêntrico não dominava bem a língua inglesa e, sobretudo, almejava adaptar a doutrina vienense a um suposto "espírito americano".

Freud não simpatizou muito com Jones num primeiro momento. Daí esta observação numa carta a Jung: "Jones é certamente alguém muito interessante e de grande valor, mas tenho a seu respeito o sentimento, eu diria, quase de uma raça estrangeira. É um fanático e come pouquíssimo ... ele me lembra Cássio, o esquelético. Nega toda hereditariedade. Já sou um reacionário para ele." E também: "A mistura das raças em nossa trupe é muito interessante para mim. Ele é celta, por isso não completamente acessível a nós dois, o germano e o mediterrânico."[86]

Num primeiro momento, portanto, Freud não se sentiu nem um pouco cativado por aquele "celta" que vinha de outro mundo que não o seu. Jones não manifestava nenhum interesse pela *Mitteleuropa*, não compreendia nem as loucuras barrocas da Viena imperial, nem os sonhos de atemporalidade melancólica que assombravam o primeiro círculo dos discípulos. Não era nem judeu como eles, nem fascinado pelo espiritismo e as mesas girantes como Jung, e, embora respeitasse o talento clínico de Ferenczi, seu futuro analista, não tinha nenhuma inclinação pela telepatia e as videntes de Budapeste. Conservador, pragmático, mais neurologista que psiquiatra e completamente favorável à emancipação das mulheres num país em que o feminismo estava na vanguarda de todas as lutas, recusava a ideia de que a psicanálise trouxesse

---

85. Ernest Jones, *Free Associations. Memories of a Psychoanalyst*, Nova York, Basic Books, 1959. Além da biografia de Freud, Jones escreveu diversos artigos, mais tarde reproduzidos em diversas coletâneas, a mais completa delas sendo *Papers on Psycho-Analysis*, Londres, Karnac Books, 2012. Entre 1908 e 1939, Freud e Jones trocaram 671 cartas.
86. Sigmund Freud e Carl Gustav Jung, *Correspondance*, t.I: *1906-1909*, op.cit., p.210 e 233.

embutida uma possível revolução social ou filosófica. Queria vinculá-la à medicina, bem como abrir um debate com outras disciplinas, em especial com a antropologia, então em plena expansão no mundo anglófono. Em suma, vindo da outra extremidade da Europa e um puro representante dos valores liberais de uma das mais poderosas democracias ocidentais, Jones era, histórica, política e geograficamente, o homem do futuro da psicanálise.

Jamais procurando seduzir um mestre junto ao qual poderia ter encontrado reconforto paterno, tinha como única ambição servir a uma "causa" e defendê-la, se necessário ao preço de contrariar seu fundador e ser-lhe infiel. Posicionou-se imediatamente, com relação a Freud, como um herdeiro cuja fidelidade ia muito além da afeição pela pessoa. E Freud foi obrigado a admitir que aquele trabalhador obstinado, que não alimentava nenhum desejo de "superar o pai", proporcionava-lhe não só a eficácia necessária à estruturação de seu movimento e a tão falada saída do "gueto vienense", como também uma abertura para aquele novo mundo com que ele sonhava: o reino de Shakespeare e Cromwell e, do outro lado dos oceanos, o da Nova Inglaterra. E como Jones não conseguia decifrar sua escrita gótica, Freud aceitou doravante redigir suas missivas ou em caracteres latinos ou em seu "sofrível inglês".

Em Londres, a situação desse novo discípulo não era nada invejável. Após ser publicamente denunciado pelo irmão de uma paciente sua que queria se divorciar, foi acusado de falar despudoradamente a respeito de sexo com duas crianças, as quais fizera passar por um teste. Embora terminasse inocentado após uma noite na prisão, decidiu deixar a Grã-Bretanha e se instalar com sua companheira, Loe Kann,[87] no Canadá, onde permaneceu por quatro anos. E foi de Toronto que começou a escrever a Freud. Opondo-se a Brill, impôs-se muito depressa como o melhor organizador do freudismo do outro lado do Atlântico, em especial com a criação, em 1911, da American Psychoanalytic Association (APsaA).[88]

Freud logo se deu conta de que tivera razão, apesar das reticências iniciais, ao atar o destino de seu movimento àquele galês que ele não apreciava mas

---

87. Cujo nome verdadeiro era Louise Dorothea Kann.

88. No entreguerras, a APsaA se tornará a maior potência psicanalítica da IPA, agrupando todas as sociedades psicanalíticas americanas, compostas, na sequência, por quase todos os emigrados de língua alemã fugidos da Europa a partir do advento do nazismo em 1933. De Londres, Jones exercerá um efetivo poder sobre ela.

Discípulos e dissidentes

que ia desempenhar um papel relevante, para o melhor e o pior, na história do freudismo. Independentemente do que pudesse pensar, *Herr Professor* encontrara em Jones o indispensável amigo que jamais seria seu inimigo.

Assim que chegou a Toronto, Jones confrontou-se com uma situação difícil. De um lado, chocava-se com movimentos religiosos que rejeitavam toda abordagem racional do psiquismo e apregoavam as curas milagrosas, de outro, via-se às voltas com partidários da grande corrente da psiquiatria dinâmica, marcada pelos trabalhos de Pierre Janet e Morton Prince, grande especialista no fenômeno da personalidade múltipla e pioneiro da escola bostoniana de psicoterapia, que travavam uma guerra sem misericórdia contra a teoria freudiana. Em nome de outra abordagem clínica, considerada mais "científica", viam os freudianos como adeptos de uma nova religião. Quanto à burguesia de Toronto, Jones julgava-a detestável, tacanha, obscurantista.

Não demorou a ser vítima de uma campanha orquestrada por uma das ligas puritanas do Novo Mundo, que comparavam o freudismo a um demônio sexual e a psicanálise a uma prática de depravação e libertinagem. Verdadeiro bode expiatório, foi acusado de todo tipo de crimes imaginários: diziam que incitava os jovens a se masturbar, distribuía cartões-postais obscenos ou encaminhava adolescentes de boa família a prostíbulos. Tendo como inimigo notório Sir Robert Alexander Falconer, ministro da Igreja presbiteriana e reitor da universidade, foi igualmente perseguido na justiça pela célebre Emma Leila Gordon, primeira médica do Canadá e membro da puritaníssima Woman's Christian Temperance Union. Esta o acusava de ter abusado sexualmente de uma mulher histérica, delirante e dependente de morfina, a quem tratara e, estupidamente, dera dinheiro para que parasse de chantageá-lo. O caso degenerou em tragédia quando a paciente quis matá-lo antes de tentar o suicídio. Após ser manipulada dessa forma por uma liga da virtude, ela foi banida de Ontário.

Impedido de prosseguir seu trabalho nesse clima de caça às bruxas, Jones pensou em instalar-se em Boston. Em 1910, com efeito, o simpático James Jackson Putnam,[89] convertido à doutrina vienense a despeito de seu puritanismo,

---

89. James Jackson Putnam manteve uma correspondência com Freud. Cf. *L'Introduction de la psychanalyse aux États-Unis. Autour de James Jackson Putnam* (1958), org. Nathan G. Hale, Paris, Gallimard, 1978.

cogitou obter uma cadeira para ele em Harvard, ao mesmo tempo hesitando em apoiá-lo em razão de sua irresistível tendência a falar de sexualidade perante um público reticente. No fim, a tentativa naufragou e Jones deixou o Canadá no verão de 1912 para se instalar em Londres.[90]

Um ano mais tarde, a conselho de Freud, passou dois meses em Budapeste a fim de ser analisado por Ferenczi, no momento em que ele mesmo pedia ao mestre que atendesse Loe Kann, traumatizada após sua temporada em Toronto e que usava morfina para aplacar dores decorrentes de uma pielonefrite. Nascida numa rica família da burguesia judaica holandesa, Loe era bonita, inteligente e generosa, e não apreciava que lhe impusessem interpretações sobre si própria que não lhe parecessem em conformidade com a verdade. Contudo, aceitou encontrar-se com Freud. Este achou-a deliciosa e tentou curá-la de sua frigidez e suas dores abdominais, que ele interpretou como sintomas histéricos. Foi então que se urdiu um imbróglio transferencial bastante característico dos primeiros tratamentos psicanalíticos.

Se ainda não se dava conta de que Loe o estava abandonando, Jones temia, compreensivelmente, as indiscrições de Freud e de Ferenczi a seu respeito. E, de fato, Freud mantinha informado seu discípulo do coração a respeito do desenrolar do tratamento da jovem, enquanto o húngaro lhe transmitia confidências de Jones. Em setembro de 1912, Loe instalou-se em Viena com Lina, sua camareira, e Jones foi intimado por Freud – segundo a famosa regra da abstinência que tanto lhe agradava – a se afastar "sexualmente" de sua paciente. Quatro meses mais tarde, Jones tornou-se amante de Lina, enquanto Loe caía apaixonada por Herbert "Davy" Jones (apelidado Jones II), milionário americano cuja família era proprietária de jazidas de zinco no Wisconsin. Num gesto de fidelidade ao primeiro Jones, ela o acompanhou a Londres para ajudá-lo financeiramente a encontrar uma clientela.

Às vésperas da guerra, em Budapeste, casou-se com Herbert Davy, na presença de Rank e Ferenczi. Embora cética a respeito da psicanálise, tornou-se amiga de Anna Freud e manteve boas relações com *Herr Professor*. Nunca se curou nem da dependência da morfina nem da frigidez. Mas o tratamento lhe permitiu separar-se de Jones.[91]

---

90. Sobre a história da implantação da psicanálise no Canadá, cf. *Dicionário de psicanálise*, op.cit.
91. Lisa Appingnanesi e John Forrester, *Freud's Women*, Nova York, Basic Books, 1992.

Discípulos e dissidentes 167

Sempre inclinado a intervir nos casos amorosos de seus discípulos, Freud recorria à psicanálise para interpretar a significação dos conflitos que surgiam não só em suas vidas, como em cada etapa da constituição de seu movimento. Assim, via os adeptos mais próximos como pacientes e eles mesmos correspondiam às suas demandas. Todos compartilhavam o mesmo interesse pela exploração do próprio inconsciente, de seus sonhos, de suas vidas privadas. Incessantemente, analisavam-se uns aos outros, expondo ao mesmo tempo seus casos clínicos por ocasião de suas reuniões ou ao longo de sua correspondência. Em suma, nessa época os discípulos do mestre desenvolviam uma verdadeira mania de interpretação,[92] esquecendo-se de que esta não deve jamais descambar para o delírio, nem servir de droga, nem alimentar o gozo, sob pena de prejudicar a causa psicanalítica.

Além disso, Freud se entregava a interpretações sistemáticas a propósito de conflitos políticos ou doutrinais, aplicando a torto e a direito o sacrossanto complexo de Édipo, transformado progressivamente numa psicologia familiarista por seus imitadores. Dessa forma, aplicava seus conceitos não só aos textos literários, como a situações conflituosas de grande banalidade. E recusava-se a ver que tal evolução ameaçava fazer da psicanálise uma nova teoria que permitiria neutralizar toda forma de contradição ou comprometimento.

Manifestamente, essa distorção em parte dava razão aos antifreudianos, que consideravam a psicanálise um "método perigoso" e se regozijavam com o espetáculo de suas dissidências. Como não ver que os grandes pioneiros daquela magnífica doutrina agiam, em suas existências, como criaturas incapazes de controlar suas paixões? Brincavam com fogo.

Foi em 1906 que Freud foi interpelado por Jung a respeito do caso de uma jovem russa chamada Sabina Spielrein,[93] que pertencia ao meio de negociantes

---

92. Em 1910, consciente dos efeitos nefastos dessa mania, Freud deu o nome de "psicanálise selvagem" a um erro técnico cometido por um clínico e que consistia em jogar na cara do paciente, desde a primeira sessão, segredos que ele desvendara. Sigmund Freud, "De la psychanalyse sauvage" (1910), in *OCF.P*, op.cit., vol.10 [ed. bras.: "Psicanálise 'selvagem'", in *SFOC*, vol.9 / *ESB*, vol.11; ed. orig.: "Über 'Wilde' Psychoanalyse", in *GW*, vol.8].

93. A história de Sabina Spielrein foi objeto de diversos romances e filmes, em especial o excelente *Um método perigoso*, 2011, de David Cronenberg. Foi, igualmente, objeto de diversos livros. Cf. *Sabina Spielrein entre Freud et Jung*, obra descoberta por Aldo Carotenuto e Carlo Trombetta (Roma, 1980), ed. francesa estabelecida por Michel Guibal e Jacques Nobécourt, Paris, Aubier-Montaigne, 1981. Nesse livro, estão reunidos os principais artigos de Sabina Spielrein. Cf. também *Sabina Spielrein, un classique méconnu de la psychanalyse* (obra coletiva),

judeus de Rostov. Fora hospitalizada no Burghölzli em 17 de agosto de 1904, na esteira de um surto psicótico e após ter peregrinado de clínica para hospício sem apresentar melhoras. Seu destino iria tornar-se emblemático da saga das primeiras psicanalistas.

Segundo o relatório redigido por Jung em setembro de 1905, Sabina fora criada por pais neuróticos, cujo casamento fora arranjado pelos próprios pais. Com horror às "coisas sexuais", a mãe passava o tempo viajando, hospedada em suntuosos hotéis europeus e comprando joias e roupas caras. Quanto ao pai, louco e suicida, espancava os filhos, especialmente os meninos, e xingava a filha. Aos sete anos, Sabina já falava diversas línguas e, na adolescência, terminara por sentir-se excitada sexualmente diante das mãos daquele pai que surrara, à sua frente, as nádegas nuas de seu irmão.[94] Acometida por uma compulsão à masturbação, acompanhada de rituais ligados a um erotismo anal, adquirira o hábito de dobrar o pé para pressioná-lo sobre o ânus a fim de reter seus cíbalos, ao mesmo tempo em que sentia um voluptuoso arrepio a cada tentativa de soltar o intestino. Ao chegar ao Burghölzli, aos dezenove anos, parecia gozar com seus rituais e seu onanismo, enquanto esbravejava de maneira convulsiva contra o mundo inteiro.

Em 1906, Jung expôs seu caso a Freud, assinalando que tratara a jovem como uma "histérica psicótica". Este, contudo, propôs-lhe uma interpretação de sua lavra: segundo ele, Sabina sofria de um autoerotismo anal com fixação da libido sobre o pai e perversão recalcada.[95]

Foi só entre 1908 e 1909 que Jung lhe contou que Sabina apaixonara-se por ele a ponto de fazer um "horrível escândalo". A realidade era completamente diferente. Ao longo do tratamento, Jung efetivamente tornara-se amante de sua paciente e o caso entre os dois durara vários anos, durante os quais ela cursou medicina. Enciumada e desesperada, Emma divulgou o episódio e in-

---

in *Le Coq-Héron*, Toulouse, Érès, 2009. E também *Dicionário de psicanálise*, op.cit. Deirdre Bair relata detalhadamente, apresentando novos dados, o tratamento de Sabina e suas relações com Jung e Bleuler.

94. Relatório de C.G. Jung, citado por Deirdre Bair, segundo os arquivos do Burghölzli, in *Jung*, op.cit., p.139.

95. Sigmund Freud e Carl Gustav Jung, *Correspondance*, t.I: *1906-1909*, op.cit., carta de 27 de outubro de 1906, p.47.

Discípulos e dissidentes

formou aos pais da moça. Em pânico, Jung terminou por confessar a verdade a Freud, que tomou o partido de seu querido delfim.

Curada de seus sintomas, Sabina tornou-se outra mulher não só em virtude do tratamento, como pelo amor de seu terapeuta: itinerário clássico, específico das relações transferenciais e contratransferenciais. Passou então a militar pela grande causa da psicanálise. Contudo, ainda apaixonada por Jung, que, por sua vez, continuava a sentir por ela uma afeição culpada, e desejando um filho dele, Sabina dirigiu-se a Freud, que aconselhou-a a fazer o luto daquela relação sem futuro e investir em outro objeto.

Em 1911, ela escreveu uma monografia sobre o caso de uma mulher psicótica tratada no Burghölzli.[96] Em seguida, fez uma conferência na WPV em que expunha suas teses sobre a pulsão de destruição,[97] enfatizando que esta perpassava a pulsão sexual. Freud se inspiraria nessa hipótese, retocando-a, em sua elaboração de uma nova concepção da dualidade pulsional.

No mesmo ano, Sabina casou-se com um médico judeu e russo, Pavel Naoumovitch Scheftel, para grande alegria de Freud, que, nessa época, não queria mais ouvir falar em Jung, nem em sua própria crítica a Herzl e ao sionismo, nem no perigo de a psicanálise ser assimilada a uma "ciência judaica": "De minha parte, como sabe", escreveu-lhe, "estou curado de toda sequela de predileção pelos arianos e quero supor, se o seu filho for menino, que ele se tornará um inabalável sionista. Torço para que seja moreno ou que, em todo caso, se torne um; chega de cabeças louras … . Somos e permanecemos judeus."[98]

No âmago do imbróglio entre Freud e Jung, Sabina Spielrein desempenhou então um papel essencial na evolução das relações entre aquele que era seu amante e aquele cuja causa ela abraçava. Procurando evitar o rompimento entre os dois homens, foi, para ambos, e em virtude de um terrível "ardil da história", o elemento revelador da degradação de uma situação que

---

96. "Sobre o conteúdo psicológico de um caso de esquizofrenia". Primeiramente publicado no *Jahrbuch*, III, agosto de 1911, esse texto foi retomado e comentado por Jung em *Símbolos da transformação* (1912), Petrópolis, Vozes, 9ª ed., 2011.

97. Sabina Spielrein, "La destruction comme cause du devenir" (1912), in *Sabina Spielrein entre Freud et Jung*, op.cit., p.212-62.

98. *Sabina Spielrein entre Freud et Jung*, op.cit., p.273. Freud jamais deixará de criticar Sabina por ter permanecido ligada a Jung, chegando a lhe propor interpretações selvagens, sugerindo que ela teria desejado um filho de Jung, idealizado como "cavaleiro germânico", para melhor exprimir sua revolta contra o pai, do qual, na realidade, teria desejado um filho.

marcou o fim de uma época da psicanálise, de um momento de fervor, no qual apenas os homens – discípulos ou dissidentes – eram autorizados não só a se entregar a torneios intelectuais, como a se julgar os únicos detentores de um saber sobre o psiquismo, fundado no declínio da autoridade patriarcal e na revolta dos filhos. Doravante iria lidar com outra configuração, na qual o lugar das mulheres e a análise da sexualidade feminina – e não mais apenas a clínica da histeria centrada nas moças vienenses às voltas com reminiscências – constituiriam o núcleo de uma batalha essencial na história da psicanálise.

Assim, a partir de 1910, as mulheres fizeram sua entrada na história do movimento psicanalítico e, entre as pioneiras, Hermine von Hug-Hellmuth, Tatiana Rosenthal, Eugénie Sokolnicka, Margarethe Hilferding e a célebre Lou Andreas-Salomé.[99]

Em setembro de 1911, no congresso do Verein em Weimar, cidade de Goethe, Freud cercara-se de meia centena de discípulos vindos de diversos países. Na fotografia tirada em frente à escadaria de entrada de um grande hotel, ele está em cima de um banquinho. De acordo com o fotógrafo, ele preferira dissimular sua pequena estatura a fim de aparecer como o anfitrião, ao lado de Jung, à sua esquerda, e Ferenczi à sua direita. Mais afastados, Abraham, Jones, Brill, Eitingon, Sachs, dispersos. Todos os vienenses estavam presentes, bem como Bleuler e muitos outros: Oskar Pfister, o suíço Alfons Maeder, Karl Landauer, o sueco Poul Bjerre, Ludwig Jekels. Na primeira fila, oito mulheres ocupavam cadeiras elegantemente dispostas, uma de chapéu, as outras de cabelo solto, todas calçando botinas e cintadas em seus espartilhos: Frau Emma Jung, empertigada e soberba, Fräulein Toni Wolff,[100] estranhamente inquietante, Liebe Lou, radiante de beleza. Sabina não comparecera à reunião.

Durante esse momento de grande felicidade, Jung ainda era o herdeiro preferido e Ferenczi, o filho adorado. Perante aquela assembleia de homens e mulheres, que aceitara posar diante da *camera oscura*, Freud pronunciou um brilhante comentário a respeito das *Memórias de um doente de nervos*, de Daniel Paul Schreber, jurista louco e ex-presidente do Tribunal de Recursos

---

99. Elisabeth Roudinesco, "As primeiras mulheres psicanalistas", in *Em defesa da psicanálise*, op.cit. Entre as 42 mulheres membros da WPV em 1938, a taxa de suicídio, loucura e morte violenta foi um pouco mais alta do que entre os homens. Seminário inédito. E *Dicionário de psicanálise*, op.cit.

100. Antonia Anna Wolff (1888-1953): paciente, depois amante e discípula de C.G. Jung.

Discípulos e dissidentes 171

da Saxônia. O autor dessa estranha autobiografia era o filho de um médico – Daniel Gottlieb Schreber, adepto da "pedagogia negra", que ficou conhecido na Alemanha ao pretender remediar a decadência das sociedades criando um homem novo, modelado por exercícios de ginástica ortopédica: um espírito são num corpo são.[101]

Com o relato de sua vida, Daniel Paul, o filho, tratado primeiramente na clínica dos doentes mentais de Leipzig pelo professor Paul Flechsig, depois hospitalizado em Pirna, próximo a Dresden, conseguira sair do hospício, demonstrando que sua loucura não podia ser apontada como motivo de confinamento. Afirmava que Deus, seu perseguidor, confiara-lhe a missão salvadora de se transformar em mulher para engendrar uma nova raça de humanos. Freud o via como um paranoico amotinado contra a autoridade paterna e analisava seu delírio como produto de uma homossexualidade recalcada e uma tentativa de se reconciliar com a imagem de um pai morto transformado em potência divina.

E concluía seu estudo com a evocação do mito da águia e do sol, que lhe havia sido inspirado por Jung. Baseando-se no que Schreber dizia a respeito de sua relação com os raios solares e sua incapacidade de procriar e integrar uma ordem genealógica, Freud declarava que, nos antigos mitos, as águias, por voarem nas altas camadas da atmosfera, eram consideradas os únicos animais a manter uma relação íntima com o sol, símbolo da potência paterna. E, consequentemente, impunham às suas crias, sob pena de serem expulsas do ninho, a prova de olhar sem piscar para o astro maior. Freud ressuscitava esse mito no presente, afirmando que o neurótico moderno guardava consigo as relíquias do homem primitivo:[102] todo filho deve, sob risco de morrer, enfrentar o pai para prestar testemunho de sua legitimidade.

Freud mais uma vez desfiava a história da rebelião de um filho contra o pai: um filho louco, cuja loucura fora engendrada pela de um pai adepto de teorias educativas delirantes, que, para a época, tinham a aparência da maior normalidade: um "assassinato da alma". A história de Daniel Paul Schreber apresentava vários traços comuns com a de Otto Gross, mas Freud ficou

---

101. Daniel Paul Schreber, *Memórias de um doente de nervos*, op.cit.; Sigmund Freud, "Remarques psychanalytiques sur l'autobiographie d'un cas de paranoia", in *Cinq psychanalyses*, op.cit.
102. Tese retomada em *Totem e tabu*, op.cit.

quieto e decerto não tinha consciência disso. No entanto, Gross, em 1904, já havia comentado, antes dele, a obra.[103]

O caso Schreber irá se tornar um clássico comentado e revisado por dezenas de psicanalistas, que, ao contrário de Freud, levaram em conta, na gênese da loucura de Schreber, as "teorias pedagógicas" de seu pai.[104] Numa perspectiva completamente diversa, Elias Canetti debruçou-se por sua vez, em 1960, em *Massa e poder*,[105] sobre o destino de Schreber, fazendo de seu sistema de pensamento um dos paradigmas da concepção conspiracionista do poder típica do século XX. E propunha trazer à tona o delírio subterrâneo desse célebre paranoico para melhor compará-lo à escalada das forças obscuras que terminariam por triunfar sobre a democracia, invertendo a ordem da soberania legal em seu oposto: hediondo rosto de um eu único, abolidor da alteridade, da razão e do pensamento.

Em 1909, Freud aceitara analisar um escritor vienense de vinte e cinco anos de idade, a pedido dos pais do jovem: o barão Viktor von Dirsztay, conhecido por suas extravagâncias e delírios. O pai, judeu húngaro nobilitado, fizera fortuna no banco e no comércio. Amigo de Karl Kraus e de Oskar Kokoschka, Viktor sofria de uma grave psicose e de uma doença de pele cuja causa ele atribuía ao desprezo que votava à família e à vergonha que sentia de suas origens. Durante mais de dez anos, em três estágios sucessivos, ele voltou à Berggasse para contar seu calvário.

Como Schreber, Viktor sentia-se vítima de um "assassinato de alma". Atormentado por um dilema, que o fazia opor-se ora a Kraus, ora a Freud, terminou por sentir-se perseguido pela psicanálise e foi internado em diversos sanatórios para doentes mentais, entre eles o de Rudolf von Urbantschitsch, um dos fundadores da Sociedade das Quartas-Feiras.[106] Após essas experiências, escreveu um romance sobre seu "caso", no qual figurava seu duplo diabólico, que o arrastava para a morte. Com o passar dos anos, o barão louco, que se

---

103. Martin Stingelin, "Les stratégies d'autolégitimation dans l'autobiograpie de Schreber", in *Schreber revisité*, colóquio de Cerisy, Presses Universitaires de Louvain, 1998, p.115-27.

104. *Le Cas Schreber. Contributions psychanalytiques de langue anglaise*, coletânea organizada, traduzida e apresentada por Luiz Eduardo Prado de Oliveira, Paris, PUF, 1979. Chawki Azouri, *"J'ai réussi où le paranoïaque échoue"*, op.cit.

105. Elias Canetti, *Massa e poder* (1960), São Paulo, Companhia das Letras, 2ª ed., 2005.

106. Rudolf von Urbantschitsch (1879-1964): psiquiatra e psicanalista, emigrará para a Califórnia em 1936.

Discípulos e dissidentes

julgava enfeitiçado, terminou por acusar Freud e Reik de havê-lo destruído. Em 1935, pôs fim aos seus dias junto com a mulher, por sua vez internada no hospital psiquiátrico Steinhof para tratar uma grave psicose.[107] Tal foi o destino desse Schreber vienense, esteta e boêmio, que diziam discípulo de Freud e cujo caso clínico jamais foi publicado, mas apenas evocado em determinadas correspondências e na imprensa.

Em 1912, enquanto Freud se debatia com esse novo "assassinato de alma", após comentar as *Memórias* de Schreber, Jung também se interessava pela temática do astro solar, mas de maneira bem diferente. Com efeito, ele tratara um paciente psicótico – Emil Schwyzer –, ingressado no Burghölzli em 1901, o qual, olhando para o sol, via um *membrum erectum* (pênis ereto). Schwyzer estava convencido de que podia "influenciar o clima", fazendo mover o membro erétil segundo os movimentos de sua cabeça. Longe de comparar o apêndice fálico com um substituto do poder paterno, Jung reportava esse delírio à liturgia de Mitra,[108] divindade indo-europeia. Enquanto Freud reinterpretava os mitos à luz da psicanálise, Jung via nas mitologias a expressão de um inconsciente arcaico característico de cada povo e forjador de tipos psicológicos. As duas teses eram incompatíveis. Jung retornava ao antigo subconsciente dos espíritas e magos, considerando o homem moderno um herdeiro direto de seus ancestrais, ao passo que Freud hauria nos mitos de origem os instrumentos capazes de metaforizar, linguisticamente, a condição do homem moderno.

Em 1913, data do rompimento entre o herdeiro e o mestre, e às vésperas de uma guerra assassina que viria a mudar o destino da psicanálise, na mesma medida que o da Europa e das mulheres, nunca mais Freud sentiria o mesmo entusiasmo por um discípulo e nunca mais Jung se sentiria atraído por um pai pelo qual desejasse tanto ser amado.

---

107. Devemos a reconstituição dessa trágica história a Ulrike May. Cf. Renate Sachse, "À propos de la recherche d'Ulrike May. Sur dix-neuf patients en analyse chez Freud (1910-1920)", *Essaim*, 2, 2008, p.187-94; Ulrike May, "Freuds Patientenkalender: Siebzehn Analytiker in Analyse bei Freud (1910-1920)", *Luzifer-Amor*, 19, 37, 2006, p.43-97; cf. também Mikkel Borch-Jacobsen, *Les Patients de Freud*, op.cit.

108. C.G. Jung evoca o caso do "homem do sol fálico" em *Símbolos da transformação*, op.cit. Jung havia delegado o tratamento desse paciente a seu aluno Johann Honneger, por sua vez acometido de distúrbios maníacos, o qual se suicidou em março de 1911, aplicando-se uma dose cavalar de morfina.

Quanto a Sabina Spielrein, passando do status de doente ao de clínica, foi a primeira mulher do movimento psicanalítico a seguir de fato uma carreira e, consequentemente, a ingressar numa história de que as mulheres, salvo por sua atuação como pacientes ou esposas, haviam sido excluídas. Seu destino foi trágico. Após participar da fundação do movimento psicanalítico russo, será exterminada, junto com as duas filhas, pelos nazistas, em Rostov, em julho de 1942.

3. A descoberta da América

TAL COMO em toda a Europa, os estudiosos da Costa Leste dos Estados Unidos, influenciados pela evolução da psiquiatria dinâmica, buscavam resolver o enigma das doenças nervosas. Nesse país, fundado pelos descendentes dos puritanos tão admirados por Freud, a democracia inspirava-se na Declaração de Independência de 1776 e repousava tanto numa concepção individualista da liberdade humana como na criação de estados federados, cujo projeto era de inspiração religiosa. Através de seus "pais fundadores", o povo americano considerava-se o novo intérprete da Bíblia e o herdeiro da antiga aliança divina com Israel. Durante toda a primeira metade do século XIX, o desabrochar da psiquiatria havia coincidido com o desenvolvimento dos *State mental hospitals*, sistema de seguro que custodiava os alienados indigentes, ao passo que inúmeras fundações e estabelecimentos privados especializavam-se no tratamento da loucura.[109]

No momento em que Freud foi convidado a descobrir o Novo Mundo, duas grandes correntes digladiavam-se na abordagem das doenças da alma: os somáticos, de um lado, que atribuíam a origem dos distúrbios psíquicos a um substrato neurológico, ao mesmo tempo em que preconizavam um *educational treatment*; e, do outro, os psicoterapeutas, que, embora criticando os excessos do somatismo, buscavam legitimidade, recusando-se a ser comparados a curandeiros. Todos os grandes especialistas americanos nas doenças da alma – Morton Prince, Adolf Meyer, William James, James Jackson Putnam, Stanley Hall – eram profundos conhecedores das teses europeias. Falavam

---

109. A melhor obra sobre a introdução da psicanálise nos Estados Unidos é a de Nathan Hale, *Freud et les Américains*, Paris, Les Empêcheurs de Penser en Rond, 2001 [ed. orig.: *Freud and the Americans: The Beginnings of Psychoanalysis in the United States*, t.1: 1876-1917, t.2: 1917-1985, Nova York, Oxford University Press, 1971, 1995]. Cf. também Eli Zaretski, *Le Siècle de Freud* (2004), Paris, Albin Michel, 2008.

diversas línguas, tinham viajado e acompanhavam com interesse as publicações de Janet, Flournoy, Bleuler, Jung e Freud.

Se a neurologia, a psiquiatria e a psicologia desempenhavam um papel capital no progresso dos tratamentos psíquicos, a "moral civilizada" permanecia uma componente essencial na elaboração das diferentes abordagens terapêuticas. Com efeito, naquele país profundamente religioso, os ideólogos da nova sociedade industrial estavam convencidos de que o progresso da civilização dependia da estabilidade da família monogâmica e do controle exercido sobre a sexualidade.[110] Nesse contexto, a construção de uma moral civilizada passava por uma valorização absoluta do casamento por amor em detrimento do casamento arranjado, e logo pela condenação radical não só de todas as práticas de "fornicação" – masturbação, sodomia, felação etc. –, como de todas as formas de relações sexuais extrínsecas ao matrimônio: tanto para os homens como para as mulheres. Assustados diante da potência da energia sexual (ou libido) – cujas devastações eram descobertas nos corpos convulsionados das mulheres histéricas –, os paladinos da ética protestante haviam se lançado, em torno de 1900, numa cruzada contra sua possível "degradação". Para ser útil à família industriosa, a libido devia ser canalizada, dessexualizada, ponderada, ou ainda orientada para atividades consideradas produtivas, como a instrução ou a economia, e controlada mesmo no âmbito do matrimônio burguês. Assim, face à proibição do prazer fora do casamento, decretada pelas ligas de virtude e resultando na abstinência obrigatória, afirmava-se simetricamente a vontade de lutar, dentro do casamento, contra a frigidez das mulheres e a impotência do homem. Uma correta "união civilizada" supunha então a injunção de uma sexualidade "normalizada", baseada tanto no coito como no orgasmo e na procriação. Em contrapartida, fora dos laços do casamento, nenhuma sexualidade "normal" tinha o direito de existir.

Tal posição divergia da posição de Freud, que, ao contrário, sustentava que a repressão da sexualidade era a causa da neurose, mas que nem por isso a ausência de controle da pulsão sexual resolvia a questão. Em outros termos, segundo ele, o ideal de uma "moral civilizada" repousava não na preservação da família monogâmica ou da fidelidade conjugal, e sim na necessária sublimação das pulsões voltada para atividades criativas. Decerto pensava que

---

110. Nathan Hale, *Freud et les Américains*, op.cit., p.43.

A descoberta da América 177

o espírito devia prevalecer sobre os sentidos, mas também sabia, por tê-la praticado voluntariamente, que nenhuma abstinência podia ser imposta ao sujeito em nome de uma moral higienista de inspiração religiosa.[111]

Foi nesse contexto que o simpático psicólogo Granville Stanley Hall convidou-o a dar uma série de conferências na Clark University, de Worcester, por ocasião do vigésimo aniversário de sua fundação. Conhecido por suas "manias" – andava descalço – e convencido da validade das teorias freudianas sobre a sexualidade, esse grande especialista em infância e adolescência, adepto do higienismo, ignorava o quanto *Herr Professor*, a despeito de suas tergiversações, sonhava com a América, ainda mais naquele momento preciso, em que se sentia desprezado na Europa. Além disso, gostava de viajar, admirava Abraham Lincoln, queria ver porcos-espinhos e almejava conquistar uma nova terra prometida.

Quando soube que Jung fora convidado para a mesma celebração, em virtude da desistência de Ernst Meumann, psicólogo voltado para a pedagogia, pediu a Ferenczi que o acompanhasse por conta própria. Durante várias semanas, preocupou-se basicamente com a roupa-branca e os ternos que deveria usar durante a travessia oceânica, em primeira classe, a bordo do transatlântico *George Washington*, soberbo, florão da Norddeutscher Lloyd-Dampfer, com seus camarotes elegantes, *fumoirs*, salões decorados, antenas Marconi, espreguiçadeiras com xales e mantas xadrez, e vários patamares de convés interligados. Haveria bailes de gala que exigissem traje a rigor? Que comida serviriam? Que problemas digestivos recear? Como seria a barbearia? E o banheiro? Munido de seu guia *Baedeker* e amontoando livros e roupas num baú, Ferenczi preparou minuciosamente sua viagem, sugerindo ao mesmo tempo a Freud a leitura de obras eruditas sobre a nação americana.[112] Este não fez nada disso.

---

111. Sigmund Freud, "La morale sexuelle 'civilisée' et la maladie nerveuse des temps modernes" (1908), in *OCF.P*, op.cit., vol.8 [ed. bras.: "A moral sexual 'cultural' e o nervosismo moderno", in *SFOC*, vol.8 / *ESB*, vol.9; ed. orig.: "Die 'kulturelle' Sexualmoral und die moderne Nervosität", in *GW*, vol.7].

112. Existem diversas versões da viagem dos três homens aos Estados Unidos. Ver as de Ernest Jones, Peter Gay, Linda Donn, Deirdre Bair, Nathan Hall e, por fim, Vincent Brome: *Les Premiers Disciples de Freud* (1967), Paris, PUF, 1978; e *Jung, Man and Myth*, Nova York, Atheneum, 1981. A que se acrescentam os depoimentos dos próprios protagonistas: Jung evoca o périplo em *Ma vie. Souvenirs, rêves et pensées*, op.cit., bem como em sua entrevista a Kurt Eissler, da Biblioteca do Congresso, em Washington. Freud refere-se a ela em seu diário de viagem, em *"Notre coeur tend vers le sud"*, op.cit. É igualmente recomendável a leitura das diferentes corres-

Os três homens se encontraram em 20 de agosto de 1909 em Bremen, na véspera do embarque, e almoçaram alegremente num excelente restaurante. Incentivado por Freud e Ferenczi, Jung decidiu quebrar seu juramento de abstinência e tomou vinho pela primeira vez em nove anos. Freud interpretou o ato como um juramento de fidelidade a seu favor e logo as manias interpretativas recomeçaram de ambos os lados, perante um Ferenczi que não demonstrava nenhuma vontade de entrar no grande jogo da análise selvagem.

À noite, Jung convidou os dois amigos para jantar em seu hotel e desatou a falar da lenda dos corpos mumificados de homens pré-históricos encontrados nas turfas alemãs – os *Moorleichen* –, sobre cuja morte pairava um mistério. Tomado de angústia, Freud teve uma síncope. Quando voltou a si, explicou que aquela história traduzia um desejo de condenação à morte do pai pelo filho. Furioso, Jung recusou a interpretação, alegando tudo que a "Causa" lhe devia e censurou Freud por entregar-se a um delírio projetivo.[113]

Durante a travessia do Atlântico, enquanto observavam os movimentos do oceano, os dois homens insistiam em querer analisar-se mutuamente. Pensando nos caixões de vidro encerrados na "cripta de chumbo" da catedral de Bremen, Jung contou um sonho no qual vira dois crânios humanos jazendo no solo de uma gruta. Freud não titubeou em reafirmar que o amigo desejava inconscientemente sua morte.

Enquanto o mestre acusava o herdeiro de querer "matar o pai", Jung tomara consciência sub-repticiamente da evolução que se operava nele. Na realidade, o fascínio que sentia por grutas, múmias e vestígios do passado correspondia à sua concepção do inconsciente. Jung nunca aderira à teoria freudiana de um inconsciente pensado em termos de instância, entretecido por conteúdos recalcados e se manifestando por meio das palavras da linguagem comum. Nunca aceitara a ideia daquela "outra cena" estrutural tão cara a Freud, aquela outra cena intrínseca à subjetividade e sem vínculo

---

pondências entre Ferenczi, Jung, Freud, Putnam e Stanley Hall. Consultei igualmente, nesse ponto, a obra de Saul Rosenzweig, *Freud, Jung, and Hall the King-Maker. The Historic Expedition to America* (1909), Seattle, Toronto e Berna, Hogrefe & Huber, 1992; e Anthony Ballenato, *Freud et la modernité américaine. L'Introduction de la psychanalyse à New York (1909-1917)*, monografia, Universidade de Paris VII, 2007-8, sob a orientação de Elisabeth Roudinesco. Anthony Ballenato explorou arquivos inéditos.

113. Freud omitiu esse episódio em seu diário de viagem, limitando-se a admitir estar um pouco debilitado devido ao cansaço.

A descoberta da América

com qualquer anterioridade que fosse. O modelo dos trágicos gregos nunca o inspirara.

Jung já especulava a possível existência de um além do inconsciente, de uma forma de representação original que todo indivíduo carregaria consigo como patrimônio próprio de toda a humanidade. A gruta, a caverna, o arcaico, a genealogia dos ancestrais, fantasmas, criptas ou segredos inconfessos constituíam temas que o induziam a tal convicção, isto é, a tudo o que Freud julgava irracional e pobremente científico. O que dividia os dois homens não era o desejo de Jung de "matar o pai", e sim a impossibilidade, para ambos, de compartilhar uma mesma concepção da clínica, da psique e da sexualidade: "Eu suspeitava", dirá Jung, "da existência de um a priori coletivo da psique pessoal, a priori que eu considerava inicialmente como sendo vestígios de modos funcionais anteriores ... Eu não poderia ter fornecido a Freud minhas próprias associações para interpretar o sonho sem me chocar com sua incompreensão e violenta resistência. Não me sentia à altura para confrontá-lo. Temia também perder sua amizade se insistisse em meu ponto de vista."[114]

Na ocasião, Jung explicara que os dois crânios eram os de sua mulher e sua cunhada. Freud não acreditou numa só palavra e, mais tarde, deu vazão à sua raiva ao perceber que Jung simpatizava com William Stern, psicólogo berlinense adversário da psicanálise e adepto da medida do "quociente de inteligência". Freud tratou o homem de "judeu desprezível".[115] Contudo, encantado com a travessia e a forte amizade que ainda o unia a seu discípulo, deu provas de humor ao constatar que figurava com o nome de "Freund" na lista de passageiros. E sentiu autêntica alegria ao cruzar com um *steward* entretendo-se com a leitura de *Psicopatologia da vida cotidiana*.

Aportando, no fim do verão, no litoral do Novo Mundo, e após comparecer na véspera a um baile de despedida, Freud foi tomado por uma forte

---

114. Carl Gustav Jung, *Ma vie. Souvenirs, rêves et pensées*, op.cit., p.187-9. O tema da arcaicidade é recorrente na história da psicanálise e ressurgirá sob outras formas nos debates posteriores entre Freud e Rank, mais tarde, entre os freudianos e kleinianos e, por fim, com os lacanianos. Abordei-o em *HPF-JL*, op.cit. Cf. também as posições de Nicolas Abraham e Maria Torok sobre a questão da cripta. E Henri Rey-Flaud, *Je ne sais pas de quoi vous parlez*, op.cit.

115. O que permitiu mais uma vez aos antifreudianos afirmarem que Freud era antissemita e aos junguianos que Jung não era, uma vez que simpatizava com um judeu e que bom número de seus discípulos era de judeus. William Stern (1871-1938) era convidado em Worcester da mesma forma que diversos outros psicólogos.

emoção. Sonhara com a América e eis que aquela América, por meio daquele prestigioso convite, lhe augurava que a psicanálise logo sairia, e definitivamente, do "meio ambiente vienense". Enquanto o transatlântico deslizava em silêncio sobre as águas da foz do Hudson para lançar âncora, em 29 de agosto à noite, no porto de Hoboken (Nova Jersey), ele avistou a imensa estátua da Liberdade irradiando suas luzes. Voltou-se então para Jung e pronunciou estas palavras: "Se eles soubessem o que estamos lhes trazendo..."[116] Em janeiro, escrevera a Ferenczi: "Lá, tão logo eles deparem com os fundamentos sexuais de nossa psicologia, seremos prontamente incluídos no índex."[117]

Para fazer face ao que o esperava, *Herr Professor* tomara a sensata decisão de não redigir nenhuma das conferências, optando, em contraposição a Jones, por falar em alemão a seus ouvintes, todos eles conhecedores da língua, e sobretudo abordar de frente a questão sexual.

Brill aguardava os três homens no cais, em companhia de Bronislaw Onuf, médico-chefe do hospital de Ellis Island. Uma vez cumpridas as formalidades, este os acompanhou até o hotel Manhattan, na esquina da Madison Avenue com a rua 42. Durante cinco dias, ignorando os problemas digestivos e o cansaço dos recém-chegados, mostrou-lhes Nova York: o Metropolitan Museum e suas antiguidades gregas e egípcias, o Museu de História Natural, o departamento de psiquiatria da Universidade Columbia, os diversos bairros – Chinatown, Harlem –, bem como o parque de diversões de Coney Island. Freud foi pela primeira vez a uma sessão de cinematógrafo, andou de táxi e ainda tentou fazer uma visita a um ex-colega de estudos, Sigmund Lustgarten, e especialmente a Eli Bernays e sua mulher. Estavam todos fora por conta das férias. Observou os cartazes redigidos em alemão, italiano ou iídiche, estes últimos às vezes estampando, para sua grande surpresa, caracteres hebraicos. Enfim, contou a Martha suas peregrinações por diversos restaurantes,

---

116. Tais são os termos exatos pronunciados por Freud e reportados por Jung em sua entrevista da Biblioteca do Congresso, em Washington, com Kurt Eissler. Cf. também Vincent Brome, *Jung: Man and Myth*, op.cit., p.117. Sobre a gênese da frase inventada por Lacan em 1955 e atribuída a Freud, na esteira de seu encontro com Jung, cf. Elisabeth Roudinesco, *HPF-JL*, op.cit. E "Lacan, the Plague", in *Psychoanalysis and History*, Teddington, Artesian Books, 2008. Lacan declara que Freud teria dito: "Eles não sabem que lhes trazemos a peste." Sabemos agora que Freud jamais pronunciou esta frase. Mas a lenda é tenaz.
117. Sigmund Freud e Sándor Ferenczi, *Correspondance*, t.I: 1908-1914, op.cit., carta de 10 de janeiro de 1909, p.40.

A descoberta da América

evocando, especialmente para ela, o sabor do café, das frutas, do pão, dos cogumelos e da carne. Em suma, habituou-se a frequentar um novo povo urbano, o do *melting-pot* americano: negros, asiáticos, brancos, judeus, mestiços. Em certos momentos, teve a sensação de que aquela mistura não era senão a outra face da *Mitteleuropa*.

Discutiu horas a fio com Jung, no Central Park, sobre as diferenças entre os povos e as "raças", em especial entre judeus e "arianos". A conversa desviou novamente para os sonhos. Freud teve um problema urinário que, à maneira freudiana, Jung interpretou como um desejo infantil de chamar a atenção para si. Levou-o então para seu hotel a fim de submetê-lo a uma "análise das profundezas", mais junguiana.

Assim como Freud via nos sonhos de Jung histórias de assassinato do pai, Jung procurava no inconsciente de Freud mistérios femininos soterrados numa gruta arcaica. E como só se interessava pelas representações ligadas à sua própria poligamia, estava convencido de que, sob o véu da abstinência, Freud dissimulava atividades abjetas: "um material inflamável", isto é, relações sexuais com a cunhada, Minna. Decidiu, portanto, para aliviá-lo, confessar-lhe seus segredos patogênicos.[118] Invocando sua autoridade, Freud recusou o exercício e Jung deduziu disso que Freud o maltratava, ao mesmo tempo se persuadindo de que o curara provisoriamente de seus sintomas.[119]

Quer dizer, eram estas as questiúnculas que contrapunham os dois grandes representantes europeus da nova abordagem do psiquismo, convidados a expor seus trabalhos clínicos e científicos perante as mais altas autoridades do mundo acadêmico da Nova Inglaterra. Cada um à sua maneira, ambos

---

118. Difundido mais tarde por Jung, o rumor de um Freud incestuoso tornou-se ao longo dos anos uma das grandes temáticas da historiografia psicanalítica no mundo anglófono, em especial a partir da publicação, em 1947, da obra de Helen Walker Puner, *Sigmund Freud: His Life and Mind*, reeditada em 1992 com apresentação de Paul Roazen e prefácio de Erich Fromm, Nova Jersey, Transaction. Nenhum historiador sério jamais apresentou qualquer prova da existência desse "caso", que ensejou uma profusão de artigos e diversos livros. Cf. Elisabeth Roudinesco, *Freud – mas por que tanto ódio?* (Paris, 2010), Rio de Janeiro, Zahar, 2011.

119. Existem várias versões dessa história. Cf. entrevista de C.G. Jung a Kurt Eissler, BCW, cx.114, pasta 4, 29 de agosto de 1953, reproduzida por Deirdre Bair. E C.G. Jung, *Ma vie. Souvenirs, rêves et pensées*, op.cit., p.185. Eis a tradução das declarações feitas por Jung: "A irmã mais moça tinha uma grande transferência sobre Freud e ele não era indiferente a isso." E: "Oh, um caso!? Não sei até que ponto, mas meu Deus, sabemos como isso é, não é mesmo!?" Reproduzo adiante (p.272) a versão original, em alemão, dessa declaração.

mobilizavam instrumentos próprios da exploração da psique para fazer o outro sofrer.

Jones encontrou-se com Jung, Freud e Ferenczi na véspera da partida para Worcester. Durante um jantar no Hammerstein's Roof Garden, voltou a aconselhar Freud a não exorbitar no terreno da sexualidade. Em vão. Em 5 de setembro, o trio se instalou no Standish Hotel. No dia seguinte, Jung e Freud tiveram o privilégio de ser recebidos na residência de Stanley Hall, juntamente com William James, célebre psicólogo, que julgava perigosa a teoria freudiana – *"a dangerous method"* – e incompreensível sua interpretação do sonho. Sentia-se mais próximo de Jung, pelo interesse que demonstrava pela parapsicologia, o espiritismo e a cura pela fé. Freud sonhava convencê-lo da veracidade de sua doutrina e James queria a todo custo conhecer aquele extravagante vienense que virara de ponta-cabeça o mundo da psicologia. Foram juntos para Worcester e Freud conservou de James a lembrança comovida de um homem já muito doente que encarava a morte com serenidade.

Pela primeira vez na vida, em 9 de setembro, por ocasião de um jantar na casa de seus anfitriões, Freud foi servido por empregados negros usando libré e luvas brancas. Embora Stanley Hall apoiasse as teorias sexuais de seu convidado, nem por isso deixava de ser herdeiro de uma tradicional família de fazendeiros puritanos. Jung pareceu lisonjeado com a receptividade, embora escrevesse a Emma afirmando não apreciar a "solenidade virtuosa" daquela família "austera". E, para marcar suas distâncias, entregou-se a todo tipo de piadas destinadas a fazer rir os garçons. Adepto da hierarquia das "raças", sentia-se mais próximo de seus "irmãos africanos" – enraizados a seu ver numa genealogia primitiva – do que dos homens brancos civilizados da Costa Leste. Freud, que via em cada ser humano, para além de toda diferença, um sujeito universal – uma singularidade –, não fez, de sua parte, nenhuma observação sobre o estafe dos donos da casa.[120]

Em 7 de setembro, após conversar longamente com Ferenczi sobre o que iria dizer, Freud deu início à série de cinco conferências que faria perante um público de cientistas ilustres,[121] entre eles o antropólogo Franz Boas, os físicos

---

120. Cf. Deirdre Bair, *Jung*, op.cit., p.254.

121. O melhor relato é o feito por William W. Koelsch, "Une incroyable rêverie: Freud et Jung à la Clark University", 1909, V Colóquio Anual Paul S. Clarkson, *Les Amis de la Bibliothèque Goddard*, Worcester, Clark University, 1984. Celebração do 75º aniversário da vinda de Freud

A *descoberta da América*   183

Albert Michelson e Ernest Rutherford, ambos prêmio Nobel, William James e muitos outros. Adaptando-se perfeitamente ao pragmatismo exigido pelo público americano, fez, sem ler qualquer anotação, uma brilhante apresentação de seus trabalhos clínicos e teóricos. E para não parecer o dono exclusivo da doutrina, pronunciou um vibrante elogio de Breuer, inventor da palavra "psico-análise", e apresentou com entusiasmo o caso "Anna O." como a história de uma cura fantástica, sem saber aliás que Bertha Pappenheim atravessara o Atlântico ao mesmo tempo que ele para falar de prostituição. Em seguida, expôs seu método de interpretação dos sonhos, sua concepção do recalcamento, sua técnica da terapia e sua visão da histeria. Por fim, abordou destemidamente a questão da sexualidade infantil, evocando o caso do "Pequeno Hans" e estabelecendo um paralelo com a exposição de Jung sobre o "caso Ana".[122]

De quando em quando, Freud dava exemplos concretos. Assim, para explicar a "moção de desejo", imaginou um "importuno" adentrando a sala e vindo perturbar o desenrolar de determinada palestra. Se tal episódio se produzisse, disse, as pessoas presentes (as "resistências") não demorariam a se manifestar para expulsar o importuno do anfiteatro: tratar-se-ia, no caso, de um recalcamento, que permitiria o bom desenrolar da aula. Porém, uma vez do lado de fora, o arruaceiro poderia fazer mais barulho ainda e atrapalhar o conferencista e seus ouvintes de maneira diferente, mas não menos insuportável. Era justamente o que Freud designava como sintoma: uma manifestação deslocada da moção inconsciente recalcada.

Comparou então o psicanalista a um "mediador" capaz de negociar com o arruaceiro a fim de que ele pudesse voltar ao anfiteatro após se comprometer a não atrapalhar mais os ouvintes. A tarefa do psicanalista seria então reconduzir o sintoma ao seu lugar de origem, isto é, a ideia recalcada.

Essas conferências propunham uma espécie de síntese da doutrina do primeiro Freud, aquele, otimista, da Belle Époque, convencido de ter impri-

---

e Jung. Traduzido em francês no site "D'un divan l'autre". Koelsch dissecou os arquivos da universidade e forneceu diversos detalhes sobre os conferencistas convidados em 1909 e presentes por ocasião das aulas ministradas por Freud entre 6 e 10 de setembro. Convém complementar essa fonte com os comentários de Deirdre Bair, que forneceu detalhes sobre as reações de Jung. Observemos que Freud estava convencido de que os negros um dia seriam maioria nos Estados Unidos.

122. Em uma de suas conferências, Jung expunha o caso de uma garotinha: tratava-se de sua própria filha.

mido ao mundo o impulso de uma revolução do íntimo. Nessa data, ainda não haviam aflorado as noções de narcisismo, metapsicologia, tópicas complicadas ou pulsão de morte. Freud falava em libido, cura e manifestações do inconsciente na vida cotidiana. Além disso, a respeito da sexualidade, teve a habilidade de citar os trabalhos positivistas de Stanford Bell, pesquisador na Clark University, que reunira uma amostra de dois mil e quinhentos casos de crianças: "Bell trabalhou no 'estilo americano', como diríamos na Europa. Eu não ficaria surpreso se os senhores dessem mais crédito a essas observações de um compatriota e colega seu do que às minhas."[123]

Unanimemente apreciadas, as *Cinco conferências* de Worcester tiveram uma acolhida triunfal na imprensa local e nacional. Num belo artigo, Stanley Hall qualificou de novas e revolucionárias as concepções freudianas, o que não o impedirá em seguida, para grande fúria de Freud, de se interessar pelas teses de Adler. Em 10 de setembro, numa cerimônia solene, Freud recebeu, como Jung, o título de *Doctor of Laws, honoris causa*, da Clark University. Esta seria sua única distinção universitária e, para Jung, ao contrário, a primeira de uma extensa lista: ele ficara tão orgulhoso que, ao retornar a Zurique, encomendou um novo papel de carta com o timbre: "Med. C.G. Jung, LL.D."

Freud intuiu que aquele momento americano marcava o fim de seu isolamento. "Na época eu tinha apenas 53 anos, sentia-me jovial e saudável, a breve estadia no Novo Mundo fez muito bem à minha autoestima. Na Europa, eu me sentia um desterrado, nos Estados Unidos me vi acolhido pelos melhores como um igual. Quando subi à cátedra em Worcester para proferir as minhas 'Cinco lições de psicanálise', foi como a realização de um sonho improvável. A psicanálise então não era mais uma ilusão, transformara-se em uma preciosa parcela da realidade."[124]

Na fotografia do grupo, realizada no dia da cerimônia, percebemos, em pé na primeira fila, Freud e Jung, vestindo sobrecasaca preta, ao lado de Stanley Hall, Adolf Meyer, Franz Boas, William James. Atrás deles, Jones, Brill, Ferenczi, Michelson, Rutherford. Entre esses homens de barba ou bigode, alguns

---

123. Essas cinco conferências foram em seguida redigidas por Freud e logo traduzidas em diversas línguas. Cf. *Sur la psychanalyse. Cinq conférences* (1910), Paris, Gallimard, 1991 [ed. bras.: *Cinco lições de psicanálise*, in *SFOC*, vol.9 / *ESB*, vol.11; ed. orig.: "Über Psychoanalyse", in *GW*, vol.8]. E para a citação a respeito de Bell, p.92-3.

124. Sigmund Freud, *Sigmund Freud présenté par lui-même*, op.cit., p.88.

de bengala e chapéu na mão, achava-se, à direita, na última fileira, Solomon Carter Fuller, nascido na Libéria e neto de escravos americanos que haviam retornado à África. Primeiro psiquiatra negro do corpo docente da Escola de Medicina da Universidade de Boston, conhecia bem a Europa e a Alemanha, por ter sido aluno de Alois Alzheimer, em Munique, antes de se tornar um dos pioneiros americanos do estudo da terrível doença. Praticando também a psicoterapia, assistira com interesse às conferências de Freud.

Nenhuma mulher aparece na foto, mas foi uma mulher, a impetuosa Emma Goldman, célebre anarquista, quem fez o comentário mais expressivo sobre essa visita. Ela também conhecia a Europa e falava alemão. Quando estudava para ser parteira em Viena, em 1896, teve oportunidade de assistir às aulas de Freud. Em Worcester, bem quisera intervir da plateia, mas as "autoridades" haviam-na impedido, "demasiado explosiva, perigosa, histérica", diziam: "O acontecimento mais importante de minha visita a Worcester", ela escreverá em sua autobiografia, "foi a intervenção de Freud ... fiquei profundamente impressionada com sua lucidez e com a simplicidade de sua proposta. Entre todos aqueles professores, empertigados em suas botas e paramentados em suas togas, Freud, trajado com simplicidade, modesto, quase apagado, era como um gigante entre pigmeus."[125]

"Em apenas mais de um ano", escreveu Linda Donn, "Freud passara da modesta assembleia de Salzburgo para uma posição de *primus inter pares* no campo da psicologia."[126] Enquanto Jones regressava a Toronto, Jung, Freud e Ferenczi prosseguiram sua viagem. Visitaram as cataratas do Niágara, depois foram a Keene Valley, nos montes Adirondacks, atravessando o lago Placid.

Como numerosos representantes da aristocracia da Costa Leste, Putnam comprara terras em meio a bordos, abetos e pinheiros. Freud, que amava as florestas e a natureza selvagem, extasiou-se com a suntuosidade das paisagens e o estilo de vida de seus anfitriões naquela antiga fazenda transformada em residência campestre, com salões, biblioteca, banheiros, lareiras e charutos por toda parte. Para recebê-los, a família Putnam decorara a *Chatterbox* dos convidados em preto, vermelho e dourado, as cores da Alemanha imperial,

---

125. Emma Goldman, *Living My Life*, t.I, Nova York, Knopf, p.173. E Anthony Ballenato, monografia citada, p.30.
126. Linda Donn, *Freud et Jung*, op.cit., p.138.

esquecendo-se de que nenhum deles era alemão. Mas pouco importava. Jung entoou antigas canções germânicas e Ferenczi ajudou Freud a recuperar-se de uma "apendicite nervosa", que não passava da manifestação de seus costumeiros distúrbios digestivos (*Magenkatarrh*). *Herr Professor* achava definitivamente "horrorosa" a comida americana e se recusava a beber a água gelada que lhe serviam, pedindo sempre vinho do Reno em todos os lugares aonde ia.[127]

Após muitos esforços e longos passeios, finalmente encontrou um porco-espinho, seu sonho, lamentavelmente morto. Para consolá-lo, os Putnam lhe presentearam com uma estátua do animal, que ele colocou em seu consultório. Havia muito tempo que era fascinado pela parábola de Schopenhauer, seu filósofo predileto, sobre a sociabilidade: "Num dia frio de inverno, um bando de porcos-espinhos formara um grupo cerrado para, usando o próprio calor, protegerem-se mutuamente contra a geada. Contudo, logo sentiram-se espetados pelas cerdas dos vizinhos, o que os fez afastarem-se uns dos outros. Quando a necessidade de se aquecer os aproximou novamente, o mesmo inconveniente se repetiu, de maneira que eles se viram ricocheteados entre os dois males até terminarem por encontrar uma distância média, que tornou a situação suportável para eles. Assim, a necessidade de sociedade, nascida do vazio e da monotonia de suas vidas interiores, empurra os homens uns para os outros; mas suas incontáveis maneiras de ser antipáticos e seus insuportáveis defeitos os dispersam novamente." Schopenhauer concluía disso que a sociabilidade era inversamente proporcional ao valor intelectual de um homem e que era mais sábio viver na solidão do que em sociedade.[128]

Embora tenha conquistado o Novo Mundo, Freud nem por isso deixou de continuar a ver a América como "uma máquina louca": "Meu sucesso será curto", diria a Barbara Low, "os americanos me tratam feito uma criança que se diverte com sua boneca nova, a qual logo será substituída por um novo brinquedo."[129]

---

127. Depoimento de Judith Bernays Heller, BCW, citado. E Marion Ross, *Carnets, Miscellaneous, 1914-1975*, BCW, cx.121, pasta 7.

128. Freud retomará essa ideia em "Psychologie des masses et analyse du moi" (1921), in *OCF.P*, op.cit., vol.16 [ed. bras.: "Psicologia das massas e análise do eu", in *SFOC*, vol.15 / *ESB*, vol.18; ed. orig.: "Massenpsychologie und Ich-Analyse", in *GW*, vol.13].

129. Depoimento de Barbara Low (1877-1955), s/d, BCW, cx.121, pasta 5.

A descoberta da América

Alguns anos mais tarde, a psicanálise tornou-se o "tratamento mental" mais popular do continente americano. Varreu as velhas doutrinas somáticas, implantou-se no lugar e no espaço da psiquiatria, ridicularizou os grandes princípios da moral civilizada e suscitou o entusiasmo da classe média. Compreende-se então a fúria gerada, na sequência, contra aquele europeu pessimista, pouco inclinado a aderir ao eixo do bem e do mal em matéria de sexualidade. Ele não semeara, em 1909, a confusão na consciência pesada dos puritanos? Na realidade, os americanos receberam triunfalmente a psicanálise pelo que ela não era – uma terapia da felicidade – e a rejeitarão sessenta anos mais tarde por não cumprir a promessa que não poderia cumprir.

Feito dois porcos-espinhos, Jung e Freud eram perigosos um para o outro assim como a psicanálise para os Estados Unidos e vice-versa. Freud sabia disso, mas ainda ignorava que sua doutrina estava fadada a tornar-se cada vez mais "americana" à medida que a Europa se tornasse, após uma Primeira Guerra assassina e o exílio de seus principais discípulos, vítima do nazismo.

De síncopes a desavenças e de bate-bocas a interpretações selvagens e doenças somáticas, a ruptura entre Freud e Jung se concretizou no verão de 1912, quando Freud viajou precipitadamente a Kreuzlingen para visitar Binswanger, acometido de um tumor maligno.[130] Avisara Jung de sua visita e esperava vê-lo à cabeceira do amigo comum. Portanto, deixou de fazer o desvio por Küsnacht, local para onde este acabava de se mudar, às margens do lago de Zurique: outro mal-entendido. Em seguida, houve o IV Congresso do Verein, em Munique, depois sombrias conversas a respeito de um artigo de Karl Abraham dedicado a Amenhotep IV, filho do faraó, e finalmente a publicação de *Metamorfoses e símbolos da libido*, de Jung, obra que sugeria uma completa dessexualização da noção de libido.

Durante todo esse tempo, Freud continuou a estender sua doutrina à elucidação dos enigmas da arte e da literatura. Qual um Sherlock Holmes, adorava dedicar-se à decifração da vida inconsciente dos "grandes homens". Desde sempre, Leonardo da Vinci integrava esse Panteão dos eleitos aos quais votava uma admiração ilimitada.

---

130. Do qual irá se curar.

Em outubro de 1909, logo após seu retorno do périplo americano, Freud decidiu dedicar um ensaio a esse gênio universal do Cinquecento, canhoto, homossexual, vegetariano, atraído pelas "fisionomias bizarras e grotescas", conhecido por ter deixado suas obras inacabadas, engenheiro, escultor, anatomista, caricaturista, arquiteto admirado em vida por todos os contemporâneos, filho ilegítimo de Piero da Vinci, um rico notável, e de uma humilde camponesa, celebrado e protegido por príncipes e reis, de Ludovico Sforza a Francisco I, passando por Lourenço de Médicis.

Freud comunicou seu plano a Jung, como se empreendesse a conquista de um novo continente: "O domínio da biografia também deve nos pertencer. Desde o meu regresso, uma ideia não me sai da cabeça. O enigma do caráter de Leonardo da Vinci de repente tornou-se transparente para mim. Isso seria então um primeiro passo na biografia. Mas o material sobre Leonardo é tão escasso que não tenho esperanças de descrever de maneira tangível aquilo de que estou persuadido."[131]

Freud estava acima de tudo convencido de que a vida sexual do grande Leonardo era a ilustração cabal de uma de suas hipóteses sobre as teorias sexuais infantis, e deduzia disso que Leonardo era "sexualmente inativo ou homossexual" e "convertera sua sexualidade em pulsão de saber", embora permanecendo preso "ao ideal de inacabamento". E acrescentava ter encontrado recentemente num neurótico (sem gênio) uma sintomatologia idêntica. Em outras palavras, mais uma vez propunha uma hipótese a ser verificada à luz dos fatos.

Para redigir seu ensaio, baseou-se em fontes incontestáveis, quase todas traduzidas em alemão: a biografia de Edmondo Solmi, o estudo de Smiraglia Scognamiglio dedicado à infância e juventude de Leonardo, o estudo clássico de Giorgio Vasari, o do historiador de arte francês Eugène Müntz, o *Tratado de pintura* do próprio Leonardo e seus *Cadernos*.[132] Mas era à biografia roman-

---

131. Sigmund Freud e Carl Gustav Jung, *Correspondance*, t.I, op.cit., carta de Freud a Jung de 17 de outubro de 1909, p.336. Sigmund Freud, *Un souvenir d'enfance de Léonard de Vinci* (1910), Paris, Gallimard, 1987, e *OCF.P*, op.cit., vol.10 [ed. bras.: "Leonardo da Vinci e uma recordação de sua infância", in *SFOC*, vol.9 / *ESB*, vol.11; ed. orig.: "Eine Kindheitserinnerung des Leonardo da Vinci", in *GW*, vol.8]. O ensaio foi escrito entre janeiro e março de 1910 e publicado em maio.
132. É possível consultá-los na biblioteca de Freud com as anotações de seu punho. Em sua obra, ele cita às vezes a versão original dos textos italianos, quando possuía a tradução alemã em sua biblioteca. Em francês: Eugène Müntz, *Léonard de Vinci, l'artiste, le penseur, le savant*, Paris,

ceada de Merejkovski, seu livro de cabeceira, que ele devia boa parte de suas hipóteses. Nesse romance histórico, muito bem documentado, por sinal, o escritor russo traçava um perfil de Leonardo imaginando que Giovanni Boltraffio, seu discípulo, mantinha um diário secreto sobre o mestre. Isso lhe permitia fazer do pintor um personagem em conformidade com sua concepção dualista do paganismo e do cristianismo: duas correntes universais irreconciliáveis, dizia, uma voltada para Deus, a outra afastando-se dele. Bem como descrever Leonardo com os atributos de uma espécie de Anticristo, herético, ímpio e feminino, jamais se aproximando das mulheres, tendo horror a todo tipo de possessão física. Essa interpretação de um Leonardo dividido e blasfemo, atraído tanto pelo sorriso dos anjos andróginos como pelos rostos monstruosos, e determinado a destruir, através de sua arte, as Sagradas Escrituras, agradava a Freud, que conhecia muito bem os outros livros do escritor russo.

Como a quase totalidade dos biógrafos de Leonardo, Merejkovski omitia a existência de uma homossexualidade ativa no pintor, limitando-se a aludir a relações ambíguas com seu professor Andrea del Verrocchio e com dois de seus alunos, Boltraffio e Francesco Melzi. Ousar falar explicitamente da vida sexual de Leonardo ainda era, no início do século XX, um ato de subversão capaz de provocar escândalo.[133] No entanto, embora não nomeada, tal homossexualidade era conhecida. Bastava consultar os arquivos para saber que o pintor quase morrera na fogueira após ser denunciado, em 9 de abril de 1476, junto aos "oficiais da noite" da cidade de Florença, por "sodomia ativa" na pessoa de Jacopo Saltarelli, aprendiz de ourives e prostituto notório. Passara dois meses na prisão antes de ser solto por falta de provas, o que nunca o impediu de continuar a ter jovens amantes. Dirá, aliás, em 1505, que havia sido condenado na juventude por atos que continuava a praticar na idade adulta, os quais, sem dúvida, eram então ainda mais reprováveis.

Acolhera em sua casa Gian Giacomo Caprotti, vulgo Salai (o diabo), um jovem e formoso ladrão de cabelos cacheados e sorriso enigmático, que se tornará

Hachette, 1899. Giorgio Vasari, *La Vie des meilleurs peintres, sculpteurs et architectes*, org. André Chastel, Paris, Berger-Levrault, 1983 [ed. bras.: *Vida dos artistas*, São Paulo, Martins Fontes, 2011]. Dimitri S. Merejkovski, *La Réssurection des dieux. Le roman de Léonard de Vinci* (1902), Paris, Gallimard, 1934; trata-se do volume central de uma trilogia intitulada *Christ et Antéchrist*. Smiraglia Scognamiglio, *Ricerche e documenti sulla giovinezza di Leonardo da Vinci*, Nápoles, 1900.
133. Marie Bonaparte se verá diante de um complô por ocasião da tradução francesa da obra.

seu aluno e fará um retrato da Mona Lisa nua. Logo, não havia em Leonardo "relações ambíguas" com os homens, e sim amores dissimulados ao longo de sua vida para escapar ao risco da condenação à morte. E é pouco provável que tenha sido, como pensava Freud, um homem "sexualmente inativo" que, por meio de uma sublimação, teria convertido sua sexualidade numa pulsão de saber. Viveu até a morte na companhia de Melzi, de quem fará seu herdeiro.

Manifestamente, Freud projetava seu culto da abstinência sobre esse gênio intensamente admirado. Na verdade fora ele, e não Leonardo, que convertera a pulsão sexual em pulsão criadora. Em todo caso, restava explicar a gênese de tal homossexualidade. E Freud sabia que ainda havia numerosos enigmas a ser decifrados na vida do grande homem, em especial uma recordação de infância cuidadosamente anotada em seus *Cadernos*. Ali, Leonardo explicava por que apreciava tanto os pássaros, a ponto de imaginar máquinas capazes de transformar homens em anjos voadores: "Tenho a impressão", escrevia Leonardo, "de que eu já estava designado a me interessar mui detalhadamente pelo abutre, pois me vem à memória uma lembrança remota: ainda no berço, um abutre veio até mim, abriu minha boca com sua cauda e, por diversas vezes, fustigou meus lábios com ela."[134] Embora Freud citasse a tradução alemã do texto, na qual figurava a palavra "abutre" (*Geier*), em nota acrescentava a versão original em italiano, na qual Leonardo falava em outro tipo de ave de rapina denominada *nibbio* (milhafre), que deveria ter sido traduzida em alemão pelos termos *Hühnergeier* ou *Gabelweihe*. Nessa versão, citada por Scognamiglio e extraída do *Codex Atlanticus*, Leonardo dizia que a cauda da ave entrara "entre os lábios" e não que "fustigara os lábios".[135]

Compreensivelmente fascinado por essa incrível recordação de infância, que parecia saltada da *Interpretação dos sonhos*, Freud não percebeu o erro de sua tradução. Mas será que se esquecia que uma palavra não é um mito? Buscando resolver o enigma do elo entre a homossexualidade de Leonardo e sua recordação de infância, ele então sugeriu a hipótese de que o pintor se inspirara nos mitos da civilização egípcia, na qual a palavra "mãe" é escrita por meio de um pictograma remetendo à imagem do abutre, animal cuja

---

134. Sigmund Freud, *Un souvenir d'enfance de Leonardo de Vinci*, op.cit., p.89.
135. *Codex Atlanticus*: coletânea de desenhos e anotações de Leonardo da Vinci conservada na Biblioteca Ambrosiana de Milão. Cf. *Eine Kindheitserinnerung des Leonardo da Vinci*, *Studienausgabe*, vol.10, p.109, nota 1.

A descoberta da América

cabeça representava uma divindade materna e cujo nome se pronunciava *Mut*. E associava essa representação à lenda cristã segundo a qual a fêmea do abutre abre sua vagina para ser fecundada pelo vento, encarnando assim a virgem imaculada.

Ao aproximar esses dois mitos da recordação de infância de Leonardo, Freud deduzia que a felação pela cauda não era senão a repetição de uma situação mais antiga, a do bebê abocanhando o mamilo materno. A reminiscência do abutre e a conotação passiva a ela vinculada deviam então ser relacionadas com a infância do pintor, criado pela mãe, Catarina, objeto exclusivo de seu amor, e sem pai com quem identificar-se no momento da eclosão da sexualidade. O que equivale a dizer que Freud estabelecia uma relação de causalidade entre o laço infantil de Leonardo com a mãe e a gênese de sua homossexualidade. Em seguida, interpretava esta última como um retraimento para uma fase autoerótica que o levava a só amar substitutos de sua própria pessoa. É assim, explicava, que o homossexual recalca o amor pela mãe, que foi sua fixação, e passa a procurar seus objetos amorosos na vertente do narcisismo.[136]

Até aqui Freud se limitara, a propósito da inversão masculina, a declarações contraditórias. Ela derivava, segundo ele, não de uma hereditariedade, e sim de uma bissexualidade, ou ainda, de uma predisposição ou de um autoerotismo. Porém, a respeito de Leonardo, falava pela primeira vez em fixação na mãe e em escolha narcísica que excluía a identificação com o pai. E procurava evidentemente resolver o enigma do famoso sorriso de Mona Lisa del Giocondo, que desafiava o observador desse quadro a ponto de tirar o sono, há quatro séculos, de todos os especialistas que o admiravam. Goethe considerava-o a encarnação mais pura do eterno feminino, o equivalente do que o ideal grego personificara na estatuária antiga. Para Freud, Leonardo pintara mais simplesmente o sorriso da mãe, uma mãe transfigurada pelo olhar do filho. Assim, as belas cabeças de anjos e adolescentes tão prezadas pelo pintor eram reproduções de sua própria pessoa infantil, e as mulheres sorridentes, réplicas de Catarina, que exibia outrora aquele sorriso que ele mesmo perdera.

Sempre transbordante de audácia, Freud procedia a outra aproximação, entre a *Gioconda* e *Sant'Anna, la Vergine e il Bambino (Anna Metterza)*,[137] afirmando

---

136. Freud utilizava esse termo pela primeira vez.

137. O primeiro quadro fora pintado entre 1503 e 1506, o segundo entre 1508 e 1516.

que o segundo quadro era uma continuação do primeiro. Leonardo pintara Sant'Ana retendo a filha Maria, a qual tentava com um gesto reter Jesus, que por sua vez queria brincar com o cordeiro do sacrifício. Ana encarnava a Igreja, Maria sabia que a morte do filho adviria. A primeira segurava a segunda que segurava o terceiro, e cada ator desse trio sabia virtualmente que a paixão e a redenção de Jesus eram inevitáveis.

Esquecendo que o tema de *Anna Metterza* era frequente na pintura do Quattrocento, e que Leonardo desenhara esboços dessa tela antes de seu encontro com a Mona Lisa,[138] Freud pretendia discernir com isso a presença de duas mães: Catarina, de um lado, esposa legítima do pai, e Donna Albiera do outro. Ambas, dizia Freud, tinham a mesma idade e o mesmo sorriso: "Quando Leonardo, ainda antes dos cinco anos de idade, foi acolhido na casa do avô, sua jovem madrasta, Albiera, ocupou o lugar da mãe em seu coração e ele entrou numa relação de rivalidade com o pai, que convém designar como normal. A escolha decisiva da homossexualidade só acontece, sabemos, com a aproximação da puberdade. Quando essa escolha foi feita por Leonardo, a identificação com o pai perdeu todo significado para sua vida sexual, embora persistindo em áreas de atividade não sexual."[139]

Não só Freud atribuía duas mães a Leonardo, como sustentava que a identificação com o pai havia sido funesta para ele, uma vez que, sentindo-se o pai de suas obras, ele não se preocupou com o pai assim como o pai não se preocupara com ele. Daí o inacabamento contumaz. Enfim, o amor aos pássaros e o sonho de voar remetiam, segundo Freud, a um desejo infantil de alcançar uma intensa atividade sexual, que em seguida se convertera numa faculdade inaudita de criar objetos insólitos semelhantes a brinquedos infantis. Vasari, a propósito, contava

---

138. Em 1956, Meyer Schapiro criticará Freud não só por sua confusão entre o abutre e o milhafre, como, acima de tudo, por seu desconhecimento da história da arte. Se o primeiro erro me parece irrisório, o segundo deve ser levado em conta. Ele atesta perigos inerentes à interpretação, ainda que saibamos que Freud tinha conhecimento dos esboços. Ele os comenta em notas acrescentadas em 1919 e 1923. Cf. Meyer Schapiro, "Léonard et Freud", in *Style, artiste et société*, Paris, Gallimard, 1982. Kurt Eissler respondeu a Schapiro em *Léonard de Vinci. Étude psychanalytique* (1961), Paris, Gallimard, 1982. E também Jacques Lacan, *O Seminário*, livro 4: *A relação de objeto (1956-1957)* (Paris, 1994), Rio de Janeiro, Zahar, 1995, texto estabelecido por Jacques-Alain Miller, p.425-50. Os antifreudianos tacharam Freud de aproveitador e falsificador. Cf. Han Israëls, "O homem do abutre: Freud e Leonardo da Vinci", in *O livro negro da psicanálise*, org. Catherine Meyer, Rio de Janeiro, Civilização Brasileira, 2005.
139. Sigmund Freud, *Un souvenir d'enfance de Leonardo de Vinci*, op.cit., p.152.

A descoberta da América

que Leonardo fabricava animais ocos e leves nos quais assoprava para fazê-los voar ou que prendera asas no dorso de um grande lagarto, acrescentando-lhe olhos, chifres e uma barba a fim de assustar os amigos.

A invenção freudiana de um Leonardo do novo século foi, com razão, saudada como uma verdadeira façanha. Estilisticamente, a obra evocava um romance de iniciação – entre Balzac e Conan Doyle –, arrastando o leitor para o âmago de um mundo oculto, onde reinava, qual uma deusa enigmática, a estranha figura andrógina da Gioconda do sorriso indecifrável. "A única bela coisa que escrevi", dirá em 1919. Contrariando os psicólogos de seu tempo, Freud associara a história do neurótico moderno ao duplo nome de Hamlet e Édipo. E eis que agora, face aos sexólogos, dera o nome de Leonardo a todo representante da antiga "raça maldita". Daí em diante mudará várias vezes o viés de sua abordagem clínica da homossexualidade masculina.[140]

Nas notas acrescentadas em 1919, ele comentou os estudos para o quadro, mostrando que num deles Da Vinci fundira os corpos de Maria e Ana, como num processo de condensação, a ponto de não ser mais possível distingui-las uma da outra a não ser pelo rosto. Analisara também um célebre desenho do pintor representando um coito, deduzindo que Leonardo tratara com certa negligência o aparelho genital feminino.

Durante anos, os discípulos e amigos divertiram-se com um jogo de "charadas em imagens". Em 1923, Oskar Pfister julgou assim discernir o contorno de um abutre no drapejado por trás das duas mulheres de *Anna Metterza*. E, com efeito, Freud se inscrevia, sem o saber, na linhagem de uma literatura simbologista e hierogâmica que tomava como tema os mistérios da vida e da obra de Da Vinci para fazer desse pintor universal o emblema de uma visão sexualizada das Sagradas Escrituras.[141]

Nesse ensaio, respondia igualmente a Jung, sôfrego por esse tipo de literatura. Não se referia mais a assassinato do pai, e sim a laço precoce com a mãe,

---

140. Em especial, como o vimos ao fazer da paranoia uma manifestação de defesa contra a homossexualidade.

141. Esse jogo do deciframento infinito será amplamente aproveitado por Dan Brown para escrever seu *Código Da Vinci*. A propósito, um caricaturista anônimo desenhará um dia o rosto de Freud tendo, no lugar do nariz e da testa, o corpo em êxtase de uma mulher nua, acompanhado da seguinte menção: *What's on a man's mind*. Com milhares de exemplares vendidos, a caricatura foi em seguida reproduzida em roupas e *gadgets* quase tanto quanto a *Mona Lisa*.

para mostrar que esta ocupava um lugar simbolicamente tão determinante quanto o do pai na evolução da criança. A mãe não deriva mais de uma evidência natural, mas de uma posição estrutural. Com esse texto, Freud dava o toque final em sua concepção da família ocidental, assumindo, é verdade, o risco de transformar uma grande narrativa das origens – que ele mesmo criara – numa vulgar psicologia.

Com efeito, foi logo após a redação de seu ensaio sobre Leonardo que ele usou pela primeira vez o termo *Ödipuskomplex*, ou complexo de Édipo.[142] Pretendia traduzir clinicamente, num contexto de cena primitiva ou coito fantasístico, a história do desejo da mãe e da rivalidade com o pai. Após explicar todo o desprezo que o menino vota às prostitutas ao descobrir que sua mãe se parece com elas ao dormir com seu pai, assinalava: "Ele começa a desejar a própria mãe, no sentido recém-descoberto, e a odiar novamente o pai, como rival que constitui obstáculo a esse anseio. Cai, como dizemos, sob o domínio do complexo de Édipo (*Ödipuskomplex*). Ele não perdoa a mãe e considera uma infidelidade o fato de ela ter concedido o favor do intercurso sexual não a ele, mas ao pai."[143]

Foi por ocasião de uma nova incursão num continente que ele pretendia explorar – o da antropologia – que Freud retomou sua temática do assassinato do pai, publicando, entre 1911 e 1913, quatro pequenos ensaios reunidos em seguida sob o título *Totem e tabu*, um de seus mais belos livros.[144] O totemismo, assim como a histeria, atraía os estudiosos do fim do século XIX. Ele consistia em estabelecer uma conexão entre uma espécie natural (um animal) e um clã exógamo a fim de explicar uma hipotética unidade original dos diversos fatos etnográficos.[145]

---

142. O termo aparece pela primeira vez em 1910 em "D'un type particulier de choix d'objet chez l'homme", op.cit., p.197. Repetimos que o próprio Freud se engana quanto à aparição do complexo em sua obra. Ele a remete à *Interpretação dos sonhos*.

143. Ibid., p.197.

144. Sigmund Freud, *Totem et tabu* (1913), Paris, Gallimard, 1993, e *OCF.P*, op.cit., vol.11 [ed. bras.: *Totem e tabu*, in *SFOC*, vol.11 / *ESB*, vol.13; ed. orig.: *Totem und Tabu*, in *GW*, vol.9].

145. Dediquei meu seminário de 1995 ao estudo das relações entre psicanálise e antropologia. Reproduzo aqui diversos elementos desse curso. Cf. também meu prefácio para a reedição do livro de Georges Devereux, *Psychothérapie d'un Indien des Plaines*, Paris, Fayard, 1998. E *Dicionário de psicanálise*, op.cit. Cf. também Claude Lévi-Strauss, *Le Totémisme aujourd'hui*, Paris, PUF, 1962. Freud citava muito a obra do historiador francês Salomon Reinach, *Cultes, mythes et religions*, Paris, Ernest Leroux, 1905.

A descoberta da América

O livro apresentava-se como uma fábula darwiniana sobre a origem da humanidade, sobre a onipotência do pensamento e sobre a relação dos homens com os deuses. Ia, assim, na contracorrente da evolução da antropologia moderna, que, por essa época, renunciara à busca dos mitos de origem a fim de estudar, por meio de expedições e viagens, os costumes, a língua e a história dos povos primitivos. E eis que o cientista vienense, que só viajara no mundo ocidental, pretendia explorar, através de um conhecimento puramente livresco, um terreno que não conhecia. Em suma, propunha-se a mobilizar novamente os mitos e dinastias reais justamente quando o saber científico moderno – de Franz Boas a Bronislaw Malinowski – efetuava uma ruptura radical não só com todas as teses antigas relativas à oposição entre o primitivo e o civilizado, o animal e o humano, como, acima de tudo, com a temática colonial da hierarquia das raças.

Mas Freud não queria abandonar aquele *Ödipuskomplex* que ele acabava justamente de teorizar e do qual, a despeito de tudo e de todos, pretendia fazer um complexo universal característico de todas as sociedades humanas e a origem de todas as religiões. Eis o enredo de sua narrativa tal como vividamente exposta a todos os seus discípulos da WPV: num tempo primitivo, os homens viveram em pequenas hordas, cada uma delas submetida ao poder despótico de um macho que se apropriava das fêmeas. Um dia, os filhos da tribo, em rebelião contra o pai, puseram fim ao reinado da horda selvagem. Num ato de violência coletiva, mataram o pai e comeram seu cadáver. Entretanto, após o assassinato, sentiram-se arrependidos, renegaram seu crime e criaram uma nova ordem social, instaurando simultaneamente a exogamia (ou renúncia à posse das mulheres do clã do totem) e o totemismo, fundado no interdito do assassinato do substituto do pai (o totem).

Totemismo, exogamia, interdito do incesto: era este o modelo partilhado por todas as religiões, em especial o monoteísmo. Nessa perspectiva, o complexo de Édipo não passava, segundo Freud, da expressão dos dois desejos recalcados (desejo de incesto, desejo de matar o pai) contidos nos dois tabus característicos do totemismo: interdito do incesto, interdito de matar o pai-totem. Convinha então considerá-lo um paradigma universal, uma vez que traduzia os dois grandes interditos fundadores de todas as sociedades humanas.

Para construir essa fábula, Freud baseava-se na literatura evolucionista. De Darwin, em primeiro lugar, extraía a célebre história da horda selvagem, contada em *A descendência do homem*; depois, a teoria da recapitulação, segundo a qual o indivíduo repete os principais estágios da evolução das espécies (a ontogênese repete a filogênese); e, finalmente, a tese da hereditariedade dos caracteres adquiridos, popularizada por Jean-Baptiste Lamarck e retomada por Darwin e Haeckel. De James George Frazer – autor da famosa epopeia do *Ramo de ouro*, história do rei assassino da Antiguidade latina morto por seu sucessor, quando ele mesmo tomara o poder a partir do assassinato de seu predecessor –, Freud assimilava uma concepção do totemismo como modo de pensamento arcaico das sociedades "primitivas". De William Robertson Smith, aproveitava a tese da refeição totêmica e da substituição da horda pelo clã. De James Jasper Atkinson, extraía a ideia de que o sistema patriarcal terminava com a rebelião dos filhos e o devoramento do pai. E, por fim, da obra de Edward Westermarck, as considerações sobre o horror do incesto e a nocividade dos casamentos consanguíneos.[146]

Se por um lado Freud fazia do selvagem um equivalente da criança e conservava os estágios da evolução, por outro rejeitava todas as teorias da "inferioridade" do estado primitivo. Por conseguinte, não fazia do totemismo um modo de pensamento mágico menos elaborado que o espiritismo ou o monoteísmo: via-o antes como uma remanescência intrínseca a todas as religiões. E, pela mesma razão, não comparava o selvagem com a criança senão para provar a adequação entre a neurose infantil e a condição humana em geral, erigindo assim o complexo de Édipo em modelo universal. Por fim, em se tratando do interdito do incesto e da origem das sociedades, Freud trazia uma nova visão. De um lado, renunciava à própria ideia de origem, afirmando que a tal horda não existia em lugar nenhum: o estado originário era na verdade a forma interiorizada por cada sujeito (ontogênese) de uma história coletiva (filogênese) que se repetia ao longo das gerações; de outro, assinalava que a proibição do incesto não nascera, como pensava Westermarck, de um sentimento natural de repulsa dos homens a respeito de tal prática, e sim, ao

---

146. Edward Burnett Tylor, *La Civilisation primitive* (1871), 2 vols., Paris, Reinwald, 1876-78; William Robertson Smith, *Lectures on the Religion of the Semites: The Fundamental Institutions* (1889), Nova York, Macmillan, 1927; Edward Westermarck, *Histoire du marriage humain* (1891), Paris, Mercure de France, 1934-38; James Jasper Atkinson, "Primal Law", in A. Lang (org.), *Social Origins*, Londres, 1903; James George Frazer, *O ramo de ouro* (1911-15), Rio de Janeiro, Zahar, 1982. É a edição inglesa da obra de Frazer que figura na biblioteca de Freud.

contrário, que havia desejo de incesto e este tinha como corolário o interdito instaurado sob a forma de uma lei e de um imperativo categórico. Com efeito, por que teriam proibido um ato que causava tamanho horror à coletividade? Em outras palavras, Freud trazia para a antropologia dois temas oriundos de sua doutrina: a lei moral e a culpa. No lugar da origem, um ato concreto: o assassinato necessário; no lugar do horror ao incesto, um ato simbólico: a interiorização do interdito. Nessa perspectiva, toda sociedade era fundada no regicídio, mas só saía da anarquia assassina na medida em que esse regicídio era seguido de uma sanção e uma reconciliação com a imagem do pai, única a autorizar a consciência.

Totem e tabu era então primeiramente um livro político de inspiração kantiana e um manifesto contra a psicologia dos povos, cara a Jung. Aliás, sugiro a hipótese de que era igualmente fruto da viagem americana, ao longo da qual os dois homens haviam tão frequentemente abordado a questão da mistura das "raças" e das "etnias", em especial em Nova York. Freud e Jung não compartilhavam nenhuma ideia em comum a esse respeito e *Totem e tabu* era a prova disso. Com o estudo sobre Leonardo, Freud privilegiara a relação com a mãe, respondendo a Jung, e eis que agora retornava à rebelião contra o pai para marcar uma ruptura radical tanto com o relativismo junguiano como com toda forma de colonialismo.

Seu ensaio terminava propondo uma teoria do poder democrático centrada em três necessidades: necessidade de um ato fundador, necessidade da lei, necessidade da renúncia ao despotismo. Nem por isso *Totem e tabu* foi recebido como um livro político, e sim como uma contribuição séria da psicanálise à antropologia. Não despertou a indignação esperada, suscitando todavia severas críticas, não raro justificadas, aliás. Com efeito, não só Freud permanecia ligado aos princípios do evolucionismo de que a etnologia do início do século estava em vias de se emancipar, como, além disso, pretendia reinar sobre um domínio do qual não conhecia nada sem levar em conta os trabalhos contemporâneos. A crítica desenvolvida em 1920 pelo antropólogo americano Alfred Kroeber, especialista nos indígenas da América do Norte, irá nesse sentido e será retomada por numerosos representantes da disciplina.

Foi fundamentalmente pelas resistências que suscitou que *Totem e tabu* alimentou, durante sessenta anos, debates que se estendem até hoje. Jones participou deles ativamente, em especial com Malinowski, e na sequência novas controvérsias e interrogações surgiram com Geza Roheim e Georges Devereux.[147]

Totem e tabu foi a última obra importante do Freud da Belle Époque, um devaneio rousseauniano sobre a passagem da natureza à cultura que, no plano clínico, não deixava de evocar a história de Schreber. Tinha também todo o frescor dos ideais messiânicos que inspiravam os primeiros freudianos. Lendo esse livro, temos realmente a impressão de ver Freud passear no âmago de uma natureza selvagem povoada por aqueles relatos de aventuras que ele tanto apreciara em sua infância. Percorria a geografia dos mitos e crenças através de livros oriundos de uma época morta com a mesma vivacidade com que tirava férias na Itália, deslumbrado por Leonardo, ou caminhando rumo ao sul em busca de uma inacessível Gradiva.

Anos depois do périplo americano, uma vez consumada a ruptura, Jung foi vítima de alucinações, temendo perder-se nos abismos da memória a ponto de esquecer que morava em Küsnacht e tinha mulher e filhos. Perdera um mestre, um amigo, um cúmplice. De ambos os lados, a ruptura fora de uma violência extrema, a despeito dos esforços de Emma, que, assim como Sabina Spielrein, tentou agir de maneira a que os dois homens não destruíssem as pontes. Continuando a praticar a psiquiatria, Jung vivenciou momentos que, por já tê-los descrito em seus pacientes, conhecia bem. Depois, deu a volta por cima e cercou-se de amantes e discípulos. Com Emma, que quase se divorciara dele, criou uma escola de psicoterapia – a psicologia analítica – e partiu para a exploração das imagos, depois dos arquétipos. Nunca mais reviu Freud, porém, como ele, não cessou de repensar, ao longo da vida, no que os havia unido e depois separado.

Como todo ano, em setembro de 1913 Freud viajou para Roma, invadido pela tristeza e convencido de que a incomparável beleza da cidade lhe era cada vez mais necessária. Fez um desvio por Bolonha para encontrar Minna, que o acompanhou em seu périplo. A seus filhos, Sophie e Max, escreveu

---

147. Remeto aqui aos verbetes do *Dicionário de psicanálise*, op.cit. E a Alfred L. Kroeber, "*Totem and Taboo*: An Ethnologic Psychoanalysis" (1920), *American Anthropologist*, 22, 1920, p.48-55; Bronislaw Malinowski, *Os argonautas do Pacífico Ocidental* (1922), São Paulo, Abril Cultural, 1976, e *Sexo e repressão na sociedade selvagem* (1927), Petrópolis, Vozes, 1973; Ernest Jones, *Essays in Applied Psycho-Analysis*, Londres, Hogarth Press, 1951; Eugène Enriquez, *De la horde à l'État*, Paris, Gallimard, 1983.

A descoberta da América

estas palavras: "Claro, vocês têm que vir aqui um dia. Mas isso não tem na verdade muita pressa; com os anos, a viagem é cada vez mais substancial e talvez vocês ainda sejam muito jovens. Por enquanto, seu lar deve ser sua paixão e interessá-los muito mais que a mais bela e eterna das cidades." Freud também escreveu a Anna: "Papai à sua futura companheira de viagem."[148] Minna ficava esgotada com as visitas corridas que lhe impunha o cunhado. Quanto a ele, já sonhava que sua última filha ocupasse seu lugar. Enquanto isso, sentado num café, distribuiu chocolates aos filhos de um turista, pouco surpreso ao constatar como aquele irmão e aquela irmã – Minna e Sigmund – eram parecidos.[149]

Todos os dias, como já fizera no ano anterior, visitou a igreja de San Pietro in Vincoli a fim de contemplar a imponente estátua de Moisés esculpida por Michelangelo para ornamentar o túmulo de Júlio II. E foi ali que percebeu que o profeta segurava ao contrário as Tábuas da Lei e que, em sua fúria contra seu povo, estava prestes a deixá-las cair, antes de se recobrar: a calma sucedeu à tempestade. Como mantinha com aquela obra perene "a relação que temos com um filho do amor", identificou-se com Michelangelo, que fizera de Moisés o próprio exemplo da capacidade humana de autocontrole.[150] Após os trágicos gregos, os Estados Unidos e os tormentos da ruptura com Jung, chegara para ele a hora, pelo viés de sua ligação com a Renascença italiana, de se interessar por uma nova história do assassinato do pai que o levaria a uma reflexão sobre sua judeidade. Aliás, esboçara-a em seu soberbo devaneio darwiniano sobre a origem das sociedades. Em 1914, publicou na revista *Imago* esse ensaio sobre o *Moisés* de Michelangelo sem nome de autor. Duvidava de suas hipóteses.[151]

Nesse ínterim, Jones assumira o lugar de Jung e criara o Ring (ou Comitê Secreto) a fim de agrupar os discípulos mais fiéis: Karl Abraham, Hanns Sachs, Otto Rank, Sándor Ferenczi. O industrial húngaro Anton von Freund

---

148. Sigmund Freud, *"Notre coeur tend vers le sud"*, op.cit., p.331.

149. Depoimento de Jerome Alexander, 21 de outubro de 1951, BCW, cx.120, pasta 2.

150. Sigmund Freud, "Le Moïse de Michel-Ange" (1914), in *L'Inquiétante Étrangeté et autres textes*, Paris, Gallimard, 1985 [ed. bras.: "O Moisés de Michelangelo" in *SFOC*, vol.11 / *ESB*, vol.13; ed. orig.: "Der Moses des Michalangelo", in *GW*, vol.10].

151. Cf. Ernest Jones, *La Vie et l'oeuvre de Sigmund Freud*, op.cit., t.II, p.386-90. E Ilse Grubrich-Simitis, *Freud: retour aux manuscrits* (1993), Paris, PUF, 1997, p.217-8.

associou-se à empreitada até sua morte em 1920, e Max Eitingon juntou-se ao grupo em 1919. Para Freud, assim cercado de seus eleitos e daquele que ia financiar o Verlag – a editora do movimento –, tratava-se de elaborar um plano racional capaz de preservar a doutrina de toda forma de distorção: rejeitar as mitologias obscurantistas, o espiritismo e o pensamento mágico, fazer pé firme quanto à questão sexual, formar clínicos que não sofressem de distúrbios patológicos, lutar contra os charlatães etc. Jones queria reunir em torno de Freud combatentes capazes de responder aos inimigos do exterior, a fim de que ele pudesse ocupar-se exclusivamente da elaboração de sua obra e ficasse assim livre de toda e qualquer articulação.

Inspirado no modelo das sociedades secretas do século XIX, o Ring foi então concebido como uma assembleia de cavaleiros da Távola Redonda: igualdade entre os membros, soberania partilhada com o mestre, que não podia decidir nada sem eles. Mas a iniciativa era também uma maneira de reatar com os princípios da medicina hipocrática: desenvolver escolas fundadas na relação entre um mestre e um discípulo. Eixo horizontal de um lado, eixo vertical do outro: Freud retomará essa teorização do poder em 1921 em "Psicologia das massas e análise do eu". Para selar a aliança com seus novos paladinos, deu a cada um deles um entalhe grego de sua coleção, que eles mandaram engastar em anéis de ouro. Sempre imbuído do ideal olímpico, coube-lhe o que representava Zeus.[152]

Uma vez terminada a guerra, e quando a união sagrada com Jung perdera a atualidade, novos conflitos explodiram entre os próprios paladinos, que terminaram por dar fim à bela aventura após trocarem um número impressionante de cartas circulares: os *Rundbriefe*.[153]

Em julho de 1914, de férias em Karlsbad, Freud não concebia sequer um instante que a guerra teria longa duração, nem que faria milhões de mortos, nem que a Europa que ele conhecia, berço da psicanálise, desapareceria para todo o sempre. À sua irmã Maria (Mitzi), descreveu como se sentia velho e cansado: "Martha e eu temos problemas cardíacos ... Nos tornamos uma geração velha."[154] E, numa carta a Ferenczi, evocou o surpreendente "assassinato

---

152. Phyllis Grosskurth, *Freud, l'anneau secret* (1991), Paris, PUF, 1995.
153. *Die Rundbriefe des "Geheimen Komitees"*, 4 vols., org. Gerhard Wittenberger e Christfried Tögel, Tübingen, Diskord, 1995-2003.
154. Carta a Mitzi de 13 de julho de 1914. Papéis de família, BCW.

A descoberta da América

de Sarajevo", sem pensar nas consequências que o episódio pudesse vir a ter para seu movimento em plena expansão.

Em Berlim, Abraham, por sua vez, só pensava em livrar-se dos adeptos de Jung, ao mesmo tempo em que se concentrava na organização do V Congresso do Verein, a ser realizado em Dresden. Em Londres, Jones, muito mais lúcido, antecipava que a Alemanha e a Áustria seriam as derrotadas naquela guerra de um novo gênero. E como Anna Freud passava uma temporada em sua casa, ele teve a impressão de que ela estaria mais segura na Inglaterra do que em Viena. Todavia, programou sua volta. Nenhum dos membros do Comitê cogitou um instante vê-lo como inimigo e o próprio Freud remeteu-lhe cartas em inglês, sabendo que a correspondência seria aberta.

Em 9 de novembro de 1914, Freud comunicou a Ferenczi que a voz da psicanálise deixara de ser audível no mundo depois que o trovão dos canhões reverberara. Como no romance de Tolstói, o tempo da guerra sucedia ao da paz, os corpos dilacerados à palavra, o ódio ao diálogo. Em toda parte, os professores universitários devolviam seus diplomas *honoris causa* a seus amigos, agora inimigos.[155]

Com a publicação de um artigo sobre o narcisismo,[156] em 1914, Freud reformava sua doutrina e, baseando-se na contribuição de Karl Abraham, clínico das psicoses, produzia uma alternativa à "libido dessexualizada" de Jung. Não se contentava mais em referir-se à libido como uma manifestação da pulsão sexual, mostrando que ela podia reportar-se ao eu. E daí deduzia a existência simultânea, no psiquismo, de uma oposição entre libido do eu e libido de objeto, entre narcisismo primário, estado originário da vida, e narcisismo secundário, evoluindo para um retraimento dos investimentos de objeto. Assim, abria caminho para uma reflexão sobre os distúrbios da subjetividade que iam muito além da maneira como pensara até ali a gênese do conflito neurótico. Doravante, o sujeito não era mais simplesmente Édipo

---

155. Cf. Peter Gay, *Freud, une vie*, op.cit., p.401. Phyllis Grosskurth faz uma boa descrição das atividades do Comitê durante a guerra, depois entre 1920 e 1927. Para compreender com clareza esse pré-guerra, convém, naturalmente, cotejar as correspondências entre Freud e seus discípulos.

156. Sigmund Freud, "Pour introduire le narcissisme" (1914), in *La Vie sexuelle*, Paris, PUF, 1969, e *OCF.P*, op.cit., vol.12 [ed. bras.: "Introdução ao narcisismo", in *SFOC*, vol.12 / *ESB*, vol.14; ed. orig.: "Zur Einführung der Narzissmus", in *GW*, vol.10].

convertido em Hamlet, mas Narciso culpado de contemplar sua imagem até morrer por conta disso: maneira de enfatizar a que ponto o homem do novo século era habitado pelo desejo profundo e permanente de se destruir, destruindo o outro.

A guerra pareceu dar razão a Freud.

4. A Primeira Guerra Mundial

Ao PASSO QUE declarava detestar Viena e a dupla monarquia, na mesma medida, aliás, que o espírito prussiano, Freud foi tão surpreendido pela guerra que se pôs a apoiar firmemente a Tríplice Aliança, a desejar a vitória da Áustria e a disparar contra a França, os sérvios e a Rússia. Não acreditou um instante na vitória da França e da Inglaterra, nem no apoio dos americanos, nem no desaparecimento dos impérios centrais.

Não vira a chegada do rompante nacionalista dos povos contra as últimas dinastias imperiais, nem crescer o ódio que, em sessenta anos, substituíra lentamente a primavera dos povos. Ainda não tomara consciência da agonia daquela burguesia nobiliárquica da Belle Époque que, de tanto preocupar-se consigo mesma, ignorara a miséria dos deserdados. Até aquele dia, só conhecia a guerra por suas leituras – Alexandre, César, Napoleão, Homero – e pela lembrança que lhe deixara o serviço militar, durante o qual "brincara" de médico do exército com suas enfermeiras para lutar contra a neurastenia. No imediato, face ao deflagrar das armas, a última coisa que queria era se indispor com a Inglaterra, ao mesmo tempo em que lastimava que ela não tivesse ficado do lado dos três impérios: prussiano, austro-húngaro e otomano.

Assim, entrou em contradição com a evolução do Verein, no qual conviviam médicos vindos de todos os países da Europa, ou quase, e dos Estados Unidos, geração nova que aspirava a uma psicanálise descentralizada com relação a Viena e, logo, ao ideal freudiano dos paladinos unidos no Ring. Porém, acima de tudo, a guerra freava o avanço do movimento e erguia fronteiras artificiais entre intelectuais, pesquisadores, médicos, escritores e psicólogos.

A primeira guerra do século XX desenrolava-se nos ares e no fundo dos oceanos, no mar, na terra, nas trincheiras de lama, devastadas por gases tóxicos e juncadas de corpos mutilados. Nada mais tinha a ver com as guerras dos séculos anteriores, quando se enfrentavam à luz do dia exércitos em uniformes multicores, com clarins, combates sangrentos com armas brancas e cânticos de vitória e de morte.

Analogamente, a guerra deslocou para outro cenário os conflitos internos à psicanálise, compelindo, ao mesmo tempo, os freudianos a desistir de seus congressos, cessar suas atividades, suspender sua correspondência e suas produções editoriais. Em suma, obrigava-os a se interessar por outra coisa que não seus trabalhos científicos e sua luta inglória contra "Jung, essa besta",[157] ou contra os "zuriquenses", os quais, aliás, não participavam da fúria das outras nações. A Suíça, a Espanha, a Holanda e os países escandinavos não entraram em nenhuma coalizão.

À exceção de Hanns Sachs, reformado por miopia, todos os membros do Comitê foram sucessivamente mobilizados. Em 1915, Eitingon foi o primeiro a partir como cirurgião, em uniforme austríaco, para Praga, depois para o norte da Hungria, enquanto Abraham era lotado, igualmente como cirurgião, num grande hospital da Prússia oriental. Rank foi enviado a Cracóvia para a artilharia pesada e Ferenczi, incorporado como médico-major nos hussardos húngaros, depois em Budapeste como psiquiatra num hospital militar, o que lhe permitiu retomar suas atividades. Em momento algum abandonou sua fé na psicanálise, chegando a, montado em seu cavalo, ministrar um tratamento a um oficial de seu regimento em estado de choque após ser atingido por um estilhaço de granada. Tentava ao mesmo tempo resolver seus problemas com Gizella.

Sozinho em Viena com Sachs, Martha, Anna e Minna, Freud adentrou o período da guerra temendo diariamente que seus três filhos e seu genro – Martin, Oliver, Ernst, Max Halberstadt –, mobilizados ou alistados na artilharia, na engenharia ou em diversas frentes, fossem vítimas daquela carnificina.[158] Apenas Hermann Graf, seu sobrinho, filho único de Rosa, nunca mais voltou. Foi morto na frente de batalha italiana em julho de 1917. Assim como Rudolf Halberstadt, irmão de Max.

Na realidade, desde os primeiros meses do conflito, e a despeito de seu temperamento belicoso e de sua certeza da vitória alemã, ele compreendeu que aquela guerra seria longa e mortífera e viraria de ponta-cabeça o mundo em que

---

157. Sigmund Freud e Karl Abraham, *Correspondance*, op.cit., p.234.
158. Mathilde, a filha mais velha de Freud, casada com Robert Hollitscher, e Sophie, que se casara com Max Halberstadt, moravam ambas em Hamburgo.

A Primeira Guerra Mundial

ele vivia: "Não duvido que a humanidade venha a se recuperar dessa guerra", escrevia a Lou Andreas-Salomé em novembro de 1914, "mas sei com certeza que eu e meus contemporâneos não veremos mais o mundo risonhamente. Ele é muito feio. O mais triste nisso tudo é que ele é exatamente tal como deveríamos ter representado os homens e seus comportamentos segundo as experiências instigadas pela psicanálise. Foi por conta dessa posição a respeito dos homens que nunca pude me colocar em uníssono com seu bem-aventurado otimismo. Concluí, no recôndito de minh'alma, que, uma vez que vemos a cultura mais elevada de nosso tempo tão horrivelmente aviltada pela hipocrisia, é porque organicamente não éramos feitos para essa cultura."[159]

Mais uma vez, Freud afirmava que sua doutrina era reveladora dos aspectos mais sombrios da humanidade e procurava nos acontecimentos – bem como nos textos literários, mitos e lendas – a confirmação do acerto de suas hipóteses. E, por essa razão, não percebia que suas reflexões, em especial seu estudo recente sobre o narcisismo, não escapavam à evolução mortífera desse mundo, do qual ele já sentia saudade. Freud via-se como criador de uma doutrina sem imaginar que esta também pudesse ser produto de uma história que ele não dominava. A psicanálise era sua "coisa" (*die Sache*), ele a via operando em toda parte.

Estava encerrada a época venturosa da viagem aos Estados Unidos, da paixão por Jung e da certeza dos benefícios do tratamento analítico. Freud passou a cogitar uma organização completamente diferente da conceitualidade psicanalítica. E, com efeito, foi durante esse período da guerra que começou a reforma de seu sistema de pensamento. Quisesse ele ou não, a guerra o atingia em todos os flancos: estava irascível, multiplicava os lapsos, contava anedotas judaicas para lutar contra a angústia. Sua libido, dizia ele, sem acreditar de verdade, estava irredutivelmente mobilizada pela Áustria-Hungria.[160] Quanto à sua teoria, não está seguro de saber então resumi-la.

A atividade onírica e fantasística de Freud logo assumiu um novo aspecto. Ele sonhava com a morte dos filhos e discípulos, com a dispersão de seu movimento, com ferimentos atrozes, com campos de batalha coalhados de

---

159. Lou Andreas-Salomé, *Correspondance avec Sigmund Freud*, seguido de *Journal d'une année, 1912-1913* (1966), Paris, Gallimard, 1970, p.29. Carta de 25 de novembro de 1914.
160. Sigmund Freud e Sándor Ferenczi, *Correspondance*, t.I: *1908-1914*, op.cit., carta de Freud de 23 de agosto de 1914.

cadáveres anônimos. Em resumo, vivia obcecado pela ideia de que a potência mortífera das pulsões inconscientes ameaçava as formas mais elevadas da civilização humana.[161]

E foi refletindo nessa questão que, em abril de 1915, redigiu um ensaio sobre a guerra e a morte no qual contradizia radicalmente seus primeiros impulsos belicistas. Nesse texto desesperado, que prenunciava todas as hipóteses vindouras, ele começava por fazer um vibrante elogio da sociedade europeia oriunda da cultura greco-latina, impregnada das luzes da ciência, para mostrar o quanto aquela nova guerra conduzia a humanidade cada vez mais esclarecida não só a uma degradação de todo sentimento moral e a uma perigosa desilusão, como também a um despertar de todas as formas possíveis de crueldade, perfídia e traição, aquelas mesmas que se julgavam abolidas mediante o exercício da democracia e o reinado da civilização. Nesse contexto, dizia ele, "o cosmopolita cultural pode sentir-se desorientado num mundo que se lhe tornou estranho: sua grande pátria em ruínas, o patrimônio comum devastado, seus concidadãos divididos e humilhados!"[162]

Em outros termos, Freud tomava consciência de que aquela guerra, engendrada pelo nacionalismo e o ódio dos povos, traduzia a quintessência de um desejo de morte próprio da espécie humana. Ela vinha lembrar ao sujeito moderno que ele não passava do herdeiro de uma genealogia de assassinos e que a guerra o reconduzia a uma arcaicidade pulsional, cujos contornos ele próprio descrevera em *Totem e tabu*, e que o autorizava a transgredir o interdito da condenação à morte do outro. Pior ainda, *Herr Professor* constatava que, naquele conflito, ninguém mais sabia reconhecer as prerrogativas dos feridos e dos médicos em consequência da abolição da distinção entre combatentes e populações civis.

E, num tom dramático, afirmava que aquela guerra perturbava de maneira inédita a relação do homem com a morte. Fenômeno "natural", dizia, a morte é o desfecho necessário a toda vida e todos têm o dever de se preparar para ela. Porém, como nosso inconsciente é inacessível à sua representação,

---

161. Peter Gay dedica belas páginas a esse momento freudiano da guerra. Cf. *Freud, une vie*, op.cit., p.395-411. Cf. também Phyllis Grosskurth, *Freud, l'anneau secret*, op.cit., p.56-86.

162. Sigmund Freud, "Considérations actuelles sur la guerre et la mort" (1915), in *OCF.P*, op.cit., vol.13 [ed. bras.: "Pensamentos para os tempos de guerra e morte", in *SFOC*, vol.12 / *ESB*, vol.14; ed. orig.: "Zeitgemässes über Krieg und Tod", in *GW*, vol.10].

A Primeira Guerra Mundial

convém, de todo modo, para aceitá-la, negar sua existência, tirá-la de cena, até mesmo teatralizá-la numa identificação com um herói idealizado. Ora, a guerra moderna, com sua potencialidade de destruição maciça, abolia no ser humano o recurso a tais construções imaginárias suscetíveis de preservá-lo da realidade da morte.

Evocando a resposta de Aquiles a Ulisses,[163] Freud retomava dos Antigos a ideia de uma oposição entre a "bela morte", aquela heroica, dos guerreiros que escolhiam uma vida breve, e a morte natural, desfecho de uma vida tranquila e longa. E sugeria que a guerra contemporânea extinguia as fronteiras entre as duas mortes, uma vez que precipitava o soldado – indivíduo anônimo – no cotidiano de sua finitude imediata antes mesmo que ele tivesse tido tempo de se identificar com o que quer que fosse. Da mesma forma, a guerra desnudava, ele dizia, o que há de mais ancestral no homem: o prazer do assassinato generalizado transcendendo a morte heroicizada e a morte natural. Consequentemente, se a crueldade voltava a irromper no âmago desse período conturbado, era por nunca ter sido erradicada pela civilização. Apesar de sua humanização e do acesso à cultura, o homem seria então sempre diferente do que julgava ser. Nas camadas profundas de sua vida psíquica dissimula-se um bárbaro sempre pronto a despertar.

Freud conclui seu ensaio com uma profissão de fé inapelável: "Lembremonos da antiga expressão: *Si vis pacem, para bellum*. Se queres manter a paz, arma-te para a guerra. Nos tempos atuais, seria mais adequado dizer: *Si vis vitam, para mortem*. Se queres suportar a vida, então prepara-te para a morte."[164]

Aos cinquenta e nove anos de idade, Freud ia então ao encontro do reino dos mortos. Pensava tanto na própria morte e na de amigos e parentes como na dos combatentes perdidos na "noite polar" de uma guerra para a qual não via saída e que comparava a um "artesanato repugnante". Minna e Martha já o chamavam de "velhinho". Quatro meses antes da eclosão das hostilidades, na noite de 10 para 11 de março de 1914, tornara-se avô pela primeira vez, de um pequeno Ernst (apelidado "Ernstl") Halberstadt, filho de Sophie e futuro "menino do carretel" [*Fort-Da*], cuja brincadeira ele descreverá anos mais tarde:

---

163. Homero, *L'Odyssée*, Paris, Les Belles Lettres, 1925, t.II, p.178-9 [ed. bras.: *A odisseia*, São Paulo, Editora 34, 2011].

164. Sigmund Freud, "Considérations actuelles sur la guerre et la mort", op.cit., p.313.

"Muito curioso, um sentimento de ter envelhecido, de respeito perante os milagres da sexualidade."[165]

No outono de 1914, soube da morte de Emanuel, seu querido meio-irmão, aos oitenta e um anos, que, segundo ele, não havia suportado a guerra. Por ocasião de seu aniversário de sessenta anos, em maio de 1916, escreverá que transpusera o limiar da velhice, que mais nada devia ser adiado, que seu coração e artérias tinham envelhecido e ele não passava de seu pai na mesma idade.[166]

Em diversas oportunidades, saiu de Viena para visitar ora a filha, ora a esposa de Abraham, ora Ferenczi, o amigo do peito. A clientela escasseava, as economias evaporavam, os membros de sua família empobreciam, faltava comida, os cômodos não eram aquecidos e a tuberculose ameaçava os mais pobres ou frágeis. O amargo *Konrad* ressentia-se: dores de garganta, inchamento da próstata, distúrbios somáticos diversos. Em 1917, aos sessenta e um anos, Freud tentou mais uma vez parar de fumar. Porém, contrariando toda lógica racional, conseguiu se convencer de que o edema doloroso que ele sentia no palato era fruto da abstinência e simplesmente voltou aos charutos para aguçar as faculdades intelectuais.[167]

A constatação das atrocidades bélicas e a presença física da morte em sua vida e seu corpo levaram Freud a entregar-se àquela solidão criativa que ele tanto apreciava e que ia de par com seu tabagismo, bem como com certo masoquismo e seu culto da abstinência sexual. Só o homem que sofre pode realizar alguma coisa, pensava, não obstante reiterando que a paixão pelo charuto não era da alçada da psicanálise. Apesar dos anos de trabalho sobre si mesmo, Freud continuava o mesmo neurótico.

Em 1896, numa carta a Fliess, já utilizara o termo "metapsicologia" para qualificar o conjunto de sua concepção da psique a fim de distingui-la da psicologia clássica. Armado com esse termo, pretendia realizar seu velho sonho: dedicar-se à filosofia, ou melhor, desafiá-la. Na sequência, em *Psicopatologia da vida cotidiana*, dirá de maneira ainda mais clara que o conhecimento dos fatores psíquicos do inconsciente se refletia na construção de uma realidade suprassensível que a ciência transformava em uma psicologia do inconsciente.

---

165. Sigmund Freud e Sándor Ferenczi, *Correspondance*, t.I: 1908-1914, op.cit., p.583.

166. André Bolzinger, *Portrait de Sigmund Freud*, op.cit., p.80.

167. Sigmund Freud e Sándor Ferenczi, *Correspondance*, t.II: 1914-1919, op.cit., carta de 6 de novembro de 1917.

E estabelecera como tarefa decompor os mitos relativos ao mal e ao bem, à imortalidade e às origens da humanidade, traduzindo a metafísica numa metapsicologia.

Em outras palavras, se a metafísica era o estudo em filosofia das causas primeiras do ser e da existência – e logo de realidades dissociadas da matéria e do vivido –, a metapsicologia devia ser, analogamente, o estudo da realidade psíquica, isto é, de tudo que escapa à consciência e à realidade material. Por meio desse procedimento especulativo, Freud pretendia fundar a psicanálise como uma nova disciplina, isolada da psicologia. Até ali, com efeito, sempre enraizara sua doutrina na psicologia, sem jamais especular que ela pudesse subvertê-la.

Rivalizando assim com o saber filosófico, que não obstante considerava um sistema paranoico, Freud desafiava a psicologia, disciplina que fora seu caminho de saída da neurologia.

Projeto desmesurado, uma vez que pretendia fazer da psicanálise uma "ciência" totalmente à parte, entre psicologia, filosofia e biologia, a ponto de recusar considerá-la uma "ciência humana" da mesma categoria que a antropologia ou a sociologia.

A partir de 1915, elaborou então, sob a rubrica "metapsicologia", um conjunto de modelos definidos por levar em conta simultaneamente os pontos de vista dinâmico, tópico e econômico. Mediante a abordagem dinâmica, reportava os processos psíquicos à sua origem inconsciente e, logo, às pulsões. Segundo o eixo tópico, definia lugares: o consciente, o pré-consciente e o inconsciente.[168] E, finalmente, do ponto de vista econômico, distinguia os diferentes domínios da energia psíquica.

E foi nessa perspectiva que entre 1915 e 1917 agrupou, precisamente sob o título *Metapsicologia*, cinco ensaios austeros e complexos, que contrastavam com seus escritos anteriores: "Pulsões e destino das pulsões", "Recalcamento", "O inconsciente", "Um suplemento metapsicológico à doutrina do sonho", "Luto e melancolia".[169] Propunha distinguir dois grupos de pulsões, o das pulsões de autoconservação e o das pulsões sexuais. Jogava luzes nas

---

168. E a partir de 1920: o eu, o isso e o supereu.

169. Esses ensaios estão reunidos no vol.14 da *ESB*. Sándor Ferenczi, "La métapsychologie de Freud", in *Psychanalyse*, t.IV, op.cit., p.253-65. Os textos metapsicológicos de Freud estão entre os mais comentados pela comunidade psicanalítica internacional e os menos estudados pelos pesquisadores. Cf. *Dicionário de psicanálise*, op.cit.

diferentes inversões de pulsões com objetos, alvos, pessoas, pares opostos: sadismo e masoquismo, voyeurismo e exibicionismo, passividade e atividade. E esboçava um quadro sombrio das múltiplas facetas mediante as quais o ser humano sente prazer em seduzir, ostentar, atormentar-se atormentando o outro, odiar, ao passo que declara amar.

No caso do recalcamento, conceito importante, Freud criava uma espécie de cartografia de suas artimanhas, contornos, torções, retraimentos, perseguições com relação ao sujeito, ao mesmo tempo distinguindo o recalcamento originário, a fixação, o recalcamento propriamente dito, do retorno do recalcado, com seus representantes, seus representados, seus *"quanta de afetos"*, seus mecanismos de substituição atuantes nas principais neuroses: fobia, angústia, histeria, neurose obsessiva.

Nessa nova perspectiva, o inconsciente, segundo Freud, não tinha mais muita coisa a ver com *A interpretação dos sonhos*. Decerto ele só era acessível quando transposto ou traduzido nos sonhos, lapsos, atos falhos ou conversões somáticas. Contudo, era igualmente outra coisa: uma hipótese, um processo "em si", uma forma derivada da antiga animalidade do homem revista e corrigida segundo um princípio oriundo da filosofia de Kant. E Freud alertava no sentido de nunca substituir a percepção da consciência pelo psiquismo inconsciente, ainda que este permanecesse menos incognoscível que o mundo exterior. Nesse aspecto, transformava a psicanálise numa psicologia das profundezas articulada em torno do primado do inconsciente – instância constituída de conteúdos recalcados – sobre o consciente e o pré-consciente, sempre em devir.

No momento de abordar o imenso continente da melancolia, tão magnificamente descrito em todas as épocas da história da humanidade por poetas, filósofos e, mais tarde, alienistas, Freud não buscou rivalizar com tais escritos, tanto mais que ele mesmo já apontara Hamlet, protótipo do príncipe melancólico do início do século XVII, como um histérico. Limitou-se a integrar a melancolia em sua metapsicologia e, consequentemente, extirpá-la tanto da nosografia psiquiátrica como da tradição filosófica, a fim de redefini-la como uma espécie de delírio narcísico.[170] Os tempos eram propícios a tal reflexão. Vestidas de preto, as mulheres substituíam os homens que sucumbiam na

---

170. Em 30 de dezembro de 1914, Viktor Tausk fizera uma palestra sobre esse tema na WPV. Em seguida, Freud redigira um primeiro rascunho de seu próprio texto em 1915.

A *Primeira Guerra Mundial*

luta, tomando as rédeas das atividades econômicas de seus respectivos países. Longe de ver a melancolia como uma das grandes componentes da condição humana, Freud a definia como a forma patológica do luto: uma doença de autopunição. Antes de publicá-lo, enviou o manuscrito a Abraham, que já comparara o luto e a melancolia e lhe transmitira diversas observações. Ele agradeceu-lhe e citou-o. Assim, introduziu os tormentos da melancolia num processo de regressão da libido e abandono do investimento inconsciente.[171]

Freud assinalava que, no trabalho do luto, o sujeito consegue se desligar do objeto perdido progressivamente, ao passo que, na melancolia, julga-se culpado da morte acontecida, nega-a ou se crê possuído pelo defunto ou acometido da doença que o levou à morte. Confrontado com essa perda irremediável, experimenta um sentimento de indignidade e pensa que sua consciência moral o julga e persegue. A esta, Freud dará mais tarde o nome de "supereu" [*Über-Ich*].

Herr Professor planejava redigir doze ensaios e agrupá-los num conjunto intitulado *Elementos para uma metapsicologia*. Contudo, não se sentindo totalmente seguro, terminou por abrir mão de sete textos, dos quais apenas um foi recuperado: "Neuroses de transferência: uma síntese".[172] Construído à feição de uma troca epistolar com Ferenczi,[173] bem como de uma "ficção filogenética", esse conjunto fora concebido como uma continuação de *Totem e tabu*. Resultava de uma especulação "bioanalítica" ao longo da qual Freud estendia a teoria das neuroses e do assassinato do pai à origem do homem. Em outras palavras, pretendia proceder a uma recapitulação da filogênese pela ontogênese.[174] Assim, apontava a existência de uma analogia entre os estágios da evolução da espécie humana e o das neuroses. Se a ordem cronológica mostra que, no desenvolvimento individual, a histeria de angústia é a mais precoce, seguida pela histeria de conversão e mais tarde pela neurose obsessiva, isso significa que esses três tipos de neurose teriam seu equivalente numa história

---

171. Sigmund Freud e Karl Abraham, *Correspondance complète*, op.cit., p.376-83.

172. Sigmund Freud, *Vue d'ensemble des névroses de transfert* (1985), Paris, Gallimard, 1986 [ed. bras.: *Neuroses de transferência: uma síntese*, Rio de Janeiro, Imago, 1987]. Texto descoberto em 1983 nos arquivos de Ferenczi.

173. Sándor Ferenczi, "Le développement du sens de réalité et ses stades" (1913), in *Psychanalyse*, t.II, op.cit., p.51-65.

174. A teoria da recapitulação afirma que o desenvolvimento individual de um organismo reproduz as etapas da evolução de seus ancestrais.

filogenética da humanidade, situada entre o início e o fim da era glacial.[175] Encontraríamos, portanto, em todo ser humano, o vestígio de uma regressão neurótica correspondente a um estágio já presente na filogênese. Na aurora da era glacial, a humanidade teria se tornado ansiosa e, consequentemente, entrado num conflito entre autoconservação e desejo de reprodução, daí a aparição de uma histeria de angústia. Na fase seguinte, teria se produzido uma superestimação do pensamento e da linguagem correspondente a uma neurose obsessiva, isto é, a uma concepção religiosa do mundo. Seguia-se então, sob a pena de Freud, uma nova versão do relato da "luta pela sobrevivência" convertido em fábula psicofilogenética: horda primitiva, assassinato do pai, filhos unidos por sua homossexualidade, mulheres mergulhadas num continente desconhecido – *dark continent* –, retorno da figura do pai na paranoia, identificação com o pai morto entre luto e melancolia.

Mais uma vez Freud reinventava os componentes de seu sistema de parentesco para transformá-lo num modelo de compreensão do psiquismo. É compreensível que tenha hesitado em tornar públicas suas especulações, destruindo diversos manuscritos. Sua ambiciosa metapsicologia era, no mínimo, obscura e falha. Quanto à ideia de dar à psicanálise um fundamento simetricamente idêntico ao da biologia, equivalia a transformá-la em uma "metabiologia", como desejava Ferenczi. E, de fato, na época Freud admitia querer inserir o "cartão de visita" da psicanálise na corbelha dos biólogos.[176]

Consciente da fragilidade de sua hipótese, desistiu dela sem com isso abandonar a ideia de transplantar os mecanismos da evolução para o campo da psicanálise. E, com essa finalidade, pôs-se a ler a *Filosofia zoológica*, de Lamarck,[177] não para opor o lamarckismo ao darwinismo,[178] e sim para mos-

---

175. Cf. Lucille B. Ritvo, *A influência de Darwin sobre Freud* (1990), Rio de Janeiro, Imago, 1992. Nessa obra, encontramos a melhor análise da teoria freudiana da recapitulação inspirada tanto em Darwin quanto em Jean-Baptiste Lamarck. Ela contradiz, com razão, a tese de Frank J. Sulloway, segundo a qual Freud seria um criptobiólogo. Seria antes um biólogo da alma, um herdeiro do romantismo e um seguidor das filosofias do sujeito.

176. Sigmund Freud, *Vue d'ensemble des névroses de transfert*, op.cit., p.132. Sigmund Freud e Sándor Ferenczi, *Correspondance*, t.II: *1914-1919*, op.cit., carta de Ferenczi de 26 de outubro de 1915, p.97.

177. Jean-Baptiste Lamarck, *Philosophie zoologique* (1809), Paris, Culture et Civilisation, 1969.

178. Ao contrário de uma ideia difundida, sabemos que as duas concepções da evolução da humanidade não se opunham. Como Lamarck, Darwin levava em conta a ideia da hereditariedade dos caracteres adquiridos. Essa tese, defendida por Freud e Ferenczi contra Jones, fora invalidada por August Weismann.

trar que a ideia lamarckiana segundo a qual "a necessidade cria o órgão" não passaria da aceitação do "poder da representação inconsciente no corpo próprio", cujos indícios ele veria na histeria. Em suma, dizia, a "onipotência dos pensamentos". A adequação por finalidade seria então, acrescentava, "explicada psicanaliticamente e constituiria a consumação da psicanálise. Seriam deduzidos dois grandes princípios de mudança (de progresso): a mudança por adaptação do corpo próprio e a mudança ulterior por transformação do mundo externo (autoplástico e heteroplástico) etc."[179]

Freud retomará essa tese em 1920, em escritos cada vez mais especulativos, sem jamais dar um conteúdo mais sólido à sua metapsicologia. E, aliás, esta jamais terá outra utilidade senão servir de anteparo contra algumas iniciativas de psicologização da psicanálise. Magro consolo.

Enquanto se esboçava essa mudança de perspectiva, Freud prosseguia sua atividade docente no Hospital Geral de Viena, onde se espremia uma centena de ouvintes, estudantes, médicos, pais, parentes, amigos ou futuros discípulos: Max Schur, Edoardo Weiss, Anna Freud etc. Uma nova geração surgia. Como era de seu feitio, Freud falava sem qualquer anotação e, para o seu último ano acadêmico, decidiu expor em vinte e oito lições as principais conquistas do que ele ainda descrevia como "uma jovem ciência": síntese da *Interpretação dos sonhos*, da *Psicopatologia da vida cotidiana*, dos *Três ensaios*.

A que se acrescentava uma série de conferências sobre a técnica psicanalítica, a transferência e a definição das neuroses. Nesse novo ensaio de introdução à psicanálise, Freud voltava a enfatizar que a primeira escolha de objeto do ser humano, no homem, é sempre na direção da mãe e da irmã e, na mulher, na direção da mãe, depois do pai e do irmão, e que apenas um interdito severo permite manter à distância essa tendência pulsional, presente para sempre na sexualidade adulta.

Publicada, a obra conheceu um sucesso fulgurante no mundo inteiro.[180] Por outro lado, contribuiu para aumentar os rumores relativos à configuração

---

179. Sigmund Freud e Karl Abraham, *Correspondance*, op.cit., carta de 11 de novembro de 1917, p.449.

180. Sigmund Freud, *Conférences d'introduction à la psychanalyse (1916-1917)*, Paris, Gallimard, 1999, e *OCF.P*, op.cit., vol.14, sob o título *Leçons d'introduction à la psychanalyse* [ed. bras.: *Conferências introdutórias à psicanálise (1916-1917)*, in *SFOC*, vol.13 / *ESB*, vol.15; ed. orig.: *Vorlesungen zur Einführung in die Psychoanalyse*, in *GW*, vol.11].

"incestuosa" da vida familiar na Berggasse 19. Por parte de seus defensores entusiastas – escritores, filósofos ou poetas –, mais que nunca a psicanálise foi vista como uma revolução da liberdade, suscetível de mudar o destino dos homens, enquanto seus adversários apontavam-na como uma falsa ciência, uma ofensa à ordem familiar, às virtudes da religião e aos sentimentos patrióticos dos povos: um pensamento lúbrico oriundo de um cérebro degenerado e de um império agonizante.[181]

Por essa época, Freud sonhava com o prêmio Nobel. Seu jovem amigo e aluno Robert Barany, médico húngaro, laureado em 1914 por seus trabalhos em fisiologia sobre o aparelho vestibular do ouvido, sugeriria sua candidatura. Mas a que título e em nome de que disciplina? A despeito de sua notoriedade mundial, *Herr Professor* não era reconhecido nem como homem de ciência nem como escritor. Quanto à psicanálise, não se encaixava em nenhum campo do saber universitário. Jamais Freud obteria o prêmio tão desejado.

Embora não fosse adepto do marxismo, Freud recebeu com bons olhos a Revolução de Outubro, que punha fim à participação dos russos na guerra e, da mesma forma, apesar de não ser favorável ao sionismo, aprovou a declaração de Lord Balfour, que abria caminho para a criação de um lar nacional judeu na Palestina.[182] Em novembro de 1917, estava tão pessimista que queria sonhar com dias melhores.

Com a aproximação do fim das hostilidades, os membros do Comitê entraram em guerra uns contra os outros. Determinado a tomar nas mãos o destino do movimento e fazê-lo tender para o campo dos vencedores, Jones atacou Abraham e apoiou Ferenczi. Contrariando o primeiro, que desejava organizar o V Congresso do Verein em Berlim, declarou que aquela decisão poderia fazer a psicanálise parecer uma "ciência boche" e, com a concordância do segundo, escolheu Budapeste como local do encontro. Freud aprovou a opção. Todos os "paladinos" sabiam que a Hungria logo se veria separada da Áustria: Budapeste, berço de certa ideia ferencziana da psicanálise característica da *Mitteleuropa*, vivia seus últimos esplendores.

O congresso foi realizado nos dias 28 e 29 de setembro de 1918 na Academia Húngara de Ciências, na presença de representantes dos governos hún-

---

181. Cf. *HPF-JL*, op.cit.

182. Sigmund Freud e Karl Abraham, *Correspondance*, op.cit., p.452-3.

A Primeira Guerra Mundial   215

garo, alemão, austríaco e de quarenta e dois psicanalistas, entre eles Geza
Roheim, futuro antropólogo americano, e de um número significativo de
mulheres, trajando chapéus discretos e vestidos leves. À exceção de Freud, todos os homens ostentavam seus uniformes. Pela primeira vez, Melanie Klein,
brilhante aluna de Ferenczi, encontrou o mestre e assistiu à sua conferência
sobre os "Caminhos da terapêutica psicanalítica".[183]

Em vez de improvisar, como costumava fazer, Freud procedeu a uma
leitura de sua conferência, no mínimo estarrecedora. Contradizendo-se, e à
própria prática – e também a Ferenczi –, anunciou que o tratamento psíquico
devia, na medida do possível, efetuar-se "num estado de frustração e abstinência". Freud não chegava a dizer que o paciente devia ser privado de toda
atividade sexual, mas preconizava a ideia de proibi-lo de usufruir dos benefícios decorrentes dos primeiros resultados do tratamento. Sem esse rigor, dizia,
o paciente corre o risco de mergulhar novamente num fracasso irremediável.

Não satisfeito em opor-se à empatia terapêutica, e ao mesmo tempo desa-
provando a orientação puritana adotada por seu amigo Putnam, Freud anunciava que a psicanálise se transformaria numa terapia de massa – como nos
Estados Unidos –, o que exigiria a criação e difusão de instituições suscetíveis
de oferecer tratamentos gratuitos. Assim, seria possível ajudar as populações
mais pobres a deixarem sua condição. Pregando tal programa de higiene social, e apelando aos Estados democráticos modernos para que reconhecessem
o valor profilático da psicanálise, Freud promovia uma ruptura com o mundo
antigo. Após deambular em seu labirinto metapsicológico, queria crer que o
tratamento não era mais reservado a grandes burgueses proustianos ciosos
de certa imagem de si mesmos, a qual já se apagara com a guerra.

E incentivava as novas gerações a se projetarem no futuro: "Nós desco-
briríamos provavelmente que os pobres mostram-se ainda menos dispostos
que os ricos a desistir de suas neuroses, pois a árdua existência que os espera
não os atrai e a doença lhes confere um direito extra a uma ajuda social. O
mais das vezes parecemos só intervir com alguma utilidade associando uma

---

183. Phyllis Grosskurth, *Melanie Klein, son monde et son oeuvre* (1986), Paris, PUF, 1990, p.101. Sigmund Freud, "Les voies nouvelles de la thérapeutique psychanalytique" (1918), in *La Technique
psychanalytique*, Paris, PUF, 1975, e *OCF.P*, op.cit., vol.15, sob o título "Les voies de la thérapie
psychanalytique" [ed. bras.: "Caminhos da terapia psicanalítica", in *SFOC*, vol.14 / *ESB*, vol.17;
ed. orig.: "Wege der Psychoanalytischen Therapie", in *GW*, vol.12].

ajuda material ao socorro psíquico, à maneira do imperador José II. Tudo leva igualmente a crer que, visto a aplicação maciça de nossa terapêutica, sejamos obrigados a misturar ao ouro puro da análise uma quantidade considerável do chumbo da sugestão direta. Às vezes, inclusive, como no tratamento das neuroses de guerra, teremos de recorrer à influência hipnótica. Mas, qualquer que seja a forma dessa psicoterapia popular e de seus elementos, as características mais importantes, mais ativas, continuarão sendo aquelas extraídas da estrita psicanálise expurgada de qualquer tipo de pressuposto."[184]

A questão das neuroses de guerra foi discutida ao longo de todo o Congresso de Budapeste, com palestras de Abraham, Freud, Ferenczi, Ernst Simmel, Viktor Tausk.[185] E o problema era fundamentalmente este: como inscrever a intervenção da psicanálise no âmago da vida das sociedades, seja em tempos de guerra, seja em tempos de paz? O que interessava a Freud e seus discípulos era mostrar a diferença entre, de um lado, as neuroses traumáticas e as neuroses comuns, e, de outro, entre os sujeitos neuróticos e os sujeitos "saudáveis", uns e outros tragados pela tormenta da guerra.

Eis que os freudianos, muito tempo depois de haverem abandonado a causalidade traumática na elucidação das neuroses, viam-se novamente desafiados numa escala de outra envergadura. Impossível, em tais circunstâncias, negar que os horrores da guerra tinham alguma coisa a ver com a aparição de distúrbios como tremores compulsivos, amnésias, terrores, pesadelos, insônias etc. Interpelados pelas autoridades de seus respectivos países, os psicanalistas, que tinham sido por sua vez mobilizados, tentaram explicar que os soldados não reagiam da mesma maneira no combate segundo fossem ou não neuróticos na vida civil. Assim, tal soldado podia apresentar sintomas graves de comoção decorrentes da dureza dos combates sem por isso ser deprimido ou ansioso, ao passo que outro, que não se

---

184. Ibid., p.141. Como sabemos, esse programa começará a ser implantado com a criação, em Berlim, do primeiro Instituto de Psicanálise, cujo modelo será reproduzido no mundo inteiro.
185. Sigmund Freud, Sándor Ferenczi e Karl Abraham, *Sur les névroses de guerre*, Paris, Payot, 2010, com um belo prefácio de Guillaume Piketti. Ernst Simmel (1882-1947): psiquiatra e psicanalista alemão, fundador, em 1925, do sanatório Schloss Tegel, inspirado no modelo das grandes clínicas Bellevue e do Burghölzli. Capturado pela Gestapo em 1933, conseguiu emigrar para os Estados Unidos graças a Ruth Mack-Brunswick, que pagou um resgate aos nazistas. Radicou-se em Los Angeles e conservou a vida inteira a nostalgia do velho mundo europeu. Sobre o itinerário de V. Tausk, ver infra.

A *Primeira Guerra Mundial*

expusera ao fogo, podia perfeitamente soçobrar num estado de choque só de pensar em ver-se diante do inimigo. Como deviam ser tratados os soldados acometidos por essas neuroses? O tratamento pela fala era, em todas as circunstâncias, superior à eletroconvulsoterapia, verdadeira tortura imposta aos pacientes, ou à hipnose, julgada de grande eficácia?

As contribuições foram publicadas no âmbito do Internationaler Psychoanalytischer Verlag,[186] editora financiada por Anton von Freund, florão do movimento, pela qual Freud passaria a publicar seus livros.

Durante o congresso, Hermann Nunberg propôs pela primeira vez que uma das condições requeridas para alguém vir a ser psicanalista fosse ter passado por uma análise. Rank e Ferenczi opuseram-se à votação de uma moção nesse sentido. Trabalho perdido. A ideia da análise dos analistas – análise didática e análise de supervisão – se imporá ao longo dos anos a partir da grande experiência berlinense. Por ocasião da sessão de encerramento, todos estavam conscientes de que o movimento psicanalítico recuperava seu vigor. Freud julgou por bem declarar que o centro nevrálgico da psicanálise estava na Hungria: estava enganado.

Dois meses mais tarde, os representantes do Império Austro-Húngaro assinavam o armistício de Villa Giusti, os plenipotenciários alemães reuniam-se com os aliados na clareira de Rethondes, Guilherme II abdicava, a Hungria tornava-se uma república. Em nome do direito à autodeterminação dos povos, e em decorrência dos catorze pontos redigidos pelo presidente Thomas Woodrow Wilson, as diversas populações da antiga Europa central e balcânica foram distribuídas no interior de novas fronteiras, definidas alguns meses mais tarde pelos tratados de Versalhes, de Saint-Germain e de Trianon. A Áustria era agora uma simples "sombra indeterminada, cinzenta e morta da antiga monarquia imperial".[187]

Por ocasião da fundação da primeira República húngara, Ferenczi, próximo dos meios progressistas e da revista *Nyugat*, foi cogitado para ocupar uma cadeira de psicanálise na universidade. A despeito de um primeiro relatório negativo, o decreto foi assinado por Georg Lukács, comissário do povo na Instrução Pública e Cultura do novo governo de Béla Kun, que, em 20 de março de 1920, instaurara uma república dos Conselhos baseada no modelo

---

186. Fundada em janeiro de 1919.
187. Stefan Zweig, *Autobiografia: o mundo de ontem*, op.cit., p.253.

da revolução bolchevique. Em 10 de junho, Ferenczi inaugurou seu curso num anfiteatro repleto de estudantes entusiastas.

Na oportunidade, Freud escreveu um artigo publicado diretamente em húngaro: "Deve-se ensinar psicanálise nas universidades?".[188] Nele, inventariava todas as matérias necessárias ao currículo do estudante de psicanálise. Não só apontava a necessidade de o aluno conhecer bem a história das psicoterapias, a fim de compreender as razões objetivas da superioridade do método psicanalítico, como propunha um programa que envolvia literatura, filosofia, arte, mitologia, história das religiões e civilizações. Insistia com veemência que, em hipótese alguma, a psicanálise devia limitar seu campo de aplicação às afecções patológicas. Jamais tal programa se verá concretizado: nem em Budapeste, nem em Viena, nem em nenhuma universidade do mundo. Freud pegara o caminho errado ao pretender impor a psicanálise como uma disciplina totalmente à parte. Na realidade, ela não devia e nem deveu sua existência senão às suas instituições privadas. Nos grandes centros do ensino universitário, ela só conseguiu ser implantada vetorizada por outras disciplinas: de um lado, a psiquiatria e a psicologia; de outro, as humanidades. Assim, cindiu-se em dois ramos: um, clínico, ligado ao ideal médico do cuidar; o outro, cultural, ligado à filosofia, história, literatura e antropologia.

A queda da Comuna de Budapeste e a repressão sangrenta promovida pelas tropas do almirante Miklos Horthy, que se proclamou "regente", puseram fim à experiência. Ferenczi perdeu seu cargo: "O aspecto mais repugnante dos primeiros dez anos do regime de Horthy", escreveu William Johnston, "foi seguramente o terror branco de 1920. Num espírito de vingança ... a tortura se disseminou e a flagelação pública foi restabelecida, ao passo que os assassinatos políticos se davam por baixo dos panos e os judeus, refugiados depois de 1914, eram expulsos."[189]

Freud condenava tanto a Comuna como o terror branco de Horthy, no que também se enganava. Quanto a Jones, aproveitou-se da situação para assumir a direção da IPV (Verein) e deslocar o centro nevrálgico do movimento para o ocidente, isto é, para o mundo anglófono.

---

188. Sigmund Freud, "Faut-il enseigner la psychanalyse à l'Université?" (1920), in *OCF.P*, op.cit., vol.15 [ed. bras.: "Deve-se ensinar psicanálise nas universidades?", in *SFOC*, vol.14 / *ESB*, vol.17; original em húngaro, publicado em volume suplementar da *GW* '].
189. William Johnston, *L'Esprit viennois*, op.cit., p.398.

A Primeira Guerra Mundial

Em 1919, Freud tinha poucos pacientes austríacos e húngaros. Na Alemanha, seus filhos haviam sido arruinados pela guerra, cabendo-lhe arcar com sua subsistência, bem como ajudar alguns amigos, em especial Lou Andreas-Salomé, a quem pagará uma pensão até sua morte. À espera de receber novos discípulos, ansiosos para se formarem junto a ele, aprendeu a falar ainda mais fluentemente o inglês. Voltara a cogitar instalar-se em outro lugar sem ser Viena, Berlim ou Londres: "Todos viramos mendigos desnutridos por aqui. Mas o senhor não ouvirá queixas. Ainda estou de pé e não me considero de forma alguma responsável pelo absurdo do mundo." E acrescentava: "A psicanálise está florescendo, regozijo-me ao ouvir isso de todos os lados, e espero que a ciência seja uma consolação para o senhor também."[190] Recepcionado calorosamente em Viena em setembro, Jones convidou Freud e Ferenczi para almoçar: estavam famintos.

Deprimido após a queda da Comuna, Ferenczi mobilizou seus contatos para emigrar para os Estados Unidos. Freud recusava-se obstinadamente a deixá-lo partir, ao mesmo tempo em que o abandonava e voltava-se cada vez mais para Jones e para a organização do movimento internacional. Consciente de pertencer ao lado dos vencedores, que pretendiam confiscar da Europa continental arruinada a administração dos negócios, este último começou a colocar em prática sua política pragmática de normalização da profissão. Contrariando Freud, defendeu inclusive a ideia de que a psicanálise devia ser exercida exclusivamente por médicos, como era o caso nos Estados Unidos.

Na mesma perspectiva, impôs ao Comitê uma decisão desastrosa para o futuro, adotando uma regra segundo a qual os homossexuais não poderiam nem ser membros de uma associação nem se tornar psicanalistas, pois, "na maioria dos casos, eles são anormais". Essa diretriz estarrecedora ia de encontro à doutrina freudiana. Conspurcava o nome de Leonardo da Vinci. Os berlinenses se opuseram, e Rank advertiu seus amigos, acusando Jones de não levar em conta os diferentes tipos de homossexualidade.[191]

---

190. Sigmund Freud e Ernest Jones, *Correspondance complète, 1908-1939*, op.cit., carta de 18 de abril de 1919.

191. Phyllis Grosskurth, *Freud, l'anneau secret*, op.cit., p.101. E *Rundbriefe* dos dias 1º e 11 de dezembro de 1921 e 11 de janeiro de 1922. Jones recusara-se a aprovar a admissão na IPV de um certo psicanalista holandês, preso em decorrência de sua homossexualidade. E alegava seu caso para defender essa posição.

Assim, os homossexuais eram novamente tratados como perversos por aqueles mesmos que se haviam afastado das teses racialistas do fim do século XIX. Naturalmente, essa diretriz não impediu em absoluto os homossexuais de se tornarem psicanalistas, ainda que obrigados a dissimular sua orientação sexual. E teve como consequência estimular até o fim do século XX a disseminação de uma assustadora homofobia na esfera da comunidade psicanalítica mundial.[192] Essa posição do Comitê era tanto mais absurda na medida em que Freud apoiara a iniciativa de Magnus Hirschfeld visando abolir na Alemanha o parágrafo 175 do Código Penal, que condenava à prisão e à perda dos direitos civis o relacionamento sexual entre pessoas do mesmo sexo, sobretudo em se tratando de homens.[193]

Os psiquiatras dos países em guerra haviam sido convocados pelas hierarquias militares para colaborar no rastreamento dos "simuladores", considerados desertores, maus patriotas ou covardes.[194] No cerne desse debate reaflorava a velha questão do status da histeria: verdadeira doença psíquica ou dissimulação?

Foi nesse contexto que Julius Wagner-Jauregg, célebre psiquiatra vienense organicista e reformador do hospício,[195] foi acusado de prevaricação por haver apontado como simuladores soldados acometidos de neurose traumática, aos quais ele impusera tratamentos à base de eletricidade.[196] O caso começou em 1920 por ocasião de uma queixa contra ele e seus assistentes – em especial, Michael Kozlowski – pelo tenente Walter Kauders,[197] brilhante patriota judeu

---

192. Muitas obras foram publicadas sobre essa questão e eu mesma baseio-me em algumas delas. Cf. "Psychanalyse et homosexualité: réflexions sur le désir pervers, l'injure et la fonction paternelle", entrevista a François Pommier, *Cliniques Méditerranéennes*, 65, primavera de 2002.
193. A petição lançada por Magnus Hirschfeld obtivera, ao longo dos anos, 6 mil assinaturas, entre as quais a de Albert Einstein e Stefan Zweig. O artigo incriminado estipulava: "A fornicação antinatural, praticada entre pessoas de sexo masculino ou entre pessoas e animais, é punida com prisão."
194. Sobre esse rastreamento na França e sobre o papel de Joseph Babinski, discípulo de Charcot, cf. *HPF-JL*, op.cit.
195. Em 1927, ele receberá o prêmio Nobel por ter criado a malariaterapia. Admirando o nacionalismo alemão, no fim da vida cultivou simpatias pelo nazismo. Cf. Clare Chapman, "Austrians Stunned by Nobel Prize-Winner's Nazi Ideology", *Scotland on Sunday*, 25 de janeiro de 2004.
196. Esses tratamentos de choque eram conhecidos como "eletroterapia" ou "faradização".
197. O dossiê desse processo, compreendendo documentos, depoimentos e o inquérito, foi exumado por Kurt Eissler e publicado em alemão em 1979, depois traduzido em francês com o título *Freud sur le front des névroses de guerre*, Paris, PUF, 1992, incluindo, na edição francesa,

do exército austríaco. Freud foi então convocado como especialista perante uma comissão de inquérito presidida por Alexander Löffler e que, entre outros, incluía Julius Tandler. Ele redigiu um relatório e participou das discussões entre os membros do júri, o réu e o litigante.

Em 1915, Kauders fraturara o crânio em consequência da explosão de um projétil. Após várias passagens por hospitais militares, ficou meio aparvalhado, andava com uma bengala e sofria de enxaqueca. Entre novembro de 1917 e março de 1918, visto como doente mental, fora colocado no isolamento na clínica de Wagner-Jauregg, antes de padecer duas "faradizações" com pinças metálicas administradas por Kozlowski e destinadas aos simuladores:[198] "Essas torturas são preparadas psicologicamente. Insinua-se ao paciente que vão lhe aplicar um método conhecido por ser atroz .... As dores provocadas pela faradização com pinça são indescritíveis. É como se mil alfinetes penetrassem na medula dos ossos a uma velocidade vertiginosa."[199]

Pensando acima de tudo em usar essa tribuna para defender sua doutrina, atacada de todos os lados, Freud contornou a questão da responsabilidade de Wagner-Jauregg para fazer a apologia do método psicanalítico. Afirmou em primeiro lugar que os médicos deviam submeter-se às necessidades do doente, e não às ordens da hierarquia militar, e negou a eficácia da eletroterapia. Mediante o quê, isentou Wagner-Jauregg de toda responsabilidade naquele caso, ao mesmo tempo lamentando que ele não fosse um ardoroso adepto da psicanálise. Afirmou, em especial, que ele não era um torturador e não cometera nenhuma prevaricação, julgando aquele tratamento um remédio para a simulação. Aos olhos de Freud a simulação não existia pela simples razão de que "todos os neuróticos são simuladores" e vice-versa, na medida em que eles "simulam sem o saber e é esta sua doença". Em outros termos, mais uma vez Freud reduzia a pó a noção de fingimento: ninguém finge o que é.

---

um excelente prefácio de Erik Porge. Nele, encontramos principalmente "L'expertise sur le traitement électrique des névroses de guerre", as audições das testemunhas e a de Freud (OCF.P, op.cit., vol.15, p.217-25), bem como numerosos documentos. Cf. também o relato de Henri F. Ellenberger a respeito, Histoire de la découverte de l'inconscient, op.cit., p.860-2. Sem ter tido acesso à totalidade dos arquivos, ele dá uma versão diferente da de Eissler, que no entanto tem o mérito de retificar os deslizes de Jones. Os documentos utilizados por Eissler encontram-se na Biblioteca do Congresso, em Washington.

198. Ibid., p.29.

199. Depoimento colhido por Kurt Eissler, ibid., p.143.

Wagner-Jauregg, por sua vez, não podia aceitar ser assim defendido por um homem a quem estimava, porém cujo raciocínio rejeitava. Não admitia nem a ideia de que a simulação fosse uma neurose, nem o princípio segundo o qual o psiquiatra, em tempos de guerra, devia pôr-se exclusivamente a serviço do paciente. Foi, não obstante, absolvido.

Freud errara ao estabelecer um diagnóstico de neurose sem se interessar por Kauders. E, no entanto, este tinha muita coisa de um bom número de seus familiares. Tivera um pai autoritário, um irmão mais velho que se suicidara, uma meia-irmã acometida de problemas mentais e sua infância fora marcada pela humilhação de ser judeu. Sem dúvida era neurótico, mas acima de tudo sofrera um verdadeiro trauma de guerra, como apontará Eissler em 1979: "Eu diria que o caso Kauders, apesar de seu aspecto trágico, encerrava uma verdadeira comédia austríaca. Eis um homem jovem que parte para a guerra com entusiasmo. Oficial, é ferido e não pode mais continuar, sejam quais forem as razões disso … Não se sabe se, na sala dos debates, alguém notou que, com Wagner-Jauregg e Freud, confrontavam-se os representantes de dois mundos diferentes: um, do ponto de vista da eficácia, o outro, do humanismo, que vê no homem o entrecruzamento do destino e do sofrimento."[200]

O número de vítimas dessa Primeira Guerra Mundial elevava-se a aproximadamente quarenta milhões de pessoas: um pouco mais da metade em mortos – civis e militares –, o resto em feridos de todos os tipos. Os Aliados perderam cinco milhões de soldados e os impérios centrais, quatro milhões: entre eles, Ernst Lanzer.

Esse homem conhecera Freud em outubro de 1907 aos vinte e nove anos de idade. Tivera uma infância semelhante à de numerosos filhos da burguesia judaica vienense e parecia saído diretamente dos romances de Schnitzler ou Zweig. O pai, Heinrich Lanzer, casara-se com sua prima Rosa Herlinger, mais rica que ele, o que lhe permitira entrar como funcionário na empresa dos Saborsky.[201] Quarto filho de sete irmãos, Ernst vira sua mãe definhar emendando uma gravidez atrás da outra e estimava que seu pai se tornara violento em consequência de fracassos financeiros. Em sua infância, fora es-

---

200. Ibid., p.169.
201. Rica família industrial que adotara Rosa.

pancado e tratado de "futuro criminoso" por esse pai, pois ousara responder a seus insultos com outros insultos.[202]

Aos cinco anos de idade, escondera-se debaixo das saias de sua governanta e apalpara seus órgãos genitais. Daí uma sexualidade precoce e intensas ereções, muito frequentemente estimuladas por insinuações dos criados. Tendo, como o irmão, adotado "hábitos sexuais" e maneiras de falar pouco elegantes, não hesitava em pedir à mãe que lhe "lavasse o rabo". Em 1897, cortejado por uma costureira contratada pelos pais, sentiu-se culpado quando ela se suicidou depois que ele recusara seu assédio. Na sequência, apaixonou-se por Gisela Adler, uma prima pobre, estéril e franzina, que desagradava a seu pai. Assim, pensou que apenas a morte de Heinrich eliminaria o obstáculo a um casamento desejado.

Quando essa morte ocorreu, Lanzer continuou às voltas com rituais sexuais, justamente quando se incorporara ao exército austríaco com a patente de major. Assombrado pelo fantasma do pai, que vinha perturbar suas noites, adquiriu o hábito de contemplar seu pênis ereto com a ajuda de um espelho colocado entre as pernas. Incessantemente fustigado por essas ideias suicidas e pela vontade de autodegolar-se, teve consciência, aos vinte e seis anos, por ocasião de seu primeiro coito, de ser portador de uma doença psíquica. Viajou então para Munique a fim de submeter-se a um tratamento de hidroterapia e, nessa ocasião, teve uma relação sexual com uma garçonete, pensando, ao mesmo tempo, que, para obter aquele prazer, teria sido capaz de matar o pai. Regularmente, masturbava-se ou praticava rituais religiosos. Frequentou diversos médicos, entre os quais Wagner-Jauregg, que não lhe proporcionou nenhum alívio.

Em 1907, já oficial da reserva, foi à Galícia para participar de exercícios militares, e foi lá que conheceu Nemeczek, capitão especialmente cruel, adepto

---

202. A identidade de Ernst Lanzer foi revelada pela primeira vez por Patrick Mahony em 1986, num livro notável: *Freud e o Homem dos Ratos*, São Paulo, Escuta, 1991. Além de uma investigação histórica apurada, Mahony compara a versão fornecida por Freud do caso conhecido como do "Homem dos Ratos" com as notas preliminares redigidas pelo próprio Freud e não integradas ao relato do caso. Elas serão transcritas mais tarde in *L'Homme aux rats. Journal d'une analyse* (anotações de Freud transcritas por Elsa Ribeiro Hawelka), Paris, PUF, 1974. Cf. Sigmund Freud, "Remarques sur un cas de névrose obsessionnelle: l'Homme aux rats" (1909), in *Cinq psychanalyses*, Paris, PUF, 1954, e *OCF.P*, op.cit., vol.9, sob o título "Remarques sur un cas de névrose de contrainte" [ed. bras.: "Observações sobre um caso de neurose obsessiva (o 'Homem dos Ratos')", in *SFOC*, vol.9 / *ESB*, vol.10; ed. orig.: "Bemerkungen über einen Fall von Zwangsneurose", in *GW*, vol.7].

das punições corporais. Este lhe fez o relato de um suplício oriental, que consistia em obrigar um prisioneiro a se despir, depois ajoelhar-se no chão, com as costas curvadas. Nas nádegas do homem era então afixado, por meio de uma correia, um grande pote furado no qual se agitava um rato. Privado de comida e excitado por uma haste em brasa introduzida num buraco do pote, o animal procurava fugir da queimadura e penetrava no reto do supliciado infligindo-lhe ferimentos sangrentos. Ao fim de meia hora, o rato morria sufocado ao mesmo tempo que o homem.[203] Nesse dia, durante um exercício, Lanzer perdeu seu pincenê e telegrafou para seu ótico vienense pedindo que lhe enviasse outro pelo correio. Dois dias depois, foi pegar o objeto por intermédio do mesmo capitão, que lhe informou que as despesas postais deviam ser pagas ao tenente Davi, sentinela de plantão.

Face a essa instrução, Lanzer reagiu delirantemente, com a história do suplício se misturando à da dívida e despertando a lembrança de outro episódio envolvendo dinheiro: um dia seu pai contraíra uma dívida de jogo e fora salvo da desonra por um amigo que lhe emprestara a soma necessária ao pagamento. Após o serviço militar, Heinrich tentara encontrar esse homem, em vão, e nunca pudera honrar sua dívida.

Tal era o homem que se apresentou na Berggasse em 1º de outubro de 1907. Evocou imediatamente suas recordações de infância, e todas as noites Freud redigia o diário desse tratamento para reconstituir os diálogos com exatidão. Dessa vez, encontrava um paciente ideal, realmente acometido por sintomas de uma neurose obsessiva tal como ele a descrevera: uma neurose que tinha como origem um conflito psíquico caracterizado pela fixação da libido numa fase anal. Ódio do pai, ritos conjuratórios, ruminações, dúvidas, escrúpulos, inibições, casamentos consanguíneos, torpezas familiares, presença dos irmãos, irmãs, tios, tias: frente a uma história tão "freudiana", *Herr Professor* não teria necessidade de construir uma ficção na qual o paciente não se reconhecesse. E como Lanzer estava à procura de uma autoridade paterna que lhe permitisse compreender a significação de sua neurose, uma transferência positiva instaurou-se entre os dois homens, a ponto, aliás, de Freud ser capaz de obrigá-lo a contar a terrível cena do suplício, ao mesmo

---

203. Leonard Shengold foi, em 1965, o primeiro a mostrar que o relato era extraído do famoso livro de Octave Mirbeau, *Le Jardin des supplices* (1899), Paris, Gallimard, 1988.

A *Primeira Guerra Mundial*

tempo imaginando que seu paciente sentisse, a essa evocação, "o horror de um gozo por ele ignorado".

Freud deixou-se xingar a fim de que, pela via dolorosa da transferência, Lanzer confessasse o ódio inconsciente que sentia pelo próprio pai. E Freud resolveu o enigma: foi o relato do castigo pelos ratos, disse em substância, que despertou o erotismo anal de Lanzer. Fazendo-se advogado de uma punição corporal pelos ratos, o capitão tomara, aos olhos do paciente, o lugar do pai e atraiu para si uma animosidade comparável àquela que outrora correspondera à crueldade de Heinrich. Segundo Freud, o rato revestia-se aqui da significação do dinheiro, e logo da dívida, que se manifestava no tratamento por meio de uma associação verbal: "florim/rato" ou cota (*Rate*)/ratos (*Ratte*)". Lembremos que, desde o início do tratamento, o paciente adquirira o hábito de calcular o montante dos honorários da seguinte forma: "Tantos florins – tantos ratos."

Em 1908, durante cinco horas, no I Congresso do Verein em Salzburgo, Freud expôs o caso desse *Rattenmann* perante um público admirado com a construção lógica do caso clínico. Para a publicação, transformou as declarações do paciente imputando-lhe interpretações de sua lavra e omitiu diversos episódios. Além disso, apresentou o pai como um homem exemplar e não disse quase nada a respeito da mãe. Nem por isso se tratava de uma pura "construção especulativa" destinada a ilustrar sua teoria, como alguns afirmaram.[204] Seja como for, Ernst Lanzer julgou que aquele tratamento de quatro meses lhe fora benéfico e que a interpretação freudiana o curara de seu sofrimento e, sobretudo, de suas obsessões. Deu, além disso, autorização para a publicação de seu caso.[205] Freud, por sua vez, afirmou tratar-se de um restabelecimento completo.

Em 1910, Lanzer casou-se com sua querida Gisela e, em 1913, tornou-se advogado. Alistado no exército imperial em agosto de 1914, foi feito prisioneiro pelos russos em novembro e depois executado. Sua mãe morreu dois meses mais tarde. O que teria sido dele se tivesse sobrevivido?

---

204. Nesse aspecto, não compartilho a opinião de Mikkel Borch-Jacobsen: *Les Patients de Freud*, op.cit., p.111. As discrepâncias que existem entre as anotações e o relato de caso, evidenciadas por Patrick Mahony, mostram, ao contrário, que Freud encontrara um paciente exemplar, pelo qual sentiu autêntica empatia.
205. Publicado sob a forma de um "fragmento".

Com Lanzer, Freud confrontara-se novamente com uma tragédia familiar e com casamentos consanguíneos, mas certamente não com um complexo edipiano. O oficial do exército imperial lera algumas de suas obras e se dirigira a ele como a um decifrador de enigmas, como a um Édipo ocupando o lugar da Esfinge, mas em momento algum veio à baila, durante seu tratamento, qualquer desejo inconsciente de desejar a mãe.[206] Lanzer tivera efetivamente o desejo culpado de matar um pai ausente e brutal,[207] mas não de possuir a mãe, mesmo quando se lembrava de haver procurado junto a ela proteção contra um pai ameaçador. Sua mãe permanecera para ele um objeto de asco, cujos odores nauseabundos, provenientes de seus distúrbios intestinais, causavam-lhe horror. E ele não a via senão como a mulher rígida e frustrada que tentara impedi-lo de casar-se com a mulher de sua vida para casá-lo com uma Saborsky.

Mais que acrescentar uma interpretação que refutasse ou completasse todas aquelas sugeridas pelos psicanalistas depois da publicação desse caso, é sem dúvida mais útil apontar o quanto a história de Lanzer é representativa do que foram os primeiros tratamentos freudianos, caracterizados pela intricação entre certo estado da família ocidental – marcado pelo desmantelamento da autoridade patriarcal – e o primado concedido a uma fala individual suscetível de recolher sua confissão. O próprio Freud fora ator dessa história e dela se alimentava para burilar sua doutrina, confrontando-se com o risco permanente de vagar no labirinto das interpretações mais extravagantes ou tentando aproximar-se ao máximo da significação de um destino.

À injunção de um casamento arranjado que teria sido a repetição do de seus pais, Lanzer opusera as virtudes do casamento por amor, sem questionar a consanguinidade entre primos. Nunca procurara, como outros judeus vienenses, superar o pai, e o ingresso na vida militar não lhe permitira resolver o conflito que o opunha à família. O encontro com Freud tornou-o ator de sua existência, ao passo que os outros tratamentos corporais que lhe haviam infligido deriva-

---

206. Patrick Mahony, ao contrário, julga-nos aqui confrontados com um drama edipiano no qual Lanzer desempenharia o papel de uma "Esfinge vienense". E propõe uma interpretação kleiniana do caso: Lanzer teria se identificado com a mãe para introjetar o pênis do pai. Dezenas de comentários foram escritos sobre essa história, a ponto de o caso do "Homem dos Ratos" ter ofuscado a história do paciente.

207. Ainda que às vezes ele duvide disso, como relata Freud em *Journal d'une analyse*, op.cit., p.77 e 85.

A Primeira Guerra Mundial

vam do niilismo terapêutico. Como um bom número de jovens dessa época, não teve tempo de saber a continuação de sua história, uma vez que seu destino foi a morte em combate. "O paciente ao qual a análise restituiu a saúde psíquica", escreverá Freud em 1923, "foi morto durante a Primeira Guerra, como tantos jovens de valor nos quais podíamos depositar tantas esperanças."[208]

Em 28 de junho de 1914, Sergius (ou Serguei) Constantinovitch Pankejeff passeava pelo Prater pensando em sua análise com Freud quando, estarrecido, soube da notícia do assassinato do arquiduque Francisco Ferdinando por um nacionalista bósnio. Seu tratamento começara em janeiro de 1910, dois anos após o fim do de Lanzer, e agora, sem o saber, ele se encontrava no lado oposto ao daquele oficial do exército austríaco que, como ele, frequentara o consultório da Berggasse 19. Originário de uma rica família da aristocracia russa, Pankejeff fora criado em Odessa, com a irmã Anna, por três criadas (Gruscha, Nania, Miss Owen) e vários preceptores. Nessa residência suntuosa, seu pai, Konstantin, depressivo e alcoólatra, levava uma vida ativa de político liberal e culto, ao mesmo tempo em que organizava caçadas aos lobos muito prezadas por Serguei. À noite, após a caça, sua mãe, que sofria cronicamente de diversos distúrbios somáticos, costumava dançar com os dois filhos diante de um monte de animais transformados em troféus.[209]

Dos dois lados da genealogia, os membros dessa família patológica evocam os personagens dos *Irmãos Karamázov*. O avô paterno morrera alcoólatra

---

208. Sigmund Freud, *Cinq psychanalyses*, op.cit., p.261.
209. Encontramos na Biblioteca do Congresso, em Washington, várias fotografias em que se veem Pankejeff, sua irmã e sua mãe diante de uma profusão de animais. Elas não foram levadas em conta pelos diversos comentadores, ao passo que Pankejeff faz-lhes menção em sua autobiografia. A verdadeira identidade desse paciente, alcunhado "Homem dos Lobos", foi revelada em 1973. Para reconstituir sua história, é preciso cotejar diversas fontes antagônicas. Muriel Gardiner, *L'Homme aux loups par ses psychanalystes et par lui-même* (1971), Paris, Gallimard, 1981. Karin Obholzer, *Conversas com o Homem dos Lobos* (1980), Rio de Janeiro, Zahar, 1990. Nesses dois livros, escritos no fim de sua vida, Pankejeff comete vários enganos e dá versões opostas de sua análise com Freud: uma, destinada aos psicanalistas, foi fornecida a Muriel Gardiner, a outra, destinada ao "grande público", a Karin Obholzer, uma jornalista austríaca. Cf., a respeito, Patrick Mahony, *Les Hurlements de l'Homme aux loups* (1984), Paris, PUF, 1995. Sua reconstituição é bastante confiável. Cf. também Mikkel Borch-Jacobsen, *Les Patients de Freud*, op.cit.; Mikkel Borch-Jacobsen e Sonu Shamdasani, *Le Dossier Freud. Enquête sur l'histoire de la psychanalyse*, Paris, Les Empêcheurs de Penser en Rond, 2006. Esses dois textos depõem bastante contra Freud, ainda que os documentos citados sejam incontestáveis. A isto se acrescentam as entrevistas realizadas por Kurt Eissler e que se encontram depositadas na Biblioteca do Congresso, em Washington, cinco dossiês, 1954-55, cx.116.

e sua mulher mergulhara na depressão. O tio Pierre, primeiro irmão do pai, sofria de paranoia, tendo sido tratado pelo psiquiatra Serguei Korsakov. Furtando-se ao convívio humano, viveu feito um selvagem em meio aos animais e terminou a vida num hospício. O tio Nicolau, segundo irmão do pai, quisera raptar a noiva de um dos filhos e casar-se à força com ela. Um primo, filho da irmã da mãe, havia sido internado num hospício de Praga, igualmente acometido de uma forma de delírio de perseguição. Quanto a Konstantin, estivera sob os cuidados de Moshe Wulff, um dos primeiros discípulos russos de Freud, que também tratava dois primos maternos esquizofrênicos. Quando Konstantin foi a Munique para consultar Kraepelin, este diagnosticou uma psicose maníaco-depressiva, sem que isso lhe trouxesse qualquer alívio.

Desde cedo, Serguei viu-se confrontado com lobos e caudas esquisitas. Um dia, Miss Owen, que ele detestava, agitou à sua frente caramelos compridos comparando-os a pedaços de serpente. Noutro dia, abriu seu vestido nas costas e, requebrando, exclamou: "Olhe o meu rabinho!" Quanto a Anna, a irmã querida, masculina e temerária, zombava do irmão imitando Miss Owen. Um dia, procurando atiçar sua curiosidade, ela exibiu diante de seus olhos a imagem de uma bela garota. Porém, atrás da folha de papel, dissimulara o retrato de um horrível lobo erguido sobre as patas e prestes a devorar Chapeuzinho Vermelho. Apaixonado por aquela irmã que era a preferida de Konstantin, Serguei desenhava com ela árvores, cavalos, lobos, beberrões e avarentos. E, quando era invadido pelo medo, refugiava-se nos braços de sua Nania, babá adorada, muito carola, que lhe contava histórias de santos, mártires e perseguições.

Em 1896, aos dez anos de idade, Serguei apresentou sinais de fobia dos animais. Em 1905, sua irmã Anna suicidou-se e, dois anos depois, foi a vez de o pai acabar com a própria vida. Nessa época, Serguei cursava o liceu. Conheceu uma mulher do povo, Matrona, de quem contraiu uma doença venérea. Mergulhou então em frequentes crises de depressão, que logo o levaram – de sanatório a hospício, de casa de repouso a estabelecimento termal – a tornar-se, como todos os membros de sua família, um doente ideal aos olhos dos defensores do saber psiquiátrico *fin de siècle*: um melancólico crônico em busca de uma inatingível identidade. A cada médico, tanto para ser amado por ele como para corresponder a essa imagem, contava uma versão diferente de seu "caso".

Primeiramente tratado por Vladimir Bekhterev, que utilizou a hipnose, depois por Theodor Ziehen, em Berlim, e finalmente por Friedländer, em Frankfurt, foi encaminhado a Emil Kraepelin, em Munique, que, invocando a hereditariedade paterna, estabeleceu novamente um diagnóstico de psicose maníaco-depressiva. No sanatório de Neuwittelsbach, onde submeteu-se a tratamentos tão diversos quanto inúteis – massagens, banhos etc. –, Serguei, sempre de olho nas babás e mulheres do povo, apaixonou-se por uma enfermeira, Teresa Keller, um pouco mais velha que ele e mãe de uma garotinha (Else). Consolidou-se então um relacionamento amoroso ao qual se opuseram não só sua família, como também seu psiquiatra, convencido de que aquele tipo de relação com uma mulher "inferior" teria como consequência agravar sua loucura.

De volta a Odessa, Pankejeff foi tratado por um jovem médico, Leonid Drosnes, que decidiu encaminhá-lo a Viena para uma consulta na Berggasse. Com uma frase ferina, Freud estigmatizou o niilismo terapêutico de seus colegas psiquiátricos: "Até o presente", disse a Pankejeff, "o senhor procurou a causa de sua doença num penico."

A interpretação tinha um duplo sentido. Freud visava tanto à inutilidade dos tratamentos anteriores como à patologia típica de Serguei, que sofria constantemente de problemas intestinais, em especial de uma prisão de ventre crônica. Erradamente, *Herr Professor* estava convencido de que aquele distúrbio tinha origem psíquica. Assim, ordenou a seu paciente que parasse com os enemas que um residente lhe administrava, por conta de sua "conotação homossexual".

A conselho de Freud, Pankejeff instalou-se em Viena. Enquanto Drosnes assistia aos seminários da WPV e se iniciava na psicanálise, Serguei tinha aulas de esgrima e estudava direito. À noite, ia ao teatro ou jogava cartas. Adorava Viena, o Prater, os cafés, a vida urbana, que o fazia esquecer sua infância campestre povoada de lobos e ancestrais assustadores.

Em vez de proibi-lo de rever Teresa, Freud pediu simplesmente que ele esperasse o fim do tratamento para encontrá-la. Não se opôs ao casamento: "Teresa é o impulso para a mulher", disse. Numa carta a Sándor Ferenczi de fevereiro de 1910, descreveu a virulência das manifestações transferenciais de seu paciente: "O jovem russo rico que aceitei como paciente por causa de uma paixão amorosa compulsiva me confessou, após a primeira sessão, as seguintes transferências: como sou um tratante judeu, ele gostaria de me possuir por trás e cagar na minha cabeça. Aos seis anos de idade, o primeiro sintoma manifesto consistia em xingamentos blasfematórios dirigidos a Deus; porco, cão etc. Quando ele via três montes de merda na rua, sentia-se incomodado por causa da Santíssima Trindade e procurava ansiosamente um quarto para destruir a evocação."[210]

Pela primeira vez, Pankejeff teve a impressão de ser escutado e não mais tratado como doente. O tratamento contribuiu para lhe dar uma identidade e arrancá-lo do vazio existencial em que o haviam mantido os diversos médicos com que topara ao longo de suas peregrinações hospitalares. Com Freud, cultivou relações amistosas e terminou por venerá-lo. No fim do tratamento, Freud, por sua vez, manifestou forte empatia pelo paciente. Terminará por conhecer Teresa e aprovar o casamento, que foi celebrado em Odessa em 1914. Pankejeff sentiu-se então curado e afirmou que a análise lhe possibilitara casar com a mulher a quem amava.

Freud confrontava-se mais uma vez com uma história que ilustrava perfeitamente sua concepção das neuroses familiares: sexualidade precoce, relações ambíguas entre irmãos e irmãs, papel das governantas e das babás maldosas, cenas de sedução, patologia dos pais, tios, primos, subserviência das mulheres etc. Esqueceu-se então que seu paciente sofria de uma melancolia crônica intratável e fez dele um caso de histeria de angústia com fobia dos animais, transformada mais tarde em neurose obsessiva ou neurose infantil.

Foi nesse estado de espírito, e em meio à tormenta da guerra, que ele redigiu, em dois meses, de outubro a novembro de 1914, a história desse russo depressivo e ambíguo, sem recorrer à denominação "Homem dos Lobos". A pedido do próprio Serguei, o relato foi publicado em 1918 sob o título "Da história de uma neurose infantil".[211] Nele, Freud não fazia nenhuma referência ao que acabava de escrever sobre a melancolia. Em mais de uma ocasião, no entanto, viria a acrescentar notas ao texto original.

---

210. Sigmund Freud e Sándor Ferenczi, *Correspondance*, t.I: *1908-1914*, carta de 13 de fevereiro de 1910. Pankejeff não evoca essa cena.

211. Sigmund Freud, "Extrait de l'histoire d'une névrose infantile" (1918), in *L'Homme aux loups par ses psychanalystes et par lui-même*, op.cit., e *OCF.P*, op.cit., vol.13, sob o título "À partir de l'histoire d'une névrose infantile" [ed. bras.: "Da história de uma neurose infantil", in *SFOC*, vol.14 / *ESB*, vol.17; ed. orig.: "Aus der Geschichte einer Infantiler Neurose", in *GW*, vol.12].

A Primeira Guerra Mundial

Ao contrário do caso do Homem dos Ratos, em que a lógica do tratamento era exposta de maneira implacável, para escrever a história de Pankejeff, Freud dedicou-se a um verdadeiro trabalho de reconstrução biográfica, a ponto de, a golpes de interpretação, "inventar" episódios que sem dúvida nunca aconteceram,[212] com todo o relato concentrando-se na infância do paciente e em sua sexualidade.

O quadro familiar freudiano compunha-se da mãe, do pai, da irmã e das três empregadas: a babá (Nania), a governanta inglesa (Miss Owen), a criada (Gruscha). Segundo Freud, que se baseava nas recordações evocadas por Serguei no tratamento, este teria sido objeto de uma tentativa de sedução aos três anos e meio de idade por parte de sua irmã Anna, que lhe teria mostrado seu "popô", ao passo que ele teria em seguida se exibido na frente de Nania, que o teria repreendido. Freud relatava que, aos dez anos de idade, o paciente russo quisera, por sua vez, seduzir a irmã, que o repelira. Por conseguinte, preferiu em seguida escolher mulheres de condição inferior à sua. Foi interpretando um sonho que Serguei teve aos quatro anos, depois narrado e desenhado por ele durante o tratamento, que Freud reconstruiu a origem da neurose infantil: "Sonhei", diz ele, "que está de noite e que me deito em minha cama … Sei que é inverno. De repente a janela se abre sozinha e vejo com grande pavor um bando de lobos brancos sentados na grande nogueira defronte da janela. Eram seis ou sete. Os lobos eram todos brancos e pareciam mais com raposas ou cães pastores, pois tinham caudas felpudas como raposas e suas orelhas estavam empinadas como nos animais à espreita de alguma coisa. Profundamente angustiado, temendo ser comido pelos lobos, gritei e acordei."[213]

Cotejando esse sonho dos lobos brancos com diversas recordações do paciente relativas à sua sexualidade infantil, Freud forjou, dando detalhes de uma precisão inaudita, uma extraordinária "cena primitiva" (*Urszene*),[214] que ficará célebre nos anais da psicanálise e será objeto de uma série de comentários: "Num dia abafado de verão, o pequeno Serguei, então com dezoito meses e vítima de malária, dormia no quarto de seus pais, para onde estes

---

212. Daí as diferenças entre os depoimentos de Pankejeff e as confidências recebidas ou reconstruídas por Freud no relato do tratamento.

213. *L'Homme aux loups par ses psychanalystes et par lui-même*, op.cit., p.190.

214. Ele utilizara essa expressão numa carta a Fliess de 2 de maio de 1897, a propósito dos atos de sedução.

haviam se retirado, em trajes sumários, para fazerem a sesta; às cinco da tarde, possivelmente no auge da febre, Serguei acordou e, com singular atenção, observou seus pais, à vontade em roupas de baixo brancas, de joelhos nos lençóis brancos da cama, entregarem-se por três vezes ao coito *a tergo*: observando os órgãos genitais dos pais e o prazer no rosto da mãe, o bebê, normalmente passivo, teve um incômodo intestinal súbito e pôs-se a gritar, interrompendo assim o jovem casal."[215] Segundo Freud, o sonho dos lobos era então a representação invertida de uma antiga cena amorosa. Embora Serguei Pankejeff jamais tenha admitido a existência dessa cena, sempre julgou-a fascinante, ressaltando que ela dera sentido à sua existência. Ora ele afirmava que Freud tivera razão ao reconstituir daquela forma sua vida psíquica inconsciente, ora duvidava das bases de tal interpretação.

Outros dois episódios da vida de Serguei foram objeto de uma série de interpretações. Um dizia respeito a Gruscha, cujas nádegas, comparadas às asas de uma borboleta, depois ao algarismo romano V, remetiam aos cinco lobos do sonho e à hora em que teria acontecido o coito; o outro tinha a ver com uma alucinação visual. Quando era pequeno, Serguei vira seu dedo mínimo cortado por um canivete e depois constatara a inexistência de qualquer ferimento. Freud deduzia disso que, nesse caso, seu paciente manifestara uma atitude de rejeição (*Verwerfung*), consistindo em não ver a sexualidade senão sob o ângulo de uma teoria infantil: a relação pelo ânus.

Após esse grande mergulho na infância de Serguei, Freud teve a certeza de havê-lo curado. Até a primavera de 1918, ele viveu em Odessa entre sua mãe e Teresa, que não se entendiam bem. Retomou em seguida os estudos e logo obteve seu diploma de advogado. Quanto a Teresa, foi obrigada a sair da Rússia para juntar-se à filha, que morreu em Viena. Serguei foi ao seu encontro. A Revolução de Outubro arruinara-o e o ex-aristocrata rico virou outro homem, um imigrante pobre e sem recursos, obrigado a arranjar emprego numa companhia de seguros, onde trabalharia até aposentar-se.

As mudanças ocorridas em sua vida mergulharam-no em nova depressão, o que o incitou a retornar ao consultório de Freud. Este o recebeu com simpatia, presenteou-o na mesma hora com o relato de seu caso, que acabara de publicar, e o aceitou novamente em análise, de novembro de 1919 a fevereiro

---

215. *L'Homme aux loups par ses psychanalystes et par lui-même*, op.cit., p.197.

de 1920. Segundo Freud, esse "pós-tratamento" permitiu liquidar um resíduo de transferência não analisado e finalmente curar o paciente.

Na realidade, Serguei continuava a apresentar os mesmos sintomas, agravados em consequência de uma situação financeira periclitante. Para ajudá-lo, Freud fez uma vaquinha no círculo de seus discípulos vienenses e lhe entregou o dinheiro. Foi então que Serguei Pankejeff começou a identificar-se com o relato de seu caso e a tomar-se efetivamente pelo Homem dos Lobos, conferindo a si mesmo a alcunha de "Wolfsmann".

Em 1926, ainda exibindo os mesmos sintomas, foi mais uma vez atrás de Freud, que se recusou a tratá-lo pela terceira vez e o encaminhou a Ruth Mack-Brunswick, dependente de morfina e quase tão doente quanto ele. Serguei viu-se então prisioneiro de um incrível imbróglio transferencial. Não só Freud analisava ao mesmo tempo Ruth, seu marido e o irmão deste, como ainda por cima naquele mesmo ano encaminhara para o divã de Ruth uma americana, Muriel Gardiner, que se tornaria amiga e confidente de Pankejeff, conforme suas respectivas análises se desenrolavam.

Seguidora das teorias de Melanie Klein, Ruth Mack-Brunswick identificou no paciente, após um tratamento de seis meses, não uma neurose, mas uma paranoia. Em 1928, publicou uma segunda versão do caso.[216] Pela primeira vez, atribuiu ao paciente o nome pelo qual este queria ser chamado e que doravante será o seu: "o Homem dos Lobos". Descreveu-o como um homem perseguido, antipático, avarento, sórdido, hipocondríaco, obcecado por sua imagem e, singularmente, por uma pústula que lhe carcomia o nariz. Após esse novo diagnóstico, o movimento psicanalítico dividiu-se em dois lados: os adeptos da psicose, de um lado, e os da neurose, do outro. Pankejeff, por sua vez, embora julgando sua segunda terapeuta louca e exageradamente ríspida com Teresa, reconheceu que ela o ajudara.

Ainda em 1926, no momento em que eclodia o profundo desentendimento entre Freud e Rank, este criticou a interpretação freudiana do sonho dos lobos. A seu ver, era impossível uma criança de quatro anos de idade ter aquele sonho, tratando-se, na realidade, de um desejo transferencial do paciente. A cama da criança, dizia ele em substância, representa o divã, as árvores são as

---

216. "Supplément à l'Extrait d'une névrose infantile" in *L'Homme aux loups par ses psychanalystes e par lui-même*, op.cit., p.268-317.

observadas a partir do consultório e os lobos não passam da simbolização dos membros do Comitê, cuja fotografia decora o consultório de Freud, ou ainda de seus filhos. Como se não bastasse, Rank acrescentava que aquele sonho provava a existência de suas próprias teorias sobre a transferência materna e o trauma de nascimento. Segundo ele, o paciente sonhara com uma "árvore genealógica", o que despertara sua inveja infantil, na qual Freud ocupava para ele o lugar de uma mãe enfeitada com um pênis.[217]

Furioso, Freud reduziu a pó as hipóteses de seu querido discípulo, demonstrando, baseado em provas, que no momento do relato do sonho o paciente não pudera ver os retratos dos membros do Comitê, uma vez que, na parede, acima da *Lição clínica do dr. Charcot no La Salpêtrière*, havia apenas dois ou três retratos pendurados. E, para confirmar essa afirmação, pediu a Pankejeff que lhe enviasse um depoimento por escrito: "Não há para mim razão alguma para duvidar da exatidão de tal lembrança ... . Além do mais, ao que eu saiba, a recordação desse sonho de criança nunca sofreu mudança ... . O sonho dos lobos permanecia no centro dos meus sonhos de criança ... Contei-lhe o sonho dos lobos no início do tratamento."[218] Na esteira desse episódio, Freud encarregou Ferenczi de atacar as teses de Rank. Triste combate, que, para Freud, concluiu-se com a perda de dois de seus melhores discípulos.[219]

Para algumas gerações de psicanalistas, historiadores e filósofos, o nome de Pankejeff permaneceu ignorado nos anais da psicanálise, subsistindo apenas, durante décadas, a história do *Wolfsmann*, tal como fora descrita por Freud e reinterpretada ao infinito, segundo as mais extravagantes teorias, por prestigiosos comentadores.[220]

---

217. Otto Rank, *Le Traumatisme de naissance* (1924), Paris, Payot, 1928, e *Technik der Psychoanalyse*, t.I, Viena, Deutike, 1926. Phyllis Grosskurth, *Freud, l'anneau secret*, op.cit., p.173-4.
218. Sigmund Freud e Sándor Ferenczi, *Correspondance*, t.III: 1920-1933, op.cit., p.289-93.
219. Cf. a terceira parte do presente volume.
220. Sobre os comentários de Jacques Lacan, Serge Leclaire, Nicolas Abraham, Maria Torok, Jacques Derrida e Gilles Deleuze, cf. *HPF-JL*, op.cit. Carlo Ginzburg observa que o sonho pode ter sido inspirado por lendas relativas aos lobisomens: em vez de virar um lobisomem, como teria acontecido três séculos antes, Pankejeff teria se tornado um neurótico à beira da psicose. Carlo Ginzburg, "Freud, l'Homme aux loups, et les loups-garous", in *Mythes, emblèmes et traces. Morphologie et histoire*, Paris, Flammarion, 1989.

A Primeira Guerra Mundial

Até o dia em que duas obras contraditórias,[221] com dez anos de intervalo, revelaram a verdadeira vida de Serguei Pankejeff, impossível de ser captada de maneira clara, uma vez que ele continuara a se designar como "o Homem dos Lobos". Ao longo dos anos, o ex-paciente se metamorfoseara numa espécie de arquivo, num personagem romanesco surgido de outro século, arruinado por duas guerras, refugiado em Viena e desenhando ao infinito sua árvore dos lobos, multiplicando suas dedicatórias aos psicanalistas do mundo inteiro desejosos de pendurar em seus consultórios o suvenir de uma época soterrada. Amparado pela comunidade psicanalítica vienense, como paciente e lenda ao mesmo tempo, Pankejeff não cessou, até sua morte em 1979, de relatar a cada um de seus interlocutores versões diferentes de sua história.

Tendo adquirido grande competência sobre a realidade de sua melancolia, aprendera a rivalizar com todos os comentadores de seu "caso". Não tivera o privilégio, dizia, de constituir um fragmento inalterável da obra freudiana e ser "amigo" de um "pensador genial"? Os antifreudianos afirmaram então que o desventurado russo era vítima de uma maquinação criminosa, e Freud um aproveitador que manipulava seus pacientes para impingir que a psicanálise os curava.[222]

DOIS ANOS ANTES da Primeira Guerra, na qual Lanzer perecera, mas à qual Pankejeff, por sua vez, sobrevivera, Freud glorificara a ideia de que o crime, sob a forma do assassinato do pai, estava na raiz de todas as sociedades. Contudo, o único tipo de crime que lhe interessava de verdade era aquele ligado ao incesto, e ele o erigia em paradigma de todos os atos assassinos. Armado com tal hipótese, Freud sugeria que, à medida que evoluía, toda sociedade repetia esse ato, presente como um "resíduo" ou uma "relíquia" tanto nas coletividades humanas como na vida individual. E esse resíduo não devia ser negado, e sim reinterpretado como derivado de um interdito. Eis por que Freud se opunha à pena de morte, não tanto como simples cidadão, dirá, mas porque ela é incompatível com o ensino da psicanálise:

---

221. Muriel Gardiner, *L'Homme aux loups par ses psychanalystes et par lui-même*, op.cit., e Karin Obholzer, *Conversa com o Homem dos Lobos*, op.cit.
222. É o caso, em especial, de Mikkel Borch-Jacobsen e muitos outros.

"Se a humanidade continua a negar à pena de morte seu caráter de assassinato sancionado pela lei, é porque sempre se recusou até aqui a olhar a realidade de frente e a reconhecer a existência da vida afetiva inconsciente. Por conseguinte, minha posição com respeito à pena capital não é ditada por razões humanitárias, e sim pelo reconhecimento da necessidade psicológica do interdito universal: não matarás ... . Declaro ser um adversário resoluto do assassinato, apresente-se sob a forma de um crime individual ou de represálias exercidas pelo Estado."[223]

Freud concebia sua teoria como uma ciência que teria como finalidade traduzir a epopeia psíquica da espécie humana e de sua origem na língua dos mitos. Assim, estava convencido de que, no seu mundo, tudo se passava como nos mitos que ele construíra. Em sua prática clínica, em sua vida cotidiana – com Lanzer, Pankejeff e muitos outros –, tentava reencontrar suas engenhosas construções. A guerra decerto pusera fim a seus antigos rompantes de otimismo e, em 1920, ele via a morte operando à sua volta. Paralelamente, contudo, sua doutrina era recebida triunfalmente como uma higiene de vida e uma nova moral civilizada não só pelos defensores de uma nova psiquiatria dinâmica, como também, e principalmente, pelos escritores, que viam nela um caminho exuberante para explorar as profundezas do inconsciente.

À Belle Époque e aos anos mortíferos, sucedeu, por dez anos, ao menos para as classes dominantes da sociedade, a era dos Anos Loucos, marcada pela recuperação econômica e a aspiração a todas as formas de revolução, literária, artística, política, sexual, musical. Procedente de Hollywood, a arte cinematográfica procurava levar às massas uma representação inédita da realidade. Com o avanço do socialismo, do feminismo e da psicanálise, todos tendiam a crer que a hierarquia entre classes e sexos estava fadada a um fim próximo. A família se transformava, os divórcios eram mais frequentes e a taxa de natalidade diminuía. Nos meios urbanos, despontava o culto da bissexualidade e dos experimentos transgressivos: em Paris, Berlim, Londres, Nova York. Quanto às mulheres, libertavam-se do jugo familiar, usavam vestidos leves que revelavam suas formas e reivindicavam o direito de participar da vida política. Em suma, recusavam-se a ser relegadas, como antigamente, à condi-

---

223. Depoimento colhido por Theodor Reik em 1926, *Le Besoin d'avouer*, Paris, Payot, 1973, p.400-1.

A *Primeira Guerra Mundial* 237

ção de noiva estúpida, mãe sugada por uma série de gravidezes não desejadas, esposa condenada às tarefas domésticas.

Na França, país de todos os contrastes, a psicanálise entusiasmava os escritores na mesma medida em que era rejeitada como "ciência boche" ou "obscenidade científica" por boa parte das instituições médicas. E quando os surrealistas glorificaram a "revolução freudiana", Freud fez-se de surdo e não entendeu muito a admiração que lhe dedicavam André Breton e seus amigos. Continuava a apreciar Anatole France, teimava em ignorar a importância das vanguardas literárias, ao passo que mantinha uma correspondência com Romain Rolland, escritor prolixo, amigo íntimo de Stefan Zweig, hostil a todos os nacionalismos e que recebera o prêmio Nobel de literatura em 1915.[224] Em suma, Freud permanecia aferrado ao "mundo de ontem" e, mais ainda, à maneira como ele próprio pensara esse mundo, trazendo-lhe uma revolução, de cujo alcance sem dúvida não fazia ideia. Estranho paradoxo, eminentemente freudiano.

Enquanto a guerra terminava e emergiam novos modos de vida, uma pandemia de gripe letal abateu-se sobre o mundo. Proveniente da China, o vírus alcançou os Estados Unidos e, após uma passagem pela Espanha e uma mutação, espalhou-se na Europa. Em poucos meses, provocou uma hecatombe ainda mais sinistra que a dos combates.

Em janeiro de 1920, Freud não manifestava qualquer simpatia pelas aspirações das jovens gerações. Pouco sensível aos arroubos da modernidade, pensava na própria morte, na dos amigos e parentes, no envelhecimento dos corpos e dos rostos e em seus velhos achaques: problemas na vesícula e intestinos, supuração do nariz. Temia morrer antes da mãe e, mais que isso, que fossem obrigados, nesse caso, a esconder-lhe a verdade. Quando Jones lhe comunicou a morte do próprio pai, ele o consolou, considerando uma sorte aquele velho não ter tido de suportar por muito tempo os sofrimentos de um câncer, que o teria corroído de pouco em pouco.

Não foi o caso de Anton von Freund, seu amigo e benfeitor. Freud, erradamente, julgava tê-lo preservado de uma recaída ao tratar sua neurose e foi obrigado a voltar atrás. O amigo Toni morreu em 20 de janeiro aos quarenta anos. "Toni Freund morreu ontem, pacificamente libertado de seu mal incu-

---

224. Não abordo aqui a história da psicanálise na França.

rável. Uma pesada perda para nossa causa, uma grande dor para mim, mas para a qual pude me preparar ao longo dos últimos meses. Ele suportou a desesperança com uma lucidez heroica e não fez vergonha à psicanálise."[225]

Cinco dias mais tarde, Sophie Halberstadt, debilitada por conta dos efeitos de uma gravidez indesejada, sucumbiu a uma pneumonia gripal. Em razão do fechamento das redes ferroviárias, nenhum vienense pôde ir a Hamburgo para o enterro: "A brutalidade sem véu da época nos oprime. Nossa pobre criança agraciada pelos deuses será cremada amanhã ... . Sophie deixa dois filhos, de seis anos e de treze meses, e um marido inconsolável que agora vai pagar caro uma felicidade que durou sete anos. Essa felicidade só existia entre eles, não externamente. Guerra, ocupação, ferimento, evaporação de sua fortuna – mas eles haviam permanecido corajosos e alegres."[226] E ainda: "Com que fim escrevo, então? Sei apenas que não estamos juntos e que nesta miserável época de confinamento não podemos ir à casa um do outro ... . Foi um ato do destino absurdo e brutal que nos arrancou nossa Sophie, alguma coisa face à qual não podemos nem acusar nem ruminar, somente curvar a cabeça sob o golpe, pobre ser humano sem recurso com o qual jogam as potências superiores."[227]

Se a morte o afetava, o suicídio, por sua vez, muito frequente em Viena nas fileiras dos intelectuais e psicanalistas, deixava-o indiferente. Aferrado a uma concepção heroica da morte, e profundamente influenciado pela cultura greco-latina e o romantismo negro, Freud rejeitava a psiquiatrização desse ato, que via, com toda a razão, como um direito. Só se interessava por ele para relacioná-lo ora com sua concepção da diferença dos sexos, ora para mostrar que o desejo de se matar derivava da inversão do desejo de matar. Achava que as mulheres não se suicidavam da mesma maneira que os homens. Os homens, dizia, preferem as armas, isto é, um substituto do pênis, enquanto as mulheres escolhem antes o afogamento, a defenestração, o envenenamento: três maneiras, segundo ele, de conceber, parir ou desejar uma gravidez.[228]

---

225. Sigmund Freud e Max Eitingon, *Correspondance*, op.cit., p.208.

226. *Correspondance de Sigmund Freud avec le pasteur Pfister, 1909-1939* (1963), op.cit., p.119. Sobre as circunstâncias dessa morte, cf. p.301, n.2.

227. Sigmund Freud, *Lettres à ses enfants* (2010), op.cit., p.492.

228. Sigmund Freud, "Contribution à la discussion sur le suicide" (1910), in *OCF.P*, op.cit., vol.10 [ed. bras.: "Introdução e conclusão de um debate sobre o suicídio", in *SFOC*, vol.9 / *ESB*, vol.11; ed. orig.: "Zur Selbstmord-Diskussion", in *GW*, vol.8].

A Primeira Guerra Mundial

O que significa dizer que Freud, assombrado pela morte originária, pela guerra, pela morte honrosa e pela ideia da finitude biológica da vida, não compreendia muita coisa da essência da morte voluntária: crime contra si multifacetado, presente no cerne de todas as sociedades humanas, desafio imutável a todas as formas de autoridade. Divertia-se quando lhe anunciavam o próprio suicídio e gostava de citar o telegrama de Mark Twain.[229] Naturalmente constatava não tratar-se de um ato de desvario e estabelecia um elo entre o suicídio e a melancolia, falando inclusive às vezes em "alívio" consecutivo a um excesso de sofrimento psíquico, mas não apreendia a que ponto a morte voluntária podia ser também a expressão da mais elevada liberdade. Em suma, tendia a "psicologizar" o suicídio.

Eis a razão por que foi tão feroz com Viktor Tausk, um de seus discípulos mais brilhantes da primeira geração, criado na Croácia por um pai tirânico e uma mãe paranoica. Justificando a maneira como Lou Andreas-Salomé, sua amante, o chamava – "Animal, meu irmão, você" –, sentia dentro de si uma força primitiva. Devorado pelo ódio ao pai, Tausk adotara para com Freud uma atitude ambígua, misto de rebelião, adoração e submissão. Na hora dos combates, estava na frente de batalha sérvia, antes de voltar a Viena, arrasado com a queda do império, e Freud pensou que o melhor a fazer era imergi-lo naquela triangulação transferencial cujo segredo ele detinha. Com efeito, encaminhara-o para análise com Helene Deutsch, que frequentava então seu próprio divã, julgando poder controlar, por seu intermédio, o desenrolar do tratamento dele. Ora, em julho de 1919, Tausk pôs fim a seus dias estrangulando-se com um cordão de cortina e disparando uma bala de revólver nas têmporas.

Freud redigiu um obituário elogioso a respeito de Tausk. Porém, numa carta privada enviada a Lou Andreas-Salomé, escreveu as seguintes palavras: "O pobre Tausk, que sua amizade distinguiu durante certo tempo, suicidou-se da maneira mais radical. Ele regressara desgastado, minado pelos horrores da guerra, vira-se obrigado a tentar a recuperação em Viena nas circunstâncias mais desfavoráveis de uma existência arruinada pela entrada das tropas; tentara introduzir uma nova mulher em sua vida, estava com o casamento marcado

---

229. Sigmund Freud e Sándor Ferenczi, *Correspondance*, t.III: *1920-1933*, op.cit., p.22. Ao jornal que noticiara sua morte, Mark Twain remeteu o seguinte telegrama: "Notícia de minha morte terrivelmente exagerada."

para dali a uma semana – mas decidiu de outra forma. Suas cartas de despedida à noiva, à primeira mulher e a mim mesmo são todas elas igualmente carinhosas, atestam sua perfeita lucidez, não acusam ninguém senão sua própria insuficiência e sua vida malograda, e assim não dão nenhum esclarecimento sobre seu ato supremo." E acrescentava: "Confesso que ele não me faz muita falta. Há muito tempo considero-o um inútil e até mesmo uma ameaça ao futuro."[230]

Uma vez firmada a paz, os membros do Comitê entregaram-se a ferozes batalhas internas. As sociedades psicanalíticas de Londres e Berlim haviam suplantado em importância a WPV, enquanto a New York Psychoanalytic Society (NYPS) ganhava considerável amplitude. Ferenczi e Rank interessavam-se cada vez mais, como Jung anteriormente, pela origem "feminina" e "materna" das neuroses e psicoses e não mais apenas pela questão do assassinato do pai. Freud sempre afirmara que a mãe era o primeiro objeto de amor do ser humano, porém, ao psicologizar a tragédia de Édipo, transformara-a num "complexo" incapaz de dar conta de todos os aspectos da psique. E os psicanalistas da nova geração procuravam se dissociar da figura tutelar do pai erigido em totem. Assim, abandonavam o crime originário para interrogar-se sobre o vínculo precoce à mãe. Ao mesmo tempo, Ferenczi preconizava, mediante a aplicação da "técnica ativa", uma transformação radical da prática da análise. No congresso de Budapeste, já se opusera a Freud quanto à questão dos "novos caminhos". E agora avançava ainda mais.[231]

Longe de se contentar em produzir interpretações visando extirpar do inconsciente relatos de cenas primitivas, o analista moderno devia, segundo ele, intervir na sessão por meio das injunções e interdições. À figura da Esfinge detentora de segredos e enigmas, opunha a imagem do terapeuta benevolente, empático, feminino, sensual e maternal, focado em aliviar o sofrimento do paciente. À luz de tal revolução, Freud aparecia como um monarca venerável reinando sobre um reino arcaico.

---

230. Sigmund Freud, "Victor Tausk", in *OCF.P*, op.cit., vol.15 [ed. bras.: in *SFOC*, vol.14 / *ESB*, vol.17; ed. orig.: in *GW*, vol.12]. E Lou Andreas-Salomé, *Correspondance avec Sigmund Freud*, op.cit. Esse caso suscitou um considerável debate historiográfico. Cf. Viktor Tausk, *Oeuvres psychanalytiques*, Paris, Payot, 1975. Paul Roazen, *Animal, mon frère, toi. L'histoire de Tausk et Freud* (1969), Paris, Payot, 1971. Kurt Eissler, *Le Suicide de Victor Tausk*, comentários de Marius Tausk (1983), Paris, PUF, 1988.
231. Sándor Ferenczi, "La technique psychanalytique" (1919), in *Psychanalyse*, t.II, op.cit., p.327-38.

A Primeira Guerra Mundial

Ao apoiar Abraham, Jones procurava, por sua vez, profissionalizar a atividade, combatendo Rank e Ferenczi a fim de fazer a balança do movimento pender para o lado do mundo anglófono. E a vitória dos Aliados parecia-lhe dar razão. Contrariando Abraham, e malgrado as dificuldades financeiras dos vencidos, ele impôs a escolha de Haia para sediar o VI Congresso da IPV, da qual seria presidente até 1925. Freud ofereceu-lhe seu apoio.[232]

Em setembro de 1920, perante sessenta e dois participantes, entre os quais muitas mulheres, Abraham pronunciou seu discurso de abertura em latim a fim de não chocar as suscetibilidades dos vencedores da guerra. Em contrapartida, a língua alemã predominou nos debates. E Berlim, graças à criação de seu prestigioso Instituto, permaneceria, ainda por uma década, o centro nevrálgico da expansão da psicanálise em direção ao mundo ocidental e oriental. Freud optou novamente por uma conferência sobre o sonho, ocasião de remanejar mais uma vez seu querido *Traumbuch*, enquanto Ferenczi dissertou sobre a técnica ativa, Binswanger abordou a clínica psiquiátrica e Geza Roheim, em inglês, discorreu sobre o totemismo na Austrália. Os holandeses misturavam-se sem constrangimento aos ingleses e poloneses para trocar impressões de viagem e ideias durante longos passeios de carro, barco ou cavalo. Ao fim desses dias de alegria e reencontros, um banquete de confraternização, organizado pelos vencedores, permitiu aos vencidos dos antigos impérios centrais livrar-se do estigma de párias da nova Europa.

Agora célebre no mundo inteiro, Freud assistia ao triunfo mundial de seu movimento. Aborrecia-se, contudo, e sentia saudades do tempo em que ele mesmo se via como um descobridor solitário. Pois, na realidade, não aceitava a maneira como seus inúmeros discípulos e admiradores interpretavam sua doutrina, insuflando-lhe vida ao ritmo vibrante dos Anos Loucos, e percebia que um fosso irreparável abrira-se entre "ele e os outros": "Em sua última circular", escreverá a Ferenczi, "julgo excelente o trecho em que o senhor diz que as coisas vão mal para todos nós, mas muito bem para a nossa causa. Tem razão: a causa nos devora e, de certa forma, nos dissolvemos nela. E é provavelmente assim que deve ser; eu teria apenas desejado à segunda ge-

---

232. Jones conta sua versão das dissensões internas do Comitê no último volume de sua biografia, *La Vie et l'oeuvre de Sigmund Freud*, t.III: *1919-1939* (1957), Paris, PUF, 1969, p.48-87. Convém confrontá-la com as dos outros membros do Comitê, mediante a leitura dos *Rundbriefe*. Cf. também Phyllis Grosskurth, *Freud, l'anneau secret*, op.cit.

ração analítica, mais jovem, que conseguisse resistir à dissolução ainda por um certo tempo."[233]

Em Haia, não obstante, Freud sentiu uma felicidade genuína vendo chegar, da margem do Reno ribeirinha a Baden e acompanhado da amante, um médico pouco comum: Georg Groddeck. Com efeito, em meio àquela erudita assembleia, que tentava fazer o luto dos anos de guerra e normalizar a formação dos terapeutas, este afirmou, num tom exaltadíssimo e tonitruante, ser um "analista selvagem", que pretendia curar as doenças orgânicas por meio de um tratamento psíquico alternativo. Em 1900, por sinal, fundara um sanatório em Baden-Baden para aplicar suas teorias: uma medicina do "sujeito" com hidroterapia, massagens, regime alimentar e conversas entre pacientes e terapeutas. Ferenczi adorava-o e Freud já lhe declarara seu entusiasmo: "O senhor é um analista de primeira linha. O médico que admite que a resistência e a transferência são o eixo de um tratamento, este, indubitavelmente, pertence à nossa malta. Estou, portanto, pronto a recebê-lo de braços abertos." E acrescentava: "Por que se precipitar na mística, por que se apoiar em teorias filosóficas? O alcance de sua experiência não vai mais longe do que atribuir ao fator psíquico uma influência insuspeita sobre a origem da doença somática."[234]

Ao contrário de um bom número de discípulos e pacientes de Freud, Groddeck não sofrera nenhuma tirania paterna, e sim frieza por parte de uma mãe que, a seu ver, ofuscara a figura adorada do pai. Criada por sua vez no culto de um pai autoritário, ela não soubera transmitir aos filhos a afeição necessária a seu desenvolvimento. Golpeados por diversas doenças orgânicas, quatro deles haviam morrido prematuramente e Georg era o único sobrevivente. Médico reputado, Carl Theodor, seu pai, dirigia um estabelecimento de banhos e era conhecido pelas posições ultraconservadoras. Após a primavera dos povos, publicara uma obra na qual comparava a democracia a um flagelo, a uma epidemia suscetível de "contaminar" a Europa e suprimir nos indivíduos toda forma de consciência de si. Essa tese, que encontramos nos sociólogos das

---

233. Sigmund Freud e Sándor Ferenczi, *Correspondance*, t.III: *1920-1933*, op.cit., carta de 25 de dezembro de 1920.
234. Carta de Freud de 5 de junho de 1917. E *Ça et Moi. Correspondance Groddeck-Freud et autres lettres*, Paris, Gallimard, 1977. É graças ao trabalho de Roger Lewinter que a obra de Groddeck é conhecida na França. E também a Catherine Clément, *L'Arc*, 78, 1980.

A *Primeira Guerra Mundial*

massas, e em especial em Gustave Le Bon, fazia de Carl Theodor Groddeck um adepto do chanceler Bismarck.[235]

Impelido pelo pai, Georg seguiu a carreira médica, tornando-se assistente de Ernst Schweninger, médico marginal que ficara conhecido por tratar com sucesso as diferentes "doenças" do chanceler Bismarck – tabagismo, toxicomania, obesidade – impondo-lhe um regime draconiano. Igualmente ultraconservador, transpusera para a medicina os princípios do autoritarismo prussiano, instaurando com seus pacientes uma relação de sugestão e submissão absoluta, da qual ele fazia depender o tratamento e a própria natureza da cura. Sua divisa – *Natura sanat, medicus curat* –[236] foi adotada por Groddeck em 1913 por ocasião da publicação de seu primeiro livro.[237]

Como seu mestre e seu pai, Groddeck reivindicava a ideia de uma "pureza da raça" e propunha que todo cidadão alemão casado com uma pessoa estrangeira fosse destituído de seus direitos civis. Em 1929, em seus *Lebenserinnerungen*,[238] se arrependerá de tal posição e a corrigirá, sem jamais desistir da utopia higienista que lhe subjazia e que, aliás, era compartilhada por numerosos médicos e sexólogos alemães aferrados à ideia da "melhoria da espécie humana".[239] Nesse mesmo livro, atacava com virulência a psicanálise, advertindo o leitor contra os perigos de uma técnica não raro mal controlada por profissionais incompetentes.

A reviravolta de Groddeck foi súbita. E Freud estava fascinado por aquele médico que lhe lembrava Fliess e os deliciosos delírios de outrora. Com ele, podia novamente desafiar a medicina de seu tempo, sonhar conquistar o território do corpo, imaginar uma amizade com um duplo feminino de Jung, comprazer-se em especulações sobre a natureza bissexual da humanidade. Resumindo, reencontrava em Groddeck o entusiasmo de seus verdes anos, e pouco impor-

---

235. Jacquy Chemouni, "Psychopathologie de la démocratie", *Frénésie*, 10, primavera de 1992, p.265-82.

236. A natureza cura, o médico trata.

237. *"Nasamecu": la nature guérit*, prefácio de Catherine Clément, Paris, Aubier-Montaigne, 1992.

238. Georg Groddeck, *Lebenserinnerungen* (1929), in *Der Mensch und sein Es*, Wiesbaden, Limes, 1970.

239. Lembremos que, em 1911, Freud tinha assinado, junto com Ellis, Hirschfeld e Eduard Bernstein, um apelo aos homens e mulheres de todos os países civilizados a fim de promover uma política higienista visando melhorar a saúde física e psíquica da "raça" humana. Cf. Paul Weindling, *L'Hygiène de la race*, t.I: *Hygiène raciale et eugénisme médical en Allemagne, 1870-1933* (1989), Paris, La Découverte, 1998, p.53. Sobre a evolução da ideia eugenista, cf. *HPF-JL*, op.cit.

tava se algumas de suas teses iam de encontro à ciência médica, uma vez que levavam em conta o sofrimento subjetivo, desdenhado pela ciência.

No sanatório de Baden-Baden, Groddeck recebia pacientes acometidos de todo tipo de doenças orgânicas, frente às quais a medicina da época se revelava impotente. Para fazê-los participar do tratamento, ele teve a ideia, a partir de 1916, de lhes ministrar conferências, criando mais tarde uma revista, a *Satanarium*, na qual poderiam se exprimir em pé de igualdade com o terapeuta. Groddeck tratava cânceres, úlceras, reumatismos, diabetes, declarando encontrar na configuração da doença a expressão de um desejo orgânico. Assim, via num bócio um desejo infantil e no diabetes o desejo do organismo por açúcar. Na mesma perspectiva, sexualizava os órgãos do corpo, classificando o nervo óptico do lado da masculinidade e as cavidades cardíacas do lado da feminilidade.[240]

Esse desejo orgânico derivava do que ele chamava de isso (*Es*). Com esse pronome neutro assimilado de Nietzsche, Groddeck designava uma substância arcaica, anterior à linguagem, uma espécie de natureza selvagem e rebelde que afogava as instâncias subjetivas: algo como as "grutas" de Jung. A cura consistia em deixar agir no sujeito a irrupção do isso, fonte de verdade.

Um ano após seu encontro com Freud, ele publicou um "romance psicanalítico", *O pesquisador da alma*,[241] no qual contava a epopeia de um homem transfigurado pela revelação de seu inconsciente e caçando percevejos e "imagens de alma" através do mundo. Freud admirou o estilo picaresco do autor, que lhe lembrava Rabelais e o *Dom Quixote* de Cervantes. Em 1923, Groddeck publicou o famoso *Livro dIsso*,[242] no qual abordava sua relação epistolar com Freud através de um conjunto de cartas fictícias endereçadas por um narrador, Patrick Troll, a uma amiga. Queria assim popularizar os conceitos da psicanálise e sua própria doutrina. Freud apoderou-se do isso, mudando radicalmente sua definição. Foi quando começou a se desiludir e a ficar irritado com aquele médico extravagante que ele tanto apreciara e a quem acusou de semear a discórdia no grupo de seus discípulos: "É grotesco tentar erguer um muro entre o senhor e os outros leões da animália. A prática da psicanálise

---

240. Georg Groddeck, *Conférences psychanalytiques à l'usage des malades* (1915-1916), 3 vols., Paris, Champ Libre-Roger Lewinter, 1982.
241. Georg Groddeck, *Le Chercheur d'âme. Un roman psychanalytique* (1921), Paris, Gallimard, 1982.
242. Georg Groddeck, *O livro dIsso* (1923), São Paulo, Perspectiva, 4ª ed., 2012.

A *Primeira Guerra Mundial* 245

não é uma atividade solitária, e sim um procedimento de grupo. Seria mais agradável se rugíssemos em coro e no compasso em vez de grunhirmos cada qual no seu canto."[243] Freud recusou-se a ir a Baden-Baden, ao passo que Ferenczi fazia tratamento lá e Jones e Abraham se escandalizavam. Finalmente, Freud afirmou que Groddeck tinha boas ideias, embora sem utilidade para a pesquisa científica.

Coube a Thomas Mann, mais tarde, o mérito de fazer o perfil mais instigante de Groddeck. Em *A montanha mágica*, sob o nome do Dr. Edhin Krokovski, médico-chefe do Berghof, ele é apresentado como um hipnotizador à moda antiga, obcecado pela sexualidade, mas que não teria ainda alcançado as luzes da razão: "Ei-lo que passa, ele que conhece todos os segredos de nossas damas. Favor observar o simbolismo de suas roupas. Veste-se de negro para indicar que o domínio específico de seus estudos é a noite." Krokovski manifesta um pessimismo radical com respeito à saúde humana, a ponto de não ver no homem senão um sujeito habitado pela doença. Evoluindo entre materialismo e ocultismo, dedica-se a experimentos de telepatia que o mergulham no universo faustiano de um subconsciente desordenado.[244] Assim era o magnífico curandeiro pelo qual Freud se apaixonara sem nunca aderir de verdade às suas extravagâncias.

Enquanto Karl Kraus e Otto Weininger comparavam a judeidade a uma essência feminina responsável pela decadência da civilização patriarcal, Groddeck, ao contrário, pregava a necessidade de descobrir em cada ser humano uma bissexualidade originária, recalcada na religião judaica por meio da prática da circuncisão. A seu ver, essa prática teria contribuído para a consolidação de uma unissexualidade do homem e a rejeição de sua essência feminina face a um Deus bissexual e todo-poderoso. Mediante essa hostilidade à religião do pai e em nome de uma busca messiânica da feminilidade, única capaz de salvar a humanidade, Groddeck rejeitava então o judaísmo por razões opostas às de Weininger.[245] Estavam, no entanto, ambos, às voltas com a mesma problemática: de um lado, o judeu era comparado a uma mu-

---

243. Carta de Freud a Groddeck, de 21 de dezembro de 1924. E *Ça et Moi*, op.cit.
244. Cf. *Dicionário de psicanálise*, op.cit.
245. Georg Groddeck, *Un problème de femme* (1903), Paris, Mazarine, 1979; "Le double sexe de l'être humain" (1931), *Nouvelle Revue de Psychanalyse*, 7, primavera de 1973, p.193-9. E Jacques Le Rider, *A modernidade vienense*, op.cit.

lher, quando todo o mal da civilização provinha da feminilidade; do outro, encarnava o mal ao recalcar os benefícios do feminino.[246]

Em 1920, Freud pensava muito mais no valor de suas descobertas do que em suas amizades. Determinado a dedicar à sua obra o tempo que lhe restava de vida, aceitou que as atividades do movimento psicanalítico se deslocassem para o mundo anglófono. Eis por que sempre se reportou mais a Jones para a administração dos negócios. De sua parte, ia doravante orientar-se para três tipos de pesquisa: um estudo especulativo sobre a vida e a morte, que ia de par com uma reforma de sua primeira tópica; uma análise dos mecanismos coletivos do poder social; uma interpretação do fenômeno da telepatia: maneira de imergir novamente no mundo do irracional que o assombrava cada vez mais, à medida que ele definia a si mesmo como um pensador das Luzes e da razão.

---

246. Em 1965, dois biógrafos de Groddeck imaginaram que ele mantivera uma correspondência com Hitler. O rumor foi invalidado por Roger Lewinter num artigo do jornal *Le Monde* datado de 7 de setembro de 1980.

TERCEIRA PARTE

Freud na intimidade

1. Iluminismo sombrio

PENSADOR ILUMINISTA, Freud era herdeiro de Kant e da ideia segundo a qual, para entrar no mundo da razão e do entendimento, o homem deve esquivar-se de todo tipo de alienação. Adotava a célebre máxima da coragem e da necessidade do saber – "Ousa pensar por ti mesmo" – e acreditava na possível submissão dos instintos ao autocontrole. Assim, estava convencido de que as elites deviam guiar as massas e não contentar-se com o papel de representantes do povo. E, nesse ponto, permanecia aferrado a uma figura da autoridade patriarcal, ainda que erodida. Ao mesmo tempo, porém, pretendia-se um dinamitador dos ideais do progresso, uma vez que não cessava de reivindicar o Sturm und Drang, Goethe, Fausto, o "pacto" com Mefistófeles, bem como a perigosa supremacia da paixão sobre a razão. Portanto, se por um lado pertencia à tradição do "Iluminismo sombrio",[1] por sua capacidade de se deixar enfeitiçar pelo demoníaco, o oculto, o *pharmakon* ou "a inquietante estranheza" (*Unheimliche*),[2] por outro se distanciava de tudo isso ao invocar o ideal da ciência. E é nesse jogo dialético entre sombra e luz que podemos situar Freud como herdeiro de Nietzsche, na medida em que seu projeto supõe uma vontade de transformar o romantismo numa ciência.

Embora reivindicando uma filiação a Diderot, Freud tornara-se o inventor de uma visão da sexualidade que, ao mesmo tempo em que se pretendia racional, não deixava de estar imersa na evocação das grandes loucuras sadianas.

---

1. Expressão empregada por Theodor Adorno.
2. Freud designa pela expressão *Unheimliche* ("estranho familiar") uma impressão apavorante que emana de coisas conhecidas há muito tempo e desde sempre familiares: o medo da castração, a figura do duplo e o autômato. Cf. "L'inquiétante étrangeté" (1919), in *L'Inquiétante Étrangeté et autres essais*, Paris, Gallimard, 1985 [ed. bras.: "O inquietante", in *SFOC*, vol.14 / *ESB*, vol.17; ed. orig.: "Das Unheimliche", in *GW*, vol.12]. Cf. também Jean Clair, *Malinconia*, Paris, Gallimard, 1996, em especial o capítulo "De la métaphysique à l'inquiétante étrangeté", p.59-85.

Como ele próprio dizia, queria ser "o *advocatus diaboli*, sem que isso todavia signifique entregar-se ao diabo".[3] E, no entanto, recusava toda e qualquer herança da filosofia. Queria inclusive eximir-se de qualquer dívida para com ela, a ponto de considerá-la uma "ancestral indigna":[4] "Li Schopenhauer muito tarde na vida", dirá em 1925. "Quanto a Nietzsche, o outro filósofo cujas ideias e percepções muitas vezes coincidem da maneira mais espantosa com os resultados laboriosos da psicanálise, evitei-o durante muito tempo precisamente por essa razão; o pioneirismo na descoberta me importava menos do que não ter prevenções."[5]

Fascinado pela morte e o amor, pelo sexo e o desejo, mas preocupado em explicar de maneira inteligível os aspectos mais cruéis e ambíguos da alma humana, Freud colocava o sujeito moderno frente a seu destino: o de um inconsciente que, sem privá-lo de sua liberdade, determina-o à sua revelia. E queria a todo custo que a psicanálise fosse uma revolução simbólica com a vocação primordial de mudar o homem, mostrando que "o eu não é senhor em sua casa". Com esse gesto, como apontei, ele se afastara dos psicólogos e sexólogos de seu tempo, tornando legível, por meio de mitos e sonhos, a vida noturna da humanidade, longe de todas as pretensas ciências do comportamento. Dava assim um conteúdo existencial a esse domínio, em vez de pretender descrevê-lo com os instrumentos característicos da ciência positiva. O que ele extraía de Darwin, aliás, nada mais era do que o que ele resgatava de Sófocles: o romance trágico de um homem que, após tomar-se por um deus, percebe que é diferente do que julgava ser: um assassino, ou ainda o descendente da espécie animal.

Além disso, Freud não aceitava o caráter judaico da psicanálise, defendendo a ideia de que, depois de conduzidos ao deserto por Moisés, os judeus

---

3. "Au-delà du principe du plaisir" (1920), in *Essais de psychanalyse*, Paris, Payot, Petite Bibliothèque Payot, 1981, p.117-205 [ed. bras.: "Além do princípio do prazer", in *SFOC*, vol.14 / *ESB*, vol.18; ed. orig.: "Jenseits des Lustprinzips", in *GW*, vol.13]. Sobre a gênese do texto e suas variantes, cf. Ilse Grubrich-Simitis, *Freud: retour aux manuscrits*, op.cit., p.228-39. Uma polêmica marcante opôs Ilse Grubrich-Simitis a Michael Schröter e Ulrike May a respeito da gênese de "Além do princípio do prazer". Encontramos seus ecos na revista *Luzifer-Amor*, 51, 2013, p.679-88 e 794-8.
4. Segundo a observação de Jacques Derrida, que redigiu um dos comentários mais deslumbrantes sobre *Além do princípio do prazer*, in *La Carte postale. De Socrate à Freud et au-delà*, Paris, Aubier-Flammarion, 1980 [ed. bras.: *O cartão-postal: de Sócrates a Freud e além*, Rio de Janeiro, Civilização Brasileira, 2007].
5. Sigmund Freud, *Sigmund Freud presenté par lui-même*, op.cit., p.160.

Iluminismo sombrio

jamais desistiam de nada, forjando incessantemente um substituto para cobrir o que fora perdido:[6] substituto de um território, de uma mãe, de um pai, de um ancestral, de um deus, de um objeto. Em outros termos, baseava-se nessa tradição para pensar a questão universal da herança, da genealogia, da transmissão, da fidelidade, do exílio. Argumentava que toda perda permite ao homem superar a si próprio e, logo, a alcançar uma espécie de imortalidade – a das pulsões de vida –, ainda que, no fundo de si mesmo, subsista uma atração pelo nada, pela morte e pela autodestruição. A seu ver, o destino humano confundia-se com a busca de um "além" de si, de um além da morte e do amor. Ora, em consequência disso, a causalidade estritamente sexual que ele invocara até então contra Jung e contra todos os dissidentes não era mais suficiente para explicar as patologias e outras neuroses, fossem elas traumáticas ou não.

Nessa perspectiva, seria possível atribuir a Freud a definição de homem proposta por La Fontaine, um libertino ateu, aferrado a uma ordem natural do mundo: "Com respeito a nós, homens, eu tornaria nosso lote infinitamente mais pujante: teríamos um duplo tesouro: um, essa alma igual em todos enquanto existimos, sensatos, loucos, crianças, idiotas, hóspedes do universo, sob o nome de animais; o outro, mais uma alma, entre nós e os anjos."[7]

Freud fundara assim uma "disciplina" impossível de integrar não só no campo da ciência, como no das ciências humanas, então em plena expansão a partir do fim do século XIX. Para os cientistas, a psicanálise pertencia à esfera da literatura; para os antropólogos e sociólogos, atestava um ressurgimento das antigas mitologias; aos olhos dos filósofos, afigurava-se uma estranha psicologia oriunda ao mesmo tempo do romantismo e do darwinismo; e aos dos psicólogos, colocava em perigo o próprio princípio de toda a psicologia. Dessa forma, a psicanálise era rejeitada por todas as disciplinas acadêmicas, a ponto de ser julgada propriedade de um mestre com o projeto de restaurar o banquete socrático mais do que estimular a eclosão do saber moderno. E, afinal de contas, o Ring, com seus anéis sagrados, seus protocolos (*Rundbriefe*) e seus juramentos, parecia legitimar tal visão das coisas. Quanto à visada terapêutica da psicanálise, não se encaixava nem no campo da medicina nem no

---

6. Sigmund Freud, *Lettres à ses enfants*, op.cit., carta a Ernst Freud de 17 de janeiro de 1938, p.389.
7. La Fontaine, *Fables*, "Les deux rats, le renard et l'oeuf" ["Os dois ratos, a raposa e o ovo"].

da psicologia, ainda que, na condição de medicina da alma, alguns a vissem como suscetível de "influenciar" a psiquiatria pelo lado do magnetismo. Na realidade, a clínica freudiana consistia numa arte da interpretação passível de obter do paciente a confirmação de uma construção emanada da transferência e do trabalho terapêutico. Nesse sentido, reduzia a pó o niilismo terapêutico, que consistia em classificar as doenças psíquicas, sem jamais escutar o doente.

Renovador de uma crítica das genealogias familiares, Freud era tanto um pensador do irracional como o teórico de uma democracia elitista. Afirmava, por exemplo, que só a civilização – isto é, a coerção de uma lei imposta à onipotência das pulsões assassinas – permite à sociedade escapar à barbárie tão desejada pela própria humanidade. E, embora nunca tenha sido um grande leitor de Sade,[8] Freud compartilhava com ele a ideia de que a existência humana caracteriza-se menos por uma aspiração ao bem e à virtude do que pela busca de um permanente gozo do mal: pulsão de morte, desejo de crueldade, amor ao ódio, aspiração à infelicidade e ao sofrimento. Por essa razão, reabilitava a ideia segundo a qual a perversão é necessária à civilização como parte maldita das sociedades. Porém, em vez de enraizar o mal na ordem natural do mundo e fazer da animalidade do homem o sinal de uma inferioridade racial, preferia sustentar que apenas as artes e a cultura são capazes de arrancar a humanidade de sua vontade de autoaniquilar-se.

Num livro apaixonante,[9] Gille-Gaston Granger expõe três grandes modalidades do irracional típicas da história das ciências. A primeira vigora quando um cientista deve confrontar-se com o obstáculo constituído por um conjunto de doutrinas que regem o pensamento de uma época e se tornaram dogmáticas, coercitivas ou estéreis. A saída é inovar e questionar o modelo dominante, apelando a objetos insólitos ou apresentando, ao olhar da ciência, objetos iluminados de outra forma. Por exemplo, o inconsciente, a loucura, a desrazão, o feminino, o sagrado. Em suma, tudo que Georges Bataille designa como o heterogêneo. O recurso a esse irracional permite então ressuscitar uma instância da razão e partir novamente para a conquista de *outra* racionalidade.

---

8. Cf. *Freud's Library*, op.cit. Freud se interessava pela vida de Sade, mas não por suas obras. Cf. Elisabeth Roudinesco, *A parte obscura de nós mesmos: uma história dos perversos* (2007), Rio de Janeiro, Zahar, 2008.
9. Gilles-Gaston Granger, *L'Irrationnel*, Paris, Odile Jacob, 1998. Já recorri a essa obra em *Por que a psicanálise?*, op.cit.

Iluminismo sombrio

A segunda modalidade do irracional surge quando um pensamento está em vias de se congelar em dogma ou racionalismo demasiado coercitivo. Para obter resultados conclusivos, e lhe insuflar novo vigor, o cientista deve então colocá-lo em contradição consigo mesmo a fim de prolongar o ato criador que lhe dera origem.

A terceira modalidade concerne à adoção, por parte dos cientistas ou criadores, de uma maneira de pensar inteiramente irracional fundada no abandono da razão e na adesão a falsas ciências ou atitudes de rejeição sistemática do saber dominante. Daí uma valorização da magia e do religioso, associada a uma crença no além ou no poder de um ego não controlado. Essa terceira modalidade é em geral acompanhada de uma veemente renegação do sistema anteriormente adotado. É fácil encaixar nessa categoria as distorções revisionistas radicais, quando destilam ódio pelo objeto previamente adulado.

Essas três modalidades do irracional são perfeitamente detectáveis na história da psicanálise. Entretanto, Freud sempre se manteve nos limites das duas primeiras, que são inerentes ao processo mesmo da inovação teórica. Num primeiro momento, através de sua relação com Fliess, ele se confrontou com um irracional biológico, o que lhe permitiu em seguida, por uma inversão dialética, elaborar, até 1915, os princípios de uma nova racionalidade. Vieram em seguida os anos de guerra, momento de gestação de uma nova revolução simbólica.

Num segundo momento, de 1920 a 1935, uma vez construída a doutrina, Freud introduz a dúvida no âmago da racionalidade da psicanálise. Pretendia assim combater o positivismo que a ameaçava a partir de dentro, voltando-se para um irracional especulativo. Levantou então a hipótese de uma pulsão de morte, que aplicou à análise das "massas", depois inaugurou um longo debate sobre a questão da telepatia, ao mesmo tempo em que se lançava numa luta contra a religião e a favor da análise leiga.

"A morte é a companheira do amor. Juntos, eles governam o mundo. É o que está dito no meu livro *Além do princípio do prazer*."[10] Era esta, em 1926, a opinião que o próprio Freud tinha sobre essa obra inaudita, esboçada entre março e maio de 1919, atravessada pela experiência do *Unheimliche* (a inquietante estranheza) e que parecia renegar os próprios princípios da doutrina

---

10. Sigmund Freud, "Entretien avec Georg Sylvester Viereck" (1926), trad. francesa e apres. por Claude-Noëlle Pickman, *Revue de l'Association Analyse Freudienne*, 13, outono de 1996, p.115-27. Cf. também Emilio Rodrigué, *Le Siècle de la psychanalyse* (1996), 2 vols., Paris, Payot, 2000.

psicanalítica anterior a 1915. Na realidade, Freud confrontava-se cada vez mais com a eventualidade da própria morte.[11] Mas também tentava dar corpo à sua metapsicologia, forjando um novo dualismo pulsional. E, para isso, convocava alguns grandes nomes da ciência, da literatura e da filosofia – Fechner, August Weismann, Torquato Tasso, Schopenhauer, Goethe, Gomperz, Platão – e também alguns colegas seus: Sabina Spielrein, Sándor Ferenczi e Ernstl Wolfgang Halberstadt, seu neto. A que se acrescentam referências aos *Upanixades* e ao nirvana.

Em 1911, ele afirmava que dois princípios regem a vida psíquica. Um tem como finalidade proporcionar o prazer, e o outro, modificar o primeiro impondo-lhe restrições necessárias à adaptação e às coerções da realidade. E eis que agora, como se para dar continuidade à sua concepção do narcisismo, ele pretendia substituir esses dois princípios por um novo dualismo: a vida e a morte. Para além do caráter especulativo de sua reflexão, Freud apoiava-se numa realidade clínica. Após tantos anos de prática terapêutica e tratamentos que não haviam dado os resultados esperados, ele percebera que sua teoria das neuroses não permitia explicar um fenômeno conhecido de todos os especialistas nas doenças da alma: alguns pacientes permanecem refratários ao tratamento, seja ele qual for. E, pior, quando recorrem a ele, regridem e pioram cada vez mais. Tudo se passa então como se, inconscientemente, e independentemente do talento do terapeuta, eles dessem um jeito de obedecer a uma compulsão à repetição suscetível de arrastá-los para a própria destruição.

"Nesse caso", apontava Freud, "tem-se a impressão de que essas pessoas são perseguidas por uma sina, parecendo haver algo de demoníaco em tudo que vivenciam … . A compulsão que se manifesta nessa ocasião não difere em nada da compulsão à repetição dos neuróticos, mesmo que estes nunca tenham apresentado sinais de um conflito neurótico resolvido por meio da formação de sintomas … . Assim, conhecemos pessoas para as quais todas as relações humanas têm o mesmo fim: benfeitores que se veem, ao fim de certo tempo, rancorosamente abandonados por seus protegidos, por mais diferentes que estes sejam entre si, e que, portanto, parecem fadados a degustar o amargor da ingratidão; homens para os quais toda amizade termina com a traição

---

11. Num texto datado de 31 de janeiro de 1919, ele exprime o desejo de que, ao morrer, seu corpo fosse cremado. Conversa com Eric Willis, responsável pelo crematório de Golders Green, 24 de abril de 2014. Cf. também Helen Fry, *Freud's War*, Gloucestershire, The History Press, 2009.

Iluminismo sombrio

do amigo; outros que, ao longo da vida, elevam uma pessoa à condição de grande autoridade para si mesmos ou mesmo para o público para, logo em seguida, renegar essa autoridade e substituí-la por outra."[12]

Em poucas frases, Freud esboçava um panorama sem concessão de todas as atitudes inconscientes pelas quais um sujeito busca se autodestruir, sendo o masoquismo, no caso, muito mais poderoso que o sadismo.[13] E dava o nome de "eterno retorno do mesmo" a essa repetição mortífera.

Longe de satisfazer-se com essa constatação, deduzia dela que a finalidade de toda vida é a morte e que, nesse combate, as pulsões de vida não fazem senão prolongar o percurso que desemboca na morte. Consequentemente, existiam de fato, segundo ele, forças psíquicas que agem "além do princípio do prazer". E dava como exemplo da manifestação desse "além" uma atividade lúdica – o *Fort-Da* –, cujo desenrolar ele observou em seu neto, Ernst Halberstadt, então com dezoito meses de idade.

Quando sua mãe se ausentava, este se divertia lançando pequenos objetos para longe de sua cama, acompanhando esse gesto com uma expressão de satisfação que tomava a forma vocal de um "ÔÔÔÔÔ" prolongado, no qual era possível reconhecer a palavra alemã *fort*, isto é, "partiu". Um dia, a criança entregou-se a essa mesma brincadeira com a ajuda de um carretel de madeira preso num barbante: ela lançava o carretel gritando "ÔÔÔÔÔ", depois, puxando o barbante, fazia-o retornar, gritando um alegre *da* ("viva").

Dessa forma, Ernstl transformava um estado de passividade ou desprazer ligado à partida da mãe numa situação controlada. Portanto, segundo Freud, descobria, com aquela brincadeira, um meio de exprimir sentimentos hostis, inconfessáveis na presença da mãe, e vingar-se de sua partida. Em outras palavras, tolerava um desprazer ante a repetição de uma separação que lhe proporcionava um ganho de prazer. Tal era a "compulsão à repetição" que se observava igualmente nos tratamentos e que não tinha muita coisa a ver com a realidade de uma verdadeira perda.[14]

---

12. Sigmund Freud, "Au-delà du principe du plaisir", op.cit., p.26.

13. Sigmund Freud, "Pulsions et destins des pulsions" (1915), in *OCF.P*, op.cit., vol.13 [ed. bras.: "As pulsões e suas vicissitudes", in *SFOC*, vol.12 / *ESB*, vol.14; ed. orig.: "Triebe und Triebschiksale", in *GW*, vol.10]. Sobre a gênese da noção de sadomasoquismo, ver *Dicionário de psicanálise*, op.cit.

14. Numa nota posterior, Freud acrescentará: "O filho perdeu a mãe quando tinha cinco anos e nove meses. Dessa vez, a mãe tendo realmente partido para longe, a criança não manifestava

Sem pretender generalizar a partir desse caso, Freud, não obstante, se aferrava a outro exemplo. Preocupado em reportar a condição do homem moderno a mitos ancestrais ou epopeias literárias, ele comparava o destino dos neuróticos compulsivos ao do herói de Tasso em *Jerusalém libertada*.[15] Na grande tradição de Homero e Virgílio, esse poema épico em vinte cantos narra a primeira cruzada e a conquista de Jerusalém. Protótipo do cavaleiro brioso, Tancredo, homem tão melancólico quanto Tasso, enfrenta os infiéis e ama com um amor atormentado, e não correspondido, uma guerreira sarracena de louras melenas, uma certa Clorinda, a cujo respeito saberemos ao longo da história que nascera cristã.[16] Ignorando sua identidade, Tancredo a desafia, julgando combater um cavaleiro inimigo. Será, diz ele, "o combate e a morte", e ela replica: "Tu os terás, uma vez que os procuras." Durante uma noite inteira, eles duelam sem recuar, numa espécie de corpo a corpo sangrento com um procurando aniquilar o outro. Ao raiar do dia, no desfecho dessa longa luta mortal, Clorinda cai, com ferimentos no corpo inteiro. Enquanto se recusa a lhe dizer seu nome, pede a Tancredo que a batize e lhe estenda a mão em sinal de perdão: "Em meio a tormentos e remorsos ...", ele responde, "viverei errante e desassossegado. O terror me perseguirá nas trevas ... . E sentirei horror e repulsa por esse sol que me revelou meu crime. Temerei a mim mesmo, quererei sempre fugir, e sempre esbarrarei comigo."[17]

Após os funerais da bem-amada, Tancredo penetra na escura floresta tão temida pelos cruzados. Uma floresta que inspira uma "inquietante estranheza", povoada de espíritos e fantasmas: *"in den unheimlichen Zauberwald".*[18] Lá, ele racha um cipreste ao meio. E é então que ouve a voz de Clorinda, cuja alma se refugiara naquela árvore. Ela se queixa do sofrimento que ele lhe infligiu. Tancredo será em seguida transportado para Jerusalém, libertada pelos cristãos, após ter sido salvo por Hermínia, outra sarracena louca de amor por ele.

---

qualquer sofrimento. Nesse meio-tempo, outra criança nascera, o que o deixara excessivamente ciumento" (*Au-delà du principe du plaisir*, op.cit., p.18). Trata-se de Heinz (Heinerle) Halberstadt (1918-23), segundo filho de Sophie, que morreu aos quatro anos.

15. Freud cita a versão italiana antiga: Torquato Tasso, *La Gerusalemme liberata*, 1581, canto XIII.

16. O eunuco Arsetes lhe revela isso no canto XII, temendo que, ao trocar de armadura, ela seja confundida com o guerreiro que matou Arimon, companheiro de Tancredo.

17. Canto XII, p.198-9.

18. São os termos utilizados por Freud.

Iluminismo sombrio

Freud extraía desse poema a temática do herói condenado pelo destino a engendrar incessantemente a própria desdita.[19] Da mesma forma, aceitava a ideia de que a pulsão de morte estava a tal ponto enraizada no inconsciente que condenava o sujeito a jamais livrar-se dela. Curiosamente, porém, não levava em conta o episódio do combate noturno entre Tancredo e Clorinda, que não obstante deve ter lhe evocado o travado entre o Anjo e Jacó. E não falava uma palavra sobre a evidente melancolia do herói. Na realidade, nesse ensaio, lutava contra si mesmo. Afirmava uma coisa e seu oposto: de um lado, que a pulsão de morte domina a vida humana; de outro, que é impensável a vida resumir-se a uma simples preparação para a morte. E disso concluía que as pulsões de morte, por mais poderosas que sejam, encontram seu limite no próprio fato de que a vida se reproduz, além da morte. O psiquismo é então um campo de batalha, um palco noturno, em que se enfrentam duas forças elementares – Eros e Tânatos –, fadadas a se amar e odiar por toda a eternidade.[20]

Não surpreende, portanto, que Freud tenha confirmado suas especulações nos últimos trabalhos do biólogo alemão August Weismann,[21] embora este último recusasse as teses neolamarckianas sobre a hereditariedade dos caracteres adquiridos, propondo um modelo genético. Weismann estabelecia uma distinção na substância viva entre uma parte mortal (o "soma") e outra imortal, o "plasma germinativo", útil à conservação e à propagação da espécie. Essa analogia inesperada entre as teorias de Weismann e suas próprias teses lhe permitia enraizar na ciência suas próprias especulações, e não mais exclusivamente no corpus mitológico ou literário.

Contudo, mediante uma nova inversão, Freud procurava basear-se nessa analogia para traduzir o modelo genético numa espécie de modelo metapsicológico. Assim, afirmava que as células germinativas são prova de um "narcisismo absoluto", a ponto de serem igualmente portadoras de uma pulsão de

---

19. "Au-delà du principe du plaisir", op.cit., p.27.

20. A temática não era nova, em especial entre os românticos. Cf. Henri F. Ellenberger, *Histoire de la découverte de l'inconscient*, op.cit., p.549-52.

21. August Weismann, *Essais sur l'hérédité et la sélection naturelle*, Paris, Reinwald, 1892. Freud cita essencialmente três artigos procedentes desse volume. Cf. Charles Lenay, "Les limites naturelles de la durée de vie et la question de l'hérédité de l'acquis", in *Études sur la mort*, Le Bouscat, L'Esprit du Temps, 2003.

morte. E chegava a dizer que as células dos tumores malignos, tão destrutivas para o organismo, poderiam ser "narcísicas no mesmo sentido da palavra".[22] Dessa forma, transformava as pulsões em entidades mitológicas, inclusive em deusas ou semideusas.

Manifestamente, Freud recorria ao modelo genético de Weismann para reformular sua concepção de conjunto do psiquismo. Substituía o antigo dualismo pulsional por um novo e, às antigas instâncias da primeira tópica – consciente, pré-consciente, inconsciente –, acrescentava as de uma segunda: o eu, o supereu e o isso.[23] Decerto Freud não descobrira os mecanismos do funcionamento psíquico, porém, com esse remanejamento, permitia pensá-lo diferentemente. Concebido como um reservatório caótico, o isso tornava-se o lugar por excelência das pulsões de morte, uma entidade "amoral", um deus das trevas, ao passo que o eu, mais "moral", era em parte, mas apenas em parte, incorporado, como um herói melancólico, uma espécie de Tancredo, herdeiro de Édipo. Quanto ao conceito de supereu, Freud fazia dele o censor impiedoso e cruel das exacerbações da alma e, logo, do isso e do eu. Mais tarde ele dirá que "lá onde era o isso, o eu deve advir" (*wo Es war, soll Ich werden*) e fará de tal injunção uma nova tarefa para a cultura, tão importante como a drenagem do Zuiderzee.[24]

Após recusar toda herança filosófica, Freud agora contemporizava, introduzindo em sua reforma da psique dois dos maiores nomes da filosofia alemã: Kant e Nietzsche. Do primeiro, aproveitava o imperativo categórico, transformado em supereu, e do segundo "a impessoal submissão às necessidades do ser", retomada por Groddeck sob a forma do isso.[25]

---

22. "Au-delà du principe du plaisir", op.cit., p.64. Frank J. Sulloway dá o nome de "fábula biogenética" à concepção freudiana da pulsão de morte: *Freud, biologiste de l'esprit*, op.cit., p.390.
23. Ele teorizou essa tópica dois anos mais tarde, cf. Sigmund Freud, "Le Moi et le ça" (1923), in *OCF.P*, op.cit., vol.16, p.390 [ed. bras.: "O eu e o id", in *SFOC*, vol.16 / *ESB*, vol.19; ed. orig.: "Das Ich und das Es", in *GW*, vol.13].
24. Sigmund Freud "La décomposition de la personnalité psychique", in *Nouvelles conférences d'introduction à la psychanalyse* (1933), Paris, Gallimard, 1984, p.110, e *OCF.P*, op.cit., vol.19, sob o título "Nouvelle suite des leçons d'introduction à la psychanalyse" [ed. bras.: "A dissecção da personalidade psíquica", in *Novas conferências introdutórias à psicanálise*), in *SFOC*, vol.18 / *ESB*, vol.22; ed. orig.: "Die Zerlegung der psychischen Persönlichkeit", in *GW*, vol.15]. Sobre as diferentes traduções desse sintagma, em especial a de Lacan, cf. Jacques Lacan, "A coisa freudiana ou o sentido de um retorno a Freud em psicanálise", in *Escritos* (1966), Rio de Janeiro, Zahar, 1998. E Elisabeth Roudinesco, *HPF-JL*, op.cit.
25. François Requet, *Nietzsche et Freud. Le rapport entre cruauté, culpabilité et civilisation*, monografia da Universidade de Franche-Comté, departamento de filosofia, 2005-6.

Iluminismo sombrio

Longe de dar a última palavra ao modelo biológico-genético, Freud terminava seu *Além do princípio do prazer* evocando o episódio do *Banquete* de Platão em que Aristófanes discorre sobre o mito dos humanos duplos ou inteiros. Na origem, diz basicamente Aristófanes, a humanidade comportava três espécies: o homem, a mulher e o andrógino. As criaturas assemelhavam-se a uma esfera composta de quatro mãos, quatro pernas e dois rostos sobre uma cabeça única com quatro orelhas e dois sexos. Esses humanos originais deslocavam-se para a frente ou para trás. O macho saíra do sol, a fêmea da terra, o andrógino da lua. Um dia, eles subiram aos céus para tomar o lugar dos deuses. Foi quando Zeus, desejoso de puni-los sem exterminá-los, decidiu cortá-los ao meio. Entretanto, cada pedaço, sentindo falta de sua outra metade, tentava reunir-se a ela e morria de fome e inércia. Para dar fim a essa autodestruição Zeus deslocou os órgãos sexuais para a frente do corpo, tornando possível a copulação entre mulheres e homens e a perpetuação da raça humana. Os homens que amavam os homens, em vez de conceber vida, concebiam espírito. As criaturas mais bem-acabadas seriam então, segundo Aristófanes, puramente masculinas. Segundo esse mito, o amor (Eros) seria originário de um dilaceramento. Assim, ele é ao mesmo tempo a doença e o remédio para os humanos que não cessam de sonhar com um estado original de fusão, embora não cessem de se separar.

Freud, baseando-se numa curta passagem do discurso de Aristófanes,[26] afirmava querer retraduzir a história das relações entre Eros e Tânatos em termos fisiológicos e químicos. Mais uma reviravolta, agora atravessando da mitologia para a biologia. No último capítulo, porém, contra a arrogância de uma ciência que se pretenderia um "catecismo", ele dava a última palavra à poesia. Contra o cientificismo, mas também contra si mesmo, contra sua própria *hybris* de cientista, reivindicava o direito à dúvida, à especulação e à incerteza, citando Friedrich Rückert, orientalista alemão e tradutor de um *maqamat* de Al-Hariri, gramático árabe do século XI: "O que não podemos alcançar voando, devemos alcançar mancando. O texto diz que é pecado mancar."[27]

---

26. A propósito, ele declarava dever a Heinrich Gomperz, filho de Theodor e Elise (sua ex-paciente), as indicações que utilizava. E associava a exposição de Aristófanes a um mito idêntico, oriundo dos *Upanixades*. A tradução alemã do *Banquete* que figura na biblioteca de Freud data de 1932.

27. "Au-delà du principe du plaisir", op.cit., p.81.

Ao escrever a última linha desse ensaio barroco, construído à maneira de um *work in progress*, Freud via-se como Édipo: príncipe manco, interrogado por uma Esfinge andrógina que encarnava ao mesmo tempo o saber absoluto e o questionamento de todos os saberes. Sem dúvida podemos interpretar esse texto como a profecia de um homem que sentia verdadeira nostalgia do mundo de outrora – o dos mitos e sonhos de sua juventude vienense – e que, não obstante, negava-se a deplorar a grandeza perdida dos tempos antigos ou a adotar um discurso decadentista sobre pretensas catástrofes vindouras. Refugiar-se na especulação permitia-lhe duvidar de tudo e abrir um novo caminho para o conhecimento da alma humana assim propensa tanto à vida como à própria destruição. Em outras palavras, ainda que o livro carregasse a marca evidente da época bélica durante a qual fora concebido, nem por disso deixava de ser igualmente consequência de uma evolução engendrada por um trabalho do pensamento.

Ao fazer da pulsão de morte uma força muda que atormentava tanto a psique como o soma, Freud não podia detectar sua existência senão recorrendo a interpretações extraídas da literatura, da realidade social ou dos comportamentos individuais. Assim definida, a pulsão de morte era uma entidade intangível do ponto de vista da biologia: uma quimera. Os críticos aproveitaram-se então para afirmar que as causas da especulação freudiana não derivavam de um procedimento intelectual, e sim, exclusivamente, de um determinismo externo.

No mundo anglófono, a obra foi mal recebida anos a fio. Em 1936, William McDougall a qualificará de "o monstro mais bizarro de toda a galeria dos monstros de Freud".[28] Porém, foi acima de tudo no núcleo do Comitê, e entre os demais discípulos, que as divergências foram mais contundentes. Eitingon e Ferenczi aceitaram a hipótese, mas Jones tomou suas distâncias, ressaltando que Freud sempre se angustiara com a morte, a própria e a de parentes e amigos, que fazia contas, temia envelhecer e sofria ao pensar na degradação dos corpos.[29] Quanto a Wittels, não hesitou em psicologizar ainda mais a construção freudiana, ao pretender demonstrar que a teorização da pulsão de morte era o contragolpe da dor sentida pela morte de Sophie.[30]

---

28. Willliam McDougall, *Psycho-analysis and Social Psychology*, Londres, Methuen, 1936, p.96.
29. Ernest Jones, *La Vie et l'oeuvre de Sigmund Freud*, t.III: 1919-1939, op.cit., p.304-26.
30. Carta de Sigmund Freud a Fritz Wittels, de 18 de dezembro de 1923, citada por Ernest Jones, *La Vie et l'oeuvre de Sigmund Freud*, t.III, op.cit., p.45.

Iluminismo sombrio 261

Antes mesmo de enfrentar essas críticas, Freud cuidara de escrever a Eitingon: "O *Além* está finalmente terminado. O senhor poderá confirmar que ele estava semiconcluído quando Sophie estava viva e cheia de saúde."[31]

"Semiconcluído"! Essa expressão autorizava todas as interpretações, inclusive imputar a Freud ter se entregado a uma pura denegação. Em 1980, Jacques Derrida demonstrou que Freud desejara a morte de seu irmãozinho Julius e que, quando ela se produzira, ele experimentara um sentimento de culpa que jamais o abandonaria. E deduzia disso que Freud tratava seu ensaio como um *"Fort-Da"* "para enviar a si mesmo a mensagem da própria morte".[32]

As discussões sobre o livro eram infindáveis. Os adeptos da escola americana negavam-se a aceitar seu lado especulativo, que fazia de Freud, a seus olhos, um "psicólogo do isso" mais que um terapeuta do eu. Melanie Klein e seus partidários, por sua vez, incorporaram o segundo dualismo pulsional de maneira estritamente clínica, assinalando que a pulsão de morte contribuía para instalar o sujeito numa posição depressiva feita de angústia e destruição. E foi na França que esse texto, puro produto do Aufklärung sombrio,[33] foi comentado com mais argúcia, não só em sua vertente clínica, mas também como momento decisivo da história do pensamento filosófico.[34]

Em 6 de maio de 1921, Freud recebeu de presente, por ocasião de seu aniversário de 65 anos, o original do busto realizado por David Paul Königsberger: "Um duplo de bronze espectral e ameaçador ... . Dei subitamente um passo na direção do envelhecimento. Desde então, a ideia da morte não me abandona mais e às vezes tenho a impressão de que sete órgãos ainda disputam a honra de pôr termo à minha vida ... . Mas não sucumbi a essa hipocondria, considero-a com soberana frieza, um pouco como as especulações no *Além*."[35] Dividido entre o que era e o que fazia, Freud então efetivamente

---

31. Sigmund Freud e Max Eitingon, *Correspondance*, op.cit., 18 de julho de 1920, p.230.
32. Jacques Derrida, *La Carte postale*, op.cit., p.378.
33. Cf. Yirmiyahu Yovel, *Spinoza et autres hérétiques*, Paris, Seuil, col. Libre Examen, 1991.
34. Em especial Lacan, *O Seminário*, livro 11, *Os quatro conceitos fundamentais da psicanálise (1963-1964) (1973)*, Rio de Janeiro, Zahar, 1985. Cf. também Jean Laplanche, *Vie et mort en psychanalyse*, Paris, Flammarion, 1970 [ed. bras.: *Vida e morte em psicanálise*, Artes Médicas, 1985]. E *Dicionário de psicanálise*, op.cit. A noção de pulsão de morte foi logo aceita no Japão na época da fundação do primeiro instituto de psicanálise de Tóquio (1928). O psicólogo Yaekichi Yabe, em Viena em 1930, contou a Freud que em seu país a ideia de que a vida tendia para a morte era parte do budismo clássico.
35. Sigmund Freud e Sándor Ferenczi, *Correspondance*, t.III, op.cit., 8 de maio de 1921, p.61.

enviara a si mesmo, por intermédio do *Além*, uma mensagem cujo destino posterior não pretendia controlar. Mais uma vez suscitou a seu respeito todo tipo de vociferações.

Fazia muito tempo que ele pretendia ampliar sua análise das sociedades humanas, não como fizera em *Totem e tabu*, mas com o desígnio mais político de descrever o caminho que leva da coletividade ao indivíduo. Face aos defensores da psicologia social em plena expansão, queria construir uma metapsicologia das relações entre o eu e as massas. Mais uma vez, pretendia responder a Jung – ou melhor, ao espectro de Jung –, situando-se ao mesmo tempo na perspectiva de Hugo von Hofmannsthal e Arthur Schnitzler, que haviam cultivado um projeto idêntico. E, para fazê-lo, não hesitava em referir-se à concepção aristotélica do homem como animal político. Mas foi de Gustave Le Bon, médico polígrafo, que ele extraiu, em 1921, o essencial de sua nova pesquisa, muito menos especulativa que *Além do princípio do prazer*.[36]

Ideólogo da contrarrevolução, obcecado pela recordação da Comuna de Paris e rejeitado pelos meios acadêmicos, Le Bon pretendia-se o fundador de uma sociologia do povo para uso dos tiranos, desejosos de livrar-se do medo suscitado pela própria existência do povo. Na opinião de Le Bon, a massa era um conjunto bárbaro e histérico, espécie de substrato orgânico feminino no qual o indivíduo se abolia para se diluir no amálgama de um corpo ameaçador. Ela se mexe qual uma "medusa", ele dizia, é permeada por instintos extravagantes e sujeita a todos os "contágios". Analogamente, é suscetível de obedecer a tiranos sanguinários na mesma medida em que encarna as forças mais obscuras da alma humana: a doença mental, a desrazão, a morte, a decadência. Após descrever a alma das massas, Le Bon clamava pela formação de uma ciência que permitisse ao homem político tornar-se um psicólogo capaz de dominar a massa mediante a sugestão.[37]

---

36. Sigmund Freud, "Psychologie des foules et analyse du moi" (1921), in *Essais de psychanalyse*, Paris, Payot, Petite Bibliothèque Payot, 1981 [ed. bras.: "Psicologia das massas e análise do eu", in *SFOC*, vol.15 / *ESB*, vol.18; ed. orig.: "Massenpsychologie und Ich-Analyse", in *GW*, vol.13]. Freud comenta o texto de Le Bon na tradução alemã de Rudolf Eisler, em que *foule* é traduzido por *Masse*. Gustave Le Bon, *Psychologie des foules* (1895), Paris, Alcan, 1905. Esse livro foi, durante décadas, e muito após a morte de seu autor, em 1931, aos noventa anos de idade, um dos maiores sucessos de vendas de todos os tempos, admirado tanto pelos adeptos do anti-Iluminismo, hostis à revolução de 1789, como pelos ditadores: Mussolini e Hitler.
37. Sobre o papel de Gustave Le Bon na história da psicanálise na França, cf. *HPF-JL*, op.cit., p.277-8. Marie Bonaparte tinha forte admiração por ele, a ponto de compará-lo com Freud.

Iluminismo sombrio

Eis a obra que Freud admirava e que, em certos aspectos, contribuía para sua aversão aos ideais da Revolução Francesa: o povo é perigoso quando lhe concedem demasiado poder e ele se transforma em "massa". E ao se apoiar nos escritos de William McDougall, o mesmo que tachará de "monstro" o livro *Além do princípio do prazer*, não dizia outra coisa: Freud tinha realmente tendência a confundir o povo com as massas...

Psicólogo de origem escocesa emigrado para os Estados Unidos, adepto do eugenismo e das teses lamarckianas sobre a hereditariedade dos caracteres adquiridos, McDougall sustentava, contrariando o behaviorismo, o princípio segundo o qual o homem era habitado por um "instinto" gregário perigoso que o levava a "grudar" em seus semelhantes. Em 1920, analisado por Jung, apaixonado por telepatia e parapsicologia, McDougall acabava de publicar *The Group Mind*,[38] no qual emitia asserções, comuns na época, sobre a desigualdade das raças: "Em todo caso, o pequeno número de negros americanos considerados eminentes – como Douglass, Booker Washington, Du Bois – era formado, creio, em sua maioria, por mulatos ou tinha certa proporção de sangue branco. Na verdade, podemos atribuir a incapacidade da raça negra de formar uma nação à falta de homens dotados das qualidades dos grandes líderes, ainda que estejam acima do nível mais baixo na média das aptidões."[39]

Freud partilhava com os ideólogos do medo das massas a ideia de que o advento da sociedade de massa ligado à eclosão da industrialização abalava a relação das elites com o povo, podendo induzir à tirania. Porém, ao contrário deles, sustentava que essa perigosa atitude coletiva das multidões constituía a parte arcaica da subjetividade individual e que, ao passar de uma à outra – da arcaica a uma camada superior –, o psiquismo humano avançava rumo ao progresso. Baseava-se assim em Le Bon e McDougall sem questionar suas concepções de massa ou de inferioridade dos negros com relação aos brancos. Ao fazer isso, contornava a problemática levantada na época pelos fundadores das ciências sociais, alguns, modernistas e inclinados a uma explicação coerente dos fenômenos da multidão, outros, adeptos de uma concepção instintual ou racialista da alma dos povos.

---

38. William McDougall, *The Group Mind* (1920), Londres, Ayer Co Pub, 1973. Freud cita a edição original em inglês dessa obra. *"Group mind"* significa "espírito de grupo".

39. McDougall faz referência a três escritores americanos, militantes dos direitos dos negros: Frederick Douglass (1818-95), Booker T. Washington (1856-1915) e W.E.B. Du Bois (1868-1963).

Freud distinguia as massas com líder e as massas sem líder. Tomava como modelo dois contingentes organizados e estáveis no tempo – a Igreja e o exército –, que eram estruturados, segundo ele, em torno de dois eixos: um, vertical, concernente à relação entre a massa e o chefe, o outro, horizontal, abrangendo as relações entre os indivíduos de uma mesma massa. No primeiro caso, os sujeitos identificam-se com um objeto erigido em seu ideal do eu (o chefe); no segundo, identificam-se uns com os outros. Naturalmente, Freud pensara na possibilidade de o lugar do líder ser ocupado não por um homem real, e sim por uma ideia ou abstração: Deus, por exemplo. E reportava-se à experiência comunista para mostrar que o "laço socialista", ao substituir o laço religioso, ameaçava engendrar uma intolerância para com aqueles "do exterior" tal como na época das guerras de Religião.

Em virtude de sua teoria da identificação, Freud atribuía ao eixo vertical uma função primordial, da qual dependia o eixo horizontal. Da mesma forma, a identificação com o pai, com o chefe ou com uma ideia vinha antes, segundo ele, da relação entre os membros de um mesmo grupo. E era por esse viés que tomava suas distâncias com relação às teses da psicologia das massas, que permaneciam incrustadas na ideia de que a sugestão ou hipnose – e não a identificação – eram fontes da relação de fascínio existente entre as massas e seus chefes.

Essa nova tese freudiana servirá durante anos para interpretar o modo de funcionamento político do fascismo.[40] Na realidade, ao publicar esse ensaio, Freud pensava na experiência comunista, à qual era profundamente hostil desde 1917, ainda que a princípio a houvesse acolhido favoravelmente como sinal de que a guerra teria um fim: "Freud propunha um quadro conceitual", afirma Michel Plon, "que permitisse começar a pensar questões que a sociologia, a história e a filosofia política daquele século, que esquecera tanto Maquiavel como La Boétie, ainda estavam longe de começar a formular."[41]

Freud apartava-se assim nitidamente de todo pensamento fundado no ódio entre os povos, na rejeição da democracia e na valorização de uma ideo-

---

40. Na França, em especial, Georges Bataille inspirou-se nessa tese ao fundar, junto com René Allendy, Adrien Borel, Paul Schiff e outros, uma Sociedade de Psicologia Coletiva. Cf. *HPF-JL*, op.cit., p.615-47 e 1653-77. Sobre a reforma efetuada por Lacan, cf. *HPF-JL*, op.cit., p.1718-9. Observemos que Elias Canetti, que também estudara a irrupção do irracional nos fenômenos de massa, nunca cita a obra de Freud, da qual tinha entretanto perfeito conhecimento. Cf. *Massa e poder*, op.cit.

41. Michel Plon, "Au-delà et en deçà de la suggestion", *Frénésie*, 8, 1989, p.96.

logia autoritária. Entretanto, seu desconhecimento da experiência revolucionária do século XX fará com que cometa inúmeros erros, em especial a respeito do movimento psicanalítico russo e de seus discípulos freudo-marxistas: Wilhelm Reich e Otto Fenichel.[42] Nesse aspecto, pode-se dizer que parte de seu procedimento – a mais inconsciente e recalcada – permanecia enraizada no que ele pretendia denunciar. Não fora inocentemente que tomara como modelo Le Bon e McDougall. Através deles, lembrava-se, para melhor exorcizá-la, da elucubração junguiana sobre grutas, cavernas ou criptas. O mundo subterrâneo do caos e dos Titãs.

Freud decerto não esperava pela improvável utilização que seu sobrinho americano, Edward Bernays, viria a fazer não só de sua psicologia das massas, como também de seu tabagismo. Criador de um novo método na formação da opinião das massas, este, com efeito, em 1920, baseou-se na conceitualidade freudiana para desenvolver uma bombástica campanha publicitária a favor da indústria do fumo, em especial dos cigarros Lucky Strike, destinada às mulheres. Antenado com a política de emancipação dos movimentos feministas, realizou filmes publicitários destinados a provar que, da mesma forma que os homens, as mulheres tinham o direito de fumar e que para elas o cigarro consumido em público era o equivalente, qual um "archote da liberdade", a um alegre pênis que elas podiam ostentar sem qualquer repressão a fim de se libertar da dominação masculina.[43]

Enquanto tentava explicar racionalmente fenômenos irracionais, Freud deleitava-se em efetuar um mergulho nas profundezas das fábulas danubianas. Em 1921, numa carta dirigida a Hereward Carrington, especialista americano em espiritismo[44] que pedira sua opinião sobre os fenômenos ocultos, Freud respondeu com estas palavras: "Se eu estivesse no começo de minha carreira científica, e não no fim, talvez não escolhesse outros domínios de pesquisa." Em seguida, pedia ao destinatário que não mencionasse seu nome, porque

---

42. Ver infra.

43. Encontramos na internet excertos desses filmes, bem como uma entrevista de Edward Bernays sobre esse tema pouco antes de sua morte em 1995. Entre 1922 e 1931, Freud escreverá várias vezes a esse sobrinho, que cuidava da administração de seus direitos autorais nos Estados Unidos; BCW, cx.1, pastas 1-5.

44. Sobre a história do espiritismo na origem da psicanálise, cf. Henri Ellenberger, *Histoire de la découverte de l'inconscient*, op.cit. E também o curiosíssimo livro de Arthur Conan Doyle *Histoire du spiritisme* (1927), Paris, Dunod, 2013. E *Dicionário de psicanálise*, op.cit.

não acreditava na "sobrevivência da personalidade após a morte", e sobretudo porque fazia questão de instaurar uma fronteira bem nítida entre a psicanálise como ciência e "esse campo de conhecimento ainda inexplorado"[45] a fim de não criar qualquer mal-entendido a respeito.

Lembramos que o assunto "coisas ocultas" começara em Viena, por ocasião da primeira visita de Jung à Berggasse. Ressurgira em seguida em 1910, quando Ferenczi percorria as videntes e profetisas dos subúrbios de Budapeste para provar a seu mestre adorado a existência da transmissão de pensamento. Mais tarde, Freud dera o assunto por encerrado, condenando de maneira impiedosa, em nome da ciência, as experiências telepáticas de um certo professor Roth que Ferenczi convidara para ir à WPV.

Porém, a partir de 1920 e até 1933, a questão do oculto voltou ao proscênio, à medida que se instauravam – entre Londres, Berlim e Nova York – as grandes regras-padrão da análise didática, que farão do Verein um movimento organizado segundo os princípios do racionalismo positivista. Nesse contexto, em que o ideal de uma possível cientificidade da psicanálise ia de par com a institucionalização progressiva dos princípios terapêuticos, Freud tomou novamente a defesa da telepatia. Na companhia de sua filha Anna e de Ferenczi, "fez mesas girarem" e se dedicou a experimentos de transmissão de pensamento durante os quais exercia a função de médium, analisando suas associações verbais.

Jones e Eitingon tentaram refrear seus ardores argumentando que a conversão da psicanálise à telepatia aumentaria as resistências do mundo anglo-saxão à doutrina freudiana e apresentaria esta última como obra de um charlatão. A fim de fazer a psicanálise ingressar na era da ciência e marcar o fim definitivo de seu enraizamento no velho mundo austro-húngaro, povoado por ciganos e mágicos, Jones propunha banir dos congressos internacionais as pesquisas sobre o ocultismo. Freud aceitou.

Em 1921, redigiu, porém, um artigo (sem título) sobre essas questões, o qual pretendia apresentar em 1922, no Congresso de Berlim. Eitingon e Jones o dissuadiram. Ele retirou seu texto, que será finalmente publicado em 1941, postumamente. Após essa recusa, voltou à carga, no mesmo ano, com outro artigo, "Sonho e telepatia", que publicou na *Imago*. Dez anos mais tarde, dará uma conferência sobre o tema "sonho e ocultismo", na qual integrará o

---

45. Sigmund Freud, *Correspondance*, op.cit., p.364.

Iluminismo sombrio 267

material redigido em 1921, em especial o caso de David Forsyth,[46] que devia figurar em "Psicanálise e telepatia".[47]

Segundo ele, o ocultismo e a telepatia haviam sofrido, por parte da ciência dita "oficial", um tratamento desdenhoso. Não obstante, o progresso das ciências podia ter como duplo efeito tornar pensável o que se rejeitava antigamente no ocultismo. Claro, acrescentava Freud, existia um risco, quando se procurava ressuscitar esse tipo de interrogação, de suscitar novas forças obscurantistas. Daí o perigo que *Herr Professor* acabava de apontar a respeito de sua psicologia das massas: irresponsáveis poderiam meter na cabeça manipular determinadas técnicas da esfera do ocultismo para tirar proveito da credulidade dos homens.

Freud se entregava a isso com grande alegria, reatando com sua paixão pelos números, enigmas e cálculos. Contava por exemplo, deliciado, a história do rapaz que consultara uma profetisa fornecendo-lhe a data de nascimento do cunhado. Esta logo afirmara que o cunhado em questão morreria de um envenenamento causado por ostras e lagostins. Pasmo, o rapaz contestara que o que era anunciado já se produzira: grande apreciador de frutos do mar, o cunhado efetivamente quase morrera de envenenamento por ostras no ano anterior. Freud concluía disso que um fenômeno de telepatia entre o rapaz e a vidente estava na origem da predição: aquele saber se transferira para ela por vias misteriosas, distintas dos modos de comunicação conhecidos, e estabelecia a existência de uma "transferência de pensamento". Freud então trocava o terreno do oculto e da telepatia pelo da interpretação psicanalítica. Mais uma vez, brincava com o diabo ao mesmo tempo em que se arvorava em advogado do diabo.

Para Jones, todas aquelas histórias de vidência eram puras elucubrações que punham em risco a política do Verein: "O senhor poderia ser bolchevique", dizia a Freud em 1926, "mas não melhoraria a aceitação da psicanálise

---

46. Wladimir Granoff e Jean-Michel Rey, *L'Occulte, objet de la pensée freudienne*, Paris, PUF, 1983.
47. Sigmund Freud, "Psychanalyse et télépathie" (1921), in *OCF.P*, op.cit., vol.16 [ed. bras.: "Psicanálise e telepatia", in *SFOC*, vol.15 / *ESB*, vol.18; ed. orig.: "Psychoanalyse und Telepathie", in *GW*, vol.17]. "Rêve et télépathie" (1922), in *OCF.P*, op.cit., vol.16 [ed. bras.: "Sonhos e telepatia", in *SFOC*, vol.15 / *ESB*, vol.18; ed.orig.: "Traum und Telepathie", in *GW*, vol.13]. "Rêve et occultisme", in *Nouvelles Conférences d'introduction à la psychanalyse*, op.cit., e *OCF.P*, op.cit., vol.19 [ed. bras.: "Sonhos e ocultismo", in *Novas conferências introdutórias à psicanálise*, in *SFOC*, vol.18 / *ESB*, vol.22; ed. orig.: "Traum und Occultismus", in *GW*, vol.15].

se anunciasse isso." Ao que Freud respondia: "É realmente difícil não melindrar as suscetibilidades inglesas. Nenhuma perspectiva de pacificar a opinião pública na Inglaterra se abre para mim, mas eu gostaria pelo menos de lhe explicar minha aparente inconsequência no que se refere à telepatia ... . Quando disserem na sua frente que caí em pecado, responda calmamente que minha conversão à telepatia é assunto meu pessoal, assim como o fato de eu ser judeu, fumar com paixão e tantas outras coisas, e que o tema da telepatia é, por essência, alheio à psicanálise."[48]

O jogo ao qual Freud se entregou durante todos esses anos confirma de fato que, contra o primado demasiado racional da ciência, seu intuito era alinhar-se a um saber mágico que escapasse às normas da ordem estabelecida.[49] Que Freud tenha feito questão de assumir um papel de profetisa do velho Império Austro-Húngaro divertindo-se em fingir acreditar na telepatia, ao passo que a resumia justo a uma manifestação do inconsciente e da transferência, indica o que pode ser o estatuto específico da psicanálise em sua relação ambígua com a ciência, bem como a recorrência de sua interrogação sobre suas origens. Como apontava Jacques Derrida em 1981: "A psicanálise então ... afigura-se uma aventura da racionalidade moderna para engolir e rejeitar ao mesmo tempo o corpo estranho chamado Telepatia, assimilá-lo e vomitá-lo sem conseguir se resolver por um nem por outro ... . A 'conversão' não é uma resolução nem uma solução, é ainda a cicatriz falante do corpo estranho."[50]

---

48. Ernest Jones, *La Vie et l'oeuvre de Sigmund Freud*, t.III, op.cit., p.447.

49. Mostrei, em *HPF-JL*, que é também um sintoma recorrente na história da psicanálise.

50. Jacques Derrida, "Télépathie" (1981), in *Psyché. Invention de l'autre*, Paris, Galilée, 1987, p.237-71.

2. Famílias, cães, objetos

A FAMÍLIA, dizia Freud, é uma grande felicidade, mas também o início de preocupações sem fim. Na verdade, *Herr Professor* demonstrava apreço pelo espírito de família, as famílias em geral e as torpezas familiares. Eis por que enraizara sua doutrina na própria ideia de que o cadinho familiar dava suporte ontológico à conceitualidade psicanalítica. Seu mundo social e seu universo psíquico eram povoados de pais, mães, irmãs, irmãos, sobrinhos, primos acometidos de patologias e se substituindo reciprocamente. Todos poderiam ter recorrido a um tratamento psicanalítico, de tal forma a questão do sexo e da intimidade tornara-se visceral no mundo ocidental do fim do século XIX e início do XX. Aos olhos de Freud, a comunidade familiar era o modelo por excelência de toda forma de organização social. Nela residia a potência da vida e da transmissão.

Ao mesmo tempo liberal e conservador, Freud construíra seu pensamento e seu movimento a partir de um modelo comunitário que não devia nada nem ao Estado nem às suas instituições. Donde uma contradição maior: quanto mais o movimento freudiano se internacionalizava, sem pátria nem fronteira, mais o modelo comunitário no qual ele se baseava caía em desuso. Se Jones tinha consciência disso, Freud sofria. Refugiava-se, portanto, nos valores daquela "solidariedade familiarista" que ele promovera em sua doutrina, não hesitando em subvertê-los teoricamente, embora preservando-os em sua intimidade. Cercava-se, assim, de tudo que lhe permitisse proteger-se o melhor possível das violências do tempo presente: a rotina do lar, os animais, os objetos de coleção, a exploração arqueológica da alma humana através da experiência do divã.

Se por um lado os pais de Freud haviam se unido segundo o princípio dos casamentos arranjados, e Amalia pusera no mundo oito filhos em dez anos, Sigmund, ao contrário, casara-se por amor, com a mulher de sua escolha.

E Martha lhe dera seis filhos em oito anos. Depois disso, os dois esposos haviam cessado voluntariamente de procriar. Das cinco irmãs de Freud, apenas quatro tiveram filhos. São cinco de Anna Bernays (Judith, Lucy, Edward, Hella, Martha), três nascidos em Viena e dois em Nova York; dois de Rosa Graf (Hermann e Cäcilie), nascidos em Viena; cinco de Maria Freud (Margarethe, Lilly, Martha, Theodor, Georg), três nascidos em Viena, dois em Berlim; e um de Paula Winternitz (Rose Béatrice), nascida em Nova York e casada com o poeta Ernst Waldinger.[51] Quanto a Alexander, casado tardiamente com Sophie Schreiber, teve apenas um filho (Harry), nascido em Viena.[52]

Existiam, portanto, diferenças gritantes entre a situação dos pais de Freud – Amalia e Jacob – e a de seus filhos. Com uma geração de intervalo, havia algumas mulheres solteiras ou viúvas, e nenhuma recorrera à contracepção ou ao aborto. Nenhuma delas pudera fazer estudos e apenas uma, Anna Bernays, se radicara no estrangeiro, ao se casar com Eli Bernays, irmão de Martha. Entre os sobrinhos de Sigmund Freud, apenas um – Hermann Graf – perdeu a vida durante a Primeira Guerra;[53] outros dois se suicidaram – Cäcilie Graf e Tom (Martha) Seidmann-Freud; outro, Theodor Freud, morreu afogado, num acidente. Todos os membros dessa vasta comunidade vienense casaram-se com judeus ou judias e, embora não fossem adeptos de um judaísmo de obediência ortodoxa, ainda assim tinham a preocupação, em alguns casos, de respeitar os ritos.

Ao contrário de Martha, Freud era favorável aos casamentos mistos. Contudo, a sociedade que o cercava não via isso com bons olhos. E constatando que seus filhos escolhiam todos, espontaneamente, cônjuges judeus, quando não tinham em absoluto tal obrigação, Freud concluiu disso que entre judeus a vida familiar era mais íntima, mais calorosa, e as solidariedades mais fortes.[54] Ele mesmo fora criado no seio de uma comunidade que bania os casamentos mistos.

---

51. Num texto de 40 páginas dirigido a Kurt Eissler, em 28 de outubro de 1952, Ernst Waldinger evoca a vida cotidiana dos Freud em Viena no entreguerras; BCW, cx.121, pasta 33.
52. Sobre o destino dos diferentes sobrinhos de Freud, ver infra. E a árvore genealógica ao fim do volume.
53. Da mesma forma que Rudolf Halberstadt, irmão de Max.
54. Cf. Joseph Wortis, *Psychanalyse à Vienne, 1934. Notes sur mon analyse avec Freud* (1954), Paris, Denoël, 1974, p.159.

Famílias, cães, objetos

Entre os seis filhos de Freud, que vivenciaram duas guerras mortíferas, apenas quatro tiveram filhos, uma só permaneceu solteira (Anna) e outra morreu de doença (Sophie). Diferentemente de seus avós, mas tal como seus pais, os filhos de Freud escolheram livremente seus cônjuges: todos judeus. Porém, graças à contracepção, tiveram muito menos filhos e quase todos se tornaram cidadãos ingleses após fugirem do nazismo. Martin teve dois filhos (Anton Walter e Sophie), Oliver, uma só (Eva), Ernst, três (Stefan, Lucian e Clemens) e Sophie Halberstadt, dois (Ernstl e Heinz).[55] Ao contrário de sua mãe e suas tias, as três filhas de Freud fizeram alguns estudos, ainda que, em Viena, não existisse nem instrução pública obrigatória para adolescentes nem verdadeiras perspectivas profissionais.[56] Freud teve a preocupação de casá-las bem e lhes inculcara a ideia de que haviam nascido para serem mães e para os afazeres domésticos. Todavia, não obedecia ao preceito judaico dos casamentos arranjados, segundo o qual um pai só mantém a guarda da filha para entregá-la a um homem. Muito próximo das filhas, Freud compreendeu que elas nunca seriam semelhantes à mãe e à avó, mas, à exceção de Anna, quis evitar que se emancipassem segundo o modelo de suas discípulas. Aliás, elas não almejavam outro destino.

Freud amava profundamente não só sua mulher, seu irmão e sua cunhada, como também seus filhos e netos. Com os filhos, mostrou-se sempre de grande generosidade; da mesma forma com os sobrinhos, quando isso era possível. Todos os membros de sua família votavam-lhe uma admiração sem limites e todos estavam convencidos de seu gênio.

Os filhos de Freud atravessaram duas guerras mundiais e, apesar de incessantes conflitos, permaneceram unidos na adversidade. Tiveram todos um

---

55. Ernst Halberstadt, a criança do carretel, foi o único neto de Freud gerado por uma de suas filhas a voltar a viver na Alemanha, o único também a se tornar psicanalista. Anna e Mathilde não tiveram filhos. Eva Freud (1924-44) morreu sem deixar descendência. Cinco netos de Freud sobreviveram: cinco meninos (Anton Walter, Stefan, Lucian, Clemens, Ernstl) e uma menina (Sophie). Sobre o destino dos netos e sobrinhos de Freud, ver infra.

56. Sobre a vida dos filhos de Freud, cf. *Lettres à ses enfants*, op.cit. Elisabeth Young-Bruehl, *Anna Freud* (1988), Paris, Payot, 1991. Günter Gödde, *Mathilde Freud. Die älteste Tochter Sigmund Freuds in Briefen und Selbstzeugnissen*, Psychosozial Verlag/Edition Kore, Berlim, 2002. Cf. também, a despeito das interpretações discutíveis, a obra bem documentada de Eva Weissweiler, *Les Freud. Une famille viennoise* (2006), Paris, Plon, 2006. Paul Ferris, *Dr. Freud. A Life*, Washington, Counterpoint, 1998. Cf. também Hans Lampl, entrevista a Kurt Eissler, 1953, BCW, cx.114, pasta 13.

real conhecimento da doutrina de seu pai, bem como de seu irmão Alexander. Os três filhos de Freud, a propósito, desempenharam papel relevante no movimento psicanalítico e sua última filha tornou-se sua discípula.

No apartamento de dois andares da Berggasse, cujas dependências ele alugava, Freud vivia como um patriarca à moda antiga. Tentara "modelar" Martha a fim de que ela se adequasse perfeitamente à imagem da esposa com que sonhava. Em vão. Sem jamais abandonar uma atitude apaziguadora, ela lhe fazia frente. E quando ele procurava briga, ela se recolhia em si mesma. Por exemplo, ele a criticava por reprimir sua agressividade e lhe dedicar uma espécie de adoração.

Martha criava os filhos, reinava no lar e comandava dois ou às vezes três empregados, mas não se intrometia nos assuntos intelectuais do marido, que reunia seus discípulos em casa. Assim, quando um dos moradores da Berggasse pretendia mudar de quarto ou modificar o que quer que fosse na distribuição dos cômodos, tinha de se dirigir a ela.

Freud preocupava-se com a educação dos filhos, sofrendo quando se separava deles, em especial quando deixavam o lar para se casar. Muito cedo, exigira que fossem informados por leituras, e não por ele, acerca da realidade da vida sexual.

Minna, a quem chamavam de sua "segunda esposa" – antes mesmo que Jung espalhasse o boato de um caso entre eles[57] –, ocupava um quarto contíguo ao da irmã e do cunhado. Acompanhava de bom grado seu querido "Sigi" em suas viagens no mês de setembro. Em agosto de 1898, passara uma temporada com ele em Maloja, no Engadina, e mais de uma vez ele se sentira "constrangido" por ser visto ao lado de uma mulher com quem não era casado. Em 1900,

---

57. Eis as afirmações exatas de Jung numa entrevista em alemão a Kurt Eissler, de 29 de agosto de 1953: *"Die jüngere Schwester hatte eine grosse Übertragung, und Freud, und Freud was not insensible."* E à outra pergunta de Eissler, sobre o "caso", ele responde: *"Och, Bindung? Ich weiss nicht wieviel!? Ja! Aber, Gott, man weiss ja, wie die Sachen sind, nicht war!?"* Tradução: "A irmã mais moça exercia uma forte transferência sobre Freud e ele não era indiferente a isso." Eissler pede-lhe então que esclareça se existia ou não um relacionamento físico, e Jung responde: "Oh, um caso!? Não sei a que ponto, mas, meu Deus, a gente sabe como são essas coisas, não é mesmo!?", BCW, cx.114, pasta 4. Em 1957 ele parece ter dado outro depoimento do mesmo tipo a seu amigo John Billinsky, que o tornará público em 1969, após a morte de Jung. Mas Deirdre Bair afirma que Billinsky atribuiu a Jung afirmações que ele não fez, cf. *Jung*, op.cit., p.1057. Lembramos que Jung tentou induzir Freud a falar de sua sexualidade por ocasião do périplo americano.

Familias, cães, objetos

273

durante outra viagem, vendera diversos livros antigos de sua coleção para que Minna pudesse viajar para Merano, a fim de cuidar de uma irritação nos brônquios.[58] Isso foi o suficiente para que alguns imaginassem uma sombria história de aborto clandestino. E como, na sequência, Minna sofrera dores no baixo-ventre, todos puderam pensar que os problemas pulmonares eram um subterfúgio. E foi assim que o rumor cresceu, em especial após a publicação dos *Três ensaios*. Quarenta anos após a morte de Freud, o boato virou objeto de pesquisa para historiadores e comentadores.[59]

Tal como Martha, sua cúmplice em todas as coisas, Minna ganhara peso e, com o passar dos anos, deixara de se preocupar com sua feminilidade. Quando atendia ao telefone, volta e meia dizia "Frau Professor Freud", zombando abertamente dos mexericos. Longe de ser uma verdadeira "segunda esposa", comportava-se antes como uma espécie de companheira para os filhos da irmã e do cunhado: atitude mais que compreensível na medida em que não lhe apetecia fazer papel de mãe ou de esposa junto a quem quer que fosse.

No período subsequente à Primeira Guerra, Freud, então famoso, era ao mesmo tempo odiado em toda parte em nome das diferentes declinações da noção de "pansexualismo". Em Viena, será acusado de todo tipo de torpezas: lúbrico, incestuoso, destruidor da moral familiar.[60] Na França, era tachado de "cientista boche", isto é, personagem libidinoso devorado por um presumido

---

58. Christfried Tögel, "Freud Diarium", acessível na internet.

59. Dezenas de romances, artigos e ensaios foram dedicados a esse "caso", que sem dúvida nunca existiu e que acabou se tornando um dos lugares-comuns do antifreudismo do fim do século XX, em especial sob a pena de Peter Swales, Franz Maciejewski e Michel Onfray. Este chega a ponto de afirmar que Freud obrigou Minna a abortar um filho dele em 1923, esquecendo-se de que nessa data ela tinha... 58 anos. Cf. *Le Crépuscule d'une idole. L'affabulation freudienne*, Paris, Grasset, 2010. Sobre a vida privada de Freud, cf. Ronald W. Clark, *Freud, the Man and the Cause. A Biography*, Nova York, Random House, 1980. Sobre as viagens de Freud, cf. *"Notre coeur tend vers le sud"*, op.cit. Em meu prefácio a esse livro, expus todas as fontes relativas a esse rumor. E Eva Weissweiler, *Les Freud. Une famille viennoise*, op.cit., p.124-5. Nessa obra a autora reelabora a hipótese do "caso" e do "aborto", apontando que se trata de uma interpretação e não de um fato estabelecido. Na esteira de Peter Gay e John Forrester, eu, de minha parte, dediquei um longo estudo a esse insólito rumor, em *Freud – mas por que tanto ódio?*, op.cit.

60. Todas essas vociferações repercutirão em múltiplos ensaios, romances ou biografias imaginários depois da morte de Freud, mas sobretudo após a publicação da biografia de Jones e dos trabalhos de historiografia científica ou crítica (de Ellenberger a Sulloway).

instinto teutão.[61] Sob a pluma de um Charles Blondel, sua doutrina chegava a ser qualificada de "obscenidade promovida ao grau de ciência".

A imagem de Freud que transparecia através desses ataques estava em contradição radical com seus hábitos e opiniões. Esqueciam que *Herr Professor* era, no que se referia a si próprio, adepto da abstinência sexual, um neurótico da sublimação. E como não se lhe conhecia nenhuma relação extraconjugal, houveram por bem inventar uma "verdadeira" vida sexual, transgressiva de preferência, a fim de justificar o caráter repugnante de sua concepção da sexualidade.

Nesse aspecto, o modo de vida endógamo que ele adotara e o emprego abusivo que fazia de seu famoso complexo de Édipo, popularizado em todo tipo de publicações, autorizavam todas as caricaturas. Karl Kraus rejubilava-se com isso, afirmando alto e bom som que a psicanálise era uma doença do espírito da qual ela própria se considerava o remédio. O fulgurante polemista, é verdade, fora vítima do fanatismo do primeiro círculo freudiano, quando Wittels o declarara acometido de uma frustração edipiana.[62]

Em sua esplêndida autobiografia, Elias Canetti conta como, durante os anos 1920, em Viena, o culto do edipianismo tornara-se nocivo a ponto de desacreditar o que havia de mais inovador na doutrina freudiana. Do mesmo modo que defendia a ideia de interpretar jogos de palavras e atos falhos, Canetti recusava a redução da tragédia de Sófocles ao que via como uma psicologia da "tagarelice geral": "De alguma forma cada um tinha o seu Édipo (até mesmo filhos póstumos)", escrevia ele em 1980, "e por fim todos os da roda estavam igualmente culpados, cada um deles um virtual amante da mãe ou assassino do pai, cingido pelo nome lendário de um secreto rei de Tebas ... . Eu sabia quem era Édipo, havia lido Sófocles, e não permitia que me privassem da monstruosidade daquele destino. Na época de minha chegada a Viena, aquilo se tornara tagarelice

---

61. Essa campanha germanófoba sucedia a que foi promovida contra Albert Einstein. Cf. *HPF-JL*, op.cit., Charles Blondel, *La Psychanalyse*, Paris, Alcan, 1924. Em 1910, o psiquiatra alemão Alfred Hoche (1865-1943), adepto do eugenismo, qualificara a psicanálise de "epidemia" e seus partidários de membros de uma "seita", cf. "Eine psychische Epidemie unter Ärzten", *Medizinische Klinik*, 6, 26, 1910.

62. "Karl Kraus", *Cahiers de l'Herne*, 1975. Karl Kraus, *Aphorismes. Dires et contre-dires*, Paris, Payot, 2011. E Fritz Wittels, "La névrose de Fackel", in *Les Premier Psychanalystes*, t.II, op.cit., p.373-8. Durante essa sessão de janeiro de 1910, Freud desautorizou Wittels.

Famílias, cães, objetos

geral, da qual ninguém se excluía, e até mesmo os que mais desdenhavam a plebe não se julgavam superiores a um 'Édipo'."[63]

Por essa época, Freud mantinha uma família expandida: Amalia, Anna, Minna, seus filhos e cônjuges, não raro sem dinheiro, quatro irmãs intermitentemente, um estafe e alguns discípulos que não tinham pacientes. Em várias oportunidades, teve a fantasia de casar uma ou outra filha com um de seus discípulos. Na realidade, queria conservá-las, sem exceção, no regaço familiar. Assim, via seus genros e noras igualmente como filhos.

Com a saúde frágil, Mathilde, a mais velha dos irmãos, estivera à beira da morte várias vezes, e as sequelas de uma cirurgia de apendicite realizada pelo cirurgião que operara Emma Eckstein a impediram de ser mãe. Freud cogitara casá-la com Ferenczi, porém, em 1909, ela se casara na sinagoga com Robert Hollitscher, um negociante de têxteis, pouco dotado para os negócios e sempre pessimista, que Freud qualificava de "amoroso e valente". O casal morava num apartamento próximo da Berggasse, o que permitia a Mathilde visitar diariamente os pais. Sempre muito elegante e exibindo certa frieza, era dedicada à família e compartilhava com a mãe o amor pelo tricô. Por seus talentos de estilista, conseguiu ganhar um pouco de dinheiro, o que lhe permitiu não depender inteiramente da família.

Sophie, a filha mais bonita, a ponto de despertar inveja em Anna, era muito menos interessada que as outras duas irmãs pelas coisas intelectuais. Amante da dança, das noites na Ópera, da vida social e das novas gerações, não se sentia à vontade naquela família demasiado rígida. Apaixonada – e correspondida – por Hans Lampl, colega de escola de seus irmãos e futuro discípulo de seu pai, foi no entanto obrigada a desistir dele diante da oposição dos pais, que o achavam muito jovem e deploravam sua instabilidade financeira. Em Hamburgo, longe do lar, ela conheceu Max Halberstadt, fotógrafo e parente distante pelo ramo dos Bernays, com quem se casou em Viena, na sinagoga. Ele era praticante. Freud adotou-o como um filho, a ponto de lhe conceder o monopólio comercial de seus retratos oficiais. Ao contrário de seu irmão Rudolf, Max sobreviveu à Primeira Guerra, ainda que depauperado por uma neurose traumática, com cefaleias e depressão. Muito depois de sua desmobilização, foi vítima da crise financeira e obrigado, apesar de

---

63. Elias Canetti, *Uma luz em meu ouvido* (1980), São Paulo, Companhia das Letras, 1988, p.115-6.

um verdadeiro talento, a ser subvencionado pelo sogro, que o mimava e lhe suplicava que tivesse confiança no futuro.

Sophie recusou o destino de sua mãe e de sua avó. Temendo engravidar pela terceira vez, após o nascimento de dois filhos, pediu conselho a Freud, que lhe recomendou recorrer à contracepção e instalar um "pessário".[64] Ao passo que não quisera utilizar o preservativo para si mesmo, agora era favorável, se não ao aborto, pelo menos ao controle natal reivindicado nessa época pelos movimentos feministas, justamente quando as nações europeias adotavam leis coercitivas contra as interrupções de gravidez.[65] Quando Sophie engravidou mais uma vez, acidentalmente, Freud incentivou-a a aceitar o fato. Pensava, erradamente, que a recusa à maternidade era decorrente das dificuldades financeiras de Max.

Em 1920, debilitada pelo seu estado, Sophie contraiu a gripe e morreu em poucos dias, a despeito dos esforços de Arthur Lippmann, médico do Hospital Geral de Hamburgo, que não conseguiu salvá-la. Numa carta, Freud, aterrado de dor e culpa, admitiu não ter aquilatado a que ponto aquela gravidez indesejada alterara o estado psíquico e físico da filha: "O destino infeliz de minha filha me parece comportar uma advertência que não costuma ser levada suficientemente a sério por nossa corporação. Frente a uma lei desumana e desprovida de empatia, que inclusive impõe à mãe que não o quer a continuação da gravidez, o médico deveria manifestamente assumir como um dever ensinar vias apropriadas e inofensivas capazes de impedir a gravidez indesejada – na esfera do casamento."[66]

Para aliviar Max, Mathilde encarregou-se de Heinz (Heinerle) e Anna ocupou-se de Ernstl, que se tornou seu primeiro filho "adotivo" e mais tarde seu analisando. Ambas foram assim as segundas mães dos filhos de sua irmã.

---

64. Aro contraceptivo, ou diafragma.

65. Desde o fim do século XIX, o aborto era considerado um crime contra o indivíduo, a raça e a nação. Jean-Yves La Naour e Catherine Valenti, *Histoire de l'avortement, XIXe-XXe siècle*, Paris, Seuil, 2003.

66. Sigmund Freud, carta de 15 de fevereiro de 1920, in *Lettres à ses enfants*, op.cit., p.569. Freud não se manifestava a respeito da contracepção fora do casamento nem do aborto. Observemos que o uso do pessário já era preconizado no início do século XX em livros de higiene sexual, em especial pela célebre Anna Fischer-Dückelmann (1856-1917), vienense emigrada para a Suíça e autora de um best-seller sobre o assunto. O próprio Freud comunicou à sua mãe a morte de Sophie, carta de 26 de janeiro de 1920, BCW, cx.3, pasta 1.

Famílias, cães, objetos

Quando Heinz morreu, em 19 de junho de 1923, das sequelas de uma tuberculose miliar, Mathilde viu-se novamente privada do que mais desejava. Em seguida, não deixou de cuidar dos sobrinhos e sobrinhas. Quanto a Freud, desesperado com aquela perda, que ocorria três meses após a descoberta de seu câncer,[67] continuou a prezar Max e a ajudá-lo financeiramente, inclusive quando este contraiu segundas núpcias: "Quem foi feliz num casamento, será facilmente de novo."[68]

Freud sempre tivera a convicção de que a felicidade familiar refletia a imagem do grande ciclo da vida e da morte e da substituição de um objeto desejado por outro, com a condição todavia de que a compulsão à repetição não fosse de natureza mórbida. Da mesma forma, pensava que, se um ente perdido era substituído por outro, este outro só seria amado por ocupar o lugar daquele amado antes dele. Tal era a filosofia freudiana da felicidade.

Nenhum dos três filhos de Freud se parecia com ele e tampouco eles se pareciam entre si. Todos, contudo, participaram da eclosão do movimento psicanalítico e da vida dos discípulos de seu pai. Martin tinha-se em alta conta. Praticava esgrima, batia-se em duelos, redigia poemas, não era bom aluno e vivia atrás de uma saia. Alistado em 1914 como voluntário, após cursar direito, atravessou a guerra como o período mais feliz de sua vida. Em combate, dera provas de insolência e bom humor e não refugara frente ao perigo: ele não tem nem supereu nem inconsciente, diziam na família. Quando se casou com a bela e elegante Ernestine (Esti) Drucker, oriunda de um meio abastado, Freud a achou "bonita demais" para entrar na família. Na realidade, julgava-a "completamente louca" e pouco apta a suportar as dissipações de seu filho. Segundo a regra que instaurara para si mesmo, obrigou-a a dar a seu primeiro filho o prenome Anton, em memória de Von Freund, e à filha o de Sophie.[69] Esti trabalhava, recusava-se a engravidar reiteradamente, ao mesmo tempo em que sofria sua condição de mulher mantida e traída. Apesar do apoio do

---

67. Foi no fim de fevereiro de 1923 que Freud detectou pela primeira vez, no lado direito de seu maxilar, o que ele chamava de "leucoplasia" e que na realidade era um epitelioma, o que será confirmado em 7 de abril de 1923. Cf. Max Schur, *La Mort dans la vie de Freud*, op.cit., p.415-36.
68. Em 20 de novembro de 1923, Max casou-se com Bertha Katzenstein (1897-1982), com quem teve uma filha: Eva Spangenthal, meia-irmã de Ernstl. Cf. *Lettres à ses enfants*, op.cit., p.533-4.
69. Anton Walter Freud (1921-2004) e Sophie Freud-Lowenstein (nascida em 1924). Cf. Sophie Freud, *À l'ombre de la famille Freud. Comment ma mère a vécu le XXe siècle* (2006), Paris, Des Femmes, 2008.

pai e do sogro, Martin passou por diversas dificuldades financeiras. Além disso, brigava com a mulher, da qual terminou por se divorciar. Durante vários anos, até o exílio de 1938, encarregou-se da administração do Verlag.

Filho predileto da mãe, Oliver nunca conseguiu exercer uma verdadeira profissão depois que a crise econômica sucedera à guerra. Quando se instalou em Berlim, após uma ruptura e um divórcio, solicitou a Eitingon que o tomasse em análise. Sentindo-se demasiado próximo da família, este recusou e foi Franz Alexander, húngaro de origem e futuro cidadão americano, quem aceitou a pesada tarefa. Freud fez questão de pagar o tratamento. Oliver casou-se com Henny Fuchs, pintora com quem teve uma filha, Eva. Freud amava aquele filho neurótico, frágil e bizarro, que sofria em decorrência de uma terrível rivalidade com seu irmão caçula, Ernst, mais brilhante que ele.

Após obter seu diploma de arquitetura em Munique, este último se apaixonou por Lucie Brasch, mulher deslumbrante e melancólica, loura de olhos azuis, oriunda de uma rica família de banqueiros. O casamento foi celebrado em Berlim, em 18 de maio de 1920, na presença de Abraham e Eitingon, que, como Ernst, demonstravam simpatia pelo movimento sionista. Lucie soube seduzir Freud e ambos obrigaram Ernst a passar três meses no sanatório de Arosa a fim de tratar a tuberculose que ele contraíra durante a guerra.

Ernst sentia tamanha adoração pela esposa que passou a assinar Ernst L. Freud, acrescentando ao prenome a inicial "L" (Lucie) para denotar o quanto vivia uma existência "simbiótica" ao seu lado. "Meu coração em chamas não conhece o repouso", ela escrevia, e mais: "Não posso viver para o amor de mim mesma." Entre 1921 e 1924, deu à luz três filhos – Stefan Gabriel, Lucian Michael, Clemens Raphael, apelidados de "os arcanjos", depois dedicou-se à causa da família, enquanto Ernst, graças ao movimento psicanalítico, trilhava uma carreira excepcional. Trabalhou como arquiteto para Eitingon, Abraham, Karen Horney, René Spitz, Sándor Rado, Hans Lampl e, mais tarde, para Melanie Klein. Além disso, encarregou-se da instalação da célebre "policlínica" e, mais tarde, do sanatório de Tegel, fundado por Ernst Simmel. Com suas tendências modernistas, rompeu com a estética sufocante dos interiores vienenses tão prezados por seu pai: tapetes grossos, reposteiros pesados, vitrines transbordantes, paredes sobrecarregadas de quadros, móveis tomados por objetos. Freud não se interessava por esse aspecto do talento do filho, o qual aliás, após a partida para o exílio londrino, decorou a última morada paterna

Famílias, cães, objetos

no mais puro estilo da Viena de antigamente, da qual não obstante não sentia qualquer nostalgia. Mais alemão que austríaco e mais inglês que alemão, Ernst quase emigrou para a Palestina, a pedido de Chaim Weizmann, que queria lhe encomendar o projeto de sua casa.[70]

Freud sempre dizia que sua última filha nascera junto com a psicanálise. E como ele associara sua invenção a um romance familiar povoado de príncipes melancólicos e princesas ociosas, não admira que esta tenha lhe contado em 1915 um sonho que o remetia à sua história comum: "Sonhei recentemente", ela lhe disse, "que você era um rei e eu uma princesa e que queriam nos intrigar por meio de conspirações políticas."

Foi por amor a Anna que Freud instalou na família um novo círculo, o dos cães: "Nossos dois cachorros", ele dirá um dia, "Wolf e a doce pequinesa Lün-Yu, representam a mais recente expansão da família."[71] Em 1914, enviara à filha um cartão-postal de Brioni que mostrava um chimpanzé vestido se penteando num espelho: "Miss, um macaco muito inteligente fazendo sua toalete."[72] Enquanto Anna amava os machos, Freud apreciava particularmente a companhia dos chows-chows fêmeas, criaturas de pelo longo parecidas com leões em miniatura. Foi a partir de 1920 que começou a manifestar-lhes um grande apego, como atesta sua correspondência com duas mulheres que os adoravam tanto quanto ele: Hilda Doolittle e, principalmente, Marie Bonaparte.[73] Preferia as cadelas ruivas às pretas e as via como seres de exceção sobre as quais a civilização (*Kultur*) não tinha nenhuma influência. Consequentemente, era possível amá-las integralmente, pois encarnavam "uma existência perfeita em si", destituída de ambiguidade, uma vida não humana, então, mas que vinha lembrar ao homem alguma coisa de um estado anterior a ele mesmo.

---

70. Arquivos da British Architectural Library (Riba). Catálogo acessível na internet. O plano não se concretizou.

71. Sigmund Freud e Ludwig Binswanger, *Correspondance, 1908-1938*, op.cit., p.278-9.

72. Sigmund Freud, *Correspondance avec Anna Freud* (2006), Paris, Fayard, 2012, p.111.

73. Um psicanalista, Jean-Pierre Kamieniak, imaginou que os cães eram para Freud substitutos que lhe serviam para fazer o luto de sua filha e de seu neto, o que não é exato, ainda que Freud declarasse que a presença canina o consolava daquela perda ou que a morte de um cão lhe lembrava a dos seres humanos. Na realidade, Freud associava essa presença indispensável à sua volta da raça canina à das mulheres, mas ele nunca viu os cães como substitutos de qualquer coisa que seja. Cf. Jean-Pierre Kamieniak, "Citizen Canis, Freud et les chiens", *Le Coq-Héron*, 215, p.96-108. As posições de Freud a esse respeito encontram-se em sua correspondência inédita com Marie Bonaparte.

Os cães não estavam prontos, a todo instante, a fazer festa em seus donos e morder seus inimigos? Freud não hesitava em associar o amor que lhe inspirava a raça canina a uma ária do *Don Giovanni* de Mozart.[74]

Em momento algum, entretanto, questionava a atribuição da função simbólica exclusivamente à humanidade. Muito pelo contrário, por ser darwinista e definir sua descoberta como a terceira ferida narcísica infligida no homem, Freud sabia que entre a humanidade e a animalidade existia uma cesura: a da linguagem e da cultura. Eis por que afirmava que a civilização não tinha nenhuma influência sobre a animalidade, sobre essa "vida não humana", deliciosa, destituída de ódio. Poderíamos acrescentar que, pelo mesmo motivo, a perversão e o gozo do mal não existem no reino animal.[75]

A bem da verdade, quando se referia à sua casa, Freud colocava no mesmo plano os "ocupantes humanos" e o "Estado dos cães", em que as fêmeas, que ele chamava de "as damas", eram majoritárias: "Yofi está como sempre sentada no chão", dirá Hilda Doolittle, "emblemática, heráldica. ... O professor estava mais interessado em Yofi do que em minha história. ... Ele me contou que o primeiro marido de Yofi foi um chow-chow preto, e Yofi teve um bebê preto, 'tão preto quanto o diabo'. Ele morreu com nove meses. Agora o novo pai é dourado ... se houver dois filhotes, os donos do pai ficam com um, mas se for somente um, 'ele permanece um Freud'."[76]

Quando Yofi morreu, Arnold Zweig, que conhecia a paixão de Freud por cães, escreveu-lhe estas palavras: "Yofi era uma criança que vinha de longe, que lhe era devotada como uma verdadeira filha, com um coração mais sábio que a média de nossos filhos."[77]

Freud, fanático em sua juventude pelo "Colóquio dos cães", de Cervantes, amava a natureza e os animais, em especial os que via no parque da Villa

---

74. Marie Bonaparte, arquivos inéditos.

75. O que mostrei em *A parte obscura de nós mesmos: uma história dos perversos*, op.cit. Não concordo com a opinião de Élisabeth de Fontenay, que, não tendo tido acesso aos arquivos inéditos de Marie Bonaparte, imagina erradamente que Freud teria atribuído aos animais uma capacidade simbólica quase igual à dos humanos. Além disso, atribui-lhe a paternidade original de uma pretensa "quarta ferida narcísica" que não consta de suas afirmações. Cf. "L'homme et les autres animaux. Préface", *Le Coq-Héron*, op.cit., p.12.

76. Hilda Doolittle, *Por amor a Freud* (1956), trad. Pedro Maia, Rio de Janeiro, Zahar, 2012, p.169, 182, 186.

77. Sigmund Freud e Arnold Zweig, *Correspondance, 1927-1939*, op.cit., p.176.

Famílias, cães, objetos 281

Borghese, em meio às estátuas antigas e colunas: pavões, gazelas e faisões. A animalidade estava incessantemente presente no relato que ele fazia de seus casos clínicos, em seus sonhos, nos de seus pacientes, em sua evocação das sociedades primitivas, em seu ensaio sobre Leonardo da Vinci e em *Totem e tabu*: ratos, lobos, aves, cavalos, abutres, quimeras, demônios, deuses do Egito. Sua atração pelos cães – e sobretudo pelas cadelas, portanto – fazia-o rejeitar os gatos, demasiado femininos a seus olhos, demasiado narcísicos, alheios à alteridade. E foi com infinita maldade que um dia implicou, injustamente, com Mirra Eitingon, mulher de seu fiel discípulo: "Não a aprecio. Ela tem a natureza de um gato e tampouco os aprecio. Ela tem o encanto e a graça de um gato, mas não é um bichano adorável."[78]

Apesar disso, em 1913, Freud deixou-se seduzir por uma "gata narcísica", que entrara em seu consultório pela janela entreaberta. Ignorando sua presença, ela instalou-se no divã e logo se pôs a esgueirar-se prazerosamente por entre os objetos de coleção. Obrigado a reconhecer que a gata não causava nenhum dano às coisas amontoadas no consultório, começou a observá-la, amá-la, alimentá-la. Ficava a observar seus olhos verdes, oblíquos e gelados, e julgava seu ronronar a expressão de um verdadeiro narcisismo. Com efeito, precisava insistir para que ela prestasse atenção nele.

Suas relações duraram algum tempo, até o dia em que ele a encontrou ardendo em febre estendida em seu divã. Deixando em seu rastro a lembrança daquele "encanto egoísta e feminino", próprio dos felinos, que ele descreverá tão bem em seu artigo dedicado ao narcisismo, ela sucumbiu a uma pneumonia.[79]

Anna não havia sido desejada nem pela mãe nem pelo pai, e passara a juventude lutando para existir, depois rivalizando com sua tia Minna para ter acesso ao conhecimento da obra paterna. Em janeiro de 1913, deixara explodir seu ciúme da irmã: "Parei de bordar a colcha de Sophie, e é sempre um pouco desagradável para mim, quando penso que teria gostado de terminá-la. Penso, naturalmente, com muita frequência no casamento de Sophie. Mas Max, na realidade, é completamente indiferente para mim."[80]

---

78. Sigmund Freud e Max Eitingon, *Correspondance*, op.cit., carta de Freud a Arnold Zweig de 10 de fevereiro de 1937, p.909.

79. Lou Andreas-Salomé, "Journal d'une année", in *Correspondance avec Freud*, op.cit., p.324.

80. Sigmund Freud, *Correspondance avec Anna Freud*, op.cit., p.89.

Foi por essa época que germinou a incompreensão de Freud pelas verdadeiras inclinações sexuais da filha, a qual fizera alusão, numa carta, a seus "maus hábitos" (a masturbação): "Não quero reincidir", escrevia, em 7 de janeiro. Convencido de que Anna, a quem chamava de "minha filha única", havia convertido sua antiga rivalidade com Sophie num ciúme que tinha como objeto o marido desta, ele exortou-a a não ter medo de ser desejada pelos homens. Ainda não suspeitava que ela tinha ciúme da irmã e não de Max. Anna sentia atração pelas mulheres.

Em julho de 1914, quando ela visitara Jones, Freud metera na cabeça que ela corria um risco: "Sei pelas melhores fontes que o doutor Jones tem sérias intenções de cortejá-la ... Sei que ele não é homem apropriado para uma criatura feminina de natureza sofisticada." E a Jones explicara que Anna não pedia para ser tratada como mulher, estando ainda bem "distante dos desejos sexuais e até mesmo recusando os homens".[81]

No momento em que proibia sua filha de deixar-se cortejar por seu discípulo, Freud não percebia que ela estava muito mais interessada em Loe, com quem sonhava na verdade, do que em Jones. Mas este último tinha consciência da situação: "Ela tem um belo temperamento", escreverá a Freud, "e virá a ser uma mulher notável, com a condição de que sua repressão sexual não a prejudique. Ela decerto lhe é terrivelmente afeiçoada, e este é um dos raros casos em que o pai real corresponde à imagem do pai."

A afeição era recíproca, e Freud não titubeava em despachar seus discípulos vienenses encantados por Anna: August Aichhorn, Siegfried Bernfeld, Hans Lampl. Por sua vez, ela se aproximava cada vez mais dele, em especial durante o período da guerra, quando resolve estudar para ser professora primária.

Preocupado com a possibilidade de Anna ficar solteira, Freud percebeu que os interditos e o recalcamento faziam com que a filha repelisse os homens sem deixar de desejar ser mãe. E foi para "despertar sua libido" que lhe propôs, em outubro de 1918, uma análise com ele próprio.

O tratamento se desenrolou em duas fases: entre 1918 e 1920, depois entre 1922 e 1924. À medida que se consolidava essa afeição mútua, reforçada pela análise, e da qual, ao longo de uma correspondência cruzada, Lou Andreas-Salomé veio a ser a principal testemunha, Freud foi obrigado a admitir que,

---

81. Ibid., p.114.

Famílias, cães, objetos 283

se a libido de Anna "despertara", sua "escolha de objeto" não a guiava em absoluto para os homens.

Nessa época, Freud analisou uma jovem, Margarethe Csonka, cujos pais pertenciam à ampla camada da burguesia austríaca de origem judaica convertida ao catolicismo. Despreocupada e mundana, apegada ao luxo e à liberdade que lhe proporcionavam sua fortuna e elegância, sempre sentira atração pelas mulheres, sem todavia desejar um relacionamento físico com elas. Repelira, portanto, o assédio de sua amiga Christl Kmunke, adepta de um lesbianismo declarado. Em 1917, sentiu uma paixão delirante pela incandescente baronesa Leonie von Puttkamer, uma espécie de cortesã oriunda da nobreza prussiana, mantida pelos homens e exibindo-se abertamente na companhia de mulheres. Suntuosamente vestida e desfilando chapéus fabulosos, a baronesa passeava acintosamente nas mais belas avenidas vienenses levando um imenso cão-lobo na coleira. Gostava de circular pelos cafés e percorrer as feiras livres para comprar frutas, que saboreava sem dar a mínima para a escassez de que padeciam os vienenses justamente no momento em que raiavam as últimas luzes de um império já em plena decomposição.

Ela se divertia vendo Margarethe segui-la por toda parte, adulá-la, servi-la e gabar-se de ser uma espécie de trovador saído da literatura cortesã. Um dia, surpreendida pelo pai no braço da baronesa, Margarethe fugiu para escapar de seu olhar. Leonie despachou-a. Ela tentou então suicidar-se, e seu pai, Arpad Csonka, obrigou-a a consultar Freud para estancar o escândalo daquela homossexualidade julgada intolerável. Queria casá-la o mais depressa possível.[82]

---

82. Sigmund Freud, "Sur la psychogenèse d'un cas d'homosexualité féminine" (1920), in *Névrose, psychose et perversion*, op.cit., e *OCF.P*, op.cit., vol.15 [ed. bras.: "Sobre a psicogênese de um caso de homossexualidade feminina", in *SFOC*, vol.15 / *ESB*, vol.18; ed. orig.: "Über die Psychogenese eines Falles von Weiblicher Homosexualität", in *GW*, vol.12]. A vida de Margarethe Csonka (1900-99) deu margem a uma copiosa literatura, em especial com o relato de Ines Rieder e Diana Voigt, duas historiadoras do lesbianismo que encontraram Margarethe antes de sua morte. Cf. *Die Geschichte der Sidonie C.*, traduzido em francês sob o título, bastante discutível, *Sidonie Csillag, homosexuelle chez Freud, lesbienne dans le siècle* (2000), Paris, EPEL, 2003. Nessa obra, que é uma coletânea de depoimentos, Margarethe aparece sob o pseudônimo de Sidonie Csillag. Na tradução francesa, seu "caso" é reinterpretado de maneira "lacaniana" por Jean Allouch. Mikkel Borch-Jacobsen dá uma interpretação menos fantasiosa dessa história, afirmando, erradamente, porém, que Freud fora ludibriado por Margarethe. Cf. *Les Patients de Freud*, op.cit., p.180-6. Observemos que Kurt Eissler colheu o depoimento de Margarethe Csonka von Trautenegg, que confirma que ela não apreciava Freud e não tinha muita coisa a lhe dizer, BCW, cx.2.

Sem a mínima vontade de fazer uma análise, Margarethe decidiu mesmo assim obedecer à ordem do pai. Freud aceitou, embora ciente de que jamais conseguiria mudar a orientação sexual daquela paciente. Seja como for, nunca a viu como "doente". No entanto, pediu-lhe que respeitasse o princípio de abstinência e parasse de conviver com a baronesa durante o tratamento.

Margarethe adotou então uma vida dupla. A cada sessão, inventava sonhos e casos de família em conformidade com a doutrina freudiana, enquanto, à baronesa, queixava-se das interpretações de seu analista: "Sabe, ele não se cansa de me interrogar sobre meus pais e irmãos, quer saber tudo sobre eles. Foi com o caçula que ele cismou da última vez. Imagine só o que ele me disse hoje: que eu teria gostado de ter um filho do meu pai, e, evidentemente, como foi minha mãe que o teve, eu a odeio por causa disso e meu pai também, e é por isso que me esquivo completamente dos homens. É revoltante."[83]

Freud percebeu o jogo duplo de Margarethe e pôs fim ao tratamento. Assim, o pai ficava satisfeito de saber que a filha fizera uma terapia e esta se regozijava de poder continuar a viver como pretendia. À guisa de despedida, Freud dirigiu-lhe estas palavras: "A senhorita tem olhos tão astutos que eu não gostaria de encontrá-la na rua se fosse seu inimigo."[84]

Na realidade, aproveitou essa experiência para mais uma vez modificar sua definição da homossexualidade. Se por um lado confirmava tratar-se efetivamente de uma consequência da bissexualidade, por outro dizia-se convencido de que, quando lidávamos com uma escolha exclusiva, esta derivava de uma fixação infantil pela mãe. Nos meninos, essa escolha exclui a mulher, dizia, nas meninas, provoca uma decepção com respeito ao pai. No caso de Margarethe, essa recusa radical do pai era traduzida em sua vida pela escolha de um substituto da mãe e, no tratamento, por uma transferência negativa com relação ao analista. E Freud acrescentava: "Não é vocação da psicanálise solucionar o problema da homossexualidade. Ela deve se contentar em desvelar os mecanismos psíquicos que levaram à decisão na escolha de objeto e seguir os caminhos que conduzem desses mecanismos às disposições pulsionais. Ela se detém nesse ponto e delega o resto à pesquisa biológica: ora, atualmente, as importantes conclusões dos estudos de Steinach evidenciam

---

83. Depoimento colhido por Ines Rieder e Diana Voigt, *Sidonie Csillag*, op.cit., p.66.
84. Ibid., p.77.

Famílias, cães, objetos   285

a maneira como a segunda e terceira de nossas séries[85] são influenciadas pela primeira. A psicanálise está no mesmo terreno que a biologia, na medida em que considera como hipótese uma bissexualidade originária do indivíduo humano (e animal)."[86]

Freud reportava assim a explicação final da homossexualidade a uma causalidade biológica, ao passo que afirmara anteriormente sua origem psíquica. Nova e audaciosa interpretação, que parecia contradizer suas posições anteriores. Além disso, distinguia agora a homossexualidade inata da adquirida.

Manifestamente, Margarethe padecia de outra coisa que não de sua homossexualidade. Fato é que retomou sua vida de lésbica, apaixonando-se sucessivamente por mulheres junto às quais não encontrava nenhuma satisfação física. Fez diversas tentativas de suicídio antes de se casar (sem amor) com o barão Eduard von Trautenegg, mais interessado na fortuna da família Csonka do que na esposa. Ambos tiveram de converter-se ao protestantismo para se casar, pois Eduard era divorciado da primeira mulher e não podia contrair segundas núpcias pelo ritual católico.

Quando este se aproximou dos nacional-socialistas depois do Anschluss,* aproveitou-se para anular aquele casamento com uma mulher de origem judia e apoderar-se de sua fortuna. Margarethe se viu sem nada, não sendo mais nem católica nem protestante. Voltava então a ser judia, ela que jamais o fora e não gostava dos judeus. Sem marido, corria o risco, além disso, de ser vista como homossexual declarada. Abandonou então a Áustria. Após um extenso périplo que a levou a viajar incessantemente ao redor do mundo em busca de si mesma, amando decididamente as mulheres e fiel a seu cão, sempre compelida a jamais se radicar, retornou a Viena e morreu centenária, após ter

---

85. Trata-se de três séries de caracteres: 1) sexuais somáticos; 2) sexuais psíquicos; 3) modo da escolha de objeto.

86. Sigmund Freud, "Sur la psychogenèse d'un cas d'homosexualité féminine", op.cit., p.270. Eugen Steinach (1861-1944): médico austríaco, pioneiro da endocrinologia e dos princípios de diferenciação sexual. Ficou conhecido por ter inventado uma ligadura de vasos dos canais deferentes que ele julgava capaz de regenerar as células hormonais e, por conseguinte, estimular o rejuvenescimento. Freud recorreu a essa cirurgia em 1923. Sendo o câncer considerado uma doença da velhice, acreditava-se que, estimulando as células hormonais, era possível retardar o advento de uma recaída.

* A anexação da Áustria pela Alemanha. (N.T.)

relatado diferentes versões de seu tratamento a psicanalistas ou pesquisadores deslumbrados com aquela aventura de uma época soterrada para sempre.

A maneira como Freud concebeu a homossexualidade feminina, a partir desse encontro com Margarethe, não podia ajudá-lo a escutar o que se passava no tratamento de Anna. Como imaginar, nesse caso, uma fixação infantil inconsciente pela mãe e a rejeição de um pai que a teria decepcionado? O próprio Freud proibira a filha de deixar-se seduzir pelos homens, principalmente por seus alunos. De sua parte, ela sonhava ser a discípula de um pai adorado e recusava o destino da mãe. Em outras palavras, Freud via-se confrontado com uma realidade que contradizia sua teoria.

Se aquele tratamento, que não podia ser classificado como tal, foi um fiasco, o de Anna Guggenbühl, jovem psiquiatra suíça formada no Burghölzli, foi, ao contrário, bem-sucedido, segundo o depoimento da paciente. Aos vinte e sete anos de idade, por iniciativa própria e com uma transferência positiva,[87] esta frequentou o divã de Freud, cuja filha por essa época interrompera sua análise. Noiva há anos de um colega de colégio, e tendo tido inúmeras aventuras amorosas, Anna G. não tinha certeza de sua vontade de casar com ele. Seu desejo arrefecia, justamente quando sua família já marcara o casamento. Decidida a compreender as razões inconscientes de sua hesitação, deixou os pais e o trabalho e foi consultar livremente aquele que considerava o ouvido mais apurado de sua época. Como virtuose da interpretação fulminante, Freud, após tê-la escutado, explicou-lhe que o conflito com seu noivo se desenrolava no "estágio superior" de sua vida. Para compreender sua significação, acrescentou, cumpria explorar o "estágio intermediário", que a remetia à sua relação neurótica com o irmão, depois o "estágio inferior" – totalmente inconsciente –, que era o de sua relação com os pais.

Em outros termos, ele afirmava que Anna G. estava apaixonada pelo pai, que desejava a morte da mãe e que era seu laço com o irmão, substituto do pai, que explicava sua hesitação permanente: "Seus amantes são substitutos de seu irmão e eis por que todos têm a mesma idade, ao passo que são menos maduros." O tratamento terminou no momento em que Freud disse a Anna Guggenbühl que ela se encontrava sob o poder de um desafio lançado a seus

---

87. A análise de Anna G. desenrolou-se entre 1º de abril e 14 de julho de 1921, ao ritmo de uma hora por dia.

Famílias, cães, objetos

pais. E podemos supor que foi a supressão do desejo recalcado sob o poder de seu próprio desafio que a levou a romper seu noivado, a desobedecer ao pai e escolher livremente seu destino.[88]

Em 1922, quando preparava sua primeira palestra para a WPV, Anna Freud, novamente em análise com o pai, constatou sua atração pelas mulheres e revelou sua perturbação a Lou: "Pela primeira vez, tive um sonho diurno em que aparecia um protagonista feminino; era inclusive uma história de amor, na qual não parei de pensar. Quis imediatamente explorá-la e escrevê-la, mas papai achou que eu faria melhor desistindo disso e pensando na minha palestra. Ela então me abandonou, mas se eu continuar me lembrando dela até julho, escrevo-a de qualquer jeito. Infelizmente, nela só há pessoas conhecidas."[89]

A palestra de Anna não era alheia a esse caso. Tinha como tema, efetivamente, as fantasias de fustigação nos bebês e dava sequência a um célebre artigo de seu pai, "Batem numa criança", no qual este descrevia o caso de uma garotinha cujas fantasias infantis eram bastante semelhantes às que lhe haviam sido contadas pela própria filha. Por sua vez, Anna analisou-as como não sendo suas, explicando que a sonhadora conseguira substituir a recordação daquelas cenas por "belas histórias".[90]

Em 1923, Anna Freud decidiu renunciar oficialmente ao casamento. Seu pai logo apelidou-a de "Antígona", presenteando-a em seguida com um pastor-alemão, Wolf (ou Wolfi), que logo passou a fazer parte da casa. A Lou, ele confiou sua aflição: temia que a "genitalidade" de Anna lhe pregasse uma peça e confessou que não conseguia nem libertá-la disso nem separar-se dela.[91]

---

88. Anna G., *Mon analyse avec le professeur Freud*, org. Anna Koellreuter, Paris, Aubier, 2010. A edição em língua alemã é bem mais confiável: *Wie benimmt sich der Prof. Freud eigentlich?*, Giessen, Psychosozial-Verlag, 2009.

89. Lou Andreas-Salomé e Anna Freud, *Correspondance, 1919-1937*, Paris, Hachette Littérature, 2006, p.43.

90. Sigmund Freud, "'Un enfant est battu'" (1919), in *Névrose, psychose et perversion*, Paris, PUF, 1973 [ed. bras.: "'Batem numa criança'", in *SFOC*, vol.14 / *ESB*, vol.17; ed. orig.: "'Ein Kind wird geschlagen'", in *GW*, vol.12]. E Anna Freud, "Fantasme d''être battu' et 'rêverie'" (1922), in *Féminité mascarade. Études psychanalytiques*, reunidos por Marie-Christine Hamon, Paris, Seuil, 2004, p.57-75.

91. Lou Andreas-Salomé, *Correspondance avec Sigmund Freud*, op.cit. Essa correspondência é expurgada e nela não encontramos nenhuma alusão a essa análise.

Se o tratamento de Anna realizado com o pai permitiu-lhe consolidar-se como inauguradora de uma escola, cercada pelos melhores discípulos de Freud no seio do *Kinderseminar*, teria como consequência nefasta fazê-la odiar a própria homossexualidade. Ao longo de toda a sua existência, Anna se mostrará hostil à ideia de que homossexuais pudessem praticar a psicanálise. Indo de encontro à opinião de seu pai, terá a convicção, como Jones aliás, de que a homossexualidade é uma doença.

Algum tempo depois do fim de sua segunda análise no divã do pai, Anna conheceu a mulher que se tornaria sua companheira da vida inteira: Dorothy Tiffany Burlingham. Nascida em Nova York, e neta do fundador das lojas Tiffany & Co., ela se casara com um cirurgião, Robert Burlingham, acometido de psicose maníaco-depressiva. Para escapar a seus acessos de loucura, ela viajara a Viena, determinada a tratar sua fobia e a entregar à família Freud o destino de seus quatro filhos: Bob, Mary ("Mabbie"), Katrina ("Tinky") e Michael ("Mikey"). Após uma entrevista preliminar, Anna assumiu o tratamento dos dois primeiros, propondo ao mesmo tempo que Dorothy fizesse análise com Theodor Reik.

As duas mulheres logo se viram como gêmeas, dedicando seu tempo livre a passeios pelas cercanias de Viena no Ford T de Dorothy. Freud adorava acompanhá-las. As duas adquiriram o hábito de usar roupas idênticas, e suas relações de intimidade sugeriam as de duas lésbicas. Ainda assim, Anna negou categoricamente a existência de um relacionamento com a nova amiga, maneira de permanecer fiel ao único homem que amou: seu pai.

Uma vez concluído o tratamento com o pai, Anna escolheu Max Eitingon como confidente, adotando em seguida uma nova amiga, Eva Rosenfeld, judia berlinense, oriunda de um meio abastado e sobrinha de Yvette Guilbert, cantora francesa admirada por Freud. Ajudou-a a superar a morte de dois de seus filhos, resultado de uma disenteria. Junto com ela e Dorothy, fundou uma escola particular destinada a receber crianças em terapia com ela ou outros discípulos do círculo mais íntimo, e cujos pais também eram analisados em Viena. Entre eles, Peter Heller, que mais tarde se casará com Tinky, filha de Dorothy: "A escola Burlingham-Rosenfeld", ele escreverá, "foi para mim uma experiência privilegiada, muito promissora. Inspirada e incentivada por um ideal de humanismo mais puro e sincero que os demais estabelecimentos que

Famílias, cães, objetos 289

frequentei. Ali se difundia um autêntico senso de comunidade, num lugar claro, ensolarado e acolhedor."[92]

Ainda em 1927, Anna incentivou Dorothy a fazer uma análise com Freud, o que permitiu a este apreender melhor a natureza das relações de ambas, ao mesmo tempo em que recebia uma nova visita: uma chow-chow chamada Lün-Yu, que se entendia às maravilhas com Wolf.

Felizes e livres, Anna e Dorothy logo fizeram a aquisição de uma pequena chácara com uma horta e bichos: as duas famílias passavam lá suas férias. No outono de 1929, quando pairava sobre o mundo a ameaça da crise da bolsa americana, Dorothy instalou-se com os quatro filhos num apartamento da Berggasse 19. Passou a ter então apenas um andar a transpor para acomodar-se no divã de Freud, que ela considerava Deus Pai. Graças à instalação de uma linha telefônica direta, podia falar com Anna, à noite, sem incomodar a casa: espantosa materialização da utopia telepática que, nessa época conturbada, assombrava o imaginário de Freud e Ferenczi.

Assim, Anna realizou seu desejo de ser mãe ao tornar-se, por intermédio da psicanálise, a "segunda mãe" e a terapeuta dos filhos de Dorothy, além de mãe adotiva e analista de seu sobrinho Ernstl. Quanto a Freud, viu-se mais que nunca como o feliz patriarca de uma família recomposta, submetida à erosão da antiga autoridade patriarcal, cujo fruto era a psicanálise: "Nossos laços simbióticos com uma família americana (sem marido)", escreverá ele em 1929, "cujos filhos são acompanhados analiticamente por minha filha com mão firme, tornam-se cada vez mais sólidos, de modo que nossas decisões para o verão são comuns. Nossos dois cães, Wolf e a doce chinesa Lün-Yu, representam a expansão mais recente da família."[93]

Desde o início do século, Freud era um aficionado pelas antiguidades,[94] tão indispensáveis no seu cotidiano como seus charutos ou os personagens dos trágicos gregos, tão necessários no seu horizonte como Roma, Atenas ou o Egito. Tendo lido muito mais obras de arqueologia do que de psicologia,

---

92. Peter Heller, *Une analyse d'enfant avec Anna Freud*, Paris, PUF, 1996, p.31.

93. Sigmund Freud e Ludwig Binswanger, *Correspondance, 1908-1938*, op.cit., p.278-9. A correspondência entre Anna Freud e Dorothy Burlingham encontra-se no Freud Museum de Londres. Ainda não foi franqueada aos pesquisadores.

94. Cerca de 3 mil objetos, dos quais 2 mil serão transportados para a Inglaterra. Cf. também Richard H. Armstrong, *A Compulsion for Antiquity*, Ithaca, Cornell University Press, 2005.

transformara seus aposentos na Berggasse num verdadeiro museu: "Impossível captar a verdadeira dimensão da revolução freudiana", escreve Peter Gay, "a não ser rememorando o que eram as ideias e pressupostos científicos do fim do século XIX. Ora, essa revolução viu o dia num lugar que é sua antítese, onde suas bandeiras e slogans permanecem invisíveis."[95]

Um grande conjunto de estatuetas – gregas, chinesas, egípcias, pré-colombianas – povoava os diferentes aposentos da residência freudiana. Como num filme mudo, os objetos procedentes das civilizações antigas deixavam pairar suas sombras e luzes sobre a vida dos cães e humanos. Espalhavam-se em meio a um cenário luxuriante, em que proliferavam tapetes e reposteiros coloridos, uns cobrindo o chão, poltronas e sofás, outros, as paredes. Cerca de vinte miniaturas, entre as mais perturbadoras e díspares, marcavam presença eretas na escrivaninha de *Herr Professor*, de face para seus manuscritos. A cada uma era atribuída uma personalidade própria, e cada uma contribuía para alimentar o espírito criativo do dono da casa. Assim que entrava nesse aposento, onde recebia seus pacientes na presença de sua chow-chow, Freud saudava seu sábio chinês instalado na borda da escrivaninha, cercado à esquerda por uma estatueta de Imhotep – deus do saber e da medicina – e à direita por uma divindade egípcia menor. Assim, os guardiões do corpo e do espírito zelavam pelo bom andamento das sessões ou do ato de escrever.

Por toda parte, vitrines, móveis, estantes, porcelanas orientais preenchiam o espaço daquela casa em forma de labirinto, onde não era tolerado nenhum lugar vazio, como se cada coisa – o desenho do templo de Abu Simbel, o Jano de pedra, Hórus, Anúbis, Neftis, Ísis e Osíris, o molde da *Gradiva*, o baixo-relevo da *Morte de Pátroclo*, um camelo da dinastia Tang, budas diversos – encarnasse ao mesmo tempo as três províncias da vida psíquica e o surgimento de uma pulsão ancestral logo recalcada. Em meio a essa profusão de imagens, hieróglifos, signos funerários, estatuetas sagradas – homens e animais misturados – emergiam, na penumbra, os vestígios de uma memória judaica: uma aquarela de Rembrandt – *Os judeus na sinagoga* –, uma gravura de Kruger representando Moisés erguendo as Tábuas da Lei, um candelabro (menorá)

---

95. Peter Gay, "Notice biographique", *La Maison de Freud, Berggasse 19, Vienne*, fotografias de Edmund Engelman (1976), Paris, Seuil, 1979, p.124.

Famílias, cães, objetos

de Hanuká e, para terminar, duas taças para o Kidush,[96] dispostas em frente a estatuetas egípcias.

Freud também colecionava fotografias e quadros: reprodução da famosa *Lição clínica do dr. Charcot no La Salpêtrière*, por Brouillet, *Édipo e a Esfinge*, de Ingres, *O pesadelo*, de Füssli, *O beijo de Judas*, de Dürer etc. A que se acrescentavam dezenas de fotografias: camafeus de mães, irmãs e filhos, retratos de discípulos ou mulheres admiradas: Lou Andreas-Salomé, Marie Bonaparte, Yvette Guilbert.[97]

Em agosto de 1922, Cäcilie Freud, filha de Rosa Graf, suicidou-se ingerindo uma dose letal de veronal. Grávida fora do casamento, inocentava o amante. Em todo caso, numa carta à mãe, deixada sem descendência, explicava que era muito simples morrer, que inclusive proporcionava certa alegria. Profundamente abalado diante daquele ato, Freud não hesitou em evocar o futuro conturbado da Áustria. Estava perfeitamente consciente dos conflitos políticos que agitavam a nova república, cuja capital, que então haviam batizado de "Viena-a-vermelha", era dirigida por uma coalizão de social-democratas e democratas-cristãos influenciados pelos princípios do austro-marxismo. Percebia a escalada dos populistas antissemitas e pan-germanistas, que criticavam os ambiciosos programas da esquerda social. Por outro lado, sabia que estes procuravam novos bodes expiatórios, denunciando os estrangeiros, principalmente os judeus vindos da Polônia, da Romênia e da Ucrânia.

Até ali, no entanto, Freud continuava atacando o presidente Thomas Woodrow Wilson, a quem decididamente não perdoava seus "catorze pontos". Não acreditava um instante na concepção wilsoniana do direito à autodeterminação dos povos dos antigos impérios e não via naquele plano senão uma tentativa de balcanização da *Mitteleuropa*. Em suma, considerava

---

96. Hanuká: festa judaica. Kidush: cerimônia do início do Shabbat. Sobre esses objetos e as discussões a seu respeito, cf. Yosef Hayim Yerushalmi, *"Le Moïse" de Freud*, op.cit., p.201-3. E Erica Davies, "Eine Welt wie im Traum, Freuds Antikensammlung", in catálogo da exposição: *"Meine alten und dreckigen Götter". Aus Sigmund Freuds Sammlung*, org. Lydia Marinelli, Frankfurt, Stroemfeld, 1998. Sobre os objetos mexicanos de Freud, cf. Ruben Gallo, *Freud au Mexique* (2010), Paris, Campagne Première, 2013.

97. Várias dezenas de livros ilustrados atestam a fantástica organização que presidia a vida cotidiana da Berggasse: *Sigmund Freud, lieux, visages, objets*, org. Ernst Freud, Lucie Freud e Ilse Grubrich-Simitis, com uma parte biográfica redigida por Kurt Eissler (1976), Bruxelas, Complexe, 1979. Sigmund Freud, *Chronique la plus brève. Carnets intimes, 1929-1939*, anotado e apresentado por Michael Molnar, Paris, Albin Michel, 1992.

aquele presidente fanático o responsável pela infelicidade daqueles que ele pretendia libertar do jugo de seus senhores. Longe de respeitar os vencidos, ele os tinha, dizia Freud, tratado de maneira desdenhosa. Acabava, aliás, de reforçar essa opinião depois da leitura de um livro do jornalista americano William Bayard Hale,[98] que criticava o estilo afetado de Wilson ao referir-se ao método psicanalítico. Trocara algumas cartas com ele, o que o induzia, apesar das recomendações de Jones, a cultivar certo antiamericanismo. Nem Freud nem ninguém de seu círculo previa nessa data o papel que Adolf Hitler viria a desempenhar na história da psicanálise.

Freud sempre se preocupou com sua saúde. Em várias oportunidades constatou a existência de uma lesão suspeita na área direita de seu palato e preferiu não se inquietar. Porém, em vez de largar o fumo, preferia julgar-se acometido de uma simples leucoplasia.[99] Em todo caso, em 20 de abril de 1923, retirou um tumor "benigno", que ele próprio classificou como um epitelioma. Depois decidiu consultar seu velho amigo Max Steiner, cofundador da Sociedade das Quartas-Feiras, que o aconselhou mais uma vez a parar de fumar, dissimulando, ao mesmo tempo, o caráter canceroso do tumor.

Foi nesse momento que Felix Deutsch, seu discípulo e médico pessoal, que, em 7 de abril, constatara a presença dessa lesão, recusou-se a contar a verdade a seu venerado mestre com medo de assustá-lo e lhe recomendou uma nova cirurgia. Conhecido dos maiores professores de medicina de Viena, Freud poderia ter escolhido sem titubear um dos melhores. Em vez disso, dirigiu-se a Marcus Hajek, otorrinolaringologista, de quem esperava um parecer tranquilizador. Ilusão. Esse duplo de Fliess procedeu a uma nova excisão do tumor, que se concluiu de maneira lamentável e com uma séria hemorragia.[100] Em decorrência disso, Freud foi obrigado a passar por uma inútil radioterapia, que só fez agravar suas dores. Continuava sem procurar saber a verdade, absorvido nessa época pela morte do pequeno Heinz (Heinerle), sua "criança querida". No fim do mês de junho, viajou para Gastein com Minna, depois foi para o Tirol e, por fim, a Lavarone, onde a família juntou-se a ele.

---

98. William Bayard Hale, *The Story of a Style*, Nova York, B.W. Huebsch, 1920.

99. Afecção das mucosas caracterizada por placas esbranquiçadas.

100. Muitos livros foram escritos sobre o câncer de Freud. Cf. especialmente Max Schur, *La Mort dans la vie de Freud*, op.cit. Ernest Jones e Peter Gay deram versões absolutamente fiéis à realidade.

Famílias, cães, objetos

No fim de agosto de 1923, os membros do Comitê se encontraram em San Cristoforo, ao pé da montanha onde Freud se hospedava. Nessa época, discutiam acaloradamente sobre "técnica ativa". Além disso, Rank e Ferenczi sentiam-se marginalizados pelos berlinenses – Abraham e Eitingon –, enquanto Jones não desistira de querer desenvolver a psicanálise fora do mundo germanófono. Recusando-se a tomar partido, Freud permaneceu em seu hotel, e apenas Felix Deutsch e Anna juntaram-se ao grupo para participar de um jantar em San Cristoforo. Foi nessa noite que os principais discípulos tomaram consciência da gravidade do câncer de Freud.[101] E como uma nova cirurgia era necessária, eles se lançaram numa discussão turbulenta sem, porém, decidirem-se a lhe dizer a verdade.[102] Permitiram que ele partisse para uma última viagem ao sul. Em 1913, Freud prometera-se iniciar Anna em seu amor por Roma e nada nem ninguém seria capaz de impedir a realização de seu projeto. Juntos, pai e filha caminharam horas a fio pela cidade. Seguindo um itinerário rigorosamente traçado, visitaram o Capitólio, o Panteão, Tívoli, a Capela Sistina: "São nossos últimos dias", escreveu Freud aos outros filhos. "Para facilitar a partida, o siroco voltou a soprar e as reações do meu maxilar me incomodam mais do que nunca. Anna está alegre como um pintassilgo. Hoje chegou a arriscar-se numa opereta."[103]

Na sequência, Freud brigou com Deutsch, a quem tratou de "miserável covarde", reconciliando-se depois. Mesmo assim, em 1927, escolheu um novo médico para tratá-lo – Max Schur –, que assistira às suas conferências em 1916 e que cuidaria dele até sua morte. Oriundo de uma família de imigrantes judeus da Polônia, Schur tratou seu prestigioso paciente após fazer uma análise com Ruth Mack-Brunswick. Mais jovem que os discípulos do primeiro círculo, admirava Freud sem venerá-lo a ponto de mentir para ele.

Muito antes desse encontro, na volta de sua última viagem a Roma, Freud decidira consultar Hans Pichler, gastroenterologista austríaco então conside-

---

101. Tratava-se de um carcinoma verrugoso, o qual virá a ser descrito pela primeira vez em 1948 pelo médico americano Lauren V. Ackerman (1905-93). Em 1923, falava-se em "câncer do maxilar superior em evolução lenta". Cf. Max Schur, *La Mort dans la vie de Freud*, op.cit.
102. Alguns anos mais tarde, em Londres, Jones contou essa conversa a Freud. Furioso, este deu vazão à sua cólera: com que direito (*mit welchem Recht?*) haviam decidido lhe esconder a verdade? Freud não suportava a "tutelagem" (*Bevormundung*). Cf. Phyllis Grosskurth, *Freud, l'anneau secret*, op.cit., p.124. Ernest Jones e Peter Gay dão a mesma versão.
103. Sigmund Freud, *"Notre coeur tend vers le sud"*, op.cit., p.338.

rado um dos maiores especialistas europeus em cirurgia maxilofacial. Formado na Northwestern University of Chicago, Pichler adquirira, durante a guerra, uma destreza excepcional, reparando rostos dos feridos graves.

Ele recebeu Freud em 26 de setembro de 1923 e, em 4 de outubro, submeteu-o a uma rude provação, efetuando a excisão de boa parte de seu maxilar superior e de seu palato direito. Em 13 de novembro, interveio novamente. A datar desse dia, operou seu cliente vinte e cinco vezes e, em 1931, solicitou a ajuda de seu colega americano Varaztad Kazanjian, ex-major honorário do exército britânico, célebre por suas inovações na fabricação das melhores próteses dentárias destinadas a "bocas arrebentadas". Assim, Freud pôde beneficiar-se dos progressos da cirurgia facial decorrentes da Primeira Guerra Mundial.[104] Mesmo assim, atravessaria um martírio nos dezesseis anos que lhe restavam de vida.

A "prótese" ingressou, junto com os objetos de coleção, livros, charutos, cães e pacientes, no universo cotidiano de *Herr Professor* e dos que o cercavam. Maldita prótese, monstro horrível, instrumento de tortura, coisa malajambrada: assim ele qualificava aquele objeto inominável que molestava seu corpo doente. Sem jamais desistir do tabaco, Freud descreverá o intruso a cada um de seus correspondentes: *"Lieber* Max, estou monopolizado pelo estado de tensão gerado pela prótese. Comer, beber e falar são momentos terríveis para mim … ." *"Liebe* Lou, não existe nada mais irritante que um substituto corporal amotinado, ele que não passa de um artifício como um par de óculos, uma dentadura ou uma peruca … . Pequenos ajustes nesse objeto intruso e salvador alimentam uma ilusão, isto é, a esperança de con-

---

104. Sharon Romm e Edward Luce, "Hans Pichler: Oral Surgeon to Sigmund Freud", *Oral Surgery, Oral Medicine and Oral Pathology*, janeiro de 1984, p.31-2. Xavier Riaud, *Pionniers de la chirurgie maxillofaciale (1914-1918)*, Paris, L'Harmattan, 2010. Alguns comentadores afirmaram que o câncer maxilofacial de Freud – descrito por vários historiadores da medicina e atestado pelos arquivos – era sem gravidade ou imaginário, que a causa principal de seu agravamento devia-se à operação malsucedida de Hajek, à radioterapia e aos tratamentos incorretos ministrados por Schur, e que a cocaína era responsável pelo surgimento da primeira lesão. Cf. Jacques Bénesteau, *Mensonges freudiens*, op.cit., p.162-3. Nesse livro, inteiramente composto de boatos, os nomes Pichler e Kazanjian não figuram em parte alguma. Além disso, o autor confunde "papilomatose" e "carcinoma", e dá a entender que o câncer de Freud foi inventado por seus idólatras a fim de apresentá-lo como um mártir. A pretensa "inexistência do câncer de Freud" é, como o hipotético caso incestuoso com Minna, um dos grandes temas de predileção da escola revisionista.

Famílias, cães, objetos 295

seguir conversar sem pensar na boca ... . Todas as recentes intervenções apresentadas como inevitáveis foram, não obstante, inúteis." E, em 1931, a propósito de Kazanjian: "Ele tem o sorriso de Charlie Chaplin ... . Esse mágico deu instruções para fabricarem uma prótese provisória da metade do tamanho e mais leve que a atual. Ela me permite mastigar, falar, fumar pelo menos tão bem quanto antes."[105]

Freud foi obrigado a passar por diversos tipos de cirurgia: algumas delas, com anestesia local e sedação, outras, com anestesia geral. À medida que as operações se sucediam, aumentavam seus problemas de dicção e, ao longo dos anos, ele teve cada vez mais dificuldade para se alimentar, ao mesmo tempo em que sofria cronicamente de uma surdez no ouvido direito que o obrigava a deslocar o divã para ouvir seus pacientes. A prótese precisava ser incessantemente higienizada, ajustada, substituída, causando-lhe dores atrozes. Quando não conseguia instalá-la corretamente, pedia a ajuda de Anna, que às vezes pelejava durante uma hora com o "monstro". "Longe de inspirar desagrado ou ressentimento", escreve Peter Gay, "essa proximidade física só fez estreitar os laços entre pai e filha. Ele se tornou tão insubstituível para ela quanto ela se tornara indispensável para ele."[106]

---

105. André Bolzinger, *Portrait de Sigmund Freud*, op.cit., p.71-2.
106. Peter Gay, *Freud, une vie*, op.cit., p.508.

3. A arte do divã

Várias dezenas de artigos ou livros foram dedicados aos pacientes de Freud e a seu destino após sua instalação como especialista em doenças dos nervos, depois como psicanalista, e, por fim, como formador de analistas. Consultando os arquivos depositados na Biblioteca do Congresso, em Washington (BCW), bem como diversos depoimentos ou relatos de casos reconstituídos ou publicados, é possível afirmar que, ao longo de sua vida profissional, Freud tratou cerca de cento e sessenta indivíduos bastante diferentes entre si, mas majoritariamente oriundos da alta ou média burguesia abastada. É provável, aliás, que ainda se descubram no futuro outros relatos de tratamentos, o que não deve alterar muita coisa no olhar dos historiadores sobre a prática clínica complexa de Freud.[107]

Entre 1895 e 1914, os pacientes vinham dos impérios centrais e da Europa ocidental, do Norte e do Sul, ao passo que, depois de 1920, passaram a chegar do continente americano, da França ou do Reino Unido, isto é, dos países "vencedores". Nesse período de sua vida, Freud tornou-se essencialmente

---

107. No fim do presente volume, o leitor encontrará uma lista (não exaustiva) dos pacientes de Freud estabelecida por Richard G. Klein e Ernest Falzeder, à qual acrescentei alguns nomes. Cf. também Ulrike May, "Neunzehn Patienten in Analyse bei Freud (1910-1920). – Teil I: Zur Dauer von Freuds Analysen. – Teil II: Zur Frequenz von Freuds Analysen", *Psyche, Zeitschrift für Psychoanalyse und ihre Anwendungen*, 6 e 7, Stuttgart, Klett-Cotta, junho e julho de 2007, p.590-625. David J. Lynn e George E. Vaillant examinaram e avaliaram 43 casos de Sigmund Freud, "Anonymity, Neutrallity and Confidentiality in the Actual Methods of Sigmund Freud: A Review of 43 Cases, 1907-1939", *American Journal of Psychiatry*, fevereiro de 1998, p.163-70. Mikkel Borch-Jacobsen fez um perfil deveras interessante, porém excessivamente hostil a Freud, de 31 pacientes, cf. *Les Patients de Freud*, op.cit. Cf. também a obra já antiga de Paul Roazen, *La Saga freudienne* (1971), Paris, PUF, 1986. E Manfred Pohlen, *En analyse avec Freud* (2006), Paris, Tallandier, 2010. E *Dicionário de psicanálise*, op.cit. Alguns arquivos sobre pacientes depositados na Biblioteca do Congresso, em Washington, ainda não foram liberados, embora ainda assim seja possível acessá-los. Identifiquei um pouco mais de 120 pacientes, cuja lista forneço anexa.

A arte do divã

um analista de analistas, ao mesmo tempo em que continuava a considerar a análise um assunto de família. Não só analisou a filha, como também os amigos de seus outros pacientes, além de vários discípulos, cônjuges ou parentes. Sabemos que não respeitava nenhuma das regras técnicas estabelecidas pelas sociedades psicanalíticas. De toda forma, convém ter em mente que essas "regras" foram instauradas progressivamente a partir de 1918 e que estava fora de questão para o movimento psicanalítico intimar Freud a respeitá-las. Como obrigar Freud a submeter-se a um tratamento, depois a uma supervisão para se tornar psicanalista? Como proibi-lo de analisar parentes ou cônjuges de parentes quando, até 1920, os membros de seu primeiro ciclo ainda não haviam elaborado tais regras, que, aliás, só foram efetivamente aplicadas na IPV (Verein) à medida que a atividade de psicanalista se profissionalizava?[108] Na realidade, as regras foram elaboradas pelo primeiro círculo para as gerações vindouras.

A partir dos anos 1920, uma mudança essencial se produziu na história do conhecimento dos "casos". Em vez de serem reconstruídos por Freud como relatos clínicos, os tratamentos do entreguerras foram descritos pelos próprios analisandos sob a forma de depoimentos, autoficções ou anotações transmitidos à posteridade e publicados por historiadores ou detentores de direitos. Em outras palavras, no que se refere a esse período, é através do olhar de um analisando que relata o próprio tratamento que podemos avaliar e compreender retrospectivamente o trabalho clínico de Freud, e não mais a partir dos relatos publicados por ele. A diferença é de vulto.

Sabemos, além disso, que os pacientes recebidos por Freud a título de "doentes" – antes e depois de 1914 – eram de certa forma compelidos a se tratar por parte de parentes ou amigos: foi o caso de todas as mulheres dos *Estudos sobre a histeria*, de Ida Bauer, de Margarethe Csonka e muitas outras ainda. Nessas condições, os tratamentos tinham poucas chances de ser vivenciados como "êxitos", sobretudo quando se lidava com jovens mulheres em rebelião contra suas famílias e que viam Freud como um médico lúbrico ou cúmplice dos pais. Ao contrário, os pacientes que se dirigiam espontaneamente à Berggasse para sua análise sentiam-se geralmente satisfeitos. Donde o paradoxo:

---

108. Abordei essa questão em *HPF-JL*, op.cit. Cf. também *Dicionário de psicanálise*, op.cit., onde consta a respectiva bibliografia.

os tratamentos mais bem-sucedidos eram os que resultavam de uma escolha livremente consentida por parte do sujeito. E, de fato, Freud teorizará que nenhuma experiência psicanalítica é possível sem a adesão total do paciente. Convém ainda esclarecer que, nessa época, quanto mais um analisando aspirava a se tornar analista, mais chances o tratamento tinha de ser terapêutico, antes de ser didático, uma vez que o paciente se engajava numa causa. Consequentemente, salvo exceção, os tratamentos mais acabados – isto é, os mais satisfatórios do ponto de vista dos sujeitos – eram os que resultavam, de um lado, de uma vontade consciente e, de outro, de um engajamento militante.[109]

Em sua grande maioria, os pacientes de Freud eram judeus e acometidos por neuroses, no sentido bastante lato conferido ao termo durante a primeira metade do século: neuroses às vezes brandas, mas quase sempre muito graves, e que mais tarde serão qualificadas como *borderline*, ou mesmo psicoses. Muitos eram intelectuais, não raro famosos – músicos, escritores, produtores, médicos etc. –,[110] desejosos não só de se tratar, como de experimentar o tratamento pela fala junto ao pai fundador. Quase sempre, batiam à porta da Berggasse após um périplo que os levara a ser examinados por todas as sumidades do mundo médico europeu: psiquiatras ou especialistas em todos os tipos de doenças nervosas. E, independentemente do que viessem a dizer, sobretudo antes de 1914, haviam se confrontado com o famigerado "niilismo terapêutico" tão característico do estado da medicina mental dessa época.

Nesse aspecto, o imenso sucesso obtido pela psicanálise era consequência da invenção freudiana de um sistema de interpretação das afecções da alma baseado em grandes epopeias narrativas, mais próximas das decifrações de enigmas do que da nosografia psiquiátrica. No divã daquele homem de ciên-

---

109. Foi justamente porque os psicanalistas evitaram confrontar-se com esses tratamentos não relatados por Freud que eles nunca puderam produzir uma verdadeira avaliação de sua prática. Pertencentes a todas as escolas – kleinianos, lacanianos, pós-lacanianos, ferenczianos etc. –, eles se limitaram a comentar, como se fora um *corpus* canonizado, a história de Anna O. e os "casos" relatados nos *Estudos sobre a histeria*, bem como as famosas *Cinco psicanálises*, das quais apenas três podem ser qualificadas como tratamentos. Assim, deixaram o campo livre para os antifreudianos, que se aproveitaram disso para transformar Freud num charlatão incapaz de curar qualquer paciente. A realidade é evidentemente muito mais complexa, como vimos.

110. Ernst Blum, Marie Bonaparte, Maryse Choisy, Jakob Julius David, Viktor von Dirsztay, Hilda Doolittle, Henri Flournoy, Horace W. Frink, Bruno Goetz, Abram Kardiner, Carl Liebman, Gustav Mahler, Raymond de Saussure, James e Alix Strachey, Bruno Walter, Margaret Wittgenstein, Joseph Wortis etc.

cia tão original, por sua vez fisicamente doente, cercado de suas suntuosas coleções de objetos e daqueles cães de beleza singular, não era difícil sentir-se o herói de uma cena teatral estudadamente povoada por príncipes, princesas, profetas, reis derrubados e rainhas deprimidas. Freud narrava contos de fadas, resumia romances, lia poemas, evocava mitos. Anedotas judaicas, *Witz*, relatos de desejos sexuais soterrados nas profundezas da alma, a seus olhos tudo servia para dotar o sujeito moderno de uma mitologia que o reconduziria ao esplendor das origens da humanidade. No plano técnico, Freud justificava essa posição afirmando que uma análise corretamente conduzida – isto é, bem-sucedida – tinha como objetivo convencer o paciente a aceitar a verdade de uma construção elaborada simplesmente porque esta produzia um benefício superior ao da simples reconquista de uma recordação recuperada. Em outras palavras, um tratamento bem-sucedido era um tratamento que permitia a um sujeito compreender a causa profunda de seus tormentos e fracassos e superá-los para realizar melhor seus desejos.

Freud recebia diariamente oito pacientes para sessões de cinquenta minutos, em média seis vezes por semana, ao longo de várias semanas e, eventualmente, meses. Acontecia de os tratamentos serem intermináveis, entremeados por retornos e recaídas. Além disso, Freud recebia igualmente outros pacientes para simples consulta, exames e receitas ou visando a algumas sessões de psicoterapia. Em geral, não fazia nenhuma anotação durante o decorrer das sessões e toda a sua arte do divã consistia numa iniciação à viagem: Virgílio guiado por Dante em *A divina comédia*. Embora recomendasse a abstinência, jamais obedecia a um princípio qualquer de "neutralidade", preferindo a "atenção flutuante", que dava livre curso à atividade inconsciente. Falava, atalhava, explicava, interpretava, se enganava e fumava charutos sem oferecê-los aos pacientes, o que lhes suscitava reações diversas. Por fim, às vezes evocava certos detalhes de sua vida pessoal e expunha inclinações, escolhas políticas e convicções. Em suma, envolvia-se na análise na convicção de que venceria as resistências mais tenazes. E, quando não conseguia, buscava compreender por quê, até um momento em que abandonava toda esperança de êxito. Além disso, às vezes cometia indiscrições, informando seus correspondentes sobre o conteúdo das sessões que ele conduzia, ou ainda lendo para determinados pacientes cartas que recebera a seu respeito e que deveriam permanecer confidenciais.

Freud fazia sua contabilidade dia a dia numa agenda especial (*Kassa-Protokoll*)[111] e o dinheiro era um tema privilegiado em suas cartas. Entre 1900 e 1914, adquirira um status social equivalente ao dos grandes professores de medicina, que aliás recebiam igualmente pacientes em privado.[112] Era tão rico quanto os clínicos mais reputados de sua geração e seu padrão de vida, similar.

Durante a guerra, seus rendimentos despencaram junto com a economia austríaca. Porém, a partir de 1920, começou a refazer sua fortuna, recebendo não mais apenas pacientes dos antigos impérios, arruinados pela crise financeira e as desvalorizações da moeda, mas psiquiatras ou intelectuais estrangeiros ricos vindos dos Estados Unidos ou desejosos de se formar na psicanálise. Freud tornou-se assim, progressivamente, analista dos analistas.

Quando era possível, cobrava os tratamentos em dinheiro vivo. Ao longo dos anos, conseguiu investir certa quantia no estrangeiro, ao que vinham se acrescentar direitos autorais bastante consideráveis. Embora ganhasse menos que um psicanalista instalado em Nova York ou Londres, era nitidamente mais rico que seus discípulos alemães, húngaros e austríacos, que, por sua vez, tinham grande dificuldade para sobreviver num contexto econômico desastroso. Em outubro de 1921, querendo que Lou Andreas-Salomé fosse a Viena, como ela própria manifestara o desejo, escreveu-lhe o seguinte: "Se o fato de estar impedida de se comunicar com seu país natal estiver interferindo em sua liberdade de movimentos, queira me permitir lhe enviar, de Hamburgo, o dinheiro de sua passagem. Meu genro administra de lá meus bens

---

111. Acessível para consulta na Biblioteca do Congresso, em Washington.

112. A meu pedido, Henri Roudier, matemático, calculou a fortuna de Freud nas diferentes etapas de sua vida. Em florins e coroas antes da Primeira Guerra, depois, a partir de 1924, em xelins e dólares. Observemos que todos os "câmbios" que foram propostos para calcular o preço das sessões de Freud e convertê-lo em euros ou dólares do século XXI não têm qualquer fundamento científico, e, aliás, os autores se contradizem mutuamente: 450 euros para uns, mil para outros, 1.300 para outros ainda. Impossível levar a sério tais conversões, manifestamente destinadas a insinuar que Freud teria sido um chantagista ou um ganancioso. A única forma de calcular sua fortuna é comparando-a com a de seus contemporâneos que tinham a mesma profissão que ele e vinham da mesma classe social. Naturalmente, Freud se tornara rico, se tomarmos como parâmetro a relativa pobreza em que vivia seu pai na mesma idade que ele. Henri Roudier, *Freud et l'argent*, inédito. Cf. também Christfried Tögel, "Sigmund Freud's Practicer: Visits and Consultation, Psychoanalyses, Remuneration", *The Psychoanalytic Quarterly*, 78, 4, 2009, p.1033-58. Cf. a avaliação de Thomas Piketty, na próxima página, n.114.

A arte do divã

em marcos, e em consequência de meus proventos em boa moeda estrangeira (americana, inglesa, suíça), tornei-me relativamente rico. Ora, eu gostaria de extrair algum prazer dessas novas riquezas."[113]

A título de comparação, observemos que, em 1896, Freud cobrava 10 florins a hora; em 1910, entre 10 e 20 coroas por sessão; em 1919, 200 coroas ou 5 dólares em caso de paciente americano (o equivalente a 750 coroas), ou um guinéu, ou seja, um pouco mais de uma libra esterlina (600 coroas) em caso de paciente inglês razoavelmente abastado. Por fim, em 1921, cogitou pedir 500 ou 1.000 coroas, depois fixou o preço da hora em 25 dólares,[114] o que não o impediu de aceitar somas menos elevadas de certos pacientes.

Havia momentos em que ele não conseguia reprimir um antiamericanismo injusto e feroz, a ponto de afirmar, por exemplo, que seus discípulos de além-mar só serviam para lhe proporcionar dólares. Um dia, declarou perante um interlocutor perplexo ser possível substituir a estátua da Liberdade "pela de um símio brandindo uma Bíblia". Outro dia, afirmou diante de um de seus alunos em análise que os americanos eram tão estúpidos que seria possível reduzir seu modo de pensamento a um silogismo ridículo: "Vocês, americanos, são mais ou menos assim: alho é bom, chocolate é bom, coloquemos então um pouco de alho no chocolate e degustemos."[115]

---

113. Lou Andreas-Salomé, *Correspondance avec Sigmund Freud*, op.cit., p.138. Freud faz alusão ao fato de que a família de Lou fora em parte arruinada pela revolução bolchevique.

114. Na mesma data, em Nova York, o preço da sessão era 50 dólares. A meu pedido, Thomas Piketty calculou a renda de Freud: "Freud era um médico rico, o que nada tinha de escandaloso, considerando o altíssimo nível de desigualdade característico da época. A renda média situava-se então entre 1.200 a 1.300 francos-ouro por ano e por habitante. Hoje, em 2013-14, a renda média (antes de todo imposto) é da ordem de 25 mil euros por ano e por habitante adulto. Para comparar os montantes, o melhor é então multiplicar os montantes em franco-ouro de 1900-10 por um coeficiente da ordem de 20. Christfried Tögel atribui a Freud uma renda da ordem de 25 mil florins, o que atualmente corresponderia a 500 mil euros de renda anual. É uma renda bastante elevada, decerto, mas deveras representativa do padrão mais alto da época. Mantendo-se a desigualdade constante, isso corresponderia antes a cerca de 250 mil euros de renda anual nos dias de hoje."

115. Sigmund Freud e Sándor Ferenczi, *Correspondance*, t.III: *1920-1933*, op.cit., p.252. Smiley Blanton, *Journal de mon analyse avec Freud*, Paris, PUF, 1973, p.72. Não compartilho a opinião de Patrick Mahony, que interpretou à maneira kleiniana o antiamericanismo de Freud, lançando a hipótese de que assim ele protegia defensivamente a imagem idealizada de sua mãe e que os Estados Unidos representavam para ele uma "mãe arcaica", cujo poder demoníaco ele teria recalcado. Cf. Louise Grenier e Isabelle Lasvergnas, *Penser Freud avec Patrick Mahony*, Québec, Liber, 2004, p.39.

Freud sentia como uma humilhação profunda a derrota dos impérios centrais e a preponderância cada vez maior que os psicanalistas americanos assumiam no movimento internacional. Sofria por ter de cobrar de todos os seus pacientes, mostrando-se favorável à ideia de que um dia instituições fossem capazes de oferecer tratamentos gratuitos aos mais pobres. De maneira geral, tinha horror à concepção americana da democracia, da liberdade individual e da autodeterminação dos povos: "Os americanos", dirá um dia a Sándor Rado, "transpõem o princípio democrático do domínio político para o da ciência. Todo mundo deve ser presidente alternadamente. Assim, são incapazes de realizar o que quer que seja."[116]

Freud sempre considerara o tratamento psicanalítico inapropriado para pessoas estúpidas, incultas, muito idosas, melancólicas, maníacas, anoréxicas ou em estado episódico de confusão histérica. Excluía igualmente da experiência psicanalítica os psicóticos e os perversos "que não desejassem reconciliar-se consigo mesmos". A partir de 1915, acrescentou à categoria de não analisáveis as pessoas acometidas de neuroses narcísicas graves, corroídas por pulsões de morte e destruição crônicas e impossíveis de sublimar. E mais tarde, quando Ferenczi lhe propôs tomá-lo em análise, respondeu com humor que, em se tratando de um septuagenário vítima de tabagismo e de uma lesão cancerosa, não havia tratamento possível. Em contrapartida, afirmava que a análise era indicada para tratar a histeria, a neurose obsessiva, fobias, angústias, inibições, distúrbios da sexualidade. E acrescentava que ela só dava resultado com pessoas inteligentes, dotadas de senso moral e suscetíveis de desejar envolver-se.

Em 1928, declarou de maneira muito explícita a seu discípulo húngaro Istvan Hollos, artífice da reforma do hospício, que não gostava dos psicóticos: "Finalmente admiti para mim mesmo que não gostava daqueles doentes e lhes queria mal por serem tão diferentes de mim e de tudo que há de humano. É uma espécie curiosa de intolerância, que naturalmente me torna inapto à psiquiatria ... . Será que nesse caso me comporto como faziam os médicos que nos antecederam com relação às histéricas, será isto resultado do pressuposto de um intelecto cada vez mais claramente afirmado, expressão de uma hostilidade ao isso?"[117]

---

116. Carta de Freud a Rado, de 30 de setembro de 1925, BCW.
117. Carta de Sigmund Freud a Istvan Hollos de 4 de outubro de 1928, in Istvan Hollos, *Mes adieux à la Maison jaune*, Paris, Éd. du Coq-Héron, 1986.

A arte do divã

Tomando ao pé da letra tais declarações, poderíamos pensar, a crer em seu fundador, que a psicanálise destina-se exclusivamente a sujeitos cultos, capazes de sonhar ou fantasiar, conscientes de seu estado, preocupados com a melhora de seu bem-estar, detentores de uma moralidade acima de qualquer suspeita e curáveis em poucas semanas, ou meses, em virtude de uma transferência ou contratransferência positivas. Ora, sabemos perfeitamente que a maioria dos pacientes que iam à Berggasse não correspondia a esse perfil.

Em outras palavras, no início do século, havia uma contradição patente entre as indicações de tratamento preconizadas por Freud em seus escritos e a realidade de sua prática junto a seus pacientes. E este tinha tanto mais consciência disso na medida em que ele mesmo remanejara sua doutrina, descrevendo, em "Introdução ao narcisismo" e em *Além do princípio do prazer*, casos de cujo êxito terapêutico, não obstante, duvidava. Mesmo assim, por oposição ao niilismo – mas premido pelas necessidades financeiras e sempre desejoso de encarar desafios –, aceitava em análise pessoas consideradas "inanalisáveis" na esperança de conseguir, se não curá-las, pelo menos atenuar seus sofrimentos ou gerar mudanças em sua vida.

Já se falou que esses pacientes, maníacos, psicóticos, melancólicos, suicidas, perversos, masoquistas, sádicos, autodestrutivos, narcísicos, consultavam outros especialistas que não obtinham mais sucesso que Freud.[118] Mas só ele foi acusado de todas as torpezas, em vida e mais ainda depois de morto: charlatão, chantagista, ganancioso etc.

Daí a grande importância de estudar em detalhe alguns tratamentos, dentre os mais desastrosos e os mais bem-sucedidos. Apontemos em primeiro lugar que, dos cento e vinte pacientes recebidos por Freud – das mais variadas tendências –, duas dezenas não extraíram nenhum benefício do tratamento e uma dezena o rejeitou a ponto de odiar o terapeuta. A maior parte deles recorreu a outras terapias, em condições financeiras idênticas e sem obter melhores resultados. Nenhum pesquisador até hoje foi capaz de dizer o que

---

118. A título de exemplo observemos que o arquiteto vienense Karl Mayreder (1856-1935), analisado por Freud durante dez semanas em 1915, em função de sua melancolia crônica, bateu um recorde ao consultar 59 médicos, cujas receitas e terapias foram totalmente ineficazes. Mas somente Freud foi em seguida acusado de não tê-lo curado. Essa tese da responsabilidade exclusiva de Freud é retomada por Mikkel Borch-Jacobsen, *Les Patients de Freud*, op.cit. Frank Cioffi, *Freud and the Question of Pseudoscience*, Chicago, Open Court, 1999. E Jacques Bénesteau, *Mensonges freudiens*, op.cit.

teria sido o destino desses pacientes se nunca tivessem feito nada para amenizar seu sofrimento.

No início do século, foi em Trieste, cidade portuária e barroca então sob dominação austríaca, via de passagem entre a *Mitteleuropa* e a península Itálica, que se deu uma das aventuras clínicas mais singulares com que Freud se confrontou. Em outubro de 1908, ele viu chegar à Berggasse um jovem estudante de medicina, Edoardo Weiss, seu ardoroso admirador desde que lera *A interpretação dos sonhos*. Filho de um industrial judeu originário da Boêmia que fizera fortuna no comércio de óleos comestíveis, dirá a Kurt Eissler: "Quando eu me preparava para partir, Freud me perguntou por que eu estava com tanta pressa. Ruminei então que ele estava feliz de encontrar alguém que vinha de Trieste. No passado, ele mesmo, como se sabe, passara uma temporada na cidade juliana. Amava a Itália e se alegrara ao pensar que alguém vindo de Trieste se interessasse por seus trabalhos. Na época, eu tinha dezenove anos. Terminada a visita, perguntei quanto devia pela consulta e, de uma maneira encantadora, ele me respondeu que não aceitava nada de um colega."[119]

Freud preferiu não se incumbir da análise daquele que viria a ser o introdutor de sua doutrina na Itália e um de seus melhores discípulos. Assim, encaminhou-o para formar-se no divã de Paul Federn, que se tornaria seu mestre e amigo até no exílio americano.

Muito parecidos com os vienenses da Belle Époque, os intelectuais triestinos pretendiam-se "irredentistas". De maneira complexa, reivindicavam não só sua identidade italiana, como um profundo vínculo com aquela cultura europeia que os tornava tão sensíveis a todos os grandes movimentos de vanguarda literária e artística. Quanto aos intelectuais judeus desjudaizados e oriundos da burguesia mercantil – rica ou empobrecida –, aspiravam a uma emancipação idêntica à dos vienenses, ao mesmo tempo em que desenvolviam uma crítica feroz e melancólica contra a monarquia dos Habsburgo. Em suma, sentiam-se mais italianos que austríacos, mais judeus que italianos e suficientemente atormentados por suas neuroses familiares para sentirem-se atraídos pela ideia de explorar suas subjetividades.

---

119. Entrevista de Edoardo Weiss a Kurt Eissler, 13 de dezembro de 1953, BCW, cx.121, pasta 34, com diversos comentários e recordações. Cf. também Anna Maria Accerboni, "Sigmund Freud dans les souvenirs d'Edoardo Weiss, pionnier de la psychanalyse italienne", *Revue Internationale d'Histoire de la Psychanalyse*, 5, 1992, p.619-33.

No momento em que Weiss abraçava a causa da psicanálise, Italo Svevo – cujo nome verdadeiro era Ettore Schmitz – se interessava, por sua vez, pela obra freudiana, que, nessa época, era comentada com ardor pela intelligentsia triestina: um verdadeiro "ciclone", dizia Giorgio Voghera.[120] Igualmente oriundo de uma família de comerciantes judeus, casara-se com uma prima, Livia Veneziani, cujos pais ricos se haviam convertido ao catolicismo e cujo irmão, Bruno Veneziani, homossexual, tabagista e toxicômano, era um amigo de juventude de Weiss. Ao mesmo tempo amigo de Umberto Saba, poeta triestino, que viria a ser analisado por Weiss, e de James Joyce, que ensinava inglês na Berlitz School de Trieste, Svevo, tabagista como Freud, publicou dois romances que não fizeram sucesso. E quando conheceu Isidor Sadger, em 1911, de férias em Bad Ischl, comunicou-lhe sua dependência da nicotina.[121]

Aparentando a maior normalidade em sua vida profissional de homem de negócios dirigindo a empresa dos sogros,[122] Svevo nem por isso deixava, em privado, de cultivar fantasias sexuais e homicidas. Sonhava devorar a mulher em pedaços, começando pelas botinas, mostrava-se ciumento e excêntrico e pensava incessantemente em mordê-la no rosto. Parecia-se de tal forma com um personagem de romance que Joyce inspirou-se nele para esboçar o perfil de Leopold Bloom em *Ulysses*. Também se lembrará de Livia e de sua "longa cabeleira loura" no momento de realizar *Finnegans Wake*.

Quanto a Olga Veneziani, mãe de Livia e Bruno, parecia saída diretamente de um relato dos grandes casos freudianos. Frenética, odiando o genro, sofrendo com as dissipações de um marido que a traía e "cobrindo o mundo com caldeiras" [*couvrant le monde de chaudières*],[123] era apaixonada pelo filho a ponto de querer transformá-lo num gênio: músico glorioso e grande homem de negócios. Assim, Bruno foi, desde a infância, propenso a graves convulsões e tratado inocuamente por Augusto Murri, um dos papas da medicina positivista da época.[124] Face à influência dessa mãe riquíssima e exagerada, ele experimentava um sentimento de horror e levava uma vida turbulenta, ostentando abertamente sua homossexualidade.

---

120. Giorgio Voghera, *Gli anni della psicoanalisi*, Pordenone, Studio Tesi, 1980.
121. Cf. Maurizio Serra, *Italo Svevo ou l'Antivie*, Paris, Grasset, 2013, p.258-9. Italo Svevo, *Romans*, edição estabelecida e apresentada por Mario Fusco, Paris, Gallimard, col. Quarto, 2010.
122. Empresa de pintura de cascos de embarcações.
123. São os termos utilizados por Svevo.
124. Maurizio Serra, *Italo Svevo ou l'Antivie*, op.cit., p.261.

A conselho de Weiss e de sua mãe, Bruno Veneziani consultou diversos psicanalistas: Wilhelm Stekel, Isidor Sadger, Rudolf Reitler, Karl Abraham. Em seguida, entre 1912 e 1914, frequentou intermitentemente o divã de Freud, que custou muito a perceber que nenhum tratamento venceria patologias tão fortemente desejadas pelo paciente. Em 31 de outubro de 1914, irritado, afirmou que não havia nada a fazer com aquele "mau sujeito", e, a esse respeito, Abraham insinuou que o narcisismo do terrível paciente furtava-se a toda forma de interpretação.[125] Impressionado com o retumbante fracasso do tratamento do cunhado, e com as somas investidas na terapia, Svevo desenvolveu uma intensa amargura em relação ao tema e adquiriu a convicção de que o tratamento psicanalítico era perigoso: inútil, dirá, querer explicar o que é um homem. Só o romance vivido como uma autoanálise permitiria, segundo ele, não "cuidar da vida", sabendo que esta é em si uma doença mortal.

Veneziani retornou a Trieste, enquanto Svevo começava, em plena guerra, a traduzir textos de Freud, ao mesmo tempo trabalhando na gênese de um novo romance que teria como tema a história de um falso tratamento psicanalítico e o tabagismo de um homem acometido da síndrome do "último cigarro". Como pôr fim àquele vício, a não ser jamais tomando qualquer decisão no sentido de se livrar dele? Questão freudiana por excelência.

Em 1919, Bruno Veneziani, ainda dependente da morfina, retomou, a pedido da mãe, seu interminável périplo terapêutico no exato momento em que Svevo começava a escrever a história de seu duplo – Zeno Cosini –, que era também a de Ettore Schmitz e Edoardo Weiss. E é então que Weiss sugere a Bruno retomar o caminho do divã de *Herr Professor* e participar das reuniões da WPV. Freud, porém, reagiu a esse projeto com uma negativa: "Penso que ele não representa um caso favorável. Faltam-lhe duas coisas: de um lado, um conflito entre seu eu e suas exigências pulsionais, o que o deixa satisfeito consigo mesmo e joguete do antagonismo de circunstâncias externas; de outro, falta-lhe um eu seminormal e suscetível de cooperar com o analista. Quer dizer, tenta sempre enganá-lo e livrar-se dele mediante o fingimento. Daí a existência nele de um eu extremamente narcísico, refratário a toda influência, e alimentado, tristemente, pelo talento e dons pessoais."[126]

---

125. Sigmund Freud e Karl Abraham, *Correspondance*, op.cit., p.352-4.
126. Anna Maria Accerboni Pavanello, "La sfida di Svevo alla psicoanalisi", in *Guarire dalla cura: Italo Svevo e i medici*, Museo Sveviano, Comuna de Trieste, 2008, p.110-2. Cf. também Maurizio Serra, *Italo Svevo*, op.cit., p.249.

Freud ressaltava que Olga não queria abandonar o filho, recomendando que o paciente fosse encaminhado para o sanatório de Baden-Baden. Bruno Veneziani foi para lá, logo depois de Groddeck, para três sucessivas internações, durante as quais conheceu um novo amante sem jamais abandonar a toxicomania. Migrou em seguida para a clínica Bellevue, com Binswanger, onde dispôs de tempo para se confrontar com os sofrimentos melancólicos de boa parte da intelligentsia europeia. Por fim, mais infeliz do que nunca, retornou a Trieste. Internado periodicamente no hospital psiquiátrico, encarnou uma espécie de personagem de romance, inapto e decadente, semelhante ao herói descrito em 1923 por seu cunhado em *A consciência de Zeno*. Do fundo de seu infortúnio, tornou-se então espectador das grandes catástrofes da Europa, sempre em busca de uma impossível alteridade.

Após a morte de Olga, de quem herdou em 1936 o grosso do patrimônio da família, o ex-paciente de Freud instalou-se em Roma para se lançar numa fantasiosa carreira de concertista barroco. Dois anos mais tarde, logo antes de emigrar, Weiss o encaminhou a um colega junguiano, que o acolheu e lhe propôs traduzir obras do mestre de Zurique. Por fim, Veneziani sossegou junto a um amante que o ajudou a escapar das perseguições fascistas. Morreu em 1952, com "o fígado roído por dores e venenos", após abrir mão de metade das ações da fábrica da família para comprar um cravo.[127]

Baseando-se no fio dessa trajetória, que lhe evitou a experiência do divã justamente quando sonhara ser analisado por Freud, Svevo criou um dos personagens mais fascinantes da literatura do século XX. Um anti-herói moderno, atormentado por sua inconsistência, sua melancolia, seu tabagismo e os absurdos de uma vida fadada ao fracasso. Em suma, Svevo foi o primeiro escritor de sua geração a criar o modelo perfeito do paciente freudiano do primeiro quarto do século XX, doente crônico, confrontado com um psicanalista impotente e vingativo – o Dr. S. –, assombrado pela morte do pai e a potência das mulheres, rivalizando com um alter ego suicida e sonhando, por fim, com uma grandiosa catástrofe que fizesse o planeta explodir: "Então um homem", ele escreve, "faz igual aos outros, porém, um pouco mais doente que os outros, roubará esse explosivo e mergulhará no centro da Terra a fim de plantá-lo ali, onde seu efeito será mais forte. Haverá uma detonação enorme

---

127. Maurizio Serra, *Italo Svevo*, op.cit., p.264.

que ninguém ouvirá e a Terra, de volta ao estado de nebulosa, continuará sua carreira nos céus, livre dos parasitas e das doenças."[128]

Mantendo-se deliberadamente à margem da modernidade literária, em especial quando ela se inspirava em sua obra, Freud jamais se interessou por *A consciência de Zeno*. Quanto a Weiss, recusou-se a fazer uma resenha da obra, apesar do pedido do escritor. Pior, continuava a afirmar, ainda trinta anos após a morte de Svevo, que o romance não refletia em nada o método psicanalítico e que ele, por sua vez, era completamente diferente do Dr. S.[129] Mais uma vez, como a maioria dos psicanalistas, buscava nas obras literárias o reflexo da doutrina freudiana, sem atribuir qualquer importância à maneira como essa doutrina contribuíra para uma renovação da literatura.

Anos após sua morte, foi a vez de Edoardo Weiss ser a vítima expiatória de seu próprio método, quando alguns comentadores, munidos da doutrina freudiana, explicaram que sua aversão ao romance devia-se a uma contra-transferência negativa para com Svevo, o qual teria cometido o sacrilégio de não respeitar sua "autoridade paterna".[130]

O destino de Veneziani assemelha-se, por fim, aos de Otto Gross, do barão Von Dirsztay, de Viktor Tausk, de Horace Frink e muitos outros ainda, como Carl Liebman.[131] De certa forma, eles são os anti-heróis da história da saga freudiana. Esquecidos, rejeitados ou maltratados pela historiografia oficial, depois revalorizados pelos antifreudianos, formam uma espécie de comunidade maldita que mais nenhum historiador pode ignorar, sob pena de nada compreender da complexidade da aventura freudiana.

Após 1920, Freud poderia ter desfrutado de uma grande felicidade ao contemplar o imenso sucesso angariado pela psicanálise de uma ponta a outra do planeta. Nessa época, embora estando perfeitamente claro que sua causa progredia, ele não extraía satisfação disso. Era como se, após haverem rejeitado suas ideias, ele temesse que não as aceitariam senão para desvirtuá-las. O que fará "a ralé" quando eu não estiver mais vivo? ele se perguntava, pensando em todas as

---

128. Italo Svevo, *Romans*, op.cit., p.908 [ed. bras.: *A consciência de Zeno*, Rio de Janeiro, Nova Fronteira, 2015].
129. Mario Lavagetto, *L'impiegato Schmitz e altri saggi su Svevo*, Turim, Einaudi, 1975. Reproduzido também por Maurizio Serra.
130. Anna Maria Accerboni Pavanello, "La sfida di Svevo alla psicoanalisi", op.cit.
131. Ver, infra, as relações entre Freud e Oskar Pfister.

"distorções" que seus contemporâneos impunham à sua doutrina. Como muitos fundadores, Freud pretendia-se o guardião feroz de seus conceitos e invenções, correndo assim o risco de legitimar idólatras ou simplórios.

E foi nesse estado de espírito que acolheu na Berggasse todos os pacientes oriundos dos países vencedores – em especial, os americanos –, que, vindo formar-se na atividade de psicanalista e ao mesmo tempo desejosos de conhecer a si mesmos, pagavam alto por isso. Freud bem que reclamava, mas era obrigado a admitir que aqueles tratamentos conduzidos diretamente em inglês com discípulos cooperadores lhe apontavam um futuro possível no qual ele sequer pensara para a psicanálise. Por exemplo, viu-se obrigado a moderar seu antiamericanismo e admitir que outras terras prometidas abriam-se à sua doutrina: França, Reino Unido, Estados Unidos, América Latina, Japão etc.

Nascido em Nova York e oriundo de uma família de alfaiates judeus vindos da Ucrânia, Abram Kardiner, jovem médico de trinta e dois anos de idade, foi a Viena em outubro de 1921 para fazer análise com Freud, como farão nessa época vários de seus compatriotas: Adolph Stern, Monroe Meyer, Clarence Oberndorf, Albert Polon, Leonard Blumgart.[132] Apaixonado por antropologia e recusando os dogmas, ele já praticava análise após um tratamento inicial, que julgava insuficiente, no divã de Horace Frink.

Durante seis meses, contou a Freud a história de seus pais, pobres emigrantes fugidos das perseguições antissemitas: a chegada a Ellis Island, a procura de emprego, a morte de sua mãe tuberculosa quando ele tinha três anos, as preces feitas numa língua que ele não conhecia, o medo do desemprego, a fome, depois a entrada em cena de uma nova mãe, vinda da Romênia e que lhe despertara um forte desejo sexual. Kardiner falou de seu gosto pela música, da descoberta de sua judeidade, da língua iídiche, depois do antissemitismo, de seu desejo de vir a ser um grande "doutor" e de seu interesse pelas comunidades minoritárias – indianos, irlandeses, italianos –, o tão falado *melting-pot* que não deixava de ter certa semelhança com a *Mitteleuropa*.

---

132. Entre os pacientes de Freud, incluem-se cerca de vinte americanos, quase todos procedentes de Nova York. Thaddeus Ames (1885-1963) estivera com Freud em Viena entre 1911 e 1912. Monroe Meyer (1892-1939), psiquiatra melancólico, suicidou-se aos 47 anos de idade com um picador de gelo. Freud será acusado pelos antifreudianos de ter causado essa morte voluntária, que ocorreu dezoito anos após a passagem de Monroe por Viena. Leonard Blumgart (1881-1959) permaneceu fiel à ortodoxia freudiana.

Kardiner evocou também suas recordações de adolescente. Sua madrasta sofria de uma má-formação do útero que a impedia de ter mais filhos, o que o alegrava. Quanto ao pai, lembrou-se que antigamente ele xingara e espancara sua mãe, com quem se casara sem amor. Também guardara na memória a lembrança daquela mulher infeliz, que lhe pusera no mundo sem ter tido tempo de criá-lo. Foi sob a influência de sua segunda mãe adorada que o pai do paciente conseguira se transformar num verdadeiro esposo devotado à família. Após um caso amoroso complicado com uma adolescente, seguido de um estado depressivo, Kardiner iniciara estudos de medicina, passando assim do status de filho de alfaiate judeu-americano ao de brilhante intelectual seduzido pela psicanálise e o culturalismo. Era, contudo, extremamente angustiado, o que o fragilizava em todos os atos da vida.

Contou dois sonhos a Freud. No primeiro, via três italianos urinando sobre ele, o pênis ereto, e, no segundo, dormia com a madrasta. Kardiner era manifestamente um "paciente freudiano" ideal, inteligente, capaz de sonhar, acometido de uma neurose fóbica, com fixação amorosa por uma madrasta substituta de uma mãe vítima de um pai perseguido que fizera um casamento arranjado antes de emigrar. Não obstante, sem votar-lhe qualquer tipo de idolatria, tudo que ele queria era aquela experiência com o mestre vienense. Embora o admirando, discutia abertamente suas interpretações.

Não foi o caso de Clarence Oberndorf, em análise ao mesmo tempo que Kardiner e fundador, ao lado de Brill, da New York Psychoanalytic Society (NYPS). Freud o desprezava e julgava-o estúpido e arrogante.[133] No entanto, Oberndorf lhe era muito mais fiel que Kardiner, apesar de altamente refratário – o que era mais que compreensível – à mania dos psicanalistas de procurar "cenas primitivas" em toda parte. Já achava que terapias à moda antiga não combinavam mais com os tempos modernos.[134]

Logo no primeiro dia de sua análise, contou um sonho no qual era levado a uma destinação desconhecida dentro de uma caleça puxada por dois cavalos, um preto e um branco. Freud sabia que seu paciente, nascido em Atlanta de uma família sulista, tivera na infância uma babá negra à qual era muito afeiçoado. Logo, deu prontamente a esse sonho uma interpretação fulgurante,

---

133. Como ele contou a Jones. Cf. Peter Gay, *Freud, une vie*, op.cit., p.651.
134. Depoimento de Clarence Oberndorf de 12 de dezembro de 1952, BCW.

A arte do divã

declarando a Oberndorf que ele não conseguiria se casar porque não era capaz de se decidir entre uma mulher branca e uma mulher negra. Fora de si, Oberndorf discutiu esse sonho com Freud e com Kardiner durante meses.[135] Sentia-se tanto mais humilhado na medida em que era um analista estabelecido, formado no divã de Federn e, por sua vez, um ás no manejo dos sonhos. Segundo Kardiner, ele continuou solteiro e Freud continuou a menosprezá-lo.

Com Kardiner, Freud tinha tudo para ser muito mais feliz do que com Oberndorf. Qual uma profetisa danubiana, explicou-lhe que ele se identificara com o infortúnio da mãe – o que atestava uma "homossexualidade inconsciente" –, que os três italianos de seu sonho representavam seu pai, pelo qual sentira-se humilhado, e que o rompimento com sua noiva repetia um abandono primordial que nunca mais se produziria, uma vez que ele se reerguera sozinho. A respeito de outro sonho, Freud explicou a Kardiner que ele desejava permanecer submisso a seu pai para não "despertar o dragão adormecido". Em dois pontos – a homossexualidade inconsciente e a submissão ao pai –, Freud se enganava, e o paciente percebeu isso.

Ao fim de seis meses, Freud julgou Kardiner muitíssimo bem analisado, prognosticando-lhe uma carreira magnífica, um sucesso financeiro excepcional e uma vida amorosa feliz: enxergara certo. Em 1976, quando se afastara do dogmatismo psicanalítico, recusando tanto o edipianismo generalizado como as interpretações canônicas sobre a homossexualidade recalcada ou a lei do pai, Kardiner lembrou-se deliciado de sua passagem pela Berggasse: "Hoje, com uma perspectiva de conjunto, eu diria que Freud saiu-se brilhantemente em minha análise. Se Freud era um grande analista, é porque jamais se expressava teoricamente – pelo menos por essa época –, formulando suas interpretações em linguagem comum. À exceção de sua referência ao complexo de Édipo e ao conceito de homossexualidade inconsciente, tratava o material sem separá-lo da vida cotidiana. Quanto à sua interpretação dos sonhos, era excepcionalmente penetrante e intuitiva." E acrescentava a respeito do erro de Freud sobre "o dragão adormecido": "O homem que inventara o conceito de transferência não sabia reconhecê-lo quando ele se apresentava. Uma única coisa lhe escapara. Sim, claro, eu tinha medo de meu pai quando era pequeno,

---

135. Clarence Oberndorf (1882-1954) era um ortodoxo do freudismo, hostil à psicanálise leiga. Redigiu a primeira obra oficial sobre a história da psicanálise nos Estados Unidos.

porém, em 1921, o homem que eu temia era Freud em pessoa. Ele podia me dar a vida ou ceifá-la, o que não era mais o caso de meu pai."[136]

Esse depoimento é tanto mais interessante na medida em que Kardiner viera a Viena por julgar insuficiente sua análise com Frink. Ignorava, todavia, que o tratamento deste com Freud havia sido muito difícil. Naturalmente, embora percebendo a agressividade de Frink, Kardiner não detectara nele sinais de psicose. Mais dogmaticamente freudiano que o próprio Freud, Frink interpretara como um anseio de morte edipiano a relação de Kardiner com o pai: "O senhor tinha ciúme dele e ciúme de que ele possuísse sua madrasta", dissera-lhe. E essa interpretação equivocada induzira em Kardiner uma recrudescência da angústia e o desejo legítimo de terminar o tratamento. Sem intenção de prejudicar Frink, Freud recusou-a. Porém, no fim da análise, confidenciou seus temores a Kardiner. Os problemas terapêuticos não interessavam mais, ele diz: "Agora sou muito mais impaciente. Sofro de um certo número de deficiências que me impedem de ser um grande analista. Entre outras coisas, sou um pai extremoso. E me preocupo demasiado com a teoria."[137]

Em abril de 1922, quando Kardiner afirmou diante dele que a psicanálise não podia prejudicar ninguém, Freud lhe apontou duas fotografias de Frink, uma tirada antes de sua análise (outubro de 1920), a outra um ano depois.[138] Na primeira, Frink assemelhava-se ao homem que Kardiner conhecera, na outra parecia alucinado e descarnado. Fora realmente a experiência do divã que produzira aquela metamorfose? Kardiner desconfiava disso muito mais que Freud,[139] que nunca conseguiu sair do pesadelo daquela terapia trágica, em que se misturavam relações conjugais, adultério, endogamia psicanalítica e erro de diagnóstico.

Nascido em 1883, Horace Westlake Frink não era judeu, nem filho de imigrantes europeus, nem rico, nem neurótico. Dotado de uma inteligência excepcional, abraçara muito cedo estudos de psiquiatria para ser psicanalista. Sofrendo, desde a juventude, de psicose maníaco-depressiva, fora analisado por Brill, depois recebido no seio da NYPS, até publicar, poucos anos mais tarde, um verdadeiro best-seller que muito contribuiu para aumentar ainda mais a popularidade do

---

136. Abram Kardiner, *Mon analyse avec Freud* (1977), Paris, Belfond, 1978, p.141 e 89.
137. Ibid., p.103-4.
138. Freud as recebera em outubro de 1921, no momento em que Kardiner começava sua análise.
139. Abram Kardiner, *Mon analyse avec Freud*, op.cit., p.101.

freudismo do outro lado do Atlântico.[140] Em 1918, ele se tornara um dos psicanalistas mais reputados da Costa Leste, sem deixar, contudo, de passar por crises maníacas e melancólicas, com delírios e obsessões suicidas. Dividia sua vida entre a esposa legítima, Doris Best, com quem tivera dois filhos, e a amante, Angelika Bijur, sua ex-paciente, herdeira riquíssima, casada com Abraham Bijur, ilustre jurista americano, analisado por ele, depois por Thaddeus Ames.

Pressionado pela amante a pedir o divórcio, Frink foi a Viena fazer uma análise com Freud a fim de decidir qual seria a mulher de sua vida. Por sua vez, Angelika (Angie) consultou Freud, o qual aconselhou-a a divorciar-se e casar-se com Frink, caso contrário ele corria o risco de virar homossexual de uma maneira mais ou menos simulada. E, paralelamente, diagnosticou em seu paciente uma homossexualidade recalcada. Na realidade, estava seduzido por aquele homem brilhante a quem qualificava de "rapaz muito gentil, cujo estado seria estabilizado por uma mudança de vida". Estimulou-o a suplantar Brill.[141]

Impossível para Frink aceitar esse diagnóstico. No entanto, cego pela influência exercida por *Herr Professor*, tomou a decisão de abandonar Doris e se casar com Angie. Escandalizado face a esse comportamento, que julgava contrário a toda ética, Abraham Bijur rascunhou uma carta aberta a ser publicada no *New York Times*, na qual tratava Freud de "grande médico charlatão". Entregou a cópia a Thaddeus Ames, o qual remeteu-a a Freud, apontando o perigo que aquele caso poderia representar para a NYPS caso noticiado pela imprensa. A Jones, que tentava apagar o incêndio, ele afirmou que Angie compreendera mal suas declarações. Enfatizou, no entanto – e este era seu pensamento profundo –, que a sociedade tolera melhor o adultério que o divórcio entre duas pessoas infelizes mas desejosas de casar novamente.[142]

---

140. Horace W. Frink, *Morbid Fears and Compulsions*, Boston, Moffat, Yard & Co., 1918.

141. A primeira análise de Frink durou cinco meses, entre março e julho de 1921. Retomou o tratamento entre abril e julho de 1922. Entre novembro e dezembro, fez uma terceira etapa. Cf. Paul Roazen, *La Saga freudienne*, op.cit. E L. Edmunds, "Freud's American Tragedy", *Johns Hopkins Magazine*, 30, 1988, p.40-9. Ver também *Penser Freud avec Patrick Mahony*, op.cit., p.40-5. Mikkel Borch-Jacobsen, *Les Patients de Freud*, op.cit., p.198-202. A análise de Frink foi ignorada pela comunidade psicanalítica e por diversos biógrafos de Freud, à exceção de Peter Gay, que a conta corretamente em *Freud, une vie*, op.cit., p.652, apontando o antiamericanismo de Freud. Além disso, o caso é evocado na *Correspondência completa* entre Freud e Jones, op.cit. Cf. também *Dicionário de psicanálise*, op.cit.

142. Carta a Jones de 6 de novembro de 1921. Abraham Bijur morreu em maio de 1922 sem publicar sua carta aberta.

Maneira de admitir que impelira Horace e Angie ao divórcio, na medida em que pensava que eles não se entendiam mais com seus respectivos cônjuges.

Em outras circunstâncias, Freud pensava diferente, em especial quando tinha a convicção de que um adultério não passava do sintoma de um problema não resolvido com um cônjuge ainda amado. Em suma, condenava o adultério na mesma medida em que estimulava as "boas separações", com a condição de que elas desembocassem num novo casamento. No caso específico, enganava-se redondamente sobre Frink. E perseverou, dirigindo-lhe uma carta despropositada: "Exigi de Angie que ela não repita para estranhos que a aconselhei a se casar com o senhor porque o senhor corria o risco de uma descompensação nervosa … . Posso lhe sugerir que sua ideia segundo a qual ela perdeu parte de sua beleza poderia ser transformada pela da aquisição de uma parte de sua fortuna? O senhor se queixa de não compreender sua homossexualidade, o que implica que não está consciente de sua fantasia de querer fazer de mim um homem rico. Se tudo correr bem, troquemos esse presente imaginário por uma contribuição real para o fundo psicanalítico."[143]

Como todos os seus discípulos, Freud contribuía para o financiamento do movimento psicanalítico. E, nesse aspecto, não admira ter formulado a ideia de que Frink também pudesse participar do financiamento por doação a fim de se curar de suas fantasias. Quanto à interpretação segundo a qual uma mulher que tivesse perdido a beleza aos olhos de seu amante poderia ser desejada por sua fortuna, derivava de uma concepção tradicional da família burguesa. Freud comportava-se então com seu paciente como uma espécie de casamenteiro paternalista à moda antiga, misturando divã e conselho conjugal. Prova de que não compreendera nada da loucura de Frink, a quem tomava por um neurótico inteligente que recalcava sua homossexualidade com relação ao pai. Uma vez livre para se casar com a antiga amante, Frink sentiu uma culpa terrível e retornou novamente a Viena em novembro de 1922. Durante um episódio delirante, imaginou estar mergulhado num túmulo e, sessões a fio, girava freneticamente em círculo a ponto de Freud contratar um médico, Joe Asch, para cuidar dele e vigiá-lo em seu hotel. A situação piorou quando Doris morreu em consequência de uma pneumonia depois

---

143. Carta de Freud a Horace Frink de 17 de novembro de 1921, BCW. Citada parcialmente em *Penser Freud avec Patrick Mahony*, op.cit., p.43.

A arte do divã

do casamento de seu ex-marido com Angie. Frink afirmou então que amava sua primeira mulher, depois passou a violentar a segunda.

Em maio de 1924, Freud viu-se obrigado a desmentir seu paciente, declará-lo doente mental e inapto a dirigir a NYPS: "Eu tinha depositado todas as minhas esperanças em sua pessoa, embora as reações dele ao longo da análise fossem de natureza psicótica ... . Quando ele viu que não estava autorizado a satisfazer livremente seus desejos infantis, desmoronou. O mesmo aconteceu no que se refere à sua relação com a nova esposa. A pretexto de que ela era intratável nas questões de dinheiro, ele não recebeu todos os sinais de afeição que não cessava de lhe reivindicar."[144] Aceito a seu pedido na clínica psiquiátrica do hospital Johns Hopkins, de Baltimore, e tratado por Adolf Meyer, Frink soube que Angie desejava separar-se dele. Após uma vida feita de alternâncias entre exaltação e melancolia, morreu esquecido em 1936.

Quarenta anos mais tarde, sua filha, Helen Kraft, encontrou nos papéis de Adolf Meyer a correspondência de seu pai com Freud, bem como diversos documentos cujo conteúdo ela revelou publicamente, acusando o mestre de Viena de ter sido um charlatão.[145] Os adeptos do antifreudismo aproveitaram-se disso então para acusar Freud de ter manipulado todos os seus pacientes, transformados, em seus próprios depoimentos, em vítimas das perfídias de sua doutrina. Quanto aos psicanalistas, continuaram tranquilamente a ignorar os erros clínicos do mestre idolatrado.

Após esse episódio, Freud redobrou sua animosidade contra os Estados Unidos e os americanos, o que provocou uma resposta incisiva e lúcida de Jones: "Lembro o raciocínio de Pitt: Não se acusa uma nação. São seres humanos, com as mesmas potencialidades que os demais... . Dentro de cinquenta anos, eles serão os árbitros do mundo, de modo que é impossível ignorá-los. De toda forma, não medirei esforços para lá consolidar a implantação, por ora incipiente, da psicanálise."[146]

---

144. Sigmund Freud e Ernest Jones, *Correspondance complète, 1908-1939*, op.cit., carta de Freud de 25 de setembro de 1924, p.639.
145. Medical Archives of Johns Hopkins Medical Institutions. The Frink Family Collection. E Michael Specter, "Sigmund Freud Urged His Disciple to Divorce: Wanted Him to Marry Another Woman, Daughter Finds", *Los Angeles Times*, 12 de novembro de 1987.
146. Sigmund Freud e Ernest Jones, *Correspondance complète, 1908-1939*, op.cit., carta de Jones de 20 de setembro de 1924, p.641.

Durante esses anos, no bairro de Bloomsbury, em Londres, a elite não conformista da literatura, das ciências, da economia e das artes reunia-se em torno de Virginia e Leonard Woolf, Lytton e James Strachey, Dora Carrington, John Maynard Keynes e Roger Fry. Movidos por uma vontade férrea de atacar o espírito vitoriano e denunciar as guerras imperiais, haviam, por objeção de consciência, recusado qualquer envolvimento com a carnificina das trincheiras e expressado seu desejo de transformar os costumes da sociedade britânica, instaurar a igualdade entre homens e mulheres, combater o imperialismo e moderar os ardores mercantilistas do capitalismo.

Defendiam, tanto por suas práticas sexuais como em seus escritos, uma nova concepção do amor, dando vazão, sem recalcá-las, a todas as tendências "naturais" do ser, em especial a homossexualidade e a bissexualidade. Oriundos da burguesia intelectual inglesa e formados nas melhores universidades do reino – Trinity College de Cambridge –, os *Bloomsburies* admiravam a obra freudiana, viam o puritanismo como uma ameaça à civilização e pretendiam opor-se a ele inspirados num ideal ético e estético fundado tanto no liberalismo como no socialismo. Foi no âmago dessa bela modernidade crítica que nasceu, patrocinada por Jones, a escola inglesa de psicanálise, contemporânea do nascimento do pós-impressionismo.

Em 1917, Leonard e Virginia Woolf haviam fundado uma prestigiosa editora – a Hogarth Press – destinada a divulgar as obras dos amigos. Um ano mais tarde, Lytton Strachey publicava a biografia de quatro vitorianos eminentes, considerados heróis, cada um em seu domínio: Florence Nightingale, Thomas Arnold, Charles Gordon e Edward Manning. Descrevia-os, contudo, sob uma luz sombria, a fim de criticar mais enfaticamente, através de suas ações, os aspectos negativos da política vitoriana: evangelismo tacanho, colonialismo, sistema educacional repressivo, humanitarismo egoísta. Reivindicava, além disso, o direito do escritor de interpretar livremente os fatos e introduzir na narrativa uma escrita de si. Nesse sentido, renovava a arte biográfica numa perspectiva intimista que não estava distante da perspectiva da psicanálise.

Lytton Strachey, por sinal, interessava-se tanto quanto Freud pela vida atormentada dos heróis da monarquia inglesa. Eis por que, após redigir uma sátira dos vitorianos eminentes, dedicou duas obras à vida amorosa de duas grandes rainhas: Elisabeth e Vitória. Ambas tiveram como ponto comum terem se deixado dominar, no fim de suas vidas, por amantes cuja própria existência ia de encontro ao ideal que orientara seus reinados.

A arte do divã

Sabemos que durante mais de dez anos, de 1587 a 1601, Elisabeth viveu uma paixão turbulenta com um primo bem mais jovem, Robert Devereux, conde de Essex, que lhe incutiu a ideia de que as funções mais elevadas do Estado deviam ser atribuídas a ele, Devereux. Para melhor consolidar sua ascendência sobre a rainha, que envelhecia às voltas com sombrios tormentos sexuais, provocava-a, ameaçava-a, retirava-se abruptamente para seu castelo, exprimia rancor e amargura, a fim de obter seu perdão e voltar com os mesmos sortilégios. Para dar um basta àquelas loucuras, que ameaçavam mergulhar seu reinado na anarquia, Elisabeth, desgastada pela mágoa e o sofrimento, condenou-o à morte sem jamais ter aceitado ir para a cama com ele. Em seu livro, Lytton Strachey esboçava um panorama dos mistérios da era barroca e da implacável vontade elisabetana de encarnar uma imagem perfeita, em conformidade com sua lenda, em lugar de degradar-se em mulher comum.

De maneira análoga, Strachey descreveu a paixão vivida por Vitória, após a morte do príncipe Albert, pelo antigo escudeiro deste, James Brown. Transgredindo seus próprios códigos, a rainha fizera desse favorito brutal e vulgar o instrumento de sua revanche contra um reinado cujas aparências de grande perfeição ela fazia questão de manter.[147]

Quanto a Keynes, que se tornará um dos maiores economistas do século XX, tinha em comum com Freud não a memória invertida das dinastias heroicas, e sim um ódio manifesto pelo tratado de Versalhes. Tendo feito parte da delegação inglesa no momento das negociações de Paris, insurgira-se contra a política francesa, que consistia em humilhar a Alemanha. Em 1919, escrevera um panfleto para denunciar aquela "paz cartaginesa" e vaticinar que suas consequências seriam desastrosas para a Europa e deflagrariam uma revolta popular incontrolável no mundo germanófono e no âmago dos antigos impérios desmantelados.[148] Não se enganava.

---

147. Jeannine Hayat, "Lytton Strachey: l'historien intime de deux reines", *LISA e-journal*, janeiro de 2007. Lytton Strachey, *Victoriens éminents* (1918), Paris, Gallimard, 1933; *La Reine Victoria* (1921), Paris, Payot, 1923; *Élisabeth et le comte d'Essex: une histoire tragique* (1928), Paris, Gallimard, 1929. Cf. Floriane Reviron, "De Lytton Strachey à Virginia Woolf", in *La Biographie littéraire en Angleterre, XVII-XIXe. Configuration, reconfiguration du soi artistique*. Publications de l'Université de Saint-Étienne, 1999, p.117-39.

148. John Maynard Keynes, *Les Conséquences économiques de la paix* (1919), seguido de Jacques Bainville, *Les Conséquences politiques de la paix*, Paris, Gallimard, col. Tel, 2002. Bainville foi um dos críticos mais virulentos de Keynes. Cf. Gilles Dostaler e Bernard Maris, *Capitalisme*

Havia muito tempo, James Strachey, irmão de Lytton, desejava ir a Viena para formar-se no divã de *Herr Professor* e tornar-se psicanalista. Porém, sem recursos, não podia pagar pelo tratamento a mesma tarifa que os psiquiatras americanos. Assim, pediu a Jones que intercedesse a seu favor, o que este fez prontamente. Preocupado em desenvolver uma política conquistadora do outro lado do Atlântico, Jones tinha consciência de que Freud jamais se entenderia com seus discípulos americanos, mas também de que o movimento inglês poderia constituir um útil contrapeso à futura potência americana.

A seu ver, portanto, Strachey era o homem da situação. Inteligente, lido, sofisticado, elegante, cáustico, tolerante, alheio a todo espírito mercantilista, destituído de pragmatismo e já engajado numa causa intelectual de que a psicanálise fazia parte, aos trinta anos de idade não estava à procura de um pai de substituição com o qual pudesse rivalizar, nem de um irmão que o dominasse, nem de uma mãe que evocasse sua irmã, nem de um substituto de babá molestadora. Não era nem judeu, nem imigrante, nem movido por uma vontade de revide social ou psíquico. Em suma, não tinha outro desejo senão colocar seu talento de escritor a serviço de uma aventura intelectual que julgava excepcional. Bissexual assumido, apaixonando-se por rapazes parecidos com garotas e por moças parecidas com rapazes, não sofria de nenhuma patologia específica e recebera uma educação esmerada, no regaço de uma espantosa e atípica família, na qual se cultivavam o amor pelos livros e a liberdade. No máximo, apresentava um sintoma crônico de indecisão e uma dicção difícil ligada a "certo" fastio de viver.

Em 1920, casou-se com Alix Sargant-Florence, união que duraria a vida inteira. Ela também vinha de uma família não conformista. Sua mãe, feminista engajada e viúva quando ela nasceu, incentivara-a a estudar, e foi no Newnham College de Cambridge que ela descobrira a obra freudiana. Desde a infância, recusava-se a usar roupas femininas e, aos vinte anos, após atravessar um período de anorexia mental, teve sua primeira crise de melancolia.

Quando conheceu James, apaixonou-se loucamente e ele a achou deliciosa: "um verdadeiro garoto", escrevia. Com uma inteligência vivaz, tentava sempre

---

et pulsion de mort, Paris, Albin Michel, 2009. Esses dois autores comparam a crítica feita por Keynes da capacidade autodestrutiva do capitalismo à teorização da pulsão de morte por parte de Freud.

A arte do divã

dissimular seu estado atrás de um véu de riso, o que não escapou a Virginia Woolf, que gostava de compará-la a um "desespero sepulcral". Como James, Alix sofria de certa incapacidade de escolher uma atividade que lhe agradasse, bem como de estados depressivos e crises de palpitações.[149] Ela queria se engajar na causa psicanalítica.

Em agosto de 1920, James e Alix instalaram-se em Viena e, em outubro, James começou sua análise com Freud: "Todos os dias, exceto domingo, passo uma hora no divã de Freud ..., um homem muito afável e um artista estupendo. Na prática, cada sessão é construída como um todo orgânico e estético. Às vezes, os efeitos dramáticos são desconcertantes, até mesmo espetaculares ... . Você sente coisas terríveis desenrolando-se no seu interior e não consegue saber do que se trata; então, Freud dá uma pequena indicação e algo se ilumina, depois você capta outra coisinha e finalmente toda uma série de fenômenos ganha luz; ele lhe faz outra pergunta, você lhe dá uma última resposta – e enquanto toda a verdade se desvela assim para você, ele se levanta, atravessa o recinto até a campainha e o acompanha até a porta ... . Há outros momentos em que permaneço deitado a sessão inteira, com um peso enorme no estômago."[150]

Manifestamente, Freud não se comportava com Strachey como fazia com seus pacientes americanos. A propósito, Abram Kardiner se deu conta disso ao comentar seu tratamento com ele e com John Rickman, igualmente em análise com o professor. Freud falava muito com os americanos e pouquíssimo com os ingleses. O que levou Kardiner, bem-humorado, a deduzir que tal atitude dera origem à escola inglesa de psicanálise: "O analista não abre a boca, a não ser para dizer 'bom dia' e 'até logo'. E isso pode durar quatro, cinco ou seis anos."[151] Rickman, por sua vez, teve a impressão de que o silêncio de Freud e suas "ausências" eram causadas por sua doença. Versado em arqueologia, notou, além disso, que ele havia comprado algumas estatuetas falsas e que não diferenciava bem os objetos gregos dos egípcios.[152]

---

149. Cf. o excelente livro de Perry Meisel e Walter Kendrick, *Bloomsbury/Freud. James and Alix Strachey. Correspondance, 1924-1925* (1985), Paris, PUF, 1990.

150. Ibid., p.43.

151. Abram Kardiner, *Mon analyse*, op.cit., p.117.

152. Depoimento de Lionel S. Penrose de 28 de julho de 1953, BCW, cx.117. Sobre o itinerário de John Rickman, analisado em seguida por Sándor Ferenczi e Melanie Klein, cf. *Dicionário de psicanálise*, op.cit.

O depoimento de Kardiner sobre os tratamentos silenciosos e intermináveis, típicos dos anos 1950, não corresponde à experiência vienense dos anos 1920. Convém antes pensar que Freud não precisou desferir esta ou aquela interpretação para Strachey, ao passo que, por Rickman, sentiu pura e simplesmente antipatia.

Herr Professor não teve curiosidade de se interessar pela obra de Virginia Woolf, mas admirava a de Lytton Strachey e estava impressionado com James. Quanto a Alix, embora não tivesse a intenção de ser analisada, por ocasião de uma de suas "crises" pediu a James que programasse um tratamento a três, o que contrariava a própria ética da psicanálise. Não obstante, interessado pelas reações e contrarreações engendradas pela experiência, Freud decidiu analisar simultaneamente Alix e James. No inverno de 1922, declarou-os aptos à prática, mas aconselhou vivamente Alix a consultar Abraham. Sábia decisão: Abraham era então um dos melhores clínicos da melancolia.

Algumas semanas após essa análise, que iria durar, com interrupções, até o inverno de 1922, Freud propôs a Strachey que traduzisse algumas obras suas: "Nos Strachey", escreveu Meisel, "ele encontrou a encarnação perfeita do que a Inglaterra, seu país preferido, significava para ele. Via neles a sensibilidade adequada e suscetível de reproduzir sua obra na única língua diferente do alemão com a qual se sentia em harmonia. Era a língua de seu poeta favorito, Milton, uma língua embelezada pela urbanidade áspera do esteticismo contemporâneo."[153]

Ajudado por Alix, James encontrou finalmente seu caminho, realizando a grande obra de sua vida: a tradução completa da obra de Freud em inglês, a futura Standard Edition. Assim materializou-se o êxito dessa análise, fundada numa transferência para a língua de Freud mais do que para sua pessoa. O objetivo de Strachey, sua cultura, sua formação, sua adesão ao espírito dos *Bloomsburies* harmonizavam-se aliás perfeitamente com o ideal de Freud, que se pretendera ao mesmo tempo escritor e homem de ciência.

As primeiras traduções realizadas por Brill eram medíocres e, antes de seu encontro com Strachey, Freud não se preocupara senão em divulgar suas ideias no estrangeiro, sem se deter muito na maneira como um tradutor poderia ser fiel a seu estilo, transpor seus conceitos ou estabelecer um verdadeiro

---

153. Perry Meisel e Walter Kendrick, *Bloomsbury/Freud. James and Alix Strachey*, op.cit., p.8.

A arte do divã

aparato crítico com notas, bibliografia esclarecedora, fontes e referências cruzadas. James começou publicando, pela Hogarth Press, três volumes de *Collected Papers*, e foi Jones que em seguida teve a ideia de realizar a edição completa e financiar o trabalho por meio das sociedades psicanalíticas americanas, embora colocando a empreitada sob os auspícios da Grã-Bretanha.

Ciente de que o movimento psicanalítico americano ganharia amplitude cada vez maior, Jones, como dissemos, preocupava-se em reforçar o lado inglês. Em 1919, fundara a British Psychoanalytical Society (BPS) para substituir a antiga London Psychoanalytic Society (LPS), criada em 1913, e, nessa perspectiva, convocou diversos de seus membros, entre os quais Barbara Low, John Rickman, Sylvia Payne, Joan Riviere, Ella Sharpe, Susan Isaacs. Em 1920, publicou o primeiro número do *International Journal of Psychoanalysis* (IJP), primeiro periódico de psicanálise em língua inglesa, que se tornará o órgão oficial do Verein, depois da International Psychoanalytical Association (IPA).

Procurando respeitar a obra de Freud, Strachey jamais foi servil. Seu trabalho refletia suas próprias orientações. Mostrou, por exemplo, tendência a desprezar tudo que ligava o texto freudiano ao romantismo alemão e à *Naturphilosophie*, para privilegiar seu aspecto médico, científico e técnico. Esse pressuposto exprimiu-se na escolha de determinadas palavras latinas e gregas, de um lado, e por certa "anglicização", de outro. Assim, para traduzir o isso (*Es*), o eu (*Ich*) e o supereu (*Überich*), utilizou os pronomes latinos id, ego e superego, e para investimento (*Besetzung*) e ato falho (*Fehlleistung*), recorreu a termos gregos: *cathexis, parapraxis*. Por fim, cometeu o erro de traduzir pulsão (*Trieb*) por *instinct*, sob pretexto de que o termo *drive* (trajeto, conduta) – adotado mais tarde – não convinha.

Strachey contribuiu assim para acentuar o processo irreversível de anglofonização da doutrina freudiana. Sua tradução nunca deixou de ser criticada, injustamente aliás, e foi Bruno Bettelheim, quem se tornou anglófono por sua vez em consequência de sua emigração americana, quem se mostrou mais virulento. Em 1982, numa obra que teve grande repercussão, *Freud e a alma humana*, criticou Strachey por ter privado o texto freudiano de sua "alma alemã" e de seu "espírito vienense".[154]

---

154. James Strachey, "Bibliography. List of English Translation of Freud's Works", *International Journal of Psychoanalysis*, 26, 1-2, 1945, p.67-76; "Editor's Note", in *The Standard Edition of the*

Enquanto James voltava a Londres para submeter-se a outro tratamento com James Glover, e ao mesmo tempo instalar-se como psicanalista, Alix, convalescente de uma pneumonia contraída em Viena, passava uma temporada em Berlim. Durante um ano, dispôs de tempo para descobrir, maravilhada, outra maneira de praticar a psicanálise. A sociedade fundada por Abraham estava então no "apogeu de sua esplêndida decadência",[155] e a cidade imperial ainda irradiava todas as suas luzes antes da catástrofe de 1933. Lá, ela conheceu a elite do movimento psicanalítico germanófono, cujos membros em breve emigrariam para os Estados Unidos ou outros países: Hanns Sachs, Sándor Rado, Franz Alexander, Otto Fenichel, Felix e Helene Deutsch, Hans Lampl, Karen Horney, Ernst Freud. Aprendeu a conhecer as ambiguidades daquela cidade, onde conviviam as ideias mais novas e as intolerâncias mais bárbaras, entre leviandade, erupção fratricida e pântano luminoso. Nos cafés e cabarés da época, esbarrava-se com Bertolt Brecht, George Grosz e todo tipo de artistas audaciosos em busca de novas maneiras de viver e pensar.

Alix aprendeu a falar alemão fluentemente, descobriu como os judeus eram numerosos no meio psicanalítico e desfrutou do prazer das festas e do teatro. Um dia, encontrou o célebre dr. Fliess, encantador e demodê, com seu aspecto de anão e a barriga proeminente. Não mudara nada e ele lhe perguntou se um membro de sua família não teria morrido naquela época do ano, única maneira de explicar, segundo ele, por que ela sofria de uma febre com inchaço das amídalas.

Mas foi com Melanie Klein, radicada em Berlim desde 1921, em análise com Abraham, após ter passado pelo divã de Ferenczi, que Alix teve a revelação do que podia vir a ser a profundidade clínica da psicanálise. Ela, que não queria filhos, compreendeu muito depressa que as conferências e palestras de Klein sobre a análise das crianças em tenra idade, a relação arcaica com a mãe ou a precocidade do complexo edipiano abalavam a perspectiva clássica freudiana, permitindo uma compreensão mais precoce da gênese das neuroses e psicoses. Enquanto Freud afirmava que um menino de três anos

---

Complete Psychological Works of Sigmund Freud, 24 vols., Londres, The Hogarth Press, 1953-1974, t.III, 1962, p.71-3; "General Preface", ibid., t.I, 1966, p.xiii-xxii, e A. Tyson, "A Chronological Hand-list of Freud's Works", *International Journal of Psychoanalysis*, 37, 1, 1956, p.19-33. Bruno Bettelheim, *Freud et l'âme humaine* (1982), Paris, Laffont, 1984.

155. Nas palavras de Perry Meisel, *Bloomsbury/Freud. James and Alix Strachey*, op.cit., p.13.

A arte do divã

não tinha nenhuma consciência da existência da vagina, Melanie Klein, ao contrário, sustentava, a partir de suas observações, que todo bebê menino desejava introduzir seu pênis na vagina da mãe. Em outras palavras, se para Freud a criança era uma criatura narcísica e selvagem, percorrendo "fases", que era preciso educar, para Klein ela estava mais próxima do canibal sádico procurando copular com a mãe e habitada por um mundo inteiro entretecido de fantasias, ódio, loucura e angústia.

Em Salzburgo, em abril de 1924, no VIII Congresso da IPV, ela fez uma exposição sobre a análise de crianças em tenra idade na qual afirmava que a preferência marcada pelo genitor do outro sexo aparecia desde o segundo ano e que a mãe era desde então percebida pelo filho como aterradora e castradora. Fora analisando os próprios filhos que Melanie fizera essas "descobertas".[156] Separada do marido, associara muito cedo a filha Melitta à sua própria paixão pela causa psicanalítica. Na época, esta cursava medicina para tornar-se psicanalista. Em Berlim, frequentava o divã dos luminares do movimento – Hanns Sachs, Max Eitingon, Karen Horney – ao mesmo tempo sentindo ódio pela mãe, que, com efeito, já a via como rival. Foi quando conheceu Walter Schmideberg, com quem depois se casou, psicanalista vienense, culto, alcoólatra e homossexual, formado nas fileiras da WPV. As relações posteriores de Melanie e sua filha figuram entre as mais sofridas da história da psicanálise.

Até ali, Alix Strachey admirava o charme de Melanie, seu erotismo, sua força verbal e determinação, que não obstante dissimulavam um intenso sofrimento melancólico. Em seu convívio, e sem conhecer direito sua história, descobriu que as mulheres podiam ocupar um lugar igual ao dos homens na elaboração das teorias psicanalíticas. A partir de Berlim, tomou então suas distâncias com relação a Viena e sonhou ajudar Melanie a ganhar a cidadania inglesa, da mesma forma que James, na época, obstinava-se em querer fazer de Freud um cientista britânico. Alix, mais tarde, será a tradutora de Melanie, após havê-la introduzido na BPS.[157]

---

156. Melanie Klein, *La Psychanalyse des enfants* (1932), Paris, PUF, 1969 [ed. bras.: *A psicanálise das crianças*, Rio de Janeiro, Imago, 1997]. Melanie teve três filhos: Hans Klein, Erich Klein (futuro Eric Clyne) e Melitta, que se tornaria sua pior inimiga.

157. Sobre a trajetória de Melanie Klein, a ser abordada no capítulo seguinte, cf. Phyllis Grosskurth, *Melanie Klein, son monde et son oeuvre* (1986), Paris, PUF, 2000.

Enquanto isso, em Berlim, dava-lhe aulas de inglês. Em 31 de janeiro de 1925, Melanie, disfarçada de Cleópatra, arrastou-a para um baile de máscaras organizado pelos socialistas. As duas mulheres dançaram a noite inteira. Quinze dias mais tarde, a "policlínica" comemorava seu quinto aniversário sob a batuta de Max Eitingon, e todos então tiveram a impressão de que o movimento psicanalítico estava firmemente enraizado, e por anos a fio, no coração da cidade berlinense. No entanto, em 25 de dezembro, Abraham morreu, aos quarenta e oito anos, de uma septicemia consecutiva a um abscesso sem dúvida causado por um câncer. Melanie já estava de partida com Alix para a Inglaterra. Arrasado, Freud perdia um de seus discípulos mais fervorosos.[158] Nessa data, John Rickman já erigira, em Londres, um Instituto de Psicanálise baseado no modelo do de Berlim. Assim, o movimento psicanalítico inglês estava em vias de ganhar uma amplitude considerável, justamente quando os berlinenses ainda se julgavam, com relação aos vienenses, a vanguarda do freudismo europeu.

Assim como não compreendia nada da modernidade literária que se inspirava em sua descoberta, Freud ignorou a nova arte do século, o cinematógrafo, que nascera junto com a psicanálise. Havia, contudo, uma grande proximidade entre os dois modos de abordagem do inconsciente que ambos praticavam. Convencido de que sua doutrina não devia em hipótese alguma ser popularizada por tal veículo, Freud acreditava que só a fala era capaz de dar acesso ao inconsciente. Nova contradição: não havia ele mesmo afirmado que o sonho era uma viagem para um além da razão? Uma viagem visual tecida de palavras e falas. Na realidade, ele desconhecia não só a arte cinematográfica, como o grande movimento expressionista, que afirmava sua vontade de exprimir, por cores violentas ou linhas fraturadas, uma visão da subjetividade atormentada, pulsional, violenta, caótica, atravessada por um imaginário fantástico.

Decerto é compreensível Freud ter se negado a colaborar, pela soma de 100 mil dólares, com o projeto de Samuel Goldwyn de realizar um filme sobre amores célebres. Mas quando Hanns Sachs foi convidado por Hans Neumann, na virada dos anos 1920, para participar do roteiro de *Segredos de uma alma*, a ser dirigido por Wilhelm Pabst, cineasta de origem austríaca, ele adotou a mesma atitude, ao passo que se tratava de um projeto completamente dife-

---

158. Melanie Klein se instalou definitivamente em Londres em setembro de 1926.

rente. Declarou que as abstrações de seu pensamento não eram passíveis de ser representadas de maneira plástica. Não via a que ponto o cinema mudo em preto e branco já invadira o domínio do sonho com suas sobreimpressões, sua técnica do *fade-out*, suas legendas, seus movimentos de câmera capazes de abolir o passado e o presente, de esgueirar-se de um cenário a outro, de um rosto a outro, ou ainda de representar cenas primitivas, reminiscências, objetos bizarros, ao mesmo tempo ligando alucinação e uma realidade estudadamente reconstruída.

Obra-prima do cinema expressionista, *Segredos de uma alma* foi então realizado sem a sua aprovação, sem tampouco suscitar qualquer interesse de sua parte. Werner Krauss, ator já famoso, interpretava o papel do Prof. Matthias, homem obcecado por desejos de assassinato com sabre e punhal e curado pela psicanálise. Foi o primeiro filme inspirado pelas teses freudianas.[159] Hanns Sachs havia redigido um folheto, que serviu de manual de instruções para o filme, e seu nome figurava nos créditos ao lado do de Karl Abraham. Ambos haviam contornado a desaprovação de Freud, que, decepcionado, limitou-se a expressar a Ferenczi sua hostilidade ao mundo moderno: não gostava, disse-lhe então, nem do cinema nem das mulheres com cabelos *à la garçonne*.

Em 25 de março de 1925, por ocasião da estreia em Berlim, na grande sala do Gloria Palast, a imprensa recebeu o filme com entusiasmo: "De imagem em imagem, descobrimos o pensamento de Freud. Cada sutileza da ação poderia ser uma das proposições da agora tão célebre análise dos sonhos ... Os alunos de Freud podem alegrar-se. Nenhuma publicidade demonstraria tamanho tato. Mas as pessoas do cinema alemão também podem se sentir orgulhosas."[160]

Quando Jones assistiu a uma sessão do filme em Berlim, achou-o nocivo para a psicanálise, não emitindo qualquer juízo sobre sua qualidade estética. Lamentava que em Nova York pudessem imaginar que Freud teria dado seu consentimento à iniciativa, origem de nova controvérsia entre vienenses e berlinenses.[161] Jones sequer menciona o nome de Pabst em sua biografia de

---

159. Cf. Ronald W. Clark, *Freud, the Man and the Cause*, op.cit.
160. Patrick Lacoste, *L'Étrange cas du professeur M.*, Paris, Gallimard, 1990, p.93-4.
161. Ernest Jones, *La Vie et l'oeuvre de Sigmund Freud*, t.III, op.cit., p.132.

Freud. Na sequência, as relações entre os herdeiros de Freud e os cineastas sempre foram as piores possíveis.[162]

Embora não se interessasse pela modernidade artística, Freud nunca se cansou de investigar determinados enigmas que cercavam seus autores prediletos. Já havia alguns anos, por exemplo, que, desafiando seus discípulos dos anos 1920, aderira a uma teoria conspiratória referente à identidade de Shakespeare. Todos os freudianos do primeiro círculo compartilhavam então sua idolatria pelo grande dramaturgo inglês, e todos se entregavam, como a respeito de Leonardo da Vinci, a especulações infinitas sobre cada um dos personagens de seu teatro, em especial Hamlet, protótipo do primeiro neurótico moderno.

Em meados do século XIX, com a explosão da ciência histórica e da arte romanesca a ela vinculada, germinara a ideia de que convinha atribuir a outro que não Shakespeare a paternidade de suas obras. Os adeptos dessa tese pretendiam opor-se à história dita "oficial", afirmando que Shakespeare não nascera em Stratford, não passando do pseudônimo do filósofo empirista Sir Francis Bacon.[163] Os "antistratfordianos" imaginavam então a existência, no fim do século XVI, de uma conspiração destinada a proteger o verdadeiro autor da obra, que, a seus olhos, não podia em hipótese alguma ser filho de um luveiro, negociante de peles e lãs e vindo do campesinato. Mas por que a escolha de Bacon? Porque Delia Salter Bacon, dramaturga americana meio delirante, autora em 1857 de um best-seller sobre a questão e adepta dessa tese, dirigira-se ao túmulo de Shakespeare e afirmava ter-lhe arrancado os segredos. Na sequência, uma multidão de decifradores de enigmas supusera que Bacon, velho amigo do conde de Essex, não poderia correr o risco de se passar por um saltimbanco. Os antistratfordianos exibiam um "fanatismo absoluto e aderiam às teorias da conspiração que beiravam a paranoia", escreve Peter Gay. "Em torno dos anos 1880, o eminente político Ignatius Donnelly, um populista com certa inclinação pelas causas extravagantes, lançou assim a moda de ler as obras de Shakespeare como um gigantesco pictograma."[164]

---

162. Em especial quando John Huston quiser fazer um filme sobre a vida de Freud a partir de um roteiro de Jean-Paul Sartre. Cf. Elisabeth Roudinesco, *Filósofos na tormenta* (2005), Rio de Janeiro, Zahar, 2007.

163. Francis Bacon (1561-1626): filósofo, homem de ciência, lorde chanceler.

164. Peter Gay, "Freud et l'homme de Stratford", in *En lisant Freud. Explorations et divertissements*, Paris, PUF, 1995, p.17.

A polêmica foi relançada em 1920 por um simples professor, Thomas Looney, adepto do positivismo de Auguste Comte, que repetia os mesmos argumentos, atribuindo a paternidade das obras de Shakespeare não a Bacon dessa vez, e sim a Edward de Vere, conde de Oxford.[165] Ao contrário dos outros antistratfordianos, Looney declarava basear-se em teses científicas e dava tamanha prova de erudição que seus argumentos pareciam a antítese de um delírio monomaníaco. Tudo indicava que se estava lidando com um grande e solitário erudito apresentando ao mundo sua genial descoberta. Conseguiu, por exemplo, convencer diversos romancistas e críticos da validade de sua grande revisão das verdades oficiais. Entre eles, Mark Twain.[166]

Nada podia seduzir tanto Freud, que, na mesma época, manifestava grande interesse pelos fenômenos ocultos, romances policiais e narrativas fantásticas. Ele também se considerava um decifrador de enigmas, solitário e grandioso, inventor de uma doutrina rejeitada pela ciência oficial. Não tinha sido admirador das teses de Fliess? Não tinha decifrado a vida enigmática de Leonardo da Vinci, incorporando a ideia da presença de um abutre num quadro célebre? Apesar das advertências de Strachey e Jones, que em vão tentaram dissuadi-lo de levar a sério a nova teoria "oxfordiana", ele passou a acreditar nas extrapolações de Looney.

Convencido, após um "exame" minucioso dos fatos, que o autor das obras de Shakespeare só podia ser um homem de letras apaixonado pelo teatro, grande viajante e de uma classe social elevada, Looney investigara anos a fio quem poderia corresponder a esse perfil social e psicológico. E foi em De Vere que detectou todos os indícios suscetíveis de embasar sua tese. O destino do conde de Oxford batia com sua hipótese, e Looney acrescentava a essa certeza a ideia de que Hamlet era um "duplo" do autor, cultuando o pai e odiando a mãe. Em outros termos, sem o saber, fazia de Hamlet, substituto de De Vere, um personagem freudiano assombrado por seu complexo de Édipo.

---

165. J. Thomas Looney, *"Shakespeare" Identified in Edward de Vere, the Seventeenth Earl of Oxford*, Londres, Cecil Palmer, 1920. A tese de Looney foi retomada em 2012 por Roland Emmerich em seu filme *Anonymus*.

166. Entre os 82 candidatos alternativos à paternidade da obra de Shakespeare figuravam, entre outros, Christopher Marlowe, Cervantes, John Donne, Robert Devereux (Essex), Daniel Defoe. Dois discípulos de Looney também imaginaram que a rainha Elisabeth tivera um filho com De Vere.

Freud nunca renunciou a esse revisionismo, do qual ele próprio não demoraria a ser a vítima. É que ele adorava os rumores. Em dezembro de 1928, numa longa carta a Lytton Strachey, em resposta ao envio da biografia de Elisabeth e de Essex, pedia seu parecer sobre uma de suas hipóteses: ele achava que, no personagem de Lady Macbeth, escondia-se um retrato da rainha Elisabeth, as duas mulheres sendo igualmente atormentadas por um assassinato. E acrescenta que Macbeth e sua esposa formavam na verdade apenas um único e mesmo personagem clivado, ambos encarnando o destino daquela rainha virgem, assassina, depressiva e histérica. Mas, acima de tudo, reafirmava sua crença na tese de Looney, ao mesmo tempo tomando a precaução de dizer que "não sabia direito" e não estava inteiramente seguro da hipótese oxfordiana. Acrescentava, contudo, que De Vere era muitíssimo parecido com Essex, antes de se entregar a uma inverossímil espiral interpretativa: "De nascimento tão nobre quanto Essex e tão orgulhoso disso como ele, ele [De Vere] encarnava igualmente o tipo do nobre tirânico. Além disso, ele aparece certamente em *Hamlet* como sendo o primeiro neurótico moderno. Da mesma forma, em sua juventude, a rainha flertara com ele e, se sua madrasta[167] não tivesse feito campanha tão ferrenha por sua filha, ele teria estado ainda mais próximo do destino de Essex. Era seguramente um amigo muito íntimo de Southampton. O destino de Essex não pode tê-lo deixado indiferente. Mas isso já é o suficiente. De toda forma, tenho a sensação de que devo lhe apresentar as mais humildes desculpas pela péssima caligrafia da segunda metade de minha carta."[168]

Lytton Strachey nunca respondeu a Freud. Poderia, no entanto, nessa data, ter lhe aconselhado proveitosamente a desconfiar da hipótese oxfordiana. Um ano mais tarde, Freud não tinha mais dúvidas. Assim, recomendou a leitura

---

167. Edward de Vere (1550-1604), 17º conde de Oxford, *grand chambellan*, poeta, par e cortesão do período elisabetano, casara-se com Anne Cecil, condessa de Oxford (1556-88), filha de William Cecil (1520-98), conselheiro de Estado da rainha Elisabeth, e de Mildred Cooke (1526-89). Caiu em desgraça e foi mandado para a torre de Londres por ter seduzido Anne Vavasour (1560-1650), dama de honra da rainha Elisabeth (1558-1603). Henry Wriothesley (1573-1624), terceiro conde de Southampton, amigo do segundo conde de Essex (1565-1601), pretenso destinatário dos *Sonetos* de Shakespeare e presumido amante deste. Numerosos autores tentaram provar que Shakespeare teria sido homossexual. Sobre o absurdo da atribuição a De Vere da paternidade das obras de Shakespeare, cf. Alan H. Nelson, *Monstrous Adversary*, Liverpool, Liverpool University Press, 2003.
168. Carta de Freud a Lytton Strachey, de 25 de dezembro de 1928, in *Bloomsbury/Freud*, op.cit., p.373-5.

A *arte do divã*

do livro de Looney a Smiley Blanton, grande especialista na questão shakespeariana. Atônito, este quase interrompeu seu tratamento, supondo que *Herr Professor*, homem de ciência e razão, perdera o juízo.

Para explicar tal instabilidade, Jones imaginou que Freud se identificara com a tese de Looney porque ele mesmo se projetara inconscientemente num romance familiar, segundo o qual ele poderia ter sido o filho de seu meio-irmão Emanuel, mais próspero nos negócios que Jacob, e assim sua fantasia oxfordiana não passaria da tradução de um desejo de mudar parte de sua própria realidade familiar.

Em vez de acrescentar uma interpretação edipiana a uma divagação freudiana sobre as múltiplas identidades de Shakespeare e seus personagens, podemos emitir a hipótese de que Freud permaneceu em parte herdeiro de certo modelo de pensamento surgido no final do século XIX que remetia à ideia de que a sociedade humana está dividida entre busca racional e atração pelo oculto, entre espírito lógico e delírio paranoico. Desse ponto de vista, ele lembrava tanto Giovanni Morelli, inventor de um método capaz de distinguir obras de arte de imitações, como Sherlock Holmes,[169] célebre detetive e personagem de romance, mestre na arte de resolver enigmas pela simples observação de alguns vestígios: cinzas, fios de cabelo, de tecido, escamas de pele. Naturalmente, todos esses métodos de decifração podiam, como a psicanálise, inverter-se em seu contrário e servir para fabricar falsos enigmas, cuja suposta existência devia trazer a prova da validade da abordagem destinada a interpretá-los. Da mesma forma, o questionamento da historicidade de um acontecimento ou de um personagem induzia a substituir fatos por fábulas, depois a apresentá-las com um rigor incontestável como outros tantos enigmas a ser decifrados a fim de demonstrar que eles dissimulavam complôs: Napoleão não morreu em Santa Helena, Jesus foi casado e teve filhos, tal rei não passa na realidade de seu irmão gêmeo etc.

E se Freud, apesar da permanência de suas dúvidas, entusiasmava-se a tal ponto quando se tratava de discorrer sobre falsos enigmas, era igualmente porque desde a infância era obsedado pela ideia segundo a qual aqueles que ele observava à sua volta – pai, mãe, tias, irmãs, irmãos, fratrias múltiplas –

---

169. Diversos livros foram dedicados à semelhança entre Freud e o detetive criado por Arthur Conan Doyle, igualmente aficionado pelo espiritismo.

nunca eram o que pareciam ser, e sim os substitutos de uma permanente alteridade: um pai gerado por um ancestral, uma mãe no lugar de uma ama de leite e vice-versa, um irmão que poderia ser o pai, Sant'Ana misturada com Maria etc. E, por trás desse pai suposto ou renegado, e para além da mãe de substituição, perfilava-se um "romance familiar" mediante o qual o sujeito era sempre diferente do que julgava ser: filho de rei ou herói, assassino do pai, tirano, plebeu, filho encontrado dormindo com a mãe, impostor etc. Dessa tese, decorria a necessidade clínica de decifrar, no inconsciente, elementos insignificantes suscetíveis de ser remetidos, por sua vez, a um vestígio mítico.[170]

Nunca é demais dizer como Freud, homem do Iluminismo e decifrador dos verdadeiros enigmas da psique humana, em contraponto a seu amor à ciência, não cansou de desafiar simultaneamente as forças obscuras próprias da humanidade para jogar luzes sobre sua pujança subterrânea, correndo o risco de nela se perder.

Tal era o foco dessa paixão em decifrar um rumor não obstante inventado de ponta a ponta, como se se tratasse de um verdadeiro enigma. Este parecia em conformidade com sua teoria das substituições infinitas, e foi assim que, até o fim da vida, ele ficou obcecado pela questão: quem então continua a se dissimular sob o nome de um "grande homem"?

---

170. O historiador Carlo Ginzburg caracterizou esse fenômeno como o surgimento, na abordagem racional dos sinais, de uma coisa turva e incômoda que sempre escapa à ciência.

4. Com as mulheres

A PARTIR DOS ANOS 1920, as mulheres tornaram-se cada vez mais presentes no movimento psicanalítico, em cujo âmbito, aliás, realizavam-se inúmeros debates referentes a suas vidas e seu comportamento: feminilidade, maternidade, análise de crianças, sexualidade feminina. Assim como reivindicavam o direito de existir como cidadãs integrais, começavam a ocupar espaço nas fileiras dos psicanalistas, e não somente a título de esposas. Trouxeram, consequentemente, um novo olhar sobre a maneira de pensar a questão terapêutica. Além disso, coube-lhes o papel inaugural de analisar as crianças. Essa função "educativa" não as obrigava a fazer estudos de medicina, ainda reservados aos homens. Desse ponto de vista, podemos dizer que a análise de crianças acelerou a emancipação feminina. Se as mulheres psicanalistas eram frequentemente analisadas por seus esposos ou colegas destes, por sua vez analisaram seus filhos ou confiaram essa tarefa a outras.

Em 1924, Rank e Ferenczi, que já haviam sugerido inovações técnicas na condução da análise, procuravam transformar a visão freudiana da família para torná-la mais adequada à modernidade do pós-guerra. No início do ano, Rank deu início às hostilidades ao publicar um livro iconoclasta, *O trauma do nascimento*, que gerou um motim da parte de Jones e Abraham. Criticando a concepção julgada demasiado rígida da organização edipiana do psiquismo, fundada no lugar preponderante atribuído à autoridade paterna, ele sustentava a ideia de que todo ser humano sofre um trauma real no nascimento. Essa primeira separação da mãe tornava-se assim, segundo ele, o protótipo de uma angústia mais determinante para a subjetividade humana do que a triangulação edipiana. Ao fazer isso, Rank relançava o velho debate sobre a origem traumática das neuroses.

Em vez de refutar essa tese, que ele rejeitava, Freud exigiu "provas". Parecia esquecer que ele mesmo condenara, em seus próprios adversários, o recurso abusivo ao famigerado modelo experimental: "Conviria em primeiro lugar exigir", disse a Ferenczi, "e antes de qualquer aplicação mais ampla, exigir a prova estatística de que os primogênitos ou as crianças nascidas com dificuldade, em estado de asfixia, manifestam em média na infância uma maior disposição à neurose ou pelo menos à produção de angústia."[171] Acrescentava também ser necessário estudar o caso das crianças nascidas de cesariana. Incapaz de fornecer tais "provas", Rank foi então acusado por Jones e Abraham de não ser nem médico nem analisando, justamente quando iam entrar em vigor, no congresso da IPV de Bad-Homburg,[172] as novas regras tornando obrigatória a análise didática. E a mania interpretativa logo voltou a imperar: Rank, disseram eles, não tinha resolvido seu conflito com o pai. Assim, foi obrigado a fazer algumas sessões de análise com seu mestre venerado. Trabalho perdido!

Na realidade, Rank não queria continuar a depender de Freud. Instigado por novos avanços técnicos, e querendo abandonar Viena com a mulher,[173] foi para os Estados Unidos, o que Freud considerou uma verdadeira traição. Deu conferências e seminários, teve uma excelente acolhida e afirmou que, sem trair a doutrina do mestre, convinha agora contar com a mãe e desenvolver o princípio das terapias breves. Quando retornou a Viena, Freud mostrou-se conciliador, não querendo em absoluto romper com aquele discípulo de quem tanto gostava. Rank, porém, deslumbrado com seu triunfo americano, só pensava em partir novamente. Em dezembro de 1925, deixou Viena mais uma vez, para, em seguida, voltar atrás. Num grande acesso de masoquismo, fez sua autocrítica, humilhou-se, reconheceu-se como portador de um complexo de rebelião contra o pai.

De sua parte, em *Thalassa*, Ferenczi defendia que todo ser humano tinha nostalgia do seio materno e que, para não se dissociar dele, procurava incessantemente regredir nas profundezas marítimas de um estado fetal.[174] Essa abordagem da psicanálise através da metáfora da cripta era acompanhada de

---

171. Sigmund Freud e Sándor Ferenczi, *Correspondance*, t.III: *1920-1933*, op.cit., carta de Freud de 26 de março de 1924, p.155.

172. IX Congresso da IPV, 2-5 de setembro de 1925.

173. Beata Rank (1896-1967), alcunhada Tola, também se tornará psicanalista.

174. Otto Rank, *Le Traumatisme de la naissance*, Paris, Payot, 1983. Sándor Ferenczi, *Thalassa. Essai sur la théorie de la génitalité*, in *Psychanalyse III*, op.cit.

Com as mulheres 333

inovações técnicas. Se a sessão analítica, dizia Ferenczi, repete uma sequência da história individual e, paralelamente, a ontogênese recapitula a filogênese, devemos investigar, na própria sessão, qual é o estado traumático que a ontogênese repete simbolicamente.

Num primeiro momento, e apesar de sua discordância com relação à teoria do trauma do nascimento, Ferenczi apoiou a posição de Rank, pois partilhava com ele a ideia de que o laço com a mãe devia ser explorado muito além da concepção freudiana do complexo de Édipo. O que não melhorou muito as coisas. Em abril de 1926, Rank afastou-se definitivamente de Freud para consumar seu próprio destino. Deixou-lhe como lembrança as obras completas de Nietzsche: vinte e três volumes encapados em couro branco. Freud nunca quis ler a obra desse filósofo a quem tanto devia, como lhe dissera várias vezes seu dileto discípulo. Magoadíssimo, mas sempre feroz na maneira de rejeitar os melhores amigos, escreveu estas palavras a Ferenczi: "Demos-lhe muito, mas em troca ele fez muito por nós. Então estamos quites! Por ocasião de sua última visita, não tive oportunidade de lhe exprimir a afeição especial que sinto por ele. Fui honesto e duro. Podemos, portanto, riscar uma cruz sobre ele. Abraham tinha razão."[175] Freud continuava a criticar Rank por sua interpretação do sonho de Pankejeff sobre os lobos.

Não obstante, teve a pachorra de responder num livro redigido às pressas: *Inibição, sintoma e angústia*.[176] Embora levando em conta a posição rankiana, Freud driblava o obstáculo de atribuir uma realidade traumática ao parto em si. Admitia, assim, a ideia de que um valor paradigmático, até mesmo fantasístico, fosse conferido à separação da mãe, mas contornava a questão dos dissabores que poderia causar, em especial nos Estados Unidos, a ideia de que todo parto – normal ou por fórceps – pudesse ser a causa de uma angústia existencial ou de uma neurose.

Sem por isso romper com Freud, Ferenczi afastou-se dele não só em função de suas próprias invenções técnicas, como por sua insistência na questão

---

175. Sigmund Freud e Sándor Ferenczi, *Correspondance*, t.III: *1920-1933*, op.cit., carta de Freud de 23 de abril de 1926, p.285. E *The Letters of Sigmund Freud and Otto Rank*, org. James Lieberman e Robert Kramer, Baltimore, Johns Hopkins University Press, 2012, carta de 4 de agosto de 1922.
176. Sigmund Freud, "Inhibition, symptôme et angoisse" (1926), in *OCF.P*, op.cit., vol.17 [ed. bras.: "Inibições, sintomas e angústia", in *SFOC*, vol.17 / *ESB*, vol.20; ed. orig.: "Hemmung, Symptom und Angst", in *GW*, vol.14].

do trauma e dos abusos sexuais recalcados e que atuavam como uma "marca" psíquica, uma ferida impossível de cicatrizar e suscetível de causar danos no eu.[177] Jones aproveitou-se disso para combatê-lo sem trégua, tanto mais que não tolerava nem sua inclinação pela telepatia, nem a amizade indefectível que Freud lhe dedicava. Nessa querela dos antigos e dos modernos, Freud não tinha mais razão do que Rank. Pois se por um lado a tese do trauma do nascimento era equivocada do ponto de vista experimental, por outro abria caminho para uma nova concepção da angústia de separação. Freud admitia isso. E em seguida terá a honestidade de revisar sua posição e reconhecer os méritos do querido Rank.[178] Tarde demais.

Nesse ínterim, Jones vencia sua batalha em prol da supremacia do mundo anglófono sobre a Europa continental: maneira para ele de ser infiel a Freud, ao mesmo tempo em que permanecia fiel ao que julgava ser o futuro da psicanálise. Assim como Alix Strachey, ele percebera de cara que a única forma de questionar a doutrina vienense original – centrada no primado da lei do pai – passava por uma renovação da dupla questão da psicanálise das crianças e da sexualidade feminina.

Se até ali Freud pensara seu complexo de Édipo segundo o modelo da família nuclear – pai, mãe, filho –, atribuíra a cada um deles um lugar que só permitia esclarecer a gênese das neuroses e dos conflitos originados na infância. Desenvolvia uma concepção crítica da família burguesa, que explorava a partir de sua famosa estrutura edipiana, sem perceber os perigos dessa psicologização da vida psíquica, que, aliás, terminará por cair no ridículo após ter representado uma verdadeira inovação.

Pensava, assim, que a criança era sempre e necessariamente o filho de um homem ou de seu substituto, que encarnava a autoridade paterna, e de uma mulher ou de seu substituto, que deslocara seu investimento libidinal para a maternidade. Por conseguinte, a criança, no sentido freudiano, repetia inconscientemente a história de seus pais e, logo, de seus ancestrais. Nessa perspectiva, não podia em hipótese alguma ser abordada pela análise como

---

177. Sándor Ferenczi, "Confusions des langues entre les adultes et l'enfant" (1932), in *Psychanalyse*, t.IV, op.cit.

178. Sobre a temporada de Rank em Paris e suas relações com Anaïs Nin, cf. *HPF-JL*, op.cit., p.451s. E E. James Lieberman, *La Volonté en acte*, op.cit. Mais tarde, Rank se instalará definitivamente nos Estados Unidos.

Com as mulheres

um ser inteiramente dissociado do casal parental. A criança, no sentido freudiano, decerto era vista como um sujeito à parte, porém, se viesse a ter de ser tratada em decorrência de patologias, convinha proceder "em família" e nunca antes da idade de quatro ou cinco anos. Freud, a propósito, conduzira a análise de Herbert Graf por meio do discurso do pai e tendo a mãe em terapia em seu divã. E, quando compreendeu que sua filha queria ser mãe sem necessariamente conceber, aceitou a ideia de que ela pudesse formar uma família com uma mulher que abandonara o esposo: com a condição todavia de serem ambas, graças aos benefícios da psicanálise, figuras parentais e educadoras ao mesmo tempo. Para Freud, a felicidade de existir repousava sobre um tríptico: ideal pedagógico, maternidade feliz, paternidade realizada. Impregnada desse modelo, a escola vienense contara inicialmente com a simpatia de Ferenczi. Em 1913, este último descrevera assim o caso de um menino de cinco anos, Arpad, obcecado por aves e cacarejando feito um galo.[179]

Por sua vez, assessorada por August Aichhorn e Siegfried Bernfeld, que se dedicavam ao tratamento de crianças delinquentes, deficientes, traumatizadas ou pobres, Anna Freud prosseguia sua carreira concentrando-se na educação das crianças por meio da psicanálise.[180] E Freud a apoiava apenas na medida em que estava convencido, como seus discípulos vienenses do primeiro círculo, de que o tratamento psíquico das crianças devia ser feito com mediação da autoridade parental: "Estabelecemos como pressuposto", escreverá ele a Joan Riviere em outubro de 1927, "que a criança é um ente pulsional, com um eu frágil e um supereu ainda em vias de formação. No adulto, trabalhamos com a ajuda de um eu consolidado. Logo, não é ser infiel à análise levar em conta em nossa técnica a especificidade da criança, na qual, em análise, o eu deve ser sustentado contra um isso pulsional onipresente. Ferenczi observou com muita perspicácia que, se a sra. Klein tem razão, não existem mais crianças de verdade. Naturalmente, a experiência é que dará a última palavra. Até o presente, minha única constatação é que uma análise sem finalidade educativa só faz agravar o estado das crianças e tem efeitos especialmente perniciosos nas crianças abandonadas e associais."[181]

---

179. Sándor Ferenczi, "Le petit homme coq", in *Psychanalyse*, t.II, op.cit., p.72-9.
180. Anna Freud, *The Psychoanalytical Treatment of Children* (1927), Nova York, Schocken, 1964.
181. "Lettres de Sigmund Freud à Joan Riviere (1921-1939)", *Revue Internationale d'Histoire de la Psychanalyse*, 6, 1993, p.470.

Os argumentos de Freud eram plenamente aceitáveis. Seja como for, para isso os pais precisavam concordar em confiar sua prole a psicanalistas numa época em que as patologias infantis eram tratadas por psiquiatras ou pediatras. Na falta de pacientes externos ao círculo psicanalítico, a experiência terapêutica era conduzida com filhos ou parentes de analistas, o que não era uma coisa óbvia, podendo inclusive ser fonte de fraudes.

Em 1919, Hermine von Hug-Hellmuth, membro da WPV e analisada por Sadger, a mais misógina de todos os discípulos de Freud, forjou de ponta a ponta, a partir de suas recordações de infância, uma obra apresentada como o autêntico diário de uma adolescente real chamada Grete Lainer. No prefácio, Freud afirmava tratar-se de "uma joia que atesta a sinceridade de que é capaz a alma infantil no estado atual da civilização". Todos admiravam aquela pioneira da psicanálise das crianças, dotada de um verdadeiro talento literário, mas ninguém percebeu tratar-se não só de uma falsificadora, como de uma fanática pela interpretação selvagem. Durante vários anos hospedara em sua casa seu jovem sobrinho Rolf Hug a fim de submetê-lo à sua religião edipiana. Nenhum dos comportamentos do pobre rapaz escapava à vigilância interpretativa de sua tia: seu sadismo infantil, seu desejo recalcado pela mãe, sua sexualidade pulsional, sua fixação em objetos ou substitutos parentais. Em setembro de 1924, num acesso de cólera, ele estrangulou-a.

O escândalo respingou indelevelmente na comunidade psicanalítica vienense, tanto mais que, condenado a doze anos de prisão, Rolf Hug afirmava ser uma vítima da psicanálise. Em 1930, ele exigiu reparação a Federn, então presidente da WPV. Nesse intervalo, naturalmente, o *Diário*, que fizera considerável sucesso, havia sido retirado das livrarias. Freud deixara-se lograr por uma trapaça que emanava diretamente de sua doutrina.[182]

Melanie Klein não partilhava as concepções freudianas da família. E o que ela aprendera a partir da sua afastava-a completamente da ideia de mis-

---

182. Hermine von Hug-Hellmuth, *Journal psychanalytique d'une petite fille*, Paris, Denoël, 1998, reeditado em francês como uma obra autêntica, com prefácio de Freud; *Essais psychanalytiques. Destin et écrits d'une pionnière de la psychanalyse des enfants*, textos reunidos, apresentados e traduzidos para o francês por Dominique Soubrenie, prefácio de Jacques Le Rider, posfácio de Yvette Tourne, Paris, Payot, 1991. Quando, em 1991, escrevi uma resenha desse livro para o *Libération*, revelando a trapaça, recebi cartas de psicanalistas me acusando de "conspirar" contra Freud. Eles ainda acreditavam que o assassinato e a fraude eram calúnias inventadas pelos antifreudianos.

Com as mulheres

turar pedagogia e psicanálise. Com pai galício e mãe de origem eslovaca, ambos ligados a um judaísmo ortodoxo, tivera uma infância infeliz.[183] Sua mãe, mulher bonita e culta, desprezava o marido, que, por sua vez, preferia a filha mais velha, feia e pouco inteligente. Isso a levou a procurar refúgio no irmão. Criada sem princípios nem ética, presenciando ao mesmo tempo as brigas incessantes dos pais, casou-se sem paixão com Arthur Klein, primo do ramo materno, com quem teria três filhos não desejados.[184] E foi com um fervor próximo da conversão mística que enveredou na aventura psicanalítica: revanche contra o infortúnio, desejo de exorcizar uma vida melancólica.

Embora tivesse talento, Melanie não atribuía importância alguma à vida real das crianças ou à sua educação. Somente lhe interessavam os processos inconscientes que pudesse detectar em crianças em tenra idade. Foco de todos os ódios e torpezas, a família no sentido kleiniano estava para Freud assim como as telas de Picasso para a pintura clássica. O nariz, a boca, os rostos eram efetivamente os mesmos, porém distanciados, deslocados, situados em locais inesperados. Quanto às visões que Melanie tinha da infância, parecia um quadro de Max Ernst: pesadelos, natureza mineralizada, reconstrução noturna em que se misturavam animalidade, humanidade e elementos líquidos.

Melanie Klein reivindicava a psicologia edipiana, embora enfatizando perigosamente seus traços para melhor imergir no universo "pré-edipiano" da criança: cripta materna, apropriação por parte da criança do interior do corpo da mãe, sofreguidão, tumulto, pavor do castigo, angústia, psicose. Nesse aspecto, era mais "moderna" que os freudianos clássicos, mais próxima de um modelo literário do século XX do que do XIX. E era isso que tanto fascinava Alix Strachey. Em pouquíssimo tempo, ela conquistou a maioria dos psicanalistas britânicos, em especial Jones, que a encarregou de analisar seus filhos.

Segundo ela, fazia-se necessário abolir todas as barreiras que impediam o terapeuta de acessar o inconsciente da criança. Por conseguinte, opunha à "proteção" segundo Freud uma doutrina do *infans* – criança entre dois e três

---

183. Como várias psicanalistas dessa geração, à exceção de Karen Horney. Cf. Elisabeth Roudinesco, "As primeiras mulheres psicanalistas", in *Em defesa da psicanálise*, op.cit.

184. Phyllis Grosskurth descreve muito bem a infância de Melanie Klein e suas relações com os pais, marido e filhos, baseando-se em sua "autobiografia" inédita e nos arquivos depositados no Melanie Klein Trust. Tive a oportunidade de conversar com Phyllis Grosskurth por ocasião de uma de suas passagens por Paris.

anos –, isto é, da criança que ainda não fala mas que já não é mais um bebê porque o recalcou internamente.

Se Freud tinha sido o primeiro a descobrir no adulto a criança recalcada, Melanie Klein foi a primeira a detectar na criança o que já está recalcado, isto é, o bebê. Ao mesmo tempo, propunha não só uma doutrina, mas também uma moldura apropriada ao exercício de tratamentos especificamente infantis: um cenário adequado, um aposento especialmente adaptado, móveis simples e resistentes, uma mesinha e uma cadeira, um pequeno divã. Toda criança devia ter sua caixa de jogos reservada para o tratamento com casinhas, pequenos personagens, animais de fazenda e selvagens, cubos, bolas, bolinhas, bem como um material composto basicamente de tesoura, barbante, lápis, papel e massinha de modelar.

Essa concepção da abordagem clínica das crianças ia de par, em Melanie Klein e seus adeptos, com uma reforma da doutrina da sexualidade feminina. Pautando seus modelos na biologia darwiniana, Freud sustentava a tese de um monismo sexual e de uma essência "masculina" da libido humana. Essa tese derivava da observação clínica feita por ele das teorias sexuais infantis e não tinha como objetivo nem descrever a diferença dos sexos a partir da anatomia, nem elucidar a questão da condição feminina na sociedade moderna.

Na perspectiva da libido única, ele afirmava que, no estágio infantil, a menina ignorava a existência da vagina, atribuindo ao clitóris o papel de um homólogo do pênis. Da mesma forma, tinha então, segundo ele, a impressão de ser paramentada com um órgão castrado. Em função dessa dissimetria, que evolui em torno de um polo único de representações, o complexo de castração, dizia ele, não se organiza da mesma maneira para os dois sexos. Seus respectivos destinos são diferentes não só pela anatomia, mas por efeito das diferentes representações ligadas à existência desta última. Na puberdade, a vagina surge para os dois sexos: o menino vê na penetração um fim para sua sexualidade, ao passo que a menina reprime sua sexualidade clitoridiana. Porém, antes disso, quando ele percebe que a menina não se parece com ele, o menino interpreta a ausência do pênis nela como uma ameaça de castração para si mesmo. No momento do complexo de Édipo, ele se dissocia da mãe e escolhe um objeto do mesmo sexo.

A sexualidade da menina, ainda segundo Freud, organiza-se em torno do falicismo: ela quer ser um menino. No momento do Édipo, ela deseja um

Com as mulheres

filho do pai e esse novo objeto é investido de um valor fálico. Ao contrário do menino, a menina deve desvincular-se de um objeto do mesmo sexo, a mãe, em prol de um objeto de sexo diferente. Para os dois sexos, o laço com a mãe é o elemento inaugural.

Essa análise dita da "inveja do pênis" repousava numa observação empírica feita por Freud numa certa época e na qual ele se baseava para construir sua teoria da sexualidade infantil. Nessa perspectiva – que estava em conformidade com o que enunciavam as próprias crianças –, Freud constatava que as meninas se identificavam com meninos. Daí o dogma psicanalítico, que reencontraremos em Karl Abraham, por exemplo: as mulheres desejam inconscientemente ser homens porque, em sua infância, tiveram inveja do pênis e desejaram ter um filho de seu pai. Que essa tese seja exata empiricamente não significa que seja universalizável, na medida em que, mesmo quando em sintonia com a subjetividade infantil, ela pode se modificar em função das transformações da sociedade.

Embora adepto de um monismo sexual, Freud considerava equivocada toda argumentação a favor da natureza instintual da sexualidade. Não existia a seu ver nem "instinto materno" nem "raça" feminina, a não ser nas fantasias e mitos construídos por homens e mulheres. Quanto à diferença sexual, Freud, inspirando-se nos mitos gregos, reduzia-a a uma oposição entre um *logos* separador – princípio masculino simbolizado – e uma arcaicidade luxuriante, estado de desordem maternal anterior à razão. Daí sua fórmula: "O destino é a anatomia."[185] Ao contrário do que foi dito, Freud nunca sustentou que a anatomia era o único destino possível para a condição humana. E, com essa fórmula, parafraseava Napoleão, que pretendera inscrever a história dos povos vindouros na política e não na referência aos antigos mitos.[186]

---

185. Cf. Sigmund Freud, "Sur le plus général des rabaissements de la vie amoureuse" (1912), in *La Vie sexuelle*, Paris, PUF, 1970, p.65 [ed. bras.: "Sobre a mais comum depreciação na vida amorosa", in *SFOC*, vol.9 / *ESB*, vol.11; ed. orig.: "Über die allgemeinste Erniedrigung des Liebeslebens", in *GW*, vol.8]. E "La féminité" (1933), in *Nouvelles Conférences d'introduction à la psychanalyse*, op.cit. [ed. bras.: "A feminilidade", in *Novas conferências introdutórias à psicanálise*, in *SFOC*, vol.18 / *ESB*, vol.22; ed. orig.: "Die Weiblichkeit", in *Neuer Folge der Vorlesungen zur Einführung in die Psychoanalyse*, in *GW*, vol.15].
186. Durante um encontro com Goethe em Erfurt, em 2 de outubro de 1808, o imperador evocou as tragédias do destino, que ele desaprovava e que, segundo ele, pertenciam a uma época mais sombria que aquela: "O que nos importa hoje o destino?", ele dissera, "o destino é a política." Comentei esta frase em *A família em desordem*, op.cit., no capítulo intitulado "As mulheres têm um sexo".

Em outros termos, com essa fórmula, Freud, que não obstante enaltecia a tragédia antiga, nem por isso deixava de pensar, sob os traços de uma dramaturgia moderna e quase política, na grande questão da diferença sexual. A cena descrita por Freud inspirava-se assim na cena do mundo e na guerra dos povos pensadas pelo imperador.

Para resumir, diremos que, se para Freud a anatomia faz parte do destino humano, este não poderia em absoluto representar, para todos os humanos, um horizonte intransponível. E é esta efetivamente a teoria da liberdade que emana da psicanálise e que lhe é própria: reconhecer a existência de um destino para dele melhor se emancipar. Aliás, Freud terminará por declarar que a anatomia nunca é suficiente para determinar o que é feminino ou masculino.[187]

No plano clínico, a existência da libido única não excluía a da bissexualidade. Ao contrário, explicava-a: na perspectiva freudiana, nenhum sujeito podia ser detentor de uma especificidade masculina ou feminina pura. Em outros termos, se o monismo sexual é uma hipótese com fundamento, isso significa que, nas representações inconscientes do sujeito – seja ele homem ou mulher –, a diferença dos sexos, no sentido biológico, não existe. A bissexualidade, que é o corolário dessa organização monista, incide então sobre os dois sexos. Não só a atração de um sexo pelo outro não deriva de uma complementaridade, como a bissexualidade dissolve a própria ideia de uma organização. Daí os dois modos distintos da homossexualidade: feminina, quando a menina permanece "amalgamada" à mãe a ponto de escolher um parceiro do mesmo sexo; masculina, quando o menino efetua uma escolha similar a ponto de negar a castração materna.

A tese freudiana da escola "vienense", embora defendida por algumas mulheres, sobretudo Marie Bonaparte, Helene Deutsch, Jeanne Lampl-De Groot, viu-se contestada, a partir de 1920, por outras mulheres, da escola "inglesa": Melanie Klein, Josine Müller e ainda muitas mais. Além de questionarem o primado atribuído à lei do pai, ao "falocentrismo" freudiano e ao ideal educativo na abordagem psicanalítica das crianças, criticavam, com toda a razão, a extravagante hipótese freudiana da ausência na menina do sentimento da vagina, e opunham um dualismo à noção de libido única. Aliás,

---

187. Sigmund Freud, "La féminité", in *Nouvelles conférences d'introduction à la psychanalyse*, op.cit., p.153.

Com as mulheres

elas não percebiam, na terapia com as crianças, nem essa suposta ausência do sentimento da vagina, nem o lugar atribuído ao clitóris como substituto do pênis. A escola inglesa restaurava nessas condições a ideia de uma "natureza feminina", isto é, de uma diferença fundada na anatomia, ali onde Freud a tinha relativizado colocando a não diferenciação inconsciente dos dois sexos sob a categoria de um único princípio masculino e de uma organização edipiana em termos de dissimetria.[188] O que equivale a dizer que os adeptos da escola inglesa eram mais "naturalistas" do que Freud: consideravam que se nasce mulher de uma vez por todas, ao passo que Freud preferia dizer que a feminilidade se constrói com a ajuda de representações. Daí a ideia de que a mulher se vê como um "homem que deu errado".

Foi no congresso de Innsbruck, em setembro de 1927, sob a presidência de Max Eitingon, que rebentou uma guerra sem misericórdia entre Anna e Melanie. Esta chegara, radiosa e magistral, cercada pela primeira vez por seus discípulos, fascinados com suas proposições sobre os "estágios precoces do conflito edipiano", que já não eram mais estágios, e sim "fases" ou "posições intrapsíquicas". Nessa data, sofrendo cada vez mais em função do câncer, Freud já decidira retirar-se do movimento. Jones, que apoiava as teses da escola inglesa, tanto sobre a análise das crianças como sobre a questão da sexualidade feminina, não procurou debelar o incêndio. Havia conseguido isolar Ferenczi e criar uma tensão cada vez maior entre Freud e seu discípulo húngaro, julgado "paranoide", ao passo que este tinha boas razões para sentir-se perseguido. Jones queria dissolver o Comitê e já sonhava realizar o congresso do Verein na Inglaterra. Mais uma vez, sua política era coerente.

O debate sobre as mulheres e as crianças ganhou uma amplitude histórica considerável. Através dessa nova querela entre antigos e modernos, esboçava-se

---

188. Os textos do debate histórico entre Viena e Londres estão traduzidos em francês sob o título *Féminité mascarade*, Paris, Seuil, 1994. Cf. também Sigmund Freud, em especial "Quelques conséquences psychologiques de la différence anatomique entre les sexes" (1925), in *La Vie sexuelle*, op.cit. [ed. bras.: "Algumas consequências psíquicas da diferença anatômica entre os sexos", in *SFOC*, vol.16 / *ESB*, vol.19; ed. orig.: "Einige psysche Folgen des anatomischen Geschlechtsunterschieds", in *GW*, vol.14]. E Helene Deutsch, *Psychanalyse des fonctions sexuelles de la femme*, Paris, PUF, 1994. O título do livro publicado pela Seuil provém de um famoso texto de Joan Riviere, "La féminité en tant que mascarade", no qual ela mostra que as mulheres intelectuais bem-sucedidas em sua integração social e vida conjugal estão condenadas a ostentar sua feminilidade como uma máscara a fim de melhor dissimular sua angústia.

uma mudança de paradigma ligada às transformações da sociedade ocidental. E, desse ponto de vista, a sociedade inglesa, fundada no liberalismo, no empirismo, no individualismo – mas também no culturalismo –, estava mais apta que a Europa continental a acolher as teses kleinianas, julgadas mais "feministas", democráticas e igualitárias que as de Freud, as quais exprimiam ainda um elo muito forte com um modelo patriarcal. Esse debate, vale ressaltar, era contemporâneo do desenvolvimento internacional do movimento feminista, o qual conduziu, via sufragismo, à emancipação política e jurídica das mulheres. Encontramos seus vestígios no belo ensaio de Virginia Woolf, *Três guinéus*, publicado em 1938. Nele, a autora incentivava as mulheres a reconhecer sua diferença. Assim, comparava o sexismo masculino aos fascismos triunfantes da Alemanha e Itália, de tal forma o instinto bélico lhe parecia, para a época, privilégio dos homens. Não excluía, entretanto, que esse fenômeno pudesse ser de ordem cultural e não sexual.[189]

Freud queixou-se a Jones da campanha orquestrada pelos kleinianos contra Anna. Ficara especialmente abalado ao ver que a bela Joan Riviere, oriunda da aristocracia inglesa e ligada ao grupo de Bloomsbury, deixara-se seduzir pelas teorias kleinianas. Melancólica e acometida de insônia crônica, tinha sido analisada por ele, que lhe dedicava estima e profunda afeição, ainda que Anna a detestasse. Joan Riviere saberá conservar suas distâncias sem jamais ceder a qualquer idolatria kleiniana.

Em setembro, Jones escreveu a Freud para reiterar sua discordância com relação às posições de Anna, mas imputava as resistências desta à precariedade de sua análise com o pai: nova oportunidade de psicologizar conflitos científicos, cujas problemáticas eram no entanto indiscutivelmente históricas e políticas. Freud agira assim contra Jung, depois Jung contra Freud, depois Jones contra Rank etc. Mais uma vez, um debate de envergadura entre duas abordagens diferentes de uma mesma realidade era interpretado pelos próprios protagonistas não como uma mudança de paradigma, mas como um caso edipiano.

Ao mesmo tempo, contudo, Jones reafirmava sua fidelidade cega ao mestre e à sua filha. Freud não queria imiscuir-se naquele embate, embora, a despeito de continuar julgando equivocado o caminho kleiniano, aceitasse que a experiência desse a última palavra. Chocava-o, de toda forma, o fato de as posições

---

189. Virginia Woolf, *Three Guineas* (1938), Nova York, Harvest, 1966.

Com as mulheres 343

da escola inglesa já estarem definidas antes mesmo da entrada em cena de Anna no debate: "No comportamento dos ingleses com relação a Anna", assinalava, "dois pontos não têm justificativa: de um lado, a crítica, inusitada entre nós, e contrária a todos os bons costumes, segundo a qual ela não teria sido suficientemente analisada, crítica pública que o senhor mesmo repete em público. E a observação de Mrs. Klein, julgando que Anna evita por princípio o Édipo. Esse mal-entendido poderia ter sido facilmente evitado com um pouco de boa vontade. Mais do que por essas tempestades em copo d'água, estou arrasado pelas declarações teóricas de Riviere, precisamente porque sempre tive sua inteligência em altíssima conta. Nesse ponto, devo censurá-lo por ter levado muito longe a tolerância. Quando um membro de nossos grupos exprime pontos de vista essenciais tão equivocados e enganadores, é uma boa oportunidade para o chefe de grupo chamar-lhe a atenção em particular, mas não um acontecimento para o qual se deva procurar uma publicidade mais ampla sem aparelhá-lo com observações críticas."[190]

A experiência deu razão, contra Freud, às teorias kleinianas, que se implantaram no mundo inteiro entre os terapeutas da primeira infância, à medida que Londres impunha sua *leadership* na organização mundial da psicanálise. Em toda parte, contudo, elas foram corrigidas e modificadas de uma maneira "annafreudiana", isto é, no sentido da integração de um modelo educativo ao desenrolar dos tratamentos de crianças.[191]

Equipado com sua psicologia edipiana, sua crença num clitóris como substituto do pênis e sua convicção segundo a qual as meninas teriam consciência da inferioridade de "seu pequeno pênis", Freud permanecera encerrado numa concepção das mulheres, da feminilidade e da vida amorosa tributária do romantismo alemão e da *Naturphilosophie*. Ao passo que sua doutrina do monismo sexual afastava-se do naturalismo, ele não cessava de convocá-lo no olhar que dirigia às mulheres e à "natureza" da feminilidade. Mais uma vez, suas posições eram de extrema complexidade e Freud passava o tempo todo contradizendo-se e em guerra consigo mesmo.

---

190. Sigmund Freud e Ernest Jones, *Correspondance complète, 1908-1939*, op.cit., carta de Freud de 9 de outubro de 1927, p.727.

191. Diversos livros foram dedicados à história da psicanálise das crianças depois de 1945, em especial na escola inglesa representada por D.W. Winnicott e John Bowlby. Cf. *Dicionário de psicanálise*, op.cit. E, no que se refere à França, *HPF-JL*, op.cit.

Considerava as mulheres mais passivas que os homens, mais bissexuais também, e, logo, que a homossexualidade feminina diferia da homossexualidade masculina, que a necessidade das mulheres de ser amadas era maior que a dos homens e, por conseguinte, no plano patológico, elas eram mais masoquistas que sádicas, uma vez que nelas tal necessidade convertia-se facilmente em um gozo de ser maltratadas. Ao mesmo tempo, afirmava que as mulheres só tomavam gosto pelas perversões sexuais sob a condução dos homens. Insistia no fato de que, na infância, as meninas se vivenciam como "mutiladas" e menosprezadas e que detestam as mães por tê-las feito nascer mulheres em vez de homens: elas têm "inveja do pênis". Concebia as relações entre homem e mulher como uma complementaridade, o que ia de encontro à sua doutrina do monismo sexual. A mulher deve ser a dócil companheira do homem, ele dizia, ela não ganha nada exercendo uma atividade profissional ou fazendo estudos, uma vez que sua condição natural é manter com o homem três relações "inevitáveis": ser sua genitora, sua companheira e sua destruidora, três formas sob as quais desfilava para ele a imagem da mãe ao longo da vida – a própria mãe, a amada que ele escolheu à imagem da primeira e, para terminar, a terra-mãe, que o recebe novamente em seu seio.

Como bom darwiniano, adepto da teoria das "eras" da evolução, e como grande decifrador, qual Édipo diante da Esfinge, do enigma do destino humano – isto é, das três idades da vida –, Freud sempre afirmou que a mulher encarnava para o homem três formas de feminilidade: a adolescente desejável, a esposa amada, a mãe tendo pelo bebê um amor mais intenso do que pela criança já adolescente. Ou seja, a mulher pensada por Freud encerrava em si três tipos de feminilidade, que remetiam não só à terra-nutriz, e portanto ao nascimento e à morte, como também às três Moiras da mitologia grega (as Parcas romanas), três modalidades do destino. Em cada mulher, ele pensava, o homem encontra três deusas vindas do Olimpo: a "fiandeira", que manipula o fuso em que se desenrola a existência; a "fatídica", que segura a ampulheta, isto é, a medida do tempo; e a "implacável", que corta o fio da vida. Daí que, para ele, a maior contribuição das mulheres à cultura fora a invenção da tecelagem e da cestaria.[192]

---

192. Sigmund Freud, "La féminité", in *Nouvelles conférences d'introduction à la psychanalyse*, op.cit., p.177.

Para fundamentar o princípio dessa representação da mulher, Freud se baseava num de seus personagens favoritos: o rei Lear. Na peça de Shakespeare, o monarca louco mete na cabeça saber qual de suas três filhas o prefere e condena ao degredo a melhor delas, Cordélia, acarretando a ruína de seu reinado e de sua genealogia. E é assim que, no fim da tragédia, reconhecendo tarde demais o seu erro, ele segura nos braços o corpo inerte de Cordélia: "É em vão que o homem velho procura recuperar o amor da mulher, tal como o recebeu primeiramente da mãe; é somente a terceira das mulheres do destino, a silenciosa deusa da morte, que o tomará nos braços."[193]

Pai de três filhas e rodeado na Berggasse por três mulheres – Martha, Minna e Anna –, Freud encontrava na mitologia grega e nos dramas de Shakespeare o eco de sua concepção das três funções da feminilidade – a mulher-mãe, a amante-esposa e a deusa Terra – que se apresentam ao homem ao longo de sua vida. Extraía essa temática principalmente do julgamento de Páris, de um conto de Perrault ("Cinderela"), de um conto de Apuleio ("Psique"), mas também de uma cena famosa do *Mercador de Veneza*, de Shakespeare, versão cômica da tragédia do rei Lear. Nessa peça, a jovem Pórcia é obrigada, por vontade do pai, a tomar como esposo o pretendente que, dos três cofres que lhe apresentam, souber escolher o certo. Os cofres são de ouro, prata e chumbo, e o "certo" é o que contém o retrato da moça. Dois concorrentes já se retiraram sem sucesso, escolhendo o ouro e a prata. Bassânio, o terceiro, decide-se pelo chumbo e conquista a noiva, que, antes mesmo da prova, sentia uma queda por ele.

Segundo Freud, cada cofre representa um tipo de feminilidade, e Pórcia, assimilada ao chumbo (metal "mudo"), é a mais simples das três mulheres, a menos extrovertida: ela ama e se cala. Nesse aspecto, aparenta-se à fiel Cordélia, a "morta".

Freud apreciava mulheres fiéis e inteligentes, não bonitas demais, porém instruídas a respeito das coisas da vida e devotadas aos filhos, e apoiava sua luta pela conquista dos direitos civis. Tinha horror ao adultério, não gostava nem de meretrizes nem de bordéis. Fustigava a misoginia de alguns de seus discípulos vienenses e dos médicos de seu meio, que viam a mulher como

---

193. Sigmund Freud, "Le thème des trois coffrets" (1913), in *L'Inquiétante Étrangeté et autres textes*, op.cit., p.81 [ed. bras.: "O tema da escolha do cofrinho", in *SFOC*, vol.10 / *ESB*, vol.12; ed. orig.: "Das Motiv der Kästchenwahl", in *GW*, vol.10].

uma criatura fisiologicamente inferior ao homem. Essa desigualdade, ele dizia, não existe no inconsciente: é uma construção da esfera da fantasia. Via, aliás, no ódio às mulheres e em sua humilhação uma das raízes inconscientes do antissemitismo.

Da mesma forma que descrevera a sexualidade infantil a partir das teorias forjadas pelas crianças, Freud construiu sua doutrina da sexualidade levando em conta tanto representações masculinas da feminilidade como representações femininas da masculinidade. Assim, sua teoria da feminilidade permaneceu em parte tributária do estado da sociedade na qual ele vivia. E esta é uma das razões pelas quais ele não cessou de se contradizer ao longo dos anos.

Se a mulher, segundo Freud, sente-se privada de pênis, o homem, para ter acesso a outra mulher que não a mãe, tem necessidade de superar o respeito que esta lhe impõe. E, acrescentava, deve assimilar a ideia do incesto com a mãe ou a irmã. Freud explicava que essa passagem da mãe a outra mulher exprimia-se na necessidade sentida pelo homem de manter relações sexuais com mulheres de uma classe social inferior à sua: "... tendência muito observada em homens de mais alta classe social de escolher uma mulher de classe mais baixa como amante ou mesmo como esposa."[194]

Freud preferia um bom divórcio a um mau casamento, julgando que a utilização de *"condoms"* privava as mulheres do orgasmo da mesma forma que o coito interrompido. Entretanto, a partir dos anos 1920, passou a achar a contracepção feminina de longe preferível aos outros meios utilizados para controlar a procriação. Bruxo puritano, adorava enfeitiçar as mulheres pela palavra. Sua arte epistolar, que confinava com o gênio, era tão rica quanto eram limitados seus desejos carnais, e sua imaginação erótica tão luxuriante quanto indigente sua atividade sexual. No fundo de si mesmo, interrogava-se sobre um dos dilemas mais evidentes e conhecidos da vida amorosa: como manter amor e desejo unidos num homem? "Aquilo que amam, eles não desejam, e aquilo que desejam, não podem amar."[195] Curiosamente, recusava-se a ver que as mulheres eram tão subordinadas quanto o homem a essa clivagem

---

194. Sigmund Freud, "Sur le plus général des rabaissements de la vie amoureuse", in *La Vie sexuelle*, op.cit., p.61.
195. Ibid., p.59.

Com as mulheres   347

e que sem dúvida também podiam escolher como amante ou esposo um homem de condição inferior.

De fato, essas diversas representações da mulher chocavam não só gerações feministas, como também as mulheres integrantes do movimento psicanalítico na época. A propósito, estas entraram em contradição mais de uma vez não só com a doutrina freudiana da sexualidade, como também com a atitude que Freud adotava para com as mulheres em geral. Pois, em vez de incitá-las a fazer tricô ou costura, ele as incentivava a exercer uma atividade profissional e a conquistar independência social. Sabia que a organização familiar que ele adotava em sua vida privada não duraria e que as mulheres e homens das gerações futuras seriam muito diferentes do que os que ele conhecera: via indícios dessa evolução na maneira de viver de seus filhos, ainda que se defendesse disso querendo-os à sua imagem. Ciente de que sua doutrina, não obstante afastada das lutas feministas, participava amplamente da emancipação das mulheres, via-se como um homem do passado, não tendo ele mesmo desfrutado da revolução sexual que impusera à sociedade ocidental. De certa forma o século XX era mais freudiano que o próprio Freud.

Sem mencionar Amalia, Freud não hesitava afirmar que só a relação com o filho dava satisfação irrestrita à mãe. E acrescentava: "A mãe pode transferir para o filho a ambição que teve de reprimir em si mesma, esperar dele a consumação de tudo que lhe restou de seu complexo de masculinidade. Nem mesmo o casamento se consuma até que a mulher consiga transformar seu marido igualmente em seu filho e comportar-se como mãe para com ele."[196] Em outras palavras, segundo Freud, toda mulher é primordialmente para o homem uma mãe potencial que ele precisa conspurcar para transformá-la em objeto sexual. Por conseguinte, dizia, o ponto de partida de toda vida sexual deriva da oralidade: sugar o seio ou seu substituto. Toda criatura repete em sua vida essa escolha inicial: descobrir a mãe sob formas múltiplas, da paixão ao ódio, da felicidade ao desespero.

Justamente quando construía uma teoria racional da sexualidade, opondo-se às visões dos ideólogos assombrados pelo terror do feminino, Freud refor-

---

196. Sigmund Freud, "La féminité", in *Nouvelles conférences d'introduction à la psychanalyse*, op.cit., p.179.

mava a ideia ancestral segundo a qual, para o homem, a mulher é o maior enigma de toda a história da civilização. Os homens, dizia ele, sempre temeram o poder secreto e aterrador detido pelas mulheres e não estão preparados para se livrar dele. Lembremos aqui de Tirésias. Homem e mulher ao mesmo tempo, ele conhecia o mistério sobre o qual se interrogavam os deuses e os mortais: quem, do homem ou da mulher, é o maior beneficiário do ato sexual? Consultado por Zeus e Hera, ele ousara afirmar que a mulher extraía do coito nove vezes mais prazer que o homem. Ao trair o segredo de um gozo tão ferozmente salvaguardado, foi condenado à cegueira por Hera, porém recompensado por Zeus, que lhe deu o dom da profecia e o poder de viver por sete gerações.[197]

Com efeito, era essa mitologia que Freud reciclava em termos oriundos igualmente do romantismo negro – "O que quer a mulher?" – e da literatura colonial: "A vida sexual da mulher adulta", dizia ele em 1926, "é um *dark continent* para a psicologia."[198] Nessa data, fazia alusão ao best-seller do jornalista britânico Henry Morton Stanley,[199] que explorara o Congo no fim do século XIX, trazendo de sua expedição uma visão simplória e falopaternalista da África, julgada obscura e encantada, feminina e selvagem, ainda inexplorada pela civilização. E era a esse "continente negro", para o qual se projetava a missão civilizadora do Ocidente, que Freud comparava a vida sexual da mulher. Com esse bem-sucedido slogan, ele exprimia tanto o medo do homem branco face a um continente reinventado pelo discurso colonial como a angústia sentida pelo Homem (no sentido genérico) face aos transbordamentos da sexualidade feminina: natureza indômita, parte obscura, enigma ainda não elucidado pela ciência etc. Teria Freud, muito cedo na vida, sentido esse mesmo pavor? Não exprimia certo temor diante dos chows-chows negros? Ele mesmo nascera "negro".

Fato é que essa doutrina freudiana era em larga medida fruto de uma representação masculina do homem e da feminilidade herdada do fim do

---

197. Nicole Loraux, *Les Expériences de Tirésias. Le féminin et l'homme grec*, Paris, Gallimard, 1989.
198. Sigmund Freud, *La Question de l'analyse profane* (1926), Paris, Gallimard, 1985, p.75 [ed. bras.: "A questão da análise leiga", in *SFOC*, vol.17 / *ESB*, vol.20; ed. orig.: "Die Frage der Laienanalyse", in *GW*, vol.14].
199. Henry M. Stanley, *Through the Dark Continent*, 2 vols. (1878), Nova York, Dover Publications, 1988. E Michel Lurdos, "Au coeur du continent noir: Henry Morton Stanley", in Jean Sévry (org.), *Regards sur les littératures coloniales*, Paris, L'Harmattan, t.III, 1999.

século XIX.[200] Freud sabia disso, afirmando que só mulheres mais modernas, formadas na psicanálise, seriam capazes, no futuro, de compreender a sexualidade feminina "pré-edipiana". A posteridade deu razão às duas abordagens – kleiniana e freudiana – e a muitas outras ainda[201] mais contundentes.

A partir de 1920, as principais discípulas ou pacientes de Freud diferenciaram-se nitidamente das mulheres de sua família. Inglesas, americanas, alemãs, austríacas, quase todas vinham das classes mais altas da sociedade e todas haviam conquistado uma independência e um modo de vida que contrastavam não só com os das pioneiras da primeira geração da WPV, como também com a situação das mulheres da Berggasse, a das irmãs, da mãe ou das filhas de Freud, no caso.

Até os anos 1920 – com raríssimas exceções –, as psicanalistas, integrantes do movimento, haviam permanecido à sombra dos homens. Doravante mais visíveis, e tendo abandonado espartilhos e anáguas, fizeram então sua segunda entrada na grande História, agora como protagonistas do movimento psicanalítico. Se a maioria delas sofria de melancolia, tédio ou neuroses diversas, em geral decorrentes de um contexto familiar ou conjugal conturbado, encontraram na psicanálise meios de ter uma profissão, engajar-se numa causa, transformar suas vidas ou, mais simplesmente, participar de uma aventura intelectual. Foi o caso, em especial, de Helene Deutsch, Hilda Doolittle, Edith Jacobson, Ruth Mack-Brunswick, Dorothy Burlingham, Joan Riviere, Marianne Kris, Margaret Stonborough-Wittgenstein.[202]

---

200. Cf. Georges Duby e Michelle Perrot, *Histoire des femmes*, t.IV: *Le XIXe siècle*, Paris, Plon, 1991.
201. Sobre os debates posteriores a respeito da sexualidade feminina, e principalmente sobre as respectivas posições de Simone de Beauvoir, Jacques Lacan e seus sucessores, cf. *HPF-JL*, op.cit., bem como o *Dicionário de psicanálise*, op.cit. E Elisabeth Roudinesco, "Soudain, *Le Deuxième Sexe...*", *Les Temps Modernes*, janeiro-março de 2008, 647-8, p.192-213. Uma volumosa literatura foi dedicada a essa questão, em especial à distinção entre sexo e gênero (*gender*) tanto no interior como fora do movimento psicanalítico. Cf. também Lisa Appignanesi e John Forrester, *Freud's Women*, Nova York, Basic Books, 1992.
202. Cf. Célia Bertin, *La Femme à Vienne au temps de Freud*, Paris, Stock/Laurence Pernoud, 1989. E Ursula Prokop, *Margaret Stonborough-Wittgenstein* (2005), Lausanne, Noir sur Blanc, 2010. Amigo de Margaret, Freud não teve contato nem com o Círculo de Viena, fundado por Moritz Schlick, nem com Ludwig Wittgenstein, irmão de Margaret e amigo de Karl Kraus, que criticou sua teoria do sonho. Cf. Ludwig Wittgenstein, "Entretiens sur Freud" (1943-46), in *Freud: jugements et témoignages*, op.cit., p.251-66.

Duas mulheres bem diferentes uma da outra – Lou Andreas-Salomé e Marie Bonaparte, ambas não judias, uma alemã, outra francesa – desempenharam um papel crucial na segunda parte da vida de Freud, integrando-se tanto ao círculo de seus discípulos quanto à sua intimidade familiar. Ambas receberam o anel dos iniciados do Ring.

Nascida em São Petersburgo, cinco anos depois de Freud, Lou vinha de uma família da aristocracia alemã. Desde a juventude, optara por dedicar-se à vida intelectual e jamais submeter-se às normas do casamento burguês. Figura emblemática de uma feminilidade narcísica que ela levava à incandescência, considerava as mulheres mais livres que os homens. Estes, dizia, se veem compelidos, em virtude de sua cultura, a uma dominação da qual só podem sentir-se culpados. Em contrapartida, acrescentava, as mulheres, capazes de se doarem integralmente no ato sexual, não sentem vergonha nem constrangimento. Era nessa perspectiva que concebia o amor sexual como uma paixão física que, uma vez saciado o desejo, se esgota. Por conseguinte, só o amor intelectual, fundado numa absoluta fidelidade, é capaz de resistir ao tempo. Num opúsculo sobre o erotismo publicado em 1910, Lou comentava um dos grandes temas da literatura – de Emma Bovary a Ana Karenina –, segundo o qual a divisão entre loucura amorosa e quietude conjugal, em geral impossível de superar, devia ser plenamente vivida. Sabia que seus argumentos a favor de um casamento que autorizasse a todo parceiro uma liberdade regeneradora eram bastante fantasiosos não por irem de encontro aos mandamentos morais das religiões, e sim por serem incompatíveis com o poderoso instinto possessivo enraizado no homem.

No entanto, não cessou, ao longo da vida, de colocar essa divisão em prática, zombando de invectivas, rumores e escândalos. Depois de Nietzsche, foi a vez de Freud ficar fascinado por aquela mulher que deu uma sacudida em sua vida: mesmo orgulho, mesma desmedida, mesma energia, mesma coragem, mesma maneira de amar e possuir avidamente os objetos eleitos.[203] Um escolhera a abstinência sexual com a mesma força e vontade que impeliam a outra a saciar seus desejos. Tinham em comum a intransigência e a certeza de que a amizade jamais devia camuflar as divergências nem ferir a liberdade de cada um.

Em junho de 1887, Lou se casara com o orientalista alemão Friedrich-Carl Andreas, que ensinava na Universidade de Göttingen. O casamento não se

---

203. Cf. *Dicionário de psicanálise*, op.cit.

Com as mulheres   351

consumou, e foi Georg Ledebourg, fundador do Partido Social-Democrata Alemão, que se tornou seu primeiro amante, pouco tempo antes de Friedrich Pineles, um médico vienense. Esse segundo relacionamento terminou com um aborto e uma trágica renúncia à maternidade. Lou instalou-se então em Munique, onde conheceu o jovem poeta Rainer Maria Rilke: "Fui tua mulher durante anos", ela escreverá em *Minha vida*, "porque tu foste a primeira realidade, em que o homem e o corpo são indiscerníveis um do outro, fato incontestável da própria vida … Éramos irmão e irmã, mas como nesse passado longínquo, antes que o casamento entre irmã e irmão virasse sacrilégio."[204]

Foi a adesão à concepção nietzschiana do narcisismo, e mais genericamente ao culto do ego, característica da *Lebensphilosophie* do fim do século, que preparou o encontro de Lou com a psicanálise. Em todos os seus textos, como aponta Jacques Le Rider, ela buscava efetivamente encontrar um eros cosmogônico capaz de sanar a perda irreparável do sentimento de Deus.[205] Foi em 1911, em Weimar, que encontrou Freud pela primeira vez. Era então amante de Poul Bjerre, um jovem psicanalista sueco quinze anos mais jovem do que ela: "O tempo suavizara seus traços", escreverá Heinz Frederick Peters, seu melhor biógrafo, "e ela acrescentava-lhes certa feminilidade, usando peles macias, boás, estolas nos ombros … . Sua beleza física igualava-se, quando não superava, a vivacidade de sua inteligência, sua alegria de viver, sua espirituosidade e calorosa simpatia."[206]

Freud fugia da beleza feminina e, num primeiro momento, desconfiou da atração que sentia por aquela mulher excepcional. Não demorou, no entanto, a apreciar-lhe a perspicácia, a paixão pela vida, o otimismo inabalável. Ela encarnava todas as facetas daquela feminilidade que lhe era tão próxima e estranha ao mesmo tempo. Com efeito, Lou parecia contradizer sua teoria dos três estados da vida feminina, uma vez que continuara uma moça dese-

---

204. Lou Andreas-Salomé, *Ma vie* (1901), Paris, PUF, 2009 [ed. bras.: *Minha vida*, São Paulo, Brasiliense, 1985].

205. Jacques Le Rider, *Modernité viennoise*, op.cit. E Lou Andreas-Salomé, *L'Amour du narcissisme* (1977), Paris, Gallimard, 1980.

206. H.F. Peters, *Ma soeur, mon épouse* (1962), Paris, Gallimard, col. Tel, 1967, p.257 [ed. bras.: *Lou, minha irmã, minha esposa*, Rio de Janeiro, Zahar, 1986]. A vida e a obra de Lou Andreas-Salomé foram objeto de diversos trabalhos. Dentre os melhores: Angela Livingstone, *Lou Andreas-Salomé, sa vie et ses écrits* (1984), Paris, PUF, 1990. E Isabelle Mons, *Lou Andreas-Salomé en toute liberté*, Paris, Perrin, 2012.

jável sem tornar-se mãe e uma mulher madura que, recusando-se a assumir o papel de esposa no lar, nunca renunciou ao amor físico. Em lugar de vê-la como um enigma, Freud lhe ofereceu a forma de amor mais elevada de que era capaz: uma amizade feita de elegância, sedução e cortesia e uma troca intelectual como jamais tivera com nenhum de seus discípulos ou interlocutores. Pela primeira vez, não transformará o amigo indispensável num indispensável inimigo.

Desde seu primeiro encontro, Freud se deu conta de que Lou aspirava a ser admirada, até mesmo libertada de sua fortíssima personalidade, e que vivera uma tragédia ao renunciar à maternidade. A partir daí, compreendeu que ela queria efetivamente dedicar-se à psicanálise e que nada a impediria. Eis por que aceitou-a prontamente entre os membros da WPV. Sua presença muda atestava aos olhos de todos uma continuidade entre Nietzsche e Freud, entre Viena e a cultura alemã, entre a literatura e a psicanálise. Manifestamente, Freud estava apaixonado por ela, e eis por que afirmará com veemência, como se para se proteger do que sentia, que aquela afeição nada tinha a ver com qualquer atração física.

Instalada em Viena em 1912, Lou assistia tanto às reuniões do círculo freudiano como às organizadas por Alfred Adler. Com ciúme, Freud não interferiu, embora tratando seu rival de "personalidade repugnante". Uma noite, com saudades dela, escreveu-lhe estas palavras: "Senti sua falta ontem à noite na sessão e estou feliz de saber que sua visita ao campo do protesto masculino não tem relação nenhuma com sua ausência aqui. Adquiri o mau hábito de sempre dirigir minha conferência a certa pessoa de meu círculo de ouvintes e ontem não parava de olhar fascinado para o lugar que lhe haviam reservado."[207]

Lou não demorou a abraçar exclusivamente a causa do freudismo, e foi então que se apaixonou por Viktor Tausk, o homem mais bonito e melancólico do círculo freudiano. Era quase vinte anos mais moço do que ela. Ao seu lado, ela se iniciou na prática analítica, visitou hospitais, observou casos que a interessavam, conheceu intelectuais vienenses. Após cada reunião de quarta-feira, Tausk acompanhava-a até seu hotel e, após cada jantar, a cobria de flores. Um dia, um discípulo especialmente fanático começou a praticar com ela um dos esportes favoritos do grupo: a mania da interpretação. Enquanto

---

207. Lou Andreas-Salomé, *Correspondance avec Sigmund Freud*, op.cit., p.17.

ela fazia tricô, como numerosas mulheres na época, ele apontou-lhe o dedo e lhe fez observar que ela parecia gozar entregando-se a um coito contínuo simbolizado pelo movimento das agulhas. Ela não respondeu.

Lou Andreas-Salomé pertencia ao mesmo mundo de Freud, e compartilhava com ele os mesmos valores e a mesma concepção elitista da Europa da Belle Époque, cuja miséria profunda ela ignorava. Foi, portanto, pega de surpresa pela Primeira Guerra Mundial. Ao passo que Freud via naquele conflito o reflexo de uma erupção pulsional soterrada no inconsciente dos povos, ela considerava a guerra em geral uma espécie de vampiro que chupa o sangue para aplacar a necessidade do homem de autodestruir-se: "Seremos sempre nossos próprios assassinos. Talvez seja inevitável, mas, por causa disso, nossa culpa é universal e nosso único meio de redenção é aceitá-la tal qual .... Quando compreendi isso, me dei conta, com espanto, que por essa razão eu também me teria batido se fosse um homem e enviado meus filhos à guerra, se tivesse tido filhos."[208]

Freud estava claramente no lado dos vencidos, porém, para Lou, a guerra representava uma derrocada ainda maior. De que lado teria lutado? Com os russos ou os alemães? Embora não compartilhasse os sentimentos nacionalistas de seus compatriotas do mundo germanófono, nem por isso podia aderir ao combate antialemão de seus irmãos russos. Assim, via naquela irrupção do ódio uma luta fratricida inerente à sua própria subjetividade. E, no momento da Revolução de Outubro, mostrou-se resolutamente hostil ao bolchevismo. Outrora, admirara os revolucionários russos e seu ideal utopista, mas agora, como o conde Pierre Bezukov[209] no momento do avanço das tropas napoleônicas rumo a Moscou, só via a tragédia que se abatia sobre seu país. E Freud lhe respondeu no mesmo tom: "Creio que não podemos ter simpatia pelas revoluções enquanto elas não terminam. Eis por que deveriam ser curtas. Em todo caso, a besta humana necessita ser domada. Em suma, viramos reacionários como já se tornara o rebelde do Schiller face à Revolução Francesa."[210] Nem Freud nem Lou haviam compreendido a grande miséria dos povos.

---

208. H.F. Peters, *Ma soeur, mon épouse*, op.cit., p.283.
209. Personagem central do romance de Tolstói *Guerra e paz*.
210. Lou Andreas-Salomé, *Correspondance avec Sigmund Freud*, op.cit., p.98.

Lou passou os seis meses seguintes à guerra cuidando de vítimas de traumas nervosos num campo de trabalho de Königsberg. Enquanto Freud mostrava-se cada vez mais pessimista a respeito das tendências mortíferas da humanidade, Lou redescobria a alegria de viver à medida que, em Göttingen, dedicava-se à prática da psicanálise. Durante anos, esteve assim presente no movimento psicanalítico da mesma maneira que Freud: sempre retraída e sempre próxima daquele círculo familiar que a acolhera, mas que já dava lugar à nova geração de terapeutas jovens e anglófonos, menos aferrada às recordações do mundo de ontem.

Com Lou, Freud finalmente encontrou uma interlocutora a quem podia tratar como uma igual, como uma estranha e como uma mulher da sua família. Nesse sentido, estimulou-a a amparar Anna, sua filha, com quem ele tinha tantas dificuldades. E, recebendo os segredos que esta lhe contava sobre sua análise, sua sexualidade e suas dificuldades, tornou-se sua segunda terapeuta: supervisionou o tratamento realizado por Freud com sua "filha-Anna", ao mesmo tempo absorvendo com tato e avidez as delícias que aquela relação lhe oferecia. Lou discorria para ela sobre xales, peliças, peles e vestidos de cauda, que lhe evocavam sua juventude russa impregnada dos romances de Tolstói. Entre duas confidências, Anna lhe falava do cheiro dos brioches e do amor dividido entre a vida canina e a colheita de cogumelos.

Envelhecendo juntos ao longo dos anos, Freud e Lou assistiram ao mesmo tempo à pulverização daquela Alemanha de Goethe e Nietzsche da qual eram herdeiros. Em 1931, por ocasião do septuagésimo quinto aniversário do querido professor, ela lhe dedicou um livro no qual exprimia sua gratidão e suas discordâncias, em especial sobre os erros cometidos pelo movimento a respeito da criação artística e da fé, reduzida por ele a uma alienação: uma defesa contra o dogmatismo já arraigado. Freud lhe respondeu que ela colocava uma ordem feminina na desordem ambígua de seu próprio pensamento.[211] Impossível exprimir-se melhor.

Lou Andreas-Salomé não teve oportunidade de conhecer Marie Bonaparte, vinte anos mais moça. Uma diametralmente oposta à outra, tanto por sua origem como por sua cultura, seu modo de vida ou sua adesão ao freudismo, as

---

211. Lou Andreas-Salomé, *Lettre ouverte à Freud* (1931), Paris, Seuil, col. Points, 1994 [ed. bras.: *Carta aberta a Freud*, São Paulo, Landy, 2001].

duas mulheres tiveram todavia em comum o amor vibrante que dedicavam a Freud. Lou vinha de um mundo agonizante, Marie, uma conquistadora brandindo bem alto a bandeira viril do bisavô, do qual reivindicava o nome muito mais que a pompa imperial: "Se alguém vier a escrever minha biografia, que a intitule a última Bonaparte, pois eu a sou. Meus primos do ramo imperial não passam de Napoleão."[212] Se Lou foi para Freud a encarnação da inteligência, beleza e liberdade – algo como *A mulher* –, Marie tornou-se antes a filha, a aluna, a paciente, a discípula, a excepcional tradutora, a embaixatriz devotada, a apaixonada por chows-chows e a organizadora do movimento psicanalítico francês sobre o qual reinará, de maneira por vezes desastrosa, durante décadas.

Ela reconciliou Freud com a França que ele amava: a de Voltaire, Anatole France, Balzac, Sarah Bernhardt, Philippe Pinel, Charcot e Zola. Porém, assim como ele, não se interessava pelos verdadeiros representantes da modernidade literária – em especial, os surrealistas –, que no entanto desempenhavam um papel central na introdução da psicanálise na França. Freud chamava-a de *Prinzessin* (sua princesa), e quando ela pretendeu rivalizar com *a outra mulher*, ele exclamou: "Lou Andreas-Salomé é um espelho, não tem nem sua virilidade, nem sua sinceridade, nem seu estilo."[213]

Filha de Roland Bonaparte, por sua vez neto de Lucien, Marie perdera a mãe ao nascer e fora criada por um pai que só pensava em seus trabalhos de antropologia e por uma avó paterna, verdadeira tirana doméstica, ávida de sucesso e notoriedade. Assim, carregava aquela angústia suicida não raro encontrada nos herdeiros das dinastias europeias do início do século XX, con-

---

212. Marie Bonaparte, *Chronologie biographique en huit cahiers*, outubro de 1951, inédito. E Célia Bertin, *Marie Bonaparte*, Paris, Plon, 1999. A primeira edição desse livro (1982) tinha como título *La Dernière Bonaparte*. Sobre a trajetória de Marie Bonaparte e seu papel na história da psicanálise na França, cf. *HPF-JL*, op.cit., e *Dicionário de psicanálise*, op.cit.

213. Marie Bonaparte, *Sommaire de mon analyse et de ma correspondance avec Freud, avec Agenda (Cahiers noirs)*, 14 de dezembro de 1925. Os arquivos de Marie Bonaparte, depositados na Biblioteca do Congresso, em Washington, estão vedados a consulta até 2020. Graças a Célia Bertin, possuo uma cópia. Além do *Sumário*, encontram-se ali 126 cartas (1926-38), das quais 15 foram publicadas por Ernest Jones e Max Schur, e uma longa entrevista sobre diversos assuntos. Cf. também *Cinq cahiers écrits par une petite fille entre sept ans et demi et diz ans avec leurs commentaires*, 4 vols., 1939-51, impressos pela autora. "Extraits du Cahier 1", *L'Infini*, 2, primavera de 1983, p.67-89. Ver, no mesmo número, a conversa entre Elisabeth Roudinesco e Philippe Sollers, p.62-75. Uma correspondência entre Marie Bonaparte e Anne Berman está depositada e acessível na Bibliothèque Nationale de France. Versa essencialmente sobre a situação da psicanálise na França.

denados a vagar no simulacro de sua grandeza perdida. Tendo herdado da mãe uma imensa fortuna, da qual não sabia o que fazer, parecia um personagem do grande teatro freudiano dos primórdios: uma verdadeira princesa, às voltas com uma neurose aristocrática e em busca de um mestre que seria ao mesmo tempo seu pai, mãe, rei e ancestral.

Contudo, jamais esquecendo suas origens corsas e seu pertencimento à genealogia dos Bonaparte, que fizeram dela uma republicana racional e apegada aos ideais da ciência mais avançada de sua época, não manifestava qualquer nostalgia pelo mundo antigo, ainda que seu casamento arranjado com o príncipe Jorge da Grécia, homossexual e amante de seu tio Valdemar, príncipe da Dinamarca, a tenha promovido ao status de alteza real, de alta nobreza monárquica, cumulada de honrarias. Na realidade, embora ligada aos códigos e rituais de sua casta, Marie zombava de todos os conformismos, multiplicava os casos amorosos e sofria de uma indomável frigidez, que a levava a aferrar-se a todas as teorias sexológicas da época. Como uma princesa desse tipo, obcecada por sua feminilidade capenga, cujo sobrenome e laços de parentesco remetiam tanto ao reino de Hamlet como à tragédia de Édipo ou à ponte de Arcole, poderia escapar a um destino freudiano?

Quando conheceu Freud em Viena, em 30 de setembro de 1925, aconselhada por René Laforgue,[214] ela estava à beira do suicídio. Instalou-se com sua aia numa suíte do hotel Bristol, onde foi recebida com todas as honras devidas a seu título de alteza real, princesa da Grécia e da Dinamarca, porém julgou o local lúgubre.

Sob o pseudônimo de A.E. Narjani, acabava de publicar na Bélgica um artigo no qual enaltecia os méritos de uma intervenção cirúrgica, em voga na época, que consistia em aproximar o clitóris da vagina a fim de transferir o orgasmo clitoridiano para a vagina.[215] Julgando assim remediar a frigidez feminina, resolveu testar em si mesma a cirurgia, em Viena, não obtendo qualquer resultado.[216]

---

214. René Laforgue (1894-1962), psiquiatra e psicanalista, fundador do movimento psicanalítico francês e da Sociedade Psicanalítica de Paris (SPP, 1926), ao lado de Édouard Pichon, Eugénie Sokolnicka, Marie Bonaparte, Rudolph Loewenstein, Raymond de Saussure. Cf. *HPF-JL*, op.cit. Em especial a parte IV, "História dos doze".

215. A.E. Narjani, "Considérations sur les causes anatomiques de la frigidité chez la femme", *Bruxelles Médical*, 1924.

216. Sobretudo com o dr. Halban. Essa amputação, que não passa de uma excisão, é conhecida como "cirurgia Halban-Narjani".

Com as mulheres

No início Freud desconfiou daquela mulher célebre e mundana, que gastava fortunas com roupas e um suntuoso estilo de vida. Em resposta a Laforgue, que lhe gabava os méritos intelectuais da princesa e seu desejo de empreender uma análise didática ou terapêutica, exigiu que ela soubesse falar alemão ou inglês, esquecendo-se de que era tão europeia quanto ele e tão poliglota como a maioria de seus discípulos. A rigor, não lhe apetecia tratar uma pessoa a quem julgava frívola. E, no entanto, conduziu com ela, de 1925 a 1928, e em sucessivas etapas, um dos tratamentos mais bem-sucedidos de toda a história de sua clínica, evitando-lhe o suicídio e múltiplas transgressões destrutivas. Marie registrou o desenrolar dessa análise em seu *Sumário*, acrescentando-lhe anotações, reflexões e confidências sobre Freud, de grande interesse para todos os historiadores.

Logo no início do tratamento, Marie fez jus a uma interpretação forte. Em seguida a um relato de sonho, no qual se encontrava em seu berço assistindo a cenas de coito, Freud afirmou num tom peremptório que ela não somente ouvira aquelas cenas, como a maior parte das crianças que dormem no quarto dos pais, mas que também as vira à luz do dia. Assustada e sempre preocupada com provas materiais, ela recusou tal afirmação e protestou, dizendo que não tivera mãe. Freud não pestanejou e objetou a presença da babá. Por fim, ela decidiu interrogar o meio-irmão de seu pai, que cuidava dos cavalos na casa de sua infância. De tanto evocar à sua frente o alto alcance científico da psicanálise, ela o fez confessar sua antiga ligação com a babá. Um pouco envergonhado, o velho contou como fizera amor à luz do dia em frente ao berço de Marie. Ela então efetivamente vira cenas de coito, felação e cunilíngua.

É interessante comparar essa interpretação com a dada a Serguei Pankejeff. No primeiro caso, Freud inventara uma cena primitiva que jamais ocorrera, mas que permitira ao paciente dar um sentido ao seu sonho dos lobos. No segundo, a paciente recusava-se a crer na existência da cena, que, no entanto, após verificação, realmente ocorrera. Em ambos os casos, a noção de "cena primitiva" revestia-se do valor de um mito, remetendo a uma genealogia inconsciente.

Com aquela mulher que o cumulava de presentes, Freud deu então provas de seu talento clínico. Ao longo da análise, evitou-lhe uma relação incestuosa com o filho e lhe explicou por que os pacientes não deviam ficar nus durante a sessão. Além disso, recusou-se a responder às perguntas que ela lhe fazia sobre sua vida sexual e a fez compreender que ela não devia se exibir diante dele. Por fim, impôs certos limites aos seus experimentos cirúrgicos, sem no entanto conseguir impedi-la de passar ao ato. Como ele mesmo se submetia a dolorosas intervenções, não tinha meios, em tal situação transferencial, de interpretar o gozo sentido por Marie manejando o bisturi.

Integrando-se ao movimento psicanalítico, ela tomou parte no debate sobre a sexualidade feminina de uma maneira bastante pessoal, transformando a doutrina freudiana numa tipologia psicológica dos instintos biológicos, que se afastava ao mesmo tempo da escola vienense e da escola inglesa. Com efeito, distinguia três categorias de mulheres: as reivindicadoras, que procuram apropriar-se do pênis do homem; as aceitadoras, que se adaptam à realidade de suas funções biológicas ou de seu papel social; e as renunciadoras, que se dissociam da sexualidade.[217]

Manifestamente, Freud era fascinado por aquelas histórias de clitóris amputado e encontrava na obstinação cirúrgica de Marie o eco "biologizado" de suas próprias teses. Eis a razão pela qual deu-lhe de presente *Neger-Eros*, a célebre obra do antropólogo vienense Felix Bryk dedicada à prática da excisão nos Nandi. Nela, o autor mostrava como os homens dessa tribo procuravam, por esse meio, feminilizar ao extremo o corpo de suas companheiras, suprimindo-lhes aquele último vestígio do órgão peniano. E apontava que a cirurgia não abolia a capacidade orgástica das mulheres, caso contrário os homens da tribo não a teriam aceitado.

Mais uma vez Freud jogava com a ambivalência. De um lado, dizia a Marie que nenhuma cirurgia seria capaz de resolver o problema da frigidez feminina, de outro incentivava-a a efetuar pesquisas nesse domínio. Ela não pedia mais que isso. Imediatamente, começou a fazer pesquisas de campo sobre seu tema fetiche. Repetirá esse gesto a vida inteira.

Tal foi o limite interpretativo encontrado por Freud nesse tratamento: jamais conseguiu impedir sua querida princesa de prosseguir sua busca frenética por uma intangível feminilidade. Cumpriria ver nesse fracasso o sinal da impossibilidade em que se achava Freud de escapar à espiral infernal do "clitóris cortado", verdadeiro *dark continent* de seu próprio pensamento sobre o feminino?

---

217. Marie Bonaparte, *Sexualité de la femme*, Paris, PUF, 1957.

QUARTA PARTE

Freud, últimos tempos

1. Entre medicina, fetiche e religião

À MEDIDA QUE a medicina se tornava cada vez mais científica, os Estados sentiam necessidade de regulamentar as atividades terapêuticas. Parte integrante da medicina, a psiquiatria pretendia-se ainda mais racional em suas classificações, visto não repousar nos mesmos critérios clínicos que a disciplina médica. Contudo, transformando o louco num "caso", isto é, num "doente", ela se aproximara dele a ponto de não olhar mais o sujeito senão como um objeto suscetível de entrar num quadro nosográfico. E foi nesse terreno que Freud, vindo da neurologia e da fisiologia, construiu sua disciplina como um ramo da psicologia, herdando ao mesmo tempo a tradição dinâmica de Franz Anton Mesmer: magnetismo, hipnotismo, sugestão, catarse e, por fim, transferência.[1] A psicanálise restituía a fala ao sujeito e relançava a antiga ideia segundo a qual, mais que o médico, o paciente detém o poder de superar seus sofrimentos psíquicos.

Entretanto, ao criar em toda a Europa e nos Estados Unidos instituições destinadas a formar profissionais, *Herr Professor* e seus discípulos não podiam mais escapar, após a Primeira Guerra Mundial, às regulamentações progressivamente adotadas pelos Estados a fim de proteger os pacientes dos falsificadores, impostores, vendedores de laboratórios e outros terapeutas selvagens então designados como "charlatães".

Toda sociedade, como sabemos, atribui um lugar à figura do charlatão, e isso justamente por ser incapaz de se reproduzir salvo definindo claramente quem ela rejeita e quem ela assimila em virtude das normas que estabeleceu para si. Assim, o charlatão, ou seja qual for o nome que lhe deem, é

---

1. Cf. Henri F. Ellenberger, *Histoire de la découverte de l'inconscient*, op.cit.; em especial as belíssimas páginas dedicadas à história da psiquiatria dinâmica de Mesmer a Freud.

sempre uma figura do heterogêneo. Definido como a parte maldita,[2] ele é o que escapa à razão ou ao *logos*: o diabo, o excluído, o sagrado, a mácula, a pulsão, o inconfessável. Mas ele é ao mesmo tempo a droga (*phármakon*), o fornecedor de drogas (*phármakos*), o drogado, o bode expiatório ou mártir que deve ser punido para que a cidade se regenere. O charlatão é então uma criatura dúbia. Sofre a sanção e, ao mesmo tempo, é a própria condição de toda sanção. Envenenador ou redentor, tirano ou miserável, o charlatão é o *outro* da ciência e da razão, o *outro* de nós mesmos.[3] Quanto a esse tema, Freud, o homem do Iluminismo sombrio, ex-adepto da cocaína, achava-se em terreno familiar, entre nostalgia e prática de um humor ferino. A cada dia que passava, sofria cada vez mais em função do intruso de duas cabeças que travava sua fala: a prótese que ele chamava de sua "focinheira" e o câncer que se expandia inelutavelmente.

A psicanálise, portanto, era vista pelos defensores da autoridade médica como uma estranheza: uma intrusão, uma charlatanice. Afinal de contas, a doutrina freudiana reivindicava Édipo, sábio entre os sábios mas também monstro e mácula, ao passo que justamente seu movimento era composto por uma elite burguesa: médicos, letrados, juristas, todos detentores de diplomas universitários. A acusação de charlatanismo se explica em parte em função do fato de Freud considerar a psicanálise uma disciplina totalmente autônoma que apenas "iniciados", devidamente analisados, eram autorizados a praticar. Daí sua hostilidade à implantação de um curso de psicanálise na universidade, quando ele mesmo ensinava num âmbito universitário. Em outras palavras, ele mesmo tachava antecipadamente de "charlatão" todo aquele que se autorizasse a ensinar sua doutrina sem ter sido analisado.

Além do mais, assim como Jones, não se mostrava zeloso quando se tratava de afastar de seu movimento os terapeutas julgados "perigosos", psicóticos, desviantes, suicidas, transgressores, ou ainda os "analistas selvagens" etc.? Rank e Ferenczi terminariam arcando com as consequências de tal exclusão. E, no entanto, é verdade, ele próprio perdera o rumo, participando da promoção de psicóticos e impostores – Horace Frink ou Hermine von Hug-Hellmuth –

---

2. Cf. Georges Bataille, *A parte maldita* (1976), Belo Horizonte, Autêntica, 2013. Tratei essa questão em *O paciente, o terapeuta e o Estado* (2004), Rio de Janeiro, Zahar, 2005.
3. Lembremos que, na tragédia de Sófocles, Édipo, após seu crime, passou do status de sábio e tirano ao de abjeção e bode expiatório.

Entre medicina, fetiche e religião

e se interessando perigosamente por todo tipo de fenômenos ocultos. E, na medida em que na época os paladinos da medicina científica promoviam uma caça aos charlatães, os psicanalistas eram a melhor presa.

Os aborrecimentos começaram na Áustria, em 1924, quando Freud encaminhou para Theodor Reik um médico americano, Newton Murphy, que desejava submeter-se a um tratamento psicanalítico. Ele não percebeu que aquele paciente, aparentemente neurótico, apresentava sintomas de psicose. Descontente com o tratamento, Murphy voltou-se contra seu analista e prestou queixa contra ele por exercício ilegal da medicina. Antes mesmo que o incidente se produzisse, o fisiologista Arnold Durig, membro do Conselho Superior de Saúde da municipalidade de Viena, solicitara a Freud um parecer técnico sobre a questão da análise praticada por não médicos: *Laienanalyse* ou análise "leiga". Sua opinião não convencera, e o caso ganhou uma amplitude considerável quando, em fevereiro de 1925, Reik foi proibido de exercer a psicanálise: situação ainda mais dramática para ele na medida em que não dispunha de nenhuma outra fonte de renda. Durante mais de um ano, a questão da definição do que seria charlatanismo inflamou os espíritos, tanto no mundo germanófono como na imprensa norte-americana. A proibição ameaçava prejudicar em primeiro lugar as mulheres psicanalistas, muito menos diplomadas que os homens, mas também a todos que afirmavam, com toda a razão, que a disciplina inventada por Freud ia muito além do âmbito de uma medicina da alma. A riqueza do movimento psicanalítico devia-se à diversidade daqueles que se haviam juntado a ele. Originários de todos os cantos da Europa, quase todos poliglotas, os freudianos dominavam os mais variados campos do saber: ciência, literatura, sociologia, filosofia e antropologia. Poucos deles eram autodidatas. A vontade de fazê-los entrar num molde único contribuía para uma efetiva redução de seu poder de intervenção social e ideológico.

Sempre disposto a combater a WPV, Wilhelm Stekel, presidente da Associação dos Analistas Médicos Independentes, aderiu à luta contra a psicanálise leiga, denunciando com veemência o escândalo ligado ao caso Hug-Hellmuth e os abusos cometidos pelos discípulos de Freud. Esquecendo que ele mesmo era propenso a sombrios estados patológicos, reafirmou sua tese segundo a qual uma análise prolongada conduzia frequentemente ao suicídio.[4] Mas não

---

4. Lembremos que Wilhelm Steckel se suicidará em Londres em 1940.

esclarecia em que os médicos podiam ser melhores clínicos da alma que os não médicos. Quanto ao terrível Karl Kraus, perdeu novamente as estribeiras no *Die Fackel*, afirmando que a voga do freudismo atrapalhava o turismo vienense: o mundo inteiro se espremia, ele dizia, nos palácios da antiga capital dos Habsburgo para ter a honra de frequentar o divã da Berggasse. De sua parte, Julius Wagner-Jauregg, não obstante alvo de uma acusação de maus-tratos, não hesitou em redigir um relatório estipulando que só os médicos deveriam ter o privilégio de praticar o tratamento freudiano.[5]

Acusados de "sabotar" os tratamentos, os psicanalistas não médicos tornavam-se assim bodes expiatórios. Não restava dúvida de que se tratava, no caso, de mais um ataque contra a própria psicanálise. Pois os agressores sabiam muito bem que, no domínio dos tratamentos psíquicos, a condição de médico não impedia nem os erros de diagnóstico, nem as incertezas dos pacientes às voltas com a loucura ou a melancolia, não raro eles próprios médicos. Já de longa data, os psiquiatras, no fim das contas médicos, vinham sendo acusados de charlatanice pelos colegas. Ou ainda de ser tão loucos como seus doentes: e às vezes, de fato, eram. Na realidade, repito, nesse debate dos anos 1920-30, a preocupação com a segurança prevalecia claramente sobre o zelo relativo às qualidades clínicas dos médicos ou não médicos.

Ao mesmo tempo, outra questão se colocava: como um analista não médico seria capaz de distinguir entre um sintoma histérico e uma doença orgânica? Não adiantava argumentar que um analista com formação médica podia se enganar até mais que um analista leigo cioso de demonstrar competência em matéria de diagnóstico: terminava-se sempre por concluir pela necessidade de o profissional possuir um diploma de medicina mais que de filosofia ou psicologia. Só escapava ao dilema a psicanálise das crianças, então associada a uma pedagogia.

Nascido numa família de classe média da burguesia judaica, Reik conhecera Freud em 1911. Viu-o imediatamente como um pai. Freud apreciava-o tanto quanto a Rank, e aconselhou-o a desistir dos estudos de medicina que

---

5. Peter Gay dá uma boa versão desse caso. Cf. igualmente Haralde Leupold-Löwenthal, "Le procès de Theodor Reik", e Susan Heenen-Wolff, "La discussion sur l''analyse profane' dans l'*Internationale Zeitschrift für Psychoanalyse* de l'année 1927", *Revue Internationale d'Histoire de la Psychanalyse*, 3, 1990, p.56-88. E *International Journal of Psychoanalysis*, 1927. Para o debate francês, cf. *HPF-JL*, op.cit.

Entre medicina, fetiche e religião   365

ele cogitava fazer e concentrar-se mais nas pesquisas históricas e antropológicas. Objeto do ciúme de Jones e de diversos outros discípulos, Reik era ridicularizado por sua arrogância e maneira de submeter-se ao mestre, sempre justificando as críticas que este lhe dirigia.[6]

Em Viena, era conhecido como o *enfant terrible* da psicanálise, o "bufão do rei", ou ainda "Simili Freud". Reik comprazia-se em imitar *Herr Professor* com uma espécie de paixão que não fazia senão traduzir o impulso transferencial e contratransferencial de que ele mesmo era um brilhante teórico. Era parecido com Freud, usava a barba de Freud, fumava os charutos de Freud, falava como Freud, mas nunca ousou dizer-se amigo de Freud: "Não, não sou seu amigo", confidenciou um dia, "pois não se pode ser amigo de um gênio." Essa identificação com a figura do "grande homem" não o impediu de ser um autor original, razão pela qual Freud foi de uma fidelidade exemplar para com ele, como sabia sê-lo quando detectava um verdadeiro talento entre os colegas. Sem jamais escusar-se de criticá-lo quando julgava necessário, ajudou-o financeiramente, encaminhou-lhe pacientes e atribuiu-lhe tarefas intelectuais e militantes.

Em Reik, o amor a Goethe precedera o amor a Freud. Contudo, não sendo um grande escritor, dera-se por tarefa ler a obra integral do poeta. Em seguida, descobrira em Freud a imagem sublimada de um Goethe transfigurado pela psicanálise. E, nesse movimento, o texto de Goethe tornara-se, para ele, fonte inesgotável de todas as formas possíveis de expressão autobiográfica, uma maneira de se expor sem parecer ceder ao cerimonial do diário íntimo. Como Freud, ele pensava que os escritores e poetas tinham acesso ao inconsciente – em especial ao próprio inconsciente – mais profundamente que os especialistas na alma. Assim, as obras literárias deviam servir de modelos não só para a redação dos casos clínicos, como para o próprio método psicanalítico enquanto exploração científica da subjetividade.

O texto goethiano ocupava um lugar privilegiado no âmago desse dispositivo. Travestido num modelo de introspecção freudiana, permitia a Reik projetar sua própria história sobre a do narrador de *Poesia e verdade*, isto é, sobre uma autobiografia por sua vez reinterpretada à luz da psicanálise e dos

---

6. Cf. Richard Sterba, *Réminiscences d'un psychanalyste viennois* (1982), Toulouse, Privat, 1986, p.66-7. E Theodor Reik, *Le Psychologue surpris* (1935), Paris, Denoël, 2011. Retomo aqui certos elementos de meu prefácio à reedição desse livro.

escritos de Freud. Goethe, sabemos, cultivava com prazer a autodissimulação, declarando sem pruridos que nenhum homem pode se conhecer. Isso não o impediu de se confessar e falar abundantemente de si mesmo. Por essa razão, já era, nessa época, um dos autores mais estudados[7] pela comunidade psicanalítica de língua alemã. Seu *Fausto* era objeto de um grande número de interpretações, na mesma proporção de *Hamlet* ou *Édipo*.

Ao se ver acusado de charlatanismo, quando era doutor em psicologia e filosofia, Reik ficou completamente desestabilizado, tanto mais que seus colegas vienenses não lhe ofereceram nenhum apoio. Não podendo permanecer indiferente à sorte desse discípulo, Freud, por sua vez, reagiu em 8 de março de 1925, enviando uma carta a Julius Tandler, a quem conhecia bem desde o processo das neuroses de guerra. Conselheiro municipal para assuntos de saúde, este último contribuíra, um ano antes, para sua indicação ao título de "cidadão honorário da cidade de Viena". Embora social-democrata, Tandler, personalidade eminente da "Viena Vermelha",* era conhecido por suas posições conservadoras. Embora hostil à entrada das mulheres na universidade e à liberalização do aborto, defendia os interesses da psicanálise, aliado a Karl Friedjung, social-democrata como ele, pediatra sionista, membro da WPV e típico representante da cultura vienense *fin de siècle*, da qual era um nostálgico.[8]

Em sua carta, Freud sustentava que a psicanálise não era nem uma ciência nem uma técnica de obediência médica, não sendo, como tal, ensinada na Faculdade de Medicina: "Vejo no decreto da municipalidade uma usurpação injustificada em favor dos interesses da corporação médica, em detrimento tanto dos doentes como da pesquisa científica. O interesse da terapêutica é salvaguardado quando o médico tem o privilégio exclusivo de decidir se esse ou aquele doente pode ser submetido a um tratamento analítico ou não. Essas decisões, eu mesmo as tomei em todos os casos que o dr. Reik tratou. Arrogo-me o direito de encaminhar a um ortopedista um doente que se sinta cansado

---

7. Cf. Pascal Hachet, *Les Psychanalystes et Goethe*, Paris, L'Harmattan, 1995. Foi Kurt Eissler que produziu o estudo mais magistral sobre Goethe, dedicando 2 mil páginas à elucidação de um período de dez anos da vida do poeta, fase vista como inauguradora de um novo ciclo de criatividade: *Goethe: A Psychoanalytic Interpretation of a Decade in His Life (1776-1786)*, 2 vols., Detroit, Wayne University Press, 1963.

* Viena Vermelha (*rotes Wien*): alcunha da capital austríaca entre 1918 e 1934, quando foi governada por uma coalizão de social-democratas e cristãos-sociais. (N.T.)

8. Ele emigrará para a Palestina em 1938 a fim de se encontrar com Max Eitingon.

e com dores nos pés, quando posso diagnosticar nele pé chato, em vez de lhe prescrever antinevrálgicos e um tratamento elétrico. Se as autoridades oficiais, que nunca ajudaram a psicanálise, dispõem-se de fato agora a considerá-la uma terapia eficaz, até mesmo perigosa em certos casos, deveriam exigir determinadas garantias antes de permitir que leigos empreendessem levianamente tal tratamento, sejam eles médicos ou não médicos."[9] E Freud propunha submeter a WPV a uma comissão de controle apropriada.

Essa intervenção e a visita de Reik a Tandler não tiveram o efeito esperado e foi essa a razão pela qual Freud voltou à carga, em setembro de 1926, com um livro de espantosa originalidade: *A questão da análise leiga*, subintitulado *Diálogo com um interlocutor imparcial*.[10] Ele entendia por "imparcial" um personagem que evocava tanto Julius Tandler como Arnold Durig. Quanto ao protagonista principal, que supostamente deveria responder-lhe, Freud lhe atribuía o papel do analista leigo, detentor da interpretação verdadeira e da escuta mais sutil. Por sua forma, o livro inspirava-se numa tradição literária picaresca que Freud conhecia bem: a de Cervantes. Era, contudo, primordialmente de uma herança platônica que ele extraía a ideia de fazer dialogar dois protagonistas tão mutuamente antagônicos como respeitosos para com a opinião do outro. Com esse *Diálogo*, ele colocava claramente em cena duas facetas dele mesmo, lembrando-se, mais uma vez, de como se identificava com o interminável e singular combate entre o Anjo e Jacó, Fausto e Mefistófeles, Hamlet e o espectro, Leonardo da Vinci e seu abutre, um sendo sempre o substituto do outro.

Muito mais que as controvérsias sobre a sexualidade feminina e a psicanálise das crianças, as que incidiram sobre a *Laienanalyse* provocaram um terremoto duradouro no movimento psicanalítico internacional. Três posições enfrentaram-se: os oponentes a toda forma de análise leiga; os adeptos da análise leiga hostis a toda forma de restrição; os partidários de uma análise leiga enquadrada em regras rigorosas, com preferência pela aquisição de uma formação médica e, principalmente, psiquiátrica.

O primeiro grupo era apoiado pela quase totalidade das sociedades norte-americanas, determinadas a promover uma guerra sem misericórdia contra

---

9. Sigmund Freud, carta de 8 de março de 1925, *Correspondance*, op.cit., p.389-90.
10. Sigmund Freud, *La question de l'analyse profane*, op.cit.

curandeiros, seitas, xamãs e videntes, que abundavam nos Estados Unidos; o segundo alinhava-se ao lado de Freud, Ferenczi e da Europa germanófona, com Rank, Ernst Kris, Anna Freud, Sachs, Bernfeld etc.; apoiado por Jones e a escola inglesa, o terceiro pretendia-se liberal e pragmático. Contava em suas fileiras com numerosos terapeutas leigos de primeiro plano: Joan Riviere, Melanie Klein, James e Alix Strachey.

Ao longo das controvérsias, todo tipo de argumentos foi invocado: em especial, o tratamento das psicoses e a relação que a psicanálise deveria estabelecer com os futuros progressos da química e da biologia. Porém, como os americanos, a começar por Brill, estabeleceram a obrigatoriedade do diploma médico em seus institutos, tiveram que enfrentar a fúria de Freud, cada vez mais propenso a achar que a psicanálise se tornara, nos Estados Unidos, a empregada faz-tudo da psiquiatria. Na realidade, ela se expandira de tal forma nesse país que passou a ocupar, no aspecto médico, o lugar atribuído na Europa à tradição psiquiátrica, enquanto, na vertente leiga, era assimilada a uma terapia de "autoajuda" da felicidade: "A palavra 'psicanálise' é tão conhecida aqui como no Leste profundo", escreverá Bernfeld em 1937. "O nome de Freud é menos corriqueiro, sendo pronunciado 'Frud' ... . Até as pessoas menos cultas sabem que a psicanálise cura inquietudes, desavenças conjugais, a falta de sucesso e outros dissabores, mesmo elas procurando uma *therapy* mais segura no Liquor Bar."[11]

Esquecendo que sonhara junto com Jung investirem na terra prometida do saber psiquiátrico, Freud agora achava que a formação médica poderia inclusive ser danosa à prática da psicanálise pelos não médicos.

Finalmente, em maio de 1927, Reik foi inocentado, a acusação tendo sido desqualificada por sua inconsistência. A imprensa americana anunciou que um americano teve sua demanda "contra Freud" recusada. Por algum tempo ainda, a análise estritamente leiga parecia estar salva, mas para Reik o mal estava consumado. Perseguido por parentes e amigos, ridicularizado por Stekel e Kraus, nunca conseguiu recuperar a paz em Viena. Assim, decidiu instalar-se em Berlim. Membro do BPI, formou alunos e participou durante cinco anos do desenvolvimento espetacular da psicanálise na Alemanha, que teve fim com o advento do nazismo.

---

11. Carta de Bernfeld a Anna Freud de 23 de novembro de 1937, *Revue Internationale d'Histoire de la Psychanalyse*, 3, 1990, p.335.

Freud, portanto, perdeu a batalha da análise leiga, que não tinha no fundo outra finalidade senão a afirmação da irredutibilidade da psicanálise a todo saber constituído. Jamais essa disciplina se imporia, como tal, no campo universitário, e os que tinham lutado pela *Laienanalyse* foram obrigados, progressivamente, a obter diplomas universitários e, sobretudo, a submeter-se às regulamentações impostas pelos Estados. Durante a segunda metade do século XX, a maioria optou pela psicologia.[12]

Após a batalha em defesa da psicanálise leiga contra os médicos, Freud decidiu atacar a religião. Queria proteger a análise contra os padres, que se pretendiam confessores ou pastores da alma, conforme fossem católicos ou protestantes. Temia que, tal como os médicos, eles também quisessem infiltrar sua doutrina na prática da religião. Mais uma vez, pretendia atribuir a esta um estatuto que ainda não existia e que, aliás, jamais existiria. Vendo a si mesmo como ímpio, Freud sempre se declarara como o pior inimigo da religião, que ele via como uma ilusão, o que não o impedia de se interessar[13] por ela de múltiplas maneiras.

Como Charcot e tantos outros cientistas de sua época, especialistas nas doenças da alma, Freud debruçara-se sobre os fenômenos de possessão, buscando detectar seu sentido junto aos representantes da Igreja e aos exorcistas. Em 1897, deleitara-se com a leitura do *Malleus maleficarum*, terrível manual publicado em latim no fim do século XV e utilizado pela Inquisição para mandar supostas feiticeiras para a fogueira.[14] Dez anos mais tarde, fizera uma conferência sobre os atos obsessivos e as práticas religiosas, onde comparava a neurose obsessiva a uma "religião privada".[15] Finalmente, em 1923, a pedido do conselheiro áulico Payer Thun, estudou o caso de Christoph Haitzmann,

---

12. Sobre as grandes controvérsias francesas, cf. *HPF-JL*, op.cit.

13. Observemos que o terceiro monoteísmo, o islã, está praticamente ausente da obra de Freud, que não lhe faz senão uma ou outra referência. Cf. Fethi Benslama, *La Psychanalyse à l'épreuve de l'islam*, Paris, Aubier, 2002.

14. Henry Institoris e Jacques Sprenger, *O martelo das feiticeiras*, Rio de Janeiro, Rosa dos Tempos, 2004. Freud consultara esse livro em latim, a despeito de possuir uma tradução alemã.

15. Sigmund Freud, "Actes obsédants et exercices religieux" (1907), in *Religion*, Paris, Gallimard, 2012 [ed. bras.: "Atos obsessivos e práticas religiosas", in *SFOC*, vol.8 / *ESB*, vol.9; ed. orig.: "Zwangshandlungen und Religionsübungen", in *GW*, vol.7]. "Une névrose diabolique au XVIIe siècle" (1923), in *L'Inquiétante Étrangeté et autres essais*, op.cit. [ed. bras.: "Uma neurose do século XVII envolvendo o demônio", in *SFOC*, vol.15 / *ESB*, vol.19; ed. orig.: "Eine Teufelsneurose im Siebzehnten Jahrundert", in *GW*, vol.13].

um pintor bávaro acometido de convulsões em 1677, oito anos após ter assinado um pacto com o diabo, depois curado ao cabo de um exorcismo. Freud passou a fazer do diabo um substituto do pai e mostrou que, na realidade, o pintor, que virara frei Crisóstomo, jamais fora curado. Em seu mosteiro de Mariazell, ele continuava a ser visitado pelo Maligno, bastando para isso beber mais que o razoável. Freud, por fim, opunha os benefícios da psicanálise aos fracassos do exorcismo e criticava as práticas religiosas dos tempos antigos julgadas pouco compatíveis com o Aufklärung.

A mulher histérica comparada a uma feiticeira, o diabo substituto do pai lúbrico, a religião como tradução de uma neurose obsessiva originária da infância ou da noite dos tempos: tais eram os três vieses pelos quais Freud pretendia abordar a questão. Mais uma vez, esse raciocínio sofria de um grande defeito, que consistia em interpretar retroativamente, como casos patológicos que apenas a ciência psicanalítica pudesse esclarecer, fenômenos de possessão. Sob efeito de sua mania interpretativa, Freud, como seus discípulos, também se expunha a uma crítica que não servia em nada aos interesses de sua doutrina. E, não obstante, forjando tais ficções, também contribuía para introduzir no trabalho do historiador um modelo de inteligibilidade subjetiva que a ciência positiva excluía: conferia um sentido a esse delírio antigo que parecia reencarnar no sujeito moderno.[16] Nesse caso, e em muitos outros, com seu amor ao diabo, ele observava sob um ângulo inédito um campo narrativo, mesmo tentando apropriar-se dele de maneira equivocada. Contado por ele, o drama de Haitzmann parecia algo como *A letra escarlate*, de Nathaniel Hawthorne, sobretudo quando vêm à baila inúmeras aparições do Maligno, ataviado com um pênis esticado em forma de serpente e encimado por dois grandes seios, verdadeira projeção de um emblema sexual materno sobre o órgão erétil que substitui o pai. Ou ainda quando Freud fornece a descrição da "neurose a posteriori" do infeliz pintor, aterrado por visões femininas, confrontado com a voz de Cristo, depois com a impossibilidade de distinguir as potências divinas do Espírito do mal. Na última frase de sua narrativa, Freud decidia-se a favor do demônio, sempre presente apesar de todas as reiterações

---

16. O melhor comentário a essa abordagem é o de Michel de Certeau, *L'Écriture de l'histoire*, Paris, Gallimard, 1975, p.291-312 [ed. bras.: *A escrita da história*, Rio de Janeiro, Forense Universitária, 1982].

de cura. Mefistófeles, o amigo de sempre, o indispensável inimigo, voltava assim sob a pluma de um narrador ambivalente às voltas com seus próprios tormentos: Freud ou Haitzmann?

Com *O futuro de uma ilusão*,[17] Freud criticava a própria instituição, a religião como sistema de influência. Respondia, ao fazê-lo, a Romain Rolland, que lhe remetera um exemplar de sua peça teatral *Liluli*, com esta dedicatória: "Ao destruidor de ilusões". Nessa farsa "aristofânica", o escritor fazia uma sátira da ilusão personificada por uma adolescente cândida que semeava a discórdia entre seus interlocutores. Quanto a Freud, após repetir mais uma vez que a ideia de civilização consistia na instauração de uma muralha que compelisse os homens à renúncia pulsional, apontava que as ideias religiosas que permitiam precisamente manter a humanidade na coerção erodiam-se à medida que a ciência e a racionalidade lhe traziam um desmentido. Contudo, nem por isso a religião, enquanto ilusão necessária, devia submeter-se ao critério de verdade ou confrontar-se com a prova da realidade. Na condição de neurose infantil, dizia Freud, num mundo copernicano e darwiniano, que já derrubou a ideia da onipotência divina, ela está destinada a ser superada. Vindo de um homem que não parava de visitar as cidades italianas e era profundamente impregnado dos valores da civilização ocidental – herdada tanto da época medieval como do Renascimento –, o argumento parecia capenga. Ainda mais que a técnica psicanalítica da confidência tinha relações evidentes com a confissão.

Porém, embora no fundo reduzisse a religião a uma ilusão, *Herr Professor* antecipava que ela estava em vias de impor-se como uma cultura. Nessa época, a Igreja católica combatia o freudismo na mesma medida em que Freud combatia a religião. Mas ela pretendia fazer isso de maneira racional, valorizando as pesquisas científicas contra o obscurantismo, como atestava, na Itália, o padre Agostino Gemelli, monge franciscano, médico e ex-aluno de Kraepelin, que buscava integrar os trabalhos da psicologia experimental à neoescolástica. Ele fundara em Milão uma Escola de Psicologia no seio da Universidade Católica do Sagrado Coração e se baseava nas teorias de Janet, respondendo assim à doutrina demasiado "sexual" dos freudianos.

Sem dúvida alguma, Freud pensava que a psicanálise poderia curar o sujeito moderno da perda da ilusão religiosa: sob o risco de tomar seu lugar e fracassar, tal como o socialismo, que não conseguira erradicá-la.

---

17. Cf. *Religion*, op.cit., p.134-235.

Em sua execração do socialismo revolucionário, substituto, a seu ver, de uma nova religião, Freud visava não só à Revolução de Outubro de 1917, como também um inimigo de sempre, Alfred Adler, a quem criticava, cúmulo da ironia, por sua mania interpretativa: "Tenho diante de mim", escrevia a Ferenczi, "uma entrevista que ele 'cuspiu' sobre Mussolini. Talvez o senhor não a tenha lido e ainda não saiba como o fascismo pode ser explicado. Vou lhe dizer: pelo sentimento de inferioridade infantil de Mussolini. Ele teria dado a mesma explicação se M. tivesse introduzido na Itália uma ordem social homossexual em que o coito normal seria punido com prisão ou um regime de trapistas no qual falar seria proibido como sendo antipatriótico. O único fenômeno ao qual ele não aplicou sua teoria é o socialismo, porque faz parte dele."[18]

Na última parte de O futuro de uma ilusão, Freud interpelava seu discípulo e amigo Oskar Pfister, pastor em Zurique. Este viera consultá-lo em Viena, em 1909, e ficara do seu lado durante o grande conflito com Jung. Freud apreciava sua generosidade, seu otimismo, e sabia claramente que aquele "caro homem de Deus", como o chamava, pretendia-se herdeiro dos tratamentos da alma (Seelsorge) e jamais renegaria sua fé. Engajara-se na causa freudiana por ter ficado chocado, em sua juventude, ante o espetáculo de degradação moral ligada à industrialização e a incapacidade da velha teologia abstrata de responder às angústias do homem moderno.[19] Dizia-se pedagogo.[20] Em 1919, criara a Sociedade Suíça de Psicanálise (SSP) e tivera de enfrentar os adversários da psicanálise leiga, em especial Raymond de Saussure,[21] que o criticava por seus tratamentos de curta duração.

Não conformista e incapaz de qualquer idolatria, Pfister não hesitava em criticar Freud. E, embora pensasse que a psicanálise era herdeira muito mais da tradição do "pastorado de almas testamentário" do que da confissão católica, tinha a convicção de que essas duas formas de terapia visavam liberar o sujeito por meio de um acesso à verdade da alma e da restauração do amor.

---

18. Sigmund Freud e Sándor Ferenczi, Correspondance, t.III: 1920-1933, op.cit., carta de Freud de 26 de janeiro de 1927, p.330.

19. A correspondência de Freud e Pfister, publicada em francês pela Gallimard em 1966, é incompleta e pouco confiável. Não comporta índice. Uma nova edição está em preparação.

20. Danielle Milhaud-Cappe, Freud et le mouvement de pédagogie psychanalytique, 1908-1937: A. Aichhorn, H. Zulliger, O. Pfister, Paris, Vrin, 2007.

21. Cf. Dicionário de psicanálise, op.cit.

Assim, replicou a *O futuro de uma ilusão* com um brilhante ensaio publicado na revista *Imago*: "A ilusão de um futuro".[22] Nele, com razão, afirmava que a verdadeira fé era uma proteção contra a neurose e que a própria posição de Freud era uma ilusão. Ela desconhecia, dizia, a significação das experiências místicas, que não tinham nada a ver com a religião. Freud, aliás, ignorava que esse modo de conhecimento dos mistérios de Deus e da fé, expresso em fulgurantes narrações literárias, sempre fora contestado pelas Igrejas: "Como são estranhos a mim", ele dirá a Romain Rolland, "os mundos nos quais o senhor evolui! Sou tão fechado para a música como para a mística."[23] Mas também admitia, a respeito da morte, que todo indivíduo inteligente conhece "um limite além do qual pode tornar-se místico e entrar em seu ser mais pessoal".[24] O amigo Pfister pusera o dedo num "impensado freudiano", presente nos interstícios da obra do mestre. *O futuro de uma ilusão* era um livro claudicante e Freud sabia disso.

Além do luminoso diálogo com Pfister, outro diálogo se desenvolvia na sombra, entre Freud e Carl Liebman, um jovem americano acometido de fetichismo, cujos indícios, apenas sugeridos, revelavam-se em diversas passagens da correspondência de *Herr Professor* sem que jamais irrompesse claramente. Entre um cientista célebre, de vida célebre, e um paciente anônimo, imerso no sofrimento de uma vida minúscula, atara-se, a partir de 1925, um laço importante para a evolução da conceitualidade psicanalítica. Novamente se opunham, entre as linhas de um confronto com Pfister, duas ordens de realidade: consciência crítica do médico de um lado, consciência trágica do doente do outro, corte entre razão e desrazão, entre pensamento clínico e loucura.

Por parte do bisavô, Samuel Liebman, criador da famosa Rheingold Beer, o jovem Carl Liebman, nascido em 1900 e filho de Julius Liebman, descendia de uma família de comerciantes judeus alemães que conquistaram a cidadania americana em meados do século XIX. Usava o prenome de seu avô e passara a infância na soberba Julius Liebman Mansion, que seu

---

22. Oskar Pfister, "L'illusion d'un avenir" (1928), *Revue Française de Psychanalyse*, 40, 3, 1977, p.503-46.

23. "Carta a Romain Rolland", 20 de julho de 1929; a respeito do sentimento oceânico, cf. *HPF-JL*, op.cit. Freud, no entanto, apreciava Mozart.

24. Cf. Michel de Certeau, *La Fable mystique*, Paris, Gallimard, 2013, t.II, p.36 [ed. bras.: *A fábula mística*, vol.II, Rio de Janeiro, Forense Universitária, 2015].

pai mandara construir no Brooklyn. Qual um personagem da literatura romanesca do primeiro quarto do século, também se parecia com numerosos outros pacientes de Freud acometidos de patologias múltiplas e refratários a tratamentos. Sempre se sentira diferente dos outros adolescentes. Aos cinco anos, enquanto sua *nurse* dava-lhe banho junto com sua irmã, sentira um medo terrível. A babá ameaçara "cortar-lhe o pênis", como "fizera com sua irmã", se ele continuasse a reclamar quando ela o enxugava com a toalha. Na esteira disso, manifestou com muita frequência intensa excitação sexual observando rapazes usando suportes atléticos (*athletic-supporters*),[25] e isso na mesma proporção em que fugia das atividades esportivas e se recusava a subir em árvores. O jovem Carl, um rapazola erudito, magricela e poliglota, evitava todo tipo de contato com as garotas. Era obcecado com a sobrevivência de seus espermatozoides, que ele chamava de "espermanimálculos", e, quando ejaculava, via-se como um assassino de multidões. Pensou inclusive um dia ter matado um bebê. Na Universidade Yale, onde fazia estudos destinados a transformá-lo no brilhante herdeiro de uma dinastia das mais ricas dos Estados Unidos, consideravam-no afeminado.[26] Não demorou a adquirir o hábito de se masturbar compulsivamente e usar permanentemente um suporte sob suas roupas: um fetiche.

Após receber o diploma, o rapaz procurou ajuda junto a um psicanalista americano. Não encontrando nenhum reconforto, foi sozinho para a Europa a

---

25. Slip aberto ou fechado nas nádegas, acompanhado de uma cápsula destinada a proteger ou sustentar os órgãos genitais masculinos por ocasião das competições esportivas. Podia ser usado como maiô de banho e simbolizava o orgulho masculino. No jargão americano usado nos *campi*, chamavam essa peça de roupa de *jockstrap*.

26. Reconstituí a história de Carl Liebman a partir dos relatos que ele mesmo fez a seus psiquiatras, depois de 1935, por ocasião de sua internação na clínica psiquiátrica McLean, de Harvard: eles constam de seu prontuário clínico. A isso se acrescentam algumas trocas epistolares de Julius e Maria Liebman com Freud e as indicações de Leopold Stieglitz, médico da família. Consultei as cartas de Freud a Pfister e Ferenczi, o qual dá sua própria versão do caso. Cf. David J. Lynn, "L'analyse par Freud d'un homme psychotique, 1925-1930" (1993), trad. fr. de Luiz Eduardo Prado de Oliveira, *Filigrane: Écoutes Psychothérapeutiques*, 16, 1, 2007, p.109-22. Alex Beam, *Gracefully Insane: The Rise and Fall of America's Premier Mental Hospital*, Nova York, Public Affairs, 2003, cap.6, p.93-117. Cf. também a entrevista de Julius Liebman com Kurt Eissler, 6 de fevereiro de 1954, BCW, cx.114, pasta 16. Carl (ou Karl) Liebman é frequentemente designado pelas iniciais "A.B., o rapaz psicótico". Observemos que Mikkel Borch-Jacobsen dá uma versão que subestima amplamente a lucidez de Freud quanto à tragicidade dessa análise. Cf. *Les Patients de Freud*, op.cit.

Entre medicina, fetiche e religião

fim de se tornar "artista". Em Zurique, em 1924, consultou Pfister, que tomou consciência da extrema gravidade de seu estado, a ponto de encaminhá-lo para uma consulta com Bleuler. Após uma entrevista de quarenta e cinco minutos, este fez um diagnóstico entre neurose obsessiva e esquizofrenia. Optou finalmente por uma "esquizofrenia branda", acrescentando que Carl lhe falara sobre sua compulsão de lavar as mãos e sua convicção de estar sendo incessantemente observado pelas pessoas na rua. Durante a entrevista, manuseara todos os objetos do consultório, inclusive um cinzeiro, sem se preocupar com a sujeira. Bleuler recomendava um tratamento analítico e a escolha de uma profissão suscetível de libertá-lo dos sintomas.

Em 21 de dezembro de 1924, Freud respondeu favoravelmente à solicitação de Pfister e, em 22 de fevereiro de 1925, aceitou receber o rapaz em tratamento por 20 dólares a sessão. Em maio, antes mesmo de conhecê-lo, encontrou seus pais, Julius e Marie, a quem julgou bastante dispostos a se "sacrificar" pelo filho. Após hesitar e comentar com Pfister que provavelmente era preferível deixar Carl "caminhar para sua ruína", em decorrência de sua insociabilidade, terminou por recebê-lo em setembro. Logo em seguida, porém, consciente do estado de deterioração em que se achava o rapaz, escreveu a seus pais comunicando-lhes que o tratamento poderia igualmente não produzir nenhuma melhora. Contudo, à medida que as sessões se desenrolavam, ele sentia pelo rapaz uma real afeição, convencendo-se ao mesmo tempo de que ele era psicótico (demência paranoide) e impermeável a qualquer evolução, e que, sobretudo, não hesitaria em se suicidar tão logo surgisse uma oportunidade. Quer dizer, mais uma vez Freud tomava em análise um paciente para o qual nenhum tratamento parecia possível. Mas se ele, o grande especialista nas doenças da alma, se recusasse a receber esse tipo de doente, quem o faria em seu lugar? Decidiu então lutar por ele.

Nessa data, sob o impulso de sua reforma teórica e clínica e no âmbito dos grandes debates sobre a sexualidade feminina, ele refletia sobre a melhor maneira de explicar estruturalmente a diferença entre neurose, psicose e perversão. Da mesma forma, distinguia as principais figuras da negatividade suscetíveis de marcar essa diferença e servir de pontos de apoio para uma caracterização dos mecanismos de defesa em ação no seio dessa tríade.

Em 1923, Freud definia o que designava como renegação ou desmentido (*Verleugnung*)[27] para caracterizar um mecanismo de defesa pelo qual o sujeito se recusa a reconhecer a realidade de uma percepção negativa e, em especial, a ausência de pênis na mulher. A ideia da alucinação negativa, trabalhada por Bernheim, era aceita há muito tempo pela psiquiatria e moeda corrente na literatura: reconhecer, para melhor negá-la, a realidade de alguma coisa que não existe. Dois anos mais tarde, por ocasião de uma correspondência com René Laforgue sobre a questão da escotomização, Freud reafirmava com veemência sua escolha do termo "renegação"[28] para expressar esse mecanismo de defesa e, ao mesmo tempo, sugeria outro termo, "denegação" (*Verneinung*), para caracterizar um outro mecanismo de defesa, pelo qual o sujeito exprime de maneira negativa um desejo ou um pensamento cuja existência ele recalca. Por exemplo, numa frase como "não é a minha mãe" pronunciada por um paciente a respeito de um sonho, o recalcado é identificado de maneira negativa sem ser aceito. Freud associava a renegação ao processo da psicose – negação de uma realidade externa com reconstrução de uma realidade alucinatória – e fazia da denegação algo próprio de um processo neurótico. Mas como, nesse âmbito, caracterizar o mecanismo de defesa específico da perversão? Para responder a essa pergunta, Freud utilizava a noção de clivagem (*Spaltung*), presente por sua vez na literatura psiquiátrica, especialmente em Bleuler, para designar fenômenos de dissociação da consciência ou de discordância geradores de uma alienação mental ou de um grave transtorno de identidade: a esquizo, por exemplo, presente na esquizofrenia.

Se, na clínica freudiana, a renegação, no sentido de rejeição da realidade, caracteriza a psicose, e se a denegação é específica da neurose, a renegação própria da perversão encontra-se "entre as duas", na medida em que é também a expressão de uma clivagem, da qual decorre a coexistência, no seio do eu, de duas atitudes contraditórias, uma consistindo em renegar a realidade e a outra

---

27. Sigmund Freud, "L'organisation génitale de la vie sexuelle infantile" (1923), in *La Vie sexuelle*, op.cit., p.113-6 [ed. bras.: "A organização infantil genital infantil", in *SFOC*, vol.16 / *ESB*, vol.19; ed. orig.: "Die Infantile Genitalorganisation", in *GW*, vol.13]. O termo fora utilizado pela primeira vez em 1914 em "Introdução ao narcisismo".

28. Sigmund Freud, "La négation" (1925), in *OCF.P*, op.cit., vol.17 [ed. bras.: "A negação", in *SFOC*, vol.16 / *ESB*, vol.19; ed. orig.: "Die Verneinung", in *GW*, vol.14]. Sobre o longuíssimo debate, que desembocará na criação do conceito de "foraclusão" de Lacan, cf. *HPF-JL*, op.cit.

Entre medicina, fetiche e religião

em aceitá-la. Nessa perspectiva, Freud reconduzia a discordância ao âmago do eu (*Ichspaltung*), ao passo que a psiquiatria dinâmica a situava entre duas instâncias e a caracterizava como um estado de incoerência mais que um fenômeno estrutural. Com isso, encaixava a perversão num *continuum* entre neurose e psicose. Na neurose, há recalcamento das exigências do isso, na psicose, rejeição da realidade, na perversão, clivagem entre saber e crença. "Sei que determinada coisa existe mas não quero saber nada sobre ela." "Sei que determinada coisa não existe mas não quero saber nada sobre essa inexistência." Para Freud, sempre disposto a associar todo conflito a uma causalidade sexual, essa renegação da inexistência significa que um sujeito não quer saber nada da ausência do pênis na mulher e logo que ele o substitui por outra coisa, conforme sua crença.

Sem jamais obstinar-se em elaborar, como os sexólogos, um grande catálogo das perversões sexuais, Freud não podia deixar de abordar a questão, justamente em virtude de ter em análise pacientes a cujo respeito era difícil dizer se eram da esfera da psicose ou da perversão. Especialmente os fetichistas, esses casos tão apaixonantes para todos os especialistas nas doenças da alma. Segundo o autor de *Totem e tabu*, que adorava os animais e as divindades, e que via o selvagem como uma criança e a infância como um estágio anterior à idade adulta, o fetichismo[29] era em primeiro lugar uma forma de religião.

Esta se caracteriza pela transformação de animais e criaturas inanimadas, aos quais se atribui um poder mágico, em divindades. Porém, na condição de perversão sexual, essa religião individualizada descamba para a patologia, quando o sujeito não consegue apegar-se senão a objetos inanimados e sempre venerados como partes do corpo feminino. Nesse sentido, Freud considerava o fetiche – sapato, roupa ou ainda parte do corpo, pé ou nariz brilhante etc. – um substituto do pênis. E concluía disso que não existia fetichismo feminino, uma vez que, dizia, nas mulheres é o conjunto do corpo que é fetichizado e não determinado objeto ou zona corporal. O pretenso fetichismo feminino não era então, segundo ele, senão uma manifestação da narcissização do corpo. Portanto, Freud parecia desconhecer a existência, rara, decerto, de mulheres realmente fetichistas.[30]

---

29. A primeira descrição do fetichismo foi obra do magistrado francês Charles de Brosses (1709-77), e o termo foi conceitualizado por Alfred Binet (1857-1911).

30. Em especial Élisabeth Bathory (1560-1614), célebre condessa húngara convencida de que se banhando no sangue de outras mulheres conservaria a juventude. Cf. Elisabeth Roudinesco,

378   *Freud, últimos tempos*

Estava nesse ponto de suas reflexões quando recebeu Carl Liebman. Consciente de lidar com um caso difícil, e principalmente com um rapaz infeliz cujos pais insistiam em que se conformasse às altas aspirações sociais que haviam concebido para ele, tentou por todos os meios dar uma significação às suas angústias, delírios, prática compulsiva da masturbação e fetichismo. Durante as sessões, em vez de permanecer atrás do divã, andava de um lado para outro, desviando da cadela ou manuseando um charuto, por sua vez ansioso por não ter nenhum controle sobre a patologia daquele paciente, o qual então adquiriu a convicção de que *Herr Professor* recusava-se a vê-lo como homem de verdade, viril, uma vez que não lhe oferecia um charuto.

Num certo momento da análise, em conformidade com suas hipóteses sobre a renegação perversa da ausência do pênis na mulher, Freud lhe explicou que seu fetiche era o substituto do pênis (ou falo) de sua mãe.[31] Eis por que ele usava um suporte atlético. E acrescentou que aquela peça de roupa lhe servia para esconder totalmente seus órgãos genitais e assim negar a existência da diferença dos sexos. Mediante o quê, tal fetiche exprimia a ideia de que ora a mulher é castrada, ora não é, e que é o homem que o é. Em outras palavras, segundo Freud o fetiche de Carl servia para dissimular todas as formas possíveis de ausência do pênis, e logo para negar a existência da diferença dos sexos. Freud acrescentou que, em sua infância, Liebman devia ter sofrido um choque ao descobrir que a mãe não tinha pênis. Pensaria também na lembrança da ameaça do pênis cortado?

De toda essa história, também deduzia que, em sua infância, Carl devia ter visto uma estátua antiga cujo sexo era dissimulado sob uma folha de parreira e que tal cena constituíra para ele o primeiro momento de um esboço de seu fetiche atual. Após expor essa interpretação sobre uma hipotética "cena primitiva", Freud intimou Carl a parar de se masturbar, a seu ver a única maneira de chegar a compreender alguma coisa de seus sintomas: "Luto neste momento", disse a Pfister, "para exigir dele que resista expressamente à masturbação fetichista a fim de lhe reiterar, no que lhe toca, tudo que vislumbrei da natureza do fetiche. Mas ele não quer acreditar que essa abstinência nos leve a isso e

---

A parte obscura de nós mesmos, op.cit. Determinadas mulheres tomam como fetiche o corpo de seu filho ou partes do próprio corpo.

31. Freud não distingue os dois termos e usa indiferentemente "pênis" e "falo".

Entre medicina, fetiche e religião

que ela seja indispensável ao progresso do tratamento. Por outro lado, ligado a ele por uma grande simpatia, não consigo despachá-lo, arriscando assim um desfecho funesto. Continuo então, ele me escapará provavelmente quando eu terminar definitivamente minha obra."[32]

Baseando-se na história de Liebman, Freud correu então para redigir um artigo sobre o fetichismo no qual universalizava a ideia, já esboçada em seu ensaio sobre Leonardo da Vinci, segundo a qual a finalidade e o sentido do fetiche são os mesmos em todos os casos: "O fetiche é um substituto do pênis. Apresso-me a acrescentar que não se trata de qualquer pênis, mas de um pênis determinado, muito especial, que tem um grande significado no início da infância e se perde mais tarde... . Para ser mais claro, o fetiche é o substituto do falo da mulher (da mãe), o qual o garotinho acreditava existir e do qual – sabemos por quê – não quer prescindir."[33]

Freud já emitira hipótese semelhante numa carta a Jung a respeito do "pé inchado de Édipo", sugerindo tratar-se sem dúvida do pênis ereto da mãe.[34] Em seu artigo de 1927, ele apontava o fetiche de Carl como um "cinto pubiano (*Schamgürtel*), que lhe servia de calção de banho".

Armado com essa interpretação Freud julgava aliviar seu paciente. Em vez disso, este continuou a se masturbar compulsivamente. Durante certo tempo, Liebman confinou-se em seu quarto de hotel para se isolar do mundo. Manifestamente Freud tinha razão em pensar que o suporte era efetivamente o substituto de um órgão genital, mas ele se obstinava, para designá-lo, em utilizar a velha palavra alemã *Schamgürtel*, que significa literalmente: cinturão de vergonha. Nessa época, a palavra também remetia a uma peça de roupa derivada do *subligaculum* latino, faixa dobrada ou enrolada, que cobria o sexo e as nádegas dos homens. Quando sabemos que a análise desenrolava-se parcialmente em inglês, nos perguntamos por que Freud não traduziu simplesmente *athletic support* por *suspensorium*. Pois, longe de portar um cinto de vergonha –

---

32. Carta de Freud de 11 de abril de 1927, *Correspondance de Sigmund Freud avec le pasteur Pfister, 1909-1939*, op.cit., p.160.

33. Sigmund Freud, "Le fétichisme" (1927), in *La Vie sexuelle*, op.cit., p.134 e 137, e *OCF.P*, op.cit., vol.18 [ed. bras.: "O fetichismo", in *SFOC*, vol.17 / *ESB*, vol.21; ed. orig.: "Fetischismus", in *GW*, vol.14].

34. Sigmund Freud e Carl Gustav Jung, *Correspondance*, t.I: *1906-1909*, op.cit., carta de 15 de outubro de 1909, p.346.

dissimulando a diferença dos sexos –, Carl, ao contrário, graças a seu fetiche, exibia um símbolo daquele orgulho fálico que ele tanto admirava nos jovens atletas de sua universidade. Sob suas roupas, dissimulava, na realidade, o que mais lhe faltava: um membro acondicionado num invólucro e realçado por uma "concha".[35] Tratava-se do pênis ausente da mãe? Freud não se cansava de afirmá-lo, mas nada prova isso.

Em todo caso, podemos imaginar o choque do rapaz quando Freud lhe contou que seu fetiche o remetia a uma cena primitiva durante a qual ele teria descoberto a ausência do pênis na mãe. Decerto essa interpretação conferia uma significação a seu antigo terror do pênis cortado. Mas não fazia nenhum eco ao que era para ele esse suporte fetichizado, conhecidíssimo nos *campi* universitários. Em todo caso, aceitou a fala freudiana, ao mesmo tempo em que a negava. E Freud interpretou tal rejeição como uma manifestação de resistência. Notou, todavia, uma ligeira melhora em seu paciente.

Podemos nos perguntar como teria reagido Liebman se a interpretação tivesse sido outra e se, em vez de designar o fetiche como um cinto de vergonha, Freud o tivesse erigido em símbolo de um orgulho fálico, disposto a vê-lo como o substituto do pênis ausente da mãe. O rapaz, nesse caso, teria rejeitado a interpretação com tanta violência? Ninguém saberia responder. Em todo caso, tudo indica efetivamente que nenhum conselho, nenhuma ajuda, nenhuma terapia, nenhuma interpretação parecia capaz de influenciar o estado desse moço, tão estrangeiro a si mesmo e tão enclausurado na contemplação mística da própria destruição.

Não querendo mentir, Freud dirigiu-se a Marie Liebman. Contou-lhe que seu filho tinha esquizofrenia paranoide, mas que, não obstante, com respeito ao futuro, alimentava tanto temores como esperança. A análise ainda continuou por três anos. Mais uma vez, apesar de seu pessimismo sobre o desfecho do tratamento e do receio de um possível suicídio de Carl, Freud prolongou-a,

---

35. *Schamgürtel* foi traduzido em francês por *gaine pubienne* (luva pubiana) ou *cache-sexe* (tapa-sexo). Somente Olivier Mannoni observou que esse termo remetia ao *subligaculum* usado pelos romanos, ao passo que, em nossos dias, designa um traje sadomasoquista composto de correias e aberto nas partes sexuais. Na Standard Edition, o termo escolhido por James Strachey e Joan Riviere para traduzir *Schamgürtel* é perfeitamente equivalente ao suporte atlético: *support-belt* e *suspensory belt*, termos que nada têm a ver com um "cinto de vergonha" ou uma "luva pubiana".

Entre medicina, fetiche e religião

justamente quando, a despeito do trabalho realizado, a psicose se intensificava. Liebman afeiçoou-se cada vez mais ao seu ilustre analista, à medida que chafurdava mais na loucura e nas obsessões. Quando Freud compreendeu que, apesar de toda a atenção que dispensava a seu paciente, não conseguiria confortá-lo, encaminhou-o para Ruth Mack-Brunswick, convencido de que uma mulher estaria mais apta a se fazer ouvir. Ela não obteve melhores resultados.

Carl esteve com Freud pela última vez em 1931, antes de regressar aos Estados Unidos. Fez uma escala em Paris para submeter-se a algumas sessões com Rank, que diagnosticou um trauma de nascimento. Seus pais tentaram espioná-lo, mas ele não demorou a descobrir. Após vagar e soçobrar na miséria material e psíquica, justo no momento em que a crise econômica se aprofundava, voltou ao regaço familiar para ser contratado como motorista pelo pai.

Certo tempo depois, tentou o suicídio, perfurando a caixa torácica com a ajuda de um facão de caça, e foi Abraham Brill quem tomou a decisão de interná-lo na suntuosa clínica McLean, de Harvard, exclusiva para pacientes ricos, como o sanatório Bellevue. Carl Liebman, porém, queria fazer um tratamento analítico junto aos discípulos americanos de Freud, que ele continuava a venerar. Sua mãe se opôs. Ele então contava a quem se dispusesse a ouvir que Freud o fizera descobrir a origem de sua doença: a visão do pênis ausente da mãe. Sofreu muito com a estupidez da vida reclusa e se queixou frequentemente do vácuo de sua existência, entremeada por exercícios de massinha de modelar e atividades obrigatórias como jogar sinuca ou fazer cerâmica. A esse calvário, preferia a turbulência de seus anos vienenses, ao longo dos quais ouvira todo tipo de histórias sobre pênis ausentes, envergonhados ou cortados.

Ao longo dos anos, após tentar evadir-se, tornou-se um caso célebre, tendo passado por todos os tratamentos possíveis ligados aos "progressos" da psiquiatria asilar: eletrochoques, convulsoterapia, topectomia. Na sequência, jamais esquecera seu fetiche adorado, e quando o visitavam para ouvir a lendária história de seu tratamento com *Herr Professor*, em meio a chows-chows e charutos, ele repetia o que dizia diariamente a seus médicos e enfermeiros: "Sou o pênis do meu pai."

Tal foi o destino desse inesquecível paciente freudiano, tomado pela loucura e refratário a todo tipo de apoio, cujo tratamento nunca foi objeto de um verdadeiro relato por nenhum de seus protagonistas. Ele permanece para sempre presente nas entrelinhas de uma obra, de uma correspondência e de um arquivo, qual o vestígio arqueológico de um prenúncio da morte nas duas vidas paralelas de Freud e Liebman, uma, gloriosa, a outra, obscura.

A partir de 1929, Freud começou a sentir cansaço no exercício clínico. Sofrendo cada vez mais em função do câncer e dos tratamentos que lhe infligiam, perdia peso e tolerava cada vez menos as análises difíceis, mesmo quando lhe proporcionavam o conforto material de que ele precisava para manter a família, seus colegas e o movimento psicanalítico. Procurando se distrair, fez uma assinatura numa biblioteca pertencente a Emy Moebius e sua amiga Gerty Kvergic, a Fremdsprachige Leihbibliothek, frequentada por diplomatas e especializada no empréstimo de livros em língua estrangeira. Era assim que Minna, que ia lá em seu nome, lhe trazia romances policiais de Dorothy Sayers e Agatha Christie, pelos quais ele era louco. Emy tornou-se então amiga da família e assim permaneceu até sua emigração para os Estados Unidos.[36]

O futuro era sombrio: crise econômica nos Estados Unidos, instauração de um regime fascista na Itália, escalada do nazismo no mundo germanófono. Mais uma vez a Europa parecia às voltas com aquela pulsão de destruição que Freud tão bem descrevera. Ele aponta com desprezo o que chamava de "ralé": os imbecis, as massas em fúria, a estupidez do tempo presente. Em julho de 1930, ainda pensava no Nobel quando a cidade de Frankfurt lhe ofereceu o prêmio Goethe, não só porque "sua psicologia enriquecera a ciência médica", como pela contribuição de sua obra à literatura e às artes. Muito honrado, ele declarou que Goethe teria certamente se apaixonado pelas descobertas da psicanálise.

Freud estava cada vez mais obcecado pela morte e, quando Amalia expirou, aos noventa e cinco anos de idade, em consequência de uma terrível gangrena na perna, ele ficou aliviado, de tal forma temera que um dia lhe anunciassem que seu filho a precedera no túmulo. Contrário aos ritos religiosos e esgotado pelos próprios sofrimentos, não compareceu às exéquias: sem luto, sem dor. Teve, no entanto, a convicção de que, nas camadas profundas de seu inconsciente, aquela morte abalaria sua vida. Não seria o caso.

Freud perdera o pai antes de haver elaborado sua obra, e perdia a mãe nove anos antes da própria morte: ela tivera tempo de contemplar a glória de

---

36. Carta de Emy I. Moebius a Kurt Eissler de 11 de setembro de 1952, BCW, cx.21, pasta 8.

Entre medicina, fetiche e religião 383

seu adorado "Sigi". Foi enterrada ao lado de Jacob, segundo o rito judaico. Alguns dias mais tarde, Adolfine refugiou-se na Berggasse. Ela tinha sido o principal amparo da mãe, seu saco de pancada também. Agora sua família estava reduzida ao irmão, às irmãs e aos sobrinhos. Freud recebeu-a calorosamente, ainda que, de maneira geral, não dispensasse a mínima atenção às quatro irmãs quando, todo domingo, elas vinham visitar Martha e Minna.

Nessa época, ele começara a redigir sua *Kürzeste Chronik*, "Crônica brevíssima",[37] espécie de diário íntimo e informal no qual anotava despreocupadamente e de maneira lacônica os acontecimentos que lhe pareciam importantes: o que acontecia com seus cães, os objetos de sua coleção, as intempéries, assuntos de família, mortes, visitas, ínfimos detalhes da vida cotidiana, a atualidade política. Inaugurava assim um novo estilo narrativo, entre a escrita jornalística e o catálogo dos nomes, coisas, listas. Uma literatura minimalista, uma descrição crua da realidade que não aspirava a nenhuma interpretação.

A despeito da doença, Freud conservara todas as suas faculdades intelectuais. A cada dia que passava, amava mais os filhos, netos e mulheres: Lou, Anna, Minna, Martha, Dorothy, Marie. Às duas mulheres a seu serviço, Anna e Maria, acrescentou uma terceira, de vinte e sete anos, ex-governanta dos filhos de Dorothy: Paula Fichtl. Martha simpatizava com ela. Filha de um marceneiro alcoólatra de Salzburgo, trabalhara desde a infância como criada sem jamais ter almejado fundar um lar. Fugia dos homens como da peste após cada nova aventura. Na família Freud, em vias de envelhecer, ela encontrou uma verdadeira família substituta.[38] *Herr Professor* vivia então na Berggasse cercado de seis mulheres, todas elas com atribuições claramente definidas.

Além disso, ele acompanhava atentamente os relacionamentos amorosos e conjugais dos outros membros da família, especialmente os de seus sobrinhos e sobrinhas. Dava generosas mesadas aos netos. Por essa época, dois novos interlocutores, ambos judeus, ganharam importância em sua troca epistolar: Stefan Zweig, escritor vienense, liberal e conservador, profundamente europeu,

---

37. *Chronique plus brève, Carnets intimes, 1929-1939*, op.cit.

38. Detlef Berthelsen, *La Famille Freud au jour le jour. Souvenirs de Paula Fichtl* (1987), Paris, PUF, 1991. Antes da Primeira Guerra Mundial, quando seus filhos ainda pequenos moravam com ele, Freud tinha quatro pessoas a seu serviço.

já célebre no mundo inteiro,[39] e Arnold Zweig, escritor berlinense, sionista, socialista e comunista, radicado na Palestina a partir de 1933. Nenhum dos dois era seu discípulo e nenhum passou do status de amigo ao de inimigo.

Stefan Zweig enviava a Freud todas as suas obras, com dedicatórias em que lhe expressava o quanto os escritores contemporâneos – Proust, Joyce e outros – lhe eram devedores. Freud, contudo, não respondia, e adivinhem por quê? Continuava a desconhecer as obras de tais autores, o que frequentemente o levava a se mostrar severo para com Zweig, em especial quando este redigiu um ensaio, *A cura pelo espírito*, no qual colocava em paralelo três vidas: as de Mesmer, do próprio Freud e de Mary Baker Eddy, fundadora americana de uma seita, a Christian Science, que pretendia curar os doentes pelo êxtase e a fé.

Freud admitia a ideia de que, ao abandonar o magnetismo, Mesmer havia sido efetivamente o criador do procedimento da sugestão, mas não se via como seu herdeiro. Muito ligado a uma concepção mitológica e genealógica da ciência histórica, era-lhe difícil admitir a noção de longa duração, já cara aos historiadores. O pior para ele, contudo, no momento em que a batalha em favor da *Laienanalyse* estava no auge, era ser classificado ao lado de Mary Baker Eddy, que, por todos os motivos, encarnava tudo de que o movimento psicanalítico desejava manter-se à distância, às vezes indo na contramão do próprio Freud. E ele respondeu ao escritor que Mary Baker Eddy era em primeiro lugar uma doente mental: "Sabemos que o louco furioso desenvolve em sua crise forças de que não dispõe em tempo normal. O que há de insensato e criminoso em tudo que aconteceu com Mary B.E. não é ressaltado na apresentação que o senhor faz, assim como a inexprimível desolação do contexto americano."[40]

Quanto ao perfil que Zweig lhe atribuiu, Freud não se reconhecia nele. Julgou que o escritor o via como um pequeno-burguês e criticou-o por se esquecer de dizer que ele preferia a arqueologia à psicologia. Na realidade, esse perfil "caracteriológico" era uma espécie de construção literária, a meio caminho entre ficção e realidade. Zweig transformava Freud num ser luminoso, valente e saudável, trabalhador infatigável e solitário, desafiando

---

39. Seu primeiro encontro data de 1908. Stefan Zweig, *Appels aux européens (1932-1934)*, tradução e prefácio de Jacques Le Rider, Paris, Bartillat, col. Omnia Poche, 2014.

40. Sigmund Freud e Stefan Zweig, *Correspondance*, op.cit., carta de Freud de 17 de fevereiro de 1931, p.74. Stefan Zweig, *La guérison par l'esprit*, Paris, Le Livre de Poche, col. Biblio Essais, 2012 [ed. bras.: *A cura pelo espírito*, Rio de Janeiro, Zahar, em preparação].

Entre medicina, fetiche e religião

os deuses e os homens e transbordando uma coragem infalível. Por outro lado, descrevia a evolução de seu corpo e seu rosto de uma maneira estranhamente familiar, opondo os anos de juventude aos da velhice, como se tivesse projetado sobre ele sua própria recusa do futuro: "Depois que avança o rebaixamento ósseo de seu rosto e não obstante plástico de seu aspecto", ele dizia sobre Freud, "alguma coisa de duro, de incontestavelmente agressivo, se descobre: a vontade inexorável, insinuante e quase irascível de sua natureza. Mais profundo, mais triste, o olhar outrora simplesmente contemplador é agora aguçado e penetrante."[41]

Zweig costumava recorrer à técnica freudiana do deciframento dos sonhos, utilizando especialmente o procedimento narrativo da integração do relato principal em outro relato. E, após escrever sua famosa novela *24 horas na vida de uma mulher*, inspirada num romance epistolar de Constance de Salm, princesa mundana do século XIX por sua vez inspirada na *Princesa de Clèves*, enviou-a a Freud.[42]

O tema dessa novela era a paixão amorosa de uma velha senhora inglesa (Mrs. C.) que contava ao narrador uma recordação de juventude, quando este tentava compreender a fuga de outra mulher que passava uma temporada num hotel da Riviera. Freud gostou dessa novela, que aliás fazia pensar num caso clínico no qual o narrador, livrando uma paciente anônima do peso de seu passado, teria ocupado o lugar do terapeuta. A senhora inglesa contava que tentara em vão, vinte e quatro anos antes, salvar um jovem pianista de sua paixão pelo jogo. Porém, recusando o amor que ela lhe dedicava, ele fugira e em seguida ela sofrera anos a fio por conta do relacionamento escuso que tivera com ele e que transformara sua vida. Anos mais tarde, ela viria a saber que ele se suicidara.

Segundo Freud, a motivação da narrativa era a de uma mãe que inicia o filho nas relações sexuais para salvá-lo dos perigos do onanismo. Mas ela ignora que ela mesma é afetada por uma fixação libidinal sobre o filho e o destino a surpreenderia nesse ponto. E Freud acrescenta: "O que digo é analítico e

---

41. *La guérison par l'esprit*, op.cit., p.52.
42. As obras de Stefan Zweig foram publicadas em dois volumes pela Gallimard, em 2013, na col. Bibliothèque de la Pléiade sob a direção de Jean-Pierre Lefebvre. [No Brasil, sua obra já teve diversas edições e vem sendo republicada pela Zahar desde 2013, sob coordenação de Alberto Dines. A novela mencionada está em *Três novelas femininas*, Rio de Janeiro, Zahar, 2014.]

não tenta de forma alguma fazer justiça à beleza literária."[43] Quando aceitava não aplicar sua doutrina aos textos que lia, Freud era capaz das melhores interpretações. Mas a significação da história o interessava mais que sua forma, ainda que fosse inspirada por seus próprios escritos.

Paralelamente, Freud iniciou uma calorosa relação com Thomas Mann, homem a quem respeitava profundamente e considerava um grande romancista, sem todavia ter um conhecimento real de sua obra. Em 1929, este redigiu um dos textos mais bonitos já escritos sobre a obra e a pessoa de *Herr Professor*: "O lugar de Freud na história do pensamento moderno".[44] Freud não se reconheceu nesse fulgurante retrato, que fazia dele um destruidor de ilusões, herdeiro de Nietzsche e Schopenhauer, capaz de explorar todas as formas do irracional e transformar o romantismo numa ciência. Assim, preferiu pensar que Mann falava de si mesmo e não da psicanálise e seu inventor: "O artigo de Thomas Mann é deveras lisonjeador. Ao lê-lo, tive a impressão de que ele tinha pronto um ensaio sobre o romantismo quando lhe chegou a encomenda de um ensaio sobre mim. ... Tanto faz, quando Mann diz alguma coisa, ela se sustenta."[45]

Freud nunca desistira da ideia de fazer da psicanálise uma ciência "pura" comparável ao "cálculo infinitesimal". Assim, enganava-se redondamente quanto à questão do romantismo alemão, cuja herança recusava. Em março de 1932, Thomas Mann visitou-o pela primeira vez na Berggasse, onde foi recebido com entusiasmo por Martha e Minna, duas fervorosas leitoras suas, que o viam como compatriota, nascido, como elas, no norte da Alemanha.

Na mesma época, um novo "inimigo" irrompeu no círculo vienense de Freud, Wilhelm Reich, oriundo de uma família judia da Galícia, tão marxista quanto freudiano e mais sexólogo que psicanalista. Durante dez anos, ele ocupou o lugar antes atribuído àquela linhagem de médicos loucos – Fliess ou Otto Gross – cuja presença parece ir de par com a eclosão do movimento psicanalítico. Entre eles, Reich foi de longe o mais interessante e fecundo: "Temos aqui um doutor Reich", escrevia Freud a Lou em 1927, "um bravo mas

---

43. Sigmund Freud e Stefan Zweig, *Correspondance*, op.cit., carta de Freud de 4 de setembro de 1926, p.48. Freud fará outros comentários sobre diversas novelas de Zweig.
44. Thomas Mann, "O lugar de Freud na história do pensamento moderno", in *Pensadores modernos*, trad. e notas Márcio Suzuki, Rio de Janeiro, Zahar, 2015, p.11-51.
45. Lou Andreas-Salomé, *Correspondance avec Sigmund Freud*, op.cit., carta de Freud de 28 de julho de 1929, p.225.

Entre medicina, fetiche e religião

impetuoso montador de cavalos de batalha que agora venera no orgasmo genital o contraveneno de toda neurose."[46]

Foi a esse Freud, o dos anos 1930, um Freud crepuscular, que Julius Tandler, grande anatomista, adepto do higienismo médico, da eutanásia e da eliminação das "vidas indignas de serem vividas", dedicou um retrato cruel, pouco conhecido, mas de fantástica acuidade. Originário da Morávia, ele tinha, como vimos, participado do desabrochar da psicanálise em Viena e via seu amigo Freud como a parte escura dele mesmo, seu duplo enigmático, de certa forma, tão vienense quanto ele. Num caderno íntimo, que manteve secreto, descrevia-o como um velho selvagem capaz de destruir todas as ilusões da humanidade, um "chacinador dos valores", um autocrata virtuose detentor de uma maestria inaudita da língua alemã. Um chefe, um autêntico "durão", que, não tivesse sido judeu, poderia ter sido Bismarck. Em todo caso, um homem excepcional, comprazendo-se, qual um detetive, em desconcertar seus interlocutores com raciocínios geniais, um pensador dotado de uma intensa vida pulsional incessantemente reprimida e buscando formar "caçadores de sexo" (*sexus*), obstinado, teimoso, polemista, dissecando com crueldade a crueldade humana, observando, solitário, como através de um olho mágico, um mundo execrável.

O Freud descrito por Tandler parecia saído direto de um romance de Thomas Mann ou Tolstói, uma alma atormentada, uma natureza intensa e desmesurada impregnada de uma energia vital sem limites e uma espiritualidade transbordante: "Raça poderosa, grande tenacidade interior, extraordinária vitalidade que dão a esse velho a penetração da juventude. Esse homem idoso, realmente idoso, tem sempre arroubos apaixonados, mas sofre de uma inibição da vontade ... . Quando edifica um sistema, encontramos nele uma lógica natural. E quando esse homem constrói alguma coisa, temos o sentimento de que um enigma vital está resolvido. E essa construção sempre procede de um intelecto de uma acuidade incomparável."[47]

Freud nunca teve conhecimento do que esse amigo escrevera sobre ele. Porém, em sua *Crônica brevíssima*, em 7 de novembro de 1929, anotou: "Inciden-

---

46. Ibid., carta de Freud de 9 de maio de 1928, p.216.

47. Essas notas serão exumadas em 1985 por Karl Sablik, "Freud et Julius Tandler: une mystérieuse relation", *Revue Internationale d'Histoire de la Psychanalyse*, 3, 1990, p.96.

tes antissemitas." Pela manhã, vários estudantes nazistas haviam atacado Julius Tandler, em frente ao Instituto de Anatomia, aos gritos de "Morte aos judeus". Em outubro de 1931, Freud foi um dos que colaboraram financeiramente quando ele organizou o "Socorro de Inverno" destinado a ajudar as vítimas da crise econômica.

Tandler morreu em Moscou em 1936, quando cumpria ali uma missão humanitária. Ao contrário de Freud, teve direito a um reconhecimento em homenagem às suas ações. As autoridades vienenses deram seu nome a uma das praças mais famosas da antiga capital imperial: a Julius Tandler Platz. Que viajante do século XXI se lembra do papel que esse homem tão tipicamente vienense desempenhou na vida de Freud?

2. Face a Hitler

Em 2007, num livro excelente dedicado aos últimos anos da vida de Freud, Mark Edmundson, um professor universitário americano, retomou uma ideia cara aos historiadores – e também a Thomas Mann – ao estabelecer um paralelo entre duas vidas vienenses da Belle Époque: aquela, infame, do jovem Adolf Hitler, com vinte anos em 1909, e a outra, radiosa, de um Sigmund Freud em plena ascensão rumo à glória. O primeiro se tornaria o maior assassino de todos os tempos, destruidor da Alemanha, genocida dos judeus e da humanidade em sua essência, e o segundo, o pensador mais renomado e controvertido do século XX: "Em praticamente todos os pontos", dizia Edmundson, "eles eram o que o poeta William Blake teria denominado 'inimigos espirituais'."[48]

Nascido num meio de camponeses desqualificados, maltratado por um pai estúpido e violento que se casara com sua jovem e desafortunada prima, o jovem Hitler odiava o mundo inteiro e mais ainda a Áustria, a qual ele sonhava condenada um dia a ser dominada pela Alemanha guilhermina. Em Linz, onde fazia estudos marcados pelo fracasso constante, num estabelecimento por sinal frequentado por um judeu que se tornaria um filósofo célebre, Ludwig Wittgenstein, a quem ele já odiava, deixara-se seduzir muito cedo pelos símbolos e sortilégios do nacionalismo pangermânico, do qual fará mais tarde a ponta de lança de seu combate contra os judeus. Assim, opunha-se ao nacionalismo de seu pai, muito ligado à grandeza do império dos Habsburgo.

---

48. Mark Edmundson, *La Mort de Sigmund Freud. L'Héritage de ses derniers jours* (2007), Paris, Payot & Rivages, 2009, p.9. Sobre a vida de Hitler, a melhor fonte é a obra em dois volumes de Ian Kershaw, *Hitler (1889-1945)*, São Paulo, Companhia das Letras, 2010. Vincent Brome também fez esse paralelo histórico em *Les Premiers Disciples de Freud*, op.cit. Assim como Carl E. Schorske, *Viena fin-de-siècle*, op.cit. Note-se, a propósito, que uma literatura "psicobiográfica" bem fraca foi dedicada a Hitler por numerosos psicanalistas, cujas teses foram em seguida invalidadas por Kershaw.

Após a morte dos pais, Hitler foi para Viena na esperança de fazer fortuna como pintor e arquiteto, mas, por duas vezes, foi rejeitado pela Academia de Belas-Artes, o que intensificou seu ódio ao mundo da cultura, das artes e do espírito. Convencido de seu talento, ia frequentemente à Ópera, disfarçado de dândi, para escutar com fervor a música de Wagner. Desprezava, no entanto, aquela cidade "estagnada", habitada pelo sentimento da iminência de sua morte, e se mantinha à distância de seus pretensos "miasmas": prostituição, sexualidade desenfreada, histeria, literatura imoral, homossexualidade, pintura e arquitetura decadentes.

Em suma, Hitler rejeitava tudo que essa cidade produzia de mais inovador, e do qual ele era excluído. Indolente, destituído de talento, preferindo entregar-se mais aos afetos que ao pensamento, adorava os animais para melhor odiar os humanos. Jamais comia carne, não bebia vinho nem destilado, e tinha a convicção de que o tabaco era o flagelo mais prejudicial à saúde dos povos. Do fundo de sua miséria, via-se como notável humanista, excelente poeta, e sonhava redesenhar Viena e transformá-la num paraíso digno de uma humanidade regenerada. Também era ligado à medicina higienista alemã, que terminaria por degenerar na segregação racial.

Ou seja, Hitler acumulava então todas as patologias que fariam dele um paciente vienense ideal, um caso vindo direto da nomenclatura de Krafft-Ebing, revista e corrigida à luz de *Além do princípio do prazer*: "Se Hitler e Freud tivessem se esbarrado na rua, em uma tarde do frio outono de 1909", dizia ainda Edmundson, "o que teriam percebido? Em Hitler, Freud teria visto um menos-que-nada, um rato de esgoto (ele não era populista). Mas sem dúvida teria sentido igualmente pena daquele infeliz. Por sua vez, Hitler teria visto em Freud um burguês vienense (ele desprezava a classe média alta), e sem dúvida teria identificado tratar-se de um judeu. Com vergonha de estar usando um casaco puído e sapatos furados, teria feito menção de recuar. Se estivesse numa situação particularmente difícil, poderia estender a mão para mendigar. O fato de Freud lhe dar ou não alguma coisa – ele poderia fazê-lo, pois tinha bom coração – não teria feito grande diferença: esse encontro teria deixado o jovem Adolf Hitler num estado de grande furor."[49]

---

49. Mark Edmundson, *La Mort de Sigmund Freud*, op.cit., p.13-4.

Em 1925, com a publicação de *Mein Kampf*, Hitler estabeleceu seus objetos de ódio: os judeus, os marxistas, o tratado de Versalhes, as raças consideradas inferiores. E expôs suas pretensões: tornar-se o chefe de um novo Reich, depurado de todos os miasmas de uma suposta degenerescência, um chefe capaz de tirar uma desforra dos vencedores da Primeira Guerra que haviam humilhado a Alemanha. Nessa data, tinha tudo da figura do chefe tal como Freud o descrevera em *Psicologia das massas e análise do eu*: aquele que não precisa amar ninguém, versão acabada da loucura narcísica, da negação da alteridade e do retraimento. Bastara que a situação política, social e econômica da Europa se degradasse mais um pouco – e mais ainda a do mundo germanófono – para possibilitar o advento de tal personalidade. Freud a pensara de maneira abstrata sem imaginar um instante que ela pudesse existir sob os traços do homem que tomaria o poder na Alemanha doze anos mais tarde.

Em 1939, sessenta e oito anos antes desse brilhante comentário de Edmundson, Thomas Mann, exilado na Costa Oeste dos Estados Unidos, já refletira nessa questão das duas vidas paralelas, a do monstro e a do sábio, publicando um estranho ensaio de inspiração freudiana, que suscitou diversas polêmicas: *Bruder Hitler* (Irmão Hitler).[50] Ele sabia que Freud achava-se então instalado em Londres, cercado pela família, e que só tinha mais alguns poucos meses de vida.

Ao contrário de Bertolt Brecht e dos outros exilados alemães, Mann recusava opor de maneira radical a Alemanha do Aufklärung à da barbárie hitlerista. Claro, sabia perfeitamente que a Alemanha de Goethe era completamente diferente da dos nazistas, mas sentia pelo "monstro" uma verdadeira curiosidade clínica e se perguntava como pudera se dar aquela inversão dos valores num dos países mais civilizados da Europa. Como era possível que tivesse chegado ao poder – e em todas as instâncias da República de Weimar e do antigo império bismarckiano – o oposto do que a tradição cultural alemã venerava no mais alto grau: o saber, a competência, a ciência, a filosofia, o progresso? Hitler era um perdedor, um "vagabundo de hospício", um "transviado" (*Verhunzung*), "um patinho feio" tomando-se por cisne, um charla-

---

50. Esse texto foi redigido em 1938 após o Anschluss. Thomas Mann, *Bruder Hitler* (1939), Berlim, Heyne, 1991. A primeira versão em língua inglesa data de abril de 1938. Seu título original era *Esse homem é meu irmão* (*That Man Is My Brother*). Tradução francesa: "Frère Hitler", in *Les Exigences du jour*, Paris, Grasset, 1976. Cf. também Jean Finck, *Thomas Mann et la psychanalyse*, Paris, Les Belles Lettres, 1982.

tão, um "Lohengrin de fundo de cozinha", escrevia Mann. Em suma, era o justo oposto do que a ética protestante modelara durante décadas, do que o Aufklärung inventara de mais civilizado. E eis que ele conseguira conquistar um povo ali onde a social-democracia fracassara: "Expulsem Hitler", já dissera Mann em 1933, "esse miserável, esse impostor histérico, esse não alemão de baixa extração, esse cavaleiro da indústria do poder, cuja arte se resume a procurar com um repugnante talento de médium a corda sensível do povo e a fazê-la vibrar no transe obsceno no qual o lança um dom de orador incrivelmente medíocre."[51] E, por todos os motivos, Mann nega-se a fazer qualquer comparação que seja entre Napoleão e Hitler: "Convém proibir, pois isso é um absurdo, que sejam nomeados no mesmo rompante: o grande guerreiro e o grande covarde, pacifista por extorsão, cujo papel teria se consumado desde o primeiro dia de uma guerra verdadeira; a criatura que Hegel qualificou como 'a alma do mundo a cavalo', o cérebro gigante que dominava tudo, a mais formidável capacidade de trabalho, a encarnação da Revolução, o tirânico portador da liberdade, cuja figura está gravada para sempre na memória humana como a estátua de aço do classicismo mediterrânico – e esse triste preguiçoso, esse perdedor, esse sonhador de quinta categoria, esse cretino que odeia a revolução social, esse sádico hipócrita, esse rancoroso sem honra..."[52]

Para explicar essa inversão, que transformara um monstro vindo do nada num ditador de uma nova ordem germânica, Thomas Mann assinalava que era preciso vê-lo como "um irmão" invertido, isto é, a parte inconsciente da cultura alemã, sua parte tenebrosa, tão irracional quanto podia ser o que Freud descrevera sob o termo "pulsão": uma impressionante projeção do inconsciente na realidade. E, em vez de fechar os olhos perante esse irmão imundo, Mann conclamava seus contemporâneos a olhar o mal de frente para melhor lhe opor uma racionalidade sem ilusões.[53] E acrescentava: "Um homem como este deve odiar a psicanálise! Cá comigo, suspeito que a fúria com que ele marchou contra a capital dirigia-se no fundo ao velho analista lá instalado, seu inimigo verda-

---

51. Thomas Mann, "Allemagne ma souffrance", in *Les Exigences du jour*, op.cit., p.186.

52. "Frère Hitler", op.cit., p.309.

53. Mann retomará essa temática da dupla Alemanha em *Doutor Fausto*. E, analogamente, Ian Kershaw quando, no fim de sua biografia de Hitler, afirma: "A Alemanha que engendrara Adolf Hitler, que reconhecera seu futuro em sua visão de mundo e o servira com tamanha satisfação, em suma, que tomara parte em sua *hybris*, teve também de partilhar sua *nêmesis*."

deiro e essencial, o filósofo que desmascarou a neurose, o grande desilusionista, o que sabe a que se ater e sabe tudo sobre o gênio."[54]

Hitler: era este o homem, tão bem descrito por Mann em termos freudianos, que se tornaria o pior inimigo do grande desilusionista e da cidade de Viena, primeiro berço da psicanálise.

Mais uma vez, ao contrário de Thomas Mann, Freud levou tempo para compreender que estavam lidando com uma guerra de tipo novo, não com uma guerra entre nações, mas com alguma coisa como a própria expressão de um princípio de destruição que, através do extermínio de uma pretensa "raça" (os "semitas"), visava ao aniquilamento da espécie humana e sua substituição por outra "raça" (os "arianos"), única autorizada a existir no planeta. Em 1915, ele não afirmara que a Primeira Guerra, engendrada pelo nacionalismo e o progresso das técnicas de destruição em massa, traduzia a quintessência de um desejo de morte entranhado na espécie humana? Agora, confrontado com a escalada do nazismo na Alemanha, ele ainda não percebia a natureza da máquina de morte acionada pelo nacional-socialismo. Não era o único nesse caso.

Fato é que, em julho de 1929, quando pôs um ponto-final na nova obra que dava continuidade a *O futuro de uma ilusão*, não desconfiava que acabava de escrever seu livro que seria o mais lido e mais traduzido, o mais sinistro sem dúvida, mas também o mais luminoso, lírico e político: *O mal-estar na civilização*. Dedicara-se a ele quando se encontrava de férias em Berchtesgaden, nos Alpes bávaros, local de residência preferido da princesa Maria Isabel de Saxe-Meiningen, que não sobrevivera à queda das monarquias alemãs. Pertinho dali, encarapitada no cimo do Obersalzberg, situava-se a casa onde, desde 1927, Hitler recebia os dirigentes do Partido Nacional-Socialista (NSDAP).[55]

Primeiramente, Freud cogitou intitular esse ensaio *A felicidade e a cultura* (*Das Glück und die Kultur*), depois pensou em *Infelicidade na cultura* (*Das Unglück in der Kultur*), para finalmente preferir *Unglück, Unbehagen*: descontentamento, mal-estar.[56] Seja como for, além da inquietude que lhe inspirava o tempo pre-

---

54. Thomas Mann, *Les exigences du jour*, op.cit., p.308.

55. Residência secundária alcunhada "o Berghof", adquirida por Hitler em 1934 graças aos direitos autorais de *Mein Kampf*. Será destruída em 1945.

56. Existem em português, como em francês, diversas traduções de *O mal-estar na civilização*. Em alemão, Freud utiliza a palavra *Kultur* para designar ao mesmo tempo a civilização (*Zivilisation*) e o espírito iluminista, no sentido francês e alemão (*Aufklärung*). Logo, recusa-se a

sente, seu intuito era lançar um manifesto em favor da felicidade dos povos: hino ao amor, ao progresso, à ciência e à república platônica.

Após lembrar que a religião não trazia mais nenhum remédio à frustração, Freud afirmava que as principais fontes da infelicidade do sujeito moderno residiam numa ausência de ideal, que o reduzia a três determinantes: o corpo biológico, o mundo exterior, as relações com os outros. Confrontado com essa finitude e transformado numa espécie de "deus-prótese" (*Art Prothesengott*), o ser humano, para escapar do sofrimento, não dispunha mais de outro meio senão forjar-se novas ilusões, a partir de três escolhas inconscientes: a neurose (angústia, conflito), a intoxicação (as drogas, a bebida) e a psicose (a loucura, o narcisismo, a desmedida).

Porém, uma via completamente distinta era igualmente possível, explicava Freud: o acesso à civilização (à cultura), única instância capaz de permitir, mediante a sublimação,[57] a dominação das pulsões de destruição, isto é, do estado de natureza, desse estado selvagem e bárbaro que é uma componente da psique humana desde a antiga "horda selvagem". Freud assinalava que os homens que haviam renunciado à ilusão religiosa nada tinham a esperar de um retorno qualquer a uma pretensa "natureza". Segundo ele, a única via de acesso à sabedoria, isto é, a mais elevada das liberdades, consistia então num investimento da libido nas formas mais elevadas da criatividade: o amor (Eros), a arte, a ciência, o saber, a capacidade de viver em sociedade e se engajar, em nome de um ideal comum, com vistas ao bem-estar de todos. Daí essa apo-

---

distinguir a cultura que recobre um conjunto de tradições, modos de pensamento, representações e crenças, da civilização, termo mais amplo que supõe a ideia de uma razão universal própria da humanidade, opondo o "selvagem", o "bárbaro" ou o "não educado" ao sujeito civilizado. Assim, podemos traduzir *Kultur*, no sentido freudiano, tanto por "cultura" como por "civilização". Debates intensos opuseram, na França, os partidários da palavra *culture* e os adeptos do termo *civilisation*. Retracei essa história em *HPF-JL*, op.cit., a respeito em especial da valorização por Édouard Pichon da *civilisation* francesa em detrimento da *Kultur* alemã. Cf. também Jacques Le Rider, Michel Plon, Gérard Raulet e Henri Rey-Flaud, *Autour du "Malaise dans la culture" de Freud*, Paris, PUF, 1998. E Pierre Pellegrin, in Sigmund Freud, *Malaise dans la culture*, Paris, Garnier-Flammarion, 2010, p.7-88 e 177-214. As duas melhores traduções do livro em francês são as de Bernard Lortholary, Paris, Seuil, 2010, e de Marc Crépon e Marc B. de Launay, in Sigmund Freud, *Anthropologie de la guerre*, op.cit., edição bilíngue. Esses três tradutores optaram por *Malaise dans la civilisation*. Cf. igualmente *OCF.P*, op.cit., vol.18, *Malaise dans la culture* [ed. bras.: *O mal-estar na civilização*, in *SFOC*, vol.18 / *ESB*, vol.21; ed. orig.: "Das Unbehagen in der Kultur", in *GW*, vol.14].

57. Deslocamento da pulsão para um objetivo não sexual.

logia da felicidade – ou do "bom caminho" – no progresso, à qual Saint-Just não retrucaria. E Freud se lança numa defesa incondicional das realizações técnicas e científicas do século XX: o telefone, os transportes marítimos e aéreos, o microscópio, os óculos, a fotografia, o fonógrafo, a higiene doméstica, o asseio pessoal etc.

E acrescentava que, uma vez que "o homem é o lobo do homem", não há outro meio, para romper com sua pulsão de autodestruição primária, senão aceitar conviver com seus semelhantes. Assim, fundava toda relação social na existência da família (célula germinal da sociedade), de um lado, e na linguagem, de outro: "O primeiro homem a atirar um insulto na cara de seu inimigo, e não uma lança, esse homem foi o verdadeiro fundador da civilização." E acrescentava que o primeiro que renunciara ao prazer de urinar sobre uma chama era também o herói de uma grande conquista da civilização – o controle do fogo –, uma vez que assim dava à mulher (seu indispensável alter ego) os meios de administrar um lar. Freud parodiava aqui, sem explicitá-lo, e não sem motivo, a célebre frase de Jean-Jacques Rousseau sobre a origem da desigualdade: "O primeiro que, cercando um terreno, julgou por bem dizer 'Isto é meu', e encontrou gente suficientemente simplória para crer, foi o verdadeiro fundador da sociedade civil. Quantos crimes, guerras, assassinatos, quantas misérias e horrores não teria poupado ao gênero humano aquele que, arrancando as estacas ou tapando o fosso, tivesse gritado a seus semelhantes: 'Não deem ouvidos a esse impostor.'"[58]

Ao contrário de Rousseau e dos herdeiros dos filósofos iluministas franceses, Freud não acreditava na possível abolição das desigualdades. Convencido de que as forças pulsionais são sempre mais poderosas que os interesses racionais, sustentava que nenhuma sociedade pode ser construída com base na renúncia à agressividade, ao conflito e à autoafirmação. Nem por isso, contudo, deixava de sustentar que a linguagem, a fala e a lei eram as únicas três maneiras de passar do estado de natureza ao estado de cultura. Ele já expusera essa tese em *Totem e tabu*. Mas agora a transformava num verdadeiro

---

58. Jean-Jacques Rousseau, *Discours sur l'origine et les fondements de la inégalité* (1755), Paris, Gallimard, col. Idées, 1965, p.87 [ed. bras.: *Discurso sobre a origem e os fundamentos da desigualdade entre os homens*, Porto Alegre, LP&M, 2008].

programa político, articulado em torno de uma filosofia psicanalítica, uma ideologia, uma representação do mundo (*Weltanschauung*).[59]

Em suma, ao mesmo tempo em que afirmava que a civilização era uma fonte de decepção para o homem, uma vez que o coagia a renunciar às suas pulsões, Freud dizia também que ela era uma necessidade racional, com a condição de não gerar um excesso de repressão da sexualidade e da agressividade necessárias a toda forma de existência. Daí o mal-estar. A civilização só é um remédio para a infelicidade, ele explicava, na medida em que engendra igualmente uma infelicidade: a perda das ilusões, a coerção. A pulsão de vida (Eros) só é pensável porque se opõe à pulsão de morte e se articula com a coerção, com o destino, com a necessidade do convívio (Anankê).

Armado com esse manifesto, Freud recusava então ao mesmo tempo o *American way of life*, que, estimulando um excesso de individualismo, levava a desastres econômicos, o catolicismo, que, fundando-se no amor ao próximo, desconhecia o fascínio humano por sua própria autodestruição, e a revolução comunista, que, acreditando piamente na ilusão da igualdade entre os homens, pretendia abolir uma das molas mais poderosas da atividade pulsional humana: o desejo de possuir riquezas. Em outras palavras, Freud vai de encontro a todas as crenças modernas no advento de um "homem novo" que seria "depurado" de toda influência do passado. Nessa mesma veia, criticava tanto a utopia do "judeu novo" como o sonho americano da ablação do passado e o projeto comunista da abolição de classes. Por fim, evidentemente, recusava toda forma de ditadura. Ao cabo de seu ensaio, numa última frase, apontava, referindo-se ainda à dialética de Fausto e Mefistófeles e ao combate do Anjo com Jacó, o quanto o advento do progresso científico podia sempre se inverter em seu oposto: "Os homens alcançaram tamanho grau de controle das forças da natureza que, com sua ajuda, não lhes é difícil exterminarem-se mutuamente até o último homem. Eles sabem disso, daí boa parte de sua inquietude atual, de sua infelicidade, de sua angústia. Convém agora esperar que a outra das 'duas potências celestes', o eterno Eros, faça um esforço para prevalecer no combate com seu não menos imortal adversário."[60]

Na realidade, esse manifesto opunha a essas três concepções da sociedade – religiosa, individualista, comunista – uma representação do homem

---

59. Sobre esse termo, ver infra.
60. *Le Malaise dans la civilisation*, op.cit.

Face a Hitler   397

fundada na psicanálise. Freud desconfiava tanto da democracia, que ameaçava dar muito poder às massas não educadas, como das ditaduras, que não faziam senão parodiar perigosamente a nobre figura da autoridade. A isso, preferia uma república dos eleitos herdeira da tradição platônica e da monarquia constitucional: um povo esclarecido por um soberano preocupado com o bem comum. Era por essa razão, aliás, que apoiava, como Thomas Mann, Einstein e Ortega y Gasset, o projeto de seu compatriota austríaco Nikolaus von Coudenhove-Kalergi, que visava restaurar a unidade europeia fundando-a numa referência comum à cultura greco-latina e cristã.[61]

Mais uma vez Freud fazia da cidade de Roma o principal significante de sua doutrina da civilização. Sabia que nunca mais[62] voltaria à Itália e que a cidade imperial, local de todos os seus desejos, lhe era agora proibida. Sabia que lá ressoava o fragor das botas e que, entre o Coliseu e o Panteão, eram exibidos os sinistros emblemas dos camisas-pretas. E em vez de acreditar no homem novo, fosse qual fosse seu projeto, apontava que a civilização não passava da expressão de uma constante reconciliação entre passado e presente, entre tempo arqueológico – o do inconsciente – e tempo da consciência projetada no futuro: "Desde que superamos o erro que consistia em acreditar que o esquecimento corriqueiro significa uma destruição do traço mnemônico, nos inclinamos para a hipótese oposta, a saber, que na vida psíquica nada do que uma vez se formou pode findar, que tudo permanece conservado de certa maneira e pode, em circunstâncias apropriadas, por exemplo em virtude de uma ampla regressão, voltar à superfície." Imaginemos, dizia ainda, que Roma não seja "um lugar de habitação humana, mas uma entidade psíquica, com um passado analogamente longo e rico, onde portanto nada do que um dia existiu desapareceu, e onde ainda subsistem, ao lado da mais recente fase da evolução, todas as eras anteriores...".[63]

Em outras palavras, a *Kultur*, segundo Freud, não passava da construção que ele expressara desde seu *Traumbuch*, unindo todas as etapas do tempo

---

61. Richard Nikolaus von Coudenhove-Kalergi (1894-1972): diplomata austríaco. Foi o primeiro a ter a ideia de adotar a *Ode à alegria*, de Beethoven, como hino europeu. Após o Anschluss, exilou-se na França, depois na Suíça e nos Estados Unidos. Será um gaullista, após obter a nacionalidade francesa. É autor de um livro sobre o antissemitismo, que Freud conhecia bem: *Das Wesen des Antisemitismus*, Berlim, Calvary, 1901.
62. Desde sua última viagem com sua filha Anna, em 1923.
63. *Le Malaise dans la civilisation*, op.cit., p.50-2.

humano e fazendo assim do "eu é um outro" a única "terra prometida" destinada ao sujeito moderno. Um isso pulsional, soterrado nos escombros de uma genealogia ancestral, um supereu coercitivo, símbolo de uma felicidade acessível, um eu dividido entre memória e história. Tal era, enfim, no "ano da graça de 1930",[64] o fundamento da esperança numa vida melhor que Freud prometia a seus contemporâneos. Nesse sistema, Roma se confundia com Viena e Viena com a Berggasse, lugar povoado por todos os ornamentos das civilizações antigas, último refúgio de uma *Mitteleuropa* agonizante para onde afluíam visitantes do mundo inteiro. Nessa data, o nome de Hitler ainda não figurava em parte alguma nos escritos do mestre.

O *Mal-estar* foi um best-seller e, por ocasião de sua reedição de 1931, Freud acrescentou algumas palavras lacônicas à frase final: "Mas quem pode prever o sucesso e o desfecho?" Pensava então na vitória eleitoral dos nazistas em 14 de setembro de 1930. Nessa data, o NSDAP tornou-se o segundo partido da Alemanha, atrás do SPD (social-democrata) e à frente do KPD (comunista). Hermann Göring, Joseph Goebbels, Heinrich Himmler entraram para o Reichstag. Destruído pela crise econômica, o país tinha mais de quatro milhões de desempregados.

Em 1932, Albert Einstein foi convidado pela Comissão Permanente de Letras e Artes da Liga das Nações para reunir depoimentos de intelectuais em favor da paz e do desarmamento. Assim, dirigiu-se a Freud, com quem já estivera antes: "Vigora no homem uma necessidade de odiar e aniquilar. Tal predisposição, em tempos normais, apresenta-se em estado latente e só vem à tona no anormal. Mas ela pode ser despertada com uma relativa facilidade e se intensificar em psicose de massa." Einstein pedia ao "grande conhecedor das pulsões humanas" que o esclarecesse.[65]

Freud não demorou a responder com um manifesto político, "Por que a guerra?", que estendia o *Mal-estar na civilização*. Contra os soberanos que procuravam tornar-se ditadores e contra os oprimidos que desejavam derrubá-los, Freud preconizava um grande retorno ao banquete platônico, propondo à Liga das Nações a criação de uma república internacional de sábios, comunidade de eleitos que teria "submetido sua vida pulsional à ditadura da razão"

---

64. São palavras de Freud.
65. Carta de Einstein a Freud, 30 de julho de 1932, in *OCF.P*, op.cit., vol.19, p.67.

Face a Hitler

e capazes, por sua autoridade, de impor às massas um verdadeiro Estado de direito fundado na renúncia ao assassinato. Tudo o que a civilização promove, dizia, contribui para o enfraquecimento do instinto guerreiro.[66] Mais uma vez, ele propunha aos grandes deste mundo a arte de uma governança das nações em conformidade com a doutrina psicanalítica.

Ao passo que sua doutrina sempre fora vetor de uma representação do mundo, de uma ideologia, de um projeto político e de um pensamento antropológico fundados na renúncia ao assassinato e na instauração de um Estado de direito, Freud nunca cessara de contradizer-se, afirmando que a psicanálise não era uma *Weltanschauung*.[67] Ele designava por esse termo "uma noção especificamente alemã, cuja tradução levanta dificuldades". Em filosofia, o termo remetia à ideia de uma metafísica do mundo, uma concepção global da condição humana no mundo. Porém, para Freud, preocupado em fazer da psicanálise uma ciência da natureza – que ela jamais foi –, a expressão não convinha. A seu ver, ela estava contaminada pelo discurso filosófico, a religião e o engajamento político, isto é, por todo tipo de ilusões e outras construções do espírito que a razão científica – e logo a psicanálise – tinham por dever desconstruir. Aliás, em 1932, mais uma vez, zombava abertamente da filosofia, vendo-a como uma espécie de pequena religião de uso restrito: "A filosofia não é contrária à ciência, ela própria se comporta como uma ciência, trabalha em parte com os mesmos métodos, dela se afastando na medida em que se agarra à ilusão de poder fornecer uma imagem do mundo coerente e sem nenhuma lacuna, que deve no entanto desmoronar a cada novo progresso do saber ... . A filosofia não tem influência imediata sobre a grande massa das pessoas, ela interessa a um número reduzido de indivíduos, mesmo entre a camada superior dos intelectuais: para todos os demais, ela mal é compreensível. Em contrapartida, a religião é uma potência enorme que dispõe das emoções mais fortes dos seres humanos." E Freud cita a célebre "pilhéria" de Heinrich Heine,

---

66. Sigmund Freud, "Pourquoi la guerre?" (1932), in *OCF.P*, op.cit., vol.XIX, p.69-81 [ed. bras.: "Por que a guerra?", in *SFOC*, vol.18 / *ESB*, vol.22; ed. orig.: "Warum Krieg?", in *GW*, vol.16].

67. "Sur une *Weltanschauung*", in *Nouvelles conférences d'introduction à la psychanalyse*, op.cit., p.211-43, e *OCF.P*, op.cit., vol.19 [ed. bras.: "Sobre uma *Weltanschauung*", in *Novas conferências introdutórias à psicanálise*, in *SFOC*, vol.18 / *ESB*, vol.22; ed. orig.: "Über eine Weltanschauung", in *GW*, vol.15]. Literalmente a palavra é composta de *Welt*, mundo, e *Anschauung*, contemplação, visão, experiência. Recobre diversas significações: ideologia, concepção política do mundo, visão do mundo e até mesmo discurso filosófico.

um de seus poetas preferidos: "Com suas toucas de dormir e os farrapos de seu robe de chambre, o filósofo tapa os buracos do edifício do mundo."[68]

Da mesma forma, como em *O mal-estar*, fazia um vibrante elogio dos progressos da ciência, para melhor fustigar, tudo junto, o bolchevismo, o marxismo e a obscura dialética hegeliana, ao mesmo tempo afirmando que a compreendia mal, uma vez que atribuía a formação das classes sociais às lutas ancestrais entre hordas humanas – ou "raças" – pouco diferentes umas das outras.

Portanto, Freud continuava a interpretar as lutas dos povos pela emancipação pautando-se no modelo de *Totem e tabu*. E, no mesmo viés, admitia que o despotismo russo já estava condenado antes que a guerra fosse perdida, "considerando que nenhuma união consanguínea (*Inzucht*) no interior das famílias reinantes na Europa poderia engendrar uma geração (*Geschlecht*) de czares capazes de resistir à força explosiva da dinamite".[69] Em outras palavras, atribuía a derrota do império russo tanto ao progresso das técnicas científicas como à incapacidade das dinastias reais de se renovar, em virtude dos cruzamentos consanguíneos. Como os Labdácidas, elas estavam condenadas à autodestruição. Freud parecia se esquecer de que isso não bastava para explicar a derrocada dos antigos impérios.

Procurando dessa forma se distanciar da filosofia e da teoria da história para fazer da psicanálise uma ciência, ao passo que reiterava sua análise mitográfica das dinastias imperiais e sua concepção de uma república dos eleitos, Freud cometeu um erro. Pois foi em nome dessa recusa de toda *Weltanschauung* que se elaborou, com sua concordância, a ideia de que, uma vez que era uma ciência, a psicanálise deveria permanecer "neutra" face a todas as mudanças da sociedade, e, logo, "apolítica".[70] Ou seja, mesmo depois de haver criticado o cientificismo e o positivismo, de pretender desafiar a racionalidade científica interessando-se pelo ocultismo, de ter inventado uma concepção original da história "arcaica" da humanidade, eis que ele se recusava a ver que sua doutrina era portadora de uma política, de uma filosofia, de uma ideologia, de uma antropologia e de um movimento de emancipação.

---

68. "Sur une *Weltanschauung*", op.cit., p.215.

69. Ibid., p.237.

70. A esse respeito, ler o belo artigo de Bernd Nitzschke, "La psychanalyse considérée comme une science 'a'-politique", *Revue Internationale d'Histoire de la Psychanalyse*, 5, 1992, p.170-82.

Nada era mais avesso ao espírito da psicanálise do que travesti-la numa pretensa ciência positiva e mantê-la afastada de todo engajamento político. Após tanto criticar a religião, Freud, em nome de uma pretensa "neutralidade", assumiu assim o risco de ver sua doutrina transformada em catecismo. Tal atitude foi danosa para o movimento psicanalítico do entreguerras, confrontado com a maior barbárie que a Europa conheceu. E foi Ernest Jones o mais vigilante na aplicação dessa linha "neutra" que Freud validou.

Transformado, fora da Europa continental, no principal articulador do movimento psicanalítico, Ernest Jones, como bom discípulo pragmático, militante de uma concepção médica da prática da análise, foi, assim, ao mesmo tempo o destruidor do freudismo original – o do romantismo e da *Mitteleuropa* – e o salvador de uma comunidade que não tinha mais outra escolha, face à escalada do nazismo, senão exilar-se no mundo anglófono.

Em nome dessa neutralidade e desse apolitismo, Jones não deu nenhum apoio aos freudianos de esquerda – freudo-marxistas em especial – que, na Alemanha e na Rússia, pretendiam conectar as duas revoluções do século: a primeira visando a transformar o sujeito pela exploração do inconsciente, a segunda procurando transformar a sociedade através da luta coletiva.

Em 1921, apoiada pelo movimento psicanalítico russo, Vera Schmidt criara em Moscou uma instituição pedagógica: o Lar Experimental de Crianças. Lá, acolhera cerca de trinta filhos de dirigentes e funcionários do Partido Comunista a fim de criá-los segundo métodos que combinavam os princípios do marxismo e da psicanálise. Por exemplo, fora abolido o sistema de educação tradicional baseado nas repreensões e nas punições corporais. Além disso, o empreendimento repousava na utopia de uma possível abolição da família patriarcal em prol de métodos educativos que privilegiavam o coletivo e as trocas igualitárias. O programa também previa que os educadores deviam fazer análise e não reprimir as brincadeiras sexuais das crianças. Em outras palavras, o ideal pedagógico de Vera Schmidt atestava o espírito novo dos anos 1920, através do qual se exprimia, logo após a Revolução de Outubro, o sonho de uma possível fusão entre liberdade individual e igualdade social.

Foi nesse contexto que Vera, acompanhada do marido, Otto Schmidt, matemático, viajou a Berlim e Viena para obter o apoio de Freud e Abraham em favor do Lar. A discussão incidiu essencialmente sobre a maneira de tratar o complexo de Édipo no âmbito de uma educação coletiva. Manifestamente, essa experiência não combinava com os princípios da psicologia edipiana. Pelas mesmas razões, era severamente criticada pelos funcionários do Ministério da Saúde soviético.

Freud bem queria ajudar os Schmidt, mas Jones preferiu apoiar, na contramão da linha de Moscou, o grupo psicanalítico de Kazan, que pregava uma política favorável aos médicos, muito mais neutra com relação ao marxismo. Ao termo de um longo processo, e a despeito do apoio provisório de Nadejda Krupskaia, mulher de Lênin, o experimento foi cancelado. Criticada tanto pelos freudianos como pelo regime soviético, cada vez mais impregnado do espírito stalinista, Vera Schmidt o foi também pelo amigo Wilhelm Reich, que a visitou em 1929. Já célebre na Alemanha, este não julgava o experimento suficientemente revolucionário.[71]

Se considerarmos o debate sobre a sexualidade tal como se desenrolava no fim do século XIX, essa posição de Reich era na realidade simétrica à de Jung. Se, com efeito, este último dessexualizava o sexo em prol de uma espécie de elã vital, Reich procedia a uma dessexualização da libido em prol de uma genitalidade biológica fundada na eclosão de uma felicidade orgástica da qual a pulsão de morte era excluída. Após ter sido membro do Partido Social-Democrata austríaco, ele aderira ao KPD[72] e militava ardorosamente, ao mesmo tempo em que construía uma mitologia proletarista segundo a qual a genitalidade do operariado seria isenta do "micróbio" burguês. Assim, não hesitava em afirmar que os neuróticos eram mais raros na classe operária do que nas camadas superiores da sociedade. Novo argumento contra a noção de pulsão de morte.

Logo fundou uma Sociedade Socialista para Consulta Sexual e Investigação Sexológica, bem como clínicas de higiene sexual destinadas a atender o operariado (Sexpol). Reich votava uma admiração sem limites a Freud, enquanto Freud o tratava rispidamente. Temia sua loucura, sua celebridade e seu engajamento

---

71. A história da psicanálise na Rússia ainda não foi escrita. Nesse aspecto, a obra de Alexandre Etkind, *Histoire de la psychanalyse en Russie*, Paris, PUF, 1993, é insuficiente. Cf. Jean Marti, "La psychanalyse en Russie (1909-1930)", *Critique*, 346, março de 1976, p.199-237. E Alberto Angelini, *La psicoanalisi in Russia*, Nápoles, Liguori, 1988. Eu mesma retracei parte dessa história em *HPF-JL*, op.cit., no que se refere ao período 1930-50. O movimento psicanalítico russo foi progressivamente erradicado a partir de 1930. A qualificação "ciência burguesa" só intervirá em 1949, no âmbito da cruzada stalinista contra as ciências e as artes, orquestrada por Trofim Lyssenko e Andrei Jdanov.

72. Kommunistische Partei Deutschlands: Partido Comunista Alemão.

político. Quanto a seus discípulos, fizeram tudo para se livrar de um homem que incomodava por seu inconformismo, abalava suas convicções e reatava com as origens fliessianas da doutrina freudiana, cuja importância eles buscavam relativizar. Em 1934, essa atitude os levou a cometer inúmeros erros políticos.

Como apontei, Freud não cessou de reivindicar sua identidade judaica, ao mesmo tempo em que recusava atrelar-se aos ritos do judaísmo. Da mesma forma, só se sentia judeu porque se opunha ao projeto sionista de uma reconquista da terra prometida. Em suma, Freud era um judeu da diáspora que não acreditava que a resposta dos judeus ao antissemitismo pudesse se traduzir por um retorno a um território qualquer. Analogamente, se lhe acontecia com muita frequência defender a implantação de colônias judaicas na Palestina, mostrava grande prudência face ao projeto de fundar um "Estado dos judeus". Atesta isso a maneira como respondeu a Chaim Koffler, membro vienense do Keren Hayesod,[73] quando este lhe pediu, como a outros intelectuais da diáspora, que apoiasse a causa sionista na Palestina e o direito de acesso dos judeus ao Muro das Lamentações. Observemos que, desde 1925, graças à intervenção de Chaim Weizmann, que desejava criar um ensino oficial da psicanálise em Israel, Freud tornara-se membro do conselho de administração da Universidade de Jerusalém, assim como, aliás, seu discípulo inglês David Eder.[74]

Isso não o impediu de declinar da proposta de Koffler: "Não posso fazer o que me pede. Minha reticência em interessar o público por minha personalidade é insuperável e as circunstâncias críticas atuais não me parecem absolutamente propícias a isso. Quem quer influenciar um grande número deve ter alguma coisa de bombástico e otimista a lhe dizer, e isso meu juízo reservado sobre o sionismo não permite. Nutro seguramente os melhores sentimentos de simpatia por esforços livremente consentidos, tenho orgulho de nossa Universidade de Jerusalém e me alegro com a prosperidade dos estabelecimentos de nossos colonos. A despeito de tudo, não acredito que a Palestina possa vir a ser um Estado judeu nem que o mundo cristão, como o mundo islâmico, possa um dia

---

73. Keren Hayesod: organismo fundado em 1920 com vistas à instalação dos imigrantes na Palestina.

74. A esse respeito, ver Guido Liebermann, *La Psychanalyse en Palestine, 1918-1948*, op.cit. David Montague Eder (1866-1936): psiquiatra e psicanalista, cofundador, ao lado de Ernest Jones, do movimento psicanalítico inglês; primo de Israel Zangwill (1864-1926), militante sionista e socialista.

estar disposto a entregar seus Lugares Santos à guarda dos judeus. Teria me parecido mais sensato fundar uma pátria judaica num solo historicamente não carregado; claro, sei que, para desígnio tão racional, jamais teria sido possível despertar a exaltação das massas nem a cooperação dos ricos. Concedo também, lastimando, que o fanatismo pouco realista de nossos compatriotas tem sua cota de responsabilidade no despertar da desconfiança dos árabes. Não posso sentir qualquer simpatia por uma fé mal interpretada que faz de um pedaço do muro de Herodes uma relíquia nacional e, por causa dela, desafia os sentimentos dos habitantes do país. Julgue o senhor mesmo se, com ponto de vista tão crítico, sou a pessoa indicada para fazer o papel de consolador de um povo sacudido por uma esperança injustificável."[75]

No mesmo dia – 26 de fevereiro de 1930 –, Freud enviou a Albert Einstein outra carta, que repetia ponto por ponto essa argumentação: abominação da religião, ceticismo com respeito à criação de um Estado judeu na Palestina, solidariedade para com seus "irmãos" sionistas – que às vezes ele chamava de "irmãos de raça" –, empatia, enfim, pelo sionismo, não obstante não partilhar de seu ideal em razão de suas "extravagâncias sagradas". Mais uma vez Freud se declarava orgulhoso de "nossa" universidade e de "nossos kibutzim", embora reiterando que muçulmanos e cristãos jamais aceitariam entregar seus santuários a judeus. Assim, deplorava o "fanatismo irrealista de seus irmãos judeus", que contribuía para "despertar a desconfiança dos árabes".[76]

Portanto, Freud teve claramente a intuição de que a questão da soberania sobre os lugares sagrados estaria um dia no centro de uma controvérsia praticamente insolúvel, não só entre os três monoteísmos, como entre os dois povos irmãos residentes na Palestina.[77] Temia com toda a razão que uma colonização exacerbada terminasse por opor, em torno de um lanço de muro idolatrado, árabes antissemitas a judeus racistas.

---

75. A carta manuscrita original de Freud, datada de 26 de fevereiro de 1930, e a cópia datilografada por um desconhecido estão depositadas na universidade hebraica de Jerusalém na coleção Abraham Schwadron. Já publiquei essa carta e comentei seu conteúdo em "À propos d'une lettre inédite de Freud sur le sionisme et la question des lieux saints", *Cliniques Méditerranéennes*, 70, 2004. Cf. também *Retorno à questão judaica*, op.cit.

76. Carta de Sigmund Freud a Albert Einstein de 26 de fevereiro de 1930, citada por Peter Gay, *Freud, une vie*, op.cit., p.688.

77. Sobre a impossível solução do problema dos lugares santos, cf. Charles Enderlin, *Le Rêve brisé*, Paris, Fayard, 2003; *Au nom du Temple, Israël et l'irrésistible ascension du messianisme juif (1967-2013)*, Paris, Seuil, 2013.

Face a Hitler

Assim como se mostrou lúcido sobre a questão de sua judeidade e sobre o futuro dos judeus na Palestina, Freud deu provas de uma verdadeira cegueira quanto à natureza do antissemitismo nazista e à resposta política que convinha dar à questão da sobrevivência da psicanálise na Alemanha, na Áustria e na Itália durante o período dos anos negros. Mais uma vez, a referência à *Weltanschauung* serviu de pretexto para a adoção de um perigoso neutralismo.

Tão logo chegou ao poder, Adolf Hitler pôs em prática a doutrina nacional-socialista, cuja tese central visava ao extermínio dos judeus da Europa, na medida em que eram considerados uma "raça inferior". Esse programa deveria ser aplicado a todos os homens considerados "tarados" ou perniciosos ao corpo social. Assim, a homossexualidade e a doença mental foram tratadas como equivalentes da judeidade. Nesse contexto, os artífices da nova medicina do Reich incluíram em seu programa a destruição da psicanálise, ou seja, de seu vocabulário, conceitos, obras, movimento, instituições e profissionais. Dentre todas as escolas de psiquiatria dinâmica e psicoterapia, ela foi a única a ser qualificada como "ciência judaica", o que Freud tanto temia. Quanto ao programa de expurgo, foi orquestrado pelo sinistro Matthias Heinrich Göring, primo do marechal.

Luterano e pietista, esse psiquiatra fora assistente de Emil Kraepelin, antes de se interessar pela hipnose e depois adotar as teses da psicologia individual de Adler. Em seguida, tomara como modelo a psicologia junguiana, da qual sonhava fazer o protótipo de uma nova psicoterapia hitlerista centrada na superioridade da alma alemã. Pragmático e dogmático, conservador e medíocre, nazista convicto e temível sob a aparência de vovô bonzinho de barba comprida, desprezava solenemente a força da teoria freudiana, que, a seus olhos, era fruto do que ele mais odiava no mundo: o universalismo "judeu" ligado ao Aufklärung. Não demoraram a apelidá-lo de Führer da psicoterapia.[78]

---

78. Entre as melhores fontes para o estudo da colaboração dos psicanalistas com o nazismo, cf. *Les Années brunes. La psychanalyse sous le IIIe Reich*, textos traduzidos para o francês e apresentados por Jean-Luc Évrard, Paris, Confrontation, 1984. Hans-Martin Lohmann (org.), *Psychoanalyse und Nationalsozialismus. Beiträge zur Bearbeitung eines unbewältigten Traumas*, Frankfurt, Fischer, 1984. Geoffrey Cocks, *La Psychothérapie sous le IIIe Reich* (1985), Paris, Les Belles Lettres, 1987. Regine Lockot, *Erinnern und Durcharbeiten*, Frankfurt, Fischer, 1985. Jennyfer Curio, *Ce qui est arrivé à la psychanalyse en Allemagne*, monografia de psicopatologia e psicanálise, orientada por Émile Jalley, Universidade Paris-Nord, 1997. Ernest Jones e Peter Gay omitem esse episódio.

Em março de 1933, assim como muitos outros austríacos, Freud não percebia o perigo que o nazismo representava para seu país. Julgava-se protegido pelas leis da República e, apesar dos conselhos dos amigos estrangeiros, recusava-se terminantemente a deixar Viena: "Não é certo que o regime hitlerista vá apoderar-se da Áustria também. É possível, naturalmente, mas todo mundo pensa que aqui isso não atingirá o mesmo nível de brutalidade que na Alemanha. Não há certamente nenhum perigo pessoal para mim e, se supõe que a vida sob a opressão será suficientemente desconfortável para nós, judeus, não se esqueça, a esse respeito, da precariedade que a vida no estrangeiro, seja na Suíça, seja na Inglaterra, reserva aos refugiados. Penso que a fuga só se justifica por um perigo vital direto e, afinal de contas, se este se concretizar, é uma maneira de morrer como outra qualquer."[79]

Negando-se a ver que o nazismo ia espalhar-se por toda a Europa, Freud pensava que o chanceler Engelbert Dollfuss, conservador e nacionalista, aliado de Mussolini, estava mais bem posicionado para resistir ao partido nazista austríaco, que buscava promover o mais rápido possível a anexação da Áustria pela Alemanha (Anschluss). Claro, não tinha nenhuma simpatia por aquele ditador fascista, católico e reacionário, mas achava que a instauração de um regime autoritário seria um mal menor para os judeus. Aceitou, portanto, a suspensão das liberdades fundamentais imposta por Dollfuss:[80] supressão do direito de greve, censura da imprensa, perseguição dos socialistas e marxistas. E, quando em 12 de fevereiro de 1934, o chanceler reprimiu com um banho de sangue a greve geral decretada pelos militantes socialistas, Freud permaneceu "neutro": "Atravessamos uma semana de guerra civil ... . Não há dúvida, os rebeldes pertenciam à melhor parcela da população, mas seu sucesso teria sido de duração muito curta e causaria a invasão militar do país. Além disso, eles eram bolcheviques e não espero nenhuma salvação vinda do comunismo. Desse modo, não podíamos dar nossa simpatia a nenhum lado dos combatentes."[81]

---

79. Sigmund Freud e Sándor Ferenczi, *Correspondance*, t.III: *1920-1933*, op.cit., carta de Freud de 2 de abril de 1933, p.512-3.

80. Os historiadores denominam "austrofascismo" a esse episódio da história da Áustria, que durou de março de 1933 a julho de 1934, data do assassinato de Dollfuss pelos nazistas austríacos.

81. Carta a Hilda Doolittle de 5 de março de 1934, in Hilda Doolittle, *Por amor a Freud*, op.cit., p.218.

Freud não confundia comunismo e nazismo. Reconhecia na revolução bolchevique um ideal revolucionário, ao passo que tratava a barbárie hitlerista como uma regressão brutal aos instintos mais assassinos da humanidade. Confrontado porém com a realidade do fascismo e do nazismo, demorou a compreender que nenhuma negociação era possível. Não olhava para Hitler de frente, não pronunciava seu nome e não lera *Mein Kampf.* Justo o oposto de Thomas Mann.[82]

Foi nesse contexto que, em 23 de abril de 1933, Edoardo Weiss, instalado em Roma havia dois anos, fez uma visita a Freud. Pensara diversas vezes em fugir do fascismo, mas o mestre o aconselhara incisivamente a permanecer em seu país, convencido de que nenhuma outra perspectiva se oferecia para ele em outro lugar, apesar dos ataques incessantes da Igreja católica, em especial do padre Wilhelm Schmidt, diretor do Museu Pontifício de Etnologia de Latrão, que denunciava o freudismo como uma doutrina "nefasta", responsável, na mesma medida que o marxismo, pela "destruição da família cristã". Freud teimava em recusar qualquer perspectiva de emigração para o continente americano. A seu ver, a luta a favor da preservação e salvamento da psicanálise deveria ser travada na Europa.

Fato é que dessa vez Weiss foi a Viena na companhia de Giovacchino Forzano e de Concetta, filha deste, que ele tratava de uma agorafobia e uma grave histeria. Deparando com obstáculos na condução desse difícil tratamento, Weiss pediu a Freud que interviesse na posição de supervisor em presença da jovem. A experiência foi bem-sucedida e Weiss pôde mais tarde prosseguir a análise de Concetta aconselhando-se com Freud por via epistolar.[83]

Dramaturgo influenciado pela obra de D'Annunzio, Forzano tornara-se amigo muito próximo de Mussolini, com quem escrevera uma peça em três atos sobre *Os cem dias* (de Napoleão).[84] Os autores apropriavam-se de maneira grotesca da imagem do imperador para transformá-la na prefiguração do

---

82. Ele empregava o termo *Hitlerei* ("hitleria") para designar a política hitlerista. O sufixo *"ei"* denota habitualmente o local de exercício de uma profissão.

83. Carta de Maurizio Serra a Elisabeth Roudinesco de 5 de março de 2014. Cf. Roberto Zapperi, *Freud e Mussolini*, Milão, Franco Angeli, 2013.

84. Da qual ele fará um filme em 1934 segundo os cânones da estética fascista. Cf. *Les Cent Jours*, em três atos e treze quadros, inspirados num roteiro de Benito Mussolini, por Giovacchino Forzano, adaptação francesa de André Mauprey, *Les Cahiers de Bravo*, 1932.

Duce. Para seduzir Freud, ao qual confiava o destino de sua filha, Forzano levou à Berggasse a edição alemã da obra. No frontispício, redigira uma dedicatória em nome dos dois autores: "A S.F., que tornará o mundo melhor, com admiração e gratidão."[85] E foi por essa razão que pediu a *Herr Professor* que lhe desse em contrapartida um retrato e um livro seu, autografado, para Mussolini. Preocupado em proteger Weiss, em vias de organizar o movimento psicanalítico italiano e que acabava de publicar a primeira edição da *Rivista Italiana di Psicoanalisi*, Freud foi buscar em sua biblioteca um exemplar de *Por que a guerra?*. E escreveu um texto que viria a suscitar acalorados debates: "Para Benito Mussolini, com as humildes saudações de um velho que reconhece no homem de poder um paladino da cultura."[86]

Se por um lado admirava os conquistadores, por outro Freud tinha horror aos ditadores, como provam todos os seus escritos e, mais que isso, a escolha daquele livro. Mas ele não podia de forma alguma esquivar-se da insinuação de Forzano. Saiu-se então com humor, prestando homenagem a um "homem de poder", que, tomando-se por Napoleão e César reunidos, empreendera escavações arqueológicas que entusiasmavam o humilde sábio de Viena.[87]

Freud enganava-se ao julgar que Weiss mantinha boas relações com Mussolini, como escreverá mais tarde a Arnold Zweig. A realidade revelou-se bem mais complexa. Protetor da psicanálise, Forzano, ligado a Weiss, não obteve efetivamente apoio algum da parte de Mussolini, que não tinha a

---

85. O exemplar alemão do livro de Forzano de fato figura no catálogo da biblioteca de Freud (2583), com a dedicatória em italiano.

86. Dedicatória manuscrita em alemão datada de 26 de abril de 1933. Cf. A.M. Accerboni, "Psychanalyse et fascisme: deux approches incompatibles. Le rôle difficile d'Edoardo Weiss", *Revue Internationale d'Histoire de la Psychanalyse*, 1, 1988, p.225-40. Paul Roazen, "Questions d'éthique psychanalytique: Edoardo Weiss, Freud et Mussolini", ibid., p.150-67. Glauco Carloni, "Freud and Mussolini: A Minor Drama in Two Acts, One Interlude and Five Characters", in catálogo da exposição *L'Italia nella psicoanalisi*, Roma, 1989, p.51-60. Os comentários de Weiss enviados a Kurt Eissler estão depositados na Biblioteca do Congresso, cx.121.

87. É preciso ser muito ignorante em história para pensar que Freud teria sido "fascista", como não deixa de afirmar Michel Onfray em seu polêmico *Le Crépuscule d'un idole. L'affabulation freudienne*, op.cit., p.524-33 e 590-1. Onfray não consultou nem os arquivos da Biblioteca do Congresso nem as correspondências de Freud e Weiss a esse respeito. Não leva em conta as fontes corretas, cita atravessado a obra de Cocks e ataca Paul-Laurent Assoun, autor de um *Dictionnaire des oeuvres psychanalytiques*, Paris, PUF, 2009, para afirmar que a história dessa dedicatória foi omitida pela comunidade psicanalítica, esquecendo-se de que ela foi comentada em diversas ocasiões pela maioria dos historiadores do freudismo e dos biógrafos de Freud.

Face a Hitler

409

menor intenção de opor-se à Igreja católica. A propósito, em 30 de junho de 1933, o ditador denunciou a psicanálise como uma "fraude orquestrada por um Pontifex Maximus". A ponto de Weiss, a despeito de uma intervenção junto a Galeano Ciano, não conseguir impedir os serviços da Propaganda de cancelar a publicação da *Rivista*.[88] Pior ainda, a diplomacia fascista encomendou uma investigação ridícula sobre as atividades da WPV destinada a provar que Sigismond (sic) Freud mantinha relações suspeitas com o pensador anarquista Camillo Berneri[89] e que seus discípulos realizavam operações comerciais apoiadas pelos socialistas e comunistas. Em consequência, nenhum psicanalista italiano pôde se inscrever na WPV.[90]

Três meses após Hitler tomar o poder, os nazistas depredaram a sede do Instituto de Sexologia, destruindo arquivos, documentos, livros, objetos e toda a iconografia, coligida por Magnus Hirschfeld, sobre as diferentes formas de sexualidades minoritárias. Arruinaram assim décadas de trabalho e pesquisas, justamente quando Ernst Röhm, chefe das seções de assalto e homossexual notório, acabava de entrar no governo, um ano antes de ser, por sua vez, assassinado por ordens de Hitler.

Ausente de Berlim nesse dia, Hirschfeld, que se tratava então na Suíça, decidiu exilar-se em Paris, depois em Nice, onde morreu, aniquilado depois de ver a obra de uma vida inteira reduzida a pó. Em pouquíssimo tempo, os cafés e cabarés, pontos de encontro e outras instituições que haviam feito de Berlim a cidade do leste da Europa mais fulgurante dos anos 1920, e a mais aberta aos homossexuais, foram banidos do mapa: ocupação, fechamentos, saques, destruição.[91]

Em 11 de maio de 1933, Goebbels ordenou o auto de fé de vinte mil livros "judeus". Encenado, durante uma noite inteira na Opernplatz, o espetáculo

---

88. Edoardo Weiss sempre negou a existência desse encontro, como dirá a Paul Roazen. Accerboni, ao contrário, afirma que ele aconteceu. É possível que, de maneira indireta, tenha havido um contato entre Weiss e Ciano.

89. Em 1935, Camillo Berneri remeteu a Freud sua obra *Le Juif antisémite*, Paris, Vita, 1935, com a seguinte dedicatória: "Em respeitosa homenagem". Tinha igualmente escrito um comentário do livro sobre Leonardo da Vinci. Biblioteca Freud nº 217. Freud Museum de Londres.

90. "Enquête sur Sigmund Freud et sur la WPV effectuée par la diplomatie fasciste italienne en 1935", *Revue Internationale d'Histoire de la Psychanalyse*, 5, 1992, p.143-50.

91. Elena Mancini, *Magnus Hirschfeld and the Quest for Sexual Freedom. A History of the First International Sexual Freedom Movement*, Nova York, Palgrave Macmillan, 2010.

reuniu professores, estudantes, seções de SS e SA. Todos desfilaram alegremente, brandindo archotes, cantando hinos patrióticos e entoando sortilégios: "Contra a luta de classes e o materialismo, entrego às chamas os livros de Marx e Kautsky, contra a exaltação dos instintos e a favor do enobrecimento da alma humana, entrego às chamas os escritos de Sigmund Freud." De Viena, Freud retorquiu: "Quanto progresso! Na Idade Média, teriam me queimado; agora limitam-se a queimar meus livros."[92]

Que frase! Freud mostraria mais inspiração se dissesse que queimar os livros "judeus" levaria a queimar não só os autores dos livros, como os próprios judeus e outros representantes das raças consideradas "inferiores". Ele ainda pensava que o nazismo não passava da expressão de um antissemitismo recorrente. Como poderia imaginar, naquela data, que o que ele escrevera em 1930 sobre a capacidade do homem de se autodestruir pudesse se realizar com tamanha rapidez? Ele pensara então no *American way of life*, nunca na Europa.

Num artigo de setembro de 1933, acompanhado de caricaturas abjetas, um jornalista nazista afirmou que "o judeu Sigmund Freud" inventara um método "asiático" destinado a destruir a raça alemã, obrigando o ser humano a obedecer às suas pulsões destrutivas e, logo, a "gozar por medo de morrer". Acusava o mestre de Viena de querer propagar junto à mocidade todo tipo de práticas sexuais transgressivas: masturbação, perversões, adultério.[93] Cumpria, portanto, a seu ver, livrar-se de tal flagelo. Assim se apresentava o programa de destruição da "doutrina judaica", ao qual Göring obedecia.

Após proclamar que *Mein Kampf* lhe serviria de guia no momento da instauração de sua política em matéria de saúde mental, Göring dera mostras de um zelo especial em seduzir os freudianos desejosos de colaborar com o regime: Felix Boehm e Carl Müller-Braunschweig foram os primeiros a aderir, Harald Schultz-Hencke e Werner Kemper seguiram-nos logo depois. Membros da Deutsche Psychoanalytische Gesellschaft (DPG) e do Berliner Psychoanalytisches Institut (BPI), esses quatro homens eram personagens medíocres, invejosos de seus colegas judeus. O advento do nacional-socialismo foi

---

92. Ernest Jones, *La Vie et l'oeuvre de Sigmund Freud*, t.III, op.cit., p.209.

93. *"Ici la vie continue de manière surprenante." Contribution à l'histoire de la psychanalyse en Allemagne* (1985), ed. fr. estabelecida por Alain de Mijolla e Vera Renz, Paris, Association Internationale d'Histoire de la Psychanalyse (AIHP), 1987, p.237-8. O artigo foi publicado na *Deutsche Volksgesundheit aus Blut und Boden*.

para eles uma bênção, que lhes permitiu fazer carreira. Sentindo-se inferiores àqueles a quem viam como senhores, tornaram-se lacaios dos carrascos.

Em 1930, a DPG compreendia noventa membros, judeus em sua maioria. Em 1933, eles tomaram o caminho do exílio. Nessa data, a correspondência epistolar entre Max Eitingon e Sigmund Freud mostrou-se ainda mais tensa, na medida em que os dois usavam uma linguagem em código, suas cartas estando submetidas à censura. Isolado no seio do BPI, Eitingon foi prontamente compelido à demissão, enquanto Jones, hostil à esquerda freudiana alemã – Otto Fenichel, Ernst Simmel etc. – e preocupado em reforçar o poder anglo-americano, apoiava-se em Boehm para incentivar a política de colaboração com o novo regime. Esta consistia em manter, sob o nazismo, uma prática dita "neutra" da psicanálise, a fim de preservá-la de toda contaminação com as outras escolas de psicoterapia, por sua vez introduzidas no escopo do novo BPI "arianizado".

Hostil a essa linha, Max Eitingon exigiu, antes de tomar uma decisão, que Freud lhe expusesse por escrito suas próprias orientações. Numa carta datada de 21 de março de 1933, este obedeceu, apontando três alternativas para seu discípulo: 1) trabalhar pela cessação das atividades do BPI; 2) colaborar para sua manutenção sob a batuta de Boehm "a fim de sobreviver a tempos desfavoráveis"; 3) abandonar o navio, arriscando-se a deixar os junguianos e adlerianos apoderarem-se do butim, o que obrigaria a IPV a desqualificar este último.[94] Nessa data, Freud optara então pela segunda solução, a solução "neutralista" preconizada por Jones. Ela desembocaria, dois anos mais tarde, na nazificação integral do BPI, tomado de assalto por Göring. Não desejava, contudo, impor isso a Eitingon, convencido, aliás – e erradamente –, de que a Áustria não se achava ameaçada por Hitler, julgando-a protegida pelo austrofascismo.

Em 17 de abril, alegrou-se com o fato de Boehm tê-lo desvencilhado de Reich, a quem odiava e que será em seguida excluído do IPV antes de emigrar para a Noruega e depois para os Estados Unidos, e de Harald Schultz-Hencke, adleriano nazista, que não tardará a ser reintegrado no BPI. Mesmo diante de tal cegueira, que consistia em crer que a psicanálise poderia sobreviver sob o nazismo, Eitingon decidiu permanecer fiel tanto ao freudismo como ao sionismo.

---

94. Sigmund Freud e Max Eitingon, *Correspondance*, op.cit., p.785. Em seu livro sensacionalista, Onfray afirma que Eitingon partilhava a opinião de Jones sobre o "salvamento" da psicanálise, cf. *O crepúsculo de um ídolo*, op.cit., p.549.

Sem dirigir qualquer censura a Freud, deixou a Alemanha para instalar-se em Jerusalém em abril de 1934. Lá, conheceu Arnold Zweig e fundou uma sociedade psicanalítica e um instituto baseado no modelo do de Berlim, lançando assim as bases de um futuro movimento psicanalítico israelense.

Quando Ferenczi morreu, em 22 de maio de 1933, em consequência de uma anemia maligna, e o antigo reino da psicanálise estava reduzido a cinzas, Freud sentiu necessidade, como sempre fazia em tais circunstâncias, de reagir no calor da hora. Em se tratando dos "traidores" da causa, dos inimigos ou daqueles que a seus olhos haviam se tornado "inúteis", Freud sabia captar numa pincelada o essencial de um momento de vida suscetível de fazer parte dos anais de seu movimento. Detinha mais o senso da memória do que da história. No que diz respeito a Ferenczi, o companheiro de todas as horas, com quem sempre se recusara a romper, Freud tentou esconder sua tristeza atrás de um arremedo de balanço clínico. Assim, forneceu a Jones uma interpretação psicanalítica no mínimo discutível dos conflitos que haviam acompanhado sua agonia: "Uma degenerescência psíquica que ganhou forma de uma paranoia desenvolveu-se simultaneamente a uma lógica aterradora. Ela estava centrada na convicção de que eu não o apreciava suficientemente, não queria reconhecer seus trabalhos, teria igualmente conduzido mal sua análise. Suas inovações técnicas ... eram regressões aos complexos de sua infância, cuja maior ferida era o fato de não ter sido amado, ele, oitavo filho de uma prole de doze, com suficiente ardor, com suficiente exclusividade pela mãe. Assim, tornou-se ele mesmo uma mãe melhor, bem como encontrou os filhos de que precisava, entre os quais uma americana. Quando ela partiu, ele julgou que ela o influenciava por meio de ondas através do oceano ... Ele dava fé aos seus mais estranhos traumas infantis, que depois defendia perante nós. Foi nessas aberrações que sua inteligência se apagou. Mas queremos que a tristeza de seu fim fique entre nós como um segredo."[95]

Nada permite dizer que Ferenczi tenha se tornado paranoico. Atesta isso, se necessário, seu *Diário clínico*,[96] no qual criticava Freud por seu progressivo

---

95. Sigmund Freud e Ernest Jones, *Correspondance complète, 1908-1939*, op.cit., carta de Freud de 20 de maio de 1933, p.824. A "americana", Elizabeth Severn, participava da experiência da análise mútua. Ferenczi a evoca em seu *Diário clínico*, sob as iniciais R.N.
96. Sándor Ferenczi, *Journal clinique*, op.cit. Esse diário foi publicado bem depois da morte de Ferenczi. Freud não teve conhecimento dele.

Face a Hitler

413

desinteresse pelo aspecto terapêutico da psicanálise, sua hostilidade para com os pacientes psicóticos, sua falta de empatia no tratamento, seu anti-americanismo. Sabemos que tais críticas eram em parte justificadas. Mas é forçoso constatar que ambos, Freud e Ferenczi, tinham razão, o primeiro em sua crítica do retorno à explicação exclusivamente traumática dos distúrbios psíquicos, o segundo em sua constatação das hesitações de uma técnica do tratamento demasiadamente centrada na frustração e na busca da explicação unívoca. O fato é que Ferenczi foi realmente perseguido por Jones e criticado injustamente pelos freudianos ortodoxos. Preferiu permanecer fiel a Freud, o qual nunca lhe comunicara o que pensava intimamente a respeito de seu estado mental. Em suas últimas cartas, Ferenczi deu mostras de grande luci-dez a respeito de si mesmo e sobre a evolução da derrocada europeia. Em 9 de abril de 1933, remetera estas palavras a Freud: "Aqui, em Budapeste, tudo está calmo: quem teria imaginado, há 10-14 anos, que minha pátria seria um lugar relativamente tranquilo do continente europeu?"[97]

Mais uma vez, assim como após a morte de Karl Abraham, Freud redigiu o obituário de Ferenczi. Nele, lembrou os anos felizes da viagem a Worcester, a fundação da IPV, acrescentando que um dia, quem sabe, viesse a nascer aquela "bioanálise" com que sonhara o maravilhoso clínico de Budapeste. Evocou igualmente as divergências entre eles, sem deixar de apontar o lugar central de Ferenczi na história da ciência analítica. Após redigir esse adeus ao amigo de sempre, experimentou uma sensação de vazio e um profundo mal-estar.[98]

Se Freud perdia seu melhor discípulo, Jones perdia seu analista e seu ad-versário, sendo agora convocado a ocupar um lugar de destaque no círculo do mestre. Logo viria a ser o principal ator do movimento psicanalítico, antes de se tornar o primeiro biógrafo daquele cuja política implantaria. Assim, em plena tormenta, Jones teria a responsabilidade, a partir de Londres, de liderar a operação do pretenso "salvamento" da psicanálise.

No XIII Congresso da IPV, realizado em Lucerna, em agosto de 1934, no exato instante em que os psicanalistas judeus abandonavam a Alemanha na-

---

97. Sigmund Freud e Sándor Ferenczi, *Correspondance*, t.III: *1920-1933*, op.cit., carta de Ferenczi de 9 de abril de 1933, p.514.

98. Sigmund Freud, "Ferenczi", in *OCF.P*, op.cit., vol. 19 [ed. bras.: "Sándor Ferenczi", in *SFOC*, vol.18 / *ESB*, vol.22; ed. orig.: "Sándor Ferenczi", in *GW*, vol.16]. E *Chronique la plus brève*, op.cit., p.153.

zista, Reich foi banido da comunidade freudiana em razão de seu "bolchevismo", julgado perigoso para a psicanálise. A despeito disso, contrariando Jones, opunha-se a toda forma de colaboração com o nazismo, reivindicando a dissolução da DPG. Excluído do movimento comunista alemão por extremismo, terminava de publicar sua obra mais importante, *A psicologia de massas do fascismo*,[99] que respondia diretamente ao livro de Freud sobre a psicologia das massas. Longe de ver o fascismo como produto exclusivo de uma política ou situação econômica, considerava-o a expressão de uma estrutura inconsciente e estendia tal definição à coletividade, explicando-o por uma insatisfação sexual das massas.

O erro de avaliação de Freud, ao qual Eitingon se opôs, é atestado pelo relatório que Boehm redigiu, em agosto de 1934, após uma visita a Freud: "Antes de nos despedirmos", escreve, "Freud formulou dois desejos: primeiro, Schultz-Hencke jamais deveria ser eleito para a diretoria de nossa Sociedade. Dei-lhe minha palavra de nunca aliar-me a ele. Segundo: 'Livre-me de W. Reich.'"[100]

Obrigado a exilar-se na Noruega, e diagnosticado como psicótico pelos freudianos, Reich começou a se sentir ainda mais perseguido e sua paranoia recrudesceu. A partir de 1936, afastou-se definitivamente da psicanálise, criando em Oslo um Instituto de Pesquisas Biológicas de Economia Sexual, no qual agruparam-se médicos, psicólogos, educadores, sociólogos e professores de jardins de infância. Paralelamente, criou um novo método, a vegetoterapia, futura organoterapia. Tratava-se de associar tratamento pela palavra e intervenção sobre o corpo. Nessa perspectiva, apresentava a neurose como fruto de uma rigidez ou de um encolhimento do organismo, que cumpria tratar mediante exercícios de relaxamento muscular a fim de liberar o "reflexo orgástico". Na sequência, atraído pela teoria dos bíons (partículas de energia vital), deu livre curso ao seu fascínio pelas teorias psicobiológicas, tentando

---

99. Wilhelm Reich, *La Psychologie de masse du fascisme* (1933), Paris, Payot, 1978 [ed. bras.: *A psicologia de massas do fascismo*, São Paulo, Martins Fontes, 2001]; *Reich parle de Freud* (1967), entrevista a Kurt Eissler, Paris, Payot, 1970. Sobre o destino da esquerda freudiana, cf. Russell Jacoby, *Otto Fenichel: destins de la gauche freudienne* (1983), Paris, PUF, 1986.

100. *"Ici la vie continue de manière surprenante." Contribution à l'histoire de la psychanalyse en Allemagne*, op.cit., p.247. O relato de Boehm reflete fielmente a posição de Freud, como atesta a carta deste último a Eitingon, datada de 17 de abril de 1933, in *Correspondance*, op.cit., p.789.

conciliar os temas cosmogônicos caros ao romantismo com a tecnologia quantitativa que caracterizava a sexologia.[101]

Jones enganara-se de inimigo combatendo os freudo-marxistas e agora, ao mesmo tempo em que aceitava colaborar com os nazistas, ajudava os judeus a deixarem a Alemanha e emigrarem para o mundo anglófono. Em 1935, presidiu oficialmente a sessão da DPG durante a qual os nove membros judeus foram intimados a se demitir. Um único não judeu opôs-se àquela pantomima: chamava-se Bernhard Kamm e deixou a DPG em solidariedade aos excluídos. Tomando imediatamente o caminho do exílio, instalou-se em Topeka, no Kansas, na famosa clínica de Karl Menninger, autêntico polo de todos os psicoterapeutas exilados da Europa. Freud qualificou de "triste debate" todo esse caso. Daí em diante, os freudianos adeptos de Göring passaram a terminar suas cartas com a saudação *"Heil Hitler"*.

Enquanto os nazistas destruíam a psicanálise em Berlim, Freud continuava a receber seus pacientes em Viena. Entre eles, a poetisa americana Hilda Doolittle, amante de Ezra Pound e de Annie Winifred Ellerman (ou "Bryher"), já analisada em Londres por uma kleiniana em decorrência de uma depressão crônica. Hilda deixará um relato sobre seu tratamento, realizado em duas etapas e com onze anos de intervalo (1945 e 1956): de um lado, uma transcrição; de outro, uma reinterpretação em forma de narrativa. Nesses dois textos, além de descrever de maneira luminosa as intervenções de Freud centradas em seus sonhos, ela dava um testemunho da vida cotidiana na Berggasse e de seus encontros com os demais pacientes, psicanalistas em sua maioria. Após essa experiência, jamais deixaria de prosseguir o trabalho analítico com outros terapeutas. No mundo anglófono, a obra, a vida e o diário de análise de Hilda Doolittle (HD) estiveram na origem de diversos trabalhos dedicados ao lesbianismo e aos estudos de gênero.[102]

Psiquiatra americano oriundo de um meio de intelectuais judeus e socialistas, Joseph Wortis também se dirigiu a Viena em 1934 para conhecer Freud, incentivado por Adolf Meyer e munido de uma carta de recomendação de Havelock Ellis. Em vias de realizar uma pesquisa sobre a homossexualidade e

---

101. Acusado de fraude por ter comercializado acumuladores de orgônios, Reich terminou sua vida, em 1957, na penitenciária de Lewisburg, na Pensilvânia. Uma parte de seus arquivos, em especial os que se referem às suas relações com Freud, está depositada na Biblioteca do Congresso.
102. Cf. Hilda Doolittle, *Por amor a Freud*, op.cit.

revoltado contra toda forma de submissão transferencial, recusava-se a fazer um tratamento. Freud, contudo, intimou-o a submeter-se a uma terapia de no mínimo quatro meses, considerando que, para realizar tal pesquisa, era imperioso atravessar a experiência clínica da psicanálise. E, consequentemente, para grande alegria de Ellis, com quem trocava correspondência extensa, Wortis agiu como verdadeiro detetive.

A análise, por fim, terminou não acontecendo, mas os dois homens entregaram-se a um virulento corpo a corpo intelectual, que teve como consequência transformar Wortis num antifreudiano radical vida afora, assombrado pelo espectro do mestre de Viena. Em contrapartida, conseguiu a façanha de recolher confidências de Freud sobre sua própria vida, seus discípulos, seus amigos e sua concepção do mundo e, assim, produzir um documento de imenso interesse para os historiadores. Apesar da doença e da dificuldade que tinha para exprimir-se, Freud sabia, nessa época, mostrar-se profundamente agressivo para com seus inimigos, como se, sentindo o fim chegar, não hesitasse, ainda que face a um antagonista, em dar livre curso a opiniões que, em outras épocas, teria preferido camuflar.[103]

De Zurique, Jung, assim como os freudianos, colaborava com Göring, sucedendo a Ernst Kretschmer na direção da Allgemeine Ärztliche Gesellschaft für Psychoterapie (AÄGP).[104] Fundada em 1926, essa associação tinha como finalidade unificar as diferentes escolas de psicoterapia europeias sob a égide do saber médico. Um periódico, o *Zentralblatt für Psychoterapie*, criado em 1930, servia de órgão de difusão à AÄGP.

Psiquiatra de renome internacional, Ernst Kretschmer, grande patrono da neuropsiquiatria de Marburg, sempre se atribuíra como missão fazer conviverem no seio da AÄGP todas as tendências da psiquiatria e da psicoterapia, inclusive a psicanálise, com a condição de que todos os profissionais membros fossem médicos. No congresso de Dresden em 1932, enaltecera os trabalhos de

---

103. Joseph Wortis, *Psychanalyse à Vienne, 1934. Notes sur mon analyse avec Freud*, op.cit. Joseph Wortis (1906-95) introduziu nos Estados Unidos a insulinoterapia no tratamento da esquizofrenia. Juntou-se aos republicanos durante a guerra civil espanhola, participando em seguida da campanha antifreudiana orquestrada pelos partidos comunistas, denunciou a psicanálise como "ciência burguesa" e, em 1950, redigiu o primeiro estudo sério sobre a psiquiatria "soviética".
104. Sociedade Médica Geral de Psicoterapia.

Freud.[105] Ora, com a chegada de Hitler ao poder, inviabilizava-se tal objetivo e ele preferiu demitir-se da presidência da AÄGP. A sucursal alemã da sociedade e o *Zentralblatt*, editado em Leipzig, eram, no mesmo momento, submetidos à nazificação. Foi nessa circunstância que os psiquiatras alemães, preocupados em agradar ao regime e ao mesmo tempo manter suas atividades nacionais e europeias, pediram a Jung que assumisse a direção da AÄGP, da qual ele já era vice-presidente. Gozando de grande prestígio na Alemanha, Kretschmer não foi incomodado pelos nazistas durante o período da guerra.

Querendo assegurar a dominação da psicologia analítica sobre o conjunto das escolas de psicoterapia, Jung aceitou a presidência da AÄGP e, por conseguinte, a colaboração com Göring. Ao fazê-lo, pretendia proteger ao mesmo tempo os terapeutas não médicos, marginalizados anteriormente por Kretschmer, e os colegas judeus, que haviam perdido o direito de exercer a profissão na Alemanha. Na realidade, fora escolhido pelos profissionais alemães em razão da confiança que inspirava aos defensores da psicoterapia "ariana", ferozmente contrários ao pensamento freudiano.

Apoiado por Walter Cimbal e Gustav Richard Heyer, Jung ingressou assim numa aventura da qual poderia ter facilmente se eximido. Como prova uma carta de 23 de novembro de 1933 destinada a seu discípulo Rudolf Allers, que emigraria para os Estados Unidos, ele aceitou todas as condições ditadas por Göring a respeito do *Zentralblatt*: "É absolutamente necessário", escrevia, "um chefe de redação 'normalizado', que será melhor que qualquer outro e estará em condições de prever, sem risco de errar, o que pode e o que não pode ser dito, muito melhor que eu. Em todo caso, estaremos pisando em ovos ... . A psicoterapia deve buscar manter-se na esfera do Reich alemão, em vez de se instalar fora do Reich, independentemente das dificuldades de sobrevivência que ela vier a encontrar." E Jung acrescenta: "Göring é um homem muito amável e razoável, o que coloca nossa colaboração sob os melhores auspícios."[106]

Jung passou então a publicar textos favoráveis à Alemanha nazista. O primeiro saiu em 1933. Sob o título "Geleitwort" ("Editorial"), apresentava uma concepção clássica da diferença entre as raças e as mentalidades, cada uma delas dotada, segundo ele, de uma "psicologia" específica: "Portanto, a tarefa

---

105. Ernst Kretschmer, *Archiv für Psychiatrie*, XCVI, 1932, p.219.
106. C.G. Jung, *Correspondance, 1906-1940* (1972), Paris, Albin Michel, 1992, p.181-2.

mais nobre do *Zentralblatt* será, não obstante respeitando todas as contribuições sugeridas, implantar uma concepção de conjunto que faça mais justiça aos fatos fundamentais da alma humana, o que não foi o caso até aqui. As diferenças que, efetivamente, existem, sendo por sinal reconhecidas há muito tempo por pessoas clarividentes, entre a psicologia germânica e a psicologia judaica, não devem mais ser escamoteadas, a ciência não tem nada a ganhar com isso. Na psicologia, mais que em qualquer outra ciência, vigora uma 'equação pessoal', e seu desconhecimento falseia os resultados da prática e da teoria. Não se trata aqui, naturalmente, e eu gostaria que isso fosse entendido de uma vez por todas, de uma depreciação qualquer da psicologia semita, assim como tampouco se trata de depreciar a psicologia chinesa quando falamos da psicologia típica dos habitantes do Extremo Oriente."[107]

Em 26 de junho de 1933, data em que se encontrava em Berlim para um seminário, Jung concedeu uma entrevista radiofônica a seu discípulo Adolf von Weizsäcker, neurologista e psiquiatra adepto do nazismo. Nessa oportunidade, este apresentou o mestre de Zurique como um eminente protestante da Basileia e o "maior pesquisador da psicologia moderna". Habilmente, declarou que sua teoria do psiquismo era mais criativa e próxima do "espírito alemão" que as de Freud e Adler. Em seguida, instigou Jung a esboçar um perfil apologético de Hitler e da bela juventude alemã e a condenar as democracias europeias "chafurdadas no parlamentarismo". Jung terminou a entrevista propondo às nações "enriquecerem" mediante a aplicação de um programa de renovação da alma fundado no culto do líder: "Como Hitler dizia recentemente", declarou, "o líder deve ser capaz de, mesmo na solidão, ter a coragem de seguir seu próprio caminho ... . O líder é o porta-voz e a encarnação da alma nacional. Ele é a ponta de lança da falange de todo o povo em marcha. A necessidade da massa exige sempre um líder, independentemente da forma do Estado."[108]

---

107. C.G. Jung, "Geleitwort", *Zentralblatt für Psychotherapie*, 6, 1, 1933, p.10-1. Reproduzido em C.G. Jung, *Gesammelte Werke*, Olten e Friburg-im-Brisgau, Walter, 1974, 10, p.581-3. Traduzido e publicado em francês sob o título "Éditorial", *Cahiers Jungiens de Psychanalyse*, 82, primavera de 1995, p.9-10.

108. C.G. Jung, "Une interview à Radio-Berlin", 26 de junho de 1933, in *C.G. Jung parle. Rencontres et interviews*, Paris, Buchet/Chastel, 1985, p.55-61. A versão original desse texto veio à luz em 1987 e foi analisada por M. von der Tann em "A Jungian Perspective on the Berlin Institute for Psychotherapy: A Basis for Mourning", *The San Francisco Jung Institute Library Journal*, 8, 4, 1989.

Recusando-se a compreender que a nazificação pretendia expurgar todos os judeus da profissão de psicoterapeuta, para em seguida exterminá-los, Jung tampouco admitia[109] que bom número de junguianos alemães, com os quais ele colaborava na *Zentralblatt*, tivesse adotado as teses do nacional-socialismo. Nesse aspecto, sua conduta não foi mais honrosa que a dos medíocres freudianos de Berlim. Eles também julgavam proteger a integridade da psicanálise face aos desvios; eles também consideravam o vovô-Führer de barba comprida um homem amável e razoável. Entretanto, se Jung pôde aceitar sem pestanejar tais colaborações, foi igualmente porque sua concepção do inconsciente coincidia em grande parte com a preconizada pelos artífices da psicoterapia "arianizada". Afinado com a teoria da diferença das raças, Jung via o psiquismo individual como o reflexo da alma coletiva dos povos. Em outros termos, longe de ser um ideólogo da desigualdade das raças, à maneira de Vacher, Lapouge ou Gobineau, afirmava-se como um teosofista em busca de uma ontologia diferencial da psique. Pretendia assim elaborar uma "psicologia das nações" capaz de explicar ao mesmo tempo o destino do indivíduo e de sua alma coletiva. Dividia o arquétipo em três instâncias: *animus* (imagem do masculino), *anima* (imagem do feminino), *Selbst* (o si), verdadeiro centro da personalidade. Os arquétipos formavam, a crer-se neles, a base da psique, espécie de patrimônio mítico característico de uma humanidade organizada em torno do paradigma da diferença. Armado com sua psicologia arquetípica, Jung classificava os judeus na categoria dos povos desenraizados, condenados à errância e ainda mais perigosos na medida em que, para escapar à sua desnacionalização psicológica, não hesitavam em invadir o universo mental, social e cultural dos não judeus.

É nesse contexto que ele evolui para uma concepção desigualitarista do psiquismo arquetipal. Até ali, limitara-se a uma abordagem em termos classicamente diferencialistas. Porém, em abril de 1934, publicou no *Zentralblatt* um longo artigo intitulado "Zur gegenwärtigen Lage der Psychotherapie", no qual, ao mesmo tempo em que fazia a apologia do nacional-socialismo, afirmava a superioridade do inconsciente ariano sobre o inconsciente judeu. Esse texto, tristemente célebre, pesará muito no destino posterior de Jung e do movimento junguiano.

---

109. Ele explica essa política em duas cartas de 22 de janeiro de 1934, uma a Poul Bjerre, a outra a Alfons Maeder, in *Correspondance*, op.cit., p.184-8.

Todos os ingredientes estavam reunidos para transformar a teoria freudiana num pansexualismo obsceno ligado à "mentalidade" judaica. Jung parecia esquecer que um quarto de século antes defendera a psicanálise contra argumentos do mesmo tipo, que a comparavam a uma epidemia nascida da decadência da Viena imperial. Eis alguns excertos: "Os judeus compartilham com as mulheres a seguinte particularidade: por serem fisicamente mais fracos, são obrigados a procurar fissuras na armadura de seus adversários e, graças a essa técnica que lhes foi imposta ao longo dos séculos, ficam bem mais protegidos ali onde os outros são mais vulneráveis ... . O judeu, que como o chinês letrado pertence a uma raça e a uma cultura três vezes milenar, é psicologicamente mais consciente de si próprio do que nós. Por isso é que ele geralmente não teme depreciar seu inconsciente. Em contrapartida, o inconsciente ariano está carregado de forças explosivas e da semente de um futuro ainda por nascer. Portanto, ele não pode desvalorizá-lo ou tachá-lo de romantismo infantil sob pena de pôr sua alma em perigo. Ainda jovens, os povos germânicos podem produzir novas formas de cultura, e esse futuro ainda dorme no inconsciente obscuro de cada ser, em que repousam os germes saturados de energia e prestes a se inflamar. O judeu, que tem algo de nômade, nunca produziu e, sem dúvida, nunca produzirá cultura original, pois seus instintos e seus dons exigem, para se desenvolver, um povo mais ou menos civilizado que o acolha. Eis por que, de acordo com minha experiência, a raça judaica possui um inconsciente que só pode ser comparado ao inconsciente ariano sob certas condições. Com exceção de alguns indivíduos criativos, o judeu médio já é consciente demais e diferenciado demais para carregar dentro de si as tensões de um futuro por vir. O inconsciente ariano tem um potencial superior ao inconsciente judeu: é essa a vantagem e o inconveniente de uma juventude ainda próxima da barbárie. O grande erro da psicologia médica foi aplicar sem discernimento categorias judaicas – que nem sequer são válidas para todos os judeus – a eslavos e a alemães cristãos. Consequentemente, viu nos tesouros mais íntimos dos povos germânicos – sua alma criativa e intuitiva – apenas lodaçais infantis e banais, ao passo que a suspeita de antissetimismo recaía sobre minhas advertências. Essa suspeita emanava de Freud, que entendia a psique germânica tão pouco, aliás, quanto seus discípulos alemães. O fe-

Face a Hitler 421

nômeno grandioso do nacional-socialismo, que o mundo inteiro contempla com espanto, acaso ele o esclareceu?"[110]

Em sua correspondência do ano 1934, Jung queixou-se diversas vezes da impossibilidade de falar dos judeus sem ser tachado de antissemita. Quando os ataques redobraram, atribuiu-os a uma polêmica anticristã: "O simples fato de me referir a uma diferença entre psicologia judaica e psicologia cristã", escrevia a James Kirsch, "basta para que todos passem a exprimir a ideia preconcebida de que eu seria antissemita. ... Trata-se pura e simplesmente de uma suscetibilidade doentia, que torna toda discussão praticamente impossível. Como você sabe, Freud já me acusou de antissemitismo só porque me recusei a aprovar seu materialismo sem alma. Com essa propensão a farejar antissemitismo em toda parte, os judeus terminam efetivamente por gerar antissemitismo."[111]

Ao mesmo tempo em que recriminava os judeus por forjar as condições de sua perseguição, Jung pretendeu ajudá-los a se tornar melhores judeus. Numa carta enviada a seu aluno Gerhard Adler, datada de 9 de junho de 1934, aprovou a ideia sugerida por este segundo a qual Freud era de certa forma culpado por ter se dissociado de seu arquétipo judaico, de suas "raízes" judaicas. O que equivalia a dizer que, em conformidade com sua teoria, Jung recusava o modelo freudiano do judeu sem religião, do judeu do Iluminismo. Condenava a figura moderna do judeu desjudaizado e culpado, segundo ele, por haver

---

110. C.G. Jung, "Zur gegenwärtigen Lage der Psychotherapie", *Zentralblatt für Psychotherapie*, 7, 1934, p.1-16. Reproduzido sem alterações in C.G. Jung, *Gesammelte Werke*, op.cit., vol.10, p.181-201. Traduzido em inglês in C.G. Jung, *Collected Works*, Princeton, Princeton University Press, 1970, vol.10, sob o título "Psychotherapy Today", traduzido em francês sob o título "La situation actuelle de la psychothérapie", *Cahiers Jungiens de Psychanalyse*, 96, outono de 1999, p.43-63. Cf. também a versão do texto traduzido por Yosef Hayim Yerushalmi, in *Le "Moïse" de Freud. Judaïsme terminable et interminable*, op.cit., p.103-4. E Elisabeth Roudinesco, *Retorno à questão judaica*, op.cit., p.118-9. Não compartilho a opinião de Deirdre Bair, que isenta Jung de todo antissemitismo e considera que sua colaboração com Göring derivava da influência de Cimbal (cf. *Jung*, op.cit., p.665), nem a de Richard Noll (*Jung, le "Christ aryen"* [1997], Paris, Plon, 1999), que reduz o conjunto da obra de Jung a uma doutrina nazista. Sobre o antissemitismo de Jung, cf. também Andrew Samuels, "Psychologie nationale, national-socialisme et psychologie analytique: réflexions sur Jung et l'antisémitisme", *Revue Internationale d'Histoire de la Psychanalyse*, 5, 1992, p.183-222. Organizei o XVI Colóquio da Sociedade Internacional de História da Psiquiatria e da Psicanálise (SIHPP) a esse respeito, em 24 de novembro de 2001, *Carl Gustav Jung, l'oeuvre, la clinique, la politique*, com a participação de Deirdre Bair, Mireille Cifali, Christian Jambet, Michel Plon, Andrew Samuels.

111. C.G. Jung, *Correspondance*, op.cit., carta de 26 de maio de 1934, p.216.

negado sua "natureza" judaica: "Quando critico o aspecto judaico de Freud, não critico *os judeus*, e sim a condenável capacidade dos judeus, manifesta em Freud, de renegar sua própria natureza."[112] No intuito de reconduzir os judeus ao terreno da psicologia da diferença, Jung passou a acompanhar atentamente a evolução de seus discípulos judeus exilados na Palestina. Enfim radicados na nova terra prometida, poderiam tornar-se efetivamente junguianos. A Erich Neumann, instalado em Tel-Aviv, enviou uma carta, datada de 22 de dezembro de 1935, na qual fustigava os intelectuais judeus europeus, "sempre à cata do não judeu". Inversamente, valorizava os judeus palestinos que haviam finalmente encontrado seu "solo arquetípico": "Sua convicção muito positiva", escrevia, "de que a terra palestina é indispensável para a individuação judaica é valiosa para mim. Como conciliar isso com o fato de que os judeus em geral viveram muito mais tempo em outros países do que na Palestina ...? Seria por estarem tão habituados a ser não judeus que os judeus precisam concretamente do solo palestino para reconduzi-los à sua judeidade?"[113]

Em outras palavras, Jung era sionista por antissemitismo, ao passo que Freud recusava o sionismo porque não acreditava um só instante na ideia de que os judeus encontrariam uma solução para o antissemitismo conquistando a terra prometida. Até o fim, Freud permanecerá um judeu da diáspora, um judeu universal, enquanto seu ex-discípulo se agarrava à ideia de que os judeus não podiam sobreviver senão mediante um enraizamento num verdadeiro território: oposição entre a terra prometida do inconsciente, inerente à subjetividade, e o território arquetipal.

Examinando mais detidamente, percebemos que às vezes Jung usava em seus textos aquele famigerado linguajar do Terceiro Reich – Lingua Tertii Imperii (LTI) – tão bem descrito pelo filólogo Victor Klemperer, uma espécie de jargão hitlerista que valorizava os termos alemães mais simplistas a fim de facilitar a propaganda. Programa de destruição da riqueza da língua alemã, a LTI terminará por contaminar todos os discursos e escritos dos que colaboravam com o regime. Com frequência, os textos escritos nessa "novilíngua" multiplicavam as referências às pretensas especificidades do judeu, sempre designado como uma "coisa" inerte ou nômade, desprezível, niilista, extrínseca

---

112. Ibid., p.219.
113. C.G. Jung, *Correspondance*, op.cit., p.219 e 268-9.

à humanidade, por oposição ao "ariano", grandioso, sublime, quintessência de todas as formas de superioridade "racial".[114]

Nesse aspecto, pode ser útil comparar as posições respectivas de Carl Gustav Jung e Martin Heidegger, inimigo ferrenho da psicanálise. Considerando que os judeus "não tinham mundo" e que a psicanálise se aparentava a um niilismo, o filósofo anotou em seu *Caderno XIV*, dos anos 1940-41, que não convinha "indignar-se muito ruidosamente contra a psicanálise" do "judeu Freud", como faziam os adeptos do biologismo racial, e sim acrescentar imediatamente que esta era um modo de pensamento que não tolerava o ser e que rebaixava tudo aos instintos e a um estiolamento do instinto. Também empregava o jargão do Terceiro Reich (LTI).[115]

Assim como Jung excluía o judeu da diáspora de todo acesso à "individuação judaica", Heidegger excluía o judeu da humanidade pensante para reconduzi-lo ao pântano dos instintos. De ambos os lados, esse antissemitismo que não ousava dizer seu nome pretendia evacuar o espírito judaico da cena do mundo, na medida em que ele teria originado uma doutrina especificamente judaica. Para Jung, faltava à psicanálise "solo arquetípico"; para Heidegger, ela era um niilismo carimbado com o nome do judeu Freud. Jung e Heidegger tinham em comum aderir a uma espécie de teologia antijudaico-cristã e politeísta.[116]

Em 1936, Göring finalmente realizou seu sonho. Criou seu Deutsches Institut für Psychologische Forschung und Psychotherapie (Instituto Alemão de Pesquisa Psicológica e Psicoterapia), logo designado como Göring Institut ou Instituto Göring. A fim de ressaltar o triunfo do nazismo sobre a psicanálise, instalou-se nas dependências do prestigioso BPI, símbolo da força freudiana que ele tanto quisera destruir. Ali, agrupou "freudianos", "junguianos", "independentes" e "adlerianos", que se detestavam mutuamente.

---

114. Victor Klemperer, *Lingua Tertii Imperii, la langue du Troisième Reich* (1975), Paris, Albin Michel, 1996.

115. *"Man sollte sich nicht allzulaut über die Psychoanalyse des Juden 'Freud' empören, wenn man und solange man überhaupt nicht anders über Alles und Jedes 'denken' kann als so, dass Alles als 'Ausdruck' 'des Lebens' einmal und auf 'Instinkte' und 'Instinktschwund zurückführt'. Diese 'Denk'-weise, die überhaupt im voraus kein 'Sein' zulässt, ist der reine Nihilïsmus."* Extraído do *Caderno XIV* (*Überlegungen XIV*), datado de 1940-41, in Heidegger, *Gesamtausgabe*, t.96, Frankfurt, Klostermann, 2014, texto estabelecido por Peter Trawny, p.218. Cf. também Peter Trawny, *Heiddeger et l'antisémitisme. Sur les "Cahiers noirs"*, Paris, Seuil, 2014.

116. Sobre as relações que Heidegger manterá com o psiquiatra suíço alemânico Medard Boss (1903-90), formado no Burghölzli, cf. Martin Heidegger, *Seminários de Zollikon*, Petrópolis, Vozes, 2001. Sobre as relações entre Lacan e Heidegger, cf. *HPF-JL*, op.cit., p.1773-91.

Ao longo de toda a duração da guerra, cerca de vinte freudianos prosseguiram assim suas atividades terapêuticas e suas querelas de escola, defendendo uma "psicanálise correta", sob a batuta do Instituto Göring e a bota nazista. Em nome de um pretenso salvamento, esses homens se desonraram, colaborando para uma destruição que se daria de qualquer forma e que teria sido preferível que se desse sem eles. Aderiram ao jargão do Terceiro Reich, aceitaram a erradicação sistemática de todo vocabulário freudiano e, independentemente do que pudessem afirmar em sua defesa posterior, recusaram-se a tratar pacientes judeus, os quais aliás eram excluídos de todo tipo de tratamento e despachados para os campos.

Em maio de 1936, a comemoração do aniversário de Freud ganhou uma dimensão considerável. Afogado em honrarias, o ilustre pensador, agora confinado em Viena, recebeu presentes e cartas, como se todos os que lhe prestavam homenagem – H.G. Wells, Romain Rolland, Albert Schweitzer e muitos outros ainda – tivessem consciência de que a situação era desesperadora: "Até pouco tempo atrás", declarou Albert Einstein, "eu não conseguia apreender a força especulativa do curso de seu pensamento, assim como sua enorme influência na *Weltanschauung* de nossa época, sem com isso estar em condições de chegar a uma opinião definitiva da verdade que ele continha. Não faz muito tempo, contudo, tive a oportunidade de ouvir falar de alguns casos, não muito importantes em si mesmos, mas que, na minha opinião, excluíam qualquer outra interpretação que não a fornecida pela teoria do recalcamento."[117] Nesse dia, a sobrinha de Freud, Lilly Freud-Marlé, enviou-lhe três ensaios que escrevera dedicados a ele e que lhe tocaram o coração, pois tinha consciência da inelutável dispersão dos membros de sua família já exilados.[118]

No dia seguinte, Freud recebeu a visita de Binswanger e Thomas Mann, o qual, em 14 de maio, retornou à sua casa de campo de Grinzing,[119] à qual Freud ia com frequência, a fim de ler para ele o discurso sobre a "vida já vivida", que pronunciara em sua honra na Akademische Verein für Medizinische

---

117. *Chronique la plus brève*, op.cit., p.200.

118. Lilly Freud-Marlé, *Mein Onkel Sigmund Freud: Erinnerungen an eine grosse Familie*, cartas reunidas por Christfried Tögel, Berlim, Aufbau, 2006.

119. Famoso local de férias, situado no noroeste de Viena, com restaurantes e casas de campo. Desde 1934, Freud alugava em Grinzing uma bela casa com um jardim onde se instalava com a família na primavera ou no verão.

Psychologie. Dessa vez, Freud ficou realmente impressionado, a ponto de aceitar que sua obra fosse alinhada pelo escritor na herança da filosofia e que ele próprio fosse qualificado de filho de Nietzsche e de Schopenhauer, bem como de "pioneiro de um humanismo do futuro": "A ciência", disse Thomas Mann, "nunca fez qualquer descoberta à qual não estivesse autorizada, para a qual não estivesse orientada, pela filosofia."[120] Mann terminava seu elogio com um apelo vibrante à liberdade dos povos, apontando ao mesmo tempo a semelhança de Freud com Fausto. Os dois homens travaram em seguida uma longa conversa sobre o nome José, herói bíblico, filho de Jacó, neto de Isaac, mas também personagem histórico, irmão de Napoleão Bonaparte, sempre muito presente nos escritos freudianos. Em janeiro, por sinal, Freud redigira um texto sobre o tema para um livro em homenagem a Romain Rolland.[121]

Mann e Freud eram aficionados por egiptologia, e Thomas Mann começara a escrever um imenso romance bíblico dedicado a José, o último dos patriarcas. No último livro do Gênesis, José, filho predileto de Jacó, deleita-se com a inveja de seus onze irmãos, aos quais conta dois sonhos proféticos: no primeiro, onze feixes [de trigo] inclinam-se diante do seu; no segundo, onze estrelas se prosternam. Por ter desafiado os irmãos, José é primeiro atirado num poço, depois vendido por vinte moedas de prata aos ismaelitas, que o levam para o Egito, onde ele é comprado por Putifar, comandante dos guardas do faraó, do qual se torna o intendente, ao mesmo tempo em que resiste à paixão pecaminosa de sua mulher por ele. Deus zela pelo destino de José, porém, e graças a seu talento de decifrador de sonhos, ele é nomeado vice-rei do Egito. Ao cabo de uma vida de exílio, já poderoso, perdoará os irmãos e reencontrará o pai, que por sua vez irá abençoar os filhos nascidos de sua mulher, Asenet, filha de Putifar, e designá-lo como herdeiro privilegiado da Aliança divina com a linhagem de Abraão. Ao morrer, José profetiza o Êxodo. Em sua esteira, Moisés tomará o cuidado, conduzindo os hebreus para a terra prometida, de levar consigo os ossos do filho de Jacó.

Em outras palavras, justo no momento em que Freud, que vivera até ali impregnado do combate entre Jacó e o Anjo, se interessava por Moisés, Thomas Mann compunha um romance em quatro partes no qual fazia de

---

120. Thomas Mann, "Freud e o futuro", in *Pensadores modernos*, op.cit.
121. Sigmund Freud, "Un trouble de mémoire sur l'Acropole", op.cit.

José um herói moderno, uma espécie de Narciso cumulado de privilégios por um pai que vivenciava um combate perpétuo. Convencido de que sua beleza e superioridade intelectual lhe trariam poder e glória, José enrolava-se no véu nupcial de sua mãe, Raquel, despertando o ciúme dos irmãos. E eis que o destino o fazia soçobrar na escravidão. Na sequência, passa a demonstrar todos os seus talentos de administrador junto ao faraó Amenhotep IV. Ao fazê-lo, impulsionava a transformação das antigas mitologias numa religião monoteísta, tornando-se, assim, a encarnação de um humanista progressista.

Judeu e egípcio, pragmático e bom administrador, o José de Thomas Mann era herói de uma espiritualidade que não podia se consumar senão no exílio e na afirmação de uma subjetividade inédita face a um pai ainda preso a um universo arcaico. Por meio dessa saga, o escritor pretendia jogar luzes novas, face ao nazismo, na tese da predestinação dos patriarcas de Israel revista e corrigida pelo humanismo que a inspirava.

Freud lera os três primeiros volumes dessa tetralogia, publicados entre 1933 e 1936,[122] inspirando-se neles para fornecer a Mann uma estarrecedora interpretação do lugar ocupado por José no destino de Napoleão Bonaparte. Aos olhos do imperador, seu irmão José teria desempenhado o papel de um modelo, alternadamente sublime e demoníaco. Freud partia da ideia de que o jovem Bonaparte sentira em sua infância uma forte hostilidade com relação ao seu irmão mais velho, José, e que, para ocupar seu lugar, convertera em amor seu ódio primitivo, ao mesmo tempo conservando em si algo da antiga agressividade, que, em seguida, fixara-se sobre outros objetos. Mimado pela mãe, Napoleão teria em seguida se tornado um substituto paterno junto a seus irmãos e se apaixonado loucamente por Josefina, encarnação feminina de José. Seu amor por essa jovem viúva, que não obstante o tratava mal e traía, não teria sido, segundo Freud, senão o produto de uma identificação com José. Contudo, para assumir plenamente seu papel de substituto do primogênito, Napoleão teria eleito o Egito como alvo, reatando assim com a vida do filho de Jacó. Foi assim que a campanha do Egito marcou um momento sublime na epopeia napoleônica, uma vez que

---

122. Os três volumes constavam de sua biblioteca (nº 2345): *As histórias de Jacó* (1933), *O jovem José* e *José no Egito*. O último volume, *José, o provedor*, será publicado em 1943 [ed. bras.: Rio de Janeiro, Nova Fronteira, 2000]. Sigmund Freud, *Correspondance*, op.cit., carta a Thomas Mann de 29 de novembro de 1936, p.471-3.

permitiu à Europa, e logo ao próprio Freud, descobrir os vestígios de uma fabulosa civilização e abrir um novo campo de estudos para a arqueologia. A seguir, ao repudiar Josefina, Napoleão teria se tornado infiel a seu mito e ao mesmo tempo orquestrado seu declínio, transformando-se num tirano diabólico. Incorrigível sonhador, teria desempenhado no Egito o mesmo papel que José, o filho de Jacó, para em seguida contribuir para sua própria destruição e a da Europa.

Como a maioria dos romancistas do século XIX – de Balzac a Tolstói, passando por Hugo –, Freud sempre se interessara pelo destino heroico desse conquistador moderno, admirador das ciências, hostil ao obscurantismo religioso, que transformara o mundo europeu e dera aos judeus direitos civis ao estimular sua assimilação. Aliás, rendera-lhe homenagem ao lembrar que Isaac Bernays, avô de Martha, beneficiara-se do Código Civil introduzido pelo ocupante francês para poder ingressar na universidade e tornar-se mais tarde grão-rabino de Hamburgo. Além disso, por parte da mãe, o duque de Reichstadt[123] pertencia à casa dos Habsburgo. Todas essas genealogias estavam presentes na memória de Freud. Porém, ao contrário de Thomas Mann, ele também via o imperador como um tratante e um "magnífico canalha", que "percorrera o mundo feito um sonâmbulo para melhor chafurdar na loucura das grandezas".[124] Freud parecia ter se esquecido de que em sua infância admirara Masséna, franco-maçom e marechal do império, nascido num 6 de maio como ele e a quem ele tomava por judeu.

Como bom anglófilo, considerava o imperador um produto do jacobinismo francês, embora proclamando que sua história familiar interessava no mais alto grau à doutrina psicanalítica e que o homem tinha gênio e uma "classe magnífica". Aliás, o destino romântico desse homem, que se encontrara com Goethe e encarnara a vontade de toda uma época de romper com as mitologias das origens para propiciar o surgimento de uma nova consciência histórica, suscitara um enorme interesse na comunidade freudiana. Jones fora o primeiro a comentar com Freud a história de José e o complexo oriental de

---

123. Napoléon François Charles Joseph Bonaparte (1811-32), vulgo "a Águia", rei de Roma e duque de Reichstadt, filho de Napoleão e Maria Luísa da Áustria.

124. Sigmund Freud e Arnold Zweig, *Correspondance, 1927-1939*, op.cit., carta de Freud de 15 de julho de 1934, p.123-4. Zweig acabava de escrever uma peça sobre a tomada de Jaffa em 7 de março de 1799 e sobre a visita de Bonaparte aos pestíferos.

Bonaparte, e, depois dele, Ludwig Jekels e Edmund Bergler haviam dedicado ensaios à vida de Napoleão e seu complexo fraterno ou paterno.[125]

O fato é que, em sua correspondência com Thomas Mann, Freud se lembrara de sua visita à Acrópole e do distúrbio que sentira ao constatar que seu destino era tão diferente do de seu pai.

O interesse da troca de cartas com Mann residia na similitude entre os dois itinerários. Como escritor, Freud mobilizava a egiptologia para traduzir a história bíblica do judaísmo num romance da judeidade moderna, uma judeidade através da qual um herói forçado ao exílio havia sido o fruto de duas identidades: uma, judaica, a outra, egípcia. Mann escolhera José e Freud, Moisés, como se cada um quisesse, à sua maneira, ilustrar a grandeza dessa judeidade da diáspora fadada ao genocídio. Mann terminará seu livro na Costa Oeste dos Estados Unidos, na companhia de Brecht, Adorno e Fritz Lang, e Freud o seu em sua casa de Londres, cercado pela família. Assim ambos souberam preservar, do fundo de seu exílio, a beleza da língua alemã, único bem que Hitler jamais lhes pôde confiscar.

Em agosto de 1936, Jones presidiu ao XIV Congresso da IPV, em Marienbad. Propôs a troca da sigla alemã pela da International Psychoanalytical Association (IPA). A escolha justificava-se, considerando que a língua inglesa passara a ser majoritária na comunicação internacional e os exilados da antiga *Mitteleuropa* falavam-na fluentemente. Enquanto os partidários de Melanie Klein e os de Anna Freud se enfrentavam mais uma vez – e Melitta Schmideberg, apoiada por Edward Glover, digladiava-se com a mãe –, Jacques Lacan, psiquiatra francês já conhecido em seu país, estreava na cena psicanalítica internacional dando uma conferência sobre o "Estádio do espelho". Ao cabo de dez minutos, Jones cortou-lhe a palavra. Lacan assistiu então às manifestações da XI Olimpíada de Berlim, de sinistra memória. Ele também queria ver Hitler de frente. Diante daquele espetáculo, que o horrorizou, e após a humilhação infligida por Jones, sentiu que chegara o momento de efetuar uma segunda "revolução freudiana". Assim, redigiu um manifesto, "Além do

---

125. Freud conhecia a vida de Bonaparte por intermédio de Bergler e da obra de Albert Vandal, *L'Avènement de Bonaparte*, cuja edição francesa de 1910 figurava em sua biblioteca (nº 3497). Ernest Jones, *La Vie et l'oeuvre de Sigmund Freud*, t.III, op.cit., p.218-9. Ele também havia lido os volumes de Adolphe Thiers sobre o Consulado e o Império.

princípio de realidade",[126] que se pretendia o corolário de *Além do princípio do prazer*. Até aquele momento, ninguém ainda na cena da IPA desconfiava do impacto que a reforma lacaniana teria um dia na obra de Freud.

Em novembro, por ocasião de uma reunião da WPV, Boehm fez a constatação, assim como Anna Freud, de que muitos estudantes faziam aulas de psicanálise no âmbito do Instituto Göring. Nessa data, Freud começava a se dar conta de que a política de "salvamento" da psicanálise sem dúvida não era a melhor opção. Pediu a Boehm que lhe expusesse a situação, logo antes de retomar seus ataques contra Adler, recomendando não fazer nenhuma concessão aos partidários da "psicologia do protesto masculino".

Boehm, ao mesmo tempo em que conseguira se fazer passar por um defensor do freudismo, admitia que o que acontecia naquele momento na Alemanha nunca teria sido tolerado pelo movimento um ano antes. O inaceitável agora se banalizara. Todavia, propôs convidar um membro da WPV para ir a Berlim: "Quem você convidaria?" interrogou Freud. E Boehm sugeriu o nome de Richard Sterba, único não judeu da WPV, hostil aliás a toda forma de colaboração com o nazismo: "Aceitarei de bom grado o convite", respondeu Sterba, "depois que um de meus colegas judeus de Viena tiver sido convidado a falar no Instituto de Berlim." Sterba preferiu acreditar que Freud desaprovava totalmente a política de Jones. Ainda não era o caso. Sinistro congresso.[127]

No Instituto Göring, cada qual se dedicava às suas pesquisas e experimentos. Nas fileiras da finada DPG, John Rittmeister, August Watermann, Karl Landauer e Salomea Kempner foram as principais vítimas dessa política – exterminados ou assassinados –, como aliás vários outros terapeutas húngaros ou austríacos que jamais conseguiram se exilar.

Alguns adeptos alemães de Alfred Adler, por sua vez, participaram dessa política de colaboração. No entanto, as teses adlerianas nunca foram consideradas pelos nazistas uma "ciência judaica", embora o pai fundador da psicologia individual fosse tão judeu quanto Freud. Contudo, na contramão da psicanálise, a psicologia adleriana opunha um particularismo alheio ao universalismo freudiano. No fim, em virtude de sua pretensão a ser aplicada à subjetividade humana como tal, somente a psicanálise foi considerada uma

---

126. Jacques Lacan, *Escritos*, op.cit.

127. Richard Sterba, *Reminiscences d'un psychanalyste viennois* (1982), Toulouse, Privat, 1986, p.142.

"ciência judaica". Sob esse título, incorria numa condenação muito mais radical. Convinha não só exterminar seus partidários, como destruir sua língua e sua conceitualidade.

Envolvidos numa luta recíproca, freudianos, adlerianos e junguianos, reunidos no Instituto Göring, contribuíram então para sua própria erradicação. Até sua morte, Adler tachou Freud de tratante e conspirador,[128] enquanto este não cessava de fazer declarações do mesmo quilate contra seu antigo rival: "paranoico, pequeno Fliess" etc. Quando Adler morreu na Escócia, em 1937, durante uma turnê de conferências, Freud proferiu estas palavras de retaliação: "Para um rapaz judeu saído dos arrabaldes de Viena, morrer em Aberdeen é um fim inesperado e a prova do caminho que ele percorreu. As pessoas de fato o recompensaram por ter se encarregado de introduzir a contradição na psicanálise."[129]

A partir do verão de 1934, Freud concentrou-se em sua obra sobre Moisés, inspirado pela de Thomas Mann e suas reações comuns às perseguições antissemitas. Revelara o projeto inicialmente a Arnold Zweig, depois a Lou Andreas-Salomé: "Moisés não era judeu", dizia, "mas um egípcio distinto ... ardoroso partidário da crença monoteísta que Amenhotep IV transformara, em 1350 a.C., numa religião de Estado."[130]

Lou Andreas-Salomé alegrara-se com o anúncio desse novo ensaio. Um ano mais tarde, contudo, evocou sua decadência física, que coincidia, em Göttingen, com o avanço cada vez mais criminoso da fúria nazista. Perseguida pelo ódio de Elisabeth Förster, que contribuíra, até sua morte em 1935, para a nazificação da obra de Nietzsche [seu irmão], vira-se forçada a aderir à Associação dos Escritores do Reich, depois a preencher formulários atestando seu pertencimento à "raça ariana". Constatava diariamente que seus vizinhos, mobilizados pelo hitlerismo, ostentavam fulgurantes suásticas em suas janelas: apelidaram-na de "Bruxa". Num momento de angústia, ela redigiu um

---

128. Abraham H. Maslow, "Was Adler a Disciple of Freud? A Note", *Journal of Individual Psychology*, 18, 1962, p.125.

129. Sigmund Freud, carta a Arnold Zweig de 22 de junho de 1937, citada pela primeira vez por Ernest Jones, não reproduzida na correspondência entre Freud e Zweig, citada por Paul E. Stepanski em sua biografia de Adler, op.cit., p.262.

130. Lou Andreas-Salomé, *Correspondance avec Sigmund Freud*, op.cit., carta de Freud de 6 de janeiro de 1935, p.252.

texto, que pretendia entregar a um editor, sobre sua *Adesão à Alemanha de hoje*. Porém, ao se dar conta de que ele poderia ser utilizado como prova de seu apoio ao regime, rasgou-o. Seu fiel amigo, Ernst Pfeiffer, colou os pedaços e o conservou em seus arquivos. Sob esse título ambíguo, Lou evocava mais a alma alemã do que uma adesão ao que se tornara a Alemanha, em seu estilo característico: culto da natureza, vitalismo, aspiração a uma espiritualidade.[131]

Quando Freud soube da morte de Lou, escreveu imediatamente seu obituário, enaltecendo aquela mulher excepcional a quem tanto amara: "Qualquer um que se aproximava dela ficava vivamente impressionado com a autenticidade e harmonia de seu ser e se admirava ao constatar que todas as fraquezas femininas, e talvez a maioria das fraquezas humanas, lhe eram alheias ou haviam sido superadas por ela ao longo de sua existência."[132]

Alguns dias mais tarde, um funcionário da Gestapo irrompeu na casa de Lou para confiscar sua biblioteca, que seria despejada nos porões da prefeitura. O confisco foi justificado pelo fato de ela ter sido psicanalista, ou seja, praticado uma "ciência judaica", e ter sido amiga de Freud, além de possuir diversos livros de autores judeus.

Cada vez mais ligado ao passado e às velhas amizades, Freud quis, nesse ano muito sombrio, voltar ao debate que o opusera a seus dois discípulos preferidos: Ferenczi e Rank. Eis por que publicou, em 1937, dois artigos de suma importância sobre a técnica psicanalítica: "Análise terminável e interminável" e "Construções em análise".[133]

No primeiro, sustentava que, mediante a hipótese do trauma do nascimento, Rank buscava eliminar a causalidade psíquica da neurose. De maneira análoga, atacava a tentativa de encurtar a duração do tratamento, enfatizando

---

131. *Mein Bekenntnis zum heutigen Deutschland* (1934), inédito, arquivos de Lou Andreas-Salomé, Göttingen. Em 2008, Dorian Astor afirmou que esse texto, inacessível aos pesquisadores, era de inspiração nazista e continha passagens antissemitas. Cf. Dorian Astor, *Lou Andreas-Salomé*, Paris, Gallimard, 2008, p.348-53. Essa tese foi invalidada por Isabelle Mons com sólidos argumentos. Cf. Isabelle Mons, *Lou Andreas-Salomé*, op.cit., p.300-8. Não consultei esse arquivo, mas Isabelle Mons me transmitiu as anotações que fizera após tê-lo examinado.

132. Sigmund Freud, "Lou Andreas-Salomé", in *OCF.P*, op.cit., vol.20, p.11 [ed. bras.: *ESB*, vol.23; ed. orig.: *GW*, vol.16].

133. "Analyse terminée et analyse interminable", in *Résultats, idées, problèmes*, op.cit. t.II: 1921-1938, e *OCF.P*, op.cit., vol.20, p.13-75 [ed. bras.: "Análise terminável e interminável", in *ESB*, vol.23; ed. orig.: "Die endliche und die unendliche Analyse", in *GW*, vol.16]. Cf. também *Nouvelles conférences d'introduction à la psychanalyse*, op.cit.

que ela estava ligada a uma conjuntura histórica: "Esta era, em sua época", dizia, "concebida sob a pressão que representava o contraste da miséria da Europa do pós-guerra com a *prosperity* dos Estados Unidos, seu projeto era adaptar o ritmo da terapêutica analítica à pressa da vida americana."

Quanto a Ferenczi, Freud criticava nesse "mestre da análise" o perigo que representava a busca permanente de um retorno à hipnose como substituto da análise da transferência. E acrescentava que a prática da psicanálise era o exercício de uma "tarefa impossível"[134] e que nunca se podia estar seguro, antecipadamente, de seu resultado. O esforço terapêutico, dizia, oscila entre um pedaço de análise do isso e um pedaço de análise do eu: no primeiro caso, quer-se levar à consciência alguma coisa do isso; no outro, corrigir o eu. Sem essa oscilação, acrescentava, não pode haver êxito terapêutico. Consequentemente, dizia ainda, o analista não é mais normal que seu paciente e, como parceiro "ativo", acha-se, mais do que ele, exposto aos perigos da análise. Eis por que, periodicamente, por exemplo a cada cinco anos, o terapeuta "deveria voltar a ser objeto de análise, sem se envergonhar desse passo. Isso, portanto, significaria que, assim como a análise terapêutica de pessoas doentes, também a autoanálise deixaria de ser uma tarefa finita para se transformar numa tarefa sem fim".[135]

Esse artigo mostrava que, em 1937, Freud ainda se opunha ao método ferencziano a respeito do controle da contratransferência e à ideia de apoio ativo ao paciente. Se a formação do terapeuta constitui tarefa infinita, é, dizia ele em substância, porque a análise dos analistas nunca termina, da mesma forma que a cura nunca é conquistada. A noção de análise infinita obedece então ao provérbio: "Ganhou, perdeu". Como Ferenczi, Freud afirmava assim a irredutibilidade do tratamento à institucionalização e colocava o futuro didata numa posição idêntica à do paciente. Mais uma vez, duvidava da eficácia do tratamento, embora afirmando que os insucessos decorriam de múltiplos fatores: tipos de patologia, resistência dos pacientes, atitude dos terapeutas. Em suma, a par da crítica que dirigia a Rank e Ferenczi, Freud expunha as dificuldades com que ele próprio deparara em diversos tratamentos.

---

134. Dessa forma ele incluía a análise na categoria das tarefas impossíveis, como o fato de governar ou educar.

135. Sigmund Freud, "Analyse terminée et analyse interminable", in *Résultats, idées, problèmes*, t.II: *1921-1938*, op.cit., p.265.

Face a Hitler

Esse texto dava margem a inúmeras interpretações e, principalmente, à ideia de que os analistas, assim como os pacientes, poderiam sempre se submeter a novas etapas de análise, a fim de explorar indefinidamente as causas de suas patologias.

No segundo artigo, ainda mais interessante, Freud voltava à história de Serguei Pankejeff para distinguir a noção de interpretação da de construção. E admitia que as construções elaboradas durante o tratamento podiam perfeitamente ser da mesma natureza que os delírios dos pacientes.

Com essas duas intervenções, Freud fazia questão de tomar posição, pela última vez, sobre uma questão que se revelaria essencial, muito tempo depois de sua morte, na história do movimento psicanalítico.

Por essa época, Rank empreendia uma carreira fulgurante nos Estados Unidos. Rejeitado pela IPA, praticava análises curtas, face a face, e não se cansava de analisar lapsos, atos falhos e sonhos. Um dia, um paciente pediu-lhe que o recebesse quando já havia sido analisado por quatro terapeutas: dois freudianos, um junguiano e um adleriano. O homem declarou não sofrer nenhum problema sexual, mas pediu ajuda. Rank logo compreendeu que aquele paciente procurava um meio de colocar a própria análise na berlinda. Assim, aceitou ajudá-lo, com a condição de abordar com ele a questão sexual. Usando desse expediente, sugeria que ninguém podia exercer um controle sobre o futuro da própria análise: nem o paciente nem o terapeuta.

Não raro Rank evocava com nostalgia a lembrança de Freud e sua mocidade vienense. Quanto a Freud, decepcionado, julgava seu ex-discípulo de há muito acometido de uma psicose maníaco-depressiva, que se agravara após sua partida definitiva para o continente americano.[136]

Em Berlim, Hitler firmara sua aliança com Mussolini. Apoiava os nacionalistas espanhóis e cogitava seriamente anexar a Áustria ao grande Reich. Nessas condições, Weiss não tinha mais nada a esperar de Forzano e Freud começava a compreender que Viena estava tão ameaçada quanto a psicanálise: "A irrupção dos nazistas", escrevia a Jones em março de 1937, "certamente não pode mais ser impedida; as consequências, inclusive para a análise, são funestas ... Se nossa cidade cair, os bárbaros prussianos subjugarão a Europa.

---

136. E. James Lieberman, *La Volonté en acte*, op.cit., p.441. E Joseph Wortis, *Psychanalyse à Vienne*, op.cit., p.135. A tese da "loucura" de Rank, como a de Ferenczi, será reiterada por Jones.

Infelizmente, a força que nos protegeu até o momento – Mussolini – parece agora leniente com a Alemanha. Eu gostaria de viver na Inglaterra como Ernst e ir a Roma como o senhor."[137]

A despeito dessa constatação, Freud ainda queria acreditar que Kurt von Schuschnigg, sucessor de Dollfuss na chancelaria, homem oriundo da velha nobreza imperial, conseguiria salvar a independência do país. Enganava-se. Recusava-se a admitir a realidade justamente quando a constatava, atitude idêntica à que adotara durante sua visita à Acrópole. Em novembro de 1937, Stefan Zweig fez-lhe uma visita, declarando que era preciso escrever um livro sobre a tragédia dos judeus: "Quando penso em Viena e fico triste, penso no senhor. A cada ano que passa sua grave austeridade torna-se mais exemplar para mim. E sinto-me cada vez mais grato."[138]

A política de pretenso "salvamento" da psicanálise, orquestrada por Jones e apoiada por Freud, verificou-se um completo fracasso, que se traduzirá, na Alemanha como em toda a Europa, por uma colaboração pura e simples com o nazismo, mas sobretudo pela dissolução de todas as instituições freudianas e pela imigração, para o mundo anglófono, da quase totalidade de seus representantes. Se tal política não tivesse sido adotada, isso não teria mudado em nada o destino do freudismo na Alemanha, mas a honra da IPA teria sido preservada. E, sobretudo, essa desastrosa atitude de neutralidade, de não engajamento, de apolitismo, não teria se repetido posteriormente sob outras ditaduras, como no Brasil, na Argentina e em outras partes do mundo.

Depauperado pelo câncer, Freud assistiria, durante os dois últimos anos de sua vida, à derrocada e à ruína de tudo que ele construíra: editoras destruídas, livros queimados, discípulos perseguidos, assassinados, forçados ao exílio, institutos dissolvidos, objetos saqueados, vidas humanas reduzidas a pó.

---

137. Sigmund Freud e Ernest Jones, *Correspondance complète, 1908-1939*, op.cit., carta de Freud de 2 de março de 1937, p.863.
138. Sigmund Freud e Stefan Zweig, *Correspondance*, op.cit., carta de Stefan Zweig de 15 de novembro de 1937, p.113.

3. A morte em ação

DURANTE OS ÚLTIMOS anos de sua vida, Freud desenvolveu uma bela relação de amizade com William Bullitt, diplomata e jornalista dândi, nascido numa riquíssima família de advogados da Filadélfia e conselheiro do presidente Woodrow Wilson. Enviado em missão à Rússia e grande admirador da Revolução de Outubro, reunira-se com Lênin na firme intenção de reatar as relações entre os dois países. Contudo, fracassada a negociação, Bullitt participou da Conferência de Paz e passou a criticar acerbamente o tratado de Versalhes, que julgava inaceitável para os vencidos. Era casado com Louise Bryant, bonita militante anarquista, ex-amante de Eugene O'Neill e viúva do famoso jornalista John Reed, autor de *Dez dias que abalaram o mundo*, com quem tivera uma filha. Vitimada em 1928 pela terrível síndrome de Dercum,[139] que lhe causava dores e a deixava monstruosa, Louise soçobrou no alcoolismo e na loucura, o que a levou, a conselho do marido, a procurar Freud. Egocêntrico, colérico, emotivo e incapaz de aguentar aquela situação, Bullitt atormentava Louise com recriminações, vindo a separar-se ao perceber que ela tinha um caso com uma escultora, Gwen Le Gallienne. Pior ainda, com a intenção deliberada de bani-la de sua vida, aproveitou-se disso para obter a guarda da filha.

Foi em maio de 1930, na época de seu divórcio, que ele conheceu Freud em Berlim, no sanatório de Tegel. Tratando-se então de uma pneumonia, deprimido e obcecado com a morte, Freud escutou com interesse as declarações de Bullitt, que lhe comunicou sua intenção de escrever uma biografia de Wilson a partir dos numerosos arquivos a que tinha acesso. Como dissemos, Freud tomara conhecimento da vida do vigésimo oitavo presidente norte-americano

---

139. Cf. Mary V. Dearborn, *Queen of Bohemia, the Life of Louise Bryant*, Boston, Houghton Mifflin, 1996. A síndrome de Dercum é uma adipose dolorosa, que vem acompanhada de distúrbios mentais. Louise Bryant morreu na França, em 1936.

lendo a obra de Hale, *The Story of a Style*. Assim, ofereceu seus serviços a Bullitt. Sempre sonhara escrever uma verdadeira psicobiografia, cujo estilo se distinguisse do ensaio literário que dedicara a Leonardo da Vinci. Dessa vez, graças àquele charmoso diplomata, sem dúvida poderia dispor de toda a documentação necessária. Porém, justamente naquela época, o jornalista Ray Stannard Baker também estava em vias de redigir uma monumental biografia oficial de Wilson, e Bullitt sabia que teria de usar de astúcia para sobrepujar o concorrente. Daí o interesse em arrastar na aventura o mestre vienense, com o qual igualmente entrou em análise. Paralelamente, comunicou ao amigo Edward Mandell House[140] seu plano, o qual, recomendou, não deveria de forma alguma vazar publicamente.

Em outubro, Freud alegrou-se ao rever Bullitt para algumas sessões de trabalho e análise, justamente quando acabava de passar por nova cirurgia. Juntos, consultaram mais de mil páginas datilografadas e discutiram ponto a ponto cada momento importante da vida e carreira de Wilson. Freud redigiu então um primeiro rascunho de certas partes do futuro original, com Bullitt encarregando-se das demais, e foi tomada a decisão de publicar a obra nos Estados Unidos, sob a supervisão de Bullitt. Em janeiro de 1932, este último enviou a seu parceiro a soma de 2.500 dólares à guisa de adiantamento sobre a edição americana, porém, na primavera, sobreveio um desentendimento cujo teor ninguém viria a conhecer e que não pareceu afetar Freud além da conta. No ano seguinte, ele declarou que Bullitt era o único americano a compreender a Europa e a desejar fazer alguma coisa pelo seu futuro. Finalmente, após ser nomeado embaixador em Moscou por Roosevelt, Bullitt decidiu, com a concordância de Freud, deixar a obra amadurecer e cada um apor sua assinatura nos capítulos de que se incumbira.

O livro seria publicado em inglês em 1967,[141] após a morte de Edith Bolling Galt, segunda mulher de Wilson, e às vésperas da de Bullitt. Os nomes dos

---

140. Edward Mandell House (1858-1938): diplomata e político, conselheiro de Wilson na redação dos "catorze pontos". Foi afastado em 1919.

141. Sigmund Freud e William Bullitt, *Le Président Thomas Woodrow Wilson* (1967), Paris, Payot, 1990 [ed. bras.: *O presidente Thomas Woodrow Wilson. Um estudo psicológico*, Rio de Janeiro, Graal, 1984]. Cf. também, para a interpretação do texto, *Dicionário de psicanálise*, op.cit. O dinheiro pago por Bullitt serviu para fortalecer o Verlag. Ler igualmente a argumentação de Peter Gay, *Freud, une vie*, op.cit., p.869-70.

A morte em ação 437

dois autores figuravam na capa. Nessa data, não chamou a atenção nem dos historiadores, nem dos políticos, nem dos psicanalistas.

A propósito, os herdeiros de Freud não julgaram reconhecer o estilo do mestre a não ser no prefácio. Decerto o estilo da obra era muito diferente do de outros livros de Freud. Tratava-se de uma verdadeira psicobiografia, cujo método estava em inteira conformidade com a teoria freudiana das substituições. Em outras palavras, Bullitt conseguira escrever um livro de tal forma fiel à doutrina freudiana que soava demasiado servilmente freudiano para ser da autoria de Freud. Faltavam-lhe a dúvida, a ambiguidade, as hipóteses ousadas, características típicas do estilo de *Herr Professor*.[142]

De um antiamericanismo virulento, a obra propunha uma análise da loucura de um estadista, aparentemente normal, no exercício de suas funções. Identificado desde a mais tenra idade com a figura do pai, pastor presbiteriano e grande pregador, Wilson começara julgando-se, segundo Bullitt, o filho de Deus, antes de se converter a uma religião de sua lavra na qual se atribuía o lugar de Deus e optar por abraçar a carreira política para realizar seus sonhos messiânicos. Antes de se tornar presidente, jamais atravessara as fronteiras dos Estados Unidos, que via, qual a Inglaterra de Gladstone, como o país mais belo do mundo. Ignorava tudo, por exemplo, da geografia da Europa, desconhecendo que lá se falavam diversas línguas. Assim, por ocasião das negociações do tratado de Versalhes, pareceu ter se "esquecido" da existência do Passo del Brenero e entregou a Itália aos austríacos do Tirol sem saber que eles falavam alemão. Da mesma forma, acreditou piamente quando um amigo lhe afirmou que a comunidade judaica compreendia cem milhões de indivíduos distribuídos pelos quatro cantos do mundo. Odiando a Alemanha, achava que seus habitantes viviam como feras selvagens.

Não satisfeito com esse ataque, Bullitt afirmava que, para levar a cabo sua política internacional, Wilson se apoiara em silogismos delirantes. Por exemplo, uma vez que Deus é bom e a doença é ruim, ele deduzia disso que, se Deus existe, a doença não existe. Esse tipo de raciocínio lhe permitia negar a realidade em prol de uma crença na onipotência de seus discursos, o que o levou, segundo os autores, ao desastre diplomático. Assim, criou a Liga das

---

142. Daí a severidade de Erik Erikson ao apontar que o texto parecia ter sido escrito por um estudante pouco dotado, que não compreendia nem a língua nem o pensamento de seu mestre.

Nações antes que a discussão sobre as condições de paz tivesse início, mediante o que os vencedores, certos da proteção americana, puderam tranquila e impunemente despedaçar a Europa e condenar a Alemanha.

Por essa época, segundo Bullitt, Wilson pensava que a chave da fraternidade universal residia em "catorze pontos".[143] Contudo, em vez de negociar com seus parceiros, discutindo questões econômicas e financeiras, pregou-lhes um sermão da montanha. Em seguida, deixou a Europa, convencido de haver instaurado a paz eterna na terra.

Em se tratando da "libido" de Wilson, Bullitt afirmava que ela era particularmente fraca. Casado a primeira vez com uma amiga de sua prima, Ellen Axson, Wilson, apenas poucos meses depois da morte da mulher, casara-se com Edith Bolling Galt. Ambas as mulheres eram substitutos de sua mãe, acrescentava, e bastavam para satisfazer seus fracos desejos. E concluía que a experiência mostra que os homens que foram felizes no lar têm tendência a se casar novamente muito rápido. Vemos aí a tese freudiana das substituições: uma mulher substitui a mãe e uma segunda mulher, a primeira.

Qualquer que tenha sido o motivo da desavença entre Freud e Bullitt, essa obra, rejeitada pelos historiadores, suspeita de ser apócrifa pela comunidade freudiana e ridicularizada pelos antifreudianos, era fiel em muitos pontos à concepção freudiana da história. Com efeito, descrevia o encontro entre um destino individual, no qual intervém uma determinação inconsciente, e uma situação histórica precisa sobre a qual age essa determinação. Por outro lado, também dava margem a se pensar num devaneio sobre um herói degradado. Seja como for, em seu prefácio, que defendia a iniciativa de Bullitt, Freud dava uma consistência ainda mais forte ao seu antiamericanismo, à sua execração da democracia igualitária e à sua convicção de que a antiga Europa fora efetivamente destruída por um Dom Quixote obscurantista.

A personalidade de Wilson prestava-se a tal análise e Freud tinha boas razões para detestar aquele idealista furioso que pretendia levar aos povos da Europa o direito à autodeterminação, como se esses povos fossem ignaros em matéria de direito e democracia. Mas esse perfil psicológico tinha o defeito de

---

143. Redigido por Wilson sem consulta a seus pares europeus, o discurso pretendia redesenhar as fronteiras dos antigos impérios centrais e reger as relações internacionais com a criação de uma Liga das Nações.

A morte em ação 439

atribuir à neurose de Wilson, bem como à sua postura de profeta iluminado que recalcara o ódio do pai, as únicas causas do que Freud e Bullitt consideravam os fracassos de sua política. Esqueciam-se do papel eminente desempenhado por Clemenceau. Além disso, a hipótese da "libido fraca" estava longe de ser confirmada, quando sabemos que, durante seu primeiro casamento, Wilson tivera um caso extraconjugal.[144] No fundo, é o próprio princípio da aplicação do método interpretativo ao trabalho histórico que era passível de crítica. E sabemos o quanto é nociva nesse domínio a pretensão de esclarecer um destino à luz de um pretenso complexo edipiano.

A grande empreitada desses últimos anos foi a redação de um "romance histórico" dedicado à questão da identidade judaica: *Moisés e o monoteísmo*. A gênese dessa obra capital, única no gênero e uma das mais comentadas no mundo, merece ser contada, de tal forma sua história está ligada à do avanço do nazismo na Europa.

Havia muito tempo, antes mesmo de comentar o assunto com Lou Andreas-Salomé, Zweig ou Mann, Freud andava obcecado pela figura do primeiro profeta do judaísmo, que prefigurava Jesus Cristo para os cristãos e precedia Maomé para os muçulmanos. Admirava acima de tudo o que Michelangelo havia tão magnificamente representado, um Moisés capaz de controlar suas pulsões, um Moisés da Renascença italiana, um Moisés do Iluminismo, muito mais radiante que o do texto sagrado, um Moisés que arrancara seu povo da letargia impondo-lhe leis, apontando-lhe a terra prometida e criando uma nova intelectualidade (*Geistigkeit*).[145] Mais uma vez, face ao ressurgi-

---

144. Ver, a esse respeito, Catherine Clément, *Pour Sigmund Freud*, Paris, Mengès, 2005, p.127-43.
145. O termo alemão *Geistigkeit* significa "espiritualidade" ou "intelectualidade" ou ainda "vida do espírito". A palavra "espiritualismo" não combina com a hipótese freudiana. Sigmund Freud, *L'Homme Moïse et la religion monothéiste* (1939), Paris, Gallimard, 1986 [ed. bras.: *Moisés e o monoteísmo*, in *ESB*, vol.23; ed. orig.: *Der Mann Moses und die monotheistische Religion*, in *GW*, vol.16]. Dentre os melhores comentadores – além de Yosef Hayim Yerushalmi, cujo *Le "Moïse" de Freud. Judaïsme terminable et interminable*, op.cit., foi um verdadeiro acontecimento – são a meu ver Jacques Le Rider, *Freud de l'Acropole au Sinaï*, Paris, PUF, 2002; Edward Said, *Freud et le monde extra-européen* (2003), Paris, Le Serpent à Plumes, 2004; e Henri Rey-Flaud, *"Et Moïse créa les Juifs...". Le testament de Freud*, Paris, Aubier, 2006. Comentei a maior parte desses livros, bem como o de Freud, em *Retorno à questão judaica*, op.cit. Cf. também Ilse Grubrich-Simitis, "Un rêve éveillé. Le Moïse de Freud", *Revue Française de Psychanalyse*, 56, 4, 1992. Além disso, organizei, ao lado de René Major, em 1994, o colóquio de Londres da SIHPP, ocasião em que Jacques Derrida respondeu a Yerushalmi com *Mal de arquivo* (1995), Rio de Janeiro, Relume Dumará, 1995. Esse episódio foi objeto de um comentário recheado de erros e de má-fé,

mento de um antissemitismo cujo alcance genocida ele não percebia, ele se perguntava por que o judeu atraíra tanto ódio para si.[146] Mas, acima de tudo, colocava a questão da identidade judaica: como alguém se torna judeu?

Tal como em *Totem e tabu*, Freud pretendia tomar a peito a questão da origem. A propósito, a semelhança entre as duas obras é impressionante: várias narrativas literárias justapostas, mesma interrogação na contracorrente da evolução das ciências humanas da época, mesma preocupação em privilegiar mitos de origem para inventar outros mitos necessários à exploração do psiquismo inconsciente, mesmo fascínio pela exegese e a arqueologia, mesma vontade de associar a psicanálise tanto às ciências da natureza como à força fundadora dos mitos.

Em 1934, Freud havia começado a escrever um primeiro ensaio, *Moisés, um egípcio?*, no qual inspira-se em Mann, Goethe e Schiller, mas também em numerosos trabalhos de historiadores egiptófilos preocupados em fornecer uma interpretação "racional" da história bíblica. Nesse texto, ele retomava a tese, muito em voga a partir do fim do século XVIII, segundo a qual Moisés teria sido um alto dignitário egípcio, partidário do monoteísmo e condenado à morte pelo seu povo.[147] E explicava essa "egipcidade" recorrendo à noção de "romance familiar", aplicável, como dizia Rank, a numerosas narrativas, lendas e mitos, entre elas a de Édipo.[148] Uma criança abandonada em razão de um destino supostamente trágico é recolhida por uma família e criada por ela. Na idade adulta, descobre que não é mais quem julga ser e realiza seu destino. Na maioria dos casos, a primeira família, aquela em que a criança

---

durante um colóquio em homenagem a Yerushalmi, organizado em Paris por Sylvie-Anne Goldberg, no Museu de Arte e História do Judaísmo, em 11 de abril de 2011. Cf. *L'Histoire et la mémoire de l'histoire. Hommage à Y.H. Yerushalmi*, Paris, Albin Michel, 2012. Publiquei uma resposta a esse respeito a Sylvie-Anne Goldberg e a Michael Molnar, no *Bulletin de la SIHPP*, 30 de agosto de 2012.

146. O nome e as obras de Spinoza não figuram no catálogo da biblioteca de Freud. Ele jamais fez referência à célebre passagem sobre a sobrevivência dos judeus, no capítulo III do *Tratado teológico-político*, São Paulo, Martins Fontes, 2ª ed., 2008.

147. A melhor obra sobre a gênese do mito da origem egípcia de Moisés a partir do fim do século XVII é a de Jan Assmann, *Moïse l'Égyptien. Un essai d'histoire de la mémoire*, Paris, Aubier, 2001. Publicado igualmente na col. Champs-Flammarion em 2010. Cf. também Jacques Le Rider, "Moïse égyptien", *Revue Germanique Internationale*, 14, 2000, p.127-50. Na biblioteca de Freud, encontramos um número impressionante de obras de egiptólogos e exegetas da Bíblia. Nesse domínio, ele esbanjava erudição.

148. Otto Rank, *Le Mythe de la naissance du héros*, op.cit.

A morte em ação 441

nasce, é de classe alta, e a segunda, em que a criança cresce, de classe modesta. Na história de Édipo, as duas famílias são de classe alta, e na de Moisés, tal como apresentada pela Bíblia, a primeira é modesta (hebreus) e a segunda de sangue real (o faraó).

Buscando provar que Moisés era egípcio, Freud propunha inverter os termos da lenda. A verdadeira família, de sangue real, dizia ele, era a que abandona a criança num cesto num córrego, e a outra, modesta, a família inventada (os hebreus). Assim o herói teria descido de sua eminência e se dirigido ao povo de Israel a fim de salvá-lo.[149]

Num segundo ensaio, *Se Moisés fosse egípcio*, Freud retraçou a história das origens do monoteísmo a partir do reinado de Amenhotep IV (Akhenaton), no século XIV a.C. Deliciava-se com esse novo mergulho numa história arcaica na qual se encadeavam uns aos outros os nomes mais prestigiosos da Antiguidade egípcia e disso concluía que Moisés, personagem romanesco exótico, transmitira a religião de seus pais ao povo de Israel.[150] Em seguida, impusera-lhe o rito egípcio da circuncisão a fim de provar que Deus o escolhera mediante aquela aliança.

Para contar a sequência dessa história, Freud reportava-se aos trabalhos de um exegeta berlinense, Ernst Sellin, que, em 1922, a partir de uma leitura do relato do profeta Oseias, sugeriu a ideia de que Moisés fora vítima de um assassinato coletivo cometido pelo seu povo, o qual preferia entregar-se ao culto dos ídolos. Tornada uma tradição esotérica, a doutrina mosaica, segundo Sellin, teria em seguida sido transmitida por um círculo de iniciados. E nesse terreno é que teria nascido a fé em Jesus, profeta igualmente assassinado e fundador do cristianismo. Dessa interpretação cristã da narrativa bíblica por Sellin,[151] Freud deduzia a ideia de que os hebreus, quando libertados de seu cativeiro, não teriam suportado a nova religião, matado

---

149. Na trama bíblica, a filha do faraó acha a criança no cesto, adota-a e faz com que sua mãe a amamente.

150. Em 1912, Karl Abraham publicara um artigo a esse respeito: "Amenhotep IV. Contribution psychanalytique à l'étude de sa personnalité et du culte monothéiste d'Aton", in *Oeuvres complètes*, op.cit., t.I, p.232-57.

151. Ernst Sellin, *Mose und seine Bedeutung für die Israelitisch-jüdische Religionsgeschichte*, Leipzig e Erlangen, A. Deichertsche Verlagsbuchhandlung, 1922. A tese de Sellin sobre o assassinato de Moisés já fora invalidada nessa época por Abraham Shalom Yahuda (1877-1951). Freud soube disso por intermédio de Arnold Zweig.

o homem que se dizia seu profeta e então apagado de suas memórias a recordação desse assassinato.[152]

Aceitando a hipótese de Eduard Meyer,[153] orientalista e egiptólogo, Freud associava a esse acontecimento outra história bíblica, mais tardia, concernente à aliança forjada pelos israelitas com as tribos beduínas instaladas no país de Madiã,[154] e cujo deus, Yahvé, era uma divindade brutal e pulsional. No seio dessas tribos, outro Moisés, um levita, acolhido por Jetro, casara-se com a filha deste e se tornara sacerdote após ter escapado das perseguições do faraó. Desses dois relatos nascera a lenda bíblica de um Moisés único, fundador de uma religião que unia o antigo culto de Yahvé e o novo monoteísmo importado do Egito.[155] E Freud acrescenta que a religião arcaica de Yahvé, após suplantá-lo, recalcara o monoteísmo mosaico, muito mais intelectual. Entretanto, ao cabo de vários séculos, este ressurgira. E Yahvé então se vira dotado dos atributos intelectuais do monoteísmo, enquanto a figura dividida de Moisés era reunificada sob os traços de um profeta único impondo a lei de um Deus único: um Deus do verbo e da eleição, portador de mensagem eminentemente espiritual.

Mais uma vez, recorrendo a seu talento de decifrador de enigmas Freud aplicava a essa narrativa reinventada sua doutrina das substituições: um Moisés dissimula o outro, este assume os atributos do primeiro e vice-versa, enquanto a recordação do assassinato permanece recalcada. E, mais ainda, detectava nele uma imagem que lhe era cara: a oposição entre um Moisés obscurantista, primitivo e destruidor, e um Moisés legislador e racional.[156]

---

152. Na versão bíblica, Moisés quebra as Tábuas da Lei ao ver os hebreus adorando o bezerro de ouro. Sobe novamente ao Sinai para buscar novas tábuas junto a Yahvé e morre aos 120 anos, sem ter alcançado a terra prometida. Josué é seu sucessor. Os hebreus erram durante quarenta anos no deserto.

153. Eduard Meyer, *Die Israeliten und ihre Nachbarstämme: Alttestamentliche Untersuchungen*, Halle, Max Niemeyer, 1906.

154. Filho de Abraão, cujos descendentes são midianitas, Freud evoca outros historiadores e exegetas. Suas obras, bem como as de Meyer, fazem parte do catálogo de sua biblioteca. A de Sellin, de 1922, não consta.

155. Na narrativa bíblica, as duas histórias são ligadas. Na idade adulta, Moisés mata um egípcio e foge para o país de Madiã, onde descobre sua vocação: Yahvé o chama das folhagens de um arbusto para que ele retorne ao Egito e liberte os hebreus mantidos em cativeiro.

156. Jacques Lacan percebeu claramente esse dualismo freudiano em *O Seminário*, livro 7: *A ética da psicanálise (1959-1960)*, texto estabelecido por Jacques Alain-Miller, Rio de Janeiro, Zahar, 1988, p.208s.

A morte em ação

Em 1937, entre janeiro e agosto, Freud publicou esses dois ensaios, ao mesmo tempo em que continuava a trabalhar num terceiro. Todavia, antes mesmo de terminá-lo, redigiu duas "notas preliminares", uma em Viena, antes de março de 1938, a outra em Londres, em junho do mesmo ano. Na primeira, fazia um balanço da situação política da Europa, apontando que a Rússia soviética não conseguira eliminar o "ópio do povo" (a religião) da nova sociedade comunista, a despeito de haver concedido aos indivíduos certa dose de liberdade sexual. Em seguida, constatava que o povo italiano passara a viver sob o jugo de um regime autoritário, ao passo que a Alemanha retrocedera à mais sombria das barbáries. Daí concluía que as democracias conservadoras haviam se tornado, tal como a Igreja católica, as guardiãs do progresso cultural. Assim, afirmava não querer chocar seus compatriotas austríacos publicando a última parte de seu estudo sobre Moisés, que mais uma vez contribuía para dessacralizar a religião monoteísta – e logo o cristianismo judaico – transformando-a num romance histórico, povoado de mitos e heróis neuróticos. Dizia-se convencido de que a psicanálise não tinha "lar mais valioso do que justamente a cidade em que ela nascera e crescera".[157] Nessa data, Freud ainda julgava seu movimento protegido pela Igreja católica e pelo governo austríaco, que saberia, segundo ele, resistir ao nazismo. E, não obstante, também tinha consciência, desde março de 1938, que nada mais deteria Hitler. Em suma, na véspera do Anschluss, sabia sem querer saber e ainda nutria esperanças.

Na segunda nota preliminar, redigida em junho de 1938, já em seu exílio em Londres, Freud dava uma guinada: "Então veio repentinamente a invasão alemã; o catolicismo revelou ser, para usar termos bíblicos, uma 'cana que balança com o vento'. Com a certeza de ser agora perseguido devido não só ao meu modo de pensar, mas também à minha 'raça', deixei com muitos amigos a cidade que foi minha pátria desde minha primeira infância, durante 78 anos. Encontrei amistoso refúgio na bela, livre e generosa Inglaterra. Aqui vivo agora, um convidado bem-vindo, respiro aliviado por ter me livrado daquela pressão e por poder falar e escrever de novo – por pouco não disse: por poder pensar como quiser ou precisar. Ouso trazer a público a última peça de meu trabalho."[158]

---

157. Sigmund Freud, *L'Homme Moïse et la religion monothéiste*, op.cit., p.133.

158. Ibid., p.135-6.

Foram necessários, portanto, cinco anos entre a tomada do poder pelos nazistas em 1933 e o Anschluss para que Freud compreendesse. Mas ele não terá sido o único a não encarar Hitler de frente. De toda forma, esse desconhecimento da situação da Áustria e da natureza do nazismo confirma o quanto Freud, em geral tão lúcido, era mais apegado a Viena e à sua judeidade vienense do que ele próprio julgava, e sua obra, muito mais do que ele pensava, produto de uma história imediata que ele não controlava, o que aliás a torna tão interessante. Quanto mais ele explorava os mitos de origem, mais interpretava os textos sagrados para torná-los compatíveis com suas construções e mais falava do tempo presente, isto é, das mutações do antissemitismo e de seu impacto na redefinição da identidade judaica.

No terceiro ensaio, *Moisés, seu povo e a religião monoteísta*, Freud retomava a tese dos dois Moisés, o midianita e o egípcio, para ligar o destino do judaísmo ao do cristianismo. O povo que o profeta elegera, dizia, teria matado o pai fundador, mas teria recalcado a lembrança do assassinato, a qual teria retornado com o cristianismo. Freud inspirava-se aqui no antigo antijudaísmo cristão para interpretá-lo na contramão de sua abordagem clássica, a do povo deicida. E, consequentemente, ligava o judaísmo ao cristianismo, fazendo do primeiro a religião do pai, do segundo, a religião do filho, e, dos cristãos, legatários de um assassinato recalcado pelos judeus: "O antigo Deus pai", afirmava, "renunciou, colocando-se atrás de Cristo. Cristo, o filho, assumiu seu lugar, exatamente como todo filho desejava nos tempos primevos."[159]

Ainda segundo Freud, Paulo de Tarso, herdeiro do judaísmo, teria sido igualmente seu destruidor: se por um lado, ao introduzir a ideia de redenção, ele exorcizou o espectro da culpa humana, por outro isto se deu ao preço de contradizer a ideia do povo judeu como povo eleito. Por conseguinte, renunciando ao sinal manifesto dessa eleição – a circuncisão –, teria transformado o cristianismo numa doutrina universal suscetível de ser ensinada a todos os homens.

Freud, no entanto, também afirmava que o ódio aos judeus era alimentado por sua crença na superioridade do povo eleito e pela angústia de castração suscitada pela circuncisão como sinal de eleição. Segundo ele, esse rito visava enobrecer os judeus e fazê-los menosprezar os outros, os incircuncisos.

---

159. Ibid., p.180.

A morte em ação 445

Na mesma perspectiva, apreendia literalmente, para deslocar sua significação, a principal recriminação do antijudaísmo, isto é, a recusa dos judeus em admitir a condenação à morte de Deus. O povo judeu, dizia, persiste em negar o assassinato do pai e os cristãos não cessam de acusar os judeus de deicidas por haverem se libertado do pecado original depois que o Cristo, substituto de Moisés, sacrificou sua vida para redimi-los. Em outras palavras, se o cristianismo é uma religião do filho que confessa o assassinato e se redime, o judaísmo permanece uma religião do pai que se nega a reconhecer o assassinato de Deus. E nem por isso os judeus deixam de ser perseguidos pelo assassinato do filho, de que são inocentes. Freud concluía daí que tal recusa expunha os judeus ao ressentimento dos outros povos.

Após admitir que a história dos judeus é indissociável da do antijudaísmo dos cristãos, Freud explicava que o antissemitismo moderno atestava um deslocamento do ódio do cristianismo para os judeus: "Esses povos que hoje se esmeram no ódio aos judeus tornaram-se cristãos apenas em períodos tardios da história, muitas vezes impelidos por sangrenta coação. Poderíamos dizer que todos foram 'mal batizados', que, sob um tênue verniz de cristianismo, permaneceram o que eram seus ancestrais, que reverenciavam o politeísmo bárbaro. Eles não superaram seu rancor contra a nova religião que lhes foi impingida, e voltaram esse rancor contra a fonte a partir da qual o cristianismo chegou até eles. ... Seu ódio aos judeus é, no fundo, um ódio aos cristãos, e não é de admirar que, na revolução nacional-socialista alemã, essa íntima relação entre as duas religiões monoteístas se manifeste tão claramente no tratamento hostil de ambas."[160] Em outros termos, se o judaísmo, religião "fóssil", é superior ao cristianismo por sua força intelectual, porém inapto à universalidade, convém associá-los historicamente – em sua própria diferença – para fecundar uma cultura judaico-cristã capaz de se opor ao antissemitismo moderno.

Esse procedimento consistia, no fundo, em fazer aflorar as raízes inconscientes do antissemitismo a partir do próprio judaísmo e não mais em vê-lo como um fenômeno extrínseco a ele. Maneira de voltar à problemática de *Totem e tabu*, de que *Moisés* era na realidade a continuação. Se a sociedade fora efetivamente concebida por um crime cometido contra o pai, pondo fim ao

---

160. Ibid., p.181.

reinado despótico da horda selvagem, depois pela instauração de uma lei em que a figura do pai era revalorizada, isso significava que o judaísmo devia obedecer ao mesmo roteiro. E, com efeito, o assassinato de Moisés engendrara o cristianismo, fundado no reconhecimento da culpa: o monoteísmo derivava assim da interminável história da instauração dessa lei do pai, sobre a qual Freud construíra toda a sua doutrina.

Ao agir assim, Freud obedecia à injunção de regressar à eminente autoridade da Bíblia e à religião de seus pais. Porém, longe de adotar a solução da conversão como resposta ao antissemitismo, ou a do sionismo, redefinia-se mais uma vez como um judeu sem Deus[161] – judeu de reflexão e de saber – ao mesmo tempo em que recusava o ódio de si judeu. Eu diria mesmo que ele procurava dissociar o judaísmo do sentimento de judeidade característico dos judeus não crentes, contornando tanto a aliança como a eleição, considerada uma espécie de delírio. No entanto, justamente quando desjudeizava Moisés para fazer dele um egípcio, Freud atribuía à judeidade, compreendida ao mesmo tempo como essência e pertencimento, uma posição de eternidade. Esse sentimento, pelo qual um judeu permanece um judeu em sua subjetividade mesmo quando adota uma posição de exterioridade com relação ao judaísmo, Freud a sentia pessoalmente e não hesitava em compará-la a uma herança filogenética. Em certos aspectos, pelo viés de sua reivindicação permanente de uma identidade judaica, permanecia fiel ao judaísmo de Moisés e atribuía à psicanálise a missão de assumir a herança desse judaísmo, um judaísmo convertido numa judeidade[162] de diáspora.

Com seu *Moisés*, Freud teve plena consciência de escrever uma espécie de testamento que refletia tanto sua recusa em deixar Viena, cidade onde se realizara uma fusão inédita entre uma judeidade de diáspora e uma nova maneira de pensar a universalidade do inconsciente, como seu desejo de se exilar e viver finalmente num lugar onde pudesse promover o renascimento de sua doutrina. Daí seu sonho de morar na Inglaterra, país por excelência da

---

161. O que Peter Gay aponta muito bem, *Un Juif sans Dieu* (1987), Paris, PUF, 1989 [ed. bras.: *Um judeu sem Deus*, Rio de Janeiro, Imago, 1992]. Desenvolvi essa tese em *Retorno à questão judaica*, op.cit.

162. O que faz Yerushalmi dizer que Freud fez da psicanálise um prolongamento de um judaísmo sem Deus: um judaísmo interminável. Eu diria antes uma judeidade interminável. Desenvolvi essa tese em *Retorno à questão judaica*, op.cit.

aliança entre um sistema monárquico e a democracia liberal. Para ele, esta foi certamente uma espécie de resposta à derrocada da antiga Europa iluminista, resposta fundada na aliança do espírito de dissidência spinozista e das três figuras míticas da cultura ocidental que sempre estiveram presentes na elaboração de sua doutrina: Édipo, tirano do mundo grego, Hamlet, príncipe cristão, Moisés, profeta judeu, reinventado por Michelangelo, o italiano, depois egipcizado pelos eruditos alemães do século XIX. Em 1938, esse Moisés, ardendo de desejo pela Inglaterra, era aos olhos de Freud o exato oposto de Wilson, o americano da triste figura.

Na realidade, Freud temia a democracia americana, que desacreditava a própria ideia de uma república dos eleitos em prol da dominação das massas. E amaldiçoava o nazismo, que dava livre curso à destruição do homem mediante pulsões selvagens. De ambos os lados, aquelas duas modalidades de governança colocavam em xeque a própria noção de autoridade tal como ele a entendia. E estava convencido, sobretudo depois da crise econômica de 1929 e da publicação do *Mal-estar*, que a busca imoderada das riquezas era tão perigosa quanto a submissão à tirania. Da mesma forma, pensava que os Estados Unidos um dia seriam devorados por seus três demônios: a loucura puritana, a busca individual do desempenho sexual e a especulação ilimitada. Eis por que apenas a velha Europa imperial dos Habsburgo prosperara por tanto tempo a seus olhos, pois protegia as minorias e incentivava o controle das pulsões. Mas ela fora engolida pela Primeira Guerra Mundial. Impunha-se então o desejo da Inglaterra.

Em 1938, Freud não via senão a Inglaterra como porto seguro. Ela reinava sobre um império, herdara um passado glorioso, cultivava a liberdade individual e o respeito às dinastias reais. Por fim, sempre soubera resistir às tentações ditatoriais, ao preço de um regicídio e da restauração da dignidade monárquica. Freud simpatizava com Cromwell, grande protetor dos judeus,[163] assim como apreciava que as famílias reais britânicas não fossem afastadas do poder – ainda que simbólico – por uma república jacobina qualquer: "Freud foi um patriarca", escreveu Mark Edmundson, "que trabalhou com inigualá-

---

163. Em 1655, a pedido do rabi Menasseh ben Israël, Cromwell pusera fim ao banimento dos judeus e autorizara a liberdade de culto.

vel talento para desconstruir o patriarcado. Escreveu e viveu para suprimir a forma de autoridade que ele próprio encarnava e explorava."[164]

Testamento de uma judeidade freudiana no exílio, o *Moisés* gerou múltiplas interpretações contraditórias. Irão delinear-se três abordagens críticas. A primeira, da lavra de David Bakan, incluirá a obra freudiana na tradição da mística judaica.[165] A segunda – de Carl Schorske a Peter Gay, passando por Yirmiyahu Yovel –, ao contrário, desvelará um Freud ateu, descentrado de sua judeidade e às voltas com a dupla problemática da dissidência spinozista e da integração à cultura alemã. A terceira, por fim, a de Yosef Yerushalmi, tentará evidenciar as ambiguidades judaicas de Freud face à sua judeidade. De minha parte, compartilho os dois últimos pontos de vista.

Do lado dos eruditos israelenses especialistas em história judaica, a obra freudiana será injustamente menosprezada e criticada. Martin Buber irá censurar Freud por sua falta de seriedade científica[166] e, a ele, Gershom Scholem irá preferir Jung – durante certo tempo pelo menos –, o qual se tornava um sionista cada vez mais fervoroso à medida que vinham à tona seu antissemitismo e seu apoio à Alemanha nazista.

No início de 1938, o câncer de Freud alastrou-se até a base da órbita. A cada semana, as lesões da cavidade bucal expandiam-se, enquanto tecidos necrosados causavam-lhe dores, necessitando limpeza diária. As intervenções cirúrgicas e as eletrocoagulações retardavam a progressão da doença. Preocupado em trabalhar mais e conservar intacta sua lucidez, Freud, que emagrecia a olhos vistos, recusava-se a tomar analgésicos. Apesar das devastações no rosto provocadas pela doença e a piora da surdez consecutiva a infecções pós-operatórias, ele fazia questão de manter-se apresentável. Assim, exigiu de Pichler a ablação de um ateroma do maxilar que se avolumara a ponto de impedi-lo de se escanhoar: "Talvez venha a notar que estou mais bonito. Eu não estava desfigurado por um cisto sebáceo, um ateroma, ao qual a senhora nunca se referiu, sem dúvida por uma questão de tato? Retiraram-me esse belo ornamento."[167]

---

164. Mark Edmundson, *La Mort de Sigmund Freud*, op.cit., p.116.
165. David Bakan, *Freud et la tradition de la mystique juive* (1958), Paris, Payot, 1977.
166. Martin Buber, *Moïse*, Paris, PUF, 1986. Carl E. Schorske, *Viena fin-de-siècle*, op.cit. Yirmiyahu Yovel, *Spinoza et autres hérétiques*, op.cit. Peter Gay, *Un Juif sans Dieu*, op.cit.
167. Carta a Marie Bonaparte de 27 de janeiro de 1938. Arquivos inéditos. Citada por Max Schur.

A morte em ação   449

Ao contrário de Freud, Hitler tinha horror à monarquia dos Habsburgo e, desde que a Áustria se tornara uma pequena república e Viena uma cidade deteriorada mas sempre orgulhosa de seu passado imperial, só pensava em reduzi-la a pó. "A Áustria alemã deve voltar à grande pátria alemã", afirmara em *Mein Kampf*, "e isso não em virtude de alguma razão econômica. Não, não, ainda que essa fusão, economicamente falando, seja indiferente ou mesmo danosa, ela deve acontecer de qualquer maneira: um sangue único exige um Reich único."[168]

No início de 1938, portanto, Hitler aguardava com impaciência o momento propício a uma intervenção na Áustria, a fim de realizar seu projeto de fusão, o mesmo com que sonhava desde a juventude. Sentia-se pura e simplesmente investido da missão "grandiosa" de conquistar Viena, irromper lá à luz do dia, qual um espectro no meio de um temporal primaveril. Assim, convocou Kurt von Schuschnigg ao Berghof para coagi-lo a ceder dois ministérios a simpatizantes nazistas, em especial o do Interior a Arthur Seyss-Inquart, sob a ameaça de invasão militar. Schuschnigg consentiu, depois tentou em vão promover um plebiscito para salvar a independência da Áustria, o que desencadeou uma fúria "histérica" de Hitler, convencido, e estava certo, aliás, de que a Itália, a França e a Inglaterra não interfeririam. "Os dados estão lançados", escreveu Goebbels, "investimos direto contra Viena, o próprio Führer está a caminho da Áustria."[169]

Desesperado, Schuschnigg pediu ajuda aos britânicos, o que lhe valeu um telegrama cínico de Lord Halifax: "O governo de Sua Majestade não está em condições de garantir sua proteção." Em 11 de março, exonerou-se de suas funções e, à noite, pronunciou um vibrante discurso radiofônico, ao passo que, em todas as cidades austríacas, as multidões já se sublevavam, atacando os judeus aos gritos de "Morte a Judas", glorificando o nome de Hitler e ocupando os prédios oficiais.

Na Berggasse, Freud escutou o discurso de Schuschnigg, que terminava com estas palavras: "Deus salve a Áustria." Em 12 de março, anotou em sua agenda: *"Finis Austriae."* Pela segunda vez, determinado a defender até o fim seu status de patriarca da psicanálise, assistia à agonia do mundo que fora o

---

168. Ian Kershaw, *Hitler*, op.cit., t.II, p.129.
169. Ibid., p.144.

seu. Não obstante sabia-se ameaçado: recebera a visita de John Wiley, amigo de William Bullitt e cônsul-geral dos Estados Unidos em Viena, que agora tinha como missão agilizar seu exílio e o de sua família. Wiley alertara imediatamente Cordell Hull, secretário de Estado do presidente Roosevelt, acerca do perigo que, a despeito da idade e saúde precária, ameaçava Freud.[170] Em Paris, Bullitt dirigiu-se à embaixada da Alemanha para deixar o conde Von Wilczec de sobreaviso, a fim de que *Herr Professor* não fosse submetido a nenhuma sevícia. Por fim, Dorothy Burlingham foi encarregada de avisar por telefone à embaixada americana de Viena, na eventualidade de lhe acontecer qualquer incidente.

Em 13 de março, no momento em que o Anschluss era oficialmente proclamado, o conselho diretor da WPV se reuniu na Berggasse na presença de Freud e sob a presidência de Anna. Jones comunicara que desejava colocar em prática, em Viena, a mesma política de pretenso "salvamento" adotada em Berlim. Único não judeu do conselho, Richard Sterba recusou-se a fazer o papel de Felix Boehm, manifestando a intenção de deixar a Áustria com a família no prazo mais curto, e alcançar a Suíça e de lá os Estados Unidos. Decidiu-se, por conseguinte, dissolver a WPV e instalar sua sede onde Freud escolhesse viver. Consumou-se, dessa forma, o primeiro ato político de um descentramento que iria transformar a psicanálise no equivalente de uma judeidade de diáspora. Se Viena deixava de ocupar um lugar central no movimento – ainda que já contestado –, isso significava que Freud podia igualmente partir, a fim de reinstaurar, no exílio e antes de morrer, uma fundação de outra ordem: memorial, dessa vez. Face à destruição premeditada, cumpria a todo custo transmitir às gerações vindouras o legado do que havia sido a história de sua vida, de sua doutrina, de seu ensino e do primeiro cenáculo de seus discípulos: livros, arquivos, manuscritos, cartas, coleções, anotações de trabalho, *verbatim*, recordações coletivas etc. Tudo isso pertencia agora muito mais ao futuro do que ao passado. Salvar os vestígios, salvar a história, salvar a memória, salvar a lembrança de Viena. Essas tarefas eram tão indispensáveis como salvar vidas, e completamente alheias a qualquer espírito de colaboração com o nazismo.

---

170. Em 15 de março, ele enviou um telegrama nesse sentido ao secretário de Estado. Reproduzido em fac-símile em *Chronique la plus brève*, op.cit., p.229.

A morte em ação

Freud recebeu claramente a mensagem que lhe dirigiam os membros do comitê e, dessa vez, renunciou a qualquer pretensão ao suposto "salvamento", pronunciando estas palavras: "Após a destruição por Tito do templo de Jerusalém, o rabino Jochanaan ben Sakkai pediu autorização para abrir em Jabné uma escola dedicada ao estudo da Torá. Vamos fazer a mesma coisa. Estamos, afinal de contas, habituados a ser perseguidos em nossa história e nossas tradições, e alguns de nós, salvo uma exceção, por experiência própria."[171]

Cada vez mais exaltadas ante o anúncio da chegada de Hitler, as multidões atacavam judeus, comunistas e social-democratas. Freud julgava os austríacos menos brutais que os alemães. Estava enganado: eles suplantaram em ferocidade os senhores do nazismo a ponto de estarrecê-los. Arrancados à força de seus escritórios, os judeus foram sumariamente confiscados de seus bens, depois transformados em "destacamentos de limpeza" sob a vigilância de bandos de saqueadores que os espancavam e insultavam aos gritos de *Heil Hitler!*: "O Hades abrira suas portas e soltara os espíritos mais vis, mais desprezíveis e impuros", observou o dramaturgo Carl Zuckmayer, "Viena transformara-se num pesadelo de Hieronymus Bosch."[172]

Hitler, de fato, preparara sua entrada na Áustria. Primeiramente, fez uma escala em Braunau-am-Inn, sua cidade natal, onde o esperava uma multidão em delírio. Foi em seguida a Linz, onde, profundamente emocionado com a acolhida que lhe reservavam os moradores, chorou, pronunciando um discurso no qual se colocava como herói designado pela Providência para cumprir a sagrada missão de destruir a identidade austríaca. Finalmente, em 15 de março, tomou a palavra em Viena perante uma multidão apoplética, antes de ser triunfalmente recebido pelos altos dignitários da Igreja católica, que deram prontamente seu apoio ao Anschluss, ao nacional-socialismo, às leis antissemitas e a toda forma de cruzada contra o bolchevismo.[173] O cardeal Innitzer, primaz da Áustria, após sua assinatura na declaração de fusão e acrescentou de punho próprio: *"Heil Hitler."*

---

171. Richard Sterba, *Réminiscences*, op.cit., p.145-6. Freud designava Sterba.

172. Ian Kershaw, *Hitler*, op.cit., p.149. Peter Gay faz uma excelente descrição do furor que se desencadeou na Áustria em março de 1938.

173. Em 2 de abril de 1938, a França, a Grã-Bretanha e os Estados Unidos reconheceram a legalidade do Anschluss.

452 *Freud, últimos tempos*

Em pouquíssimo tempo a espoliação das empresas judaicas foi efetivada, com um Nazi-Kommissar investido de todos os poderes de confisco, liquidação, detenção e incentivo à delação. Veio em seguida, muito rapidamente, a deportação para campos de concentração que ainda não eram locais de extermínio. Sem dar muito crédito, Freud soubera de sua existência pela leitura do jornal *Das neu Tagebuch*, editado na França sob os auspícios de Leopold Schwarschild, um jornalista alemão no exílio, o mesmo que publicará em seguida, nos Estados Unidos, a primeira versão do *Bruder Hitler*, de Thomas Mann.

Freud chegara a pensar que o catolicismo austríaco protegeria os judeus. Mais uma vez, estava redondamente enganado. Quanto a Forzano, o amigo de Weiss, enviou uma carta inútil a Mussolini: "Recomendo a Vossa Excelência um glorioso ancião de oitenta e dois anos que admira muito Vossa Excelência: Freud, um judeu."[174]

Dessa vez, tornava-se urgente organizar o mais rápido possível a partida de Freud para a Inglaterra. Em 16 de março de 1938, Jones chegou a Viena, um dia antes de Marie Bonaparte. A exemplo do capitão do *Titanic*, que se recusara a abandonar seu navio, Freud afirmou que jamais abandonaria seu posto. Jones teve então a ideia de objetar com outra história: a do oficial do mesmo transatlântico que fora ejetado na superfície da água pela explosão de uma caldeira. Por ocasião da investigação, haviam lhe perguntado em que momento ele deixara o navio e ele respondera: "Não o deixei, foi ele que me abandonou." Freud reconheceu que seu caso era idêntico. E, uma vez que Viena o abandonara aos nazistas, ele consentiu em emigrar para a Inglaterra.

Em conformidade com as decisões tomadas pelo comitê da WPV, porém, queria levar consigo seus últimos discípulos vienenses. Ora, Jones sabia que os kleinianos jamais aceitariam que estes ingressassem em massa no BPI. Além disso, o governo britânico não acolhia refugiados judeus senão no limite de cotas muito estreitas. Em suma, a partida teve de ser negociada com a mobili-

---

174. Carta de Giovacchino Forzano a Mussolini de 14 de março de 1938. Citada por Paul Roazen, in "Questions d'éthique psychanalytique", op.cit., p.162. Apesar das afirmações de Concetta Giovacchino a esse respeito, Mussolini parece não ter dado atenção ao pedido de seu pai. Solicitei a Maurizio Serra que pesquisasse o assunto e ele não encontrou nada nos arquivos. Em seu depoimento, depositado na Biblioteca do Congresso, Edoardo Weiss afirma que jamais teve qualquer prova das intenções favoráveis de Mussolini com relação a Freud, nas quais, não obstante, Forzano acreditava.

A morte em ação   453

zação de todas as forças presentes: Marie Bonaparte, disposta a comprometer sua fortuna e suas relações; Bullitt, Wiley e Cordell Hull, respaldados por suas posições nos Estados Unidos;[175] e Jones, que alertara todos os seus conhecidos em Londres: seu cunhado Wilfred Trotter, que fazia parte do conselho da Royal Society, Sir William Bragg, eminente físico, prêmio Nobel, Sir Samuel Hoare, ministro do Interior, membro do Partido Conservador.

Já não era sem tempo. Na véspera, em 15 de março, as instalações do Verlag, situadas no número 7 da Berggasse, haviam sido revistadas por membros da SA. Martin Freud foi ameaçado por um brutamonte que lhe apontou o cano da pistola na têmpora. Não tivera tempo de destruir todos os documentos que atestavam que Freud possuía divisas em bancos estrangeiros. No mesmo dia, outra horda nazista efetuou buscas no domicílio da família. Martha deu provas de grande sangue-frio, tratando os saqueadores como visitas comuns e convidando-os a deixar as armas no porta-guarda-chuva da entrada. Eles confiscaram diversos passaportes e levaram seis mil schillings contra a entrega de um recibo oficial.

Nos Estados Unidos, já corria o rumor de que Freud fora executado pelos nazistas. Enviado por um jornal, um repórter foi então a Viena, à Berggasse, na companhia de Emy Moebius. Foram recebidos por Martha, que lhes comunicou que Freud repousava naquele momento.[176]

Por seu turno, a partir de 17 de março, Marie Bonaparte começou, com a ajuda de Anna, Martha e Paula, a selecionar, arrumar e acondicionar os tesouros que Freud acumulara durante uma vida inteira. Sempre preocupada

---

175. Sobre a emigração de Freud, além dos arquivos da Biblioteca do Congresso e os de Marie Bonaparte, é possível consultar as obras já citadas de Ernest Jones, Max Schur, Martin Freud, Eva Weissweiler, Richard Sterba, Mark Edmundson, Detlef Berthelsen (sobre Paula Fichtl), Elisabeth Young-Bruehl. Convém igualmente cruzar as correspondências de Freud com Ernest Jones, Max Eitingon, Arnold Zweig, Minna Bernays, Anna Freud e os outros filhos. Cf. também *Chronique la plus brève*, op.cit.; *"Ici la vie continue de manière surprenante"*, op.cit.; Sophie Freud, *À l'ombre de la famille Freud*, op.cit. A consulta a todas essas fontes permite conhecer minuciosamente o dia a dia das negociações financeiras, jurídicas e administrativas que resultaram na emigração de Freud e dos membros de sua família, bem como na evacuação para a Inglaterra de seus arquivos e coleções. Um rumor difundido por Barbara Hannah afirma que Franz Riklin Jr. teria sido despachado para Viena por Jung para entregar a Freud uma soma significativa a fim de ajudá-lo a se exilar. Freud teria respondido que não queria ficar devendo nada a seus inimigos. Esse boato foi invalidado por Deirdre Bair, *Jung*, op.cit., p.692. Cf. igualmente o depoimento de Robert McCully colhido por Kurt Eissler, BCW, s/d, cx.121, pasta 17.
176. Depoimento de Emy Moebius, que emigrará para a Flórida, BCW, documento citado.

em salvar documentos, recolhia papéis importantes que *Herr Professor,* por sua vez, queria jogar fora ou queimar. Partilhando a vida cotidiana da família, desviava objetos para fazê-los chegar clandestinamente ao estrangeiro, por intermédio da legação grega, onde se achava hospedada. Salvou um punhado de peças de ouro que Freud separara para se desfazer. Um dia, dissimulou sob as saias uma estatueta em bronze da deusa Atena empunhando na mão direita uma taça de libação e na esquerda uma lança, tendo, na cabeça, o capacete coríntio e, no tórax, um peitilho decorado com um rosto de Medusa. Sabendo que Freud era muito apegado àquele ícone guerreiro, que aliava as virtudes do combate às da inteligência, resolvera salvá-lo para restituí-lo quando ele estivesse hospedado em sua casa em Paris. Freud fora autorizado a levar suas coleções e parte de seus livros. Porém, obrigado a deixar em Viena cerca de oitocentos volumes de valor inestimável, chamou o grande livreiro Heinrich Hinterberger, que arrematou um bom lote de livros de arte.[177]

Em 20 de março, sob a liderança de Jones – ainda aferrado à ideia da colaboração com os nazistas –, os membros do conselho diretor da WPV aceitaram assinar um protocolo de intenções passando esta última à tutela da DPG. Representando Matthias Göring, Müller-Braunschweig participava dessa reunião, que instaurava uma espécie de Anschluss dos vienenses por parte dos psicanalistas berlinenses "arianizados", os mesmos vienenses que, não obstante, haviam recusado toda forma de "salvamento". Diretor do Verlag, Martin Freud apôs sua assinatura ao lado das de sua irmã Anna, Marie Bonaparte, Eduard Hitschmann, Heinz Hartmann, Ernst Kris e Robert Walder.[178] Os membros judeus desse comitê assinavam ao mesmo tempo seu próprio expurgo, uma vez que essa tutela os excluía *de facto* de toda função no âmbito da WPV. Ressabiado com a ausência de Sterba, Jones anotou que o *Shabbes Goy*[179] furtara-se a seus deveres.

Um mês mais tarde, confortavelmente instalado no número 7 da Berggasse doravante *judenfrei*, Müller-Braunschweig informou Sterba de sua intenção de transformar as dependências do Verlag em instituto "arianizado"

---

177. Um ano mais tarde, Jacob Schatsky, bibliotecário do Instituto Psiquiátrico de Nova York, adquiriu-os.

178. Documento publicado na *Revue Internationale d'Histoire de la Psychanalyse*, 5, 1992, p.35.

179. Assim é designado o não judeu encarregado de ajudar os judeus praticantes a executar certas tarefas cotidianas no dia do Shabbat.

A fim de garantir a pretensa "sobrevivência" da psicanálise na Áustria. E lhe solicitava, como único "ariano" da WPV, que se prestasse a essa sinistra operação.[180] Sterba se fez de surdo. Antes de partir para o exílio, teve tempo de constatar uma imponente suástica afixada na entrada da casa de Freud. Quando encontrou Jones em Londres, tomou consciência de que contribuíra para fazer fracassar aquela política que ele desaprovava. No entanto, não conseguindo visto para se instalar na Inglaterra, sondou, junto a Wulf Sachs, a possibilidade de emigrar para a África do Sul e terminou exilando-se nos Estados Unidos. Freud e sua filha, por sua vez, haviam aprovado a decisão de Jones a respeito da tutela da WPV após haverem recusado, em 13 de março, sua política de "salvamento".

Da reunião de 20 de março também havia participado Anton Sauerwald, ex-aluno de Josef Herzig, eminente professor de química da Universidade de Viena. Como Nazi-Kommissar, cabia a Sauerwald a tarefa de confiscar a fortuna dos judeus a fim de "desjudaizar a economia austríaca". Assim, incumbia-lhe cuidar dos bens da família Freud, bem como de todas as operações relativas à WPV e ao Verlag. Ferrenhamente antissemita, começou por insultar todos os não judeus que haviam ousado se misturar a *"Jüdische Schweinereien"*.[181] Porém, como estava lidando com um cientista ilustre, cuja dignidade se impunha por si só, pôs-se a ler diversas obras de psicanálise e, sobretudo, a se demarcar dos outros funcionários nazistas. Quando percebeu que Freud dispunha de uma fortuna e aplicara o dinheiro no estrangeiro, decidiu não o "denunciar", e sim, ao contrário, ajudá-lo a obter as autorizações necessárias para seu exílio. Cogitava resgatar um dia, em benefício próprio, o dinheiro assim subtraído do confisco e, para esse fim, associou-se a um advogado, Alfred Indra, outro personagem duvidoso, que naqueles tempos conturbados fazia fortuna dando consultoria a ricas famílias judias vienenses submetidas a extorsões exorbitantes. Próximo da família Wittgenstein, ligado a Marie Bonaparte, o dr. Indra, ex-oficial do exército imperial, colecionador de objetos de arte, leitor assíduo de Karl Kraus, amante da caça com cães e dos chistes, passava por um notável jurista, sugerindo a seus clientes que as

---

180. Carta datada de 5 de maio de 1938, que se encerrava com a fórmula de praxe *Heil Hitler*, in Richard Sterba, *Réminiscences*, op.cit., p.151.

181. "Porcos judeus".

autoridades nazistas eram estúpidas e crédulas. Indra tornou-se advogado de Freud e colaborou com todos os membros de seu círculo.[182]

Em 22 de março, Anna Freud foi levada ao hotel Metropole,[183] quartel-general da Gestapo, para passar por um interrogatório a respeito de suas "atividades subversivas". Marie Bonaparte exigiu acompanhá-la, mas os SS, impressionados com seu status de alteza real, não lhe deram ouvidos. Habilidosamente, Anna conseguiu convencer seus carcereiros de seu apolitismo. De volta à Berggasse, encontrou Freud num estado de extrema agitação. Ele nunca soube que ela levara consigo uma dose de Veronal para o caso de vir a ser torturada.

Para evitar aquelas invasões no futuro, a princesa decidiu montar guarda nos degraus da escada: "Visom azul-marinho protegendo os ombros, nas mãos luvas claras e na cabeça um chapelão de aparência frágil. Ao seu lado, uma bolsa de crocodilo marrom. Envolta numa nuvem de jasmim, seu perfume preferido, ficava ali, agachada."[184] Às escondidas de *Herr Professor*, Paula lhe levava chá ou chocolate.

Nessa data, mais de sete mil e quinhentas pessoas já haviam sido detidas e torturadas, e milhares de judeus encarcerados ainda ignoravam para onde seriam deportados. No início de abril, um primeiro trem de prisioneiros ditos "políticos" partiu rumo a Dachau. Ajudados ou não por Jones, ou por seus amigos estrangeiros, os psicanalistas fugiam, abandonando seus bens, suas casas, seus móveis, sua clientela, seu passado e, às vezes, vários parentes que não podiam acompanhá-los por falta de vistos ou "certificados de inocuidade" (*Unbedenklichkeitserklärung*) indicando que haviam quitado a famigerada taxa de saída (*Reichsfluchtsteuer*) necessária a toda partida oficial.

---

182. Sobre o papel de Alfred Indra, cf. Alexander Waugh, *Les Wittgenstein: une famille en guerre*, Paris, Perrin, 2011. Sobre o detalhe das leis antijudaicas aplicadas à família Freud e às suas irmãs, cf. Harald Leupold-Löwenthal, "L'émigration de la famille Freud en 1938", *Revue Internationale d'Histoire de la Psychanalyse*, 2, 1989, p.442-63. E Alfred Gottwaldt, "Les soeurs de Sigmund Freud et la mort. Remarques concernant leur destin de déportation et de meurtre de masse", *Revue Française de Psychanalyse*, 68, 4, 2004, p.1308-16.
183. É no local desse suntuoso hotel, destruído em 1945, que Simon Wiesentahl instalará seu Centro de Documentação da Resistência Austríaca. Em 1985, foi erigido um monumento em memória das vítimas.
184. Detlef Berthelsen, *La Famille Freud au jour le jour*, op.cit., p.81.

A *morte em ação*

Ernst Freud, Lucie e seus três filhos, Stefan, Lucian e Clemens, haviam deixado a Alemanha e moravam em Londres; Oliver, Henny e sua filha Eva estavam instalados no sul da França;[185] Max Halberstadt residia na África do Sul com sua segunda mulher, Bertha, e a filha de ambos, Eva. Quanto ao jovem Ernstl Halberstadt, "o menino do carretel", planejava, desde Londres, juntar-se a seu pai em Joanesburgo, após um périplo na Palestina junto a Eitingon e um retorno a Viena. Conseguiu fugir para Paris depois do Anschluss pulando dentro de um trem: "Fui abençoado com uma sorte incrível, não me achacaram e nada de aborrecido me aconteceu. Além disso, tive a felicidade de poder esperar minha família na Inglaterra."[186]

Já advogado célebre, travando uma luta corajosa contra a pena de morte, Albert Hirst teve justo o tempo de voltar a Viena para ajudar sua família a emigrar para os Estados Unidos. Após tantos anos de rejeição a Freud, deuse conta, definitivamente, de que vencera a neurose e os problemas sexuais. Em 1972, estimou ter tido uma "boa vida" graças a Deus, aos Estados Unidos e a Freud.[187]

Em 19 de abril, Freud festejou em família o aniversário de seu irmão Alexander, legando-lhe, quando este se preparava para partir para a Suíça, sua coleção de charutos. Não desistira de fumar, mas, naquele momento, o tabaco não lhe apetecia. Esforçando-se para superar sua anglofobia, Alexander, acompanhado da mulher, Sophie Schreiber, pretendia ir para Londres e depois emigrar para o Canadá. Seu filho Harry encontrava-se então em Davos, onde fazia um tratamento. Voltaria em seguida a Viena, após a guerra, incorporado no exército americano.

Enquanto todas essas negociações tinham curso, os membros da família Freud se perguntavam como resolver o problema das quatro tias, velhas senhoras nonagenárias, que não exerciam mais qualquer atividade havia anos. Amparadas pelos dois irmãos, Sigmund e Alexander, e pela irmã, Anna Ber-

---

185. Eva Freud (1924-44) morrerá em Marselha em consequência de uma septicemia decorrente de um aborto. Cf. *Dicionário de psicanálise*, op.cit.

186. W. Ernst Freud, "Souvenirs personnels à propos de l'Anschluss", *Revue Internationale d'Histoire de la Psychanalyse*, 3, 1990, p.409-14.

187. David J. Lynn, "Sigmund Freud's Psychoanalysis of Albert Hirst", op.cit. E "Obituary", *Insurance Advocate*, 85, 1974, p.89. O depoimento de Hirst encontra-se na Biblioteca do Congresso, documento citado.

nays-Freud, suas vidas foram marcadas pela tragédia. Adolfine Freud (Dolfi) vivia sozinha depois da morte de Amalia, cercada por Regine Debora (Rosa) Graf, Maria (Mitzi) Freud e Pauline Regine (Paula) Winternitz, todas as três viúvas, tendo como descendentes três filhas, radicadas no estrangeiro. Margarethe Freud-Magnus, filha de Maria, residia na Dinamarca, e sua irmã Lilly Freud-Marlé[188] prosseguia em Londres sua carreira de atriz, junto ao seu marido, Arnold Marlé, beneficiando-se, no caso, do apoio financeiro prodigalizado pelo tio. Quanto a Rose Winternitz, filha de Paula, acometida de distúrbios mentais, casara-se com o poeta Ernst Waldinger e acabava de trocar a Áustria pelos Estados Unidos, onde seria tratada por Paul Federn.[189]

Freud decerto percebia o perigo que ameaçava as irmãs, mas não podia imaginar que os nazistas tentariam exterminar pessoas idosas sem recursos ou inativas. Pensava, como todos os da família, que as perseguições antissemitas visavam em primeiro lugar a judeus ativos possuindo fortunas ou exercendo alguma profissão. Em suma, estava convencido de que suas irmãs poderiam emigrar um pouco mais tarde, após os discípulos e outros membros da família. Além disso, as taxas exigidas para as evacuarem eram de tal forma exorbitantes que ele não tinha como financiar a partida, sem falar que as autoridades britânicas exigiam que os exilados provessem suas necessidades uma vez instalados na Grã-Bretanha.

Freud reivindicara ser acompanhado pelas quinze pessoas que se encontravam mais diretamente ameaçadas: Martha, Minna, Anna, Paula, Martin, sua mulher, Esti, e seus dois filhos (Anton Walter e Sophie), Ernstl Halberstadt, Mathilde e Robert Hollitscher, Max Schur, sua mulher, Helen, e seus dois filhos (Peter e Eva). Bullitt estava convencido de que Freud nunca conseguiria reunir a soma necessária ao planejamento da operação, nem sequer com a ajuda de Marie Bonaparte. E ofereceu-se para contribuir com 10 mil dólares para a partida da "caravana".[190]

---

188. Ela adotou Angela, sua sobrinha órfã, filha de Tom Seidmann-Freud, a qual se suicidara em 1930, assim como seu marido, que também se matara pouco tempo antes. Numa carta à sua irmã Mitzi, de 28 de dezembro de 1930, Freud explica que não pode assumir a tutela de Angela em Viena, BCW, cx.3, pasta 11.

189. Ela nascera nos Estados Unidos, para onde sua mãe emigrara antes de retornar a Viena. Cf. Ernst Waldinger, "My Uncle Sigmund Freud", *Books Abroad*, 15, janeiro de 1941. Um longo depoimento de Waldinger encontra-se na Biblioteca do Congresso. Documento citado.

190. Freud insistiu, em vão, para levar na caravana Maximilien Steiner, membro da WPV desde 1908.

Foi então que Freud e Alexander decidiram doar às quatro irmãs a soma de cento e sessenta mil schillings austríacos, pedindo a Alfred Indra e Anton Sauerwald que administrassem aquela fortuna à espera de dias melhores. Ao deixar Viena, após pagar todas as taxas exigidas, Alexander viu-se sem recursos e, no exílio, foi obrigado a apelar a amigos e parentes. Sua fortuna fora confiscada e seu advogado nazista, Erich Führer, se aproveitara disso para enriquecer pessoalmente.

Após semanas de negociações, Jones obteve os vistos de entrada na Inglaterra e as licenças de trabalho necessárias a Freud e às pessoas que o acompanhavam. Faltava ainda a autorização para deixarem a Áustria. Nomeado para avaliar as coleções de Freud, Hans von Demel, o curador do Kunsthistorisches Museum ofereceu o montante de trinta mil Reichsmarks (RM), soma inferior à realidade. Ao que se acrescentava a avaliação da imponente fortuna – 125.318 RM –, sobre a qual Freud ainda deveria pagar uma taxa de 31.329 RM. Contudo, como os bens do Verlag e sua conta bancária haviam sido confiscados, ele não podia pagar essa "dívida" obrigatória. E foi Marie Bonaparte quem pagou o resgate.

Acompanhada de Dorothy Burlingham, Minna partiu em 5 de maio, seguida dez dias mais tarde por Mathilde e Robert. Já separada de Martin, que tinha inúmeros casos extraconjugais, Esti embarcou no trem com Sophie e Anton Walter. Ela sempre detestara Freud, que por sua vez não gostava dela e a considerava "clinicamente louca", ao mesmo tempo em que procurava lhe dar excelentes conselhos, que ela jamais seguia. Partindo para Paris, ela deixava parte da família para trás. Sua mãe, Ida Drucker, seria exterminada em Auschwitz.

Martin deixou Viena em 14 de maio para encontrar Esti e os filhos em Paris, mas, no dia seguinte, partiu novamente, sem ela, para Londres com o filho. Sophie permaneceu com a mãe em Paris e Anton Walter em Londres com o pai. Em junho de 1940, Esti e Sophie partiram ambas para o sul da França, foram para Casablanca e, de lá, emigraram para os Estados Unidos, onde contaram com a ajuda da família Bernays. Vários de seus amigos vienenses morreram exterminados nas câmaras de gás.

Anos mais tarde, quando Sophie, então cidadã americana, sentiu necessidade de criticar acerbamente as teorias do avô, lembrou-se de que lhe devia a vida: "É então ao meu avô que devo ter sido incluída entre os raros bem-aventurados que puderam deixar Viena antes do início da mortal perseguição dos judeus. Quando meu irmão me ouviu falar de minhas críticas às teorias de meu avô, ele me disse: 'Sem o vovô, os nazistas teriam feito um abajur com a sua pele.'"[191]

Igualmente preocupado em conservar documentos do esplendor dos primórdios, August Aichhorn[192] pediu a Edmund Engelman, fotógrafo vienense oriundo de uma família judia da Galícia, que tirasse uma série de fotografias dos locais ainda intactos, bem como retratos de Freud. Para driblar a vigilância dos nazistas, Engelman teve de evitar flashes e spots. Levou consigo uma Rolleiflex e uma Leica, duas lentes e o máximo de filmes que sua maleta podia conter. Durante vários dias, fotografou minuciosamente, em preto e branco, objetos, móveis e cômodos sob diferentes ângulos, mostrando assim, entre penumbra e claro-escuro, o quanto aquele lugar era, qual uma viagem de sonho, mais próximo de uma gravura de Max Ernst que de um quadro da Renascença. Ameaçado pela Gestapo, Engelman foi obrigado a deixar Viena precipitadamente. Por prudência, deixou os filmes com Aichhorn. Contudo, retornou logo após a partida de Freud: "Operários haviam começado uma reforma. Haviam raspado e encerado o assoalho: a marca do divã desaparecera."[193]

Em 4 de junho, Freud embarcou no Expresso do Oriente com Anna, Martha, Paula e a cadela Lün. Josefine Stross, pediatra, ocupara o lugar de Max Schur, forçado a uma cirurgia de urgência devido a uma crise de apendicite aguda flegmonosa. Em 10 de junho, Schur, ainda enfaixado e com um dreno no abdome, teve de fugir do hospital numa cadeira de rodas para escapar da Gestapo junto com a família. Graças ao visto obtido por Freud e Jones, alcançou Paris, depois Londres e finalmente Nova York, onde

---

191. Sophie Freud, *À l'ombre de la famille Freud*, op.cit., p.206. Nascida em 1924, Sophie Freud casou-se nos Estados Unidos com Paul Lowenstein, imigrante alemão que fugira de um campo de trânsito na França. Psicossocióloga, especializou-se na proteção à infância.

192. August Aichhorn (1878-1949) permaneceu em Viena, enquanto seu filho era capturado pelos nazistas e deportado para Dachau como prisioneiro político. Após a guerra e a libertação do filho, ele participará da reconstrução da WPV. Ernst Federn (1914-2007), filho de Paul Federn, deportado para Buchenwald, conseguiu fugir, como, aliás, Bruno Bettelheim (1903-90). Ernst Federn voltou a se instalar em Viena em 1972, após um périplo americano. Bettelheim instalou-se em Chicago.

193. *La Maison de Freud, Berggasse 19, Vienne*, fotografias de Edmund Engelman, op.cit., p.27. As fotografias foram vendidas no mundo inteiro. Eram o testemunho vivo de 47 anos de vida dedicados à ciência, à arte e à cultura.

tomou todas as providências necessárias para sua instalação definitiva no continente americano.

No dia da partida, Freud assinou uma declaração obrigatória, redigida por Alfred Indra, na qual reconhecia ter sido bem tratado: "Declaração. Confirmo voluntariamente que até este dia, 4 de junho de 1938, nem minha pessoa nem meus acompanhantes fomos molestados. As autoridades e funcionários do Partido comportaram-se corretamente e com gentileza para comigo e minha comitiva. Viena, 4 de junho de 1938. Dr. Sigmund Freud."[194] Durante décadas, historiadores, testemunhas e comentadores deram por certo que Freud escrevera de seu punho, no fim da declaração, a seguinte frase: "Recomendo vivamente a Gestapo a todos." Novamente uma lenda mais verdadeira que a realidade. Rumor absurdo. Era impossível, com efeito, ridicularizar assim um documento oficial. O fato é que Martin afirmou que seu pai insinuara isso no rodapé da declaração.[195]

Freud e as quatro mulheres que viajavam com ele atravessaram algumas cidades antes de alcançarem a fronteira francesa. Em mais de uma ocasião, Freud esteve perto de sucumbir a uma parada cardíaca, e Josefine Stross administrou-lhe estricnina e outros estimulantes. Finalmente, em 5 de junho, por volta das 3h30, o comboio atravessou o Reno pela ponte de Kehl. Freud exclamou: "Agora somos livres."[196]

Ao chegarem à Gare de l'Est, embora impressionada com a acolhida reservada a Freud, Paula notou como ele se sentia perdido em meio aos fotógrafos e jornalistas. Ladeado por Bullitt, particularmente elegante em seu chapéu de feltro e lenço de renda na lapela, e por Marie Bonaparte, num vestido de

---

194. "*Erklärung. Ich bestätige gerne, dass bis heute den 4. Juni 1938, keinerlei Behelligung meiner Person oder meiner Hausgenossen vorgekommen ist. Behörden und Funktionäre der Partei sind mir und meinen Hausgenossen ständig korrekt und rücksichtsvoll entgegen getreten. Wien, den 4. Juni 1938. Prof. Dr. Sigm. Freud.*" Esse documento, assinado do punho de Freud, consta do catálogo Nebehay de 11 de maio de 1989. Ele foi comprado pela Biblioteca Nacional da Áustria (Österreichische Nationalbibliothek), onde pode ser consultado.

195. Ernest Jones, Peter Gay, Mark Edmundson e ainda muitos outros comentaram extensamente essa frase. Alain de Mijolla foi um dos primeiros, na França, a questionar a veracidade de tal declaração. Cf. *Dictionnaire internationale de la psychanalyse*, Paris, Calmann-Lévy, 2002, t.I, p.683.

196. O melhor depoimento sobre a viagem de Freud é o de Paula Fichtl, colhido por Detlef Berthelsen. Ela descreve em detalhe as reações dos viajantes, suas roupas e comportamento durante as refeições.

alta-costura e uma echarpe de zibelina, ele parecia vindo de outro mundo. Martha o seguia, vestindo uma capa de chuva amarfanhada, segurando uma frasqueira com as duas mãos, e Anna sorria, com o rosto meio tapado por uma simples touca de lã que lhe atravessava a testa. Dois automóveis de luxo com chofer conduziram os exilados à propriedade da princesa em Saint-Cloud. Passaram o dia ali, antes de seguirem para Calais a fim de atravessar a Mancha. Nas fotografias, percebemos Freud usando um boné que cai sobre seus óculos, o corpo estendido numa poltrona de vime, as pernas dissimuladas sob cobertores, o rosto inerte, a face direita escurecida e erodida, a barba branca. Lün está comportadamente deitada à sua esquerda.

No dia seguinte, os passageiros chegaram à Victoria Station, sendo recebidos por Jones, sua mulher e Ernst. Deixaram Lün com um veterinário, para uma quarentena obrigatória de seis meses, e foram hospedar-se provisoriamente em Elsworthy Road.

Lá, Freud reencontrou seu sobrinho Sam, a quem não via desde sua viagem a Manchester, e tomou conhecimento das inúmeras reportagens que noticiavam sua chegada, ao mesmo tempo em que recebia uma avalanche de telegramas, cartas, flores e presentes. Anna lhe deu um pequinês, o qual, por antífrase, ele nomeou Jumbo. Em 17 de julho, escreveu ao irmão Alexander a respeito do exílio, declarando que Jones tinha muitas dificuldades junto às autoridades britânicas para obter a entrada de imigrantes, pois estes arriscavam não encontrar trabalho: "Jones conseguiu um monte de coisas, mas só para analistas." Explicava em sua carta que ajudara Harry com um bilhete de recomendação e acrescentava que Martin ainda não sabia o que ia fazer, que Robert encontrara um emprego e que Minna estava doente.[197] Em 27 de setembro, instalou-se com a família numa bonita casa, no número 20 de Maresfield Gardens, em Hampstead; fora decorada por Ernst Freud tendo como modelo a Berggasse: foi seu último domicílio.

Em 11 de outubro, recebeu a visita de Anton Sauerwald, que sem dúvida vinha pedir dinheiro. Quando Alexander perguntou a este o que fazia em Londres, Sauerwald explicou que a polícia vienense o contratara como perito em explosivos mas que na verdade ele mesmo os fabricava para organizações secretas nazistas. História estranha! Segundo Max Schur, ele explicou que Hitler

---

197. Carta de Freud a Alexander de 17 de julho de 1938, BCW. Documentos de família.

sentia-se em "estado de sítio" devido ao fato de os judeus serem individualistas demais para se integrarem numa população. Logo, era preciso eliminá-los, dizia, embora isso não impedisse que, a título pessoal, um indivíduo – mesmo nazista – pudesse ajudar outro, como ele mesmo fizera no caso da família Freud.[198]

Durante os dezoito meses que lhe restavam de vida, Freud teve a grande satisfação de ser homenageado, visitado, reconhecido, admirado, celebrado como nunca fora anteriormente. Além disso, sentia-se livre e pôde terminar seu livro sobre Moisés e redigir um opúsculo, *Compêndio da psicanálise*, no qual efetuava a síntese de sua obra e previa para muito em breve a descoberta de poderosas substâncias químicas capazes de agir diretamente sobre o psiquismo. Reafirmava que Shakespeare se chamava Edward de Vere e fazia a apologia de seu *Ödipuskomplex*.[199]

À medida que o tumor tomava conta dos ossos de seu maxilar, ele assistia à destruição da Europa continental. Ao mesmo tempo, descobriu subitamente a força de sua doutrina no mundo anglófono. Em 25 de junho, recebeu uma delegação da Royal Society, que o convidou para assinar seu livro oficial, o mesmo em que se encontrava o nome de Charles Darwin. Recebeu numerosas visitas, de escritores e intelectuais. Levado por Stefan Zweig, Salvador Dalí desenhou vários croquis de seu rosto atormentado, segundo o princípio surrealista "da espiral e do caracol". Freud parecia indiferente e explicou nesse dia ao pintor que só se interessava pela pintura clássica a fim de nela desvendar a expressão do inconsciente, ao passo que, na arte surrealista, preferia observar a expressão da consciência.

Quando Arthur Koestler foi visitá-lo no outono, ficou estupefato ao ouvir Freud murmurar a respeito dos nazistas: "Sabe, eles só fizeram desencadear a força de agressão recalcada em nossa civilização. Um fenômeno desse gênero iria se produzir, cedo ou tarde. Não sei se, de meu ponto de vista, posso criticá-los."[200] Mais uma vez, Freud afirmava que o mundo no qual vivia refletia o

---

198. Max Schur, *La Mort dans la vie de Freud*, op.cit., p.588. Sigmund Freud, *Chronique la plus brève*, op.cit., p.449. Existem diversas versões da atitude de Sauerwald. Cf. também o depoimento de Ernst Waldinger. Documento citado.

199. Sigmund Freud, *Abrégé de psychanalyse* (1940), Paris, PUF, 1967, e *OCF.P*, op.cit., vol.XX [ed. bras.: "Esboço de psicanálise", in *ESB*, vol.23 / *Compêndio da psicanálise*, Porto Alegre, LP&M, 2014; ed. orig.: "Abriss der Psychoanalyse", in *GW*, vol.17].

200. Arthur Koestler, *Hiéroglyphes*, Paris, Calmann-Lévy, 1955, p.493. Ernest Jones afirma que Koestler publicou duas resenhas diferentes, ambas comportando erros sobre sua visita a Freud. *La Vie et l'oeuvre de Sigmund Freud*, t.III, p.269.

que ele descrevera em sua obra. Judeu húngaro nascido em Budapeste, sionista de direita, próximo de Vladimir Jabotinsky e profundo conhecedor da psicanálise, à qual preferia a parapsicologia, Koestler não ignorava que sua mãe, Adele Jeiteles, estivera com Freud em 1890 para uma consulta e que o abominava.[201] Sofrendo de melancolia crônica, detestava na mesma medida o próprio filho (a quem tratava de perverso), que lhe retribuía na mesma moeda, como atesta sua autobiografia.[202] Naquele momento, os dois homens não evocaram sua juventude vienense.

Quando recebeu a visita de seu velho amigo vienense Walter Schmideberg, Freud foi ainda mais longe, saudando-o com um *"Heil Hitler!"*, como se consentisse finalmente em pronunciar, através desse chiste lúgubre, o nome execrado do destruidor de sua obra.[203]

A chegada da família Freud foi sentida como uma verdadeira intrusão pelos membros do BPI. Afinal, os kleinianos vinham dominando a sociedade britânica nos últimos anos. Haviam desenvolvido suas próprias teses, que já destoavam muito do freudismo original. Além disso, haviam marginalizado os velhos freudianos e viam o próprio Freud como um patriarca de outra era, vindo diretamente do século XIX. Julgavam rígidos os costumes das mulheres – Martha, Minna, Anna, Paula – e ridículas suas maneiras de falar e se vestir. Não compreendiam nada de seus rituais, aquela polidez estudada, aquele humor glacial, aqueles gostos culinários. Em suma, consideravam-nas criaturas estranhas ligadas a velhas mitologias e pouco abertas à nova abordagem do inconsciente centrada nas posições, nas relações de objeto, no núcleo psicótico, nas pulsões destrutivas detectadas nos bebês. Os kleinianos e freudianos não falavam a mesma língua. Nesse contexto, Jones, que sempre apoiara Melanie Klein, desempenhou um papel essencial na integração de Anna Freud no seio do BPI.

---

201. Adele Jeiteles (1871-1970), que viveu até quase os cem anos de idade, era oriunda da grande família judaica do Império Austro-Húngaro. Seu tio, acometido de psicose melancólica, também consultara Freud, em 1900, antes de se suicidar.

202. Kurt Eissler realizou em 1953 uma entrevista com Arthur Koestler e outra com sua mãe, a qual será utilizada pelo biógrafo do escritor, que forneceu um retrato terrível deste último. Michael Scammell, *Koestler. The Literary and Political Odyssey of a Twentieth-Century Skeptic*, Nova York, Random House, 2009. E Arthur Koestler, *Oeuvres autobiographiques*, Paris, Laffont, col. Bouquins, 1993.

203. Melitta Schmideberg, "Contribution à l'histoire du mouvement psychanalytique en Angleterre" (1971), *Confrontation*, 3, primavera de 1980, p.11-22.

A morte em ação

Em 29 de julho de 1938, Anna Freud participou, em Paris, do XV Congresso da IPA, sob a presidência de Jones. Nele, leu o capítulo do *Moisés* dedicado ao progresso do espírito humano e à grandeza do Império Britânico. Freud dirigira a seus partidários uma mensagem de um antiamericanismo virulento, na qual exortava-os à vigilância contra toda tentativa de transformar a psicanálise em "faz-tudo" da psiquiatria. Em seu discurso de encerramento, Jones fez o elogio de sua política de "salvamento" da psicanálise em Berlim sem falar uma palavra sobre o exílio dos judeus nem do êxodo da fina flor da intelligentsia freudiana. E ousou congratular-se pela tutela da WPV.[204] Após essas declarações sinistras, os participantes se encontraram para uma recepção em Saint-Cloud, nos jardins da suntuosa residência da princesa, ali onde Freud passara algumas horas.

Max Eitingon viajara a Paris para participar do congresso e, em seguida, estivera em Londres para uma última visita a Freud. Era então acusado de ser um agente do NKVD, envolvido no sequestro do general Ievguêni Miller, que fora planejado por Nicolas Skobline, agente duplo germano-soviético e marido da cantora Nadezhda Plevitskaia, que ele conhecia bem. Não precisou mais que isso para, em seguida, em virtude de seus laços com Plevitskaia, o boato se espalhar. Não seria ele igualmente irmão de Leonid Eitingon, por sua vez espião soviético e cérebro do assassinato de Trótski, em 1940, por Ramón Mercader? Embora não existisse o mais ínfimo laço de parentesco entre Leonid e Max, a lenda de um Eitingon freudiano e stalinista, agente duplo e triplo, negociante de peles e maquinador de assassinatos, não cessará de repercutir, perdurando ainda hoje sob a pena de autores obstinados em demonstrar a pretensa comunhão de destino entre duas internacionais, comunista e psicanalítica.[205]

A caminho dos Estados Unidos, os exilados vienenses reunidos em Paris pensaram pela última vez, antes do apocalipse, naquela Europa de sonho cujo fulgor nunca mais veriam rebrilhar. A grande Yvette Guilbert, tão admirada por Freud, cantou "Dites-moi que je suis belle" perante uma multidão

---

204. Ernest Jones, "Bulletin of IPA", *International Journal of Psychoanalysis*, 1939, p.116-27. E *HPF-JL*, op.cit., p.1606-7.

205. Alexandre Etkind retomou essa tese em sua *Histoire de la psychanalyse en Russie*, op.cit. E muitos outros depois dele. No entanto, ela foi invalidada a partir de uma consulta aos arquivos feita por Guido Liebermann em sua obra *La Psychanalyse en Palestine*, op.cit.

subjugada por sua força vocal e seus oitenta anos de idade. Na Itália, com as primeiras leis antissemitas, Mussolini entregou os judeus à deportação. Em janeiro de 1939, Edoardo Weiss era obrigado a se exilar, por sua vez, nos Estados Unidos, deixando atrás de si a irmã, o cunhado e a família de sua mulher, todos futuramente exterminados pelos nazistas. Nunca mais ele iria querer se lembrar das esperanças que depositara em Mussolini através de sua amizade com Forzano.

No mesmo dia de sua mudança para Maresfield Gardens, Freud, que acabava de submeter-se a uma nova e terrível cirurgia na London Clinic, tomou conhecimento dos acordos de Munique, pelos quais França e Reino Unido entregavam a Tchecoslováquia a Hitler. Nessa ocasião, Neville Chamberlain, recebido em Londres como salvador da paz, pronunciou um discurso sobre a inutilidade de lutar por um país longínquo ignorado pelos ingleses. Sem acreditar muito naquilo, Freud nem por isso deixou de aprovar aquela política, que permitiu aos nazistas anexar imediatamente a região dos Sudetos: "Somos tão gratos por essa gota de paz e não podemos nos regozijar com ela."[206]

Três semanas mais tarde, redigiu para o jornal de Koestler, *Die Zukunft*, uma curta nota, na qual, reunindo frases de Mark Twain e Nikolaus von Coudenhove-Kalergi, afirmava que a luta contra o antissemitismo devia ser travada prioritariamente por não judeus. Durante esse tempo, os nazistas continuavam com as perseguições, expondo as mulheres alemãs ou austríacas que eles haviam tonsurado por terem mantido relações com judeus. Durante a longa Noite dos Cristais, destruíram prédios, lojas e sinagogas e deportaram trinta mil pessoas para os campos de Dachau e Buchenwald. Em Viena, o oficial nazista que prendeu o Prof. Arthur Freud, nascido na Morávia e sionista militante, deu um grito de vitória, convencido de ter finalmente capturado seu célebre homônimo.[207]

---

206. Carta de Freud a Marie Bonaparte de 4 de outubro de 1938, in *Correspondance*, op.cit., p.493. Winston Churchill dirá no *Times* de 7 de novembro de 1938: "Cumpria-lhes escolher entre a desonra e a guerra. Eles escolheram a desonra, e terão a guerra."

207. Sigmund Freud, "Un mot sur l'antisémitisme" (1938), in *OCF.P*, op.cit., vol.20, p.326-9 [ed. bras.: "Um comentário sobre o antissemitismo", in *ESB*, vol.23; ed. orig.: "Ein Wort zum Antisemitismus", in *GW*, volume suplementar]. Arthur Freud foi finalmente solto e deixou um depoimento escrito citado por Martin Gilbert, *Kristallnacht: Prelude to Destruction*, Nova York, Harper Collins, 2006, p.54-5.

A *morte em ação*

O espectro de Freud ia assombrar por longos anos a consciência dos hitleristas.[208] Mas ele estava preocupado com as irmãs: "Os últimos e terríveis acontecimentos na Alemanha agravam o problema de saber o que fazer pelas quatro velhas, com idades entre setenta e cinco e oitenta anos. Mantê-las na Inglaterra está além de nossas possibilidades. O dinheiro que deixamos ao partir, cerca de sessenta mil schillings austríacos, talvez já esteja confiscado. Pensamos em alojá-las na Côte d'Azur, em Nice ou nas cercanias. Mas isso seria possível?"[209]

Para responder a essas inquietudes, Marie Bonaparte tentou obter vistos das autoridades francesas e mesmo da legação grega. Em vão. Era tarde demais. Plenamente consciente das perseguições de que os judeus eram vítimas, empenhou toda a sua energia para salvar vidas. Chegou a sugerir a Roosevelt, numa carta de 12 de dezembro, criar um Estado judaico no sul da Califórnia para receber, no prazo mais curto, milhares de refugiados.[210] Ela tampouco aceitaria qualquer arremedo de "salvamento" na França e partiria para o exílio em fevereiro de 1941.[211]

Em 7 de dezembro, Freud recebeu em sua casa técnicos da BBC para gravar um discurso que ele redigira.[212] Falou em inglês, com uma voz abafada pela prótese e, no fim da mensagem, acrescentou uma frase em alemão: "Aos oitenta e dois anos de idade deixei minha casa em Viena, em consequência da invasão alemã e vim para a Inglaterra, onde espero terminar minha vida em liberdade." É o único documento que possuímos com a voz de Freud.

Durante o último ano de sua vida, vários filmes mudos foram realizados em Maresfield Gardens, alguns deles em cores.[213] Em todas as imagens, vemos Freud caminhar pelo jardim, cada vez mais encurvado, apoiado no braço de Anna, sempre cercado de Lün e Jumbo, o maxilar travado por sua "focinheira", os lábios movendo-se como se mastigasse alguma coisa. Lê-se um imenso sofrimento em seu rosto.

---

208. Mark Edmundson, *La Mort de Sigmund Freud*, op.cit., p.163.

209. Carta de Freud a Marie Bonaparte de 12 de novembro de 1938, *Correspondance*, op.cit., p.497. Freud se enganava: tratava-se de cento e sessenta mil schillings.

210. Célia Bertin, *Marie Bonaparte*, op.cit., p.327.

211. Cf. *HPF-JL*, op.cit.

212. Esse texto foi reproduzido em fac-símile em Ruth Sheppard, *Sigmund Freud. À la decouverte de l'inconscient*, Paris, Larousse, 2012.

213. Cf. *Sigmund Freud. L'Invention de la psychanalyse*, documentário realizado, em 1997, por Élisabet Kapnist e Elisabeth Roudinesco, produzido por Françoise Castro.

Freud costumava receber muitas visitas de seus amigos londrinos, bem como daqueles que vinham vê-lo para um último adeus antes de partirem para outros continentes. Com dores cada vez mais atrozes, deitava-se no banco de balanço do jardim ou em seu divã, geralmente protegido por um mosquiteiro. Preferia comer sozinho, ao abrigo dos olhares, e, na verdade, perdera o apetite. Um cheiro fétido começava a exalar de sua boca, mas em seus olhos acesos continuava a brilhar a chama do deus Eros. Freud sempre afirmara preferir, na hora da agonia, assistir em toda a consciência ao naufrágio de seu *Konrad* a ficar senil ou ser vítima de um ataque cerebral: morrer lutando, como o rei Macbeth. Sabia que Max Schur, antes de emigrar definitivamente para os Estados Unidos, cuidaria dele até o seu último suspiro.

Recomendado por Hans Pichler, George Exner, especialista em cirurgia facial, acompanhava a fase terminal da doença ao lado de Wilfred Trotter, cunhado de Jones, membro da Royal Society e especialista em tratamentos de câncer. Em fevereiro, Marie Bonaparte chamou a Londres o dr. Antoine Lacassagne, grande patrono do Instituto Curie de Paris, que foi obrigado a admitir que mais nenhuma cirurgia era possível. Para não decepcionar Anna e Minna, que ainda queriam ter esperanças, sugeriu um tratamento intensivo com raios X em vez de rádio. E Freud comentou: "Não resta mais dúvida de que se trata de um novo ataque de meu querido e velho carcinoma, com quem divido minha existência agora faz dezesseis anos. Quem seria mais forte nesse momento? Não se pode naturalmente antecipar."[214] Confidenciou então à sua dileta princesa que queria terminar com aquilo.

No início de março, alguns dias antes da publicação da edição alemã do *Moisés* em Amsterdã, Jones organizou no hotel Savoy um jantar de gala por ocasião da celebração do vigésimo quinto aniversário da fundação do BPI, em presença de Anna, Martin, Ernst, Virginia Woolf, H.G. Wells e muitos outros ainda. Fraco demais para se deslocar, Freud enviou uma mensagem de apoio: "Os acontecimentos destes últimos anos quiseram que Londres se tornasse a capital e o centro do movimento psicanalítico. Possa a sociedade

---

214. Sigmund Freud e Arnold Zweig, *Correspondance, 1927-1939*, op.cit., carta de Freud de 5 de março de 1939, p.221. Ver também os arquivos inéditos de Marie Bonaparte. E Denis Toutenu, "Freud, une photo inédite: la consultation de Pr Lacassagne à Londres, le 26 février 1939", *Revue Française de Psychanalyse*, 4, 66, 2002, p.1325-34. O relatório médico encontra-se na BCW, cx.120, pasta 53.

cumprir com brilho as funções que assim lhe incumbem."[215] Durante o verão, Wells tentou em vão obter a nacionalidade britânica para o moribundo, a fim de responder a um anseio de juventude que lhe era caro após a partida de seu irmão para Manchester: "Dependia apenas de uma pequena moção partindo de um simples deputado … . Fiquei com pena de não ter sido assim."[216] No início de agosto, Freud parou de receber seus quatro últimos pacientes; Dorothy Burlingham e Smiley Blanton ainda prosseguiram, até o fim do mês, um tratamento com viés didático.

Em 3 de setembro de 1939, dia em que a França e a Inglaterra declararam guerra contra a Alemanha, Jones fez suas despedidas de seu velho mestre. Naquele momento crítico, enfatizava que finalmente encontravam-se no mesmo lado, unidos contra a mesma barbárie: "A última vez que a Inglaterra combateu a Alemanha, há vinte e cinco anos, estávamos cada um de um lado do front, mas demos um jeito de externar nossa amizade. Eis-nos bem perto um do outro e unidos em nossas simpatias militares. Ninguém é capaz de dizer se veremos o fim desta guerra, mas, em todo caso, foi uma vida muito interessante e ambos contribuímos para a existência humana – embora em diferentes escalas."[217]

Descendente de uma família aristocrática de Auvergne, Raphaël de Valentin, herói de *A pele de onagro*, de Balzac, sonhava com a glória. Instigado por Rastignac, abandonou a criação artística para tentar a sorte no mundo até se arruinar e cogitar o suicídio. Foi então que num antiquário descobriu um talismã – uma pele de onagro – dotado do poder mágico de realizar todos os seus desejos. Assim como Fausto, não queria abrir mão de nada e firmou, para seu infortúnio, um pacto com o Diabo. A cada vez que se inebriava com seus prazeres, a pele encolhia. Matar os sentimentos para viver velho ou morrer jovem aceitando o martírio das paixões: tal era a temática desse romance, que colocava em cena o enigma da condição humana.

Escolhendo ler este livro às vésperas de morrer, Freud decerto confrontava-se com a imagem de seu corpo decomposto e de sua agonia por inanição, mas, acima de tudo, desenrolava sob seus olhos a história da vida funesta que

---

215. Sigmund Freud e Ernest Jones, *Correspondance complète, 1908-1939*, op.cit., carta de Freud de 7 de março de 1939, p.877.

216. *Chronique la plus brève*, op.cit., p.306.

217. Sigmund Freud e Ernest Jones, *Correspondance complète, 1908-1939*, op.cit., p.878. Em 2 de setembro de 1939, os nazistas haviam invadido a Polônia.

poderia ter sido a sua se não houvesse sobrevivido à luta contra si mesmo. Freud foi o homem que ensinou aos homens a que ponto eles são habitados pelo desejo de sua própria destruição e que só o acesso à civilização é capaz de conter tal pulsão. Pensava que o que lhes acontecia já estava inscrito em seu inconsciente antes mesmo que tivessem tal revelação, e tinha convicção de que o complexo de Édipo era o nome dessa inscrição. E, não obstante, não era com o complexo que ele se confrontava naquele instante, e sim com a pele de onagro – Édipo ou Macbeth –, isto é, com o limite de sua liberdade.[218] Travava um último combate contra o suplício da morte, em paz consigo mesmo, no momento em que a doença roía o interior de sua boca a ponto de aflorar em sua face, no momento, enfim, em que, sobre sua casa, uivavam as sirenes anunciando os primeiros alertas aéreos. Em 25 de agosto, Freud pusera um ponto-final em sua agenda e em sua vida, escrevendo estas palavras: "Pânico de guerra" (*Kriegspanik*).

Em 21 de setembro, Freud lembrou a Schur a promessa que este lhe fizera de, chegado o momento, ajudá-lo a expirar e lhe pediu para conversar com Anna sobre o assunto: "Se ela acha que é o certo, então terminemos com isso." Viver naquelas condições não fazia mais qualquer sentido para ele.[219] Schur, que retornara a Londres em 8 de agosto, apertou a mão de Freud e prometeu lhe dar o sedativo adequado. Da primeira vez, administrou uma dose de três centigramas de morfina, depois repetiu duas vezes o mesmo gesto, com horas de intervalo. Sabia que a dose dita "calmante" não podia ultrapassar dois centigramas. Escolhera então a morte por sedação profunda e contínua.

---

218. Segundo as palavras de Jean-Paul Sartre, citadas em epígrafe a este livro.

219. As anotações de Max Schur estão depositadas na Biblioteca do Congresso, em Washington. Seu teor é diferente da versão que ele fornece em seu livro *La Mort dans la vie de Freud*, op.cit. Peter Gay baseou-se amplamente nelas em seu *Freud, une vie*, op.cit., p.830-2. Ele declara que foram aplicadas três, e não duas, injeções. Cf. também Mark Edmundson, *La Mort de Sigmund Freud. L'héritage de ses derniers jours*, op.cit., p.195-7. Em seu depoimento, Paula Fichtl afirma que Schur não estava presente no momento da morte de Freud e que foi Josefine Stross que ministrou a dose letal. Se é verdade que Schur devia partir o quanto antes para os Estados Unidos, nada prova que ele não estivesse presente na cabeceira de Freud. Paula, aliás, engana-se quanto à dosagem, ao dia e ao número de injeções. A versão de Paula foi reproduzida por Roy B. Lacoursière, "Freud's Death: Historical Truth and Biographical Fictions", *American Imago*, 65, 2008. Nesse artigo, Lacoursière afirma que Stross teria deixado arquivos sobre a questão, mas não diz o que eles contêm e ele mesmo não os consultou. Freud leu o romance de Balzac em francês, numa edição de 1920 pertencente a Anna. Referência LDFRD 5680. Para saber mais, convém esperar a abertura, no Freud Museum, da correspondência de Josefine Stross.

Freud veio a falecer num sábado, 23 de setembro de 1939, às três horas da manhã.[220] Era a festa do Yom Kippur, a mais sagrada do ano judaico, dia de expiação dos pecados do bezerro de ouro. Durante o dia, os judeus londrinos praticantes foram à sinagoga para implorar o grande perdão daquele Deus que Freud tanto maltratou. Em toda parte, empilhavam-se sacos de areia destinados a proteger os prédios contra os bombardeios inimigos, algumas estátuas haviam sido deslocadas e trincheiras, escavadas.

Nesse mesmo dia, na outra ponta da Europa há muito desertada pelos freudianos, Adam Czerniakow, engenheiro químico aposentado, aceitou ser nomeado pelo prefeito de Varsóvia presidente do Judenrat, enquanto em Sokolow Podlaski, um distrito próximo, os nazistas incendiavam a sinagoga. Czerniakow escondeu em sua gaveta um vidrinho com vinte e quatro comprimidos de cianureto.[221] Também saberia morrer no momento desejado.

O corpo de Freud foi cremado no Golders Green Crematorium, sem nenhum ritual, e suas cinzas depositadas num vaso grego decorado com cenas de oferenda. Perante uma centena de pessoas, Jones tomou a palavra em inglês para fazer o elogio de seu mestre, lembrando ao mesmo tempo os nomes de todos os membros do Comitê, mortos ou dispersados: "Se há um homem a cujo respeito podemos dizer que domou a própria morte e lhe sobreviveu a despeito do rei das Trevas, que a ele não inspirava medo algum, então esse homem se chama Freud."[222]

Depois dele, Stefan Zweig pronunciou em alemão uma esplêndida oração fúnebre: "Obrigado pelos mundos que nos abriste e que agora percorremos sozinhos, sem guia, sempre fiéis a ti, sempre pensando em ti com veneração, amigo mais precioso, mestre mais amado, Sigmund Freud."[223]

Zweig se suicidará no Brasil, em Petrópolis, em fevereiro de 1942.

---

220. E não às 23h45, como diz Marie Bonaparte em seu diário.

221. Raul Hilberg, *La Destruction des Juifs d'Europe*, Paris, Fayard, 1988, p.190.

222. Ernest Jones, *La Vie et l'oeuvre de Sigmund Freud*, op.cit., t.III, p.282.

223. Stefan Zweig, "Sigmund Freud" (1939), in *O mundo insone*, trad. Kristina Michahelles, Rio de Janeiro, Zahar, 2013, p.145.

Epílogo

DE NOVA YORK, para onde conseguira emigrar, Harry Freud, filho de Alexander, comunicou a morte de Sigmund às quatro irmãs que haviam ficado em Viena: "Ele entrou no outro mundo, que esperamos melhor … . Passou seus últimos dias no escritório, onde haviam colocado sua cama. Dali, podia ver o jardim e, nos melhores instantes, alegrou-se ao contemplar a natureza. Desejo que recebam essa notícia na paz. As outras notícias da família são boas."[1]

No que se referia à paz, as quatro velhas logo seriam obrigadas, como outras mulheres perseguidas, a morar no antigo apartamento de Alexander. Em nome do imposto punitivo – a Juva – tiveram os bens confiscados, sob custódia de Erich Führer, administrador nazista dos bens de Alexander. Harry alertou Alfred Indra, o qual tentou fazer contato com Anton Sauerwald. Mas este agora achava-se mobilizado na frente de batalha russa. Em 20 de junho de 1940, Indra pediu subsídios urgentes a Harry, mas não obteve nada. Em 15 de janeiro de 1941, as quatro remeteram uma carta desesperada ao advogado: "Estamos confinadas num conjugado que serve de quarto e sala de estar. Somos, como o senhor sabe, pessoas idosas, geralmente doentes e acamadas, um arejamento normal e a faxina são impossíveis sem atentar contra a saúde."[2]

Até essa data, como tinham mais de sessenta e cinco anos, haviam escapado da lista dos que embarcaram nos primeiros comboios rumo aos campos de trabalho. Porém, após a conferência de Wannsee de janeiro de 1942, foram deportadas para o gueto de Theresienstadt (Terezin), onde Adolfine morreu de desnutrição em 29 de setembro de 1942.[3] Quanto às outras três irmãs,

---

1. Carta de Harry Freud de 25 de setembro de 1939 a Dolfi, Paula, Rosa, Mitzi, BCW, cx.3, pastas 7s.
2. Harald Leupold-Löwenthal, "L'émigration de la famille Freud en 1938", op.cit., p.459.
3. Quarenta e sete mil judeus vienenses foram deportados e assassinados. O nome de Adolfine não consta da lista dos mortos de Theresienstadt nessa data. Em decorrência de uma confusão de nomes na lista dos mortos, esse falecimento é normalmente datado 5 de fevereiro de

foram transportadas para campos de extermínio, de onde jamais deveriam voltar: Maria e Paula em Maly Trostinec em 23 de setembro de 1942, Rosa Graf em Treblinka, em 29 de setembro de 1942 ou em 1º de março de 1943.

Foi em 27 de julho de 1946 que Samuel Rajzman, originário de Varsóvia, prestou o seguinte testemunho perante o tribunal de Nuremberg a respeito do Obersturmbannführer Kurt Franz, comandante delegado do campo: "O trem vinha de Viena. Eu estava na plataforma quando as pessoas foram empurradas para fora dos vagões. Uma mulher de certa idade aproximou-se de Kurt Franz, apresentou um *Ausweis* e disse ser irmã de Sigmund Freud. Ela pediu para ser lotada num trabalho burocrático fácil. Franz examinou minuciosamente o documento e disse tratar-se possivelmente de um engano. Levou-a ao quadro com os horários dos trens e disse que um trem voltava para Viena duas horas mais tarde. Ela poderia deixar seus objetos de valor e documentos ali, ir até o chuveiro e, depois do banho, seus documentos e a passagem para Viena estariam à sua disposição. Evidentemente, a mulher entrou no chuveiro, de onde nunca mais voltou."[4]

Após a morte de Freud, seus filhos e netos tiveram de se adaptar, como seus discípulos, a um mundo muito diferente do que haviam conhecido, sendo obrigados a enfrentar uma guerra sem ter tido o tempo de saborear uma nova paz. Dessa vez, contudo, em virtude de seu exílio, encontravam-se no lado

---

1943. Num romance mirabolante, o escritor macedônio Goce Smilevski acusa Freud de ser responsável pela deportação das irmãs, cujos nomes ele teria se recusado a acrescentar à sua "lista" de postulantes à emigração. Com tal raciocínio, poderíamos responsabilizar pelo extermínio de seus parentes todos os judeus vienenses que conseguiram se exilar em 1938. Goce Smilevski, *La Liste de Freud*, Paris, Belfond, 2013. Cf. Michel Rotfus, *Médiapart*, outubro de 2013.
4. Julgamento dos criminosos de guerra perante o tribunal de Nuremberg, vol.VIII, nota das minutas, de 20 de fevereiro a 7 de março de 1946, publicado em 1947, p.359-60. Citado por Harald Leupold-Löwenthal e Alfred Gottwaldt. Pudemos estabelecer que o depoimento de Samuel Rajzman referia-se a Rosa Graf. Christfried Tögel pensa que Rosa foi transportada em 1º de março de 1943: cf. "Bahnstation Treblinka. Zum Schicksal von Sigmund Freuds Schwester Rosa Graf", *Psyche. Zeitschrift für Psychoanalyse und ihre Anwendungen*, 44, 1990, p.1019-24. Quanto a Alfred Gottwaldt, ele declara que, talvez, as outras duas irmãs também tenham sido exterminadas em Treblinka e que Rosa tinha chegado em 29 de setembro de 1942, pelo transporte Bs 800. Vários boatos circularam sobre a deportação das irmãs de Freud. Michel Onfray chega a afirmar que Rosa, Mitzi e Paula teriam cruzado com Rudolf Höss em Auschwitz e imagina que, face a elas, este teria sido um substituto de seu irmão, uma vez que Freud, por sua vez carrasco e fascista adepto de Mussolini, teria sido incapaz de discernir entre um carrasco e uma vítima. Cf. *Le Crépuscule d'une idole*, op.cit., p.566.

Epílogo 475

dos vencedores, que os viam como intrusos que haviam perdido tudo.[5] Jamais se esqueceram de que eram judeus, porém, à medida que descobriam a amplitude da destruição que se abatera sobre o mundo de ontem e sobre os que não haviam conseguido fugir, quiseram romper com os horrores do passado. Como numerosas vítimas que haviam conseguido sobreviver, confrontaram-se então com a questão do extermínio dos judeus. E vários deles participaram da caçada aos antigos nazistas.

Com muito jeito para a costura, Mathilde abriu, com outras austríacas exiladas, uma butique de moda em Londres. Martin continuou a viver como antes, solitário, sedutor e sem dinheiro, dizendo-se um "velho judeu doente". Terminou dono de um quiosque de tabaco e jornais perto do British Museum. Instalado na Filadélfia, Oliver tentou em vão adotar uma criança resgatada do genocídio, depois ocupou um posto de pesquisador numa empresa de transportes, onde pediu para ser chamado de "professor Freud". Criança bafejada pela sorte, Ernst, o mais elegante, prosseguiu sua carreira de arquiteto inglês. Dois de seus filhos tiveram um destino excepcional: Lucian Freud, um dos pintores figurativos mais inovadores da segunda metade do século XX, e Clemens, que virou Sir Clement, político, jornalista, humorista, dono de restaurante e boate, que acompanhou como observador o desenrolar dos julgamentos de Nuremberg e publicou uma autobiografia: *Freud Ego*.[6]

Lucian teve catorze filhos de diversas mulheres, Clemens, cinco, um deles adotado, e Stefan (Stephen) – o primogênito, o esquecido, o dono do bazar, o marginal – passou a vida brigando com seus irmãos, que, aliás, detestavam-se mutuamente. Filha de Lucian, Esther Freud contou, em mais de um romance, as diferentes facetas de sua difícil existência entre um pai ausente, que ela só conheceu na adolescência, e uma mãe atormentada. Evocou frequentemente o silêncio desse pai sobre os acontecimentos dos anos 1930.[7] Quanto ao próprio Lucian, glacial, diabólico, mágico, de uma beleza notável, cultivando o segredo e a provocação, dizendo-se herdeiro de Velásquez, seu pintor prefe-

---

5. No início da guerra, na Inglaterra, considerados "inimigos estrangeiros" (*enemy aliens*), viveram em campos de refugiados.

6. Clement Freud, *Freud Ego*, Londres, BBC Worldwide Publishing, 2001.

7. Esther Freud, *Marrakech Express*, Paris, Le Livre de Poche, 1999; *Nuits d'été en Toscane*, Paris, Albin Michel, 2009.

rido, adorava o avô, de quem se lembrava perfeitamente, e tinha horror a toda forma de expressão antissemita.

Por volta dos dez anos de idade, já muito original em sua maneira de observar o mundo que o cercava, ele fizera questão de "ver Hitler", o inimigo absoluto. Por ocasião de uma manifestação nazista em Berlim, inclusive o fotografara[8] para nunca mais esquecer seus traços e esgares. Sufocado por uma mãe (Lucie) que mantinha com ele uma relação fusional, só se desvencilhou dessa influência por meio de seu talento criativo. Ao contrário do avô, com quem tanto se parecia, Lucian se interessava não pela palavra, mas pelo corpo em sua própria nudez, não pelo recalcamento do desejo, mas pela libido em toda a sua violência pulsional. Para pintar, despia-se e exigia de seus modelos que se despissem também, inclusive quando fazia o retrato de parentes, em especial as filhas. Tudo se passava como se Lucian atualizasse em sua obra pictórica a parte obscura da obra de Sigmund, de quem se pretendia o herdeiro demoníaco. Ao passo que rejeitava o complexo edipiano, via *Herr Professor* como um fabuloso zoólogo, fascinado pelo mundo animal, ele, o primeiro cientista a ter determinado o sexo das enguias. Lucian tinha um vínculo quase animalesco com o corpo fantasístico do avô.

Sabia que de certa forma lhe devia a liberdade e era com profunda emoção que rememorava a cena em que Marie Bonaparte interviera junto ao duque de Kent para que Ernst e sua família pudessem obter a nacionalidade inglesa. Em razão dessa dívida contraída junto à família real, presenteou a rainha Elisabeth II, cinquenta e cinco anos mais tarde, com um retrato dela. A obra provocou tanto escândalo quanto as teorias freudianas: a imprensa afirmou que o pintor "travestira" o rosto da soberana, dotando-o de um pescoço de jogador de rúgbi e de um queixo azul que parecia coberto por uma barba incipiente. Por ter cometido esse sacrilégio, um jornalista sugeriu que prendessem Lucian na torre de Londres.[9]

Alistado no exército, Anton Walter, filho de Martin, muito mais politizado que o pai, participou em abril de 1945 da libertação do aeroporto de Zeltweg, na Estíria. Lançado de paraquedas no meio da noite, declarou seu nome e,

---

8. Cf. Geordie Greig, *Rendez-vous avec Lucian Freud*, Paris, Christian Bourgois, 2014, p.59 [ed. bras.: *Café com Lucian Freud*, Rio de Janeiro, Record, 2013].

9. Ibid., p.59.

Epílogo 477

para sua grande surpresa, até que não foi mal recebido por oficiais austría-cos desejosos de terminar com aquela guerra. Na sequência, promovido à patente de capitão, dedicou-se à caça de criminosos nazistas e, com suas in-vestigações, contribuiu para entregar à justiça Bruno Tesch, cuja empresa fabricava o Zyklon B para o campo de Auschwitz. Declarado culpado pela corte militar de Hamburgo, Tesch foi condenado à morte e enforcado em 1946. Anton também contribuiu, com sua tenacidade, para a condenação de Alfred Trzebinski, médico da SS, torturador especializado em experimentos com injeção de bactérias em crianças. Mais tarde, Anton trabalhou como engenheiro químico para diversas empresas inglesas, antes de se aposentar.

Quanto a seu primo Harry Freud, incorporado ao exército americano, também retornou à Áustria para processar Anton Sauerwald, a quem acusava de haver saqueado os bens da família. Preso, depois julgado pelas autoridades americanas, o ex-comissário-gerente declarou-se "não culpado". Sua mulher solicitou um testemunho a Anna Freud, que o redigiu de bom grado, afir-mando que Sauerwald ajudara a família.[10] Foi liberado.

Após a morte do pai, Anna decidiu permanecer em Londres e habitar a casa da família de Maresfield Gardens 20, em Hampstead. Após a morte de Martha e Minna, morou lá com Dorothy, que retornara de Nova York em 1940, convencida de que não podia mais viver sem a amiga.[11] Juntas, as duas pros-seguirão suas atividades em prol da infância, criando as Hampstead Nurseries e a Hampstead Child Therapy Clinic, centro de pesquisas e clínica onde, em estreita colaboração com os pais das crianças envolvidas, aplicaram suas teorias.

Em 1946, Anna soube, por intermédio de sua grande amiga Kata Levy,[12] irmã de Anton von Freund, a sorte que fora reservada às quatro tias sem saber ainda em que campo haviam encontrado a morte. Imediatamente, passou a informação às suas três primas: Margarethe Magnus, Lilly Freud-Marlé e Rose Waldinger. Martha não demorou a segui-las em seu luto, e Anna sentiu-se culpada por não ter sido suficientemente vigilante. Durante anos, execrou

---

10. *Chronique la plus brève*, op.cit., p.304. David Cohen dedicou um livro a esse caso que gerou diversas interpretações: *The Escape of Sigmund Freud*, Londres, Overlook Press, 2012.

11. No começo, Dorothy instalou-se numa casa de Maresfield Gardens.

12. Kata Levy (1883-1969): psicanalista húngara analisada por Freud. Ela emigrará para Londres com o marido em 1956. Tinha sido informada sobre o extermínio das irmãs de Freud por intermédio da Cruz Vermelha.

os austríacos e não quis mais ouvir falar da Berggasse. De Londres, todavia, ajudou seu velho amigo Aichhorn a reerguer a WPV.

Ao se encarregar, entre 1945 e 1947, de seis órfãos judeus alemães, nascidos entre 1941 e 1942, cujos pais haviam sido enviados para a câmara de gás, Anna confrontou-se com a questão do extermínio. Internados no campo de Therensienstadt (Terezin), na seção dos órfãos, haviam sobrevivido, juntos e privados de brinquedos e alimentação. Quando foram acolhidos em Bulldogs Bank, depois entregues a Anna – que, nessa ocasião, reatou com a língua alemã –, falavam entre si uma linguagem chula, rejeitavam os presentes, destruíam o mobiliário, mordiam, batiam, berravam, masturbavam-se, xingavam os adultos. Em suma, só haviam conseguido sobreviver formando uma entidade única, que lhes servia de fortaleza. Após um ano de tratamento, reencontraram uma vida normal. Filhos do genocídio e do abandono absoluto, foram os primeiros a usufruir de uma nova abordagem psicanalítica, que mostrará às gerações futuras que nada jamais é decidido antecipadamente e que, mesmo nas situações mais extremas, uma vida nova é sempre viável.[13] Nesse domínio, Anna revelou seus verdadeiros dons de clínica.

Conservou seus amigos vienenses emigrados para os Estados Unidos, os quais a amavam por seu devotamento, retidão e senso de fidelidade. Com eles, ela podia evocar nostalgicamente a grandeza do freudismo original. Permanecia a memória viva de uma época tragada por duas guerras mundiais.

Herdeira legal, junto com seu irmão Ernst, dos arquivos e da obra do pai, Anna deu preferência a Jones – e não a seu amigo Siegfried Bernfeld – para escrever a primeira biografia autorizada de Freud, que seria publicada em três volumes, entre 1953 e 1957: uma obra magistral, baseada em arquivos e fontes incontestáveis. Ao longo de suas páginas, a diáspora freudiana revela suas origens sob a forma de uma história decerto oficial, mas não panegírica ou devota. Jones privilegiava a ideia de que Freud, cientista solitário e universal, com a força exclusiva de seu gênio, fora capaz de desarraigar-se

---

13. Anna Freud, "Survie et développement d'un group d'enfants: une expérience bien particulière", in *L'Enfant dans la psychanalyse*, Paris, Gallimard, 1976. Jenny Aubry inspirou-se nessa tese para realizar sua própria experiência junto a crianças abandonadas. Cf. *Psychanalyse des enfants séparés*, Paris, Denoël, 2003. Cf. também conferência inédita de Maria Landau no âmbito da terceira jornada da Associação Jenny Aubry, dedicada à separação, 18 de abril de 2013. Resenha de Michel Rotfus, *Médiapart*, 26 de abril de 2013.

Epílogo

das "falsas ciências" de sua época para desvelar ao mundo a existência do inconsciente. Jones não se preocupava em imergir a obra de Freud e sua pessoa na longa duração da história, passando inteiramente sob silêncio sua própria política de "salvamento" da psicanálise, pela qual não demonstrava qualquer tipo de arrependimento. Dissimulava os suicídios, as hesitações, os casos clínicos e tratava muito mal Breuer, Fliess, Jung, Reich, Rank e diversos outros.

Porém, acima de tudo, transformava Freud num cientista mais inglês que vienense, mais positivista que romântico, bem menos atormentado em suas escolhas do que realmente se mostrara. Em suma, construía, para uso de seus contemporâneos, um memorial em homenagem ao príncipe e cientista que ele servira. Essa monumental biografia suscitou um imenso debate historiográfico, que, durante quarenta anos, seria tão acalorado quanto as controvérsias entre psicanalistas.

Nenhum historiador no futuro poderia escapar a uma confrontação com essa primeira biografia escrita por um contemporâneo de Freud, que fora também seu discípulo e organizador de seu movimento. Decerto Jones cedera à ilusão introspectiva, descrevendo um herói marchando rumo a seu destino, mas enfim fora o primeiro a ter acesso aos arquivos, a recorrer a uma metodologia coerente e ater-se a ela.

Jones incorporou em seu trabalho as pesquisas de Siegfried Bernfeld, ao passo que, simultaneamente, Anna vigiava de perto a publicação das correspondências, em especial com Fliess,[14] da qual era expurgado o que, a seu ver, poderia vir a manchar a imagem ideal que forjara do pai: um herói sem medo e sem pontos fracos, um Freud "historicamente correto" para uma psicanálise pragmática, regulamentada e, em breve, esclerosada.[15]

Em 1972, Max Schur corrigiu a versão jonesiana, atribuindo a Freud a imagem, mais vienense, de um cientista ambíguo, adepto da cocaína, angustiado face à morte e hesitando entre erro e verdade. Revelou, pela primeira vez, a existência de Emma Eckstein, abrindo caminho para uma exploração, por outros autores, da história dos pacientes de Freud.

---

14. Cuja versão expurgada foi publicada em 1950, na França, sob o título *La Naissance de la psychanalyse* [ed. bras.: *Publicações pré-psicanalíticas e esboços inéditos*, in *ESB*, vol.1, op.cit.].
15. Sobre a gênese da obra e as dificuldades encontradas por Jones, cf. Mikkel Borch-Jacobsen e Sonu Shamdasani, *Le Dossier Freud*, op.cit., p.365-418.

480   *Sigmund Freud na sua época e em nosso tempo*

Anna e Dorothy viveram uma vida feliz, ainda que complicada. Nunca aceitaram ser vistas como lésbicas, embora formassem um verdadeiro casal, e Anna jamais aceitou em vida confessar publicamente, ou permitir que escrevessem, ter sido analisada pelo pai.

As crianças que Anna e Dorothy haviam amado e criado juntas, todas altamente problemáticas, iam regularmente a Londres. Bob frequentou o divã de Anna por quarenta e cinco anos e, como sua irmã Mabbie, foi um dos dez casos relatados na primeira parte de *O tratamento psicanalítico de crianças*.[16] Asmático e depressivo, morreu, em 1969, aos cinquenta e quatro anos de idade. Cinco anos depois, sempre em análise em Londres e, de maneira episódica, em Nova York, com Marianne Kris, Mabbie suicidou-se em Maresfield Gardens 20, ingerindo barbitúricos. Embora fosse a preferida de Dorothy, nunca suportou o conflito que opusera seu pai psicótico, rejeitado pela família Freud, à sua mãe, que encarnava a seus olhos o mundo da saúde e dos curandeiros da alma.

Filho da psicanálise, assim como Anna e os filhos de Dorothy, Ernstl Halberstadt interessou-se a vida inteira por crianças, pelas relações precoces dos bebês com suas mães, pelos prematuros, pelas crianças de todos os países: em Jerusalém, Moscou, Joanesburgo. Em busca de uma identidade que pudesse vinculá-lo ao avô, passou a assinar Ernst W. Freud para não ser confundido com o tio. Com a morte de Anna, foi exercer a psicanálise na Alemanha, reatando assim, para praticá-la, com a língua de sua infância. Foi, portanto, o único descendente masculino da família de Freud que veio a ser psicanalista.

Ernst costumava evocar sua chegada a Londres e as extravagâncias tipicamente freudianas de seu primo, o jovem Lucian, brigado com a família, detestando a mãe[17] e sonhando com um grande destino de pintor. Um dia, num trem, aos dezesseis anos, Lucian levantara-se bruscamente para pegar uma mala, na qual dissimulava um segredo: "Um crânio de cavalo. Contemplou-o longamente, depois guardou-o: havia encontrado aquele crânio em Dartmoor e se apegara a ele."[18]

---

16. Anna Freud, *Le traitement psychanalytique des enfants*, Paris, PUF, 1951 [ed. bras.: *O tratamento psicanalítico de crianças*, Rio de Janeiro, Imago, 1971].

17. Após a tentativa de suicídio de Lucie, na esteira da morte de Ernst, Lucian pintou, a partir de 1972, cerca de quinze retratos dela.

18. Eva Weissweiler, *Les Freud. Une famille viennoise*, op.cit., p.374. É no parque nacional de Dartmoor que se desenvolve a trama de Conan Doyle *O cão dos Baskerville*.

Epílogo 481

A reconstrução da vida do "grande homem" e as diferentes publicações autorizadas não foram suficientes nem para unir completamente a comunidade psicanalítica, espalhada pelos quatro cantos do mundo, nem para dar ao movimento freudiano o rosto bem-comportado e honrado que ele pretendia oferecer à opinião pública.

Ainda faltava, para completar a empreitada editorial e historiográfica, reconstruir uma memória verdadeira, a fim de que ninguém esquecesse o que fora o esplendor da *Mitteleuropa* destruída pelo nazismo. Isso seria obra de Kurt Eissler.

Nascido em Viena em 1908, analisado por Aichhorn, Eissler emigrara para Chicago em 1938, deixando para trás um irmão que viria a ser deportado. Instalara-se em seguida em Nova York, após alistar-se no serviço médico do exército americano para, com a patente de capitão, dirigir um atendimento terapêutico num campo de treinamento.

Inteiramente voltado para o passado, manifestava forte hostilidade pela escola americana, à qual recriminava seu abandono do freudismo original. Decidiu, portanto, dedicar sua vida à constituição de um corpus de arquivos que permitisse às novas gerações conhecer a vida e a obra de Freud em seus mais ínfimos detalhes: uma vida vienense, uma vida europeia. Bernfeld pensara nisso antes dele, mas Eissler o afastara, amparando-se em Anna, como fizera Jones para sua empreitada biográfica. Eissler procurou então Luther Evans, bibliotecário da prestigiosa Biblioteca do Congresso, em Washington (BCW), que aceitou acolher os futuros arquivos Freud.

Em fevereiro de 1951, Eissler fundou os Sigmund Freud Archives (SFA), do qual tornou-se curador, assessorado por um conselho de administração composto exclusivamente de psicanalistas membros da IPA: Bertram Lewin, Ernest Jones, Willi Hoffer, Hermann Nunberg, Siegfried Bernfeld. Aos quais se juntaram membros honorários: Albert Einstein, Thomas Mann e Anna Freud.

Ao longo de trinta anos, Eissler reuniu um tesouro fabuloso: cartas, documentos oficiais, fotografias, textos, entrevistas com todos aqueles que haviam conhecido Freud, inclusive pacientes, vizinhos ou visitantes mais banais. Todos os psicanalistas que haviam conhecido Freud, e a maior parte dos membros de sua família, repassaram a Eissler documentos e depoimentos. Em concordância com Anna Freud, ele promoveu uma política que, notável no plano arquivístico, revelou-se desastrosa no que se refere à pesquisa. Com efeito, preocupado em classificar, organizar, dominar e controlar toda a memória de um mundo do qual só conhecera os derradeiros instantes, negou aos historiadores profissionais acesso aos arquivos, reservando sua consulta aos psicanalistas devidamente formados na esfera da IPA. Ora, nos anos 1960, estes dedicavam-se a trabalhos cada vez mais clínicos e, de toda forma, não estavam preparados para empreender pesquisas historiográficas ou simplesmente históricas.[19]

A partir de 1970, a língua inglesa domina nitidamente os trabalhos historiográficos. Ao maciço jonesiano, sucederam, de um lado, um olhar dissidente, de outro, uma abordagem erudita. Inaugurada por Ola Andersson em 1962, a historiografia científica ganha impulso com o trabalho inovador de Henri F. Ellenberger. Com efeito, sua *História da descoberta do inconsciente*, da qual parti para empreender minhas próprias pesquisas sobre a história da psicanálise na França,[20] foi a primeira a introduzir a longa duração na aventura freudiana e a imergir a psicanálise na história da psiquiatria dinâmica. Dela, saía um Freud sem verniz, sob os traços de um cientista dividido entre a dúvida e a certeza.

Ellenberger dará origem, à sua revelia, a uma historiografia revisionista, crítica num primeiro momento, em especial com a publicação, por Frank J. Sulloway, de uma obra dedicada às origens biológicas do pensamento freudiano, depois radicalmente antifreudiana, por meio de diversos ensaios – emanando dos *Freud bashing*[21] – que pintavam Freud como interesseiro, estuprador e incestuoso, opondo assim uma lenda negra a uma lenda dourada.

Paralelamente, os trabalhos dos historiadores americanos ou ingleses sobre a Viena *fin de siècle* – Carl Schorske e William Johnston –, sucedidos na França pelos de Jacques Le Rider, transformaram o olhar voltado para as circunstâncias sociais e políticas em torno da descoberta freudiana. Ao Freud jonesiano surgiu em seguida um homem imerso no movimento de ideias que abalava o Império Austro-Húngaro dos anos 1880. Esse Freud, de certa forma,

---

19. Não compartilho a opinião de Mikkel Borch-Jacobsen, que afirma que Kurt Eissler enganou – ou mesmo fraudou – o povo americano, usando a Biblioteca do Congresso como um cofre-forte destinado a confiscar os arquivos em seu proveito e dissimulá-los dos pesquisadores. Cf. *Le Dossier Freud*, op.cit., p.424.

20. E que foi reeditado pela Fayard, por iniciativa de Olivier Bétourné, em conformidade com os anseios do próprio Henri F. Ellenberger, que em seguida delegou à SIHPP a gestão de seus arquivos, dos quais me ocupo atualmente, com a ajuda de seu filho Michel Ellenberger.

21. "Destruidores ou denegridores de Freud".

encarnava todas as aspirações de uma geração de intelectuais vienenses obcecados pela judeidade, a sexualidade, o declínio do patriarcado, a feminização da sociedade e, por fim, partilhando a vontade de explorar as fontes profundas da psique humana. Quanto à historiografia dissidente, tomou corpo em torno de 1975, após a publicação de *A saga freudiana*, de Paul Roazen.[22]

A partir dos anos 1975-80, portanto, estavam reunidas as condições para o advento de uma verdadeira escola histórica do freudismo. Nesse contexto, face ao surgimento dos trabalhos eruditos e abordagens críticas, os representantes da legitimidade psicanalítica (IPA) perderam terreno e não conseguiram mais impedir os historiadores de produzir obras que escapavam ao cânone oficial. Não conservaram senão um monopólio: o da administração e controle dos famosos arquivos depositados na Biblioteca do Congresso.

Frente a essa realidade, Kurt Eissler e Anna Freud tomaram uma decisão desastrosa, delegando o estabelecimento da correspondência de Fliess a Jeffrey Moussaieff Masson, brilhante poliglota, ex-professor de sânscrito, discípulo de Paul Brunton, místico judeu, ele próprio convertido à espiritualidade hinduísta pelo guru Ramana Maharshi. Devidamente analisado no âmbito da instituição, Masson, sedutor e inteligente, oferecia aparentemente todas as qualidades requeridas para realizar esse trabalho. No entanto, bem no meio de suas pesquisas, o feliz eleito transformou-se num contestador radical. Imaginando-se profeta de um freudismo revisado, passou a acreditar que os Estados Unidos haviam sido pervertidos por uma mentira freudiana original. Afirmou, assim, que as cartas de Freud encerravam um "segredo": Freud, ele dizia, teria abandonado covardemente a teoria da sedução para não revelar ao mundo as atrocidades cometidas pelos adultos sobre crianças inocentes. O que o fez elaborar a teoria da fantasia: seria, portanto, um enganador.[23]

Em 1984, Masson publicou um ensaio sobre esse tema, que foi um dos maiores best-sellers da história da literatura psicanalítica americana. Nele, questionava virulentamente a doutrina freudiana, ao mesmo tempo em que reativava o debate entre Freud e Ferenczi sobre o trauma e os abusos sexuais. Daí em diante passou a apostar na ideia, muito em voga nos anos 1980, segundo

---

22. Todos esses livros são citados em minhas notas de rodapé.

23. Jeffrey Moussaieff Masson, *Le Réel escamoté*, Paris, Aubier-Montaigne, 1984 [ed. bras.: *Assalto à verdade*, Rio de Janeiro, José Olympio, 1984].

a qual uma imensa mentira freudiana teria pervertido os Estados Unidos depois do triunfo de Freud em 1909, mentira conivente com um poder fundado na opressão: a colonização das mulheres pelos homens, das crianças pelos adultos, do afeto e da emoção pelo dogma e a conceitualidade.

Eissler nunca se recuperou desse terremoto que ele mesmo provocara.[24] Gostava profundamente de Masson, queria nomeá-lo seu sucessor na direção dos SFA, mas em vez disso foi obrigado a demiti-lo de suas funções. Trabalhador incansável, Eissler nunca deixaria de responder com erudição a todas as críticas e ataques lançados contra Freud. E, evidentemente, teria preferido que seu discípulo Masson seguisse o caminho trilhado por ele.[25] Além disso, impusera Masson a Anna – que não confiava nele –, tendo chegado a pensar em delegar-lhe a tarefa de transformar Maresfield Gardens 20 em museu.[26]

Na esteira desse caso, a corrente revisionista americana – em especial Peter Swales, Adolf Grünbaum[27] e muitos outros – promoveu durante dez anos uma campanha de difamação da doutrina freudiana e do próprio Freud, que voltou a ser um cientista diabólico culpado por ter traído a mulher no âmbito da própria família. Em 1981, Peter Swales, autor iconoclasta, erudito em freudismo e profundo conhecedor dos arquivos, já afirmava, sem apresentar provas, que Freud teria mantido relações sexuais com a cunhada. Depois de engravidá-la, tê-la-ia obrigado a abortar. Eissler nutria certa simpatia por Swales, ao passo que Anna, atônita diante dos fatos, não sabia mais como enfrentar as loucuras revisionistas.

Em 1986, quatro anos após a morte de Anna, o Freud Museum abriu suas portas. Ao longo dos anos, consolidou-se como eminente centro de pesqui-

---

24. Janet Malcolm, *Tempête aux Archives Freud* (1984), Paris, PUF, 1988.

25. Tive a oportunidade de conhecer J.M. Masson no momento da publicação da tradução francesa de seu livro. Ele estava realmente convencido de que todas as crianças eram vítimas de abusos sexuais por parte dos adultos. Nascido em 1941, autor de vários livros, é hoje vegetariano, militante dos direitos dos animais e mora em Auckland, cercado pela família e seus numerosos cães. Tive, com Eissler, uma breve troca de cartas entre dezembro de 1994 e janeiro de 1995 a respeito de Henri F. Ellenberger, quando supervisionava a edição de *Médecines de l'âme*, op.cit.

26. Cf. Elisabeth Young-Bruehl, *Anna Freud*, op.cit., p.412-3.

27. Adolf Grünbaum, *Les Fondements de la psychanalyse* (1984), Paris, PUF, 1996. Nesse livro, Grünbaum ataca furiosamente três filósofos – Karl Popper, Jürgen Habermas e Paul Ricoeur –, censurando-os por não terem criticado suficientemente a psicanálise. Analisei essa obra em *Por que a psicanálise?*, op.cit.

Epílogo

sas, exposições e conferências. Lá é possível ver as coleções de Freud, seu consultório, sua biblioteca e consultar vinte e cinco mil documentos.[28] Em Viena, após múltiplas peripécias, um primeiro Freud Museum fora inaugurado em 1971, museu sem objetos, móveis ou biblioteca, um museu da lembrança do que desaparecera em 1938, em suma, um museu de antes do segundo museu.

Na esteira do caso Masson, a imagem de um Freud aproveitador, estuprador, mentiroso e infame impôs-se na mídia com a publicação de romances e ensaios dedicados à sua intangível vida sexual, ao passo que o interesse pela psicanálise declinava nas sociedades ocidentais – em especial na França – e, do lado dos historiadores mais clássicos, esboçava-se um retorno à tradição biográfica, com a publicação, em 1988, da obra de Peter Gay, historiador especialista na época vitoriana.

A crise dos arquivos atingiu seu ponto culminante no momento em que se organizava, na Biblioteca do Congresso, uma exposição sobre Freud, programada de longa data. Quarenta e dois pesquisadores independentes, em grande parte americanos, fizeram então um abaixo-assinado[29] e o remeteram a James Billington, diretor da Biblioteca do Congresso, a Michael Roth, curador da exposição, e a James Hutson, responsável pela divisão dos manuscritos. Entre eles, figuravam excelentes autores – Phyllis Grosskurth, Elke Mühlleitner, Nathan Hale, Patrick Mahony – que criticavam com razão o caráter demasiado institucional do futuro catálogo e reivindicavam que seus próprios trabalhos figurassem nele. Contudo, para fortalecer essa iniciativa coletiva, Peter Swales e Adolf Grünbaum desencadearam uma virulenta campanha de imprensa contra Freud, reiterando as acusações de sempre. Assustados com essa nova caça às bruxas, os organizadores da exposição preferiram adiá-la, ao passo que diversos jornalistas e intelectuais americanos manifestavam na imprensa sua hostilidade a essas tomadas de posição extremistas.

---

28. Como já apontei, eu mesma organizei em 1994, com René Major e no âmbito da Sociedade Internacional de História da Psiquiatria e da Psicanálise (SIHPP), um colóquio sobre os arquivos.

29. Documento datilografado de 31 de julho de 1995. Troquei várias cartas a esse respeito com Carl Schorske, Peter Gay, Yosef Yerushalmi, Patrick Mahony, Ilse Grubrich-Simitis, John Forrester e muitos outros. Numa carta que me enviou nessa data, Schorske declarou ver nessa ofensiva o retorno de certo macarthismo.

Nesse contexto, por iniciativa de Philippe Garnier, psiquiatra e psicanalista francês, e minha também, foi lançado, a partir da França, outro abaixo-assinado, criticando ao mesmo tempo os contestadores e os organizadores da exposição da Biblioteca do Congresso, incapazes de impor sua autoridade e demasiado aferrados à antiga ortodoxia. Assinada por cento e oitenta intelectuais e terapeutas de todos os países, tendências e nacionalidades, essa segunda petição obteve algum resultado.[30] A ofensiva antifreudiana de Adolf Grünbaum e Peter Swales teve como principal consequência marginalizar os demais signatários e estimular o academicismo. Com efeito, inaugurada em outubro de 1998, a exposição da Biblioteca do Congresso apresentou um Freud cujas teorias não tinham mais nenhuma importância do ponto de vista da ciência ou da verdade: "Pouco importa que as ideias de Freud sejam verdadeiras ou falsas", apontava Michael Roth. "O importante é que elas impregnaram toda a nossa cultura e a maneira como compreendemos o mundo através do cinema, da arte, dos quadrinhos ou da tevê."[31]

Apesar do sucesso na França de dois best-sellers, *O livro negro da psicanálise*, obra coletiva reunindo artigos de cerca de quarenta autores, e *O crepúsculo de um ídolo*, obra sensacionalista de Michel Onfray, as teses dos adeptos do *Freud bashing*, mesmo a favor das teorias cognitivas, não se implantaram no meio universitário francês. Foram inclusive rejeitadas, após terem feito as delícias de certa imprensa escrita e audiovisual ávida de sensações freudianas.[32]

Por outro lado, contribuíram para incutir na opinião pública uma imagem confusa da vida e obra de Freud, imagem, no caso, fundada nos rumores mais mirabolantes, que, ainda assim, eram lidos como verdades estabelecidas. Daí minha decisão de empreender este trabalho biográfico e histórico, num momento em que os SFA tornavam-se finalmente acessíveis aos pesquisadores, ao passo que se multiplicavam, pelo viés da internet, publicações e debates de imensa riqueza.

---

30. Entrevista de Elisabeth Roudinesco a Nicolas Weill e Raphaëlle Rérolle e de Mikkel Borch-Jacobsen a Nicolas Weill, *Le Monde*, 14 de junho de 1996.
31. Entrevista a Patrick Sabatier, *Libération*, 26 de outubro de 1998. *Freud: Conflict and Culture. Essays on His Life, Work and Legacy*, org. Michael S. Roth, Nova York, Knopf, 1998 [ed. bras.: *Freud: conflito e cultura*, Rio de Janeiro, Zahar, 2000].
32. Coordenei dois livros coletivos em resposta a esses best-sellers, com Sylvain Courage, Pierre Delion, Christian Godin, Roland Gori, Franck Lelièvre, Guillaume Mazeau, Jack Ralite, Jean-Pierre Sueur, *Pourquoi tant de haine? Anatomie du "Livre noir de la psychanalyse"*, Paris, Navarin, 2005, e *Freud – mas por que tanto ódio?*, op.cit.

Epílogo

Em abril de 2014, alguns dias antes de minha partida para Washington, fui a Londres, ao crematório de Golders Green,[33] local de inumação laico situado defronte do cemitério judaico homônimo, acolhendo crentes, não crentes, escritores, comunistas, atores e livres-pensadores. Demorei-me diante dos mausoléus, estátuas e criptas em estilo gótico, repletos de placas, inscrições, urnas, objetos diversos. Sabia que, um pouco antes, durante a noite do Ano Novo,[34] vândalos haviam quebrado o painel diante do qual estava instalado o vaso grego contendo as cinzas de Sigmund Freud e Martha Bernays. Procurando sem dúvida furtar objetos de valor, os ladrões haviam derrubado a urna de seu grande pedestal de mármore, deixando assim o triste espetáculo de um monumento decapitado. Em pânico, fugiram de mãos vazias.

Observando aquele local devastado, atulhado de oferendas votivas e suvenires, onde em pequenas caixas repousam as cinzas dos membros da família Freud e de alguns amigos próximos, e escutando Eric Willis, o responsável pelo crematório, me contar a longa história daquele cientista que viera morrer em Londres, não pude deixar de pensar que aquela profanação – ou melhor, "decapitação" – significava claramente que Freud, setenta e cinco anos após sua morte, continuava a incomodar a consciência ocidental, com seus mitos, suas dinastias reais, sua travessia dos sonhos, suas histórias de hordas selvagens, de Gradiva caminhando, de abutre detectado em Leonardo da Vinci, de assassinato do pai e de Moisés perdendo as Tábuas da Lei.

Imaginei-o brandindo sua bengala contra os antissemitas, vestindo sua camisa mais bonita para visitar a Acrópole, descobrindo Roma qual um amante inebriado de felicidade, fustigando os imbecis, falando sem pruridos perante americanos embasbacados, reinando em sua morada imemorial em meio a seus objetos, chows-chows vermelhos, discípulos, mulheres, pacientes loucos, esperando Hitler de pé, implacável, sem conseguir pronunciar seu nome – e penso comigo que, por muito tempo ainda, ele permanecerá o grande pensador da sua época e do nosso tempo.

---

33. Em companhia de Anthony Ballenato.
34. O arrombamento se deu na noite de 31 de dezembro de 2013 para 1º de janeiro de 2014.

Bibliografia

Para escrever este livro, consultei diversos arquivos, cuja lista apresento a seguir. Recorri não só às diferentes edições das obras completas de Freud em alemão e inglês, como a inúmeros livros e obras de referência, indispensáveis ao conhecimento da obra e da vida de Freud. A mais vasta cronologia de sua vida estabelecida até hoje acha-se disponível em alemão, e dela lancei mão. Vale notar que as obras pré-psicanalíticas de Freud encontram-se em vias de estabelecimento.

No caso da França, optei por utilizar diversas traduções, conforme o caso:

1. Algumas das primeiras traduções realizadas para as editoras Gallimard, Presses Universitaires de France (PUF) e Payot, por Samuel Jankélevitch, Yves Le Lay, Ignace Meyerson, Blanche Reverchon-Jouve, Marie Bonaparte, Anne Berman.
2. As traduções realizadas em seguida por Fernand Cambon, Cornelius Heim, Philippe Koeppel, Patrick Lacoste, Denis Messier, Marielène Weber, Rose-Marie Zeitlin, sob a direção de Jean-Bertrand Pontalis (1924-2013) para a Gallimard.
3. As *Oeuvres complètes de Freud. Psychanalyse* (*OCF.P*), edição iniciada em 1988 e em vias de ser concluída, por uma equipe formada por Jean Laplanche (1924-2012), Pierre Cotet, André Bourguignon (1920-1996), François Robert e cerca de vinte autores, para a Presses Universitaires de France (PUF). Os artífices dessa empreitada, muito controvertida, pretendem resgatar uma "germanidade original" do texto freudiano. Nesse sentido, atribuem-se o título de "freudólogos", convencidos de que a língua freudiana não é alemão, mas "freudiano", isto é, "um dialeto do alemão que não é alemão, mas uma língua inventada por Freud".
4. As traduções feitas sob a direção de Jean-Pierre Lefebvre para a coleção Points Essais, da Éditions du Seuil.
5. As traduções de Olivier Mannoni para a Payout, na coleção Petite Bibliothèque Payot.
6. Algumas outras traduções.

Encontram-se nesta bibliografia também as referências dos volumes de correspondência de Freud traduzidos em francês.

I. Fontes manuscritas

1. The Library of Congress, Washington, D.C., Manuscript Division, Sigmund Freud Collection, The Papers of Sigmund Freud: projetos, correspondência holográfica e datilografada dos escritos de Freud, papéis de família, fichas de pacientes, do-

Bibliografia

cumentos jurídicos e de sucessão, dossiês militares e escolares, certificados, cadernos, dados genealógicos, entrevistas realizadas por Kurt Eissler, depoimentos, fotografias e desenhos, recortes de jornal e outros impressos – que iluminam as numerosas facetas da vida de Freud e o estudo de seus escritos: relações com a família, amigos e colegas.

2. Arquivos, livros e documentos do Freud Museum de Londres e do Freud Museum de Viena.
3. Arquivos de Marie Bonaparte (fonte: Célia Bertin).
4. Arquivos de Elisabeth Roudinesco (cartas, documentos, anotações, seminários).
5. Arquivos de Henri F. Ellenberger, Sociedade Internacional de História da Psiquiatria e da Psicanálise (SIHPP), Biblioteca Henri-Ey, Hospital Sainte-Anne.

II. Fontes impressas

Obras completas de Freud em alemão e inglês

Gesammelte Schriften (GS), 12 volumes, Viena, 1924-34.

Gesammelte Werke (GW), 18 volumes e 1 volume suplementar sem numeração. Vol. 1-17: Londres, 1940-1952. Vol.18: Frankfurt, 1968. Volume suplementar: Frankfurt, 1987. A edição completa: Frankfurt, S. Fischer Verlag, 1960 em diante.

Studienausgabe, 10 volumes e 1 volume suplementar não numerado: Frankfurt, S. Fischer Verlag, 1969-1975.

The Standard Edition of the Complete Psychological Works of Sigmund Freud (SE), 24 volumes: textos editados por James Strachey, em colaboração com Anna Freud, Alix Strachey e Alan Tyson, Londres, The Hogarth Press and the Institute of Psycho-Analysis, 1953-1974.

Obras completas de Freud em francês

Oeuvres complètes de Freud. Psychanalyse (OCF.P), 1886-1939, 21 volumes, Paris, Presses Universitaires de France (PUF), 1988-2015, com glossário, índice, volume de apresentação: *Traduire Freud*, por André Bourguignon, Pierre Cotet, Jean Laplanche, François Robert. O vol.1 contém artigos e conferências sobre histeria, fobias, psiconeuroses de defesa, J.-M. Charcot, H. Bernheim, a hipnose, sugestão e outros problemas clínicos. Muitos desses textos foram traduzidos e publicados em diversos periódicos. O vol.21, em preparação, contém índice e glossário.

490 *Sigmund Freud na sua época e em nosso tempo*

A obra de Freud no Brasil[1]

Sigmund Freud: Obras completas, 20 volumes (em andamento), trad. do alemão Paulo César de Souza (com Sergio Tellaroli, vol.13), São Paulo, Companhia das Letras. Edição aqui tratada como *SFOC*.

Edição Standard Brasileira das obras psicológicas de Sigmund Freud (ESB), 24 volumes, diversos tradutores, Rio de Janeiro, Imago, 1970-77. Tradução da *Standard Edition* inglesa, teve alguns volumes retraduzidos a partir dos anos 1990, projeto que não seguiu adiante.

A obra de Freud no Brasil também tem sido publicada, em tradução do alemão de Renato Zwick, pela editora L&PM, de Porto Alegre. Obras avulsas de Freud integram o catálogo e os projetos futuros de outras editoras ainda, como a Autêntica (coleção Obras Incompletas de Freud) e a Zahar (coleção Freud e seus Interlocutores).

Sobre as eventuais divergências entre as traduções recém-publicadas, ver artigo de Gilson Ianni, "A língua de Freud e a nossa", publicado no número 181 da revista *Cult* e disponível em: http://revistacult.uol.com.br/home/2013/07/a-lingua-de-freud-e-a-nossa/.

Cronologia das principais obras e artigos

1884-1887. *Freud e a cocaína* (org. Robert Byck), Rio de Janeiro, Espaço Tempo, 1989.

1891. *Sobre a concepção das afasias*, posfácio de Luiz Alfredo Garcia-Rosa, trad. Renata Dias Mundt, Rio de Janeiro, Zahar, 2013; *Sobre a concepção das afasias, um estudo crítico*, trad. Emiliano de Brito Rossi, Belo Horizonte, Autêntica, 2013 / *Zur Auffassung der Aphasien. Eine kritische Studie*, Frankfurt, Fischer, 1992.

1893. "Charcot", in *ESB*, vol.3, p.21-34 / *GW*, vol.1.

1895. *Estudos sobre a histeria*, in *SFOC*, vol.2; *ESB*, vol.2 / *Studien über Hysterie*, in *GW*, vol.1.
"Duas revisões breves. 'Neurastenia aguda' de Averbeck e 'Histeria' de Weir Mitchell", in *ESB*, vol.1, p.71-3, sob o título "Duas breves resenhas. Resenha de 'Die akute Neurasthenie', de Averbeck. Resenha de 'Die Behandlung gewisser Formen von Neurasthenie und Hysterie'" / "Referat über Averbeck, 'Die akute Neurasthenie'" e "Referat über W. Mitchell, 'Die Behandlung gewisser Formen von Neurasthenie und Hysterie'", in *GW*, volume suplementar.
"Obsessões e fobias" (publicado originalmente em francês sob o título "Obsessions et phobies"), in *ESB*, vol.3, p.89-97.

---

1. Todas as obras em português ou em espanhol citadas nesta bibliografia foram inseridas na edição brasileira.

Bibliografia

1896. "Hereditariedade e a etiologia das neuroses" (publicado originalmente em francês sob o título "L'hérédité et l'étiologie des névroses), in *ESB*, vol.3, p.165-79 / *GW*, vol.1.

"A etiologia da histeria", in *ESB*, vol.3, p.217-49 / "Zur Ätiologie der Hysterie", in *GW*, vol.1.

1899. "Lembranças encobridoras", in *ESB*, vol.3, p.333-54 / "Über Deckerinnerung", in *GW*, vol.1.

1900. *A interpretação dos sonhos*, trad. do alemão Renato Zwick, revisão técnica e prefácio Tania Rivera, Porto Alegre, L&PM, 2012; *ESB*, vol.4-5, sob o título *A interpretação de sonhos* / *Die Traumdeutung*, in *GW*, vol.3.

1901. *A psicopatologia da vida cotidiana*, in *ESB*, vol.6 / *Zur Psychopathologie des Alltagslebens*, in *GW*, vol.4.

"Sobre os sonhos", in *ESB*, vol.5, p.671-725 / "Über den Traum", in *GW*, vol.5.

1903. "O método psicanalítico de Freud", in *ESB*, vol.7, p.257-62 / "Die Freudisch psychoanalytische Method", in *GW*, vol.5.

1904. "Sobre a psicoterapia", in *ESB*, vol.7, p.267-78 / "Über Psychoterapie", in *GW*, vol.5.

1905. "Fragmento da análise de um caso de histeria", in *ESB*, vol.7, p.5-119 / "Bruchstück einer Hysterie-Analyse", in *GW*, vol.5.

Os chistes e sua relação com o inconsciente, in *ESB*, vol.8 / "Der Witz und seine Beziehung zum Unbewußten", in *GW*, vol.6.

Três ensaios sobre a teoria da sexualidade, in *ESB*, vol.7, p.129-250 / *Drei Abhandlungen zur Sexualtheorie*, in *GW*, vol.5.

1906. "A instrução judicial e a psicanálise", in *SFOC*, vol.8, p.285-99; *ESB*, vol.9, p.105-15, sob o título "A psicanálise e a determinação dos fatos nos processos jurídicos" / "Tatbestandsdiagnostik und Psychoanalyse", in *GW*, vol.7.

1907. "Delírio e sonhos na 'Gradiva' de W. Jensen", in *SFOC*, vol.8, p.13-119; *ESB*, vol.9, p.17-98 / "Der Wahn und die Träume in W. Jensens 'Gradiva'", in *GW*, vol.7, p.31-125.

"O esclarecimento sexual das crianças", in *SFOC*, vol.8, p.314-24; *ESB*, vol.9, p.137-44 / "Zur Sexuellen Aufklärung der Kinder", in *GW*, vol.7, p.19-27.

"Atos obsessivos e práticas religiosas", in *SFOC*, vol.8, p.300-13; *ESB*, vol.9, p.121-31 / "Zwangshandlungen und Religionsübungen", in *GW*, vol.7, p.129-39.

1908. "O escritor e a fantasia ", in *SFOC*, vol.8, p.325-38; "O poeta e o fantasiar", in *Arte, literatura e os artistas*, trad. Ernani Chaves, Belo Horizonte, Autêntica, 2015; *ESB*, vol.9, p.149-58, sob o título "Escritores criativos e devaneio" / "Der Dichter und das Phantasieren", in *GW*, vol.7, p.213-23.

"A moral sexual 'cultural' e o nervosismo moderno", in *SFOC*, vol.8, p.359-89; *ESB*, vol.9, p.187-208, sob o título "Moral sexual 'civilizada' e doença nervosa moderna" / "Die 'Kulturelle' Sexualmoral und die moderne Nervosität", in *GW*, vol.7, p.143-67.

"Sobre as teorias sexuais infantis", in *SFOC*, vol.8, p.390-411; *ESB*, vol.9, p.213-28, sob o título "Sobre as teorias sexuais das crianças" / "Über infantile Sexualtheorien", in *GW*, vol.7, p.171-88.

"O romance familiar dos neuróticos", in *SFOC*, vol.8, p.419-24; *ESB*, vol.9, p.243-7, sob o título "Romances familiares" / "Der Familienroman der Neurotiker", in *GW*, vol.7, p.227-31.

1909. "Análise de uma fobia de um garoto de cinco anos ("O Pequeno Hans")", in *SFOC*, vol.8, p.123-284; *ESB*, vol.10, p.15-154, sob o título "Análise de uma fobia em um menino de cinco anos" / "Analyse der Phobie eines fünfjährigen Knaben", in *GW*, vol.7, p.241-377.

"Observações sobre um caso de neurose obsessiva" ("O Homem dos Ratos"), in *SFOC*, vol.9, p.13-112; *ESB*, vol.10, p.159-250, sob o título "Notas sobre um caso de neurose obsessiva" / "Bemerkungen über einen Fall von Zwangsneurose", in *GW*, vol.7, p.381-463.

1910. "Cinco lições de psicanálise", in *SFOC*, vol.9, p.220-86; *ESB*, vol.11, p.13-51 / "Über Psichoanalyse", in *GW*, vol.8, p.3-60.

"As perspectivas futuras da terapia psicanalítica", in *SFOC*, vol.9, p.287-301; *ESB*, vol.11, p.127-36, sob o título "As perspectivas futuras da terapêutica psicanalítica" / "Die Zukünftigen Chancen der Psychoanalytischen Therapie", in *GW*, vol.8, p.104-15.

"Sobre psicanálise 'selvagem'", in *SFOC*, vol.9, p.324-33; *ESB*, vol.11, p.207-13, sob o título "Psicanálise 'silvestre'" / "Über 'Wilde' Psychoanalyse", in *GW*, vol.8, p.118-25.

"Sobre o sentido antitético das palavras primitivas", in *SFOC*, vol.9, p.303-12; *ESB*, vol.11, p.141-6, sob o título "O significado antitético das palavras primitivas" / "Über den Gegensinn der Urworte", in *GW*, vol.8, p.214-21.

"Uma recordação de infância de Leonardo da Vinci", in *SFOC*, vol.9, p.113-219; "Uma lembrança de infância de Leonardo da Vinci", in *Arte, literatura e os artistas*, trad. Ernani Chaves, Belo Horizonte, Autêntica, 2015; *ESB*, vol.11, p.59-124, sob o título "Leonardo da Vinci e uma lembrança da sua infância" / "Eine Kindheitserinnerung des Leonardo da Vinci", in *GW*, vol.8, p.128-211.

1911. "O uso da interpretação dos sonhos na psicanálise", in *SFOC*, vol.10, p.122-32; *ESB*, vol.12, p.121-7, sob o título "O manejo da interpretação de sonhos na psicanálise" / "Die Handhabung der Traumdeutung in der Psychoanalyse", in *GW*, vol.8, p.350-7.

"Observações psicanalíticas sobre um caso de paranoia (*Dementia paranoides*) relatado em autobiografia ('O caso Schreber')", in *SFOC*, vol.10, p.13-107; *ESB*, vol.12, p.23-108, sob o título "Notas psicanalíticas sobre um relato autobiográfico de um caso de paranoia (*Dementia paranoides*)" / "Psychoanalytische bemerkungen über einen Autobiographisch Beschriebenen Fall von Paranoia (*Dementia paranoides*)", in *GW*, vol.8, p.239-316.

Bibliografia 493

"Grande é a Diana dos efésios!", in *SFOC*, vol.10, p.355-7; *ESB*, vol.12, p.431-3 / "Gross ist die Diana der Epheser", in *GW*, vol.8, p.360-1.

1912. "Recomendações ao médico que pratica a psicanálise", in *SFOC*, vol.10, p.147; *ESB*, vol.12, p.149-59, sob o título "Recomendações aos médicos que exercem a psicanálise" / "Ratschläge für den Arzt bei der psychoanalytischen Behandlungen", in *GW*, vol.8, p.376-87.
Contribuições à psicologia do amor, três textos (1910-18):
1. "Um tipo especial de escolha de objeto feita pelo homem", in *SFOC*, vol.9, p.334-46; *ESB*, vol.11, p.149-57, sob o título "Um tipo especial de escolha de objeto feita pelos homens" / "Über einen Besonderen Typus der Objektwahl beim Manne", in *GW*, vol.8, p.66-77.
2. "Sobre a mais comum depreciação na vida amorosa", in *SFOC*, vol.9, p.347-63; *ESB*, vol.11, p.163-73, sob o título "Sobre a tendência universal à depreciação na esfera do amor" / "Über die allgemeinste Erniedrigung des Liebeslebens", in *GW*, vol.8, p.78-91.
3. "O tabu da virgindade", in *SFOC*, vol.9, p.365-87; *ESB*, vol.11, p.179-92 / "Das Tabu der Virginität", in *GW*, vol.12, p.159-80.
Totem e tabu, in *SFOC*, vol.11, p.13-244; *Totem e tabu*, Porto Alegre, L&PM, 2013; *ESB*, vol.13, p.17-191 / *Totem und Tabu*, in *GW*, vol.9, p.1-194.

1913. "O tema da escolha do cofrinho", in *SFOC*, vol.10, p.301-16; "O motivo da escolha dos cofrinhos", in *Arte, literatura e os artistas*, trad. Ernani Chaves, Belo Horizonte, Autêntica, 2015; *ESB*, vol.12, p.367-79, sob o título "O tema dos três escrínios" / "Das Motiv der Kästchenwahl", in *GW*, vol.10, p.23-37.
"O início do tratamento" (Novas recomendações sobre a técnica da psicanálise I), in *SFOC*, vol.10, p.163-92; *ESB*, vol.12, p.164-87, sob o título "Sobre o início do tratamento" / "Zur Einleitung der Behandlung" (Weitere Ratschläge zur Technik der Psychoanalyse I), in *GW*, vol.8, p.454-78.

1914. "O Moisés de Michelangelo", in *SFOC*, vol.11, p.373-412; "O Moisés, de Michelangelo", in *Arte, literatura e os artistas*, trad. Ernani Chaves, Belo Horizonte, Autêntica, 2015; *ESB*, vol.13, p.253-80 / "Der Moses des Michelangelo", in *GW*, vol.10, p.172-201.
"Recordar, repetir e elaborar" (Novas recomendações sobre a técnica da psicanálise II), in *SFOC*, vol.10, p.193-209; *ESB*, vol.12, p.193-203 / "Erinnern, wiederholen und durcharbeiten" (Weitere Ratschläge zur Technik der Psychoanalyse II), in *GW*, vol.10, p.126-36.
"Observações sobre o amor de transferência" (Novas recomendações sobre a técnica da psicanálise III), in *SFOC*, vol.10, p.210-28; *ESB*, vol.12, p.208-21, sob o título "Observações sobre o amor transferencial" / "Bemerkungen über die Übertragungsliebe", in *GW*, vol.10, p.306-21.
"Introdução ao narcisismo", in *SFOC*, vol.12, p.13-50; *ESB*, vol.14, p.89-119, sob o título "Sobre o narcisismo: uma introdução" / "Zur Einführung des Narzissmus", in *GW*, vol.10, p.138-70.

"Contribuição à história do movimento psicanalítico", in *SFOC*, vol.11, p.245-327; *ESB*, vol.14, p.16-82, sob o título "A história do movimento psicanalítico" / "Zur Geschichte der Psychoanalytische Bewegung", in *GW*, vol.10, p.44-113.

"Sobre a *fausse reconnaissance* (o '*déjà raconté*') no trabalho psicanalítico", in *SFOC*, vol.11, p.364-72; *ESB*, vol.13, p.241-7, sob o título "*Fausse reconnaissance* ('*déjà raconté*') no tratamento psicanalítico" / "Über *fausse reconnaissance* ('*déjà raconté*') während der Psychoanalytischen Arbeit", in *GW*, vol.10, p.116-23.

"História de uma neurose infantil (O Homem dos Lobos)", in *SFOC*, vol.14, p.13-160; *ESB*, vol.17, p.19-151, sob o título "História de uma neurose infantil" / "Aus der Geschichte einer Infantiler Neurose", in *GW*, vol.12, p.27-157.

1915. "Considerações sobre a guerra e a morte", in *SFOC*, vol.12, p.209-46; *ESB*, vol.14, p.311-39, sob o título "Reflexões para os tempos de guerra e morte" / "Zeitgemässes über Krieg und Tod", in *GW*, vol.10, p.324-55.

"Comunicação de um caso de paranoia que contradiz a teoria psicanalítica", in *SFOC*, vol.12, p.195-208; *ESB*, vol.14, p.297-307, sob o título "Um caso de paranoia que contraria a teoria psicanalítica da doença" / "Mitteilung eines der psychoanalytischen Theorie widersprechenden Falles von Paranoia", in *GW*, vol.10, p.234-46.

1915-17. *Ensaios de metapsicologia*:

"Os instintos e seus destinos", in *SFOC*, vol.12, p.51-81; *As pulsões e seus destinos*, trad. Pedro Heliodoro Tavares, Belo Horizonte, Autêntica, 2013; *ESB*, vol.14, p.137-62, sob o título "Os instintos e suas vicissitudes" / "Triebe und Triebschiksale", in *GW*, vol.10, p.210-32.

"A repressão", in *SFOC*, vol.12, p.82-98; *ESB*, vol.14, p.169-82, sob o título "Repressão", / "Die Verdrängung", in *GW*, vol.10, p.248-61.

"O inconsciente", in *SFOC*, vol.12, p.99-150; *ESB*, vol.14, p.191-245 / "Das Unbewusste", in *GW*, vol.10, p.264-303.

"Complemento metapsicológico à teoria dos sonhos", in *SFOC*, vol.12, p.151-69; *ESB*, vol.14, p.253-67, sob o título "Suplemento metapsicológico à teoria dos sonhos" / "Metapsychologische ergängzung zur Traumlehre", in *GW*, vol.10, p.412-26.

"Luto e melancolia", in *SFOC*, vol.12, p.170-94; *ESB*, vol.14, p.275-91 / "Trauer und Melancholie", in *GW*, vol.10, p.428-46.

Neuroses de transferência: uma síntese, org. Ilse Grubrich-Simitis, Rio de Janeiro, Imago, 1987 / *Übersicht der Übertragungsneurosen*, Frankfurt, Fischer, 1985.

1916-17. "A transitoriedade", in *SFOC*, vol.12, p.247-52; "Transitoriedade", in *Arte, literatura e os artistas*, trad. Ernani Chaves, Belo Horizonte, Autêntica, 2015; *ESB*, vol.14, p.345-8, sob o título "Sobre a transitoriedade" / "Vergänglichkeit", in *GW*, vol.10, p.358-61.

Conferências introdutórias à psicanálise, in *SFOC*, vol.13; *ESB*, vol.15 / *Vorlesungen zur Einführung in die Psychoanalyse*, in *GW*, vol.11.

"Paralelo mitológico de uma imagem obsessiva", in *SFOC*, vol.12, p.288-90; *ESB*, vol.14, p.381-2, sob o título "Um paralelo mitológico com uma obsessão visual" /

Bibliografia 495

"Mythologische Parallele zu einer plastichen Zwangsvorstellung", in *GW*, vol.10, p.398-400.

1917. "Uma dificuldade da psicanálise", in *SFOC*, vol.14, p.240-51; *ESB*, vol.17, p.171-9, sob o título "Uma dificuldade no caminho da psicanálise" / "Eine Schwierigkeit der Psychoanalyse", in *GW*, vol.12, p.3-12.

"Sobre transformações dos instintos, em particular no erotismo anal", in *SFOC*, vol.14, p.252-62; *ESB*, vol.17, p.159-66, sob o título "As transformações do instinto exemplificadas no erotismo anal" / "Über Triebumsetzungen Insbesondere der Analerotik", in *GW*, vol.10, p.401-10.

"Uma recordação de infância em *Poesia e verdade*", in *SFOC*, vol.14, p.263-78; "Uma lembrança de infância em *Poesia e verdade*", in *Arte, literatura e os artistas*, trad. Ernani Chaves, Belo Horizonte, Autêntica, 2015; *ESB*, vol.17, p.185-95, sob o título "Uma recordação de infância de *Dichtung und Wahrheit*" / "Eine Kindheitserinnerung aus *Dichtung und Wahrheit*", in *GW*, vol.12, p.13-26.

1919. "Caminhos da terapia psicanalítica", in *SFOC*, vol.14, p.279-92; *ESB*, vol.17, p.201-11, sob o título "Linhas de progresso na terapia psicanalítica" / "Wege der Psychoanalytischen Therapie", in *GW*, vol.12, p.191-4.

"Deve-se ensinar psicanálise nas universidades?", in *SFOC*, vol.14, p.377-81; *ESB*, vol.17, p.217-20, sob o título "Sobre o ensino da psicanálise nas universidades"; original em húngaro, in *GW*, Nachtragsband (volume suplementar), p.700-3.

"Batem numa criança (Contribuição ao conhecimento da gênese das perversões sexuais)", in *SFOC*, vol.14, p.293-327; *ESB*, vol.17, p.225-53, sob o título "Uma criança é espancada (Uma contribuição ao estudo da origem das perversões sexuais)" / " Ein Kind Wird Geschlagen" (Beitrag zur Kenntnis der Entstehung sexueller Perversionen), in *GW*, vol.12, p.195-226.

"O inquietante", in *SFOC*, vol.14, p.328-76; *ESB*, vol.17, p.275-314, sob o título "O 'estranho'" / "Das Unheimliche", in *GW*, vol.12, p.297-324.

"Introdução a *Psicanálise das neuroses de guerra*", in *SFOC*, vol.14, p.382-8; *ESB*, vol.17, p.259-63, sob o título "Introdução a *A psicanálise e as neuroses de guerra*" / "Einleitung zur *Psychoanalyse der Kriegsneurosen*", in *GW*, vol.12, p.321-4.

1920. "Sobre a psicogênese de um caso de homossexualidade feminina", in *SFOC*, vol.15, p.114-49; *ESB*, vol.18, p.185-212, sob o título "A psicogênese de um caso de homossexualismo numa mulher" / "Über die Psychogenese eines Falles von Weiblicher Homosexualität", in *GW*, vol.12, p.271-302.

"Além do princípio do prazer", in *SFOC*, vol.14, p.161-239; *ESB*, vol.18, p.17-85 / "Jenseits des Lustprinzips", in *GW*, vol.13, p.3-69.

1921. "Psicanálise e telepatia", in *SFOC*, vol.15, p.150-73; *ESB*, vol.18, p.217-34 / "Psychoanalyse und Telepathie", in *GW*, vol.17, p.27-44.

"Psicologia das massas e análise do eu", in *SFOC*, vol.15, p.13-113; *Psicologia das massas e análise do eu*, Porto Alegre, L&PM, 2013; *ESB*, vol.18, p.91-179, sob o título "Psicologia de grupo e a análise do ego" / "Massenpsychologie und Ich-Analyse", in *GW*, vol.13, p.71-161.

1922. "Sobre alguns mecanismos neuróticos no ciúme, na paranoia e na homossexualidade", in *SFOC*, vol.15, p.209-24; *ESB*, vol.18, p.271-81, sob o título "Alguns mecanismos neuróticos no ciúme, na paranoia e no homossexualismo" / "Über einige Neurotische Mechanismen bei Eifersucht, Paranoia und Homosexualität", in *GW*, vol.13, p.195-207.

"Sonho e telepatia", in *SFOC*, vol.15, p.174-208; *ESB*, vol.18, p.239-65, sob o título "Sonhos e telepatia"; "Traum und Telepathie", in *GW*, vol.13, p.165-91.

"Uma neurose do século XVII envolvendo o demônio", in *SFOC*, vol.15, p.225-72; *ESB*, vol.19, p.91-133, sob o título "Uma neurose demoníaca do século XVII" / "Eine Teufelsneurose im Siebzehten Jahrundert", in *GW*, vol.13, p.71-161.

1923. "O eu e o id", in *SFOC*, vol.16, p.13-74; *ESB*, vol.19, p.23-89, sob o título "O ego e o id" / "Das Ich und das Es", in *GW*, vol.13, p.237-89.

"A organização genital infantil (Um acréscimo à teoria da sexualidade)", in *SFOC*, vol.16, p.168-75; *ESB*, vol.19, p.179-84, sob o título "A organização genital infantil: uma interpolação na teoria da sexualidade" / "Die Infantile Genitalorganisation (Eine Eischaltung in die Sexualtheorie)", in *GW*, vol.13, p.291-8.

1924. "A dissolução do complexo de Édipo", in *SFOC*, vol.16, p.203-13; *ESB*, vol.19, p.217-24 / "Der Untergang des Ödipuskomplexes", in *GW*, vol.13, p.393-402.

1925. "Autobiografia", in *SFOC*, vol.16, p.75-167; *ESB*, vol.20, p.17-92, sob o título "Um estudo autobiográfico" / "Selbstdastellung", in *GW*, vol.14, p.339-96.

"As resistências à psicanálise", in *SFOC*, vol.16, p.252-66; *ESB*, vol.19, p.265-75 / "Die Widerstände gegen die Psychoanalyse", in *GW*, vol.14, p.99-110.

"Nota sobre o 'bloco mágico'", in *SFOC*, vol.16, p.267-74; *ESB*, vol.19, p.285-90, sob o título "Uma nota sobre o 'bloco mágico'" / "Notiz über den 'Wunderblock'", in *GW*, vol.14, p.3-8.

"A negação", in *SFOC*, vol.16, p.275-82; *ESB*, vol.19, p.295-300, sob o título "A negativa" / "Die Verneinung", in *GW*, vol.14, p.11-5.

"Algumas consequências psíquicas da diferença anatômica entre os sexos", in *SFOC*, vol.16, p.283-99; *ESB*, vol.19, p.309-20, sob o título "Algumas consequências psíquicas da distinção anatômica entre os sexos" / "Einige Psysche Folgen des Anatomischen Geschlechtsunterschieds", in *GW*, vol.14, p.17-30.

1926. "Inibição, sintoma, angústia", in *SFOC*, vol.17, p.13-123; *ESB*, vol.20, p.107-98, sob o título "Inibições, sintomas e ansiedade" / "Hemmung, Symptom und Angst", in *GW*, vol.14, p.113-205.

"A questão da análise leiga: diálogo com um interlocutor imparcial", in *SFOC*, vol.17, p.125-230; *ESB*, vol.20, p.209-93 / "Die Frage der Laienanalyse", in *GW*, vol.14, p.209-86.

Bibliografia 497

1927. "O fetichismo", in *SFOC*, vol.17, p.302-10; *ESB*, vol.21, p.179-85, sob o título "Fetichismo" / "Fetischismus", in *GW*, vol.14, p.311-7.

O futuro de uma ilusão, in *SFOC*, vol.17, p.231-301; *O futuro de uma ilusão*, Porto Alegre, L&PM, 2010; *ESB*, vol.21, p.15-71; *Die Zukunft einer Illusion*, in *GW*, vol.14, p.325-80.

1928. "Uma experiência religiosa", in *SFOC*, vol.17, p.331-6; *ESB*, vol.21, p.197-200 / "Ein religiöses Erlebnis", in *GW*, vol.14, p.9-12.

"Dostoiévski e o parricídio", in *SFOC*, vol.17, p.337-64; in *Arte, literatura e os artistas*, trad. Ernani Chaves, Belo Horizonte, Autêntica, 2015; in *ESB*, vol.21, p.205-23; "Dostojewski und die Vatertötung", in *GW*, vol.14, p.399-418.

1930. *O mal-estar na civilização*, in *SFOC*, vol.18, p.13-122; *ESB*, vol.21, p.81-171; *O mal-estar na cultura*, Porto Alegre, L&PM, 2010; "Das Unbegagen in der Kultur", in *GW*, vol.14, p.421-56.

1931. "Tipos libidinais", in *SFOC*, vol.18, p.365-70; *ESB*, vol.21, p.251-4 / "Über libidnöse Typen", in *GW*, vol.14, p.509-13.

"Sobre a sexualidade feminina", in *SFOC*, vol.18, p.371-98; *ESB*, vol.21, p.259-79, sob o título "Sexualidade feminina" / "Über die Weibliche Sexualität", in *GW*, vol.14, p.517-37.

1933. *Novas conferências introdutórias à psicanálise*: "Revisão da teoria do sonho", "Sonhos e ocultismo", "A dissecação da personalidade psíquica", "Angústia e instintos", "A feminilidade", "Esclarecimentos, explicações, orientações", "Acerca de uma visão de mundo", in *SFOC*, vol.18, p.123-54; *ESB*, vol.22, p.15-220, sob os títulos "Revisão da teoria dos sonhos", "Sonhos e ocultismo", "A dissecação da personalidade psíquica", "Ansiedade e vida instintual", "Feminilidade", "Explicações, aplicações e orientações", "A questão de uma *Weltanschauung*" / *Neue Folge der Vorlesungen zur Einführung in die Psychoanalyse*: "Revision der Traumlehre", "Traum und Okkultismus", "Die Zerlegung der psychischen Persönlichkeit", "Angst und Triebleben", "Die Weiblichkeit", "Aufklärungen, Anwendungen, Orientierungen", "Über eine Weltanschauung", in *GW*, vol.15, p.1-197.

"Por que a guerra?" (Carta a Einstein), in *SFOC*, vol.18, p.417-35; *ESB*, vol.22, p.241-59 / "Warum Krieg?", in *GW*, vol.16, p.13-27.

1936. "Um distúrbio de memória na Acrópole (Carta a Romain Rolland)", in *SFOC*, vol.18, p.436-49; *ESB*, vol.22, p.293-303 / "Briefe an Romain Rolland (Eine Erinnerungsstörung auf der Akropolis)", in *GW*, vol.16, p.250-7.

1937. "Análise terminável e interminável", in *ESB*, vol.23, p.247-87; "Die endliche und die unendliche Analyse", in *GW*, vol.16, p.59-100.

"Construções em análise", in *ESB*, vol.23, p.291-304 / "Konstruktionen in der Analyse", in *GW*, vol.16, p.43-58.

1938. "Um comentário sobre o antissemitismo", in *ESB*, vol.23, p.327-9 / "Ein Wort zum Antisemitismus", in *GW*, volume suplementar.

1939. *O homem Moisés e o monoteísmo*, Porto Alegre, L&PM, 2014; in *ESB*, vol.23, p.19-161, sob o título *Moisés e o monoteísmo / Der Mann Moses und die monotheistische Religion*, in *GW*, vol.16, p.103-248.

1940. *Compêndio da psicanálise*, Porto Alegre, L&PM, 2014; *Compêndio de psicanálise e outros escritos inacabados*, trad. Pedro Heliodoro Tavares, Belo Horizonte, Autêntica, 2014; in *ESB*, vol.23, p.169-237, sob o título "Esboço de psicanálise" / "Abriss der Psychoanalyse", in *GW*, vol.17, p.64-140.

Coletâneas de cartas

Publicações pré-psicanalíticas e esboços inéditos (Cartas a Fliess), in *ESB*, vol.1 [ed. fr.: *La Naissance de la psychanalyse. Lettres à Wilhelm Fliess*, ed. incompleta, estabelecida por M. Bonaparte, A. Freud e E. Kris, trad. A. Berman, Paris, PUF, 1956, incluindo "Esquisse d'une psychologie scientifique"(1895)].

Freud/Fliess, correspondência completa, Rio de Janeiro, Imago, 1997 [ed. fr.: *Lettres à Wilhelm Fliess, 1887-1904*, edição completa estabelecida por J.M. Masson, revista e aumentada por M. Schröter, transcrição de F. Kahn e F. Robert, Paris, PUF, 2006].

Correspondance, 1873-1939 (inclui 93 cartas de Freud para Martha), trad. A. Berman e J.-P. Grossein, Paris, Gallimard, 1960.

Cartas de Freud a sua filha. Correspondência de viagem. 1895-1923, Barueri, Amarylis, 2015 [ed. fr.: *"Notre coeur tend vers le sud". Correspondance de voyage, 1895-1923*, Paris, Fayard, 2005].

Lettres à ses enfants, ed. estabelecida por M. Schröter, com a colaboração de I. Meyer-Palmedo e E. Falzeder, trad. do alemão F. Cambon, Paris, Aubier, 2012.

Sigmund Freud e Minna Bernays, *Correspondance (1882-1938)*, Paris, Seuil, 2015.

Correspondência de Freud

KARL ABRAHAM
Ed. fr.: *Correspondance complète, 1907-1926*, trad. do alemão, apresentação e notas por F. Cambon, Paris, Gallimard, 2006.

Ed. esp.: *Correspondencia completa, 1907-1926*, Madri, Sintesis, 2005.

LOU ANDREAS-SALOMÉ
Ed. bras.: *Correspondência completa*, Rio de Janeiro, Imago, 1975.

Ed. fr.: *Correspondance 1912-1936*, seguida por *Journal d'une année 1912-1913*, trad. do alemão L. Jumel, prefácio e notas E. Pfeiffer, Paris, Gallimard, 1970.

LUDWIG BINSWANGER
Ed. fr.: *Correspondance, 1908-1938*, org. e introd. G. Fichtner, trad. do alemão R. Menahem e M. Strauss, prefácio J. Gillibert, Paris, Calmann-Lévy, 1995.

Bibliografia

HILDA DOOLITTLE
Por amor a Freud, apresentação Elisabeth Roudinesco, Rio de Janeiro, Zahar, 2012.

MAX EITINGON
Ed. fr.: *Correspondance, 1906-1939*, org. M. Schröter, trad. do alemão O. Mannoni, Paris, Hachette Littératures, 2009.

SÁNDOR FERENCZI
Ed. bras.: *Correspondência*, org. Eva Brabant e Ernst Falzeder, 2 vols., Rio de Janeiro, Imago, 1994, 1995.
Ed. fr.: *Correspondance, 1908-1933*, 3 vols., org. A. Haynal, trad. do alemão pelo grupo de tradução do *Coq-Héron*, Paris, Calmann-Lévy, 1992-2000.

ANNA FREUD
Ed. bras.: *Correspondência, 1904-1938*, org. Ingeborg Meyer-Palmedo, Porto Alegre, L&PM, 2008.

FAMÍLIA FREUD
Ed. fr.: *Lettres de famille de Sigmund Freud e des Freud de Manchester, 1911-1938*, apres. e trad. do inglês C. Vincent, Paris, PUF, 1996.

ERNEST JONES
Ed. fr.: *Correspondance complète, 1908-1939*, org. R. Andrews Paskauskas, trad. do inglês e alemão P.-E. Dauzat, com a colaboração de M. Weber e J.-P. Lefebvre, introd. R. Steiner, Paris, PUF, 1998.
Ed. esp.: *Correspondencia completa de Sigmund Freud y Ernest Jones (1908-1939)*, Madri, Sintesis, 2008.

CARL GUSTAV JUNG
Ed. bras.: *A correspondência completa de Sigmund Freud e Carl G. Jung*, org. William McGuire, Rio de Janeiro, Imago, 1993.
Ed. fr.: *Correspondance, 1906-1914*, 2 vols., org. W. McGuire, trad. do alemão e do inglês R. Fivaz-Silbermann, Paris, Gallimard, 1975.

OSKAR PFISTER
Cartas entre Freud e Pfister (1909-1939), trad. Karin Hellen Kepler Wondracek e Ditmar Junge, Viçosa, Ultimato. Versão incompleta.
Ed. fr.: *Correspondance, 1909-1939*, publicada sob a direção de E.L. Freud e H. Meng, trad. do alemão L. Jumel, prefácio Widlöcher, Paris, Gallimard, 1991. Versão incompleta.

OTTO RANK
Ed. fr.: *Correspondance, 1907-1926*, Paris, Campagne Première, 2015.

ROMAIN ROLLAND
Ed. fr.: *Correspondance, 1923-1936*, org. e trad. H. Vermorel e M. Vermorel, prefácio A. Bourguignon, Paris, PUF, 1993.

EDUARD SILBERSTEIN

Ed. bras.: *As cartas de Sigmund Freud para Eduard Silberstein (1871-1881)*, org. Walter Boehlich, Rio de Janeiro, Imago, 1995.

Ed. fr.: *Lettres de jeunesse, 1882-1939*, trad. do alemão C. Heim, Paris, Gallimard, 1990.

SABINA SPIELREIN

Ed. bras.: *Sabina Spielrein, de Jung a Freud*, trad. Donald Martinenschen, Rio de Janeiro, Civilização Brasileira, 2012.

Ed. fr.: *Sabina Spielrein entre Freud et Jung*, material descoberto por A. Carotenuto e C. Trombetta, org. fr. M. Guibal e J. Nobécourt, trad. do italiano M. Armand e do alemão M. de Launay e P. Rusch, Paris, Aubier-Montaigne, 1981.

EDOARDO WEISS

Ed. fr.: *Lettres sur la pratique psychanalytique*, precedido de *Souvenirs d'un pionnier de la psychanalyse*, trad. J. Etoré, introd. J. Chazaud e M. Grotjahn, Toulouse, Privat, 1975.

ARNOLD ZWEIG

Ed. fr.: *Correspondance, 1927-1939*, publicada sob os auspícios de E. e L. Freud, trad. do alemão L. Weibel, com a colaboração de J.-C. Gehrig, prefácio M. Robert, Paris, Gallimard, 1973.

STEFAN ZWEIG

Ed. bras.: "Correspondência entre Sigmund Freud e Stefan Zweig", anexo a *A cura pelo espírito*, trad. do alemão Kristina Michahelles, Rio de Janeiro, Zahar, em preparação.

Ed. fr.: *Correspondance, 1908-1939*, trad. do alemão G. Hauer e D. Plassard, apres. e notas H.-U. Lindken, prefácio R. Jaccard, Paris, Payot-Rivages Poche, 1995.

Coletâneas de textos em francês e inglês

Les Premiers Psychanalystes. Minutes de la Société Psychanalytique de Vienne, 1906-1978, 4 vols., Paris, Gallimard, 1976-83.

Revue Internationale d'Histoire de la Psychanalyse (RIHP), 6 números, sob a direção de Alain de Mijolla, Paris, PUF, 1988-93.

Freud's Library. A Comprehensive Catalogue, bilíngue alemão-inglês, org. Michael Schröter, em colaboração com Keith Davies e Gerhard Fichtner, The Freud Museum, Londres, 2006. Com um CD contendo os títulos dos volumes da biblioteca de Freud.

Em preparação, sob a direção de Mark Solms, a publicação de duzentos artigos, textos e conferências de Freud de 1877 a 1900. Cf. F. Geerardyn e G. Van de Vijver (orgs.), *Aux sources de la psychanalyse*, Paris, L'Harmattan, 2006.

Resumé des oeuvres complètes de Freud, 4 vols., org. L. Joseph e C. Masson, Paris, Hermann, 2009.

Bibliografia

III. Obras de referência

Jean Laplanche e J.-B. Pontalis, *Vocabulário de psicanálise*, São Paulo, Martins Fontes, 1998.

Elisabeth Roudinesco e Michel Plon, *Dicionário de psicanálise*, Rio de Janeiro, Zahar, 1998.

Alain Delrieu, *Index thématique, raisonné, alphabétique, chronologique, commenté*, Paris, Anthropos, 2001.

Paul-Laurent Assoun, *Dictionnaire des oeuvres psychanalytiques*, Paris, PUF, 2009.

IV. Cronologia completa

Para uma cronologia completa da vida e da obra de Freud, ver Christfried Tögel, *Freud Diarium*: http://www.freud-biographik.de

Os pacientes de Freud

Altman, Rosa: 1898

Ames, Thaddeus H.: 1921

Banfield Jackson, Edith: 1930-36

Bauer, Ida ("caso Dora"): 1900

Beddow, David: 1933-34

Bernfeld, Suzanne Paret (em solteira, Cassirer): 1932-34

Bieber: 1919 (dentista)

Blanton, Smiley: 1929, 1930, e, com intervalos: 1935, 1937, 1938

Blum, Ernst: 1922

Blumgart, Leonard: 1921

Bonaparte, Eugénie: algumas sessões depois de 1925

Bonaparte, Marie: 1925-38

Boss, Medard: algumas sessões em torno de 1925

Brunswick, David: 1927-31

Brunswick, Mark: 1924-28

Brunswick, Ruth Mack: 1922

Bryant, Louise: 1930

Bullitt, William C.: 1930

Burlingham, Dorothy: 1927-39

Burrow, Trigant: 1924

Cherniakova, Sascha: 1905

Choisy, Maryse: 1924, três sessões

Csonka, Margarethe: 1920

David, Jakob Julius: ?

Deutsch, Helene: 1918-19

Dirsztay, Viktor von: 1909, 1917-20

Doolittle, Hilda: 1933-34

Dorsey, John: 1935-36

Dubowitz, Margit: 1920

Eckstein, Emma: 1895-1904

Eder, David: 1913

Eim, Gustav: 1893

Eitingon, Max: 1909

Fellner, Oscar: 1895-1900

Ferenczi, Sándor: 1914-16

Os pacientes de Freud

Ferstel, baronesa Marie von (em solteira, Thorsch): 1899-1903
Fischer-Colbrie, Arthur: 1915-16
Flournoy, Henri: 1922
Forsyth, David: 1920
Forzano, Concetta: 1933, uma consulta
Freud, Anna: 1918-21, 1924-29
Freund, Anton von: 1918-19
Freund, Rózsi von (em solteira, Brody): 1915-16
Frink, Horace W.: 1920-21
Gattel, Felix: 1897-98
Goetz, Bruno: 1905
Gomperz, Elise (em solteira, Von Sichorsky): 1886-92
Graf, Herbert, via Max Graf: 1908
Grinker, Roy: 1935-36
Guggenbühl, Anna: 1921
Haller, Maggie: 1901-12
Hartmann, Dora (em solteira, Karplus): 1920
Hartmann, Heinz: 1925
Hering, Julius: 1919
Hinkle-Moses, Beatrice: 1909
Hirschfeld, Elfriede: 1908
Hirst, Ada (em solteira, Hirsch): 1908
Hirst, Albert (em solteiro, Hirsch): 1909
Hitschmann, Eduard: 1907
Hoesch-Ernst, Lucy: 1913-14
Hönig, Olga: 1897
Jekels, Ludwig: 1905
Jeteles, Adele: 1890
Jokl, Robert Hans: 1919
Kann, Loe: 1912-14
Kardiner, Abram: 1921
Karpas, Morris J.: 1909, algumas sessões
Kosawa, Heisaku: 1932
Kremzir, Margit (em solteira, Weiss de Szurda): 1900, catorze sessões
Kriser, Rudolf: 1916, 1917-19
Lampl-De Groot, Jeanne (em solteira, De Groot): 1922-25, 1931
Landauer, Karl: 1912
Lanzer, Ernst ("caso do Homem dos Ratos"): 1907-8
Lehrman, Phillip: 1928-29
Levy, Kata (em solteira, Toszegh): 1918
Lieben, baronesa Anna von: 1887
Liebman, Carl: 1925-30

Mahler, Gustav: 1908, quatro horas

Mayreder, Karl: 1915, dez semanas

McCord, Clinton: 1929

Meyer, Monroe: 1921

Money-Kyrle, Roger: 1922-24

Moser, Fanny (em solteira, Sulzer-Wart) ("caso Emmy von N."): 1889-90

Nacht, Tamara: 1911

Nunberg, Margarethe (em solteira, Rie): 1918-19

Oberndorf, Clarence: 1921

Oberhozer, Emil: 1913

Öhm, Aurelia (em solteira, Kronich) ("caso Khatarina"): 1893

Palmstierna, Vera (em solteira, Duke): 1934

Palos, Elma: 1912

Pankejeff, Sergius (ou Serguei) Constantinovitch ("caso do Homem dos Lobos"): 1910-14

Polon, Albert: 1921

Powers, Lillian Delger: 1924-26

Putnam, James J.: 1911, seis horas

Rank, Otto: 1924

Reik, Theodor: 1930

Revesz-Rado, Erszebet: 1918

Rickman, John: 1920-22

Riviere, Joan: 1922-26

Rosanes, Flora: 1896

Rosenfeld, Eva: 1929-32

Sarasin, Philippe: 1923, duas horas

Saussure, Raymond de: 1920

Schmideberg, Walter: 1935-37

Schwarcz, Aranka: 1916, 1917, 1918

Silberstein, Pauline: 1891, uma consulta

Sokolnicka, Eugenie: 1913

Spitz, René A.: 1910-11

Stern, Adolph: 1919

Stekel, Wilhelm: 1900, algumas semanas

Strachey, Alix: 1920

Strachey, James: 1920

Swoboda, Hermann: 1900

Tansley, Arthur: 1922, 1923, 1924

Thayer, Scofield: 1921

Van der Leeuw, Jan: 1934

Van Emden, Jan: 1912

Veneziani, Bruno: 1912-14

Os pacientes de Freud

Vest, Anna von: 1903 e 1925
Vezeg, Kurt Redlich Edler von: 1905
Wallentin-Metternich, condessa Claire: 1911, dois meses
Walter, Bruno: 1906, uma consulta
Walter, Margarethe: 1936, uma consulta
Weiss, Amalia (irmã de Edoardo Weiss): 1921-22
Weiss, Ilona ("caso Elisabeth von R."): 1892
Wittgenstein, Margaret: uma consulta
Wortis, Joseph: 1934-35
Young, George M.: 1920-21

Árvore genealógica

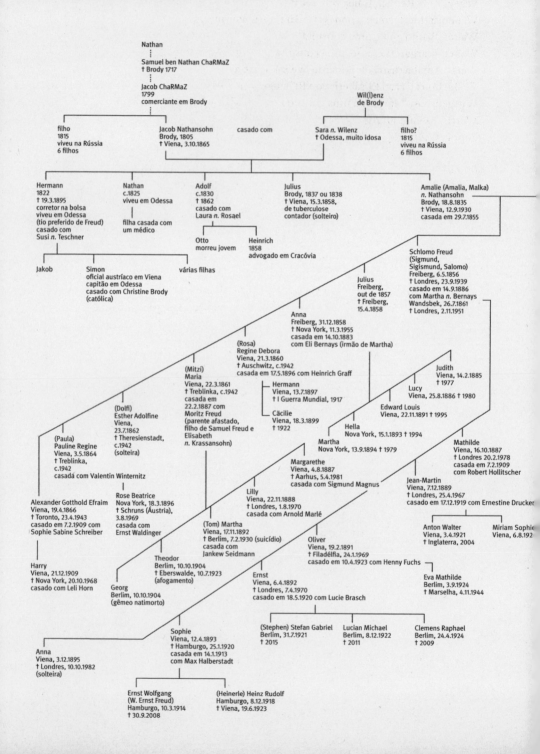

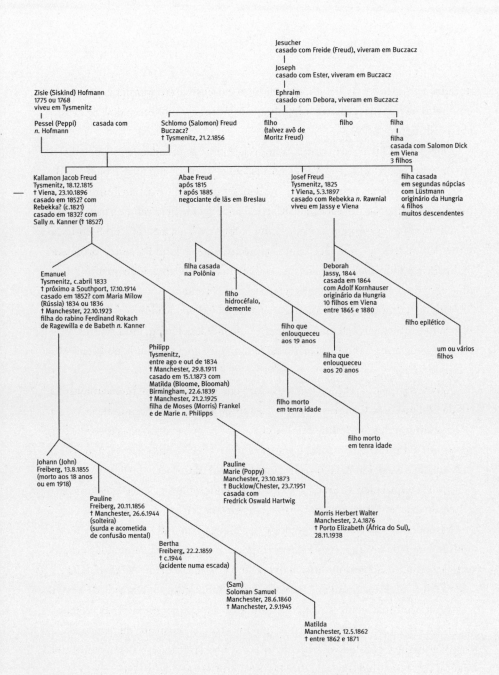

Agradecimentos

Agradeço a Anthony Ballenato, que efetuou para este livro inúmeras pesquisas em inglês na internet e me acompanhou a Londres e à Biblioteca do Congresso em Washington (BCW).

Obrigada a Olivier Mannoni, tradutor das obras de Freud, que me esclareceu em diversas oportunidades. Agradeço a Isabelle Mons, germanista e biógrafa de Lou Andreas-Salomé, pela ajuda que me deu. E também a Christian Sommer, que me ajudou a analisar um escrito de Martin Heidegger sobre Freud e a psicanálise.

Obrigada a Lisa Appignanesi, a Dany Nobus e a toda a equipe do Freud Museum de Londres, que me receberam calorosamente. A John Forrester, professor de história e filosofia das ciências na Universidade de Cambridge, profundo conhecedor da obra freudiana e das relações entre Freud e Minna Bernays. A Julia Borossa, catedrática em psicanálise na Universidade de Middlesex. Obrigado a Eric Willis, que me recebeu no crematório de Golders Green, em Londres.

Obrigada a Inge Scholz-Strasser e Daniela Finzi pela acolhida no Freud Museum de Viena.

Agradeço a Margaret McAleer, curadora-chefe do departamento de manuscritos da Biblioteca do Congresso, que me auxiliou em minhas pesquisas. E Anton O. Kris, diretor dos Sigmund Freud Archives (SFA) que evocou suas recordações para mim. E também a François Delattre, embaixador da França nos Estados Unidos, que me recepcionou calorosamente. Obrigada a Catherine Albertini, adido cultural na embaixada da França nos Estados Unidos, por seu apoio e entusiasmo. Não esqueço a ajuda trazida por Jean-Louis Desmeure.

Agradeço a Maurizio Serra, diplomata e biógrafo de Italo Svevo, que me ajudou, ao longo de uma apaixonante correspondência epistolar, a entender direito as relações entre Edoardo Weiss, Giovacchino Forzano e Bruno Veneziani. Obrigada a Albrecht Hirschmüller por suas valiosas indicações sobre a vida de Freud.

Agradeço igualmente a Carlo Bonomi por seu conhecimento das relações de Freud com a pediatria e por tudo que me trouxe a respeito da questão dos traumas infantis. Guido Liebermann, historiador da psicanálise na Palestina, me relatou fatos decisivos da vida de Max Eitingon. Agradeço a Henri Rey-Flaud,

Agradecimentos

que esteve presente ao longo de toda a redação deste livro. Não esqueço minha dívida para com Carl Schorske e Jacques Le Rider.

Obrigada a Gilles Pectou, que acolheu meu seminário sobre a história da psicanálise no departamento de história da École Normale Supérieure. E a todos os fiéis ouvintes que acompanham esse seminário há mais de vinte anos. Obrigada a Thomas Piketty por sua avaliação da fortuna de Freud. Obrigada a Luc Faccheti por sua paciência e a Jean-Claude Baillieul pela minúcia de suas correções. Não esqueço o apoio que recebo há vários anos de André Gueslin, no departamento de história da Universidade Paris VII-Diderot.

Um imenso obrigado, por fim, a Olivier Bétourné, que editou e corrigiu este livro com talento e entusiasmo.

Índice onomástico

Abraão (personagem bíblico), 79, 425, 442n
Abraham, Hilda, 148
Abraham, Karl, 142, 148, 151, 170, 187, 199, 201, 204, 211, 214, 216, 241, 245, 278, 293, 306, 320, 322, 324, 325, 331-3, 401, 441n
Abraham, Nicolas, 179n, 234n
Achelis, Werner, 110
Ackerman, Lauren V., 293n
Adler, Alfred, 136, 138, 139, 139n, 141, 184, 352, 372, 418, 429, 430, 430n
Adler, Ernst, 104
Adler, Gerhard, 421
Adler, Gisela, 223, 225
Adler, Vicktor, 103, 109, 120
Adorno, Theodor, 428
Aichhorn, August, 282, 335, 460, 460n, 478, 481
Alecto (mito grego), 108
Alexander, Franz, 278, 322
Alexander, Jerome, 199n
Al-Hariri, 259
Allendy, René, 264n
Allers, Rudolf, 417
Allouch, Jean, 283
Almaviva, conde (personagem das *Bodas de Fígaro*), 109
Alzheimer, Alois, 185
Amenhotep IV (Akhenaton, faraó), 187, 426, 430, 441
Ames, Thaddeus, 309n, 313
Amílcar (general cartaginês), 27, 108
Andersson, Ola, 38n, 85n, 482
Andreas, Friedrich-Carl, 350
Andreas-Salomé, Lou, 170, 205, 219, 239, 282-3, 287, 291, 300, 350-5, 383, 386, 430, 431, 439
Aníbal (líder cartaginês), 27, 37, 105, 108, 110, 144
"Anna G.", caso *ver* Guggenbühl, Anna
"Anna O.", caso *ver* Pappenheim, Bertha
Anúbis (deus egípcio), 290
Apolo (deus grego), 99
Apuleio (escritor romano), 345
Aquiles (herói grego), 207
Arimon (personagem de *Jerusalém libertada*), 256n

Aristófanes, 259, 259n
Aristóteles, 47, 100, 107
Arnold, Thomas, 316
Arsetes (personagem de *Jerusalém libertada*), 256n
Artemidoro de Daldis, 107
Ártemis (deusa grega), 45
Asch, Joe, 314
Asenet (personagem bíblico), 425
Assmann, Jan, 449n
Assoun, Paul-Laurent, 408n
Astor, Dorian, 431n
Atena (deusa grega), 99, 454
Atkinson, James Jasper, 196, 196n
Aubry, Jenny, 478n
Axson, Ellen, 438

Babinski, Joseph, 59n, 220n
Bachofen, Johann Jakob, 160
Bacon, Delia Salter, 326
Bacon, Francis (sir), 326
Baginsky, Adolf Aron, 62
Bair, Deirdre, 151n, 152n, 154n, 159n, 168n, 177n, 183n, 272n, 421n, 453n
Bakan, David, 448
Baker, Ray Stannard, 436
Balfour (lorde), Arthur James, 214
Ballenato, Anthony, 178n, 185n, 487n
Baltasar (personagem bíblico), 134
Balzac, Honoré de, 193, 355, 427, 469, 470n
Bamberger, Heinrich von, 67
Barany, Robert, 214
Bass, Alfred, 136n
Bassânio (personagem de *A tempestade*), 345
Bataille, Georges, 252, 264n
Bathory, Élisabeth, 377n
Bauer, Ida (caso "Dora"), 101-5, 297
Bauer, Katharina, 102
Bauer, Otto, 102, 120
Bauer, Philipp, 102, 103
Beauharnais, Josefina de, 426-7
Beaune, Jean-Claude, 52n

Índice onomástico

Beauvoir, Simone de, 349n
Beer-Hofmann, Richard, 80n
Beethoven, Ludwig van, 77, 397n
Behling, Katja, 48n
Bekhterev, Vladimir, 229
Bell, Stanford, 184
Benedikt, Moriz, 67n
Bénesteau, Jacques, 36n, 294n, 303n
Bergler, Edmund, 427, 428n
Bergson, Henri, 127
Berman, Anne, 355n
Bernard, Claude, 57, 100
Bernays, Anna (irmã de Freud), 22, 25, 32,
    270, 457-8
Bernays, Berman (sogro de Freud), 47
Bernays, Edward (sobrinho de Freud), 32n,
    265, 265n, 270
Bernays, Eli (cunhado de Freud), 32, 47, 50,
    180, 270
Bernays, Emmeline (sogra de Freud), 47,
    50, 51
Bernays, Hella (sobrinha de Freud), 32n, 270
Bernays, Jacob, 47, 47n, 68
Bernays, Judith (sobrinha de Freud), 32n,
    122n, 186n, 270
Bernays, Lucy (sobrinha de Freud), 32n, 270
Bernays, Martha, 32, 46, 47, 48, 48n, 49-52,
    61-6, 72, 83, 113, 122, 180, 200, 204, 207, 270,
    272, 273, 345, 383, 386, 453, 458, 460, 462,
    464, 477, 487
Bernays, Martha (sobrinha de Freud), 32n, 270
Bernays, Minna (cunhada de Freud), 47, 50,
    51, 64, 66, 90, 181, 198-9, 204, 207, 272, 273,
    275, 281, 292, 294, 345, 382-3, 386, 458-9, 462,
    464, 468, 477
Berneri, Camillo, 409n
Bernfeld, Siegfried, 282, 335, 368, 478, 479, 481
Bernhardt, Sarah, 61, 355
Bernheim, Hippolyte, 59, 68, 376, 489
Bernstein, Eduard, 243n
Bertgang, Zoé, 158
Berthelsen, Detlef, 453n, 461n
Bertin, Célia, 355n
Best, Doris, 313
Betourné, Olivier, 482n, 509
Bettelheim, Bruno, 321, 460n
Bezukhov, Pierre (personagem de Guerra e
    paz), 353
Bichat, Marie François Xavier, 40n, 100
Bijur, Abraham, 313, 313n

Bijur, Angelika (Angie), 313-5
Billington, James, 485
Billinsky, John, 272n
Billroth, Theodor, 53, 56
Binet, Alfred, 377n
Binswanger, Ludwig, 154, 156, 187, 241, 307, 424
Binswanger, Otto, 154
Binswanger, Robert, 83
Birnbaum, Nathan, 120
Bismark, Otto Eduard Leopold von, 106,
    243, 387
Bjer, Poul, 170, 351, 419
Blake, William, 389
Blanton, Smiley, 329, 469
Bleuler, Eugen, 148-50, 153, 156, 170, 176, 375, 376
Blondel, Charles, 274
Bloom, Leopold, 305
Blum, Ernst, 298n
Blumgart, Leonard, 309n
Boas, Franz, 182, 184, 195
Boehm, Felix, 410, 411, 414n, 429, 450
Boltraffio, Giovanni, 189
Bonaparte, François Charles Joseph, 427, 427n
Bonaparte, José, 126-7, 425-6
Bonaparte, Lucien, 355
Bonaparte, Marie, 35, 77, 77n, 87n, 88n, 119,
    189n, 262n, 279, 280n, 291, 298n, 340, 350,
    355-6, 355n, 356n, 453, 454, 455, 456, 458,
    459, 461, 467, 468, 471n, 476
Bonaparte, Napoleão, 27, 106, 203, 339, 392,
    408, 425-8
Bonaparte, Roland, 355
Bondy, Ida, 71
Bonjour, Casimir, 106
Bonomi, Carlo, 62, 63n, 73n
Borch-Jacobsen, Mikkel, 73n, 85n, 87n, 225n,
    235n, 283n, 296n, 374n, 479n, 482n
Borel, Adrien, 264
Borges, Jorge Luis, 9
Börne, Ludwig, 28, 60
Bosch, Hieronymus, 451
Boss, Medard, 423n
Boswell, John, 130
Bourneville, Désiré-Magloire, 59
Bousquet, Joë, 157
Bovary, Emma, 81, 350
Bowlby, John, 343n
Bragg, William, 453
Brasch, Lucie ver Freud, Lucie
Brecher, Guido, 136n

Brecht, Bertolt, 322, 391, 428

Brentano, Clemens, 38

Brentano, Franz, 37-9, 43, 56

Breton, André, 119, 119n, 237

Breuer, Josef, 42, 55-7, 56n, 64, 66-9, 70-1, 75-6, 81-3, 83n, 84-8, 113-4, 183, 479

Breuer, Mathilde, 64, 87

Breuer, Robert, 88n

Brill, Abraham Arden, 163, 164, 170, 180, 184, 310, 312-3, 320, 368, 381

Brome, Vincent, 177n, 180n, 389n

Brosses, Charles de, 377n

Brouillet, André, 59, 291

Brown, Dan, 193n

Brown, James, 317

Brücke, Ernst Wilhelm von, 40-3, 43n, 60, 64, 66

Brunton, Paul, 453

Brutus (patrício romano), 26

Bryant, Louise, 435

Bryk, Felix, 358

Buber, Martin, 96, 448

Bullitt, William, 435, 436, 436n, 437-9, 450, 453, 458, 461

Burlingham, Dorothy Tiffany, 288, 289, 289n, 349, 450, 469

Burlingham, Katrina (Tinky), 288

Burlingham, Mary (Mabbie), 288

Burlingham, Michael (Mickey), 288

Burlingham, Robert (Bob), 288

Byck, Robert, 52n

"Cäcilie", caso ver Lieben, Anna von

Canetti, Elias, 172, 264n, 274

Caprotti, Tian Giacomo, vulgo Salai, 189

Carotenuto, Aldo, 167n

Carrington, Hereward, 266

Cássio (tribuno romano), 163

Cecil, Anne, 328n

Cecil, William, 328n

Certeau, Michel de, 89n

Cervantes, Miguel de, 29, 128, 244, 280, 327n, 367

Chamberlain, Neville, 466

Charcot, Jean-Martin, 19, 19n, 43n, 57-9, 59n, 61-2, 62n, 63, 64, 66-8, 73, 81, 88, 220n, 291, 355, 369

Charcot, Jeanne, 62

Charpak, Georges, 27n

Choisy, Maryse, 298n

Christie, Agatha, 382

Chrobak, Rudolf, 56

Ciano, Gaetano, 409, 409n

Cifali, Mireille, 421n

Cimbal, Walter, 417, 421n

Clarkson, Paul S., 182n

Claus, Carl, 40, 41

Clemenceau, Georges, 439

Cleópatra (líder egípcia), 324

Clitemnestra (mito grego), 99

Clorinda (personagem de Jerusalém libertada), 256, 257

Clyne, Eric ver Klein, Erich, 323n

Cocks, Geoffrey, 408n

Colombo, Cristóvão, 37

Comte, Auguste, 327

Cooke, Mildred, 328n

Copérnico, Nicolau, 144

Cordélia (personagem do Rei Lear), 345

Coudenhove-Kalergi, Nikolaus von, 397, 397n, 466

Courage, Sylvain, 486n

Crépon, Marc, 394n

Cromwell, Oliver, 64, 264, 447

Csonka, von Trautenegg, Margarethe, 283, 285, 297

Cullen, William, 58n

Czerniakow, Adam, 471

D'Annunzio, Gabriele, 407

Dalí, Salvador, 463

Dante, 106, 299

Darwin, Charles, 37, 40, 46, 70, 77, 94, 96, 103, 118, 145, 195-6, 199, 212, 250-1, 280, 338, 341, 371, 463

Daudet, Léon, 59n

Davi (personagem bíblico), 24, 68

David, Jakob Julius, 298n

Defoe, Daniel, 327n

Delage, Yves, 107

Deleuze, Gilles, 234n

Delion, Pierre, 486n

Demel, Hans von, 459

Demétrio (ourives de Éfeso), 45

Derrida, Jacques, 250n, 261, 268, 439n

Deutsch, Adolf, 136n

Deutsch, Felix, 104, 105n, 292, 322

Deutsch, Helene, 239, 293, 322, 340, 349

Devereux, Georges, 198

Devereux, Robert, 317, 327n

Diana (deusa romana), 45, 45n

Índice onomástico

513

Diderot, Denis, 136n, 249
Dido (personagem da *Eneida*), 108
Dirsztay, Viktor von, 172, 298n, 308
"Dolfi" *ver* Freud, Adolfine
Dollfuss, Engelbert, 406, 406n, 434
Dom Quixote (personagem), 244, 438
Donn, Linda, 185
Donna, Albiera, 192
Donnelly, Ignatus, 326
Doolittle, Hilda, 279, 280, 298n, 349, 406n, 415
"Dora", caso *ver* Bauer, Ida
Dorer, Maria, 38n
Dostaler, Gilles, 317n
Douglass, Frederick, 263n
Doyle, Arthur Conan, 193, 266n, 329n, 480n
Drosnes, Leonid, 229
Drucker, Ernestine ("Esti", nora de Freud), 277, 458, 459
Drucker, Ida, 459
Drumont, Édouard, 60, 66
Du Bois, W.E.B., 263n
Du Bois-Reymond, Emil, 40, 42, 263
Dubois, Rosalie, 59
Dürer, Albrecht, 291
Durig, Arnold, 363

Ebner-Eschenbach, Marie von, 56
Eckstein, Emma, 73, 73n, 75, 76, 113, 275, 479
Eddy, Mary Baker, 384
Eder, David Montague, 403, 403n
Édipo, 7, 11, 97-9, 101, 106, 112, 121, 140, 141, 167, 193-6, 201, 226, 258, 274-5, 291, 311, 327, 333-4, 356, 362, 366, 379, 401, 440, 441, 447, 470
Edmundson, Mark, 389, 390, 391, 447, 461n
Egisto (mito grego), 99
Einstein, Albert, 220n, 274n, 397-8, 398n, 404, 404n, 424, 481
Eissler, Kurt, 9, 33n, 39n, 69n, 75, 75n, 105n, 137n, 138n, 151n, 154n, 177n, 180n, 181n, 220-1n, 270n, 271n, 283n, 304, 304n, 366n, 374n, 382n, 408n, 414n, 453n, 464n, 483, 484, 484n
Eitingon, Leonid, 465
Eitingon, Max, 142, 148, 170, 200, 204, 260, 261, 266, 278, 288, 293, 323-4, 341, 366n, 411, 411n, 414, 414n, 453n, 457, 465
Eitingon, Mirra, 281
Elisabeth I (rainha da Inglaterra), 316-7, 327, 328n, 476

"Elisabeth", caso *ver* Weiss, Ilona
Ellenberger, Henri F., 10, 38n, 58n, 85n, 152n, 273n, 361n, 482, 482n, 484n
Ellerman, Annie Winifred (ou "Bryher"), 415
Ellis, Havelock, 92, 107, 415, 416
Elohim (personagem bíblico), 79
Emmerich, Roland, 327n
"Emmy von N.", caso *ver* Moser, Fanny
Eneias (personagem da *Eneida*), 108
Engelman, Edmund, 460
Engels, Friedrich, 15
Epstein, Raïssa, 39
Erikson, Erik, 437n
Ernst, Max, 337
"Ernstl" *ver* Halberstadt, Ernst Wolfgang
Esfinge (mito grego), 61, 98, 140, 226, 240, 260, 291, 344
Essex (conde de), 317, 326-8, 328n
"Esti" *ver* Drucker, Ernestine
Etchevery, Justine, 59
Etkind, Alexandre, 465n
Evans, Luther, 468
Évrard, Jean-Luc, 405n
Exner, George, 468
Exner, Sigmund, 42-3, 43n

Falconer, Robert Alexander (sir), 165
Falzeder, Ernst, 136n
Fausto (personagem do *Fausto*), 12, 44-5, 45n, 96, 249, 366, 367, 396, 425, 469
Fechner, Gustav, 254
Federn, Ernst, 460n
Federn, Paul, 130, 140, 142, 304, 458, 460n
Fenichel, Otto, 265, 322, 411
Ferenczi, Lajos, 147
Ferenczi, Magda, 147
Ferenczi, Sándor, 78, 91, 121, 142, 144-8, 163, 166, 170, 177, 178, 180, 182, 184, 185, 186, 199, 200, 201, 204, 208, 211-2, 212n, 214, 215, 216, 217-8, 219, 229, 234, 240, 241, 242, 245, 254, 260, 266, 275, 289, 293, 302, 319n, 322, 325, 331, 332-3, 335, 341, 362, 368, 372, 412-3, 431-2, 483
Feuchtersleben, Ernst von, 133
Feuerbach, Ludwig, 39
Fichte, Johann Gottlieb, 38
Fichtl, Paula, 383, 453, 456, 458, 460, 461, 461n, 464, 470n
Fichtner, Gerhard, 9n
Fígaro (personagem das *Bodas de Fígaro*), 109, 110

Fischer-Dückelmann, Anna, 276n
Flaubert, Gustave, 81
Flechsig, Paul, 171
Fleischl-Marxow, Ernst von, 42-3, 43n, 52, 53n, 114
Fliess, Ida ver Bondy, Ida
Fliess, Robert, 71, 459, 462
Fliess, Wilhelm, 26n, 69-70, 70n, 71-2, 73, 73n, 74, 75-6, 76n, 77, 77n, 78-80, 87, 97, 106, 112-4, 124-5, 142, 161, 208, 231n, 243, 253, 322, 386, 479, 483
Flournoy, Théodore, 153, 176
Fluss, Eleonora, 31
Fluss, Emil, 32-3
Fluss, Gisela, 46
Fluss, Ignaz, 30, 31
Fontenay, Élisabeth de, 280n
Forel, Auguste, 149
Forrester, John, 65n, 273n, 485n
Forsyth, David, 267
Forzano, Concetta, 407
Forzano, Giovacchino, 407, 408, 408n, 452, 452n, 466
Foucault, Michel, 89n
France, Anatole, 140, 237, 355
Francisco Ferdinando (arquiduque), 227
Francisco I (rei da França), 188
Francisco José (imperador austro-húngaro), 66
Franz, Kurt, 474
Frazer, James George, 196, 196n
Freud, Abae (tio), 19
Freud, Adolfine ("Dolfi", irmã), 22, 33, 383, 458, 473, 473n
Freud, Alexander (irmão), 22, 90, 91, 123, 125, 126, 270, 272, 457, 459, 462, 473
Freud, Amalia (mãe), 21, 22, 23, 24, 26, 29, 269, 275, 347, 382
Freud, Anna (filha), 64, 91, 105n, 166, 199, 201, 204, 213, 266, 271, 275, 276, 279, 281, 282, 283, 286, 287-9, 293, 335, 341, 342, 343, 345, 368, 383, 428, 429, 450, 453, 456, 458, 460, 462, 464, 465, 467, 470, 477, 478, 479, 480, 481, 483-4
Freud, Anna (irmã) ver Bernays, Anna
Freud, Anton Walter (neto), 271, 271n, 277, 277n, 458, 459, 476-7
Freud, Arthur, 466, 466n
Freud, Cäcilie ("Mausi", sobrinha) ver Graf, Cäcilie

Freud, Clemens (sir Clement, neto), 271, 271n, 278, 457, 475
Freud, Emanuel (meio-irmão), 19, 21, 24, 208, 329
Freud, W. Ernest (neto) ver Halberstadt, Ernst Wolfgang
Freud, Ernst (filho), 64, 204, 251n, 271, 278-9, 291n, 322, 457, 462, 475, 476, 478
Freud, Esther (bisneta), 475
Freud, Eva (neta), 271, 271n, 278, 457, 457n
Freud, Georg (sobrinho), 33n, 270
Freud, Harry (irmão), 270, 457, 462, 473, 477
Freud, Jacob (pai), 18, 19, 20, 21, 22, 23, 26, 27, 30, 31, 36, 42, 90, 91, 109, 329, 383
Freud, Johann (John, sobrinho), 21, 25, 26, 35, 45
Freud, Josef (tio), 19, 28
Freud, Julius (irmão), 22, 261
Freud, Kallamon Jacob ver Freud, Jacob
Freud, Lucian (neto), 271, 271n, 278, 457, 475-6, 480, 480n
Freud, Lucie (nora), 278, 291n, 457, 476, 480n
Freud, Maria ("Mitzi", irmã), 22, 33, 200, 270, 458, 473, 474
Freud, Martha ("Tom", sobrinha) ver Seidmann-Freud, Martha
Freud, Martha (esposa) ver Bernays, Martha
Freud, Martin (filho), 64, 123, 204, 271, 277, 278, 453, 454, 458, 459, 461, 468, 475, 476
Freud, Mathilde (filha), 64, 114, 146, 204n, 271n, 275, 276, 277, 459, 475
Freud, Moritz (cunhado), 33
Freud, Oliver (filho), 64, 204, 271, 278, 457, 475
Freud, Pauline (sobrinha), 21, 25, 26
Freud, Pauline Regine ("Paula", irmã) ver Winternitz, Pauline Regine
Freud, Philipp (meio-irmão), 19, 21, 24, 25
Freud, Rebekka (2ª mulher de Jacob Freud), 21
Freud, Regine Debora ("Rosa", irmã) ver Graf, Regine Debora
Freud, Sally (1ª mulher de Jacob Freud) ver Kanner, Sally
Freud, Schlomo (avô), 18, 19, 22
Freud, Sophie (filha), 64, 198, 204n, 207, 238, 256n, 260, 261, 271, 275, 276, 276n, 277, 281, 282
Freud, Stefan (neto), 271, 271n, 278, 457, 475
Freud, Theodor (sobrinho), 33n, 270
Freud-Lowenstein, Sophie (neta), 271, 271n, 277, 277n, 458, 459, 460n
Freud-Magnus, Margarethe (sobrinha), 33n, 270, 458, 477

Índice onomástico

Freud-Marlé, Lilly (sobrinha), 33n, 270, 424, 458, 477

Freund, Anton von ("Toni"), 200, 217, 237, 277, 477

Friedjung, Karl, 366

Friedländer, Adolf Albrecht, 131, 229

Friedmann, Malvine, 102

Frink, Horace Westlake, 298n, 309, 312-5, 362

Fry, Roger, 316

Fuchs, Henny (nora de Freud), 278, 457

Führer, Erich, 459, 473

Fuller, Solomon Carter, 185

Füssli, Johann Heinrich, 291

Galt, Edith Holling, 436, 438

García Márquez, Gabriel, 10

Garnier, Philippe, 486

Gattel, Felix, 90

Gay, Peter, 10, 48n, 77n, 121n, 152n, 177n, 206n, 273n, 290, 292n, 293n, 295, 313n, 326, 364n, 405n, 448, 451n, 461n, 470n, 485, 485n

Gemelli, Agostino, 371

George, Stefan, 160

Gicklhorn, Renée, 19

Gide, André, 119

Ginzburg, Carlo, 234n, 330n

Gladstone, William Ewart, 437

Gleizes, Augustine, 59

Glover, Edward, 428

Glover, James, 322

Gobineau, Joseph Arthur de, 419

Gödde, Günther, 271n

Godin, Christian, 486n

Goebbels, Joseph, 398, 409, 449

Goethe, Johann Wolfgang von, 44-5, 45n, 46, 46n, 126, 153, 170, 191, 254, 339n, 354, 365, 366n, 382, 391, 427, 440

Goetz, Bruno, 132, 298n

Goldberg, Sylvie-Anne, 440n

Goldman, Emma, 185

Goldwyn, Samuel, 324

Gomperz, Elise, 43n, 259n

Gomperz, Heinrich, 259n

Gomperz, Theodor, 43, 43n, 259n

Gordon, Charles, 316

Gordon, Emma Leila, 165

Górgona (mito grego), 108

Göring, Hermann, 398

Göring, Matthias Heinrich, 405, 410, 411, 415-7, 421n, 423, 424, 429, 430, 454

Gottwaldt, Alfred, 474n

Gradiva (personagem da *Gradiva*), 157-8, 198, 290, 487

Graf, Cäcilie ("Mausi", sobrinha de Freud), 33, 33n, 270, 291

Graf, Heinrich (cunhado de Freud), 33, 270

Graf, Herbert (caso "Pequeno Hans"), 137-8, 335

Graf, Hermann (sobrinho de Freud), 33n, 204, 270

Graf, Max, 136, 137

Graf, Regine Debora ("Rosa", irmã de Freud), 22, 204, 270, 291, 458, 473, 474, 474n

Groddeck, Carl Theodor, 242, 243

Groddeck, Georg, 161n, 242-5, 246n, 258, 307

Gross, Hans, 124, 159, 159n

Gross, Otto, 124, 160-3, 171-2, 308, 386

Grosskurth, Phyllis, 201n, 485

Grosz, George, 322

Grubrich-Simitis, Ilse, 199n, 485n

Grün, Karl, 39

Grünbaum, Adolf, 484, 485-6

Gruscha (caso "Homem dos Lobos"), 227, 231-2

Guggenbühl, Anna (caso "Anna G."), 286

Guilbert, Yvette, 291

Guilherme II (imperador alemão), 217

Habermas, Jürgen, 484n

Hack, W.A., 71n

Haeckel, Ernst, 196

Haitzmann, Christoph, 369, 370-1

Hajek, Marcus, 292, 294n

Halban (dr.), 356n

Halberstadt, Bertha, 457

Halberstadt, Ernst Wolfgang (Ernstl, neto de Freud), 207, 254, 255, 271, 271n, 276, 457, 458, 480

Halberstadt, Eva, 457

Halberstadt, Heinz (Heinerle, neto de Freud), 256n, 271, 276, 277, 292

Halberstadt, Max (genro de Freud), 204, 204n, 275, 457

Halberstadt, Rudolf, 204, 270n

Halberstadt, Sophie *ver* Freud, Sophie

Hale, Nathan, 485

Hale, William Bayard, 292, 436

Halifax (lorde), 449

Hall Granville, Stanley, 175, 177, 178n, 182

Hall, Nathan, 177n

Hamlet, 11, 97, 99, 101, 112, 121, 193, 202, 210, 326-8, 356, 366-7, 447

Hammerschlag, Anna, 64, 113
Hammerschlag, Samuel, 23, 64, 113
Haneke, Michael, 93n
Hannah, Barbara, 453n
Hanold, Norbert, 158
Hanover, David, 63
Hartmann, Eduard von, 107
Hartmann, Heinz, 454
Hawthorne, Nathaniel, 370
Heenen-Wolff, Susann, 364-5
Hegel, Georg Wilhelm Friedrich, 392
Heidegger, Martin, 154n, 423, 423n
Heidenhain, Rudolf, 57
Heine, Heinrich, 91, 128, 400
Heinrich, Hinterberger, 454
Heller, Hugo, 136, 140, 142
Helmholtz, Hermann von, 40
Hera (deusa grega), 348
Herbart, Johann Friedrich, 38, 38n
Hering, Ewald, 56
Herlinger, Rosa, 222
Hermanns, Ludger M., 114n
Hermínia (personagem de *Jerusalém libertada*), 257
Herodes (rei de Israel), 404
Herzig, Josef, 455
Herzl, Theodor, 30, 82n, 120, 169
Heyer, Gustav Richard, 417
Heyse, Paul, 47
Hilferding, Margarethe, 136n, 170
Hilferding, Rudolf, 136n
Himmler, Heinrich, 398
Hirsch, Albert *ver* Hirst, Albert
Hirschfeld, Magnus, 146, 146n, 220, 220n, 409
Hirschmann, Eduard, 136
Hirst, Albert, 75n, 457, 457n
Hitler, Adolf, 246n, 262n, 292, 389-434, 443, 444, 449, 451, 462-3, 464, 466, 476, 487
Hitschmann, Eduard, 454
Hoare, Samuel, 453
Hoche, Alfred, 274n
Hoffer, Willi, 481
Hoffmann, Roald, 27n
Hofmann, Abraham Siskind (bisavô de Freud), 19, 20
Hofmann-Freud, Peppi (avó de Freud), 19
Hofmannsthal, Hugo von, 262
Hollitscher, Robert (genro de Freud), 204n, 275, 458, 459, 462
Hollos, Istvan, 302

Holmes, Sherlock (personagem de Conan Doyle), 329
"Homem dos Lobos", caso *ver* Pankejeff, Sergius (Serguei) Constantinovitch
"Homem dos Ratos", caso *ver* Lanzer, Ernst
Homero (escritor grego), 256
Hönig, Olga, 137
Horney, Karen, 278, 322, 323, 337n
Horthy, Miklos, 218
Hórus (deus egípcio), 290
Höss, Rudolf, 474n
Houser, Edward Mandell, 436, 436n
Hug, Rolf, 336
Hug-Hellmuth, Hermine von, 170, 336, 336n, 362
Hugo, Victor, 57, 61-2
Hull, Cordell, 453
Husserl, Edmund, 154n
Huston, John, 326n
Hutson, James, 485

Ifigênia (mito grego), 99
Indra, Alfred, 455, 456n, 459, 473
Ingres, Jean-Auguste Dominique, 291
Innitzer (cardeal), 451
Isaac (personagem bíblico), 79, 425
Isaacs, Susan, 321
Ísis (deusa egípcia), 290
Israel, 80, 80n, 175, 403, 426, 441
Israëls, Han, 192

Jabotinsky, Vladimir, 464
Jackson, John Hughlings, 162
Jacó (personagem bíblico), 12, 19, 20, 21, 24, 79, 257, 367, 396, 425
Jacobson, Edith, 349
James, William, 175, 182, 183, 184, 185
Janet, Pierre, 123, 165, 371
Jdanov, Andrei, 402n
Jeiteles, Adele, 464
Jekels, Ludwig, 170
Jensen, Wilhelm, 157, 158
Jetro (personagem bíblico), 442
Jocasta (mito grego), 98
Jochanaan ben Sakkai (rabino), 451
Johnston, William, 17, 54, 218, 482
Jones, Ernest, 10, 28n, 39, 48n, 56n, 87, 107, 114, 132n, 142, 149, 161, 162-6, 170, 180, 182, 184, 185, 197, 199-200, 201, 213n, 214, 218, 219, 222n, 237, 241, 242n, 245-6, 260, 266, 267, 268, 269, 282, 288, 292, 293, 293n, 313,

Índice onomástico

315, 316, 318, 321, 325, 327, 329, 331-2, 334, 337, 341, 342, 362, 365, 368, 401, 402, 411-3, 414, 415, 428, 429, 434, 450, 452-6, 459, 460, 462, 464, 465, 468-9, 471, 478-9, 481
Jones, Herbert "Davy", ou Jones II, 166
Jorge da Grécia (príncipe), 356
José (personagem bíblico), 24, 425-6, 427, 428
José II (imperador romano-germânico), 216
Josué (personagem bíblico), 151, 155, 442
Joyce, James, 305, 384
Júlio II (papa), 199
Júlio César (imperador romano), 26, 106, 203, 408
Jung, Carl Gustav, 142, 142n, 144, 148, 150-4, 155-1, 163, 163n, 167, 168-9, 168n, 170, 171, 173, 173n, 176, 177, 178-9, 179n, 180-2, 183, 184, 185-6, 187, 188, 194, 197, 198, 199, 200, 201, 204, 205, 240, 243, 244, 251, 262, 263, 266, 272, 342, 368, 372, 379, 402, 416, 417-9, 421-3, 448, 453n, 479
Jung, Carl Gustav, ou "o Velho", 152-3
Jung, Emma, 153-4, 168-9, 170, 182, 198
Juno (deusa romana), 108, 109

Kafka, Franz, 162
Kahane, Max, 135, 136
Kamm, Bernhard, 415
Kann, Louise Dorothea (ou Loe), 164, 166
Kanner, Sally, 19, 21
Kant, Immanuel, 38, 197, 249, 259
Kapnist, Élisabeth, 467n
Kardiner, Abram, 309, 310, 311, 312, 319, 320
Karenina, Ana, 350
Karpinska, Luise von, 38n
Kassowitz, Max, 63
"Katharina", caso ver Öhm, Aurelia
Katzenstein, Bertha, 277n
Kauders, Walter, 220, 221, 222
Kautsky, Karl, 410
Kazanjian, Varaztad, 294, 295
Keller, Else, 229
Keller, Gottfried, 140
Keller, Teresa, 229, 230, 232, 233
Kemper, Werner, 410
Kempner, Salomea, 429
Kesseleökeo, Henriette Motesiczky, 69n
Keynes, John Maynard, 316, 317
Kimmerle, Gerd, 114n
Kipling, Rudyard, 140
Kirsch, James, 421

Klages, Ludwig, 160
Klein, Arthur, 337
Klein, Erich, 323n
Klein, Hans, 323n
Klein, Melanie, 215, 233, 261, 278, 322, 323, 324, 324n, 335, 336, 337, 338, 340, 341, 343, 368, 428, 464
Klein, Melitta, 323, 323n
Klemperer, Viktor, 422
Kmunke, Christl, 283
Koelsch, William W., 183n, 463
Koestler, Arthur, 463, 464, 466
Koffler, Chaim, 403
Kokoschka, Oskar, 172
Koller, Carl, 53
Königsberger, David Paul, 261
Königstein, Leopold, 53, 122
Korsakov, Serguei, 228
Kozlowski, Michael, 220
Kraepelin, Emil, 149, 160, 228, 229, 371, 405
Krafft-Ebing, Richard von, 84, 92, 103, 115, 390
Kraft, Helen, 315
Kraus, Karl, 120, 139, 172, 245, 274, 368, 455
Krauss, Werner, 325
Kretschmer, Ernst, 416, 417
Kris, Ernst, 71, 368, 454
Kris, Marianne, 71, 349, 480
Kroeber, Alfred L., 197
Krokovski, Edhin, 245
Kruger, Theodor (gravurista), 290
Krüll, Marianne, 25n
Krupskaia, Nadejda, 402
Kubin, Alfred, 121
Kun, Béla, 217
Kvergic, Gerty, 382

La Boétie, Étienne, de, 265
La Fontaine, Jean de, 251
Lacan, Jacques, 124, 128n, 180n, 258n, 261n, 349n, 428, 429n, 442n
Lacassagne, Antoine, 468
Lacoste, Patrick, 488
Lady Macbeth (personagem de Macbeth), 328
Laforgue, René, 356, 357, 376
Lainer, Grete, 336
Laio (mito grego), 98
Lamarck, Jean-Baptiste, 196, 212
Lampl, Hans, 275, 282, 322
Lampl-De Groot, Jeanne, 340
Landauer, Karl, 429, 170
Lang, Fritz, 428

Lanzer, Ernst (caso "Homem dos Ratos"), 222-5, 226, 227, 236
Lanzer, Heinrich, 222-5
Laqueur, Thomas, 130
Lassalle, Ferdinand, 110
Launay, Marc B. de, 394n
Le Bon, Gustave, 243, 262-3, 265
Le Galienne, Gwen, 435
Le Goff, Jacques, 11, 89n
Le Rider, Jacques, 351
Lear, rei (personagem de *Rei Lear*), 345
Leclaire, Serge, 234n
Ledebourg, Georg, 351
Lênin, Vladimir Ilitch, 402, 435
Levy, Kata, 477
Lewin, Bertram, 481
Lewinter, Roger, 242n, 246n
Lichtenberg, Georg Christoph, 128
Liébault, Auguste, 68
Lieben, Anna von (caso "Cäcilie"), 68, 69, 69n, 85
Liebman, Carl, 308, 374n, 378, 298n, 373-5, 378-82
Liebman, Julius, 373, 375
Liebman, Marie, 374n, 375, 380
Liebman, Samuel, 373
Lina (amante de Jones), 166
Lincoln, Abraham, 177
Lippmann, Arthur, 276
Lipps, Theodor, 127
Loewenstein, Rudolph, 356n
Löffler, Bertold, 140
Looney, Thomas, 327, 328, 329
Lortholary, Bernard, 394n
Lourenço de Médicis, 188
Low, Barbara, 186, 321
Lowenstein, Paul, 460n
Ludwig, Carl, 42, 43
Lueger, Karl, 66
Lukacs, Georg, 217
Lustgarten, Sigmund, 180
Lynn, David J., 296n
Lyssenko, Trofim, 402n

Macaulay, Thomas Babington, 140
Mack-Brunswick, Ruth, 216n, 233, 293, 349, 381
Maeder, Alfons, 170, 419n
Maharshi, Ramana, 483
Mahler, Gustav, 120, 133, 298n
Mahony, Patrick, 104, 485

Major, René, 439n, 485n
Malinowski, Bronislaw, 195, 197
Mann, Thomas, 70, 100, 127n, 245, 386-7, 389, 391-3, 397, 407, 424-8, 430, 439, 440, 452, 481
Mannheimer, Isaac Noah, 22
Manning, Edward, 316
Mantegazza, Paolo, 103
Maomé, 439
Maquiavel, 265
Marlé, Arnold, 458
Marlowe, Christopher, 327n
Marr, Wilhelm, 37
Marx, Karl, 15, 410
Masséna, André, 427
Masson, Jeffrey Moussaieff, 483-5
Maury, Alfred, 197
"Mausi" *ver* Graf, Cäcilie
May, Ulrike, 250n
Mayreder, Karl, 303n
McCully, Robert, 453n
McDougall, William, 260, 263-5
Medusa (mito grego), 262, 454
Mefistófeles (personagem do *Fausto*), 12, 44, 45, 106, 367, 371, 396
Meisel, Perry, 320
Meisl, Alfred, 136n
Melzi, Francesco, 189, 190
Menasseh ben Israel, 447n
Mendelssohn, Moses, 16
Menninger, Karl, 415
Mercader, Ramon, 465
Merejkowski, Dimitri, 140
Mesmer, Franz Anton, 58, 88, 361, 384
Meumann, Ersnt, 177
Meyer, Adolf, 175, 184, 315, 415
Meyer, Conrad Ferdinand, 140
Meyer, Eduard, 442
Meyer, Monroe, 309
Meynert, Theodor, 53, 55, 67
Micale, Mark, 82n
Michelangelo, 146, 199
Michelet, Jules, 60
Mijolla, Alain de, 461n
Mill, John Stuart, 49
Miller, Alice, 93n
Miller, Ievguêni, 465
Milton, John, 320
Mirbeau, Octave, 224n
Miss Owen (caso "Homem dos Lobos"), 227, 228

Índice onomástico

Mithra (divindade indo-europeia), 173
"Mitzi" *ver* Freud, Maria
Moebius, Emy, 382, 453
Mona Lisa, 191
Moser, Fanny (caso "Emmy von N."), 85

Nania (caso "Homem dos Lobos"), 227, 228, 231
Narciso (mito grego), 202, 426
Narjani, A.E., 356
Nathansohn, Amalia *ver* Freud, Amalia
Nathansohn, Jacob (avô de Freud), 21
Neftis (deusa egípcia), 290
Nemeczek, capitão (caso "Homem dos Ratos"), 223-4
Neumann, Erich, 422
Neumann, Hans, 324
Nietzsche, Friedrich, 152, 244, 249, 250, 333, 350, 352, 354, 386, 430
Nightingale, Florence, 316
Nin, Anaïs, 334n
Noll, Richard, 421n
Nothnagel, Hermann, 53, 55, 115

O'Neil, Eugene, 435
Oberndorf, Clarence, 309, 310
Obholzer, Karin, 227n
Öhm, Aurelia (caso "Katharina"), 85
Onfray, Michel, 273n, 408n, 411n, 474n, 486
Onuf, Bronislaw, 180
Oppolzer, Johann von, 56
Orestes (mito grego), 99
Ortega Y Gasset, José, 387
Oseias (personagem bíblico), 441
Osíris (deus egípcio), 290

Pabst, Wilhelm, 324, 325
Palos, Gizella, 147
Paneth, Josef, 39, 39n, 64
Paneth, Marie, 39n
Paneth, Sophie, 64
Pankejeff, Anna, 227, 228, 231
Pankejeff, Konstantin, 227, 228, 231
Pankejeff, Nicolau, 228
Pankejeff, Pierre, 228
Pankejeff, Sergius (ou Serguei) Constantino-vitch (caso "Homem dos Lobos"), 227-35, 227n, 230n, 231n, 234n, 236, 333, 357, 433
Pappenheim, Bertha (caso "Anna O."), 67, 83, 85, 96, 105, 183
Parcas (mito grego), 344

Páris (mito grego), 345
Pasteur, Louis, 57, 95, 100
"Paula" *ver* Winternitz, Pauline Regine
Paulo (apóstolo), 45, 136, 139
Payne, Sylvia, 321
Penrose, Lionel S., 319n
"Pequeno Hans", caso *ver* Graf, Herbert
Perec, Georges, 10
Perrault, Charles, 345
Peters, Heinz Frederick, 351
Pfeiffer, Ernst, 431
Pfister, Oskar, 372, 373, 375, 378
Philipp, Elias, 63
Philippson, Ludwig, 20
Picasso, Pablo, 337
Pichler, Hans, 293-4, 468
Pichon, Édouard, 356n, 394
Piketti, Guillaume, 216n
Piketty, Thomas, 301n, 509
Pinel, Philippe, 155, 355
Pineles, Friedrich, 351
Pitt, William, 315
Platão, 43, 146, 254
Plevitskaia, Nadezhda, 465
Plon, Michel, 265
Podlaski, Sokolow, 471
Polon, Albert, 309
Popper, Karl, 484n
Poseidon (deus grego), 132
Pound, Ezra, 415
Preiswerk, Emilie, 153
Preiswerk, Helene, 153
Prince, Morton, 165
Proust, Marcel, 119-20, 384
Putifar (personagem bíblico), 425
Putnam, James Jackson, 165, 175, 185, 186, 215
Puttkamer, Leonie von, 283
Puységur, Armand de, 68

Rabelais, François, 244
Rabi Isidor Isaac, 27n
Rado, Sándor, 302, 322
Rajzman, Samuel, 474
Rank, Beata ("Tola"), 332n
Rank, Otto, 114, 141, 166, 179n, 199, 204, 217, 219, 233, 234, 240, 241, 293, 331-4, 334n, 362, 364-5, 368, 381, 431-3, 440, 479
Raquel (personagem bíblico), 426
Rastignac (personagem da *Comédia humana*), 469

Rauschenbach, Emma, 153-4
Reed, John, 435
Regnard, Paul, 59
Reich, Wilhelm, 160, 161n, 265, 386, 402, 411, 413, 414, 415n, 479
Reik, Theodor, 142n, 173, 288, 363-8
Reinach, Salomon, 194n
Reitler, Rudolf, 135, 136, 306
Rey-Flaud, Henri, 127n
Richthofen, von (irmãs), 159
Rickman, John, 319, 320, 321
Ricoeur, Paul, 484n
Rie, Oskar, 71, 113, 122
Rieder, Ines, 283n
Riklin, Franz Jr., 453n
Rilke, Rainer Maria, 351
Rimbaud, Arthur, 60
Rittmeister, John, 429
Rivière, Jacques, 119
Riviere, Joan, 321, 335, 342-3, 349, 368
Roazen, Paul, 483
Rodrigué, Emilio, 10
Roheim, Geza, 198, 215
Röhm, Ernst, 409
Rokach, Maria, 21
Rokistansky, Carl von, 54
Rolland, Romain, 119n, 126n, 237, 373, 424, 425
Roosevelt, Franklin Delano, 436, 450, 467
"Rosa" ver Graf, Regine Debora
Rosanes, Ignaz, 74
Rosenberg, Ludwig, 122
Rosenfeld, Eva, 288
Rosenfeld, Otto ver Rank, Otto
Rosenthal, Emil, 67
Rosenthal, Tatiana, 170
Rotfus, Michel, 20n
Roth (professor), 266
Roth, Michael S., 485, 486
Roudinesco, Elisabeth, 3, 19, 38, 58, 119, 143, 151, 152, 170, 178, 180, 181, 252, 258, 326, 337, 349, 355, 377, 407, 421, 467, 486
Rousseau, Jean-Jacques, 94, 198, 395
Rückert, Friedrich, 260
Rutherford, Ernest, 183, 184
Rutschky, Katharina, 93n

Saba, Umberto, 305
Sachs, Bernard, 54n
Sachs, Hanns, 142n, 199, 204, 322-4
Sachs, Wulf, 455

Sade, Donatien de (marquês de), 252
Sadger, Isidor Isaak, 136, 136n, 305, 306, 336
Saint-Denys, Hervey de, 107
Saint-Just, Louis-Antoine de, 15, 395
Salm, Constance de, 385
Saltarelli, Jacopo, 189
Sansão (personagem bíblico), 24
Sant'Ana, 192, 193, 330
Sardou, Victorien, 61
Sargant-Florence, Alix ver Strachey, Alix
Sartre, Jean-Paul, 7, 470n
Sauerwald, Anton, 455, 459, 462
Saul (personagem bíblico), 24
Saussure, Raymond de, 298n, 356n
Saxe-Meiningen, Marie-Élisabeth, 393
Sayers, Dorothy, 382
Schapiro, Meyer, 192n
Schatsky, Jacob, 454n
Scheffel, Viktor von, 30
Scheftel, Pavel Naoumovitch, 169
Schiff, Paul, 264n
Schiller, Friedrich von, 353, 440
Schlick, Moritz, 349n
Schloffer, Frieda, 159
Schmideberg, Melitta, 428
Schmideberg, Walter, 323, 464
Schmidt, Otto, 401,
Schmidt, Vera, 401, 402
Schmidt, Wilhelm, 407
Schmitz, Ettore ver Svevo, Italo
Schnitzler, Arthur, 30, 101, 120, 158, 222, 262
Scholem, Gershom, 448
Schönberg, Arnold, 120
Schönberg, Ignaz, 50, 51
Schopenhauer, Arthur, 132, 186, 250, 254, 425
Schorske, Carl, 110, 126, 448, 482, 485n, 509
Schreber, Daniel Gottlieb Moritz, 93, 171
Schreber, Daniel Paul, 93, 170-3, 198
Schreiber, Sophie (cunhada de Freud), 270, 457
Schröter, Michael, 144n, 250n
Schubert, Gotthilf Heinrich von, 107
Schultz-Hencke, Harald, 410, 414
Schur, Eva, 458
Schur, Helen, 458
Schur, Max, 73n, 213, 293, 453n, 458, 460, 462, 468, 470, 470n, 479
Schur, Peter, 458
Schuschnigg, Kurt von, 449
Schwarzschild, Leopold, 452
Schweitzer, Albert, 424
Schweninger, Ernst, 243

Índice onomástico

Schwerdtner, Karl Maria, 140
Schwyzer, Emil, 173
Scognamiglio, Smiraglia, 188
Seidmann-Freud, Martha (Tom), 33n, 270, 458n
Sellin, Ernst, 441, 442n
Serra, Maurizio, 452n
Severn, Elizabeth, 412n
Seyss-Inquart, Arthur, 449
Sforza, Ludovic, 188
Shakespeare, William, 99, 164, 326, 327, 329, 345
Sharpe, Ella, 321
Shengold, Leonard, 224n
Silberstein, Anna, 29
Silberstein, Eduard, 29, 41
Silberstein, Pauline, 29n
Simmel, Ernst, 216, 216n, 278, 411
Simon, Ernst, 28
Skobline, Nicolas, 465
Smilevski, Goce, 474n
Smith, William Robertson, 196
Sócrates, 135
Sófocles, 98, 99, 140, 274
Sokolnicka, Eugénie, 356n
Sollers, Philippe, 335n
Solmi, Edmondo, 188
Spangenthal, Eva, 277n
Sperber, Manès, 139n
Spielrein, Sabina, 167, 167n, 169, 174, 254
Spinoza, Baruch, 63, 64n, 440n
Spitz, René, 278
Stanley, Henry Morton, 348
Steinach, Eugen, 285n
Steiner, Max, 292
Steiner, Maximilien, 458n
Stekel, Wilhelm, 136, 138, 161, 306, 363, 368
Stern, Adolf, 309
Stern, William, 179
Stieglitz, Leopold, 374n
Stonborough-Wittgenstein, Margaret, 349
Strachey, Alix, 298n, 318-24, 334, 337, 368
Strachey, James, 128n, 298n, 316, 318, 319, 320, 321, 327, 368, 380n
Strachey, Lytton, 316-8, 320, 328
Stross, Josefine, 461, 470n
Strümpell, Adolf, 84, 107
Sulloway, Frank J., 43n, 212n, 482
Svevo, Italo, 305, 306
Swales, Peter, 77n, 85n, 486
Swoboda, Hermann, 76, 77
Syrski, Szymon, 41

Taine, Hippolyte, 60
Tancredo, 256-8, 256n
Tandler, Julius, 221, 366, 367, 387, 388
Tartini, Giuseppe, 106
Tasso, Torquato, 254, 256
Tausk, Viktor, 161n, 210n, 216, 239, 308, 352
Teodora (personagem de *Theodora*), 61
Tesch, Bruno, 477
Thiers, Adolphe, 428n
Thun und Hohenstein, Franz von, 109, 109n
Thun, Payer, 369
Tieste (mito grego), 99
Tirésias (personagem de *Édipo rei*), 348
Titãs (mito grego), 34, 265
Tito (imperador romano), 451
Tögel, Christfried, 301n
Tolstói, Lev, 81, 201, 354, 387, 427
"Toni" *ver* Freund, Anton von
Torok, Maria, 179n, 234n
Trautenegg, Eduard von, 285
Troll, Patrick, 244
Trombetta, Carlo, 167n93
Trótski, Lev, 139, 465
Trotter, Wilfred, 453, 468
Trzebinski, Alfred, 477
Twain, Mark, 140, 239, 239n, 327, 466

Ulisses (mito grego), 97, 106, 207
Úpis (divindade egípcia), 45
Urbantschitsch, Rudolf von, 172, 172n

Vacher de Lapouge, Georges, 419
Vaillant, George E., 296n
Valdemar da Dinamarca (príncipe), 356
Valentin, Raphaël de, 469
Vandal, Albert, 428n
Vasari, Giorgio, 188, 192
Vavasour, Anne, 328n
Velásquez, Diego, 475
Veneziani, Bruno, 305-8
Veneziani, Livia, 305
Veneziani, Olga, 305
Vere, Edward de, 327, 328, 328n, 463
Verrocchio, Andrea del, 189
Vinci, Catarina da, 191, 192
Vinci, Leonardo da, 101, 124n, 140, 145, 146, 187-94, 220, 281, 326, 327, 367, 379, 409n, 436, 487
Vinci, Piero da, 188
Virgem Maria, 25, 45, 192, 193, 330
Virgílio, 109, 256, 299

Vitória (rainha da Inglaterra), 48, 316, 317, 485
Voghera, Georgio, 305
Voigt, Diana, 283n, 284n
Volkelt, Johannes, 107
Voltaire, 355

Wagner, Richard, 390
Wagner-Jaureg, Julius, 220-3, 364
Wahle, Fritz, 49
Walder, Robert, 454
Waldinger, Ernst, 270, 270n, 458, 463
Waldinger, Rose (sobrinha de Freud), 33, 458, 477
Walter, Bruno, 132, 133, 133n, 298n
Washington, Booker Talafierro, 263n
Watermann, August, 429
Weber, Marianne, 159
Weber, Max, 159, 162
Weininger, Otto, 76-7, 139, 245
Weismann, August, 212n, 254, 257, 258
Weiss, Edoardo, 213, 304, 305-8, 407, 408-9, 409n, 433, 452, 452n, 466
Weiss, Ilona (caso "Elisabeth"), 85
Weiss, Nathan, 51
Weizmann, Chaim, 279, 403
Weizsäcker, Adolf von, 418
Wells, H.G., 424, 468
Westermarck, Edward, 196
Wiesenthal, Simon, 456n
Wilczek, conde von, 450
Wilde, Oscar, 146
Wiley, John, 450, 453
Willis, Eric, 254n, 487
Wilson, Thomas Woodrow, 217, 291, 292, 435, 436, 437-9, 447
Winnicott, E.W., 343n
Winternitz, Pauline Regine ("Paula", irmã de Freud), 22, 33, 270, 458, 473, 474

Winternitz, Rose Béatrice ver Waldinger, Rose
Winternitz, Valentin (cunhado de Freud), 33
Wittek, Resi, 24, 24n
Wittels, Fritz, 10, 136, 261, 274
Wittgenstein, Ludwig, 389
Wittgenstein, Margaret, 298n, 349
Wittmann, Blanche, 59
Wolff, Antonia Anna (Toni), 170, 170n
Woolf, Leonard, 316
Woolf, Virginia, 319, 320, 342, 468
Wortis, Joseph, 298n, 415, 416, 416n
Wriothesley, Henry, 328n
Wulff, Moshe, 228

Yabe, Yaekichi, 261
Yahvé, 442, 442n
Yerushalmi, Yosef, 23n, 440, 448
Young-Bruehl, Elisabeth, 415
Yovel, Yirmiyahu, 448

Zajic, 24n
Zajic, Monika, 24n
Zangwill, Israel, 403n
Zeissl, Hermann von, 53
Zellenka, Giuseppina ou Peppina, 103
Zellenka, Hans, 103, 104
Zeno Cosini (personagem de A consciência de Zeno), 306
Zeus (deus grego), 200, 259, 348
Ziehen, Theodor, 229
Zola, Émile, 140, 355
Zuckmayer, Carl, 451
Zumstein-Preiswerk, Stephanie, 153n
Zweig, Arnold, 47n, 280, 384, 408, 412, 427n, 430, 441n
Zweig, Stefan, 30, 87, 120, 133, 220n, 237, 383, 384, 385, 386n, 434, 463, 471

Coleção Transmissão da Psicanálise

Não Há Relação Sexual
Alain Badiou

**Fundamentos da Psicanálise
de Freud a Lacan**
(4 volumes)
Marco Antonio Coutinho Jorge

Histeria e Sexualidade
Transexualidade
*Marco Antonio Coutinho Jorge;
Natália Pereira Travassos*

Por Amor a Freud
Hilda Doolittle

A Criança do Espelho
Françoise Dolto e J.-D. Nasio

O Pai e Sua Função em Psicanálise
Joël Dor

**Introdução Clínica à
Psicanálise Lacaniana**
Bruce Fink

**A Psicanálise de Crianças
e o Lugar dos Pais**
Alba Flesler

Freud e a Judeidade
Betty Fuks

A Psicanálise e o Religioso
Philippe Julien

Alguma Vez É Só Sexo?
Gozo
O Que É Loucura?
Simplesmente Bipolar
Darian Leader

Freud e a Descoberta do Inconsciente
Octave Mannoni

**5 Lições sobre a
Teoria de Jacques Lacan**
9 Lições sobre Arte e Psicanálise
**Como Agir com um
Adolescente Difícil?**
Como Trabalha um Psicanalista?

A Depressão É a Perda de uma Ilusão
A Dor de Amar
A Dor Física
A Fantasia
Os Grandes Casos de Psicose
A Histeria
Introdução à Topologia de Lacan
**Introdução às Obras de Freud,
Ferenczi, Groddeck, Klein, Winnicott,
Dolto, Lacan**
**Lições sobre os 7 Conceitos
Cruciais da Psicanálise**
O Livro da Dor e do Amor
O Olhar em Psicanálise
Os Olhos de Laura
Por Que Repetimos os Mesmos Erros?
O Prazer de Ler Freud
Psicossomática
O Silêncio na Psicanálise
Sim, a Psicanálise Cura!
J.-D. Nasio

Guimarães Rosa e a Psicanálise
Tania Rivera

A Análise e o Arquivo
Dicionário Amoroso da Psicanálise
Em Defesa da Psicanálise
O Eu Soberano
Freud — Mas Por Que Tanto Ódio?
Lacan, a Despeito de Tudo e de Todos
O Paciente, o Terapeuta e o Estado
A Parte Obscura de Nós Mesmos
Retorno à Questão Judaica
**Sigmund Freud na sua Época
e em Nosso Tempo**
Elisabeth Roudinesco

**O Inconsciente a Céu Aberto
da Psicose**
Colette Soler

1ª EDIÇÃO [2016] 8 reimpressões

ESTA OBRA FOI COMPOSTA POR MARI TABOADA EM DANTE PRO
E IMPRESSA EM OFSETE PELA GEOGRÁFICA SOBRE PAPEL PÓLEN DA
SUZANO S.A. PARA A EDITORA SCHWARCZ EM FEVEREIRO DE 2025

A marca FSC® é a garantia de que a madeira utilizada na fabricação do papel deste livro provém de florestas que foram gerenciadas de maneira ambientalmente correta, socialmente justa e economicamente viável, além de outras fontes de origem controlada.